溥仪写真书系

溥儀日记

◎爱新觉罗·溥仪 著
◎李淑贤 提供
◎王庆祥 整理注释

群众出版社
·北京·

图书在版编目（CIP）数据

溥仪日记／爱新觉罗・溥仪著；李淑贤提供；王庆祥整理注释.
-- 北京：群众出版社，2018.4
ISBN 978-7-5014-5811-0

Ⅰ.①溥… Ⅱ.①爱… ②李… ③王… Ⅲ.①爱新觉罗・溥仪（1906-1967）-日记 Ⅳ.①K827=7

中国版本图书馆CIP数据核字(2018)第080858号

溥仪日记

爱新觉罗・溥仪 著　李淑贤 提供　王庆祥 整理注释

出版发行：群众出版社
地　　址：北京市丰台区方庄芳星园三区15号楼
邮政编码：100078
经　　销：新华书店
印　　刷：三河市荣展印务有限公司

版　　次：2018年11月第1版
印　　次：2018年11月第1次
印　　张：38.25
开　　本：787毫米×1092毫米　1/16
字　　数：800千字

书　　号：ISBN 978-7-5014-5811-0
定　　价：110.00元

网　　址：www.qzcbs.com
电子邮箱：qzcbs@sohu.com
营销中心电话：010-83903254
读者服务部电话（门市）：010-83903257
警官读者俱乐部电话（网购、邮购）：010-83903253
综合分社电话：010-83901870

我丈夫爱新觉罗·溥仪的最后遗产（代序）

李淑贤

常常有人问我："你最心爱的东西是什么？"我会立刻作出回答："就是我一直保存着的溥仪日记！"每年丈夫的生日（农历正月十四）、我们的结婚纪念日（4月30日）和溥仪的忌日（10月17日），我都要把这十一册写在普普通通笔记本上的日记拿出来，摆在他的遗像前，行礼祭奠。

当此之际，心情很不平静，记忆又把我带回难忘的岁月。那是十多年前"文革"初期，"破四旧"的狂潮也席卷了溥仪和我当时居住的地方——北京东观音寺小巷内一处长满树木的宁静院落。一天，有队"红卫兵小将"来敲门，把一张吓人的《通令》硬塞给我们，顶端还有钢笔标记的"致爱新觉罗·溥仪"字样。溥仪看完《通令》真有点儿蒙头转向，不知进入了何年何月。

我还记得《通令》的大致内容：一是"勒令"溥仪立即交出收藏的他与党和国家领导人合拍的照片，因为他是"历史罪人"，不配站在领袖们身边；二是"勒令"交出正在使用的小汽车等"奢侈品"。溥仪看完《通令》，立即从镜框中取下他在1962年年初受到毛泽东接见时两人并肩站立的合影，平时溥仪特别珍视这张照片，一直摆在床头茶几上。溥仪还把自己与其他国家领导人的合影也取下，一起上缴全国政协。他本想依靠组织保住珍贵的纪念品，不料后来发还收去的物品时，毛泽东与溥仪那张最有意义的合影却下落不明了。

至于"奢侈品"，溥仪也曾冥思苦想，作为全国政协委员和全国政协文史资料研究委员会专员，他当时还没有资格享受专用小汽车，想来想去总算找到一样"奢侈品"，那就是摆在客厅里的公费电话。溥仪马上通知全国政协机关，让派人拆除这部特别为他安装的电话。然而，当时的政协机关负责人没有接受溥仪的要求，对他说："这事儿您就甭管了！请相信我们能处理好。"这部电话不仅出于照顾，确有特殊需要。

这件事并没有就此过去，溥仪又决定烧书。我家曾向政协机关借了几个书架，有的立在客厅，有的放在卧室，全都摆满了书，大部分是溥仪特赦后陆续购置的，也有一些是机关发的、别人送的。溥仪说，文化革命嘛，这些书都不用留了。说着，就动手一本本撕开来，又跟我一筐筐抬到房后小院内，找个僻静的角落点火焚烧。书籍烧得差不多了，溥仪又让我帮他把一大筐书法作品也拎出来烧掉。那几年常有国内外的朋友向他索字，他是个很好说话的人，几乎有求必应，而且总是认真给人家写，如有哪个字稍不满意就废弃不用，随手丢在一个竹藤编制的箩筐里。平时没事的时候，他也喜欢练字，常常一连写出好多大大小小的条幅来，等墨迹一干便通通丢进箩筐去了。天长日久，挺大的一只箩筐竟装满了一卷卷溥仪亲笔书法作品，结果都在那个令人痛惜的日子里化为灰烬了。

事情尚未结束，更让人揪心的是，溥仪又要烧他的笔记本、日记本、诗文册一类东西了。也许当时在他看来，用火一烧这就算"革命"了吧？他无法预料会有什么事情即将发生，一烧似可安然。太可惜了！他仍是一页一页地自己撕下来，让我一页一页地填进火堆！先烧掉了诗文稿本，其中有一个小册子我很熟悉，那是1964年春夏之际我们在江南参观游览的时候，溥仪触景生情随手写下的诗文，写到兴奋时，还念一两首诗给我听，回想那时他真快活、真幸福，与火堆前的丈夫比，心境又何等不同啊！当溥仪继续烧那些日记和笔记的时候，我再也看不下去了！那日记里记的不正是我们共同度过的美好时光吗？我怎么能忘记那些愉快的周末，怎么能忘记那些花好月圆的良宵，又怎么能忘记发生在客厅、卧室和这座长满树木的院落内那些温馨的往事呢？

我忽然想出一个对付丈夫的办法，我说："老溥啊，我听着好像有人叫大门，我在这儿烧，你去看看吧！"溥仪是个特认真的人，加上当时有几分紧张，便马上悄悄走向大门。后来他告诉我，先在里边听听没动静，又开门不见人，遂出去到街口观望一阵。我所需要的正是这一段时间，我从火堆前抢救出十几本日记和笔记。当时我这样做并非已经认识到这些溥仪亲笔资料的价值，只是想留作念物，留下美好的记忆。那天溥仪望门回来还埋怨我“活见鬼”，可我心里真高兴呀！现在看来，我是做了一件大好事。

越过“十年浩劫”中令人难忍的日日夜夜，我终于把那批溥仪亲笔日记保存到了“四人帮”覆灭、人民胜利的那一天。1979年秋，吉林省社会科学院青年科研人员王庆祥同志来京找我，希望与我合作共同整理溥仪的手稿资料，我同意了。我能把丈夫的部分日记、笔记、会议记录、学习体会、思想总结、发言草稿、书信、照片以及接待外宾的谈话记录等亲笔资料保存至今绝非易事，这批资料是中国末代皇帝的最后遗产，也是中国两千年封建制度的专制代表最后被历史埋葬的实证，其政治意义和史料价值难以估量。

1989年12月2日于北京

《溥仪日记》与中国历史（代前言）

王庆祥

日记是什么？日记是当事人标明日期对每天所做、所遇、所思的连续性笔记体实录。它的特点就是原始、直观、真实，中外历史上许多关于细节的记叙，往往就是靠日记保存下来的，中国历代皇帝都有《起居注》，其实这便是由史官代皇帝写日记。愈是社会各界有身份的人物，其日记价值愈高，这是因为他们的言谈举止往往会牵动更深刻的社会层面，从而更接近那段历史本质的东西，也就愈能反映历史真貌。至于领袖人物的日记，那就更是无价之宝了，就是因为它能呈现真实历史。

爱新觉罗·溥仪作为一个历史人物、新闻人物、国际人物，有着十分独特的经历，而且极富传奇性与戏剧性。因此，溥仪的生平成为中外许多历史学者的研究课题，也成为文学艺术家久写不衰、久演不厌的主题。

值得庆幸的是，溥仪本人也参与了对自己的历史的研究，他那部在全世界受到重视的《我的前半生》，便叙述和检讨了自己作为大清国灭亡前三年的宣统皇帝、紫禁城里的关门皇帝以及后来成为侵略者工具的傀儡皇帝的历史。

溥仪一生勤于写日记，在漫长的前半生里就曾写下无数的日记篇章。可惜大都未能越过历史的变迁，仅天津和伪满两个时期的日记就装满了整整一皮箱。后来伪满垮台了，溥仪率皇族逃到通化大栗子沟，为了毁灭罪证，把一皮箱日记烧了个精光。幸运的是，仍有少量溥仪特赦以前的日记留存下来，包括溥仪留居北京紫禁城时期写的反映宫廷读书生活的日记、溥仪寓居天津日本“租界”时期写的几篇反映政治交往活动的日记和溥仪在抚顺战犯管理所改造时期随团赴东北各地参观访问时留下的记录。尽管这些日记篇章只是断编残简、一鳞半爪，却也能够收到“管中窥豹”之效。

对于特赦以后作为中华人民共和国普通公民的新生活，溥仪生前多次讲过，他不打算再用笔续写一部《我的后半生》，只想留下实际行动。他确实用行动写完了这本《后半生》，同时执笔记录了行动，这记录便是一批并非为了刊布的手稿。它们是溥仪在全新历史条件下的直感直叙，是毫无修饰的、最可靠的第一手资料，因此更具研究价值，也最有资格续补那部《我的前半生》。而今，这部《溥仪日记》即将由出版《我的前半生》的群众出版社向全世界推出，很有意义。

作为《溥仪日记》一书的整理、注释者，我想谈谈自身经历的真情实况：我怎样因李淑贤授权而获得整理和注释溥仪日记的宝贵机遇？《溥仪日记》手稿原件的存世情况如何？又有怎样的价值？我是怎样整理和注释溥仪日记的？是否符合学术规范？本文的宗旨就是以溥仪日记为例，说明重要历史人物与历史真相的关系。为此，就必须掌控重要历史人物日记原件的存在及其整理、编选内情，以便把最宝贵、最深入历史本质的日记著作呈现给社会。

一、溥仪日记手稿原件存世情况

“逊帝”时期的日记

溥仪于1908年11月13日受到慈禧太后和光绪皇帝的召见，次日皇帝驾崩，溥仪以“承继同治，兼祧光绪”的名分“入承大统为嗣皇帝”。同年12月2日，溥仪正式登基即位，是为清朝宣统皇帝。1912年2月12日，隆裕皇太后颁发了宣统皇帝的《退位诏书》。根据中华民国政府的“清室优待条件”，溥仪保有“皇帝尊号”，留居紫禁城，从此开始了“关门皇帝”的生活。如果说，宣统皇帝在位的三年里，溥仪还是个乳臭未干的娃娃，那么，他在北京清宫当“关门皇帝”的十二年，则正是从少年到青年的成长时期。从1911年起，六岁的溥仪开始在毓庆宫读书，先后担任“帝师”的有陆润庠、陈宝琛、伊克坦、徐坊、朱益藩、梁鼎芬和庄士敦。从1914年起，九岁的溥仪开始写日记，逐日记下了九岁到十几岁读书练字，给四位皇额娘请安，与师傅们交往以及役使宫中太监等活动。1917 年 7 月 1 日至 12 日，在短命的张勋复辟事件中，溥仪再度登基又再次退位。1922 年 12 月 1 日是溥仪大婚的日子，这标志着他的成年。1924 年 11 月 5 日，溥仪被冯玉祥撵出紫禁城，“皇帝”尊号也被取消了。幸运存世的逊清时期，也就是溥仪从几岁到十几岁写下的日记，让我们获知他幼年、少年和青年时代读书的范围，他在那种特殊环境下成长的宫廷日常生活，由此也可以领略统治中国近三百年之久的清王朝皇家生活真实而可靠的影像遗痕。

溥仪出宫时在忙乱中丢弃于养心殿的一摞日记，作为他少年时代的遗墨，至今完好保存于中国第一历史档案馆。原日记为长条大本，以宣纸装订，而在黄色封面上有“日记第一册”等字样。每日均记，一页不缺。

试举几例

第一例记于 1914 年 11 月 28 日。清朝宣统皇帝退位后，留居紫禁城以至后来寓居天津期间，在其所居范围内一直沿用“宣统”年号，因此当日日记在年份记载上，照例标为“宣统六年，农历甲寅年”。日记内容只有一句话:“在养心殿写仿、写‘福’‘寿’，温习《左传》《礼记》《唐诗》《孝经》。”

第二例记于 1915 年 2 月 26 日，溥仪则标为“宣统七年正月十三日”。日记内容只有八个字：“辰初，五宫拈香行礼。”原来正是溥仪九周岁的生日。其实他的生辰应为正月十四日，却正碰上道光皇帝的忌日，按皇室祖制是不允许鸣钟震鼓、行礼祝寿的。于是，溥仪的生日（时称“万寿节”）便被硬性改为正月十三。每年是日，溥仪依例叩拜五宫全佛，并在列祖列宗圣容前拈香行礼，再升座于乾清宫，接受王公大臣和来宾的排班叩拜，是为“万寿节”圣典。

第三例记于 1918 年 1 月 13 日，按旧历是丁巳年十二月初一，溥仪每年此日，依惯例晨起梳洗后前往养心殿，挥毫先书“开笔大吉”四字，然后写春联或“福”“寿”字，用以颁赐臣下。是日溥仪写字时，适梁鼎芬在侧观看，遂将这一日活动始末写成一篇记事："十二月初一日记：请驾净面冠服，毕，开笔大吉，写春条等。梁老师亦进内看予写字。写毕，太监等谢恩。毕，与梁老师看手卷及书，赐坐。命官取茶，谈一小时，师退。还体顺堂，食饽饽，食毕，退出。予乃早餐，毕。如四宫请安。四宫乃敬懿、庄和、荣惠、端康四贵妃。请安毕，自此一天无事。及至四钟，乃晚餐，毕。看书，至八钟乃寝。至初二又起，以下不记。"梁鼎芬（1859—1920），字节庵。考中进士，授"编修"。因弹劾李鸿章遭贬，再度弹劾慈禧宠臣奕劻。光绪和慈禧死后梁鼎芬哭灵露守，"风节"传之遐迩。1916 年 9 月 21 日溥仪传旨，授梁鼎芬"毓庆宫行走"，成为溥仪的师傅。从这篇日记看，溥仪和梁老师的关系确实不同寻常：先是老师观察学生写字，继而展研宫藏历代名画、书法手卷，又长时间地品茗坐论、畅谈时局，最后请老师到体顺堂吃了饺子再走。至此溥仪尚觉未能尽意，又在那篇记事后面，画了一幅漫画，并题名为《梁老师进内观予写字之图》。画面出现了六个人物：一是正挥毫的溥仪，那年他才十二岁，所以个头最小；一是梁鼎芬，留着长长的胡须，站在溥仪身后专注地观看写字；一是懋勤殿总管太监张源福，双手捧砚；一是溥仪的总管太监阮进寿；还有四十八处都总管、宫内最高的太监张得安和一个为溥仪抚纸的小太监宋敬明。溥仪画完，破例将这幅有文有画的作品赏赐给梁鼎芬了。据溥杰说，溥仪十二岁时的这件作品成为梁家的"家宝"，并由梁的婶母将其精心装裱起来，成为长卷，又请朱益藩、郑孝胥、胡嗣瑗、朱汝珍、赵尔巽、王季烈、叶尔恺、黎湛枝、陈夔龙等几十名旧臣遗老题跋，这些人趁机以"臣"自称，对溥仪极尽颂扬之能事，同时也抒发了"忠于故君"、不忘"大清"的内心话，从而使长卷成了有价值的历史文物，因为它对辛亥革命后溥仪仍在故宫中做"关门皇帝"的生活、宫中的一些礼仪、遗老的一些活动等，有君、有臣、有奴，代表皇家执政的总体，都提供了真实的证据。该件现存于上海市博物馆。

"寓公"时期的日记

溥仪在天津生活的七年（1925 年 2 月 24 日—1931 年 11 月 10 日），从二十岁至二十七岁，那是他人生，特别是在是政治上走向成熟的时光，他可以独立思想、独立行动的一段时光。他一方面准备远涉重洋，游学欧美，汲取现代的精神和物质力量；另一方面也在努力奠定再造清朝的政治、经济和军事基础。他继续“团结”并控制长城内外乃至大江南北的封建遗老和复旧势力；他积极笼络张作霖、吴佩孚、孙传芳等各系军阀，连谢米诺夫的白俄残部也不放弃；他与英、美、法、日、意等国驻津领事和驻军司令官广泛结交，以扩大影响，寻求有力的外部支持；他派遣最亲信的人东渡日本学习军事，妄图掌握属于自己的武装力量。总之，他要重建“大清帝国”的天堂。不料，一切都成了泡影，欧美未能成行，军队未能建立，“中兴之业”难以实现，最终连自己也出卖了，卖给了日本军国主义，演出一幕历史悲剧。

很可惜，天津时期的溥仪曾写有大量日记，却未能存世，是溥仪自己动手在伪满垮台之际为了毁灭证据而烧掉的。然而也有多页日记竟能历尽劫难而保存下来。考察今藏于中国第一历史档案馆的日记原件，明显可知它是溥仪当年依原文亲笔重抄的，至于溥仪为了什么目的重抄还是悬疑。仅举一例，是溥仪写在“宣统十六年八月初五日（公历 1926 年 9 月 11 日）”的日记：“早七时起，洗漱毕，萧丙炎诊脉。八时，郑孝胥讲《[资治]通鉴》。九时，园中散步，接见康有为。十时余康辞去，适张宪及张庆昶至，留之早餐，赐每人‘福’、‘寿’字一张，在园中合摄一影（张宪为李景林部之健将、张庆昶为孙传芳部之骁将），十二时辞去。接见[佟]济煦，少时即去。余用果品，并用茶点，适英国任萨姆女士至，与之相谈。皇后[婉容]所召之女画士亦至。余还寝室休息，在园中骑车运动。薄暮乘汽车出园，赴新购房地，少时即返。八时余晚餐、休息，并接见哈锐川医士。十一时寝。”

这篇日记中谈到康有为为溥仪“复号还宫”（恢复皇帝尊号，返居北京清宫）而奔走活动的重要历史情节。1916 年康有为致函张勋，首先提出“恢复前皇帝”的问题，紧随张勋之后，代溥仪拟写《复辟登极诏》，出任弼德院副院长，1922 年 12 月 1 日溥仪大婚，康有为又呈进一份厚礼，还作了一首七律诗送往紫禁城，向宣统皇帝表示祝贺。溥仪接到康有为的贡品与贺诗十分高兴，提笔写了一块三字匾额“天游堂”赐康有为，康有为青岛新居命名“天游园”，在上海愚园路194号开办“天游学院”，自任院长兼主讲，培养青年学者。1924年11月5日溥仪被逐出宫，1925年点查溥仪寝宫养心殿后殿时，发现密谋恢复清朝统治的有关文件共二十一件，其中有一首康有为于1924年2月5日“呈”溥仪“御览”的律诗，和给溥仪英文师傅庄士敦写的一封亲笔信，请他转奏“皇帝陛下”。康有为是在1925年3月3日晚上抵达天津，前往张园“觐见天颜”的。不久，康有为致电当时控制北京政府的吴佩孚、张作霖、张宗昌等军阀首领，要求恢复清室优待条件。在康看来，只有溥仪才能救中国。1927年3月8日康有为七十寿辰，溥仪特派徐良由津至沪，赏赐御笔“岳峙渊清”匾额一方、玉如意一柄，以表祝寿。如此重要史实已从1926年9月11日日记中看到前踪后影了。

历史档案中还保留了那些年代里形成的多本溥仪《召见日记簿》，1983年我在中国第一历史档案馆首次发现这些召见记录手写原件共30余册，保存完好。翔实记载了在津七年间溥仪每天联系国内外各种政治势力、召见各方人士情况。其中多处记载有关复辟活动的重大史实，是研究中日关系史、日本侵华史以及中国复辟政治势力活动的重要资料，是他当年的思想和政治实践最重要的第一手见证，价值极高，理所当然要把这一部分内容增补入书。在此也举几例。

1926年4月1日《召见日记簿》中出现了张学良的名字。当年溥仪二十一岁，在天津日本租界地宫岛街张园自设“行在”办事处，仍以“宣统皇帝”的身份称孤道寡；张学良那时二十六岁，经过两次直奉战争已是身经百战的奉军第三军司令了。探究溥仪与张学良的关系，可以确认张学良曾三次向溥仪伸出援手。

第一次伸出援手是劝溥仪“脱袍子”。1990年夏，九十岁高龄的张学良在台湾地区接受日本NHK电视台记者采访时谈到跟溥仪的交往：“我在天津的一个饭馆吃早饭，溥仪突然进来看见我。我劝他把袍子脱掉，把身边那些老臣辞掉，你这些老臣围着你就是在揩你的油，你能天天出来走走我倒很佩服。我劝他，你肯不肯到南开大学去读书？好好读书，你做一个平民，把你过去的东西都丢掉，你真正做个平民。如果南开你不愿意去，我劝你到外国去读书，到英国或到哪儿去读书。我说你原来有皇帝的身份，你虽然是平民，你比平民还是高，你要是真正好好做一个平民，将来选中国大总统中有你的份。你如果今天还是皇帝老爷这一套，将来有一天会把你的脑瓜子耍掉。我跟他很熟。"

第二次伸出援手是在溥仪出关前夕。1931 年 11 月 2 日，土肥原夜访溥仪并甜言蜜语地说，日军在满洲的行动仅为反对张学良，而对满洲毫无领土野心，并愿意帮助宣统皇帝在满洲建立独立"国家"。溥仪倾向于接受。嗣后蒋介石也派员秘见溥仪，说明只要溥仪答应不迁往东北或日本定居，可以恢复清室优待条件，可以随意住在北平或南京。溥仪拒绝了。在这种情况下，张学良派人于 11 月 6 日晚 6 时许往溥仪所居的静园送了一筐水果，其中潜藏了炸弹。少帅意在警告溥仪，让他清醒，不料这一行动使溥仪失去安全感，反而加速了他出关投敌的脚步。张将军自谓他是军人性格，想了就做，这件事能反映出他的行事特点。

第三次向溥仪伸出援手是在他已经当上伪满"执政"以后。溥杰曾回忆 1932 年 7 月间的一件事，他说："暑假我从日本回国了一次，张少帅大概也得知了我回国的消息，我意外地收到了一封他的信，记得信的大意是：日本人歹毒异常、残暴无比，我们父子同他们打交道的时间长，领教够了。他们对中国人视同奴仆，随意宰割。你要警惕他们，并要劝诫你哥哥，让他同日本人脱掉干系，悬崖勒马。可惜，我当时为了同溥仪一道恢复清王朝，对张少帅这些忠言根本听不进去，真是一桩终生憾事。"

1927 年 2 月 14 日（旧历正月十三日，即溥仪"万寿日"）的《召见日记簿》中出现了百余位历史重要人物的名字，他们都是去给溥仪祝寿的，可以说每个人与溥仪之间都有历史故事。拿王国维来说，进一步探究溥仪与王国维的关系，我相信王国维的确是殉清而死。1927 年 6 月 2 日上午 8 时，王国维赴学校公事室，与平日无异，9 时许忽向别人借了五元钱，再雇车往颐和园，购票入内，步行而至排云殿西鱼藻轩前，临流独立，吸尽一支烟，便纵身投湖而去了。人们从遗体衣袋中找到了先生留给三子贞明的遗书："五十之年，只欠一死，经此世变，义无再辱。"王国维辞世当天，其姨甥、清华研究院助教赵万里给在天津的罗振玉拍了电报：

“师于今晨在颐和园自沉，乞代奏。” 6月7日罗振玉据情上奏溥仪，并代递了一封遗折。溥仪看过遗折大受感动，遂与陈宝琛等师傅们商议，发出一道上谕。着加恩予谥“忠悫”。派贝子溥伒即日前往祭奠。赏给陀罗经被，并赏银两千元治丧。

溥仪的《召见日记簿》中还反复出现过很多重量级日本人物：日本陆军大将荒木贞夫，出任驻中国公使、内阁外务相的芳泽谦吉；后来担任“满洲国”军政最高顾问的多田骏，历任日本驻奉天总领事、天津总领事等职务的吉田茂；日本陆军大将、关东军司令官、“九一八事变”与拼凑伪满洲政权主要策划者之一的本庄繁；曾出任外务相并任临时代理首相职务和第十二任满铁总裁的内田康哉，潜入上海、天津、蒙古等地从事谍报活动、与肃亲王善耆结识，被任命为“故宫监督”、两次发动“满蒙独立运动”的大陆浪人川岛浪速；制造“济南惨案”、出任日本上海派遣军副参谋长、驻满洲武官的冈村宁次；日本陆军少将、中国派遣军司令官香椎浩平；拼凑伪满傀儡政权的主要策划人之一、后出任“满洲映画株式会社”理事长的甘粕正彦；曾任张作霖军事顾问、参与1928年“皇姑屯事件”的荒木五郎；日本海军大臣永野修身；日本陆军中将、天津日本驻屯军司令官高田丰树；日本陆军大将铃木贞一；张作霖的军事顾问仪我诚也；陆军中将、历任中国驻屯军司令官、帝国在乡军人会副会长小泉六一；日本华族子爵水野胜邦。

《召见日记簿》显示，1929年1月8日接见名单里首现“吉冈参谋”字样，同年正月十四日（1929年2月23日）是末代皇帝溥仪二十三周岁诞辰日，“吉冈参谋”再度出现在参拜名单中，同年2月12日《召见日记簿》中又有“吉冈参谋”了，证明他这时已经是围绕在溥仪身边的人物了。原来溥仪在津期间日本人就安插眼线吉冈安直紧盯，当时吉冈是日本天津驻屯军司令部参谋，给溥仪讲过时事。溥仪当上“满洲国”皇帝后，吉冈安直从1935年到1945年再次被派到溥仪身边为“满洲国帝室御用挂”，即协助皇帝办理公务的。吉冈安直以日本关东军及日本天皇的代表自居，操纵指挥溥仪的一切，包括溥仪的一言一行，甚至将溥仪的婚姻都死死控制住。关东军选吉冈安直作为监视溥仪的核心人物，也是考虑到他先期就与溥仪在天津有了来往，更了解情况。《召见日记簿》在 1931 年 11 月 2 日出现了土肥原的名字，这也是日本军国主义侵华的重大证据，证明日本军国主义采取欺骗手段诱骗溥仪离津出关的重大史实。

1931 年 11 月 8 日是溥仪离津前夕，也是《召见日记簿》有记载的最后一日。这些记载证明了召见簿的重大价值，把溥仪在津的政治活动完全显露出来。溥仪的复辟活动在这些日记中得到集中体现，完全证明他当年的思想和实践，真实、充分、生动、可靠地留下了溥仪的生平轨迹和人生转变，是他政治活动最重要的第一手见证，是溥仪在津从事复辟活动的“铁证”。

溥仪天津时期的日记未曾中断过，连同嗣后在伪满十四年间写下的日记，积有整整一皮箱，但都在伪满倒台、溥仪向通化逃亡之际，焚毁于大栗子沟了。当时溥仪是亡“国”之君、丧家之犬，担心日记会变成罪证，从而把他推上断头台。幸运的是多本天津《召见日记簿》保存了下来。

战犯时期的日记

溥仪在抚顺战犯管理所改造期间 (1950 年 8 月 1 日—1959 年 12 月 4 日) 的日记又是什么情况呢？ 1950 年 8 月 1 日溥仪结束了在苏联伯力收容所的五年囚居生活，被引渡回国，开始了在抚顺战犯管理所的十年时光。这是他的人生途程的转折时期，用他自己的话说，是“起死回生的十年”“重生再造的十年”。

在漫长的改造岁月中，溥仪过着集体生活，参加学习，参加劳动，撰写自传、心得，还要写交代、揭发材料，接待记者采访，赴各地参观，还有家属、亲属的探望和丰富多彩的文化娱乐活动。这一切使溥仪对中国共产党和人民政府有了认识，有了感情。正是这座监狱，打掉了溥仪的皇帝架子，开始逐步完成了封建专制统治者向社会主义普通公民的转变过程，完成了从国人痛恨的卖国贼向举世皆知的爱国者的转变过程。1959 年 12 月 4 日由中华人民共和国最高人民法院签发了给溥仪的《特赦通知书》，这是这位中国末代皇帝新生的标志。

溥仪被俘成为战犯时期并未正式写过日记，但在外出参观或有重要活动期间也会按日记录思想言行，实为间断性日记。在1956年和1957年两年内，战犯管理所组织部分在押犯人到各地参观，从而把平时学习的内容与社会实践结合起来，收到了很好的教育效果。溥仪好记，每天参观都能留下实录和观感。这些文字记录了所见所闻，反映了思想状况，流露了真情实感，是宝贵的历史资料。当时，战犯管理所要求在押人员每人写一篇自传，溥仪也把参观文字编入自传之中，从而留存了这批日记。例如，溥仪写于1957年5月27日的日记，就记载了他参观沈阳东陵和北陵面对祖先墓地的内心感受和“能与人民在一起的新的认识”。

公民时期的日记

溥仪特赦以后作为公民生活期间（1959年12月4日—1967年10月17日）日记存世较多，现有11本。始于特赦之初，终于去世之前，按时间顺序囊括了后半生的历程，具有系统性；日记内容广泛，包含了溥仪这一人生阶段的学习、工作、劳动、家族、家庭、婚姻、生活、人际关系、社会活动和外事活动的各个方面，具有完整性；日记主人不是为了写给别人看的，因而能更多地反映真实思想，具有真实性；日记从每天的具体活动入笔，详则记录情节、对话，略亦按日系事，又具有细致、生动的特点。

应该说明的是，溥仪特赦后所写日记并没有全部保存下来。根据溥仪亲笔编号，他在八年中一共写了二十八本日记，而且实际上比这还要多。因为我发现还有一些零星的日记被随便写在各种各样的笔记本子上，没能列入编号的日记系统中。据李淑贤说，很多日记是溥仪在浩劫年代里自行焚毁的，也有一些日记和文稿是溥仪去世后陆续失掉的。在让人痛心而又令人难忘的年代里，李淑贤居无定所，辗转迁徙，从偌大的院落厅堂之间陡然迁居到狭小厢房内，实在无力保存原有的许多家什物品。从20世纪60年代后期到70年代后期，她几度搬家都不得不忍痛缩减保存丈夫纪念品的数量，这一事实又令人遗憾地造成了溥仪生平中的诸多空白。

现就溥仪特赦后存留日记的原貌概要介绍如下：

第一册，精装封面上有“北京日记”字样，32开本，扉页上印有天安门照片。首页即1959年12月14日日记，题为“周[恩来]总理对我们讲话”。溥仪还把1960年至1963年间的外事活动集中在这个本子上了。本册中尚存有溥仪在1960年写下的其他文字，如“1960年11月自我鉴定”“植物园工作手册摘录”“庄士敦《故宫的黄昏》一书摘录”等。本册无溥仪自题的编号标记。

第二册，是一本带记事格的《1963年农历》，32开本，每月只占两页篇幅，溥仪1963年全年的日记就写在这本《农历》的记事格内。本册无溥仪自题的编号标记。

第三册，是外文出版局日文期刊《人民中国》赠送的纪念册，比32开本稍小，每页左上角都有“人民中国”刊头标记。溥仪从1964年3月11日至4月29日在江南六省一市参观游览的日记都写在这个本子上，大体可以分为两部分：前部分为参观游览行程简记，后部分为现场记录及座谈感想方面的文字。本册无溥仪自题的编号标记。

第四册，为64开普通平装小日记本。前半部分是别人的笔迹，原样抄录了1964年3月11日至4月29日溥仪在江南六省一市参观游览的日记，并附有一篇以李淑贤口气写的参观江南感想；后半部分是溥仪亲笔所写，开头有“1964年第二次参观”字样，接着是1964年8月5日至8日在西安参观的日记，最后是一篇参观西北的感想稿。这篇文字的笔迹是溥仪的，但口气是李淑贤的。本册日记或专为李淑贤准备，李因病未去延安。故日记中亦无参观延安的内容。在溥仪参观西北的日记已经失掉的情况下，本册保存了四篇从溥仪日记原文抄录过来的日记，格外珍贵。本册无溥仪自题的编号标记。

第五册，是32开的插有许多学习雷锋图片的日记册，溥仪用它作为1965年的工作杂记本。内载“北洋组1965年5月至12月工作计划（草案）”以及溥仪抄录的周恩来关于文史资料工作的讲话、全国政协秘书长平杰三的学习动员报告等。其中有三篇属于日记范畴，时间明确，分别为1965年3月17日、4月14日和4月20日所记，按内容可称之为“思想”日记。本册无溥仪自题的编号标记。

第六册，为北京市文化用品公司发行、陶然亭文化纸品厂于

1964年11月印制的100页装64开日记芯式小本子。全册正反面都记满了文字。溥仪在扉页上亲笔自题了“日记本，二十三本，从1965年4月15日起到8月22日止”字样，是溥仪正式编号的第23册日记。

第七册，为北京市文化用品公司发行、北京市印刷公司于1965年6月由龙门印装的80页笔记本，其规格小于32开，大于64开。全册正反面都记满了文字。日记起于1965年8月23日，迄于同年11月3日。溥仪在扉页上亲笔自题了“日记本，第二十四本”字样，是溥仪正式编号的第24册日记。

第八册，为北京市文化用品公司发行、宣武区社会福利工厂于1965年6月印制的100页装50开平装日记本。全册正反面都记满了文字。日记起于1965年11月4日，迄于1966年4月30日。溥仪在扉页上亲笔自题了“日记本，第二十五本”字样，是溥仪正式编号的第25册日记。

第九册，为北京市文化用品公司发行、北京市日历厂于1966年4月印制的80页装50开平装工作日记本。全册正反面都记满了文字。溥仪在该册封面上画了一颗五角红星和一面飘扬的小红旗，还亲笔从毛泽东的《纪念白求恩》一文中抄录出三段语录，并在封面原有的“工作日记”四个字下题写了“27册”字样。底部还有一行钢笔字迹：“1966年9月1日开始，到1967年2月16日”。在扉页的正反两面上，溥仪还使用当年的流行语句，题写了“念念不忘阶级斗争”一类政治口号，留下了时代的印痕，此即溥仪正式编号的第27册日记。

第十册，为北京文化用品公司发行、宣武区社会福利工厂于1966年11月印制的80页装149毫米×100毫米开本的工作日记本。全册正反面都记满了文字。日记起于1967年2月17日，迄于同年8月31日，是溥仪正式编号的第28册日记。

第十一册，为小于64开的普通平装小日记本，实际是未加塑料皮的本芯。在白色封面上有溥仪亲笔题写的“病中纪事”字样。日记起于1967年9月6日，迄于同年10月12日，这最后一天日记即溥仪绝笔。小本子上还有溥仪在逝世前十一天——10月6日写给妻子的字条等内容。本册无溥仪自题的编号标记。

本书以上述十一册日记为主，兼收溥仪特赦前各个时期的日记存篇，本着实事求是、忠于原文、保存史料的原则，按时间顺序编排。

日记以溥仪的日常工作与生活为内容，不但呈现了他在政治观点、思想方法和生活态度等大问题上脱胎换骨的转变，而且表述了他在思想意识、情操和品格等方面弃旧图新的努力。它以千真万确的事实不容置疑地证明了溥仪的转变。对于一位皇帝的亘古未有的成功改造，世界上许多著名人士感到惊奇，读过这部日记就完全能够理解了。从客观上讲，决定因素是历史趋势。溥仪深深懂得：时代和历史条件已经发生根本变化，他曾经那样热衷并孜孜以求的封建复辟之路早已堵死，社会主义前途是当代中国的唯一选择，他本人也必须转变思想才有出路。从日记里看得出溥仪对社会的冷静观察，切身感受使他认识到，晚清帝国政府和北洋军阀政府都是腐败的、卖国的，没有人承认的伪满政府则是日本帝国主义的傀儡和工具。有比较才能有鉴别，还是共产党领导的中国好。他真诚热爱晚年才碰上的新国家。从主观上讲，当然可以说溥仪有报恩思想。他总觉得自己“百死不足以蔽其辜”，但人民政府对他不杀头，还给予特赦、安排工作，帮助他在政治上进步，照顾他的健康和生活，关心他的婚姻、家庭和家族，并在政治和社会风暴来临的时候对他加以保护，等等。如果说溥仪那种朴素的报恩思想产生于抚顺改造的年代，那么，就应该说特赦以后他的思想境界已经明显提高了层次，我们能够看到他载于日记的国家主人翁的态度、思想、言论和行动。

溥仪的改造，他的思想转变，究竟达到了怎样的程度呢？这也是人们关心的问题。根据日记提供的“答案”，我们看到溥仪在公民身份、选举权、工作、学习、劳动、衣、食、住、行、交往、治疗以及文化娱乐等方面都与平民百姓无异，特别值得称道的是他那种作为中华人民共和国公民的光荣感，是很真实的。这一切都说明溥仪在思想、作风和习惯的大节方面已经得到了彻底的改造，有了重大的转变。从这个意义上说，确实是“世界上的奇迹”。然而这并不意味着他在所有的方面和一切问题上都跟普通人毫无二致，从他身上还时而能流露某种可以称作“皇帝意识”的东西：

他总怕别人指其“特殊”，实际正是自己感觉上的特殊；他连许多最基本的生活常识都不懂，如该讲礼貌的时候往往“唯我独尊”，而不该谦让的时候又常常“彬彬有礼”，此类确实与普通百姓不能相比；某些完全应该自理的日常活动，他虽然很想一一做好，却又难以事事遂愿，如在公共场合就餐不带饭碗，有时如厕忘带手纸，如此等等，只能证明这位人士绝非“凡夫俗子”。然而人们都能理解，谁也不会在这类问题上苛求一个当了几十年“皇帝”的人。事实上，由于历史的、社会关系的、思想意识的种种原因，认为溥仪这位当年的皇帝可以变得和今天的公民完全一样，甚至连习惯、禀性等思想范畴以外的生理性因素也变得像个普通老百姓，那是绝对不现实的，完全不可能的。俗话说：“江山易改，禀性难移。”读过日记的细心读者能够体会到，溥仪直到生命的垂危阶段，身上还有淡淡的“皇帝味”，这恰恰能够说明他的改造是成功的，十分真实，特别可贵。从这些意义上来说，溥仪特赦以后的日记为有兴趣的学者和读者，从哲学和心理学的高度深入研究溥仪的改造与思想转变，提供了最直接、最生动的资料。

这位当过皇帝的公民，以关心时局的普通人身份，记述了当时国内、国际上一些重要的政治事件；反映了中国共产党改造政策和爱国统一战线政策的胜利，对于改造一切现存的敌对分子和犯罪分子，对于各阶层人士的思想启迪和人民群众的社会主义教育，对于和平统一祖国，对于团结港、澳、台同胞以及海外侨胞和华人，进一步发展爱国统一战线，具有十分深远和非常重要的意义。更从在全国政协机关工作的特赦人员的角度，记述了作为同事的前国民党高级将领的情况和相关史实。尤其是特别详尽地记载了党和国家领导人毛泽东和周恩来对他做过的大量具体工作，受到接见、聚餐、谈话等，记录了中央统战部和全国政协许多首长对他的关怀和教育，令人信服地表现了他在这一时期的思想风貌、道德和人品，真实、充分、生动、可靠地留下了溥仪的生平轨迹和人生转变，以及他怎样看待毛泽东、周恩来等很多鲜为人知的事情。由溥仪笔录的个人与家事以外的内容，也都具有重要价值。

在日记中，溥仪还一笔笔记下了他与新婚妻子的婚姻家庭生活。1959 年 12 月 4 日，溥仪热泪盈眶地接过特赦通知书，以中华人民共和国公民的身份走进崭新的生活，当时他才五十四岁，将要面对漫长的后半生，也需要建立一个新的家庭。因为皇后婉容已于 1946 年病逝，淑妃文绣早在 1931 年 9 月就离婚走了，“祥贵人”谭玉龄也于 1942 年 8 月神秘死去，“福贵人”李玉琴则在 1957 年 5 月与溥仪办理了离婚手续。此时他又是孤家寡人了，需要婚姻家庭生活。他娶了杭州女子李淑贤后，两人生活在国家供给的房子里，溥仪依然保持着每天写日记的习惯。然而，从某一特定角度说，他们是一对儿不幸的夫妻，没有衾枕之乐，不能生儿育女；同时他们又是一对幸福的伴侣，相伴为生，相依为命，谁都离不开谁。两人还经常开玩笑、侃大山，有时李淑贤被溥仪逗得捧腹大笑。溥仪还会在日记里写下妻子与人相处的事例。一次李淑贤与前院的工友闹别扭，溥仪曾在日记中写为人处世应以和为贵，他觉得是李淑贤做得不对。应该说溥仪是位很友善的人，能够真诚对待一位普通工友。这就是我们可以从日记中看到的溥仪，看到他特赦后过着怎样的生活。

溥仪生前的绝笔日记写于他去世前五天，也就是 1967 年 10 月 12 日，那篇日记简短且字迹潦草，从字迹中不难看出当时溥仪的情况已经十分严重。除了“蒲老开方”外其他的几个字都不认识，甚至连日期都没有记下，我为此与中医研究院广安门医院原处方核对，才确定日记的日期为 1967 年 10 月 12 日。

溥仪去世后，溥仪穿过的衣服还在衣架上挂着，溥仪用过的碗筷还在柜橱里搁着，溥仪睡过的枕头还保留着压痕。李淑贤曾这样说，无论如何不能相信，那个生气勃勃、笑声朗朗的“大孩子”就这样走了。

周恩来总理说：“我们把末代皇帝改造好了，这是世界上的奇迹！”溥仪日记则是这一“世界奇迹”的真实记录。溥仪在 1959 年 12 月 14 日写的日记，内容系记录周恩来在接见首批特赦战犯时的谈话内容，原文很长，这是对溥仪后半生影响最大的一次谈话。溥仪在 1967 年 10 月 12 日这一天的日记上写下他一生中最后几个字：“蒲（辅周）老开方……”本篇即爱新觉罗·溥仪的绝笔日记。他本想把蒲老的处方全文抄录在日记上，却只写出七八个模糊难辨的字便无力握笔了。溥仪生平各时期存世日记，真实呈现了他大起大落的一生。

二、溥仪日记的整理与价值

李淑贤授权给了我宝贵机遇

作为溥仪先生唯一亲自执笔写下的日记篇章，一本可靠而重要的历史资料著作，它的价值和影响已经得到充分展现。这本书得以问世，谁的贡献最大？无疑当属溥仪遗孀李淑贤女士。正是因为她对溥仪日记的抢救与保存，因为她给予我的授权，并提供日记原本，才使得我有机会对这些极为珍贵的日记原稿真迹，加以整理、注释并出版。

出版《溥仪日记》，其实早在20世纪80年代初就确定了选题。1979年，一个偶然的机会，我与溥仪遗孀李淑贤相识。在北京东城北小街草原胡同23号院内一间不起眼的厢房里，我惊奇地见到了中国末代皇帝爱新觉罗·溥仪遗留的大量日记、信件、文章、发言底稿、与各界人士的谈话记录等亲笔手稿，还有各种出席证、请柬和家庭影集。这些原始的文字和图片，真实再现了溥仪特赦后的崭新风貌，太珍贵了！

李淑贤惋惜地告诉我，以前不知道这些“旧纸片子”还有用，大部分已经被溥仪亲自点火焚毁了。那是“文革”初期，破“四旧”的狂潮也席卷了溥仪和她当时居住的地方——北京东观音寺小巷内一处长满树木的宁静院落。溥仪被“勒令”交出了他与党和国家领导人的合影照片及正在使用的小汽车等“奢侈品”。

这件事并没有就此过去，溥仪又决定烧书和他的笔记本、日记本、诗文。李淑贤觉得可惜，就在溥仪烧的过程中，借口有人叫门，让溥仪去看看，趁溥仪去开门时，李淑贤从火中抢救出来部分日记，藏了起来。挨过十年“浩劫”的日日夜夜，李淑贤终于把那批溥仪亲笔日记保存到“四人帮”覆灭的那一天。

我当即提出合作整理溥仪遗稿，李淑贤欣然同意。作为溥仪唯一法定继承人，李淑贤有权对溥仪生前未发表遗稿行使署名权、修改权、保护作品完整权和发表权。1980年6月以后，李淑贤亲笔签署了多项授权书、协议书，我们的合作关系就此正式确立。正是由于李淑贤的授权，我才有资格整理、注释溥仪日记，并从 1980 年就深入各地档案馆收集更多相关资料和投入到整理工作中去。

当我接受溥仪夫人李淑贤女士的委托，开始整理溥仪的日记时，我为自己有幸亲睹这批珍贵史料并能通过自己的工作使它与读者见面而欣喜，同时也为自己能否圆满完成这一项具有历史意义的工作而感到惶恐不安。这一方面是因为溥仪的日记内涵丰富、涉猎面宽，愈是这样，整理、注释的难度愈大；另一方面是因为溥仪的日记均为随手所记，形式上不规整，恢复原貌当然也不是轻而易举的事；此外还有一个方面也必须注意到，日记固然是反映了溥仪的真实思想，同时也暴露了思想中的许多矛盾，而其中一些矛盾从个人角度不容易想得通，也很难克服。溥仪自毁了部分日记，留下了一段又一段的空白。当我决心整理并注释这部日记的时候，当然要想到填补空白的问题，却又谈何容易！因此，这项工作我动手最早，却完成较晚。其间我在北京、天津、长春等地，走访了许多与溥仪生前一起工作过的政协委员、全国政协机关工作人员、医生、护士、街坊邻居以及溥仪的亲属和故人等，还调查了许多相关的事件，悉心搜集了数量巨大的档案数据和文献数据，并经反复查阅、核实、比较和研究，当我自信有了相当把握的时候，才真正开始了对日记的整理和注释工作。我希望能把占有的资料与研究结论中最精华的部分纳入本书，诚心诚意让读者更容易了解日记的真正内涵。然而我深知，有些历史真空，无论当世还是后世都难以填补。

《溥仪日记》经历了怎样的整理？

根据公开出版的需要以及李淑贤女士的意见，我对溥仪日记做了大量整理工作，主要涉及五个方面：一是关于格式和文字整理，二是关于内容整理，三是注释文字量已超过正文，四是补入“篇后附录”，五是坚守“保护原文原意”的大原则。这些都很重要，不做整理，本书的出版是不可能的。

1. 格式和文字整理

这方面整理包括正确辨识字迹、调整混乱文序、规范行文段落和标点符号、换补文字误漏、准确标示日期以及必要的文字规范如删字、删句、删段等。这一项项整理无不涉及溥仪日记的内容，如事件、人物、单位等，都必须弄清楚、很熟悉，才能处置得当。

字迹辨认

溥仪当年执笔记事，并不曾想过发表或出版，对于语法、修辞、行款等都很随意，连日记页面也显得杂乱，必须一一仔细辨认，使文义准确无误，一切必要的整理都以尊重原文为前提。例如，有些地方文字不够通顺，但尚能明白其意，则保持原貌。有些字模糊不清，无法辨认，因而删去，但须不至于因此影响全句、全段、全篇的基本意思。如1960年3月17日日记，溥仪原文“在座有科学院对外联络委员赵静如同志、王志安秘书，还有一个对外文［委的同志］”，其中“如”“志”二字原字不清，“委的同志”几字原文缺失，经我调查、考证才得以确定并补正。

文序调整

溥仪原文文字顺序混乱，或又有写在行外、框外、页外多处者，都必须调整、理顺，使文义准确无误。如1960年5月26日日记、1963年3月27日日记，溥仪原文文句顺序和标点混乱，对其进行了适当整理。

标点符号修正

溥仪从小读书没有接受过标点符号教育，不大会使用标点符号。溥仪日记原文多无标点符号，即便有也大多不正确，较混乱。对此，或添加、或修正，做了必要整理。如1964年3月19日、1965年3月17日、1965年4月21日等日记，溥仪原文多无标点符号，都是整理时添加的。

段落规范

溥仪原文大部段落划分不规范，或干脆不分段，全部混写在一段内。我已按内容或有合段或分段之整理，重新划分为数段，而与溥仪原文段落划分多已不同。例如，1965年4月20日溥仪日记段落划分就很不规范，我按其内容划分为17段，而使原文段落清晰，层次分明。

统一日期标识

溥仪原文并不存在格式一致的日期标识，有若干篇甚至完全缺失，此类情况全书有269处。这就必须对日期标识的格式予以统一，对缺失日期的则要添补。例如，1961年1月14日日记。因为该日日记“是从溥仪单独记载外事活动的笔记本上摘录下来的”，故没有“1月14日　星期六”这种小标题式日期标识，是整理添加的。又如日记中1963年度所标时间“系利用《农历》原有印文”，而印文包括“公历”“农历”“星期”“干支日”“闰月”“节气”“日月食”等，很复杂。选定如“1963年1月1日　星期二”这种标示方式则是我的思考和整理。

改错、增补等文字整理

溥仪原文错字和缺字的数量很大，已发现一千零二处，可以说遍布全书。对此所做改错（用〈〉表示）、增补（用［］表示）等文字整理，使内容更完整，文字更规范。1963年4月30日日记就涉及众多增补人物全名的情况，如“杜［聿明］”“范［汉杰］”“杨［伯涛］”“郑［庭笈］”“罗［历戎］”“廖［耀湘］”等，都必须准确增补，仔细核对。

2. 内容整理

根据适合条件，把溥仪写入非正规“日记”册中的文字，编入《溥仪日记》一书，这是在内容整理方面，我所做的一项重要工作，具体包含六类情况，关涉到全书。为此，必须收集到这些内容，还必须从多角度加以考虑，要与溥仪一生存留的日记关联、比照、借以认定是否真实可靠？是否可以如此取或舍、摘或录？这显然是重要、复杂而又耗费时间和精力的整理工作。

第一类情况：把1956年、1957年溥仪到各地参观的实录和观感编入日记。

收入《溥仪日记》一书中溥仪1956年和1957年两年内的“日记”，其实只是溥仪在抚顺关押期间随同战犯管理所组织的参观团，到外地参观之际而在当日写下的实录和观感。然而完全具备“本人在当天或次一两日实写自己的行为和思想”这一日记写作的特征，可以作为“日记”读。为了弥补溥仪并未在其人生中极为重要的改造时期留下日记的缺憾，征得李淑贤同意，我把这些经过考证、核实的内容，编入《溥仪日记》一书。

第二类情况："大海捞针"，找回已失日记中若干得以保存的篇章。

溥仪1960、1961、1962三年的日记以及1964年（除3月11日至4月29日以外其他时段）、1965年（除1965年4月15日至年底时段）、1966年（除5月至8月间时段）这三年之部分日记，均已经失掉。为了弥补这一重大缺欠，我甘愿付出"大海捞针"的努力，坚决要把已失日记中若干因当年曾被抄录于另本而得以保存的篇章，即那种写在非正规"日记"册中，而且是散落在上百万字溥仪遗稿中间的"记事性记载"文字一一寻找出来，再按时序编入《溥仪日记》。

第三类情况：把在别处找到的相关详细记载合并入日记本文。

溥仪日记中本文存在，但属简记。我又从溥仪的非日记性笔记本上费力找到了相关详细记载，可以补充同日中由溥仪写入正规"日记"册中的文字之不详或不足，当我确认它们属于溥仪同日日记的更为详细的记载，可以作为同日日记使用时，也把这类文字按时序编入《溥仪日记》。溥仪遗稿中"1963年5月22日"相关详细记载即这种情况，全书约有三十例。我在《关于整理和注释的几点说明》第二项中专门谈到这种情况："同日日记而分写两处的，整理时合并，但隔行单列不相混淆，并对移入的部分加注说明。"

第四类情况：以收入《周恩来统一战线文选》的定稿代替溥仪的记录稿。

1959年12月14日周恩来接见首批特赦战犯并讲话，溥仪在笔记本上留下了这次讲话的亲笔原始记录，题为《1959年12月14日周总理对我们讲话》。在溥仪的笔记本上，还有一篇《周总理讲话、语录（第一次接见时）1959年12月14日》，这是事后亲历者相互对照、传抄而形成的，溥仪又亲笔抄写在他的笔记本上了。还有第三篇《补录周总理谈话1959年12月14日》，这是事后由溥仪亲笔补录在笔记本上的。由于其内容涉及国际关系和对台关系某些不宜公开事项，这在当年是不可能原样发表的，也是非亲历者不可能看到的。对于这两篇传抄记录稿，经对照与收入《周恩来统一战线文选》一书的正式谈话记录，除大致意思相符，具体用词、组句、成篇都不同。鉴于几种文本并存，我经过比对认定可以相互取代，乃选定收入《周恩来统一战线文选》一书文本，用以取代溥仪的原始记录稿和传抄稿。

第五类情况：把书写在溥仪日记行文之外的记载纳入正文。

把书写在溥仪日记行文之外的记载纳入正文，就是说，本篇日记中的一两句话，在原文中并不存在，而是写在日记行文之外，实为某种备忘性或提示性记载。例如，1965 年 10 月 5 日日记正文行文外，就有一句："他说从皇帝到公民，是史无前例的奇迹。" 经考证而把它纳入溥仪日记正文，并加注释："此句是溥仪补写在日记正文之外的，现据内容插入正文。"这种情况全书有四十六例。

第六类情况：史实纠误，排除"硬伤"。

溥仪原文或有"硬伤"即出现重要史实错误，经查阅存盘历史数据，对溥仪原文"硬伤"，加以考订和纠正。这一项整理全书有 19 例之多。例如，1963 年 3 月 22 日日记。溥仪原文为"第二届亚非人民团结大会"，经查阅历史档案，我将"第二届"改为"第三届"。又如 1965 年 10 月 5 日日记。溥仪原文为"政协祭严济慈先生的追悼会"，经考证，我改定为"政协祭严□□先生的追悼会"，并加注文"是日，全国政协为严希纯先生开追悼会，溥仪却误记为别人了。严希纯逝世前任全国政协常委、副秘书长、办公厅主任、学委会主委和中国致公党中央常委等职。"

3. 详明而准确的注释

因为溥仪身份复杂、经历丰富，其日记涉及一千多位中外人物和众多的历史事件，又恰可折射中国近现代历史中的社会变革，内容博大，这势必影响到注释文字的数量和质量。整理他的日记必须广加注释，才便于读者接受。从某种意义上说，注释溥仪的日记，等于编一部溥仪辞典。同时，这也是印证和传播历史史实的好机会。为此，我整理溥仪日记特别着重注释，其文字量已超过正文。倘本书注释文字能够帮助读者更准确、更深刻、更全面、更具体地理解日记内容，我就感到欣慰了。

4. 补入“篇后附录”

关于“篇后附录”，我在《爱新觉罗·溥仪的遗稿与日记》一文中说：“溥仪日记中的某些记载过于简略，以致内容不能明了，对此而有其他可靠数据能够补充或佐证的，都尽可能注出或作为‘篇后附录’而完整引证出来，似有助于内容的补充。”本书“篇后附录”较多地利用了董益三先生的日记数据。董先生是溥仪特赦后的同事，他们都是全国政协文史资料研究委员会的专员，同室办公，朝夕相处，在20世纪60年代中期前后五年多时间里，他们不但有共同的业务生活、政治学习生活、劳动生活和参观旅游生活，两人还成为邻居和相知的朋友，发生了比其他专员间更密切的个人和家庭之间的交往。特别是在“文化大革命”最初的年代里，董先生帮助溥仪分析形势、正确处理面对的各种难题，使两人的情谊在新的考验中得到深化和发展。当本书注释者在20世纪80年代初走访这位年近八旬的老人时，他热情而直率地提供了自己的日记（1962年至1967年）以及当年的工作笔记等珍贵手稿资料。董先生的生活规律性极强，日记准确、详明、生动、具体，富有思想性和史料性。他提供的资料不仅能够核实溥仪日记中的许多记载，而且有助于丰富溥仪日记的内容，使其失于简略的涉及专员共同生活的记述，得到了必要的补充性的具体说明。尤为难得的是，董先生日记中还有数量不少的关于溥仪言行的生动的直接记述。引证董先生的日记、工作笔记作为“篇后附录”和注文，等于保存了一批有关溥仪思想和生活轨迹的重要佐证资料，它填补了溥仪遗留的部分空白。

5. 保护原文原意

溥仪作为中国末代皇帝，又经历了20世纪中国最重大的社会变革，他的日记恰可折射中国近现代历史，重要而珍贵。因此，整理他的日记必须慎之又慎，要坚守“保护原文原意”的大原则，重在保护原文原意。

对编入《溥仪日记》的文字，凡涉整理内容，我均加以明确标识。如增补文字加“［］”号、改正错字加“〈〉”号、删字删句删段均加“……”号等，这是我所做的又一项重要整理工作，也关涉到全书。明确标识也是为了保护原文原意。

对溥仪原文，或因文字重复，或因字迹不清，或因记载简略以致语意难明，或因关涉隐私，或因受限于当时的政治因素，或因其他种种原因而删字、删句、删段。内容取舍涉及要对本文从多角度考虑，要与溥仪日记关联、比照，借以认定是否可以如此取舍。我做这项整理时，一般都以删节号表示，并在注文中明示，对读者有交代。此类删文，全书可以列举82例。我整理后删去溥仪原文中“还有”“当”“们”“在过去”“的”“曾经”等多余虚字，使文字精练、通顺、规范，而实质内容，凡属表达一定意义的用词、用字，都要尽可能保留而不随意改变，如需变动，一般采取“虚改实留”的原则。不能把溥仪日记作为手中玩物，随便“创造”，改变原文，篡改内容。

《溥仪日记》集中了爱新觉罗·溥仪一生现存的日记，让我们能够最真切地看到充满了传奇色彩的末代皇帝溥仪一生的生活和思想。日记以溥仪的日常工作与生活为内容，不但表现了他在政治观点、思想方法和生活态度等大问题上脱胎换骨的转变，而且表现了他在思想意识、情操和品格等方面弃旧图新的努力。它以千真万确的事实不容置疑地证明了溥仪的转变。

2018年10月于长春

目录

溥仪在抚顺战犯管理所改造期间日记存篇／217

（1950年8月1日—1959年12月4日）

溥仪特赦以后作为公民生活期间日记存篇／251

（1959年12月4日—1967年10月17日）

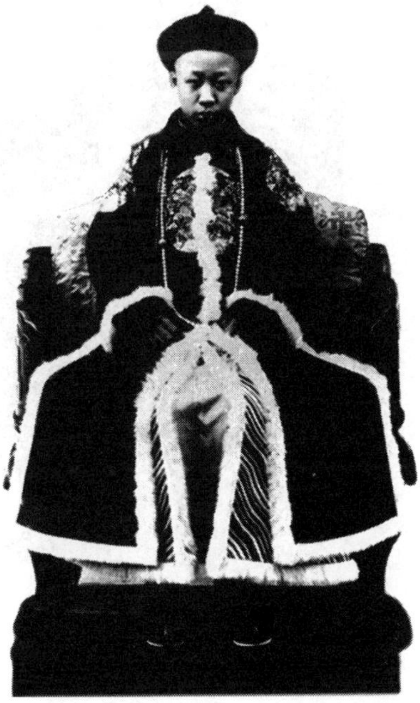

溥仪在北京清宫当“关门皇帝”期间

日记存篇

（1912 年 2 月 13 日—1924 年 11 月 5 日）

溥仪于 1908 年 11 月 13 日受到慈禧太后和光绪皇帝的召见，次日皇帝驾崩，溥仪以“承继同治，兼祧光绪”的名分“入承大统为嗣皇帝”。同年 12 月 2 日，溥仪正式登基即位，是为清朝宣统皇帝。1912 年 2 月 12 日，隆裕皇太后颁发了宣统皇帝的《退位诏书》。根据中华民国政府的“三项优待条件”，溥仪保有“皇帝尊号”，留居紫禁城，从此开始了“关门皇帝”的生活。

1917 年 7 月 1 日至 12 日，在短命的张勋复辟事件中，溥仪再度登基又再次退位。

1924 年 11 月 5 日，溥仪被冯玉祥撵出北京紫禁城，他的“皇帝尊号”也同时被取消了。

如果说，宣统皇帝在位的三年里，溥仪还是个乳臭未干的娃娃，那么，他在北京清宫当“关门皇帝”的十二年，则正是从少年到青年的成长时期。从 1911 年起，6 岁的溥仪开始在毓庆宫读书，先后担任“帝师”的有陆润庠、陈宝琛、伊克坦、徐坊、朱益藩、

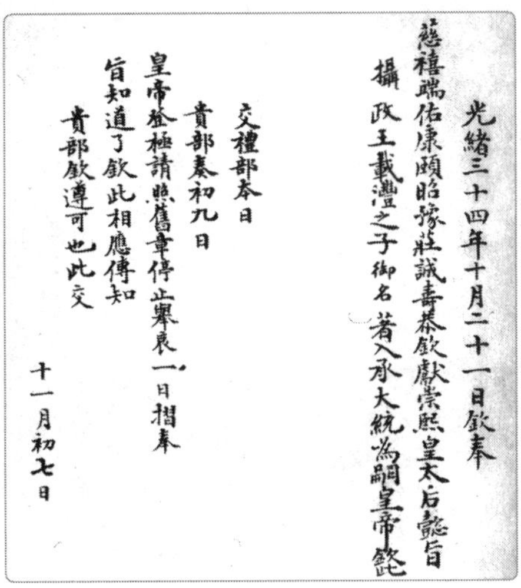
光緒三十四年十月二十一日欽奉
慈禧端佑康頤昭豫莊誠壽恭欽獻崇熙皇太后懿旨
攝政王載灃之子御名著入承大統為嗣皇帝欽此
交禮部本日
貴部奏初九日
皇帝登極請照舊章停止舉哀一日摺奉
旨知道了欽此相應傳知
貴部欽遵可也此交
十一月初七日

慈禧命溥仪入宫的懿旨

溥仪入宫登基，为清朝末代的宣统皇帝

载沣与嫡福晋瓜尔佳·幼兰（溥仪的父亲、母亲）

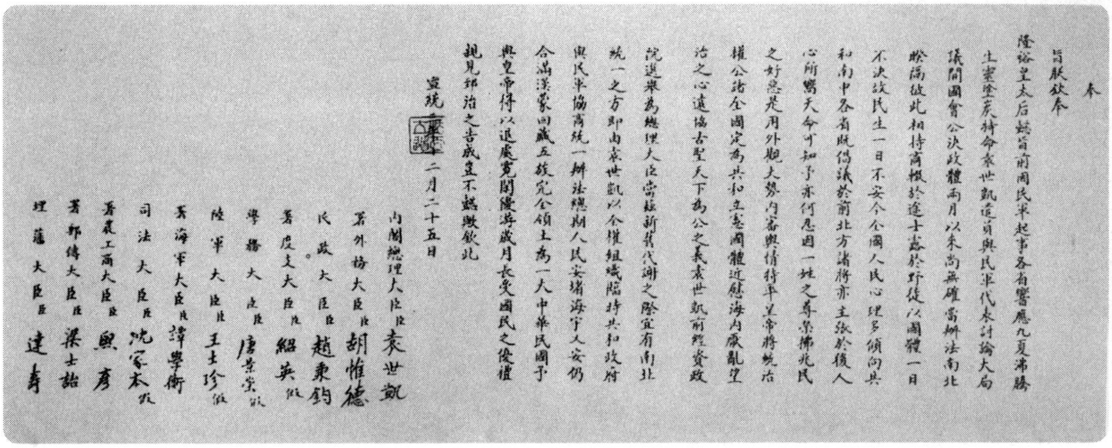

奉

旨朕欽奉

隆裕皇太后懿旨前因民軍起事各省響應九夏沸騰

生靈塗炭特命袁世凱遣員與民軍代表討論大局

議開國會公決政體兩月以來尚無確當辦法南北

睽隔彼此相持商輟於途士露於野徒以國體一日

不決故民生一日不安今全國人民心理多傾向共

和南中各省既倡議於前北方諸將亦主張於後人

心所嚮天命可知予亦何忍因一姓之尊榮拂兆民

之好惡是用外觀大勢內審輿情特率皇帝將統治

權公諸全國定為共和立憲國體近慰海內厭亂望

治之心遠協古聖天下為公之義袁世凱前經資政

院選舉為總理大臣當茲新舊代謝之際宜有南北

統一之方即由袁世凱以全權組織臨時共和政府

與民軍協商統一辦法總期人民安堵海宇乂安仍

合滿漢蒙回藏五族完全領土為一大中華民國予

與皇帝得以退處寬閒優游歲月長受國民之優禮

親見郅治之告成豈不懿歟欽此

宣統三年十二月二十五日

內閣總理大臣臣袁世凱

署外務大臣臣胡惟德

民政大臣臣趙秉鈞

署度支大臣臣紹英

學務大臣臣唐景崇假

陸軍大臣臣王士珍假

署海軍大臣臣譚學衡

司法大臣臣沈家本假

署農工商大臣臣熙彥

署郵傳大臣臣梁士詒

理藩大臣臣達壽

1912 年 2 月 12 日宣统皇帝宣布退位的诏书

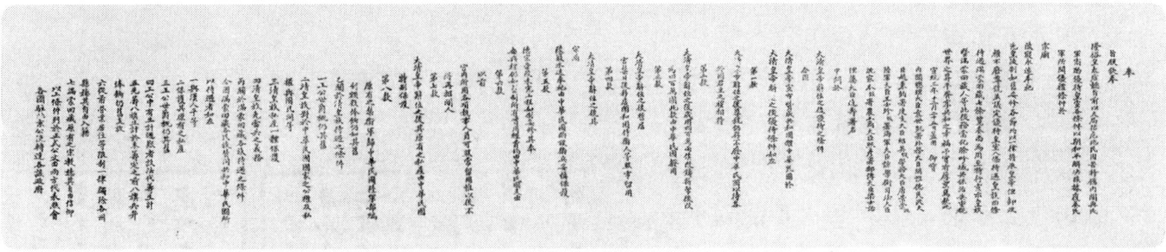

清室优待条件

梁鼎芬和庄士敦。从 1914 年起，9 岁的溥仪开始写日记，逐日记下了 9 岁孩子读书练字、给四位皇额娘请安、与师傅们交往以及役使宫中太监等活动。尽管从中可以了解溥仪接受教育的情况以及他所经历的早年宫廷生活，然而这位保有“皇帝尊号”的少年还太小，还不懂得在日记中记录思想和感情，加之生活内容单调、刻板，虽有许多本日记存世，却是千篇一律，像流水账。

1922 年 12 月 1 日是溥仪大婚的日子，这标志着他的成年。然而，比这还早些时候就没有日记留存下来了。

溥仪出宫时当然不会记得少年时代写下的一摞日记，而忙乱中丢弃在养心殿的这些日记，才得以作为溥仪的遗墨，至今完好地保存于中国第一历史档案馆。

这里仅仅选录其中的若干篇。

1914 年

甲寅（1914 年—1915 年）[1]

● 九月二十六日（1914 年 11 月 13 日）癸卯　阴

［读《左传》］“晋侯赏桓子狄臣千室”至“是无善人之谓也”[2]，《礼记》“八十者”至“［百工］各以其器食之”[3]。

● 二十七日（1914 年 11 月 14 日）甲辰　晴

读《左传》“夏，成周宣榭火”至“执南郭偃于温”[4]，《礼记》“道路”至“为田九万亿亩”[5]。

● 二十八日（1914 年 11 月 15 日）乙巳　晴

读《左传》“苗贲皇使”至“郤献子为政”[6]，《礼记》“自恒山［至于南河］”至“其余六十亿亩”[7]。

● 二十九日（1914 年 11 月 16 日）丙午　晴

读《左传》“冬公弟叔肸卒”至“善之也”[8]，《礼记》“古者以周尺八尺为步”至“方十里者六十”[9]。

●十月初一日（1914 年 11 月 17 日）丁未　晴

在养心殿写大匾、写仿，

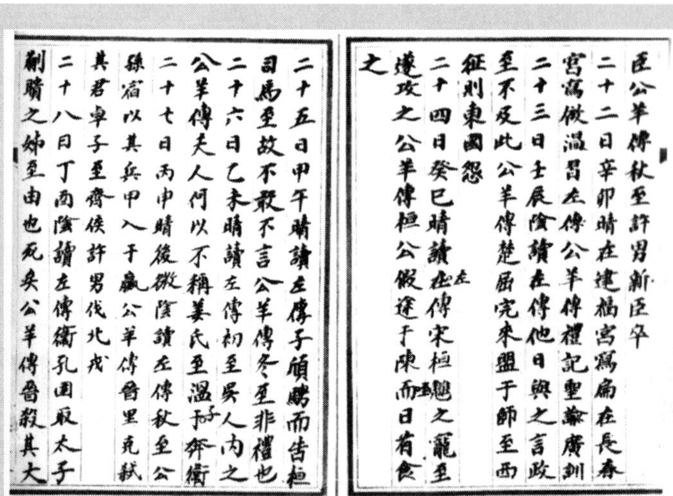
臣公羊傳秋至許男新臣卒
二十二日辛卯晴在建福宮寫扁在長春
宮寫做溫習左傳公羊傳禮記聖諭廣訓
二十三日壬辰陰讀左傳他日與之言政
至不及此公羊傳楚屈完來盟于師至西
征則東國怨
二十四日癸巳晴讀左傳宋桓魋之寵至
遂攻之公羊傳桓公假途于陳而日有食
之
二十五日甲午晴讀左傳子頹嬖而告桓
司馬至故不殺不言公羊傳冬至非禮也
二十六日乙未晴讀左傳初至吳人內之
公羊傳夫人何以不稱姜氏至溫于衛
二十七日丙申晴後微陰讀左傳秋至公
孫宿以其兵甲入于嬴公羊傳晉里克弑
其君卓子至齊侯許男伐北戎
二十八日丁酉陰讀左傳衛孔圉取太子
蒯聵之姊至由也死矣公羊傳晉殺其大

溥仪儿时的日记

1 日记原文只用农历和干支历，圆括号内的公历均为注释者所加。
2 文在“宣公十五年”，《左传》为溥仪在毓庆宫上课时的正式授读内容。
3 文在“王制第五”，《礼记》亦为溥仪在毓庆宫上课时的正式授读内容。
4 文在“宣公十六年”至“宣公十七年”。
5 文在“王制第五”。
6 文在“宣公十七年”。
7 文在“王制第五”。
8 文在“宣公十七年”至“宣公十八年”。
9 文在“王制第五”。

温习《左传》[1]。

● **初二日（1914 年 11 月 18 日）戊申　晴**

读《左传》“元年春[，王正月]”至“[今既遇矣，]不如战也”[2]，《礼记》“名山大泽不以封”至“方十里者九十六”[3]。

● **初三日（1914 年 11 月 19 日）己酉　晴**

读《左传》“夏，有……”至“[请八百乘，]许之”[4]，《礼记》“诸侯之下士”至“其禄取之于方伯之地”[5]。

养心殿

● **初四日（1914 年 11 月 20 日）庚戌　晴**

读《左传》“郤克将中军”至“不介马而驰之”[6]，《礼记》“方伯为朝天子”至“[八政：饮食、衣服、事为、异别、度、量、]数、制”[7]。

● **初五日（1914 年 11 月 21 日）辛亥　晴**

读《左传》“郤克伤于矢”至“故[不]能推车而及”，《礼记》“孟春之月”至“鸿雁来”。

● **初六日（1914 年 11 月 22 日）壬子　晴**[8]

● **初七日（1914 年 11 月 23 日）癸丑　晴**

读《左传》“晋师从齐师”至“诸侯何害焉”[9]，《礼记》“天子居青阳左个”至“[庆赐遂行，]毋有不当”[10]。

● **初八日（1914 年 11 月 24 日）甲寅　晴**

读《左传》“不然，[寡君之命使臣则有辞矣]”至“[司马、司空、舆帅、候正、亚旅，]皆受一命之服”[11]，《礼记》“乃命太史，守典奉法”至“命曰劳酒”[12]。

● **初九日（1914 年 11 月 25 日）乙卯　晴**

---

1 本日毓庆宫无课，节假。故溥仪在住处温书、练字。
2 文在“成公元年”至“成公二年”。
3 文在“王制第五”。
4 文在“成公二年”。
5 文在“王制第五”。
6 文在“成公二年”。
7 文在“王制第五”。
8 原文如此，只有日期，无记事。
9 文在“成公二年”。此前落下一段：“韩厥执絷马前”至“予之石窌”，应为前日之课而未记。
10 文在“月令第六”。
11 文在“成公二年”。
12 文在“月令第六”。

读《左传》“八月，宋文公卒”至“［故楚令尹子重］为阳桥之役以救齐”[1]，《礼记》“是月也［，天气下降］”至“［命祀山林川泽，］牺牲毋用牝”[2]。

● **初十日（1914年11月26日）丙辰 晴**

读《左传》“将起师［，子重曰］”至“［《诗》曰：‘不解于位，民之攸塈。’］其是之谓矣”[3]，《礼记》“禁止伐木［，毋覆窠］”至“［草木早落，］国时有恐”[4]。

● **十一日（1914年11月27日）丁巳 晴**

读《左传》“楚师及宋［，公衡逃归］”至“［使相告之曰：‘非礼也，］勿籍’”[5]，《礼记》“行秋令［，则其民大疫］”至“［其祀户，］祭先脾”[6]。

● **十二日（1914年11月28日）戊午 阴**

在养心殿写仿、写“福”“寿”，温习《左传》《礼记》《唐诗》《孝经》[7]。

● **十三日（1914年11月29日）己未 阴**

读《左传》“夏，公如晋［，拜汶阳之田］”至“［棘不服，］故围之”[8]，《礼记》“始雨水［，桃始华］”至“［毋肆掠，］止狱讼”[9]。

● **十四日（1914年11月30日）庚申 阴**

读《左传》“冬，十一月”至“遂适齐”[10]，《礼记》“是月也［，玄鸟至］”至“［生子不备，］必有凶灾”[11]。

● **十五日（1914年12月1日）辛酉 晴**

读《左传》“夏，公如晋。［晋侯见公，不敬］”至“［不然，］侧不足以知二国之成”[12]，《礼记》“日夜分［，则同度量］”至“［天子乃鲜羔开冰，］先荐寝庙”[13]。

● **十六日（1914年12月2日）壬戌 晴**

读《左传》“梁山崩［，晋侯以传召伯宗］”至“［取更鄭，］言易也”[14]，《礼记》“上丁［，命乐正习舞］”至“［煖气早来，］虫螟为害”[15]。

● **十七日（1914年12月3日）癸亥 晴**

读《左传》“三月［，晋伯宗、夏阳说、卫孙良夫、宁相、郑人、伊洛之戎、陆浑、

---

1 文在“成公二年”。
2 文在“月令第六”。
3 文在“成公二年”。
4 文在“月令第六”。
5 文在“成公二年”。
6 文在“月令第六”。
7 毓庆宫逢“二”，即初二、十二、二十二停课，为例假，每月三次。“御笔”书“福”“寿”字是预备赐给臣下的。《唐诗》《孝经》属旧课，溥仪只在假日温读。
8 文在“成公三年”。此前落下“三年春，王正月”至“皇戌如楚献捷”一段话。
9 文在“月令第六”。
10 文在“成公三年”。此前落下“晋郤克，卫孙良夫伐廧咎如，讨赤狄之余焉。廧咎如溃，上失民也”一段话。
11 文在“月令第六”。
12 文在“成公四年”。此前落下“四年春，宋公使华元来聘”至“杞伯来朝，归叔姬故也”一段话。
13 文在“月令第六”。
14 文在“成公五年”至“成公六年”。此前落下“晋赵婴通于赵庄姬”至“夏，晋荀首如齐逆女，故宣伯餫诸谷”一段话。
15 文在“月令第六”。

蛮氏侵宋，以其辞会也］”至“［夏四月丁丑，］晋迁于新田”[1]，《礼记》“季春之月［：日在胃，昏七星中，旦牵牛中”至“［桐始华，田鼠化为鴽，虹始见，］萍始生”[2]。

● 十八日（1914年12月4日）甲子　晴

读《左传》“六月［，郑悼公卒］”至“［君子曰：‘知惧如是，］斯不亡矣。’”[3]，《礼记》“天子居青阳右个”至“不可以内”[4]。

● 十九日（1914年12月5日）乙丑　晴

读《左传》“秋，楚子重伐郑［，师于氾］”至“余必使尔罢于奔命以死”[5]，《礼记》“天子布德行惠”至“［喂兽之药，］毋出九门”[6]。

● 二十日（1914年12月6日）丙寅　晴

读《左传》“巫臣请使于吴”至“［行父惧晋之不远犹而失诸侯也，］是以敢私言之”[7]，《礼记》“四月也［，命野虞无伐桑柘］”至“［毋悖于时，毋或作为淫巧，］以荡上心”[8]。

● 二十一日（1914年12月7日）丁卯　晴

读《左传》“晋栾书侵蔡［，遂侵楚，获申骊］”至“［勇夫重闭，］况国乎”[9]，《礼记》“是月之末［，择吉日，大合乐。］”至“［淫雨蚤降，］兵革并起”[10]。

溥仪的师傅陈宝琛

● 二十二日（1914年12月8日）戊辰　晴

在养心殿温习《左传》《礼记》《书经》，写大“福”“寿”，写仿[11]。

● 二十三日（1914年12月9日）己巳　晴

读《左传》“晋士燮来聘”至“楚子重侵陈以救郑”[12]，《礼记》“孟夏之月［：日在毕，昏翼中，旦婺女中］”至“［王瓜生，］苦菜秀”[13]。

● 二十四日（1914年12月10日）庚午　晴

1 文在“成公六年”。
2 文在“月令第六”。
3 文在“成公六年”至“成公七年”。
4 文在“月令第六”。
5 文在“成公七年”。此前落下“郑子良相成公以如晋，见，且拜师。夏，曹宣公来朝”一段话。
6 文在“月令第六”。
7 文在“成公七年”至“成公八年”。
8 文在“月令第六”。
9 文在“成公八年”。
10 文在“月令第六”。
11《书经》亦属学过的旧课。大“福”“寿”，指大字“福”“寿”。
12 文在“成公八年”至“成公九年”。此前落下“冬，杞叔姬卒。来归自杞，故书”一段话。
13 文在“月令第六”。

读《左传》“晋侯观于军府”至“[楚遂入郓，]莒无备故也”[1]，《礼记》“天子居明堂左个”至“[庆赐遂行，]无不欣说”[2]。

● **二十五日（1914年12月11日）辛未 晴**

读《左传》“君子曰[：‘恃陋而不备，罪之大者也……’]”至“[辛巳，]郑伯归”[3]，《礼记》“乃命乐师，习合礼乐”至“[命农勉作，]毋休于都”[4]。

● **二十六日（1914年12月12日）壬申 晴**

读《左传》“晋侯梦大厉”至“[非其人犹不可，]况不令乎”[5]，《礼记》“是月也，[驱兽，毋害五谷，毋大田猎]”至“[是月也，天子饮酎，]用礼乐”[6]。

● **二十七日（1914年12月13日）癸酉 晴**

读《左传》“周公楚恶惠、襄之逼也”至“[凡自周无出，]周公自出故也”[7]，《礼记》“孟夏行秋令”至“[其祀灶，]祭先肺”[8]。

● **二十八日（1914年12月14日）甲戌 阴**

读《左传》“宋华元克合晋楚之成”至“其何福之为”，《礼记》“小暑”至“至以祈谷实”。

● **二十九日（1914年12月15日）乙亥 晴**

读《左传》“世之治也”至“不亡何为”，《礼记》“是月也”至“死生分”。

● **三十日（1914年12月16日）丙子 晴**

读《左传》“三月”至“是穆之成也”，《礼记》“君子斋戒”至“可以处台榭”。

● **十一月初一日（1914年12月17日）丁丑 晴**

读《左传》“文公躬擐甲胄”至“则是康公绝我好也”，《礼记》“仲夏行冬令”至“祭先肺”。

● **初二日（1914年12月18日）戊寅 晴**

在养心殿温习《左传》《礼记》《书经》，写大“福”“寿”，写仿。

● **初三日（1914年12月19日）己卯 晴**

读《左传》“及君之嗣也”至“俾执事实图利之”，《礼记》“温风始”至“以为民祈福”。

● **初四日（1914年12月20日）庚辰 晴**

读《左传》“秦桓公既与晋厉公为令狐之盟”至“卫侯见而复之”，《礼记》“是月也”至“则夭殃”。

---

1 文在“成公九年”。
2 文在“月令第六”。
3 文在“成公九年”至“成公十年”。
4 文在“月令第六”。
5 文在“成公十年”。
6 文在“月令第六”。
7 文在“成公十一年”至“成公十二年”。此前落下“秋，公如晋，晋人止公，使送葬”至“夏，季文子如晋报聘，且莅盟也”一段话。
8 文在“月令第六”。（凡属常规性古文献出处，以下不再加注）

● 初五日（1914年12月21日）辛巳　阴

读《左传》“卫侯飨苦成叔”至“甚善晋大夫”，《礼记》“是月也”至“四鄙入保”。

● 初六日（1914年12月22日）壬午　雪　午晴

读《左传》“十五年春”至“鱼府为少宰”，《礼记》“中央土”至“其器圜以闳”。

● 初七日（1914年12月23日）癸未　晴

读《左传》“荡泽弱公室”至“以靖国人”，《礼记》“孟秋之月”至“用始行戮”。

● 初八日（1914年12月24日）甲申　晴

读《左传》“晋三郤害伯宗”至“有胜矣”，《礼记》“天子居总章左个”至“顺彼远方”。

● 初九日（1914年12月25日）乙酉　晴

读《左传》“戊寅”至“楚惧不可用也”，《礼记》“是月也”至“补城郭”。

● 初十日（1914年12月26日）丙戌　晴

读《左传》“五月”至“我如克之”，《礼记》“是月也”至“民多疟疾”。

● 十一日（1914年12月27日）丁亥　晴

读《左传》“楚子登巢车以望晋军”至“乃掀公以出于淖”，《礼记》“仲秋之月”至“其器廉以深”。

● 十二日（1914年12月28日）戊子　晴

在养心殿温习《左传》《礼记》《唐诗》《四书》，写仿、写“福”“寿”字、写匾。[1]

● 十三日（1914年12月29日）己丑　晴

读《左传》“癸巳”至“亦止”，《礼记》“是月也”至“反受其殃”。

● 十四日（1914年12月30日）庚寅　晴

读《左传》“石首曰”至“晋人患之”，《礼记》“是月也”至“修囷仓”。

● 十五日（1914年12月31日）辛卯　晴

读《左传》“苗贲皇徇曰”至“使孟献子守于公宫”，《礼记》“乃命有司趋民收敛”至“角斗甬”。

1915年

［甲寅］

● ［十一月］十六日（1915年1月1日）壬辰　阴

读《左传》“秋会于沙随”至“宋齐卫皆失军”，《礼记》“是月也”至“草木蚤死”。

● 十七日（1915年1月2日）癸巳　晴

1《四书》也是溥仪开始记日记前已学过的旧课，只在假日温习。写匾，也是预备作为“御笔”颁赐臣下。

在养心殿写大“福”“寿”，写仿，温习《左传》。

● **十八日（1915年1月3日）甲午　晴**

读《左传》“曹人复请于晋”至“又何求”，《礼记》“季秋之月”至“其器廉以深”。

● **十九日（1915年1月4日）乙未　晴**

读《左传》“范文子谓栾武子曰”至“士燮卒”，《礼记》“是月也”至“牺牲告备于天子”。

● **二十日（1915年1月5日）丙申　晴**

读《左传》“楚子重救郑”至“诸侯还”，《礼记》“合诸侯”至“命主祠祭禽于四方”。

● **二十一日（1915年1月6日）丁酉　雪**

读《左传》“初声伯梦涉洹”至“矫亦嬖于厉公”，《礼记》“是月也”至“师兴不居”。

● **二十二日（1915年1月7日）戊戌　晴**

在养心殿写仿、写大匾、写大“福”“寿”字，温习《左传》《礼记》《唐诗》《四书》《孝经》。

● **二十三日（1915年1月8日）己亥　雪**

读《左传》“已而败楚师也”至“罪孰大焉”，《礼记》“孟冬之月”至“其器闳以奄”。

● **二十四日（1915年1月9日）庚子　雪**

读《左传》“壬午”至“焉用厥也”，《礼记》“是月也”至“天子始裘”。

● **二十五日（1915年1月10日）辛丑　晴**

读《左传》“闰月”至“礼也”，《礼记》“命有司曰”至“贵贱之等级”。

● **二十六日（1915年1月11日）壬寅　阴**

读《左传》“二月乙酉朔”至“所以复霸也”，《礼记》“是月也”至“角力”。

● **二十七日（1915年1月12日）癸卯　风**

在养心殿写“福”“寿”字、写仿、写匾，温习《左传》《礼记》《唐诗》。

● **二十八日（1915年1月13日）甲辰　晴**

读《左传》“公如晋”至“而请为昏”，《礼记》“是月也”至“土地侵削”。

● **二十九日（1915年1月14日）乙巳　阴**

读《左传》“七月宋老佐”至“书顺也”，《礼记》“仲冬之月”至“其器闳以奄”。

● **十二月初一日（1915年1月15日）丙午　晴**

在养心殿写仿“开笔［大吉］”[1]，温习《左传》《礼记》《唐诗》《四书》《孝经》《书经》。

● **初二日（1915年1月16日）丁未　晴**

读《左传》“元年春”至“灵公之为灵也”，《礼记》“饬死事”至“毋有不禁”。

● **初三日（1915年1月17日）戊申　晴**

1 按清宫祖制，每年农历十二月初一日早起，掌管皇帝纸笔砚的太监就要到养心殿做好文房四宝准备，等待皇帝梳洗打扮之后来此，先写“开笔大吉”四字，继而书写春联、“福”“寿”字或匾额、条幅等。

读《左传》“夏齐姜薨”至“岂唯寡君赖之”，《礼记》“乃命大酋”至“罪之不赦”。

● **初四日（1915年1月18日）己酉　阴**

读《左传》“穆叔聘于宋”至“乃盟于郕外”，《礼记》“是月也”至“去器之无用者”。

● **初五日（1915年1月19日）庚戌　晴**

读《左传》“祁奚请老”至“士鲂张老止之”，《礼记》“涂阙廷门闾”至“民多疥疠”。

● **初六日（1915年1月20日）辛亥　雪**

读《左传》“公读其书曰”至“陈无礼故也”，《礼记》“季冬之月”至“其器闳以奄”。

● **初七日（1915年1月21日）壬子　微阴**

读《左传》“穆叔如晋”至“其是之谓乎”，《礼记》“命有司大难”至“具田器”。

● **初八日（1915年1月22日）癸丑　晴**

读《左传》“冬公如晋听政”至“死于穷门”，《礼记》“命乐师大合吹而罢”至“其寝庙之刍豢”。

● **初九日（1915年1月23日）甲寅　雪**

读《左传》“靡奔有鬲氏”至“田以时”，《礼记》“命宰”至“冰冻消释”。

● **初十日（1915年1月24日）乙卯　晴**

读《左传》“冬十月”至“听于会”，《礼记》“曾子问曰”至“小宰升举币”。

● **十一日（1915年1月25日）丙辰　早雪　午晴**

读《左传》“楚子囊为令尹”至“且听命”，《礼记》“三日至遍告于”至“祀山川”。

● **十二日（1915年1月26日）丁巳　阴**

在养心殿写匾、写仿，温习《左传》《礼记》《唐诗》。

● **十三日（1915年1月27日）戊午　晴**

读《左传》“十一月”至“非贰也”，《礼记》“曾子问曰”至“反亦如之”。

● **十四日（1915年1月28日）己未　晴**

读《左传》“冬十月”至“会于鄬以救之”，《礼记》“诸侯相见”至“礼也”。

● **十五日（1915年1月29日）庚申　晴**

读《左传》“郑僖公之为太子也”至“将为戮矣”，《礼记》“孔子曰”至“则废”。

● **十六日（1915年1月30日）辛酉　晴**

读《左传》“五月甲辰”至“不亦可乎”，《礼记》“如将冠子”至“亦非礼也”。

● **十七日（1915年1月31日）壬戌　晴**

读《左传》“子驷曰”至“唯君图之”，《礼记》“曾子问曰”至“不足则反之”。

● **十八日（1915年2月1日）癸亥　晴**

读《左传》“晋范宣子来聘”至“祀盘庚于西门之外”，《礼记》“曾子问曰”至“以摈相可也”。

● **十九日（1915年2月2日）甲子 雪**

读《左传》“晋侯问于士弱曰”至“弗能报也”，《礼记》“曾子问曰”至“婿亦如之”。

● **二十日（1915年2月3日）乙丑 微阴 晚晴**

读《左传》“冬十月”至“皆从郑伯”，《礼记》“曾子问曰”至“又何反于初”。

● **二十一日（1915年2月4日）丙寅 晴**

读《左传》“晋士庄子为载书”至“乃盟而还”，《礼记》“孔子曰”至“示未成妇也”。

● **二十二日（1915年2月5日）丁卯 晴**

读《左传》“晋人不得志于郑”至“礼也”，《礼记》“曾子问曰”至“自桓公始也”。

● **二十三日（1915年2月6日）戊辰 晴**

读《左传》“楚子伐郑”至“三驾而楚不能与争”，《礼记》“丧之二孤”至“则失之矣”。

● **二十四日（1915年2月7日）[1] 己巳 晴**

在长春宫[2]写大“福”“寿”字、写仿，温习《左传》《礼记》《书经》《唐诗》。

● **二十五日（1915年2月8日）庚午 晴**

温习《左传》，写仿。

● **二十六日（1915年2月9日）辛未 晴**

温书。

● **二十七日（1915年2月10日）壬申 晴**

写仿、写大“福”“寿”，温习《左传》《书经》《礼记》《四书》《唐诗》《孝经》。

● **二十八日（1915年2月11日）癸酉 晴**

在养心殿写仿，温书。

● **二十九日（1915年2月12日）甲戌 晴**

写仿，温书。

● **三十日（1915年2月13日）乙亥 晴**

在养心殿写仿。午时，封笔大吉。[3]

［乙卯］（1915年—1916年）

● **正月初一日（1915年2月14日）丙子 晴**

1 从是日起至正月初五日为寒假，毓庆宫停课。
2 当时，敬懿皇贵妃（同治帝的瑜妃）居长春宫。
3 是日正午，溥仪依例书写“封笔大吉”四字，表示本年度纸笔生涯的结束。

午时，在养心殿，开笔大吉[1]。

● 初二日（1915年2月15日）丁丑 晴

在养心殿写仿，温习书。

● 初三日（1915年2月16日）戊寅 晴

在养心殿写大匾、写仿，温书。

● 初四日（1915年2月17日）己卯 晴

在养心殿写仿、写大匾、写大“福”“寿”，温习《左传》《礼记》《唐诗》《四书》《孝经》《书经》。

● 初五日（1915年2月18日）庚辰 晴

在养心殿写仿、写匾，温书。

● 初六日（1915年2月19日）辛巳 晴

读《左传》“十年春”至“以徇于军三日”，《礼记》“凡人之所以为人者”至“是故古者圣王重冠”。[2]

● 初七日（1915年2月20日）壬午 晴

读《左传》“诸侯之师久于逼阳”至“谓之夷俘”，《礼记》“古者冠礼”至“以成人见也”。

● 初八日（1915年2月21日）癸未 晴

读《左传》“逼阳妘姓也”至“其执政之三士乎”，《礼记》“成人之者”至“所以自卑而尊先祖也”。

● 初九日（1915年2月22日）甲申 晴

读《左传》“初子驷与尉止有争”至“众而后定”，《礼记》“昏礼者”至“以亲之”。

● 初十日（1915年2月23日）乙酉 晴

在养心殿写仿、写匾，温书[3]。

● 十一日（1915年2月24日）丙戌 晴

在养心殿写仿、大“福”“寿”，温书。

● 十二日（1915年2月25日）丁亥 晴

在养心殿温书，写仿。

● 十三日（1915年2月26日）戊子 晴

辰初，五宫拈香行礼[4]。

● 十四日（1915年2月27日）己丑 风 晴

在养心殿写仿，温书。

---

1 是日正午，溥仪依例书写“开笔大吉”四字，表示一年动笔之始。

2 寒假结束，毓庆宫开课，溥仪由陈宝琛等师傅教授，继续研读《左传》和《礼记》。

3 从是日起毓庆宫又停课八天，其间包括“万寿节”（溥仪的生日）和元宵节，停课或与这两个节日有关。

4 溥仪的生辰应在正月十四日，因避讳改在本日。每年是日，溥仪依例叩拜五宫全佛，并在列祖列宗圣容前拈香行礼。同时在乾清宫升座，接受王公大臣和来宾的排班叩拜，是为“万寿节”圣典。

溥仪生日时的乾清宫，官员们正准备跪觐皇上

● **十五日（1915年2月28日）庚寅　晴**

在养心殿写仿，温书。

● **十六日（1915年3月1日）辛卯　晴**

在养心殿写仿，温习《左传》。

● **十七日（1915年3月2日）壬辰　晴**

在养心殿写大匾、写仿，温书。

● **十八日（1915年3月3日）癸巳　晴**

读《左传》"诸侯之师城虎牢而戍之"至"楚人亦还"，《礼记》"敬慎正重而后亲之"至"明归顺也"[1]。

● **十九日（1915年3月4日）甲午　风　霾**

读《左传》"王叔陈生与伯舆"至"以相王室"，《礼记》"厥明"至"故圣王重之"。

● **二十日（1915年3月5日）乙未　晴**

读《左传》"十一年春"至"郑子展侵宋"，《礼记》"是以古者妇人先嫁三月"至"故外和而国治"。

● **二十一日（1915年3月6日）丙申　阴**

读《左传》"四月诸侯伐郑"至"言使人也"，《礼记》"故曰天子听男教"至"服母之义也"。

● **二十二日（1915年3月7日）丁酉　风　霾**

读《左传》"诸侯之师"至"敢以此规"，《礼记》"当七庙五庙无虚主"至"老聃云"。

● **二十三日（1915年3月8日）戊戌　晴**

读《左传》"公曰"至"王使阴里结之"，《礼记》"曾子问曰"至"何服之有"。

1 毓庆宫开课，溥仪再次由养心殿"写仿，温书"的假日生活转入跟老师研读《左传》和《礼记》的读书生活。

● **二十四日（1915年3月9日）己亥　晴**

读《左传》“夏郝乱”至“言不让也”，《礼记》“昔者鲁昭公少丧其母”至“自鲁昭公始也”。

● **二十五日（1915年3月10日）庚子　晴**

读《左传》“世之治也”至“大夫从之”，《礼记》“曾子问曰”至“则废”。

● **二十六日（1915年3月11日）辛丑　晴**

读《左传》“吴侵楚”至“与将执女”，《礼记》“曾子问曰”至“奉帅天子”。

● **二十七日（1915年3月12日）壬寅　阴**

读《左传》“对曰”至“益敬其使”，《礼记》“曾子问曰”至“则祭”。

● **二十八日（1915年3月13日）癸卯　晴**

读《左传》“传吴子诸樊既除丧”至“乃归”，《礼记》“曾子问曰”至“礼也”。

● **二十九日（1915年3月14日）甲辰　晴**

读《左传》“下军从之”至“为之请于晋而复之”，《礼记》“曾子问曰”至“非礼也”。

● **三十日（1915年3月15日）乙巳　晴**

读《左传》“卫献公戒孙文子”至“贯臂”，《礼记》“曾子问曰”至“改服而往”。

● **二月初一日（1915年3月16日）丙午　晴**

读《左传》“子鲜从公”至“以听命于诸侯”，《礼记》“曾子问曰”至“使某辞”。

● **初二日（1915年3月17日）丁未　晴**

在养心殿温书，写仿。

● **初三日（1915年3月18日）戊申　晴**

读《左传》“卫侯在郲”至“弗去何为”，《礼记》“曾子问曰”至“是殇之也”。

● **初四日（1915年3月19日）己酉　晴**

读《左传》“天生民而立之君”至“获楚公子宜谷”，《礼记》“孔子曰”至“曰礼也”。

● **初五日（1915年3月20日）庚戌　晴**

读《左传》“王使刘定公赐齐侯命”至“且不敢闲”，《礼记》“反葬”至“此之谓也”。

● **初六日（1915年3月21日）辛亥　早阴　午后晴**

读《左传》“官师从单靖公”至“三人也”，《礼记》“曾子问曰”至“必有前驱”。

● **初七日（1915年3月22日）壬子　晴**

读《左传》“师慧过宋朝”至“归诸范氏”，《礼记》“子夏问曰”至“吾弗知也”。

● **初八日（1915年3月23日）癸丑　晴**

读《左传》“十六年春”至“伐许而还”，《礼记》“文王之为世子”至“然后退”。

● **初九日（1915年3月24日）甲寅　阴　午后风　霾**

读《左传》“秋齐侯围郕”至“齐师去之”，《礼记》“武王师而行之”至“武王九十三而终”。

● **初十日（1915年3月25日）乙卯 晴**

读《左传》“齐人获臧坚”至“祸之本也”，《礼记》“成王幼”至“书在上庠”。

溥仪儿时写帖

● **十一日（1915年3月26日）丙辰 晴**

读《左传》“齐晏桓子卒”至“齐人多死”，《礼记》“凡祭与养老”至“必遂养老”。

● **十二日（1915年3月27日）丁巳 雪**

在养心殿写大匾、写仿，温习《左传》《礼记》《唐诗》。

● **十三日（1915年3月28日）戊午 晴**

读《左传》“范宣子告析文子曰”至“坐于中军之鼓下”，《礼记》“凡语于郊者”至“教世子”。

● **十四日（1915年3月29日）己未 晴**

读《左传》“晋人欲逐归者”至“其若之何”，《礼记》“凡三王教世子”至“语使能也”。

● **十五日（1915年3月30日）庚申 晴**

读《左传》“子庚叹曰”至“晋侯先归”，《礼记》“君子曰德”至“欲令成王之知父子君臣长幼之义也”。

● **十六日（1915年3月31日）辛酉 晴**

读《左传》“公享晋六卿于蒲圃”至“何以为铭”，《礼记》“君之于世子也”至“然而众知长幼之节矣”。

● **十七日（1915年4月1日）壬戌 晴**

读《左传》“且夫大伐小”至“礼也”，《礼记》“故父在斯为子”至“司土为之”。

● **十八日（1915年4月2日）癸亥 晴**

读《左传》“秋八月”至“乃城武城”，《礼记》“其在庙之中”至“守下宫下室”。

● **十九日（1915年4月3日）甲子 晴**

读《左传》“卫石共子卒”至“臣不堪也”，《礼记》“五庙之孙”至“在辟”。

● **二十日（1915年4月4日）乙丑 晴**

读《左传》“卫宁惠子疾”至“又可禁乎”，《礼记》“及三宥”至“尊祖之道也”。

● **二十一日（1915年4月5日）丙寅 晴**

读《左传》“夏书曰”至“范鞅为之征”，《礼记》“丧纪”至“而众乡方矣”。

● **二十二日（1915年4月6日）丁卯 晴**

在养心殿写仿、写匾，温书。

● **二十三日（1915 年 4 月 7 日）戊辰　晴**

读《左传》“怀子好施”至“不亦惑乎”，《礼记》“公族之罪”至“群老之席位焉。”

● **二十四日（1915 年 4 月 8 日）己巳　晴**

读《左传》“鲧殛而禹兴”至“使侯出诸轘辕”，《礼记》“适馔省醴”至“终之以仁也”。

● **二十五日（1915 年 4 月 9 日）庚午　晴**

读《左传》“冬曹武公来朝”至“令倍其赋”，《礼记》“是故圣人之记事也”至“然后亦复初”。

● **二十六日（1915 年 4 月 10 日）辛未　阴**

读《左传》“夏晋人征朝于郑”至“执事实重图之”，《礼记》“朝夕之食上”至“然后亦复初”。

● **二十七日（1915 年 4 月 11 日）壬申　晴**

读《左传》“秋栾盈自楚适齐”至“尔其居乎”，《礼记》“昔者仲尼与于蜡宾”至“是谓大同”。

● **二十八日（1915 年 4 月 12 日）癸酉　阴**

读《左传》“对曰”至“而后王安之”，《礼记》“今大道既隐”至“是谓小康”。

● **二十九日（1915 年 4 月 13 日）甲戌　晴**

读《左传》“二十三年春”至“故因之”，《礼记》“言偃复问曰”至“吾以是观之”。

● **三月初一日（1915 年 4 月 14 日）乙亥　晴**

读《左传》“赵氏以原屏之难怨栾氏”至“豹自后击而杀之”，《礼记》“夫礼之初”至“衣其羽皮”。

● **初二日（1915 年 4 月 15 日）丙子　阴**

在养心殿写大匾、写仿，温习《左传》《礼记》《唐诗》。

● **初三日（1915 年 4 月 16 日）丁丑　晴**

读《左传》“范氏之徒在台后”至“子故止之”，《礼记》“后圣有作”至“是谓承天之祜”。

● **初四日（1915 年 4 月 17 日）戊寅　晴**

读《左传》“文子退”至“祸倍下民可也”，《礼记》“作其祝号”至“此礼之大成也”。

● **初五日（1915 年 4 月 18 日）己卯　阴**

读《左传》“奸回不轨”至“戒”，《礼记》“孔子曰”至“是谓乱国”。

● **初六日（1915 年 4 月 19 日）庚辰　晴**

读《左传》“冬十月”至“其孟椒乎”，《礼记》“故仕于公曰臣”至“所以治政安君也”。

● **初七日（1915 年 4 月 20 日）辛巳　阴**

读《左传》“晋人克栾盈于曲沃”至“顺事恕施也”，《礼记》“故政不正”至“此圣人所以藏身之固也”。

● **初八日（1915 年 4 月 21 日）壬午　晴**

读《左传》“二十四年春”至“将焉用贿”，《礼记》“故圣人参于天地”至“故人皆爱其死而患其生”。

● **初九日（1915 年 4 月 22 日）癸未　晴**

读《左传》“夫令名德之舆也”至“侵介根”，《礼记》“故用人之知去其诈”至“舍礼何以治之”。

● **初十日（1915 年 4 月 23 日）甲申　晴**

读《左传》“会于夷仪”至“有庸乃还”，《礼记》“饮食男女”至“还相为本也”。

● **十一日（1915 年 4 月 24 日）乙酉　晴**

读《左传》“陈人复讨庆氏之党”至“不可”，《礼记》“五声六律十二管”至“四灵以为畜”。

● **十二日（1915 年 4 月 25 日）丙戌　晴**

在养心殿写仿、写大匾，温习《左传》《礼记》《唐诗》《四书》《孝经》《书经》。

● **十三日（1915 年 4 月 26 日）丁亥　微雨**

读《左传》“武子筮之”至“遂弑之”，《礼记》“以天地为本”至“故人情不失”。

● **十四日（1915 年 4 月 27 日）戊子　微雨午晴**

读《左传》“贾举州绰邴师”至“公与大夫及莒子盟”，《礼记》“故先王秉蓍龟”至“以守至正”。

● **十五日（1915 年 4 月 28 日）己丑　晴**

读《左传》“太史书曰”至“寡君闻命矣”，《礼记》“故礼行于郊”至“冠昏丧祭射御朝聘”。

● **十六日（1915 年 4 月 29 日）庚寅　晴**

读《左传》“晋侯使魏舒”至“兵可以弥”，《礼记》“故礼义也者”至“播乐以安之”。

● **十七日（1915 年 4 月 30 日）辛卯　晴**

读《左传》“楚薳子冯卒”至“至于今是赖”，《礼记》“故礼也者”至“犹食而弗肥也”。

● **十八日（1915 年 5 月 1 日）壬辰　晴**

读《左传》“桓公之乱”至“乃受之”，《礼记》“四体既正”至“然后能守危也”。

● **十九日（1915 年 5 月 2 日）癸巳　晴**

读《左传》“冬十月”至“以与蔿掩”，《礼记》“故礼记之不同”至“此顺之实也”。

● **二十日（1915 年 5 月 3 日）甲午　晴**

读《左传》“晋程郑卒”至“可哀也哉”，《礼记》“礼器是故大天备”至“无文不行”。

● **二十一日（1915 年 5 月 4 日）乙未　晴**

读《左传》“会于夷仪之岁”至“祭则寡人”，《礼记》“礼也者”至“节矣”。

● **二十二日（1915 年 5 月 5 日）丙申 晴**

在养心殿写匾、写仿，温书。

全册完。[1]

日记 · 第三册[2]

乙卯年（1915 年）

● **三月二十三日（1915 年 5 月 6 日）丁酉 雨 巳晴**[3]

读《左传》“宁喜告蘧伯玉”至“国纳之”，《礼记》“礼时为大”至“言有称也”。

● **二十四日（1915 年 5 月 7 日）戊戌 阴**

读《左传》“大夫逆于竟者”至“让不失礼”，《礼记》“有以多为贵者”至“此以多为贵也”。

● **二十五日（1915 年 5 月 8 日）己亥 早阴 午晴**

读《左传》“晋人为孙氏故”至“而后获之”，《礼记》“有以少为贵者”至“此以少为贵也”。

● **二十六日（1915 年 5 月 9 日）庚子 晴**

读《左传》“六月”至“子展俭而壹”，《礼记》“有以大为贵者”至“此以下为贵也”。

● **二十七日（1915 年 5 月 10 日）辛丑 晴**

读《左传》“初宋芮司徒生女子”至“乃享伊戾”，《礼记》“礼有以文为贵者”至“盖言称也”。

● **二十八日（1915 年 5 月 11 日）壬寅 晴**

读《左传》“左师见夫人之步马者”至“晋实用之”，《礼记》“礼之以多为贵者”至“谓之攘”。

● **二十九日（1915 年 5 月 12 日）癸卯 晴**

读《左传》“子木曰”至“所谓不能也”，《礼记》“管仲镂簋朱终”至“尊于瓶”。

● **三十日（1915 年 5 月 13 日）甲辰 晴**

读《左传》“子仪之乱”至“则子灵之为也”，《礼记》“礼也者”至“有顺而摭也”。

● **四月初一日（1915 年 5 月 14 日）乙巳 阴**

1 从甲寅年九月二十六日（1914 年 11 月 13 日）至乙卯年三月二十二日（1915 年 5 月 5 日）的日记写在总编号“第二册”的日记本上，原日记为长条大本，以宣纸装订，而在黄色封面上有“日记 · 第二册”字样。每日均记，一页不缺。

2 这是黄皮封面上的字。

3 本日清晨有雨，上午 10 时左右开晴。

读《左传》“若敖之乱”至“而后葬许灵公”，《礼记》“三代之礼也”至“不然则已蹙”。

● **初二日（1915 年 5 月 15 日）丙午 雨**

在养心殿写大字，温习《左传》《礼记》《唐诗》。

● **初三日（1915 年 5 月 16 日）丁未 阴**

读《左传》“卫人归卫姬于晋”至“诸侯是以睦于晋”，《礼记》“故鲁人将有事于上帝”至“而多学也”。

● **初四日（1915 年 5 月 17 日）戊申 晴**

读《左传》“齐庆封来聘”至“公丧之如税服终身”，《礼记》“君子曰”至“君子达亹亹焉”。

● **初五日（1915 年 5 月 18 日）己酉 晴**

读《左传》“公与免余邑六十”至“以为多文辞”，《礼记》“是故昔先王尚有德”至“和之至也”。

● **初六日（1915 年 5 月 19 日）庚戌 晴**

读《左传》“戊申”至“焉用有信”，《礼记》“礼也者”至“欲其飨之也”。

● **初七日（1915 年 5 月 20 日）辛亥 晴**

读《左传》“太宰退”至“晋有信也”，《礼记》“纳牲诏于庭”至“盖重礼也”。

● **初八日（1915 年 5 月 21 日）壬子 晴**

读《左传》“壬午”至“欲辞福禄得乎”，《礼记》“祀帝于郊”至“之为贵也”。

● **初九日（1915 年 5 月 22 日）癸丑 晴**

读《左传》“卒享”至“向戌之谓乎”，《礼记》“孔子曰”至“不知礼乎”。

● **初十日（1915 年 5 月 23 日）甲寅 晴**

读《左传》“齐崔杼生成”至“庆封当国”，《礼记》“郊特牲”至“尚腶脩而已矣”。

● **十一日（1915 年 5 月 24 日）乙卯 晴**

读《左传》“楚薳罢如晋莅盟”至“早也”，《礼记》“大飨”至“所以交于神明之义也”。

● **十二日（1915 年 5 月 25 日）丙辰 晴**

读《左传》“蔡侯归自晋”至“其何劳之敢惮”，《礼记》“宾入大门”至“由赵文子始也”。

● **十三日（1915 年 5 月 26 日）丁巳 晴**

读《左传》“子太叔归复命”至“无昭祸焉可也”，《礼记》“朝觐大夫之私觌”至“由夷王以下”。

● **十四日（1915 年 5 月 27 日）戊午 晴**

在养心殿写仿、温书、写匾。

● **十五日（1915 年 5 月 28 日）己未　晴**

在养心殿写仿、温书、写大字。

● **十六日（1915 年 5 月 29 日）庚申　晴**

读《左传》“齐庆封好田而耆酒”至“可慎守也已”，《礼记》“诸侯之宫县”至“由三桓始也”。

● **十七日（1915 年 5 月 30 日）辛酉　晴**

读《左传》“卢蒲癸王何卜考庆氏”至“遂杀庆绳麻婴”，《礼记》“天子存三代之后”至“何居”。

● **十八日（1915 年 5 月 31 日）壬戌　晴**

读《左传》“公惧”至“而反其邑焉”，《礼记》“孔子曰”至“示本也”。

● **十九日（1915 年 6 月 1 日）癸亥　晴**

读《左传》“与晏子邶殿”至“皆曰崔子也”，《礼记》“唯为社事”至“以象天地之性也”。

● **二十日（1915 年 6 月 2 日）甲子　阴**

读《左传》“为宋之盟故”至“以过也”，《礼记》“于郊”至“弗命而民听上”。

● **二十一日（1915 年 6 月 3 日）乙丑　晴**

读《左传》“二十九年春”至“且无使季氏葬我”，《礼记》“祭之日”至“义之尽也”。

● **二十二日（1915 年 6 月 4 日）丙寅　晴**

在养心殿写仿、温书。

● **二十三日（1915 年 6 月 5 日）丁卯　晴**

读《左传》“葬灵王”至“其以宋升降乎”，《礼记》“古之君子”至“不敛藏之种也”。

● **二十四日（1915 年 6 月 6 日）戊辰　晴**

读《左传》“晋平公，杞出也”至“为一耦”，《礼记》“八蜡以记四方”至“不可同于所安乐之义也”。

● **二十五日（1915 年 6 月 7 日）己巳　晴**

读《左传》“晋侯使司马女”至“是其《卫风》乎”，《礼记》“酒醴之美”至“声和而后断也”。

● **二十六日（1915 年 6 月 8 日）庚午　晴**

读《左传》“为之歌《王》”至“盛德之同也”，《礼记》“冠义”至“夏之末造也”。

● **二十七日（1915 年 6 月 9 日）辛未　阴**

读《左传》“见舞《象箾》《南籥》者”至“未有患也”，《礼记》“天子之元子”至“不嫁”。

● **二十八日（1915 年 6 月 10 日）壬申　晴**

读《左传》“自魏如晋”至“晋人城绵而置旃”，《礼记》“男子亲迎”至“而可以不致敬乎”。

● **二十九日（1915年6月11日）癸酉　晴**

读《左传》“郑伯有使公孙黑如楚”至“助之匿其情矣”，《礼记》“其牢而食”至“致阴气也”。

● **三十日（1915年6月12日）甲戌　晴**

读《左传》“子产相郑伯以如晋”至“而废其舆尉”，《礼记》“萧合黍稷”至“尚曰求诸远者与”。

● **五月初一日（1915年6月13日）乙亥　晴**

读《左传》“于是，鲁使者在晋”至“罪在王也”，《礼记》“祊之为言倞也”至“肉袒，服之尽也”。

● **初二日（1915年6月14日）丙子　大雨**

读《左传》“或叫于宋太庙”至“姑成吾所”，《礼记》“祭称孝孙孝子”至“必见其所祭者”。

● **初三日（1915年6月15日）丁丑　晴**

读《左传》“辛丑”至“言自外入也”，《礼记》“天子玉藻，十有二旒”至“视朝于内朝”。

● **初四日（1915年6月16日）戊寅　雨**

在养心殿写大字、温书、写仿。

● **初五日（1915年6月17日）[1]己卯　晴**

在养心殿温习《左传》《礼记》《唐诗》《四书》《书经》《孝经》，写仿、写大匾。

● **初六日（1915年6月18日）庚辰　阴**

在养心殿温书、写仿、写匾。

● **初七日（1915年6月19日）辛巳　晴**

读《左传》“于子蟜之卒也”至“故不书其人”，《礼记》“朝辨色始入”至“君定体”。

● **初八日（1915年6月20日）壬午　晴**

读《左传》“君子曰”至“使次己位”，《礼记》“君羔幦虎植”至“登车则有光矣”。

● **初九日（1915年6月21日）癸未　晴**

读《左传》“子产使都鄙有章”至“鲁其惧哉”，《礼记》“天子搢珽”至“乃出授从者”。

● **初十日（1915年6月22日）甲申　晴**

读《左传》“孝伯曰”至“孟孝伯卒”，《礼记》“凡侑食”至“士之齐冠也”。

● **十一日（1915年6月23日）乙酉　晴**

1 本日为端午节，毓庆宫于初四、初五、初六停课三天。

读《左传》“立敬归之娣”至“寡君使匄请命”，《礼记》“缟冠元武”至“不贰采”。

● **十二日（1915年6月24日）丙戌　晴**

在养心殿写仿、温书、写大匾。

● **十三日（1915年6月25日）丁亥　晴**

读《左传》“对曰”至“敢惮勤劳”，《礼记》“衣正色”至“诸侯之服也”。

● **十四日（1915年6月26日）戊子　晴**

读《左传》“文伯复命”至“虽有国，不立”，《礼记》“犬羊之裘不裼”至“其杀六兮而去一”。

● **十五日（1915年6月27日）己丑　阴**

读《左传》“十二月”至“若之何毁之”，《礼记》“天子素带”至“肩革带博二寸”。

● **十六日（1915年6月28日）庚寅　晴**

读《左传》“我闻忠善以损怨”至“何暇思获”，《礼记》“一命缊韨幽衡”至“宋大夫”。

● **十七日（1915年6月29日）辛卯　晴**

读《左传》“子皮曰”至“不可以终”，《礼记》“于大夫所”至“比德焉”。

● **十八日（1915年6月30日）壬辰　晴**

读《左传》“公曰善哉”至“谓之有威仪也”，《礼记》“天子佩白玉”至“妇人不彻”。

● **十九日（1915年7月1日）癸巳　晴**

读《左传》“元年春”至“寻宋之盟也”，《礼记》“食枣桃李”至“为君之答已也”。

● **二十日（1915年7月2日）甲午　晴**

读《左传》“祁午谓赵文子曰”至“甲辰，盟”，《礼记》“大夫拜赐而退”至“疏节也”。

● **二十一日（1915年7月3日）乙未　阴**

读《左传》“楚公子围设服离卫”至“其是之谓矣”，《礼记》“父没”至“济济翔翔”。

● **二十二日（1915年7月4日）丙申　雨　午止**

读《左传》“季武子伐莒”至“以靖能者”，《礼记》“君子之容舒迟”至“玉色”。

● **二十三日（1915年7月5日）丁酉　晴**

读《左传》“子会而赦有罪”至“其毙必速”，《礼记》“凡自称”至“必与公士为宾也”。

● **二十四日（1915年7月6日）戊戌　晴**

读《左传》“诗曰”至“吾不复此矣”，《礼记》“昔者周公”至“明诸侯之尊卑也”。

● **二十五日（1915年7月7日）己亥　晴**

读《左传》“天王使刘定公”至“乃出见之”，《礼记》“昔殷纣乱天下”至“俎用梡蕨”。

● **二十六日（1915年7月8日）庚子　晴**

读《左传》“郑徐吾犯之妹美”至“郑放游楚于吴”，《礼记》“升歌清庙”至“天子之政也”。

● **二十七日（1915年7月9日）辛丑　晴**

读《左传》“将行子南”至“弗能毙也”，《礼记》“山节藻棁”至“周尊也”。

● **二十八日（1915年7月10日）壬寅　晴**

读《左传》“赵孟曰”至“大败之”，《礼记》“爵”至“周学也”。

● **二十九日（1915年7月11日）癸卯　雨**

在养心殿写仿、温书。

● **［六月］初一日（1915年7月12日）甲辰　雨**

在漱芳斋看戏。[1]

● **初二日（1915年7月13日）乙巳　晴**

在养心殿写仿、写匾、温书。

● **初三日（1915年7月14日）丙午　晴　午雨**

读《左传》“莒展舆立”至“则实沈，参神也”，《礼记》“崇鼎”至“周献豆”。

● **初四日（1915年7月15日）丁未　雨**

在养心殿写仿、温书。

● **初五日（1915年7月16日）戊申　阴**

读《左传》“昔金天氏”至“无则必生疾矣”，《礼记》“有虞氏服韨”至“资礼乐焉”。

● **初六日（1915年7月17日）己酉　微雨**

读《左传》“叔向曰”至“能无及此乎”，《礼记》“礼不王不禘”至“人道竭矣”。

● **初七日（1915年7月18日）[2]庚戌　雨**

在长春宫写仿，在养心殿温习《左传》《礼记》《唐诗》十二字头[3]。

● **初八日（1915年7月19日）辛亥　晴**

读《左传》“出告赵孟”至“谓之郑敖”，《礼记》“圣人南面”至“名著而男女有别”。

● **初九日（1915年7月20日）壬子　雨**

（辰初）奉先殿文宗显皇帝圣容前拈香行礼[4]，毕，还养心殿写仿、温书。

● **初十日（1915年7月21日）癸丑　阴**

读《左传》“使赴于郑”至“与周之所以王也”，《礼记》“其夫属乎父道者”至“有从轻而重”。

● **十一日（1915年7月22日）甲寅　雨**

---

1 宫中演戏为庆贺敬懿皇贵妃的“千秋”（过生日），毓庆宫亦从前一日起停课三天。

2 本日入伏，毓庆宫停课一日。

3 “十二字头”系关于作诗方法的口诀。

4 本日为清文宗显皇帝（咸丰）生辰，溥仪依例行礼，毓庆宫停课。据《清史稿·文宗本纪》，咸丰皇帝生于道光十一年（1831年）六月初九日。

读《左传》“公享之”至“是以乱作”，《礼记》“自仁率亲”至“尊相之义也”。

● **十二日（1915 年 7 月 23 日）乙卯　晴**

读《左传》“叔弓聘于晋”至“其助凶人乎”，《礼记》“有小宗而无大宗者”至“此之谓也”。

● **十三日（1915 年 7 月 24 日）丙辰　晴**

读《左传》“请以印为褚师”至“不唯此行也”，《礼记》“闻始见君子者辞”至“主人无亲受也”。

● **十四日（1915 年 7 月 25 日）丁巳　晴**

读《左传》“张趯曰”至“实宠嘉之”，《礼记》“受立授立不坐”至“不犆吊”。

● **十五日（1915 年 7 月 26 日）戊午　微阴**

读《左传》“既成昏”至“其能久乎”，《礼记》“侍坐弗使”至“虽请退可也”。

● **十六日（1915 年 7 月 27 日）己未　晴**

读《左传》“晏子曰”至“乃许之”，《礼记》“事君者”至“肃肃雍雍”。

● **十七日（1915 年 7 月 28 日）庚申　晴**

在养心殿写仿、温书、写对联。[1]

● **十八日（1915 年 7 月 29 日）辛酉　晴**

在养心殿写仿、温书、写对联。

● **十九日（1915 年 7 月 30 日）壬戌　晴**

在养心殿写仿、温书、写对联。

● **二十日（1915 年 7 月 31 日）癸亥　晴**[2]

● **二十一日（1915 年 8 月 1 日）甲子　晴**

温书、写仿。

● **二十二日（1915 年 8 月 2 日）乙丑　晴**

在养心殿温书、写对联。

● **二十三日（1915 年 8 月 3 日）丙寅　晴**

在养心殿写仿、温书、写对联。

● **二十四日（1915 年 8 月 4 日）丁卯　阴**

在养心殿写仿、温书、写对联。

● **二十五日（1915 年 8 月 5 日）戊辰　晴**

在养心殿写仿、温书、写对联。

● **二十六日（1915 年 8 月 6 日）己巳　阴**

在养心殿写仿、温书、写对联。

● **二十七日（1915 年 8 月 7 日）庚午　阴**

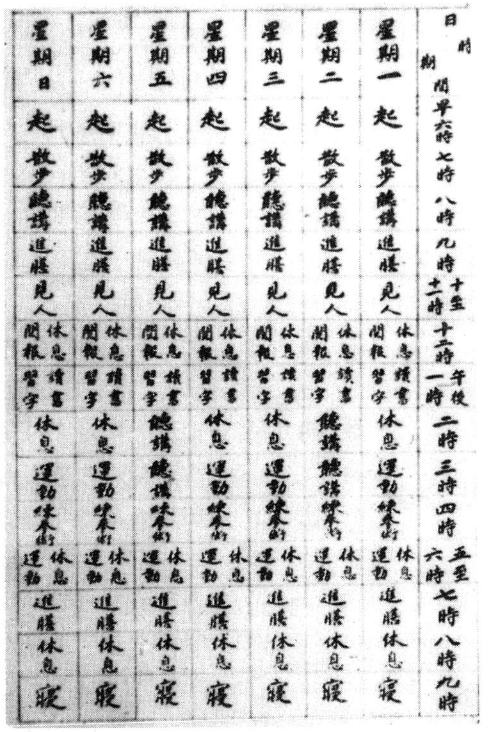

日期 / 時間	星期一	星期二	星期三	星期四	星期五	星期六	星期日
早六時	起	起	起	起	起	起	起
七時	散步	散步	散步	散步	散步	散步	散步
八時	總講	總講	總講	總講	總講	總講	總講
九時	進膳	進膳	進膳	進膳	進膳	進膳	進膳
十至十一時	見人	見人	見人	見人	見人	見人	見人
十二時	休息 閱報	休息 閱報	休息 閱報	休息 閱報	休息 閱報	休息 閱報	休息 閱報
午後一時	讀書 習字	讀書 習字	讀書 習字	讀書 習字	讀書 習字	讀書 習字	讀書 習字
二時	休息	總講	休息	休息	總講	休息	休息
三時	運動	總講	運動	運動	總講	運動	運動
四時	[illegible]拳術	[illegible]拳術	[illegible]拳術	[illegible]拳術	[illegible]拳術	[illegible]拳術	[illegible]拳術
五至六時	休息 運動	休息 運動	休息 運動	休息 運動	休息 運動	休息 運動	休息 運動
七時	進膳	進膳	進膳	進膳	進膳	進膳	進膳
八時	休息	休息	休息	休息	休息	休息	休息
九時	寢	寢	寢	寢	寢	寢	寢

在宫中溥仪一周的课程表

1 本日为“盛夏中伏”第一天，毓庆宫开始放暑假，共 20 天。

2 原文如此，只有日期、气象，无记事。

在养心殿写仿、温书、写对联。

● **二十八日（1915年8月8日）辛未　晴**

德宗景皇帝诞辰。[1]奉先殿后殿拈香行礼，毕，还养心殿温书、写对联。

● **二十九日（1915年8月9日）壬申　晴**

在养心殿写仿、温书、写对联。

● **三十日（1915年8月10日）癸酉　晴**

在养心殿写仿、温书、写对联。

● **七月初一日（1915年8月11日）甲戌　晴**

在养心殿写仿、温书、写对联。

● **初二日（1915年8月12日）乙亥　晴**

在养心殿写仿、温书、写对联。

● **初三日（1915年8月13日）丙子　阴**

在养心殿写仿、温书、写对联。

● **初四日（1915年8月14日）丁丑　微雨**

在养心殿写仿、温书、写对联。

● **初五日（1915年8月15日）戊寅　晴**

在养心殿写仿、温书、写对联。

● **初六日（1915年8月16日）己卯　晴**

在养心殿写仿、温书、写对联。

● **初七日（1915年8月17日）庚辰　晴**

读《左传》“夏四月”至“为其复取之之故”，《礼记》“问国君之子长幼”至“佐车则否”。[2]

● **初八日（1915年8月18日）辛巳　晴**

读《左传》“五月”至“吉庶几焉”，《礼记》“贰车者”至“加夫襓与剑焉”。

● **初九日（1915年8月19日）壬午　晴**

读《左传》“小邾穆公来朝”至“姜其危哉”，《礼记》“笏”至“诏辞自右”。

● **初十日（1915年8月20日）癸未　晴**

读《左传》“四年春”至“险与马也”，《礼记》“酌尸之仆”至“实之醢以柔之”。

● **十一日（1915年8月21日）甲申　晴**

读《左传》“邻国之难”至“与人同欲，尽济”，《礼记》“其有折俎者”至“马不常秣”。

● **十二日（1915年8月22日）乙酉　晴**

读《左传》“大雨雹”至“藏冰之道也”，《礼记》“发虑宪”至“其此之谓乎”。

1 清德宗景皇帝（光绪帝）生于同治十年（1871年）六月二十八日。其生父即醇亲王奕譞（溥仪之祖父），其生母则为叶赫那拉氏（慈禧太后的胞妹）。因此，光绪皇帝就是溥仪的伯父。

2 毓庆宫于是日开学，溥仪亦从“写仿、温书、写对联”的假期生活回到正常的毓庆宫授读生活中。

● **十三日（1915年8月23日）丙戌 晴**

读《左传》“夏，诸侯如楚”至“故执诸申”，《礼记》“古之教者”至“收其威也”。

● **十四日（1915年8月24日）丁亥 晴**

读《左传》“楚子示诸侯侈”至“王使速杀之”，《礼记》“未卜禘”至“其此之谓乎”。

● **十五日（1915年8月25日）戊子 阴**

奉先殿后殿拈香行礼[1]，毕，还养心殿写仿、温书。

● **十六日（1915年8月26日）己丑 晴**

读《左传》“遂以诸侯灭赖”至“何上之有”，《礼记》“今之教者”至“教之所由废也”。

● **十七日（1915年8月27日）庚寅 晴**

读《左传》“冬，吴伐楚”至“长而后使逆之”，《礼记》“君子既知教之所由兴”至“然后能为君”。

● **十八日（1915年8月28日）辛卯 晴**

读《左传》“田于邱莸”至“不可”，《礼记》“故师也者”至“此皆进学之道也”。

● **十九日（1915年8月29日）壬辰 阴**

读《左传》“曰夫子受命于朝”至“既葬而行”，《礼记》“记问之学”至“此之谓务本”。

● **二十日（1915年8月30日）癸巳 晴**

读《左传》“仲至自齐”至“故曰为子祀”，《礼记》“凡音之起”至“而出治道也”。

● **二十一日（1915年8月31日）甲午 微阴**

读《左传》“日之《谦》当鸟”至“无失其民者也”，《礼记》“凡音者”至“而不可止也”。

● **二十二日（1915年9月1日）乙未 雨**

读《左传》“今政令在家”至“何故不可”，《礼记》“凡音者”至“而反人道之正也”。

● **二十三日（1915年9月2日）丙申 晴**

读《左传》“耻匹夫不可以无备”至“皆强家也”，《礼记》“人生而静”至“则王道备矣”。

● **二十四日（1915年9月3日）丁酉 晴**

读《左传》“晋人若丧韩起、杨肸”至“莒未陈也”，《礼记》“乐者为同”至“则礼行矣”。

● **二十五日（1915年9月4日）戊戌 晴**

在长春宫写仿、温书。

● **二十六日（1915年9月5日）己亥 晴**

读《左传》“冬十月”至“乃弗杀”，《礼记》“大乐与天地同和”至“述作之谓也”。

---

1 清明节、农历七月十五日和十月初一日，这是每年中传统的三个上坟扫墓、祭祀先人的日子。溥仪也依例给列祖列宗行礼。

● **二十七日（1915年9月6日）庚子　晴**

读《左传》“楚师济于罗汭”至“弗可为矣”，《礼记》“乐者”至“其唯大圣乎”。

● **二十八日（1915年9月7日）辛丑　晴**

读《左传》“夏有乱政”至“重其好货”，《礼记》“天高地下”至“天地之和也”。

● **二十九日（1915年9月8日）壬寅　晴**

读《左传》“宋寺人柳有宠”至“郑三卿皆知其将为王也”，《礼记》“化不时”至“殷周之乐尽矣”。

● **八月初一日（1915年9月9日）癸卯　晴**

读《左传》“韩宣子之适楚也”至“不克而还”，《礼记》“天地之道”至“故先王著其教焉”。

● **初二日（1915年9月10日）甲辰　大风**

读《左传》“楚子之为令尹也”至“遂赦之”，《礼记》“夫民有血气心知之性”至“而不相夺也”。

● **初三日（1915年9月11日）乙巳　晴**

上储秀宫诣庄和皇贵妃行三跪九叩礼，[1]毕，还养心殿写仿、温书。

● **初四日（1915年9月12日）丙午　晴**

读《左传》“楚子成章华之台”至“不能答郊劳”，《礼记》“然后立之学等”至“各以类相动也”。

● **初五日（1915年9月13日）丁未　晴**

读《左传》“夏四月”至“晋人为杞取成”，《礼记》“是故君子反情以和其志”至“则惑而不乐”。

● **初六日（1915年9月14日）戊申　晴**

读《左传》“楚子享公于新台”至“宣子辞”，《礼记》“是故君子反情以和其志”至“乐为大焉”。

● **初七日（1915年9月15日）己酉　阴**

在养心殿温书、写仿。

● **初八日（1915年9月16日）庚戌　晴**

在长春宫写仿、温书。[2]

● **初九日（1915年9月17日）辛亥　晴**

在长春宫写仿、温书。

● **初十日（1915年9月18日）壬子　阴**

在长春宫写仿。

1 庄和皇贵妃，即同治皇帝的瑜妃。生于19世纪50年代，姓阿鲁特氏，系大学士赛尚阿之女。入宫为嫔，不久晋为妃，光绪年间晋为贵妃。孀居西六宫三十余年，隆裕（光绪后）于1913年去世后，她迁居储秀宫并被尊封为庄和皇贵妃，直到1921年4月14日病逝，溥仪册谥“恭肃”，举丧隆重。本日系庄和皇贵妃生辰。

2 毓庆宫自初七日至初十日停课四天。本日系荣惠皇贵妃生辰，或有关。

● **十一日（1915年9月19日）癸丑　晴**

读《左传》“子产曰”至“民不从也”，《礼记》“乐也者”至“父子君臣之节”。

● **十二日（1915年9月20日）甲寅　晴**

读《左传》“及子产适晋”至“使从嬖大夫”，《礼记》“是故大人举礼乐”至“有制于天下也”。

● **十三日（1915年9月21日）乙卯　晴**

读《左传》“秋八月”至“其共也如是”，《礼记》“魏文侯问于子夏曰”至“敢问何如”。

● **十四日（1915年9月22日）丙辰　阴**

在养心殿写仿、写匾、温书。[1]

● **十五日（1915年9月23日）丁巳　阴**

在长春宫写仿、温书。

● **十六日（1915年9月24日）戊午　晴**

在长春宫写仿、温书。

● **十七日（1915年9月25日）己未　晴**

读《左传》“臧孙纥有言曰”至“［日月之会是谓辰，］故以配日”，《礼记》“子夏对曰”至“是以祭祀弗用也”。

● **十八日（1915年9月26日）庚申　晴**

读《左传》“卫襄公夫人姜氏无子”至“葬卫襄公”，《礼记》“诗云”至“则思死封疆之臣”。

● **十九日（1915年9月27日）辛酉　晴**

读《左传》“八年春”至“罪不在行人也”，《礼记》“丝声哀”至“非武坐也”。

● **二十日（1915年9月28日）壬戌　晴**

读《左传》“叔弓如晋”至“而杀之”，《礼记》“声淫及商”至“以崇天子”。

● **二十一日（1915年9月29日）癸亥　晴**

读《左传》“九月”至“迁方城外人于许”，《礼记》“夹振之”至“不复用兵也”。

● **二十二日（1915年9月30日）甲子　晴**

在长春宫写仿、温书、写匾。

● **二十三日（1915年10月1日）乙丑　晴**

读《左传》“周甘人”至“礼而归之”，《礼记》“散军而郊射”至“致乐以治心者也”。

● **二十四日（1915年10月2日）丙寅　阴**

读《左传》“夏四月”至“使荀跞佐下军以说焉”，《礼记》“致礼以治躬则庄敬”至“其义一也”。

● **二十五日（1915年10月3日）丁卯　阴**

1 毓庆宫自本日起停课三天，系节假，八月十五日为中秋节。每年此节，溥仪依例向师傅和臣下颁赏银两及瓜果、月饼等。

读《左传》“孟僖子如齐殷聘”至“公召之而后入”，《礼记》“夫乐者乐也”至“则莫不和亲”。

● **二十六日（1915年10月4日）戊辰　晴**

读《左传》“公卜使王黑以灵姑銔率”至“将谁福哉”，《礼记》“故乐者”至“皆得其侪焉”。

● **二十七日（1915年10月5日）己巳　晴**

读《左传》“戊子晋平公卒”至“而不能自克也”，《礼记》“喜则天下和之”至“万物育焉”。

● **二十八日（1915年10月6日）庚午　晴**

读《左传》“昭子至自晋”至“蔡侯不可”，《礼记》“故商者”至“子贡问乐”。

● **二十九日（1915年10月7日）辛未　晴**

读《左传》“三月丙申”至“谋救蔡也”，《礼记》“祭法”至“亡其地则不祭”。

● **三十日（1915年10月8日）壬申　晴**

读《左传》“郑子皮将行”至“殆其失国”，《礼记》“大凡”至“去墠为鬼”。

● **九月初一日（1915年10月9日）癸酉　晴**

读《左传》“冬十一月”至“子产乃使辟之”，《礼记》“诸侯立五庙”至“王自为立七祀”。

● **初二日（1915年10月10日）甲戌　晴**

读《左传》“司墓之室”至“亦中之”，《礼记》“诸侯为国立五祀”至“故祀以为稷”。

● **初三日（1915年10月11日）乙亥　晴**

读《左传》“伯瑕谓穆子曰”至“遂奔齐”，《礼记》“共工氏之霸九州也”至“不在祀典”。

● **初四日（1915年10月12日）丙子　晴**

读《左传》“南蒯之将判也”至“吾不为怨府”，《礼记》“祭不欲数”至“叹息之声”。

● **初五日（1915年10月13日）丁丑　阴**

在养心殿写仿、温书、写匾。

● **初六日（1915年10月14日）戊寅　晴**

读《左传》“楚子狩于州来”至“敢不畏君王哉”，《礼记》“是故先王之孝也”至“其飨之也”。

● **初七日（1915年10月15日）己卯　晴**

读《左传》“工尹路谓曰”至“岂其辱于乾溪”，《礼记》“文王之祭也”至“夫何济济漆漆之有乎”。

● **初八日（1915年10月16日）庚辰　晴**

读《左传》“十三年春”至“克息舟，城而居之”，《礼记》“反馈乐成”至“则或使之也”。

● **初九日（1915年10月17日）辛巳 晴**

读《左传》“观起之死也”至“次于鱼陂”，《礼记》“孝子之祭可知也”至“定天下也”。

● **初十日（1915年10月18日）壬午 雨雹**

读《左传》“公子弃疾为司马”至“乃行”，《礼记》“贵有德”至“敬之至也”。

● **十一日（1915年10月19日）癸未 晴**

读《左传》“国每夜骇曰”至“乃改葬之”，《礼记》“郊之祭”至“教之至也”。

● **十二日（1915年10月20日）甲申 晴**

在长春宫写仿，在养心殿温习《左传》《礼记》《唐诗》，写匾。

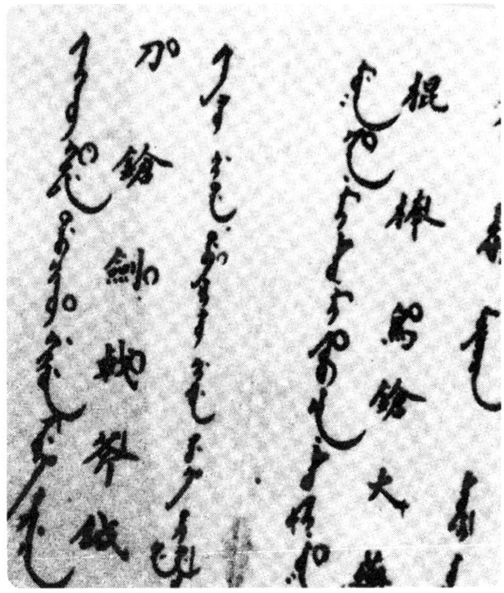

溥仪亲书满文

● **十三日（1915年10月21日）乙酉 晴**

读《左传》“初，灵王卜，曰”至“五也”，《礼记》“众生必死”至“敬之至也”。

● **十四日（1915年10月22日）丙戌 晴**

读《左传》“子午在晋”至“不亦宜乎”，《礼记》“古者天子诸侯”至“其率用此与”。

● **十五日（1915年10月23日）丁亥 阴**

读《左传》“我先君文公”至“亦如之”，《礼记》“及良日”至“举而措之无难矣”。

● **十六日（1915年10月24日）戊子 阴**

读《左传》“次于卫地”至“所由倾覆也”，《礼记》“乐也者”至“安能为孝乎”。

● **十七日（1915年10月25日）己丑 阴**

在长春宫写仿、温书、写匾。

● **十八日（1915年10月26日）庚寅 晴**

读《左传》“是故明王之制”至“寡君闻命矣”，《礼记》“曾子曰”至“刑自反此作”。

● **十九日（1915年10月27日）辛卯 晴**

读《左传》“叔问曰”至“何国之为”，《礼记》“曾子曰”至“此之谓礼终”。

● **二十日（1915年10月28日）壬辰 晴**

读《左传》“公不与盟”至“子姑待之”，《礼记》“乐正子春”至“可谓孝矣”。

● **二十一日（1915年10月29日）癸巳 微阴**

在养心殿写仿、温书、写匾。

● **二十二日（1915年10月30日）甲午 晴**

读《左传》“季孙犹在晋”至“惠伯待礼”，《礼记》“昔者有虞氏”至“而弟达乎狸狩矣”。

● **二十三日（1915 年 10 月 31 日）乙未　晴**

读《左传》“十四年”至“礼也”，《礼记》“军旅什伍”至“此由大学来者也”。

● **二十四日（1915 年 11 月 1 日）丙申　阴**

读《左传》“楚令尹子旗有德于王”至“犹义也夫”，《礼记》“天子设四学”至“所以示顺也”。

● **二十五日（1915 年 11 月 2 日）丁酉　晴**

读《左传》“十五年［春］”至“而缮守备”，《礼记》“昔者圣人”至“左宗庙”。

● **二十六日（1915 年 11 月 3 日）戊戌　晴**

读《左传》“围鼓三月”至“其反无分乎”，《礼记》“凡治人之道”至“此孝子之心也”。

● **二十七日（1915 年 11 月 4 日）己亥　晴**

读《左传》“密须之鼓”至“举典，将焉用之”，《礼记》“祭者”至“此祭之心也”。

● **二十八日（1915 年 11 月 5 日）庚子　晴**

读《左传》“十六年［春］”至“君子之耻也”，《礼记》“是故天子亲耕于南郊”至“必依于礼”。

● **二十九日（1915 年 11 月 6 日）辛丑　晴**

读《左传》“子产怒曰”至“盍求而与之”，《礼记》“是故君子之齐也”至“此与竟内乐之之义也”。

● **十月初一日（1915 年 11 月 7 日）壬寅　晴**

在养心殿写仿，温书，写对联。

● **初二日（1915 年 11 月 8 日）癸卯　晴**

读《左传》“子产曰”至“以至于今”，《礼记》“夫祭有三重焉”至“下馂上之余也”。

● **初三日（1915 年 11 月 9 日）甲辰　晴**

读《左传》“今吾子以好来辱”至“敢不藉手以拜”，《礼记》“凡馂之道”至“而教生焉”。

● **初四日（1915 年 11 月 10 日）乙巳　阴**

读《左传》“公至自晋”至“不君君矣”，《礼记》“是故君子之事君也”至“此交神明之道也”。

● **初五日（1915 年 11 月 11 日）丙午　微雪**

读《左传》“秋，郯子来朝”至“犹信”，《礼记》“君迎牲”至“亲疏之杀也”。

● **初六日（1915 年 11 月 12 日）丁未　阴**

读《左传》“晋侯使屠蒯如周”至“在宋、卫、陈、郑乎？”，《礼记》“古者”至“示弱也”。

● 初七日（1915 年 11 月 13 日）戊申 晴

读《左传》“宋大辰之虚也”至“取余皇以归”，《礼记》“惠均则政行”至“吏之至贱者也”。

● 初八日（1915 年 11 月 14 日）己酉 阴

读《左传》“十有八年［春］”至“迁其柩”，《礼记》“尸又至尊”至“为臣不全”。

● 初九日（1915 年 11 月 15 日）庚戌 雨

读《左传》“火作”至“而舍其女”，《礼记》“夫义者”至“教也”。

● 初十日（1915 年 11 月 16 日）辛亥 晴

读《左传》“秋”至“不敢不告”，《礼记》“夫铭者”至“此卫孔悝之鼎铭也”。

● 十一日（1915 年 11 月 17 日）壬子 晴

读《左传》“子产对曰”至“自秦”，《礼记》“古之君子”至“重其国也”。

● 十二日（1915 年 11 月 18 日）癸丑 晴

在长春宫写仿，在养心殿温书，写对联。

● 十三日（1915 年 11 月 19 日）甲寅 晴

读《左传》“鄅夫人”至“齐师入纪”，《礼记》“孔子曰”至“则深于春秋者也”。

● 十四日（1915 年 11 月 20 日）乙卯 晴

读《左传》“是岁也”至“晋人舍之”，《礼记》“天子者”至“不可诬以奸诈”。

● 十五日（1915 年 11 月 21 日）丙辰 晴

读《左传》“楚人城州来”至“乱所在也”，《礼记》“是故隆礼由礼”至“必有乱患”。

● 十六日（1915 年 11 月 22 日）丁巳 晴

读《左传》“费无极言［于楚子曰］”至“相从为愈”，《礼记》“故昏姻之礼废”至“此之谓也”。

● 十七日（1915 年 11 月 23 日）戊午 晴

读《左传》“伍尚归”至“作乱”，《礼记》“哀公问”至“如此”。

● 十八日（1915 年 11 月 24 日）己未 晴

读《左传》“初”至“徒行从公”，《礼记》“公曰”至“则庶物从之矣”。

● 十九日（1915 年 11 月 25 日）庚申 晴

读《左传》“齐侯使公孙青聘于卫”至“杀宣姜”，《礼记》“公曰”至“请少进”。

● 二十日（1915 年 11 月 26 日）辛酉 晴

读《左传》“卫侯赐北宫喜谥”至“华登奔吴”，《礼记》“孔子曰”至“如此则国家顺矣”。

● 二十一日（1915 年 11 月 27 日）壬戌 晴

读《左传》“向宁欲杀太子”至“以为诸侯主也”，《礼记》“公曰”至“不过乎物”。

● 二十二日（1915 年 11 月 28 日）癸亥 晴

在养心殿写仿、温书、写对联。

● **二十三日（1915年11月29日）甲子　晴**

读《左传》“公曰”至“祈望守之”，《礼记》“公曰”至“是臣之福也”。

● **二十四日（1915年11月30日）乙丑　晴**

读《左传》“县鄙之人”至“君臣亦然”，《礼记》“仲尼燕居”至“所以仁宾客也”。

● **二十五日（1915年12月1日）丙寅　晴**

读《左传》“君所谓可［而有否焉］”至“非君所愿也”，《礼记》“子曰”至“凡众之动得其宜”。

● **二十六日（1915年12月2日）丁卯　晴**

读《左传》“郑子产有疾”至“古之遗爱也”，《礼记》“子曰”至“无以祖洽于众也”。

● **二十七日（1915年12月3日）戊辰　晴**

读《左传》“二十一年春”至“为十一牢”，《礼记》“子曰”至“于礼虚”。

● **二十八日（1915年12月4日）己巳　晴**

读《左传》“宋华费遂生华貙”至“而守之”，《礼记》“子曰”至“承事矣”。

● **二十九日（1915年12月5日）庚午　晴**

读《左传》“秋［七月］”至“亦如之”，《礼记》“礼之所兴”至“若发蒙矣”。

● **三十日（1915年12月6日）辛未　晴**

读《左传》“十一月”至“既许之矣”，《礼记》“孔子闲居”至“此之谓五至”。

● **十一月初一日（1915年12月7日）壬申　晴**

读《左传》“蔡侯朱［出奔楚］”至“宋人从之”，《礼记》“子夏曰”至“施及四国”。

● **初二日（1915年12月8日）癸酉　雪**

在养心殿写仿、温书、写匾。

● **初三日（1915年12月9日）甲戌　阴**

读《左传》“［己巳，］宋华亥”至“盟群王子于单氏”，《礼记》“无声之乐”至“是汤之德也”。

● **初四日（1915年12月10日）乙亥　阴**

读《左传》“晋之取鼓也”至“天所废也”，《礼记》“天有四时”至“弟子敢不承乎”。

● **初五日（1915年12月11日）丙子　晴**

读《左传》“单子欲告［急于晋］”至“毁其西南”，《礼记》“子言之”至“则民有所让”。

● **初六日（1915年12月12日）丁丑　阴**

读《左传》“二十三年［春］”至“乃弗与”，《礼记》“子云”至“曰寡君”。

● **初七日（1915年12月13日）戊寅　晴**

读《左传》“使各居一馆”至“蒯溃”，《礼记》“子云”至“武王成之”。

● **初八日（1915 年 12 月 14 日）己卯 晴**

读《左传》“吴人伐州来”至“楚未陈也”，《礼记》“子云”至“交相为瘉”。

● **初九日（1915 年 12 月 15 日）庚辰 晴**

读《左传》“八月［丁酉］”至“不亡何待”，《礼记》“子云”至“民犹争利而忘义”。

● **初十日（1915 年 12 月 16 日）辛巳 晴 午后阴后晴**

读《左传》“夫正其疆场”至“尊晋也”，《礼记》“子云”至“不葬者”。

● **十一日（1915 年 12 月 17 日）壬午 晴**

读《左传》“三月［庚戌］”至“与之东訾”，《礼记》“子云”至“不敢有其室也”。

● **十二日（1915 年 12 月 18 日）癸未 晴**

在养心殿写仿、温书、写“福”“寿”字。

● **十三日（1915 年 12 月 19 日）甲申 晴**

读《左传》“楚子为舟师”至“何以能久”，《礼记》“父母在”至“亡其身”。

● **十四日（1915 年 12 月 20 日）乙酉 晴**

读《左传》“季公若之姊”至“以奉五声”，《礼记》“子云”至“废夫人之礼”。

● **十五日（1915 年 12 月 21 日）丙戌 晴**

读《左传》“为君臣、上下［以则地义］”至“无不祥大焉”，《礼记》“子云”至“妇犹有不至者”。

● **十六日（1915 年 12 月 22 日）丁亥 晴**

读《左传》“有鸜鹆来巢”至“故公若怨平子”，《礼记》“子言之”至“渎则不告”。

● **十七日（1915 年 12 月 23 日）戊子 晴**

读《左传》“季郈之鸡斗”至“乃馆于公”，《礼记》“子言之”至“尊而不亲”。

● **十八日（1915 年 12 月 24 日）己丑 晴**

读《左传》“叔孙昭子如阚”至“遂行”，《礼记》“道有至”至“爱莫助之”。

● **十九日（1915 年 12 月 25 日）庚寅 晴**

读《左传》“已亥”至“乃不书盟”，《礼记》“小雅曰”至“不畏于天”。

● **二十日（1915 年 12 月 26 日）辛卯 晴**

读《左传》“昭子自阚归”至“卒于曲棘”，《礼记》“是故君子服其服”至“仁之厚也”。

● **二十一日（1915 年 12 月 27 日）壬辰 晴**

读《左传》“十二月［庚辰］”至“礼也”，《礼记》“是故君子恭俭以求役仁”至“而民敬尊之”。

● **二十二日（1915 年 12 月 28 日）癸巳 晴**

在长春宫写春条，写仿。

● **二十三日（1915 年 12 月 29 日）甲午 晴**

读《左传》“三月”至“请息肩于齐”，《礼记》“子曰”至“鬼尊而不亲”。

● 二十四日（1915年12月30日）乙未 晴

读《左传》“齐师围成”至“林雍乘”，《礼记》“子曰”至“质不胜其文”。

● 二十五日（1915年12月31日）丙申 阴

读《左传》“四月”至“乃立昭王”，《礼记》“子言之曰”至“古”。

1916年

● ［十一月］二十六日（1916年1月1日）丁酉 晴

读《左传》“冬［十月丙申］”至“［能用力］于王室也”，《礼记》“子曰”至“而不可使为乱”。

● 二十七日（1916年1月2日）戊戌 雪

读《左传》“至于惠王”至“［而诸侯］实深图之”，《礼记》“子曰”至“乱是用餤”。

● 二十八日（1916年1月3日）己亥 晴

读《左传》“昔先王之命曰”至“公说，乃止”，《礼记》“子曰”至“卜筮不相袭也”。

● 二十九日（1916年1月4日）庚子 阴

读《左传》“齐侯与晏子坐于路寝”至“是以先王上之”，《礼记》“大事有时日”至“下不亵于上”。

● 十二月初一日（1916年1月5日）辛丑 阴

在长春宫写仿，开笔［大吉］。

● 初二日（1916年1月6日）壬寅 阴

读《左传》“二十［有］七年春”至“以其子为卿”，《礼记》“子言之曰”至“是民之表也”。

● 初三日（1916年1月7日）癸卯 阴

读《左传》“季子至”至“不亦可乎”，《礼记》“子曰”至“而慎于行”。

● 初四日（1916年1月8日）甲辰 阴

读《左传》“令尹使视郤氏”至“天之道也”，《礼记》“诗云”至“则民不惑矣”。

● 初五日（1916年1月9日）乙巳 晴

读《左传》“鲁君守齐”至“迩无极也”，《礼记》“臣仪行”至“庄士大夫卿士”。

● 初六日（1916年1月10日）丙午 晴

读《左传》“今又杀三不辜”至“而后逆之”，《礼记》“子曰”至“唯干戈有厥躬”。

● 初七日（1916年1月11日）丁未 晴

读《左传》“晋祁胜与邬［臧通室］”至“大有败也”，《礼记》“太甲曰”至“死不可夺名”。

● 初八日（1916年1月12日）戊申　晴

读《左传》“昔有仍氏生女”至“［僚安为］杨氏大夫”，《礼记》“故君子多闻”至“服之无射”。

● 初九日（1916年1月13日）己酉　晴

读《左传》“谓贾辛”至“所及其远哉”，《礼记》“子曰”至“夫子凶”。

● 初十日（1916年1月14日）庚戌　晴

读《左传》“贾辛将适其县”至“皆许诺”，《礼记》“古者深衣”至“广各寸半”。

● 十一日（1916年1月15日）辛亥　晴

读《左传》“退朝，待于庭”至“与之阳谷”，《礼记》“投壶之礼”至“东面执八算兴”。

● 十二日（1916年1月16日）壬子　晴

在养心殿写大“福”“寿”及仿。

● 十三日（1916年1月17日）癸丑　晴

读《左传》“公衍、公为之生也”至“范氏其后也”，《礼记》“请宾曰”至“以庆”。

● 十四日（1916年1月18日）甲寅　晴

读《左传》“献子曰”至“自商以来祀之”，《礼记》“庆礼曰”至“半”。

● 十五日（1916年1月19日）乙卯　晴

读《左传》“冬”至“且征过也”，《礼记》“鲁哀公问于孔子曰”至“其备豫有如此者”。

● 十六日（1916年1月20日）丙辰　阴

读《左传》“夏六月”至“晋人不能诘”，《礼记》“儒有不宝金玉”至“其刚毅有如此者”。

● 十七日（1916年1月21日）丁巳　阴　未正　晴[1]

读《左传》“吴子使徐人执掩余”至“使徐子处之”，《礼记》“儒有忠信以为甲胄”至“其宽裕有如此者”。

● 十八日（1916年1月22日）戊午　晴

读《左传》“吴子问于伍员曰”至“［季孙从知］伯如乾侯”，《礼记》“儒有内称不辟亲”至“其规为有如此者”。

● 十九日（1916年1月23日）己未　晴

读《左传》“子家子曰”至“弗可灭已”，《礼记》“儒有合志同方”至“不敢以儒为戏”。

1 意谓本日上午阴，至下午2时开晴。

● **二十日（1916年1月24日）庚申　晴**

读《左传》“是故君子”至“又不能用其人也”，《礼记》“乡饮酒之义”至“象四时也”。

● **二十一日（1916年1月25日）辛酉　晴**

读《左传》“夏［，吴伐越］”至“魏献子曰：善”，《礼记》“天地严凝之气”至“而贱财也”。

● **二十二日（1916年1月26日）壬戌　晴**

读《左传》“使伯音对曰”至“言失其所也”，《礼记》“卒觯”至“贵贱之义别矣”。

● **二十三日（1916年1月27日）癸亥　晴**

读《左传》“赵简子问于史墨曰”至“不可以假人”，《礼记》“三揖至于阶”至“而知王道之易易也”。

● **二十四日（1916年1月28日）甲子　晴**

读《左传》“元年［春］”至“亦其职也”，《礼记》“乡饮酒之义”至“礼之大参也”。

● **二十五日（1916年1月29日）乙丑　晴**

读《左传》“士弥丰曰”至“羁不敢见”，《礼记》“古者读诸侯之射也”至“所以观盛德也”。

● **二十六日（1916年1月30日）丙寅　晴**

在养心殿写仿，温习《左传》《礼记》《唐诗》［十二］字头《单清语》《圣谕广训》[1]。

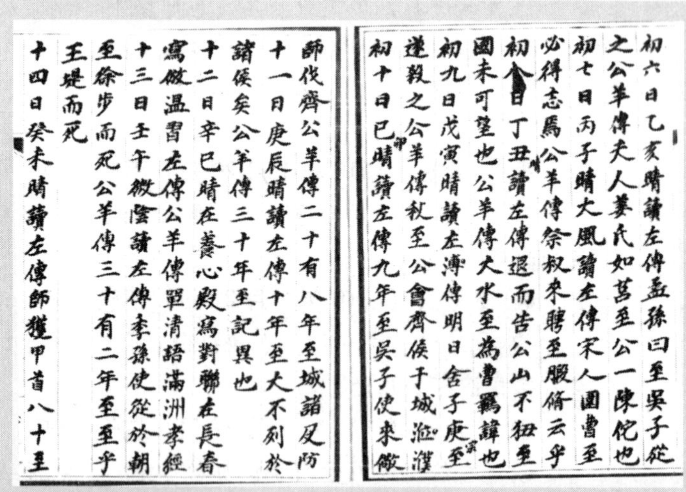
初六日乙亥晴讀左傳孟孫曰至吳子從
之公羊傳夫人姜氏如莒至公一陳佗也
初七日丙子晴大風讀左傳宋人圍曹至
必得志焉公羊傳祭叔來聘至腶脩云乎
初八日丁丑讀左傳退而告公山不狃至
國未可望也公羊傳大水至為曹羈諱也
初九日戊寅晴讀左傳明日舍子庚至
逆殺之公羊傳秋至公會齊侯于城濮
初十日己卯晴讀左傳九年至吳子使來徵
師伐齊公羊傳二十有八年至城諸及防
十一日庚辰晴讀左傳十年至大不列於
諸侯矣公羊傳三十年至記異也
十二日辛巳晴在養心殿寫對聯在長春
宮做溫習左傳公羊傳單清語滿洲孝經
十三日壬午微陰讀左傳季孫使從於朝
至徐步而死公羊傳三十有二年至至乎
王隄而死
十四日癸未晴讀左傳師獲甲首八十至

溥仪读《单清语》日记

● **二十七日（1916年1月31日）丁卯　晴**

在长春宫写仿，温习《左传》及《单清语》。

● **二十八日（1916年2月1日）戊辰　晴**

在养心殿写仿，温习《礼记》及《联清语》。

● **二十九日（1916年2月2日）己巳　晴**

在长春宫，辰时，封笔大吉[2]。

1 毓庆宫停课，从腊月二十六日至正月初五日为寒假。这里提到的《单清语》及下文提到的《联清语》均为溥仪使用过的满语课本。《圣谕广训》是溥仪以前清朝历代皇帝的语录。

2 宫内的“开笔”“封笔”仪式一般在养心殿进行，时间则规定在正午时刻。这次破例，说明长春宫女主敬懿皇贵妃在溥仪心目中的地位较其他几位皇贵妃略高。每逢毓庆宫停课，溥仪一般只在养心殿和长春宫温书练字。

宣统八年[1]

● **正月初一日（1916年2月3日）庚午 晴**

在养心殿，午时，开笔大吉。

● **初二日（1916年2月4日）辛未 阴**

在长春宫写仿，温习《左传》《礼记》。

● **初三日（1916年2月5日）壬申 阴**

在长春宫写仿，温习《四书》《唐诗》。

● **初四日（1916年2月6日）癸酉 微阴**

在养心殿写仿，温习《左传》《礼记》《圣谕广训》。

● **初五日（1916年2月7日）甲戌 晴 微风**

在长春宫写仿，在养心殿温习《左传》《礼记》。

● **初六日（1916年2月8日）乙亥 晴 微风**

读《左传》“叔孙使告之曰”至“立炀宫”，《礼记》“是故古者”至“未之有也”。

● **初七日（1916年2月9日）丙子 晴**

读《左传》“桐叛楚”至“窃马而献之子常”，《礼记》“故诗曰”至“处者半”。

● **初八日（1916年2月10日）丁丑 阴**

读《左传》“子常归唐侯”至“乃使子鱼”，《礼记》“序点”至“进爵绌地是也”。

● **初九日（1916年2月11日）戊寅 晴**

读《左传》“子鱼辞，曰”至“而封于少皞之虚”，《礼记》“故男子生”至“辞养也”。

● **初十日（1916年2月12日）己卯 晴 微风**

在长春宫写仿，温习《书经》《左传》《圣谕广训》。[2]

● **十一日（1916年2月13日）庚辰 晴**

在长春宫写仿、温书。

● **十二日（1916年2月14日）辛巳 晴**

在长春宫写仿、温书。

● **十三日（1916年2月15日）壬午 晴**[3]

● **十四日（1916年2月16日）癸未 微风及微阴**

---

1 清朝宣统皇帝退位后，留居紫禁城以至后来寓居天津期间，在其所居范围内一直沿用“宣统”年号。本年为农历丙辰年。

2 从本日至十七日毓庆宫停课八天，其间有“万寿节”和元宵节。

3 本日为清宫“万寿节”。溥仪过生日，照例要给列祖列宗行礼，继而在乾清宫升座，接受师傅、大臣、遗老数百人排班叩拜，还要接待中华民国总统专使及各国驻京使节、来宾的“觐见”，或因场面太大，10岁的孩子难以记述，故本日日记原文只存日期、气象。

在长春宫写仿及温书。

● **十五日（1916 年 2 月 17 日）甲申　晴**[1]

● **十六日（1916 年 2 月 18 日）乙酉　晴**

在长春宫写仿、温书。

● **十七日（1916 年 2 月 19 日）丙戌　阴**

在长春宫写仿、温书。

● **十八日（1916 年 2 月 20 日）丁亥　晴**

读《左传》“分康叔以大路”至“若之何其使蔡先卫也”，《礼记》“古者周天子之官”至“礼之也”。

● **十九日（1916 年 2 月 21 日）戊子　雪**

读《左传》“武王之母弟八人”至“无犯非义”，《礼记》“君举旅于宾”至“所以明贵贱也”。

● **二十日（1916 年 2 月 22 日）己丑　阴**

读《左传》“沈人不会于召陵”至“乃济汉而陈”，《礼记》“聘礼”至“所以愧厉之也”。

● **二十一日（1916 年 2 月 23 日）庚寅　阴**

读《左传》“自小别至于大别”至“以奔吴师”，《礼记》“者诸侯相厉以礼”至“将以行礼也”。

● **二十二日（1916 年 2 月 24 日）辛卯　晴　大风**

读《左传》“庚辰”至“王奔随”，《礼记》“酒清”至“如此也”。

● **二十三日（1916 年 2 月 25 日）壬辰　晴**

读《左传》“吴人从之”至“世以事君”，《礼记》“勇敢强有力”至“故君子贵之也”[2]。

● **二十四日（1916 年 2 月 26 日）癸巳　晴**

读《左传》“秦伯使辞焉”至“败吴师于军祥”，《公羊传》何休序[3]。

● **二十五日（1916 年 2 月 27 日）甲午　阴**

读《左传》“秋七月”至“吾以志前恶”，《公羊传》“元年”至“母以子贵”。

● **二十六日（1916 年 2 月 28 日）乙未　晴**

读《左传》“王赏斗辛”至“因楚败也”，《公羊传》“三月”至“亦不地也”。

● **二十七日（1916 年 2 月 29 日）丙申　晴**

读《左传》“二月［，公侵郑］”至“以取入焉”，《公羊传》“秋”至“所传闻异辞”。

● **二十八日（1916 年 3 月 1 日）丁酉　晴**

读《左传》“四月［乙丑］”至“乃执乐祁”，《公羊传》“二年”至“入国称夫人”。

● **二十九日（1916 年 3 月 2 日）戊戌　晴**

1 本日为元宵节。日记原文只存日期、气象。

2《礼记》一书的授读到此结束。

3 溥仪从是日起，由师傅传授，研读《公羊传》。

读《左传》“阳虎又盟公”至“而后朝于庄公”，《公羊传》“冬十月”至“士曰不禄”。

● **三十日（1916年3月3日）己亥 晴**

读《左传》“八年［春］”至“尽客气也”，《公羊传》“夏”至“盍终为君矣”。

● **二月初一日（1916年3月4日）庚子 晴 大风**

在养心殿写匾、写仿，温习书。

● **初二日（1916年3月5日）辛丑 晴**

读《左传》“夏”至“乃皆将行之”，《公羊传》“宣公死”至“宋公陈侯蔡人卫人代郑”。

● **初三日（1916年3月6日）壬寅 晴**

读《左传》“行有日”至“往也”，《公羊传》“秋”至“非也”。

● **初四日（1916年3月7日）癸卯 晴**

读《左传》“孟氏”至“乃逐桐门右师”，《公羊传》“五年”至“小国称伯子男”。

● **初五日（1916年3月8日）甲辰 晴**

读《左传》“郑驷歂杀邓析”至“无乃害乎”，《公羊传》“天子三公者何”至“久也”。

● **初六日（1916年3月9日）乙巳 晴**

读《左传》“齐侯执阳虎”至“［齐侯致禚、媚、杏］于卫”，《公羊传》“七年”至“宿男卒”。

● **初七日（1916年3月10日）丙午 晴**

读《左传》“齐侯赏犁弥”至“亦如之”，《公羊传》“秋”至“一月而再取也”。

● **初八日（1916年3月11日）丁未 雪**

读《左传》“齐侯将享公”至“涉佗亦遄矣哉”，《公羊传》“何言乎一月而再取”至“故不有其正月也”。

● **初九日（1916年3月12日）戊申 晴**

读《左传》“初”至“乃多舍申焉”，《公羊传》“元年”至“贤也”。

● **初十日（1916年3月13日）己酉 晴**

读《左传》“侯祀请易于齐”至“出奔陈”，《公羊传》“何贤乎孔父”至“无时焉可也”。

● **十一日（1916年3月14日）庚戌 晴**

读《左传》“武叔聘于齐”至“［费人攻之，］弗克”，《公羊传》“戊申”至“齐侯使其弟年来聘”。

● **十二日（1916年3月15日）辛亥 晴**

在长春宫写仿，温书，写对联。

● **十三日（1916年3月16日）壬子 晴**

读《左传》“十三年”至“故不与围邯郸”，《公羊传》“有年”至“城祝丘”。

● **十四日（1916年3月17日）癸丑　晴**

读《左传》“将作乱”至“盟于公宫”，《公羊传》“秋”至“纪侯来朝”。

● **十五日（1916年3月18日）甲寅　晴**

读《左传》“初”至“祀安于庙”，《公羊传》“七年”至“成使乎我也”。

● **十六日（1916年3月19日）乙卯　晴**

读《左传》“吴伐越”至“范氏故也”，《公羊传》“其成使乎我奈何”至“言战乃败矣”。

● **十七日（1916年3月20日）丙辰　微雨**

读《左传》“卫侯”至“[又拜郑师及范氏之师]于百泉”，《公羊传》“十有一年”至“君子不为也”。

● **十八日（1916年3月21日）丁巳　晴**

读《左传》“十[有]五年[春]”至“书，不时告也”，《公羊传》“突归于郑”至“然后能为日也”。

● **十九日（1916年3月22日）戊午　晴**

读《左传》“元年[春]”至“不亦难乎”，《公羊传》“内不言战”至“葬齐僖公”。

● **二十日（1916年3月23日）己未　晴**

读《左传》“勾践能亲而务施”至“况大国乎”，《公羊传》“五月”至“冬城向”。

● **二十一日（1916年3月24日）庚申　晴**

读《左传》“臣闻国之兴也”至“安能败我”，《公羊传》“十有一月”至“君子辟也”。

● **二十二日（1916年3月25日）辛酉　晴**

在长春宫写仿、温书。

● **二十三日（1916年3月26日）壬戌　晴**

读《左传》“初[，卫侯游于郊]”至“[以故兆]询可也”，《公羊传》“元年”至“必使大夫同姓者主之”。

● **二十四日（1916年3月27日）癸亥　晴**

读《左传》“简子誓曰”至“佩玉不敢爱”，《公羊传》“秋”至“宋公凭卒”。

● **二十五日（1916年3月28日）甲子　晴**

读《左传》“郑人击简子中肩”至“求援于中山”，《公羊传》“三年”至“虽百世可也”。

● **二十六日（1916年3月29日）乙丑　晴**

读《左传》“夏[五月辛丑]”至“周人杀苌弘”，《公羊传》“家亦可乎”至“亦将葬之也”。

● **二十七日（1916年3月30日）丙寅　晴**

读《左传》“秋”至“公孙盱”，《公羊传》“秋”至“纂辞也”。

● 二十八日（1916 年 3 月 31 日）丁卯　阴

读《左传》“夏［，楚人既克夷虎］”至“纳荀寅于柏人”，《公羊传》“秋”至“托不得已也”。

● 二十九日（1916 年 4 月 1 日）戊辰　晴

读《左传》“五年［春］”至“何党之乎”，《公羊传》“甲午”至“葬齐襄公”。

● 三十日（1916 年 4 月 2 日）己巳　大雪　午晴

读《左传》“郑驷秦富而侈”至“大夫从之”，《公羊传》“八月”至“故言次也”。

第三册终。[1]

丙辰

● 三月初一日（1916 年 4 月 3 日）庚午　晴

读《左传》“夏［六月戊辰］”至“遂弗棨”，《公羊传》“秋”至“可谓不畏强御矣”。[2]

● 初二日（1916 年 4 月 4 日）辛未　晴

在长春宫写仿及匾，温书。

● 初三日（1916 年 4 月 5 日）壬申　晴

读《左传》“初［，昭王有疾］”至“子之命也”，《公羊传》“其不畏强御奈何”至“曹子手剑而从之”。

● 初四日（1916 年 4 月 6 日）癸酉　晴

读《左传》“鲍子曰”至“［吴王百牢］不亦可乎”，《公羊传》“管子进曰”至“邾娄子克卒”。

● 初五日（1916 年 4 月 7 日）甲戌　晴

读《左传》“景伯曰”至“危将焉保”，《公羊传》“十有七年”至“则专之可也”。

● 初六日（1916 年 4 月 8 日）乙亥　晴

读《左传》“孟孙曰”至“吴子从之”，《公羊传》“夫人姜氏如莒”至“公一陈佗也”。

● 初七日（1916 年 4 月 9 日）丙子　晴　大风

读《左传》“宋人围曹”至“必得志焉”，《公羊传》“祭叔来聘”至“腶修云乎”。

● 初八日（1916 年 4 月 10 日）丁丑　晴

读《左传》“退而告公山不狃”至“国未可望也”，《公羊传》“大水”至“为曹

1 该册日记起于乙卯年三月二十三日（1915 年 5 月 6 日），迄于丙辰年二月三十日（1916 年 4 月 2 日），一日不缺，一页不落，纸本各册都是统一的。

2 是为当年编号“第四册”的首篇日记。

羁讳也”。

● **初九日（1916年4月11日）戊寅　晴**

读《左传》“明日，舍子庚宗”至“遂杀之”，《公羊传》“秋”至“公会齐侯于城濮”。

● **初十日（1916年4月12日）己卯　晴**

读《左传》“九年［春］”至“吴子使来儆师伐齐”，《公羊传》“二十有八年”至“城诸及防”。

● **十一日（1916年4月13日）庚辰　晴**

读《左传》“十年［春］”至“大列于诸侯矣”，《公羊传》“三十年”至“记异也”。

● **十二日（1916年4月14日）辛巳　晴**

在养心殿写对联，在长春［宫］写仿，温习《左传》《公羊传》《单清语》《满洲孝经》[1]。

● **十三日（1916年4月15日）壬午　微阴**

读《左传》“季孙使从于朝”至“徐步而死”，《公羊传》“三十有二年”至“至乎王堤而死”。

● **十四日（1916年4月16日）癸未　晴**

读《左传》“师获甲首八十”至“宗子阳与闾邱明相厉也”，《公羊传》“公子牙今将尔”至“亲亲之道也”。

● **十五日（1916年4月17日）甲申　晴**

读《左传》“桑掩胥御国子”至“未之有也”，《公羊传》“恶乎归狱”至“实以二十五月”。

● **十六日（1916年4月18日）乙酉　阴**

读《左传》“盘庚之诰曰”至“弗听”，《公羊传》“其言于庄公何”至“弃师之道也”。

● **十七日（1916年4月19日）丙戌　雨**

读《左传》“十［有］二年［春］”至“乃请束锦以行”，《公羊传》“元年”至“则无以知其为一事也”。

● **十八日（1916年4月20日）丁亥　晴**

读《左传》“语及卫故”至“以六邑为虚”，《公羊传》“秋”至“季子待之以偏战”。

● **十九日（1916年4月21日）戊子　阴**

读《左传》“夏［，公会单平公］”至“乃先晋人”，《公羊传》“十有二月”至“以取亡焉。”

● 二十日（1916年4月22日）己丑 雨

读《左传》“吴人将以公见晋侯”至“吴及越平”，《公羊传》“其受赂奈何”至“君存焉尔”。

● **二十一日（1916年4月23日）庚寅　晴**

读《左传》“十［有］四年［春］”至“使为臣”，《公羊传》“秋”至“许男新臣卒”。

1《满洲孝经》指《孝经》的满文本，是此前溥仪学过的课本。

● 二十二日（1916 年 4 月 24 日）辛卯 晴

在建福宫[1]写匾，在长春宫写仿，温习《左传》《公羊传》《礼记》《圣谕广训》。

● 二十三日（1916 年 4 月 25 日）壬辰 阴

读《左传》“他日与之言政”至“不及此”，《公羊传》“楚屈完来盟于师”至“西征则东国怨”。

● 二十四日（1916 年 4 月 26 日）癸巳 晴

读《左传》“宋桓魋之宠［害于公］”至“燧攻之”，《公羊传》“桓公假途于陈”至“日有食之”。

● 二十五日（1916 年 4 月 27 日）甲午 晴

读《左传》“子颀骋而告桓司马”至“故不敢不言”，《公羊传》“冬”至“非礼也”。

● 二十六日（1916 年 4 月 28 日）乙未 晴

读《左传》“初［，孟孺子泄将圉马于成］”至“吴人内之”，《公羊传》“夫人何以不称姜氏”至“温子奔卫”。

● 二十七日（1916 年 4 月 29 日）丙申 晴 后微阴

读《左传》“秋［，齐陈瓘如楚］”至“公孙宿以其兵甲入于嬴”，《公羊传》“晋里克弑其君卓子”至“齐侯许男伐北戎”。

● 二十八日（1916 年 4 月 30 日）丁酉 阴

读《左传》“卫孔圉取大子蒯聩之姊”至“由也死矣”，《公羊传》“晋杀其大夫里克”至“葬陈宣公”。

● 二十九日（1916 年 5 月 1 日）戊戌 晴

读《左传》“孔悝立庄公”至“君两失之”，《公羊传》“公会齐侯宋公陈侯卫侯郑伯许男曹伯于咸”至“为天下记异也”。

● 四月初一日（1916 年 5 月 2 日）己亥 晴

读《左传》“六月［，卫侯饮孔悝酒于平阳］”至“为白公”，《公羊传》“狄侵郑”至“察之则五”。

● 初二日（1916 年 5 月 3 日）庚子 晴

在钟粹宫写仿、温书，在绛雪轩写匾。

● 初三日（1916 年 5 月 4 日）辛丑 晴

读《左传》“请伐郑”至“［抉豫章以杀人］而后死”，《公羊传》“是月者何”至“齐侯小白卒”。

● 初四日（1916 年 5 月 5 日）壬寅 晴

读《左传》“石乞曰”至“以攻白公”，《公羊传》“十有八年”至“门有古常也”。

● 初五日（1916 年 5 月 6 日）癸卯 晴

1 建福宫位于紫禁城内西花园，系清代在西六宫与中正殿之间添建的一座小型建筑，原本是供居丧时用的（使用黑琉璃瓦），在逊清时期此处及附近几座宫殿储藏大量珍宝。该建筑在 1923 年 6 月 27 日夜间焚毁。

读《左传》“白公奔山而缢”至“而杀之”，《公羊传》“夏”至“执宋公以伐宋”。

● **初六日（1916年5月7日）甲辰　晴**

读《左传》“三月[，越子伐吴]”至“何贱之有”，《公羊传》“宋公谓公子目夷曰”至“宋师败绩”。

● **初七日（1916年5月8日）乙巳　晴**

读《左传》“子高曰”至“般师出”，《公羊传》“遍战者日尔”至“晋侯夷吾卒”。

● **初八日（1916年5月9日）丙午　晴**

读《左传》“初[，公登城以望]”至“然则彘也”，《公羊传》“二十有五年”至“刺道用师也”。

● **初九日（1916年5月10日）丁未　晴**

读《左传》“宋皇瑗之子麇”至“[而复石魋]与大叔遗”，《公羊传》“公以楚师伐齐”至“楚人救卫”。

● **初十日（1916年5月11日）戊申　晴**

读《左传》“十九年[春，越人侵楚]”至“许之”，《公羊传》“三月”至“录乎内也”。

● **十一日（1916年5月12日）己酉　晴**

读《左传》“告于吴王曰”至“大子革奔越”，《公羊传》“晋人执卫侯”至“文公为之也”。

● **十二日（1916年5月13日）庚戌　雨**

在长春宫写仿及匾，在建福宫温书。

● **十三日（1916年5月14日）辛亥　晴**

读《左传》“冬[十一月丁卯]”至“报叔青也”，《公羊传》“卫元咺自晋复归于卫”至“公不得为政尔”。

● **十四日（1916年5月15日）壬子　晴**

读《左传》“二十四年[夏四月]”至“乃止”，《公羊传》“三十有一年”至“天子秩而祭之”。

● **十五日（1916年5月16日）癸丑　晴**

读《左传》“二十五年[夏五月]”至“[而自大子疾之宫]噪以攻公”，《公羊传》“触石而出”至“吾将尸尔焉”。

● **十六日（1916年5月17日）甲寅　晴**

读《左传》“郢子士请御之”至“公与大夫始有恶”，《公羊传》“子揖师而行”至“晋人陈人郑人伐许”。

● **十七日（1916年5月18日）乙卯　晴**

读《左传》“二十六年[夏五月]”至“遂卒于越”，《公羊传》“元年”至“故以异书也”。

● **十八日（1916年5月19日）丙辰 阴**

在长春宫写仿及匾，温书。

● **十九日（1916年5月20日）丁巳 晴**

读《左传》“宋景公无子“至“而后国人知之”，《公羊传》“八月”至“新使乎我也”。

● **二十日（1916年5月21日）戊午 晴**

读《左传》“司城茷使宣言于国”至“无相害也”，《公羊传》“秦人伐晋”至“葬晋襄公”。

● **二十一日（1916年5月22日）己未 晴**

读《左传》“卫出公自城鉏”至“系五邑焉”，《公羊传》“晋杀其大夫阳处父”至“狄侵我西鄙”。

● **二十二日（1916年5月23日）庚申 晴**

读《左传》“召颜涿聚之子晋”至“不亦难乎”，《公羊传》“秋”至“逾年即位也”。

● **二十三日（1916年5月24日）辛酉 晴**

读《左传》“公患三桓之侈也”至“故韩魏反而丧之”[1]，《公羊传》“以天子三年然后称王”至“记异也”。

● **二十四日（1916年5月25日）壬戌 晴**

读《易》“乾”至“吉”，《诗》“关雎”一什，《公羊传》“冬”至“记异也”[2]。

● **二十五日（1916年5月26日）癸亥 晴 大风**

读《易》“彖曰”至“天德不可为首也”，《诗》“葛覃”一什，《公羊传》“十有二年”至“鲁公之庙也”。

● **二十六日（1916年5月27日）甲子 大风**

读《易》“文言”至“潜龙也诗卷耳之什”，《公羊传》“周公称大庙”至“齐侯潘卒”。

● **二十七日（1916年5月28日）乙丑 晴 大风**

读《易》“九二”至“虽危无咎矣”，《诗》“樛木”一什，《公羊传》“六月”至“公孙敖卒于齐”。

● **二十八日（1916年5月29日）丙寅 大风**

读《易》“九四”至“是以动而有悔也”，《诗》“斯桃夭”二什，《公羊传》“齐公子商人弑君舍”至“侯盟于扈”。

● **二十九日（1916年5月30日）丁卯 晴**

读《易》“潜龙勿用”至“乃见天则”，《诗》“兔置”二什，《公羊传》“十有二月”至“不如勿居而已矣”。

● **三十日（1916年5月31日）戊辰 晴**

1 溥仪在师傅传授下逐句习读《左传》，达两年之久，至是日而终。

2 从本日起，溥仪在师傅教授下开始研读《易经》和《诗经》，同时，继续习读《公羊传》。“一什”“二什”，原为《诗经·大雅小雅》中对每组诗（约十首）的称谓，溥仪借用表示“一首”或“两首”。

读《易》“乾元者”至“君德也”，《诗》“汉广”一什，《公羊传》“楚人、秦人、巴人灭庸？”至“众弑君之辞”。

● 五月初一日（1916年6月1日）［己巳］ 晴

读《易》“九三”至“其唯圣人乎”，《诗》“汝坟”“麟之趾”二什，《公羊传》“元年”至“为弑子赤之赂也”。

● 初二日（1916年6月2日）庚午 晴

读《易》“坤”至“君子以厚德载物”，《诗》“鹊巢”“采蘩”二什，《公羊传》“秋”至“宋师围曹”。

● 初三日（1916年6月3日）辛未 晴

在长春［宫］写仿及福寿字，温书[1]。

● 初四日（1916年6月4日）壬申 雨

在长春宫写仿、对联，温书。

● 初五日（1916年6月5日）癸酉 晴

在长春宫写仿。

● 初六日（1916年6月6日）甲戌 晴

在长春［宫］写仿及匾，温习书及《庭训格言》。

● 初七日（1916年6月7日）乙亥 晴

读《易》“初六”至“以大终也”，《诗》“草虫”“采苹”二什，《公羊传》“冬”至“至非弑君而何”。

● 初八日（1916年6月8日）丙子 晴

读《易》“文言曰”至“则不疑其所行也”，《诗》“甘棠”“行露”二什，《公羊传》“赵盾之复国奈何”至“遂刎颈而死”。

● 初九日（1916年6月9日）丁丑 晴

读《易》“阴虽有美含之”至“天玄而地黄”，《诗》“羔羊”“殷其雷”二什，《公羊传》“灵公闻之怒”至“有事于太庙”。

● 初十日（1916年6月10日）戊寅 晴

读《易》“屯”至“反常也”，《诗》“摽有梅”“小星”二什，《公羊传》“仲遂卒于垂”至“晋荀林父帅师伐陈”。

● 十一日（1916年6月11日）己卯 晴

读《易》“六三”至“何可长也”，《诗》“江有汜”“野有死麕”二什，《公羊传》“辛酉”至“齐侯国佐来聘”。

● 十二日（1916年6月12日）庚辰 晴

在长春宫写仿及对联、温习书。

1 从初三日至初六日毓庆宫停课四天，其中应包括例假一天（初二日改初三日），节假三天（初五日为端午节）。端午为宫中重大节日，每年此日溥仪必向臣下及师傅们赏赐银两和粽子。

溥仪与帝师陈宝琛、朱益藩

● 十三日（1916年6月13日）辛巳　阴微雨　晨微雾

读《易》"蒙"至"以正法也",《诗》"何彼襛矣""驺虞"二什,《公羊传》"饥"至"不与晋而与楚子为礼也"。[1]

● 十四日（1916年6月14日）壬午　晨微雨　后阴

读《易》"九二"至"上下顺也"，《诗》"柏舟"一什。

● **十五日（1916年6月15日）癸未　晴**

读《易》"需"至"以终吉也"[2]《诗》"绿衣""燕燕"二什。

● **十六日（1916年6月16日）甲申　晴**

读《易》"九三"至"未大夫也"，《诗》"日月""终风"二什。

● **十七日（1916年6月17日）乙酉　晴**

读《易》"讼"一卦，《诗》"击鼓"一什。

● **十八日（1916年6月18日）丙戌　晴**

读《易》"师"一卦，《诗》"凯风"一什。

● **十九日（1916年6月19日）丁亥　晴**

读《易》"比"一卦，《诗》"雄雉"一什。

● **二十日（1916年6月20日）戊子　晴**

读《易》"小畜"一卦，《诗》"匏有苦叶"一什。

● **二十一日（1916年6月21日）己丑　晴**

读《易》"履"一卦，《诗》"谷风"三章[3]。

● 二十二日（1916年6月22日）庚寅　阴

在养心殿写仿及匾，温书。

● **二十三日（1916年6月23日）辛卯　雨**

在长春宫写仿及匾，温书。

● **二十四日（1916年6月24日）壬辰　晴**

读《易》"泰"一卦，《诗》"谷风"后三章。

● **二十五日（1916年6月25日）癸巳　微阴**

读《易》"否"一卦，《诗》"式微""旄丘"二什。

1《公羊传》的授读到此暂停，历时三个半月。以后又续讲，直到全传讲完。
2 读《易》的内容、格式均与《公羊传》有别。
3 "三章"系指《诗经·谷风》篇中的前三节。

● **二十六日（1916年6月26日）甲午 晴**

读《易》“同人”一卦，《诗》“简兮”一什。

● **二十七日（1916年6月27日）乙未 晴**

读《易》“大有”一卦，《诗》“泉水”一什。

● **二十八日（1916年6月28日）丙申 晴**

读《易》“谦”一卦，《诗》“北门”一什”。

● **二十九日（1916年6月29日）丁酉 晴**

读《易》“豫”一卦，《诗》“北风”“静女”二什”。

● **六月初一日（1916年6月30日）戊戌 阴**

在长春宫写仿，温书。

● **初二日（1916年7月1日）己亥 晴**

读《易》“随”一卦，《诗》“新台”“二子乘舟”二什。

● **初三日（1916年7月2日）庚子 晴**

读《易》“蛊”一卦，《诗》“柏舟”“墙有茨”二什。

● **初四日（1916年7月3日）辛丑 晴**

读《易》“临”一卦，《诗》“君子偕老”一什。

● **初五日（1916年7月4日）壬寅 晴**

读《易》“观”一卦，《诗》“桑中”“鹑之奔奔”二什。

● **初六日（1916年7月5日）癸卯 晴**

读《易》“噬嗑”一卦，《诗》“定之方中”一什。

● **初七日（1916年7月6日）甲辰 微阴**

读《易》“贲”一卦，《诗》“蝃蝀”“相鼠”二什。

● **初八日（1916年7月7日）乙巳 晴**

读《易》“剥”一卦，《诗》“干旄”一什。

● **初九日（1916年7月8日）丙午 晴**

读《易》“复”一卦，《诗》“载驰”一什。

● **初十日（1916年7月9日）丁未 微阴**

读《易》“无妄”一卦，《诗》“淇奥”“考槃”二什。

● **十一日（1916年7月10日）戊申 微阴**

读《易》“大畜”一卦，《诗》“硕人”一什。

● **十二日（1916年7月11日）乙酉 阴**

在长春宫写仿及匾、温习书。

● **十三日（1916年7月12日）庚戌 阴**

读《易》“颐”一卦，《诗》“氓”三章。

● **十四日（1916年7月13日）辛亥 微阴**

读《易》“大过”一卦，《诗》“氓”后三章。

● 十五日（1916年7月14日）壬子 晴

读《易》“习坎”一卦，《诗》“竹竿”“芄兰”二什。

● **十六日（1916年7月15日）癸丑 晴**

读《易》“天霹雳”一卦，《诗》“河广”“伯兮”二什。

● **十七日（1916年7月16日）甲寅 晴**

读《易》“咸”一卦，《诗》“有狐”“木瓜”“黍离”三什。

● **十八日（1916年7月17日）乙卯 晴**

读《易》“恒”一卦，《诗》“君子于役”“君子阳阳”“杨之水”三什。

● **十九日（1916年7月18日）丙辰 晴**

读《易》“遁”一卦，《诗》“中谷有蓷”“兔爰”二什。

● **二十日（1916年7月19日）丁巳 晴**

读《易》“大壮”一卦，《诗》“葛藟”“采葛”二什。

● **二十一日（1916年7月20日）戊午 晴**

读《易》“晋”一卦，《诗》“大车”“邱中有麻”二什。

● **二十二日（1916年7月21日）己未 晴**

在长春宫写仿及匾，温书。[1]

● **二十三日（1916年7月22日）庚申 晴**

在长春宫写仿及匾又及对联。

● **二十四日（1916年7月23日）辛酉 晴**

在长春宫写仿及匾，写大“福”字，在养心殿温《左传》，在绛雪轩温《易经》《诗经》。

● **二十五日（1916年7月24日）壬戌 晴**

在长春宫写仿及对联，温书。

● **二十六日（1916年7月25日）癸亥 晴**

在长春宫写仿及匾，温书。

● **二十七日（1916年7月26日）甲子 晴**

在长春宫写仿及匾，写大“福”“寿”字，温书。

● **二十八日（1916年7月27日）乙丑 晴**

在长春宫写仿，温书。

● **二十九日（1916年7月28日）丙寅 晴**

在长春宫写仿、写匾，温书。

● **三十日（1916年7月29日）丁卯 雨**

在长春宫写仿及大“福”“寿”字，温书。

1 据《赐砚斋日记》记载，本日起“毓庆宫放暑假二十日”。

● 七月初一日（1916年7月30日）戊辰　雨

在长春宫写仿，在建福宫写“福”“寿”大字，在养心殿温《易经》，在延辉阁温《诗经》，在绛雪轩温《孝经》，在毓庆宫温《书经》，在钟粹宫温《庭训格言》，温《左传》。

● 初二日（1916年7月31日）己巳　晴

在长春宫写匾及仿，温习书。

● 初三日（1916年8月1日）庚午　晴

在长春宫写仿及大“福”“寿”字，温习《诗经》《易经》《书经》《孝经》。

● 初四日（1916年8月2日）辛未　微阴

在长春宫写仿及大“福”“寿”字，温书。

● 初五日（1916年8月3日）壬申　微阴

在长春宫写仿及匾，温书。

溥仪坐在养心殿东暖阁窗台上看书

● 初六日（1916年8月4日）癸酉　阴

在长春宫写仿及匾，温书。

● 初七日（1916年8月5日）甲戌　阴

在长春宫写仿，温书。

● 初八日（1916年8月6日）乙亥　晴

在长春宫写仿、温书，写匾。

● 初九日（1916年8月7日）丙子　晴[1]

● 初十日（1916年8月8日）丁丑　晴

● 十一日（1916年8月9日）戊寅　晴

● 十二日（1916年8月10日）己卯　晴

在长春宫写仿，温书。

● 十三日（1916年8月11日）庚辰　阴

读《易》“明夷”一卦，《诗》“缁衣”“将仲子”二什[2]。

● 十四日（1916年8月12日）辛巳　晴

1 原文初九日、初十日、十一日三天只存日期及气象情况，溥仪系因病而未能写仿、温书。据《赐砚斋日记》载，初九日“上传御医石国庆、赵文魁请脉进方”，初十日“仍传御医请脉进方”，至十一日“圣躬康复，已报大安矣”。

2 毓庆宫开课。据《赐砚斋日记》载，“暑假期满，上入学”。

读《易》"家人"一卦，《诗》"叔于田""大叔于田"二什。

● 十五日（1916 年 8 月 13 日）壬午　晨雨　后阴

在毓庆宫写仿，读《易》"睽"一卦，《诗》"清人""羔裘"二什。

● 十六日（1916 年 8 月 14 日）癸未　大雨

读《易》"蹇"一卦，《诗》"遵大路""女曰难鸣""有女同车"三什。

● 十七日（1916 年 8 月 15 日）甲申　阴

读《易》"解"一卦，《诗》"山有扶苏""萚兮""狡童""褰裳"四什。

● 十八日（1916 年 8 月 16 日）乙酉　微阴　旋晴

读《易》"损"一卦，《诗》"丰""东门之墠""风雨"三什。

● 十九日（1916 年 8 月 17 日）丙戌　微阴

读《易》"益"一卦，《诗》"子衿""扬之水""出其东门"三什。

● 二十日（1916 年 8 月 18 日）丁亥　晴

读《易》"夬"一卦，《诗》"野有蔓草""溱洧"二什。

● 二十一日（1916 年 8 月 19 日）戊子　晴

读《易》"姤"一卦，《诗》"鸡鸣""还""著"三什。

● 二十二日（1916 年 8 月 20 日）己丑　晴

在长春宫写仿及匾，温书。

● 二十三日（1916 年 8 月 21 日）庚寅　晴

读《易》"萃"一卦，《诗》"东方之日""东方未明""南山"三什。

● 二十四日（1916 年 8 月 22 日）辛卯　晴

读《易》"升"一卦，《诗》"甫田""卢令""敝笱"三什。

● 二十五日（1916 年 8 月 23 日）壬辰　晴

读《易》"困"一卦，《诗》"载驱""猗嗟""葛屦"三什。

● 二十六日（1916 年 8 月 24 日）癸巳　晴

读《易》"井"一卦，《诗》"汾沮洳""园有桃"二什。

● 二十七日（1916 年 8 月 25 日）甲午　晴

读《易》"革"一卦，《诗》"陟岵""十亩之间"二什。

● 二十八日（1916 年 8 月 26 日）乙未　微雨

读《易》"鼎"一卦，《诗》"伐檀"二什。

● 二十九日（1916 年 8 月 27 日）丙申　雨

读《易》"震"一卦，《诗》"硕鼠""蟋蟀"二什。

● 三十日（1916 年 8 月 28 日）丁酉　晴

读《易》"艮其背"一卦，《诗》"山有枢""扬之水""椒聊"三什。

● 八月初一日（1916 年 8 月 29 日）戊戌　微阴

读《易》“渐”一卦，《诗》“绸缪”“秋杜”“羔裘”三什。

● 初二日（1916年8月30日）己亥　晴

在长春宫写仿，温书，写匾及大“福”“寿”字。

● 初三日（1916年8月31日）庚子　微阴

在长春宫写仿，温书。

● 初四日（1916年9月1日）辛丑　晴

在长春宫写仿，温书。

● 初五日（1916年9月2日）壬寅　微阴

读《易》“归妹”一卦，《诗》“鸨羽”“无求”“有杕之杜”三什。

● 初六日（1916年9月3日）癸卯　雨

读《易》“丰”一卦，《诗》“葛生”“采苓”二什。

● 初七日（1916年9月4日）甲辰　晴

读《易》“旅”一卦，《诗》“车邻”“驷驖”二什。

● 初八日（1916年9月5日）乙巳　晴

在长春宫写仿，温书。

● 初九日（1916年9月6日）丙午　晴

读《易》“巽”一卦，《诗》“小戎”一什。

● 初十（1916年9月7日）丁未　微阴

读《易》“无妄”一卦，《诗》“淇奥”“考槃”二什。

● 十一日（1916年9月8日）戊申　晴

读《易》“涣”一卦，《诗》“黄鸟”“晨风”二什。

● 十二日（1916年9月9日）己酉　晴

读《易》“节”一卦，《诗》“无衣”“渭阳”“权与”三什。

● 十三日（1916年9月10日）庚戌　晴

读《易》“中孚”一卦，《诗》“宛丘”“东门卫枌”“衡门“三什。

● 十四日（1916年9月11日）辛亥　晴

在长春宫写仿及匾，温书。

● 十五日（1916年9月12日）壬子　晴

在长春宫写仿及匾，温书。

● 十六日（1916年9月13日）癸丑　晴

在长春宫写仿及匾，温书，写大“福”“寿”字。

● 十七日（1916年9月14日）甲寅　晴

读《易》“小过”一卦，《诗》“东门之池”“东门之杨”“墓门”“防有鹊巢”四什。

● **十八日（1916年9月15日）乙卯　晴**

读《易》“既济”一卦，《诗》“月出”“株林”“泽陂”三什。

● **十九日（1916年9月16日）丙辰　晴**

读《易》“未济”一卦，《诗》“羔裘”“素冠”“隰有苌楚”“匪风”四什。

● **二十日（1916年9月17日）丁巳　晴**

读《易·上传》第一章，《诗》“蜉蝣”“候人”二什。

● **二十一日（1916年9月18日）戊午　晴**

读《易·上传》第二章、第三章，《诗》“鸤鸠”“下泉”二什。

● **二十二日（1916年9月19日）己未　微阴**

在长春宫写仿。

● **二十三日（1916年9月20日）庚申　微阴**

读《易·上传》第四章、第五章，《诗》“七月”前四章。

● **二十四日（1916年9月21日）辛酉　微阴**

读《易·上传》第六章、第七章，《诗》“七月”后四章。

● **二十五日（1916年9月22日）壬戌　微阴**

读《易·上传》第八章至“其无所失矣”，《诗》“鸱鸮”一什。

● **二十六日（1916年9月23日）癸亥　晴**

读《易·上传》第八章讫，《诗》“东山”一什。

● **二十七日（1916年9月24日）甲子　晴**

读《易·上传》第九章讫，《诗》“破斧”“伐柯”二什。

● **二十八日（1916年9月25日）乙丑　晴**

读《易·上传》第十章，《诗》“九罭”“狼跋”二什。

● **二十九日（1916年9月26日）丙寅　微阴**

读《易·上传》第十一章，《诗》“鹿鸣”一什。

● **九月初一日（1916年9月27日）丁卯　晴**

读《易·上传》第十二章，《诗》“四牡”一什。

● **初二日（1916年9月28日）戊辰　阴**

在长春宫写仿及匾。

● 初三日（1916年9月29日）己巳 阴

读《易·下传》第一章，《诗》“皇皇者华”一什。

● **初四日（1916年9月30日）庚午　晴**

读《易·下传》第二章至“取诸遂”，《诗》“常棣”一什。

● **初五日（1916年10月1日）辛未　晴**

读《易》“重门击柝”至“小人之过也”，《诗》“伐木”一篇。

温《孝经》，第一、第二、第三章并讲。

● **初六日（1916年10月2日）壬申　晴**

读《易·下传》第五章至“此之谓也”，《诗》“无保”一篇。

● **初七日（1916年10月3日）癸酉　晴**

读《易》“善不积不足以成名”至“元吉”，《诗》“采薇”一篇。

● **初八日（1916年10月4日）甲戌　晴**

在长春宫写仿，写对联。

● **初九日（1916年10月5日）乙亥　晴**

读《易》“天地氤氲”至“以明失得之报”，《诗》“出车”一篇。

● **初十日（1916年10月6日）丙子　晴**

读《易·下传》第七、第八章，《诗》“秋杜虫丽”二篇。

● **十一日（1916年10月7日）丁丑　阴**

读《易·下传》第九、第十章，《诗》“南”“南山有台”二篇。

● **十二日（1916年10月8日）戊寅　阴**

读《易·下传》第十一、第十二章，《诗》“蓼萧”“湛露”二篇。

● **十三日（1916年10月9日）乙卯　晴**

读《易·说卦传》四章，《诗》“彤弓”“菁菁者莪”二篇。

● **十四日（1916年10月10日）庚辰　晴**

读《易·说卦传》第五、第六、第七、第八章，《诗》“六月”一篇，《公羊传》“曷为不与晋而与楚子为礼也”至“左右挥军退舍七里”。

● **十五日（1916年10月11日）辛巳　晴**

读《易·说卦传》第九章至第十一章“为蕃鲜”，《诗》“采芑”一篇，《公羊传》“将军子谏曰”至“而佚晋寇”。

● **十六日（1916年10月12日）壬午　晴**

读《易·说卦传》第十一章讫，《诗》“车攻”一篇，《公羊传》“秋七月”至“是河子之情也”。

● **十七日（1916年10月13日）癸未　晴**

读《易·序卦传》上篇至“故受之此大有”，《诗》“吉日”“鸿雁”二篇，《公羊传》“华元曰”至“平者在下也”。

● **十八日（1916年10月14日）甲申　晴**

读《易·序卦传》上篇讫至“庭燎沔水鹤鸣”三篇，《公羊传》“六月”至“什一行而颂声作矣”。

● **十九日（1916年10月15日）乙酉　晴**

读《易·序卦传》下篇至“姤者遇也”三篇，《诗》“祈父”“白驹”二篇，《公羊传》“冬蝝生”至“大有年”。

● **二十日（1916年10月16日）丙戌　晴**

读《易·序卦传》下篇讫，《诗》“黄鸟”“我行其野”二篇，《公羊传》“十有七年”至“自是走之齐”。

● **二十一日（1916年10月17日）丁亥　晴**

读《易·杂卦传》，《诗》“斯干”一篇。

● **二十二日（1916年10月18日）戊子　晴**

在长春宫写仿，温书，写对联。

● **二十三日（1916年10月19日）己丑　晴**

读《诗》“无羊”一篇，《公羊传》“成公元年”至“及国佐盟于袁娄”。

● **二十四日（1916年10月20日）庚寅　晴**

读《诗》“节南山”一篇，《公羊传》“前此者”至“是则土齐也”。

● **二十五日（1916年10月21日）辛卯　晴**

读《诗》“正月”一篇，《公羊传》“萧同姪子者”至“得壹贬焉尔”。

● **二十六日（1916年10月22日）壬辰　晴**

读《诗》“十月之交”一篇，《公羊传》“三年春”至“郑伐许”。

● **二十七日（1916年10月23日）癸巳　阴**

读《诗》“雨无正”一篇，《公羊传》“四年春”至“非礼也”。

● **二十八日（1916年10月24日）甲午　阴**

读《诗》“小旻”一篇，《公羊传》“取鄟”至“请皆反其所取侵地”。

● **二十九日（1916年10月25日）乙未　晴**

读《诗》“小宛”一篇，《公羊传》“晋栾书帅师侵蔡”至“录伯姬也”。

● **三十日（1916年10月26日）丙申　晴**

读《诗》“小弁”一篇，《公羊传》“九年”至“故言乃不郊也”。

● **十月初一日（1916年10月27日）丁酉　晴**

在养心殿写仿及匾，温书。

● **初二日（1916年10月28日）戊戌　晴**

读《诗》“巧言”一篇。

● **初三日（1916年10月29日）己亥　晴**

读《诗》“何人斯”一篇，《公羊传》“五月”至“十月”。

● **初四日（1916年10月30日）庚子　晴**

读《诗》“巷伯”一篇，《公羊传》“十有三年”至“秦伯卒”。

● **初五日（1916年10月31日）辛丑　晴**

读《诗》“谷风”“蓼莪”二篇，《公羊传》“十有五年”至“于是使婴齐后之也”。

● **初六日（1916年11月1日）壬寅 晴**

读《诗》“大东”一篇，《公羊传》“癸丑”至“许迁于叶”。

● **初七日（1916年11月2日）癸卯 阴**

读《诗》“四月”一篇，《公羊传》“十有六年”至“公幼也”。

● **初八日（1916年11月3日）甲辰 阴**

读《诗》“北山”“无将大车”二篇，《公羊传》“公会尹子、晋侯、齐国佐，邾娄人伐郑”至“于是执季孙行父”。

● **初九日（1916年11月4日）乙巳 阴**

读《诗》“小明”“鼓钟”二篇，《公羊传》“冬至公”至“自伐郑”。

● **初十日（1916年11月5日）丙午 微雨**

读《诗》“楚茨”一篇，《公羊传》“壬申”至“葬我君成公”。

● **十一日（1916年11月6日）丁未 晴**

读《诗》“信南山”一篇，《公羊传》“襄公元年春”至“晋侯使荀罃来聘”。

● **十二日（1916年11月7日）戊申 阴**

在养性斋写仿，温书。

● **十三日（1916年11月8日）己酉 晴**

读《诗》“甫田”一篇，《公羊传》“二年春”至“楚杀其大夫公子申”。

● **十四日（1916年11月9日）庚戌 晴**

读《诗》“大田”一篇，《公羊传》“三年春”至“陈人围顿”。

● **十五日（1916年11月10日）辛亥 晴**

读《诗》“瞻彼洛矣”“裳裳者华”二篇，《公羊传》“五年春”至“季孙行父卒”。

● **十六日（1916年11月11日）壬子 晴**

读《诗》“桑扈”“鸳鸯”二篇，《公羊传》“六年春”至“陈侯逃归”。

● **十七日（1916年11月12日）癸丑 晴**

读《诗》“頍弁”一篇，《公羊传》“八年春”至“楚子伐郑”。

● **十八日（1916年11月13日）甲寅 晴**

读《诗》“车舝”“青蝇”二篇，《公羊传》“十年春”至“公至自伐郑”。

● **十九日（1916年11月14日）乙卯 晴**

读《诗》“宾之初筵”一篇，《公羊传》“十有一年春”至“秦人伐晋”。

● **二十日（1916年11月15日）丙辰 晴**

读《诗》“鱼藻”“采菽”二篇，《公羊传》“十有二年春”至“冬城防”。

● **二十一日（1916年11月16日）丁巳 晴**

读《诗》“角弓”一篇。

● **二十二日（1916年11月17日）戊午 晴**

在长春宫写仿及匾。

● **二十三日（1916年11月18日）己未　晴**

读《诗》“菀柳”“都人士”二篇，《公羊传》“十有四年”至“晋侯周卒”。

● **二十四日（1916年11月19日）庚申　晴**

读《诗》“采绿”“黍苗”二篇，《公羊传》“十有六年春”至“叔孙豹如晋”。

● **二十五日（1916年11月20日）辛酉　晴**

读《诗》“隰桑”“白华”二篇，《公羊传》“十有七年春”至“楚公子午帅师伐郑”。

● **二十六日（1916年11月21日）壬戌　晴**

读《诗》“绵蛮”“瓠叶”二篇，《公羊传》“十有九年春”至“城武城”。

● **二十七日（1916年11月22日）癸亥　晴**

读《诗》“渐渐之石”“苕之华”“何草不黄”三篇，《公羊传》“二十年春”至“孔子生”。

● **二十八日（1916年11月23日）甲子　阴**

读《诗》“文王”二篇，《公羊传》“二十有二年春”至“自楚归于陈”。

● **二十九日（1916年11月24日）乙丑　微晴**

读《诗》“大明”一篇，《公羊传》“晋栾盈复人于晋”至“齐侯袭莒”。

● **十一月初一日（1916年11月25日）丙寅　微雨**

读《诗》“绵”一篇，《公羊传》“二十有四年”至“诸侯同盟于重丘”。

● **初二日（1916年11月26日）丁卯　阴风**

在长春宫写仿及匾。

● **初三日（1916年11月27日）戊辰　微晴　大风**

读《诗》“棫朴”“旱麓”二篇，《公羊传》“公至自会”至“宋公杀其世才痤”。

● **初四日（1916年11月28日）己巳　晴**

读《诗》“思齐”一篇，《皇矣》二章，《公羊传》“晋人执卫宁喜”至“请使公子鱄约之”。

● **初五日（1916年11月29日）庚午　晴**

读《诗》“皇矣”后六章，《公羊传》“献公谓公子鱄曰”至“日有食之”。

● **初六日（1916年11月30日）辛未　晴**

读《诗》“灵台”“下武”二篇，《公羊传》“二十有八年”至“杞子来盟”。

● **初七日（1916年12月1日）壬申　晴**

读《诗》“文王有声”“生民”二篇，《公羊传》“吴子使札来聘”至“而君之尔”。

● **初八日（1916年12月2日）癸酉　晴**

读《诗》“生民”后六章，《公羊传》“阖庐曰”至“仲孙羯如晋”。

● **初九日（1916年12月3日）甲戌　晴**

读《诗》“行苇”一篇，《公羊传》“三十年春”至“郑人杀良霄”。

● **十一日（1916年12月5日）[1] 丙子　微晴**

读《诗》“凫鹥”“假乐”二篇，《公羊传》“昭公元年春”至“言楚之讬乎讨招以灭陈也”。

● **十二日（1916年12月6日）丁丑　晴**

在长春宫写仿及匾。

● **十三日（1916年12月7日）戊寅　大风　微阴**

读《诗》“公刘”四章，《公羊传》“三月”至“楚公子比出奔晋”。

● **十四日（1916年12月8日）己卯　晴**

读《诗》“公刘”后二章、“泂酌”一篇，《公羊传》“二年春”至“叔孙豹卒”。

● **十五日（1916年12月9日）庚辰　晴**

读《诗》“卷阿”一篇，《公羊传》“五年春”至“楚子、蔡侯、陈侯、许男、顿子、沈子、徐人、越人伐吴”。

● **十六日（1916年12月10日）辛巳　晴**

读《诗》“民劳”一篇，《公羊传》“六年春”至“葬陈哀公”。

● **十七日（1916年12月11日）壬午　微晴**

读《诗》“板”一篇，《公羊传》“九年春”至“君子不予也”。

● **十八日（1916年12月12日）癸未　微阴**

读《诗》“荡”一篇，《公羊传》“楚公子弃疾帅师围蔡”至“盖以筑防也”。

● **十九日（1916年12月13日）甲申　晴**

读《诗》“抑”六章，《公羊传》“十有二年春”至“晋伐鲜虞”。

● **二十日（1916年12月14日）乙酉　晴**

读《诗》“抑”后六章，《公羊传》“十有三年春”至“言将自是为君也”。

● **二十一日（1916年12月15日）丙戌　晴**

读《诗》“桑柔”七章，《公羊传》“秋公会刘子、晋侯、齐侯、宋公、卫侯、郑伯、曹伯、莒子、邾娄子、滕子、薛伯、杞伯、小邾娄子、于平丘”至“吴灭州来”。

● **二十二日（1916年12月16日）丁亥　晴**

写仿及春条。

● **二十三日（1916年12月17日）戊子　晴**

读《诗》“桑柔”后九章，《公羊传》“十有四年春”至“葬晋昭公”。

● **二十四日（1916年12月18日）己丑　晴**

读《诗》“云汉”一篇，《公羊传》“十有七年春”至“冬许迁于白羽”。

● **二十五日（1916年12月19日）庚寅　微阴**

读《诗》“崧高”一篇，《公羊传》“十有九年春”至“为公子喜时之后讳也”。

---

1 本日前缺十一月初十日（1916年12月4日）日记。

● **二十六日（1916年12月20日）辛卯　晴**

读《诗》“烝民”一篇，《公羊传》“春秋为贤者讳”至“蔡侯庐卒”。

● **二十七日（1916年12月21日）壬辰　大雪**

读《诗》“韩奕”一篇，《公羊传》“二十有一年”至“日有食之”。

● **二十八日（1916年12月22日）癸巳　大雪**

读《诗》“江汉”一篇，《公羊传》“二十有三年”至“葬杞平公”。

● **二十九日（1916年12月23日）甲午　阴**

读《诗》“常武”一篇，《公羊传》“二十有五年”至“吾何僭矣哉”。

● **三十日（1916年12月24日）乙未　大雪**

读《诗》“瞻卬”一篇，《公羊传》“子家驹曰”至“昭公盖祭而不尝”。

● **十二月初一日（1916年12月25日）丙申　晴**

在长春宫写仿，在养心殿开笔大吉。

● **初二日（1916年12月26日）丁酉　晴**

读《诗》“召旻”六篇，《公羊传》“二十有六年春”至“冬葬滕悼公”。

● **初三日（1916年12月27日）戊戌　晴**

读《诗》“继天之命”一篇，《公羊传》“景公曰”至“为公取之也”。

● **初四日（1916年12月28日）己亥　阴**

读《诗》“天佑作”“昊天”“我将”三篇，《公羊传》“二十有九春”至“让国也”。

● **初五日（1916年12月29日）庚子　微雪　暮阴**

读《诗》“递执竞”二篇，《公羊传》“其让国奈何”至“然后受之”。

溥仪读书之所毓庆宫一角

● **初六日（1916年12月30日）辛丑　风**

读《诗》“思文臣工噫嘻”三篇，《公羊传》“公扈子者”至“公薨乾侯”。

● **初七日（1916年12月31日）壬寅　晴**

读《诗》“振鹭”“丰年”“有瞽”三篇，《公羊传》“元年春王”至“录乎内也”。

1917年

● **初八日（1917年1月1日）　癸卯　微阴**

读《诗》“潜”“雍”二篇，《公羊传》“至仲孙何忌及邾娄子盟于枝”。

● **初九日（1917年1月2日）　甲辰　微风**

读《诗》“载见”“有客”“武”三篇，《公羊传》“四年春”至“楚师败绩”。

● **初十日（1917年1月3日）　乙巳　风**

读《诗》“闵予小子”“访落”“敬之”三篇，《公羊传》“吴何以称子”至“古之道也”。

● **十一日（1917年1月4日）　丙午　晴**

读《诗》“小毖”“载芟”二篇，《公羊传》“楚襄瓦出奔郑”至“冬十月”。

● **十二日（1917年1月5日）丁未　晴**

写大“福”“寿”及仿。

● **十三日（1917年1月6日）　戊申　晴风**

在毓庆宫读《诗》“良耜”“丝衣”二篇，《公羊传》“八年春”至“臣何敢不勉”。

● 十四日（1917年1月7日）　己酉　大风

读《诗》“酌”“桓”“赉”“般”四篇，《公羊传》“阳越者”至“公至自颊谷”。

● **十五日（1917年1月8日）　庚戌　晴**

读《诗》“駉”“有駜”二篇，《公羊传》“晋赵鞅帅师围卫”至“公至自围成”。

● **十六日（1917年1月9日）　辛亥　晴**

读《诗》“泮水”一篇，《公羊传》“十有三年”至“城莒父及霄”。

● **十七日（1917年1月10日）　壬子　晴**

读《诗》“閟宫”前三章，《公羊传》“十有五年”至“冬城漆”。

● **十八日（1917年1月11日）　癸丑　晴**

读《诗》“閟宫”四章，《公羊传》“哀公元年春”至“地震”。

● **十九日（1917年1月12日）　甲寅　微阴**

读《诗》“閟宫”末一章一篇，《公羊传》“五月”至“丧数略也”。

● **二十日（1917年1月13日）乙卯　晴**

读《诗》“烈祖”“玄鸟”二篇，《公羊传》“六年春”至“宋向巢帅师伐曹”。

● **二十一日（1917年1月14日）丙辰　晴**

读《诗》“长发”一篇，《公羊传》“七年春”至“吴救陈”。

● **二十二日（1917年1月15日）丁巳　晴**

读《诗》“殷武”一篇，《公羊传》“十有一年春”至“吴主会也”。

● **二十三日（1917 年 1 月 16 日）戊午　微晴**

读《公羊传》“吴王会”至“十有二月蠓”。

● **二十四日（1917 年 1 月 17 日）己未　晴**

读《公羊传》“十有四年春”。

● **二十五日（1917 年 1 月 18 日）庚申　晴**

读《公羊传》“西狩获麟”至“以君子之为亦有乐乎此也”。

● **二十六日（1917 年 1 月 19 日）辛酉　晴**

在长春宫写仿及日记（日记乃此也）及春条。

● **二十七日（1917 年 1 月 20 日）壬戌　晴**

在长春宫写仿及日记（日记乃此也）及春条。

● **二十八日（1917 年 1 月 21 日）癸亥　晴**

在长春宫写仿及春条。

● **二十九日（1917 年 1 月 22 日）甲子　晴**

封笔大吉，拜五宫全佛，拜四贵妃。

宣统九年岁次丁巳

（1917 年—1918 年）

● **正月初一日（1917 年 1 月 23 日）乙丑**

开笔大吉，拜五宫全佛，遂如坤宁宫，诣西案、北案，君前拈香行礼，遣永祥如东陵阁佛前，拈香礼毕。朕遂如承乾宫，又遣永祥如孝全成皇后御容前，拈香行礼，毕。又至西暖阁朕诣孝定景皇后，拈香毕。毓庆宫、建福宫、斗坛、养心殿、千秋亭、万春亭、妙莲花池、凝晖堂、广生楼，皆遣人恭代行礼，乾清宫立写宝殿钦，翊坤宫朕行礼，遂如太极殿，诣敬懿皇贵妃、庄和皇贵妃、荣惠皇贵妃、端康皇贵妃行礼毕，御乾清宫受诸王大臣贺毕，乃如养心殿。

● **初二日（1917 年 1 月 24 日）丙寅　晴**

写仿。

● **初三日（1917 年 1 月 25 日）丁卯　晴**[1]

● **初四日（1917 年 1 月 26 日）戊辰　晴**

● **初五日（1917 年 1 月 27 日）己巳　微阴**

写大“福”“寿”字。

1 正月初三日和初四日，日记原文只有日期和气象。

● **初六日（1917 年 1 月 28 日）庚午　晴**

读《谷梁传》“元年春”至“蹈道则未也”。

● **初七日（1917 年 1 月 29 日）辛未　晴**

读《谷梁传》“三月”至“亲亲之道也”。

● **初八日（1917 年 1 月 30 日）壬申　晴**

读《谷梁传》“秋七月”至“恶也”。

● **初九日（1917 年 1 月 31 日）癸酉　微阴　雪**

读《谷梁传》“二年春”至“故君子进之也”。

● **初十日（1917 年 2 月 1 日）甲戌　微风**

写日记。

● **十一日（1917 年 2 月 2 日）乙亥　晴　微阴**

写仿及大“福”字。

● **十二日（1917 年 2 月 3 日）丙子　晴　微阴　晨雪**

写仿。

● **十三日（1917 年 2 月 4 日）丁丑　晴**[1]

拜五宫全佛。

● **十四日（1917 年 2 月 5 日）戊寅　晴**[2]

● **十五日（1917 年 2 月 6 日）乙卯　晴**

● **十六日（1917 年 2 月 7 日）庚辰　晴**

● **十七日（1917 年 2 月 8 日）辛巳　晴**

● **十八日（1917 年 2 月 9 日）壬午　晴**

● **十九日（1917 年 2 月 10 日）癸未　晴**

● **二十日（1917 年 2 月 11 日）甲申　雪**

● **二十一日（1917 年 2 月 12 日）乙酉　晴**

● **二十二日（1917 年 2 月 13 日）丙戌　晴**

读《谷梁传》“冬十月”至“知也”。

● **二十三日（1917 年 2 月 14 日）丁亥　晴**

读《谷梁传》“三月”至“危不得葬也”。

● **二十四日（1917 年 2 月 15 日）戊子　晴**

读《谷梁传》“四年春”至“讥失贼也”。

● **二十五日（1917 年 2 月 16 日）己丑　晴**

读《谷梁传》“冬十有二月”至“非隐也”。

● **二十六日（1917 年 2 月 17 日）庚寅　晴**

---

1 本日亦为清宫“万寿节”，溥仪过生日，他年满 11 岁了。

2 从本日至正月二十一日，日记原文只存日期和气象。

读《谷梁传》“初献六羽”至“斩树木，坏宫室，曰伐”。

● 二十七日（1917年2月18日）辛卯 大风

读《谷梁传》“六年春”至“皆讥也”。

● 二十八日（1917年2月19日）壬辰 晴

读《谷梁传》“齐侯其弟年来聘”至“而祭泰山之邑也”。

● 二十九日（1917年2月20日）癸巳 晴

读《谷梁传》“夏六月”至“故贬之也”。

● 三十日（1917年2月21日）甲午 晴

读《谷梁传》“九年春”至“外为主焉尔”。

● 二月初一日（1917年2月22日）乙未 晴

在长春宫写匾。

● 初二日（1917年2月23日）丙申 晴

读《谷梁传》“十年春”至“郕国也”。

● 初三日（1917年2月24日）丁酉 晴

读《谷梁传》“十有一年春”至“所以正隐也”。

● 初四日（1917年2月25日）戊戌 晴

读《谷梁传》“桓公元年春”至“而郑之不祭泰山也”。

● 初五日（1917年2月26日）己亥 晴

读《谷梁传》“夏四月”至“而君子无遗焉尔”。

● 初六日（1917年2月27日）庚子 晴

读《谷梁传》“夏四月”至“远之也”。

● 初七日（1917年2月28日）辛丑 晴

读《谷梁传》“三年春”至“为有年也”。

● 初八日（1917年3月1日）壬寅 晴

读《谷梁传》“秋七月〈四年春〉”至“恶〈过我〉也”。[1]

● 初九日（1917年3月2日）癸卯 晴

读《谷梁传》“六年春”至“纪侯来朝”。

● 初十日（1917年3月3日）甲辰 晴

读《谷梁传》“七年春”至“王命之则成矣”。

● 十一日（1917年3月4日）乙巳 晴

读《谷梁传》“九年春”至“为内讳也”。

● 十二日（1917年3月5日）丙午 晴

朕在长春宫写仿。

● 十三日（1917年3月6日）丁未 晴

1 本日习读内容应为“桓公四年”和“桓公五年”，溥仪误记。

读《谷梁传》“十有一年春”至“举其可道者也”。

● **十四日（1917年3月7日）戊申　晴**

读《谷梁传》“十有三年［春］”至“御廪灾”。

● **十五日（1917年3月8日）己酉　晴**

读《谷梁传》“乙亥，尝。御廪之灾不志”至“非正也”。

● **十六日（1917年3月9日）庚戌　晴**

读《谷梁传》“十有五年春”至“非其疑也”。

● **十七日（1917年3月10日）辛亥　晴**

读《谷梁传》“十有六年春”至“食既朔也”。

● **十八日（1917年3月11日）壬子　晴**

读《谷梁传》“十有八年春”至“然后可以会矣”。

● **十九日（1917年3月12日）癸丑　晴**

读《谷梁传》“元年春”至“其义固不可受也”。

● **二十日（1917年3月13日）甲寅　晴**

读《谷梁传》“秋”至“迁纪于郱、鄑、郚”。

● **二十一日（1917年3月14日）乙卯　晴**

读《谷梁传》“二年春”至“月葬，故也”。

● **二十二日（1917年3月15日）丙辰　晴**

在长春宫写仿。

● **二十三日（1917年3月16日）丁巳　晴**

读《谷梁传》“五月”至“欲救纪而不能也”。

● **二十四日（1917年3月17日）戊午　晴**

读《谷梁传》“四年春”至“逆天王之命也”。

● **二十五日（1917年3月18日）己未　晴**

读《谷梁传》“六年春”至“会非正也”。

● **二十六日（1917年3月19日）庚申　晴**

读《谷梁传》“八年春”至“故恶内也”。

● **二十七日（1917年3月20日）辛酉　晴**

读《谷梁传》“夏，公伐齐纳纠”至“犹未失其国家以往者也”。

● **二十八日（1917年3月21日）壬戌　晴**

读《谷梁传》“夏六月”至“宋万出奔陈”。

● **二十九日（1917年3月22日）癸亥　雪**

读《谷梁传》“十月三年春”至“进之也”。

● **闰二月初一日（1917年3月23日）甲子　晴**

读《谷梁传》“十有七年春”至“冬十月”。

● **初二日（1917年3月24日）乙丑　天晴**

朕在长春宫写仿。

● **初三日（1917年3月25日）丙寅　晴**

读《谷梁传》“十有九年春”至“陈人杀其公子御寇”。

● **初四日（1917年3月26日）丁卯　微阴**

读《谷梁传》“言公子而不言大夫”至“公会齐侯盟于扈”。

● **初五日（1917年3月27日）戊辰　晴**

读《谷梁传》“二十有四年春”至“外归非正也”。

● **初六日（1917年3月28日）己巳　晴**

读《谷梁传》“二十有五年春”至“日有食之”。

● **初七日（1917年3月29日）庚午　晴**

读《谷梁传》“二十有七年春”至“不以师败于人也”。

● **初八日（1917年3月30日）辛未　晴**

读《谷梁传》“夏四月”至“以大及小也”。

● **初九日（1917年3月31日）壬申　晴**

读《谷梁传》“三十年春”至“戎菽也”。

● **初十日（1917年4月1日）癸酉　晴**

读《谷梁传》“秋，筑台于秦”至“狄伐邢”。

● **十一日（1917年4月2日）甲戌　晴**

读《谷梁传》“闵公元年春”至“则是弃其师也”。

● **十二日（1917年4月3日）乙亥　晴**

在长春宫写仿。

● **十三日（1917年4月4日）丙子　晴**[1]

● **十四日（1917年4月5日）丁丑　晴**

● **十五日（1917年4月6日）戊寅　晴**

读《谷梁传》“僖公元年春”至“胜内也”。

● **十六日（1917年4月7日）己卯　晴**

● **十七日（1917年4月8日）庚辰　晴**

● **十八日（1917年4月9日）辛巳　晴**

● **十九日（1917年4月10日）壬午　晴**

● **二十日（1917年4月11日）癸未　晴**

● **二十一日（1917年4月12日）甲申　晴**

● **二十二日（1917年4月13日）乙酉　晴**

1 从本日至闰二月二十一日，除二月十五日外，日记原文只存日期和气象情况。

在长春宫写匾及仿。

● **二十三日（1917年4月14日）丙戌　晴**

读《谷梁传》“今十月”至“而借道乎虞也”。

● **二十四日（1917年4月15日）丁亥　晴**

读《谷梁传》“公曰”至“楚人侵郑”。

● **二十五日（1917年4月16日）戊子　晴**

读《谷梁传》“三年春”至“内桓师也”。

● **二十六日（1917年4月17日）己丑　晴**

读《谷梁传》“楚屈完来盟于师”至“曹人侵陈”。

● **二十七日（1917年4月18日）庚寅　晴**

读《谷梁传》“五年春”至“是亦变之正也”。

● **二十八日（1917年4月19日）辛卯　大风及〈极〉大**

● **二十九日（1917年4月20日）壬辰　大风**

读《谷梁传》“天子微，诸侯不享觐”至“大伐郑也”。

● **三月初一日（1917年4月21日）癸巳　大风**

读《谷梁传》“七年春”至“天王崩”。

● **初二日（1917年4月22日）甲午　晴**

在长春宫写仿。

● **初三日（1917年4月23日）乙未　晴**

读《谷梁传》“九年春”至“不正其杀世子申生而立之也”。

● **初四日（1917年4月24日）丙申　晴**

读《谷梁传》“十年春”至“覆酒于地而地贲”。

● **初五日（1917年4月25日）丁酉　晴**

读《谷梁传》“以脯兴犬”至“陈侯杵臼卒”。

● **初六日（1917年4月26日）戊戌　晴**

读《谷梁传》“十有三年春”至“齐师、曹师伐厉”。

● **初七日（1917年4月27日）己亥　晴**

读《谷梁传》“八月螽”至“兵车之会也”。

● **初八日（1917年4月28日）庚子　晴**

读《谷梁传》“十月七年春”至“功近而德远矣”。

● **初九日（1917年4月29日）辛丑　晴**

读《谷梁传》“十有九年春”至“以，重辞也”。

● **初十日（1917年4月30日）壬寅　晴**

读《谷梁传》“冬，公伐邾”至“岂曰以报其耻哉”。

● **十一日（1917年5月1日）癸卯　晴**

读《谷梁传》“宋公与楚人战于泓水之上”至“晋侯夷吾卒”。

● **十二日（1917年5月2日）甲辰　晴**

写仿。

● **十三日（1917年5月3日）乙巳　晴**

读《谷梁传》“二十有五年春”至“弗及，内辞也”。

● **十四日（1917年5月4日）丙午　晴**

读《谷梁传》“夏，齐人伐我北鄙”至“公会诸侯盟于宋”。

● **十五日（1917年5月5日）丁未　晴**

读《谷梁传》“二十有八年春”至“温，河阳也”。

● **十六日（1917年5月6日）戊申　晴**

读《谷梁传》“壬申，公朝于王所”至“以是为讼君也”。

● **十七日（1917年5月7日）己酉　晴**

读《谷梁传》“卫侯在外”至“晋侯重耳卒”。

● **十八日（1917年5月8日）庚戌　晴**

读《谷梁传》“三十有三年春”至“晋人、陈人、郑人伐许”。

● **十九日（1917年5月9日）辛亥　晴**

读《谷梁传》“文公元年春”至“出不书，反不致也”。

● **二十日（1917年5月10日）壬子　晴**

读《谷梁传》“夏六月”至“伐楚所以救江也”。

● **二十一日（1917年5月11日）癸丑　晴**

读《谷梁传》“四年春”至“葬晋襄公”。

● **二十二日（1917年5月12日）甲寅　晴**

写仿。

● **二十三日（1917年5月13日）乙卯　晴**

读《谷梁传》“晋杀其大夫阳处父”至“诛有罪也”。

● **二十四日（1917年5月14日）丙辰　晴**

读《谷梁传》“戊子晋人及秦人战于令狐”至“举其接我也”。

● **二十五日（1917年5月15日）丁巳　晴**

读《谷梁传》“九年春”至“狄侵齐”。

● **二十六日（1917年5月16日）戊午　晴**

读《谷梁传》“冬十月”至“言有难也”。

● **二十七日（1917年5月17日）己未　晴**

读《谷梁传》“十有三年春”至“捷菑，不正也”。

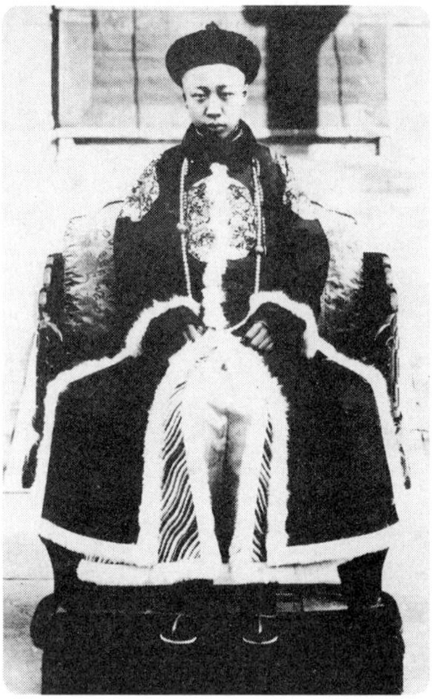

1917 年 7 月 1 日复辟时，溥仪朝服像

● **二十八日（1917 年 5 月 18 日）庚申　晴**

读《谷梁传》“九月”至“入其郛”。

● **二十九日（1917 年 5 月 19 日）辛酉　晴**

读《谷梁传》“十有六年春”至“公子遂如齐”。

● **三十日（1917 年 5 月 20 日）壬戌　晴**

读《谷梁传》“十有八年春”至“莒弑其君庶其”。

● **十月初一日（1917 年 11 月 15 日）辛酉　晴**[1]

● **初二日（1917 年 11 月 16 日）壬戌　晴**

读《周礼》“七事者”至“则国有大刑”。

● **初三日（1917 年 11 月 17 日）癸亥　晴**

读《周礼》“宰夫之职”至“其足用长财善物者赏之”。

● **初四日（1917 年 11 月 18 日）甲子　晴**

读《周礼》“以式法掌祭祀之戒具”至“以告而诛之”。

● **初五日（1917 年 11 月 19 日）乙丑　晴　微阴**

［读］《周礼》“正岁”。

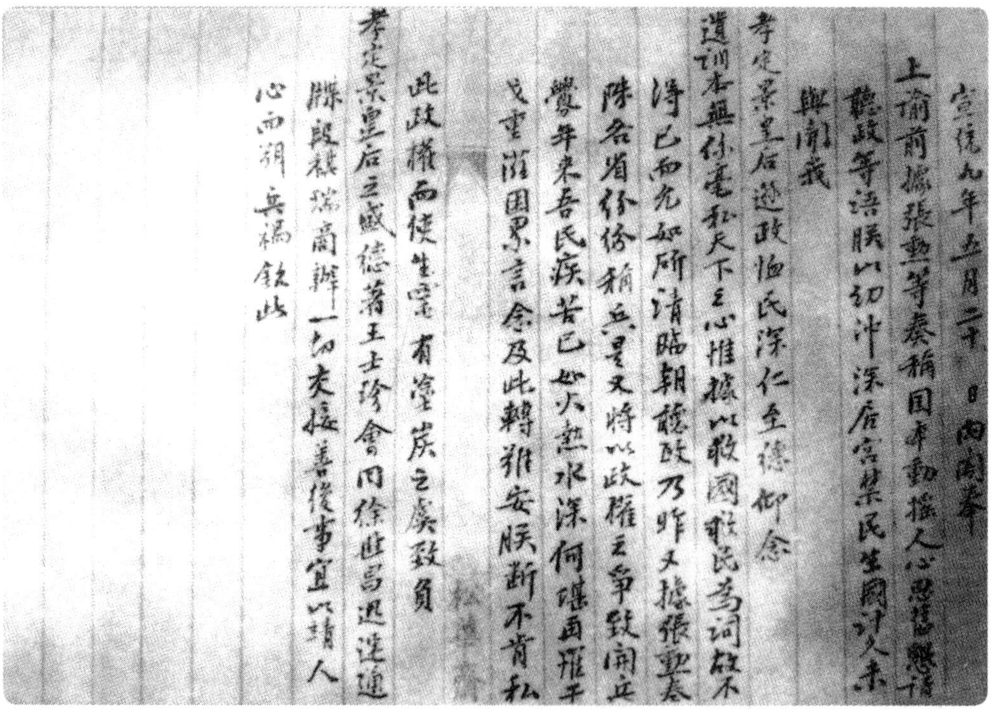

宣統九年五月二十日內閣奉
上諭前據張勳等奏稱國本動搖人心思舊懇請
聽政等語朕以沖幼深居宮禁民生國計久未
與聞我
孝定景皇后遜政恤民深仁至德仰念
遺訓本無私天下之心惟據以救國救民為詞故不
得已而允如所請臨朝聽政乃昨又據張勳奏
陳各省紛紛稱兵是又將以政權之爭致開兵
釁年來兵民疾苦已如火熱水深何堪再罹干
戈重滋國累言念及此輾轉難安朕斷不肯私
此政權而使生靈有塗炭之虞致負
孝定景皇后之盛德著王士珍會同徐世昌迅速
籌商辦理一切交接善後事宜以靖人
心而弭兵禍欽此

溥仪颁发第二次退位诏书

1 原文只存日期和气象情况，本日肯定是毓庆宫的停课日。宫内或有礼仪、祭祀等活动。

1918 年

宣统九年

● 十二月初一日（1918 年 1 月 13 日） 庚申[1]

年例，开笔大吉。

召见梁鼎芬[2]。

● 十二月初一日（1918 年 1 月 13 日）记[3]

请驾净面冠服，毕，开笔大吉，写春条等。梁［鼎芬］老师亦进内看予写字。写毕，太监等谢恩。毕，与梁老师看手卷及书，赐坐。命宦取茶，谈一小时，师退。还体顺堂，食饽饽，食毕退出。予乃早餐，毕。如四宫请安。四宫乃敬懿[4]、庄和、荣惠[5]、端康[6]四贵妃。请安毕，自此一天无事。及至四钟，乃晚餐，毕。看书，至八钟乃寝。至初二又起，以下不记。

篇后附录："关门皇帝"的一则日记（爱新觉罗·溥杰）

上海博物馆藏有一件我哥哥溥仪在民国初年于故宫里当"关门皇帝"时的日记和漫画。此卷为纸本，日记部分纵 18.2 厘米、横 27.2 厘米。尾子上有几十名旧臣遗老的题跋，无疑这是一件具有历史意义的文物。

……

溥仪书写这则日记时才 11 岁，他这一天不但写了日记，还画了图画，而且称梁鼎

1 这篇日记选自《清废帝溥仪档 · 卷 328》，原件藏中国第一历史档案馆。

2 梁鼎芬（1859—1920），字节庵，广东番禺人。1880 年考中进士，授"编修"。不久即因弹劾李鸿章遭贬。继而追随张之洞，先后出任广雅书院掌教、武昌知府、湖北按察使等地方长官。1906 年入宫觐见时再度弹劾慈禧宠臣奕劻，被连降五级。次年张之洞入阁后撤销了对他的处分。光绪和慈禧死后，梁鼎芬哭灵露守，"风节"传之遐迩。遂被派为陵工大臣、管理崇陵种树事宜。1916 年 9 月 21 日，溥仪传旨，授梁鼎芬"毓庆宫行走"，加二品衔赏在紫禁城内骑马。从此成为溥仪的师傅。病殁后，溥仪赐谥"文忠"。

3 本文系溥仪应梁鼎芬的请求，特意为之撰写的一篇记事短文，它详细记载了溥仪一日之内的活动，因此被称为"日记"也无不可。但该文与同期的溥仪日记相比有以下显著区别：第一，无干支日记、无气象情况，而在日期后加了"记"字；第二，溥仪同期日记均极简略，而此篇特别详细；第三，有文有图也属此前日记所未有；第四，专门对"四宫"作了解释，如不写给别人则绝对无此必要；第五，末句"至初二又起，以下不记"，已不符日记的体例了；第六，本文并非原存日记（即前篇）的抄件，溥仪写完即赏赐给梁鼎芬了。本文今存上海市博物馆（参阅篇后附录）。

4 敬懿皇贵妃，即同治皇帝的瑜妃。生于 19 世纪 50 年代，姓赫舍里氏。入宫为嫔，不久晋为妃，光绪年间晋为贵妃。她聪颖，工诗乐，喜读书，有政治见解，1913 年隆裕死后她被晋封为皇贵妃。溥仪幼年时跟她亲近，受其影响亦大。1922 年溥仪尊封她为太妃，其间居长春宫。1932 年 2 月 3 日病殁，溥仪册谥"献哲"。

5 荣惠皇贵妃（1854—1933），即同治皇帝的缙妃，姓西林觉罗氏。入宫为贵人，后晋为嫔，光绪年间晋为妃，为人忠厚，安于命运。1913 年被晋封为皇贵妃，1922 年被尊封为太妃，长居重华宫。1924 年出宫后与敬懿皇贵妃一起移居北京麒麟碑胡同北兵马司大公主府。病殁后，溥仪册谥"敦惠"，为之服丧三日。

6 端康皇贵妃（1874—1924），即光绪皇帝的瑾妃，姓他他拉氏，礼部左侍郎长叙之女，珍妃的胞姊。入宫为嫔，后晋为妃，曾因珍妃事件受株连。宣统初年，溥仪尊之为兼祧皇考瑾贵妃，居于永和宫。1913 年被晋封为皇贵妃，1922 年被尊封为太妃。病殁后溥仪册谥"温靖"。

芬为梁老师。画中除了一些太监外，也突出了梁老师，同时又把这幅作品破例赐给了梁鼎芬，这是对梁的最大“恩典”。当然，从梁爱吹嘘、出风头的品性来说，这肯定是他向 11 岁的孩子要来的，借以表示他的“帝师之尊”，以给他增加自我宣传的资本。

梁鼎芬死后，梁家的这件“家宝”，经过他婶母的装裱，成为长卷，并请一些著名的遗老题跋，确实成了一件重要的历史文物。因为它对辛亥革命后溥仪仍在故宫中做“关门皇帝”的生活、宫中的一些礼仪、遗老的一些活动等，都提供了真实的证据。

……

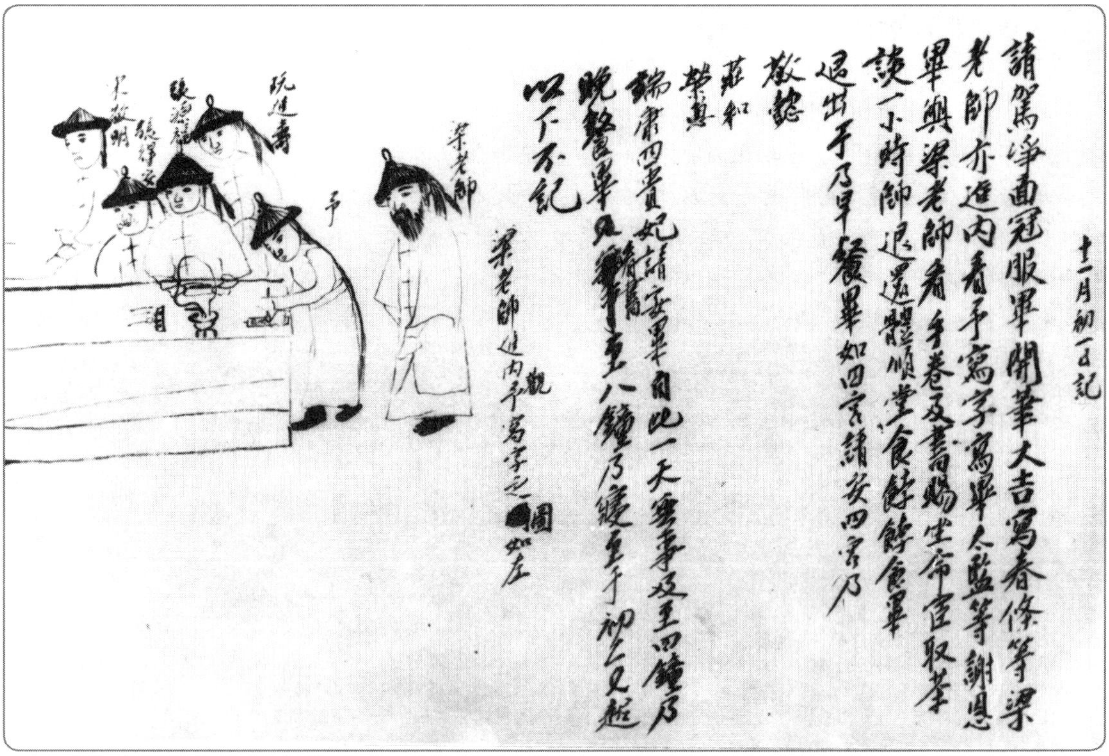

溥仪赠梁鼎芬师傅的亲笔漫画

看日记和漫画，我回忆起了当时的宫中情景：在清代皇宫中，阴历十二月初一早起，皇帝梳洗打扮之后，掌管皇帝纸墨笔砚的太监到养心殿做好文房四宝准备，等待皇帝“开笔大吉”，书写春联和书写赐给亲宠大臣的“福”字。像溥仪这样的小孩只能写“开笔大吉”，而如乾隆那样精通翰墨的皇帝，就可从心所欲大书大写了。漫画中的六个人，一是溥仪本人，正在“开笔大吉”，他身后有胡须的是梁鼎芬。双手捧砚的人是太监张源福，此人是在懋勤殿掌管一切的第一把手，可能是总管；无顶无翎抚着纸张的太监叫宋敬明，此人是懋勤殿的第二把手；溥仪身旁的太监大总管张谦和不在场，因此这里有他的第二总管太监阮进寿。张得安是在大总管之上的四十八处总管理，宫中最高的太监头头，当时称为都总管。据说在清代祭天时，上奏天廷所焚的表文中，都要列上三人姓名，第一人是皇帝，第二人是官居宰相之职的大臣，第三人就是最高的太监头头，张得安就是这个位置的“奴才”。这就是代表皇家执政的总体:“一君、一臣、一奴。”

少年溥仪

日记中所说的“写字毕谢恩”，就是指皇帝在“开笔大吉”后，对太监们“赏赐银两”，太监们接受赏银后，叩头谢恩。“师退，还体顺堂吃饽饽”，云云，就是说仪式后，叫梁鼎芬到与溥仪“寝宫”相邻的体顺堂吃饺子。其他就是给四位皇太妃请安及无聊之甚的生活概记。

我想特别指出的是，溥仪不会绘画，他在以后的年代里也没有作过画，因此这幅漫画更是难得。从构图看，画上的人物还真有几分神似。同时也可看出，这是一幅儿童画，请看，画他自己开笔，是用的左手握管。写毛笔字，不但是皇帝，就是一般学生也不许用左手持笔的，这是漫画的天真处。其实，在我家皇族中，是很重视绘画的，远的不说，就是惇亲王的孙辈中，能画者就有溥伒（雪斋）、溥僩（毅斋）、溥栓（松窗）、溥佐等。恭亲王的孙辈中有溥儒（心畲）和毓嶦（君固）。在我祖父醇亲王之孙辈中，也有擅画者，如我六妹溥韫娱、四弟溥任（金友之）都擅长绘画。当然，书法更是我们家塾中所必修者。

看了这个长卷，给我另一些启示就是，尽管中国历史上几千年的皇权制度在辛亥革命时被推翻了，但清代一些遗老遗少，还眷恋着过去。在一个还是孩子的溥仪一文一画后面，竟有几十位“名人”题跋、吟诗、作赋。甚至已是五四运动之后的年代了，还称“宣统 ×× 年”，还自称“臣”者，其中有朱汝珍、胡嗣瑗、郑孝胥、朱益藩、黎湛枝、赵尔巽、王季烈、陈夔龙、叶尔恺等。他们都抒发了“忠于故君”，不忘“大清”的内心话。现在看来确实可笑，但这也表达了他们日薄西山婉转哀鸣的一面。

● **［五月］十一日（1918 年 6 月 19 日）丁酉 阴**

读《周礼》“弁师”至“及其用兵亦如之”。

庄士敦与溥仪、溥杰、润麒

1921年

宣统十二年（1920年—1927年）

● 十一月二十七日（1921年1月5日） 晴

早4时起，书大“福”“寿”字十八张。8时上课，同溥杰[1]、毓崇[2]共读《论语》《周礼》《礼记》《唐诗》，听陈［宝琛］师[3]讲《通鉴辑览》。9时半餐毕[4]，复读《左传》《谷梁传》，听朱［益藩］师[5]讲《大学衍义》及写仿、对对联。至11时功课毕，请安四宫。是日，庄士敦[6]未至，因微受感冒。遂还养心殿，书“福”“寿”字三十张，复阅各报，至4时餐。6时寝，卧帐中又读《古文观止》，甚有兴味。

● 二十八日（1921年1月6日） 晴

早4时即起，静坐少时，至8时上课。仍如昨日所记。至12钟三刻余，庄士敦至，即与溥佳[7]读英文。3时功课毕，还养心殿。3时半，因微觉胸前发痛，召范一梅[8]来诊，开药方如下：

薄荷八分 白芷一钱 青皮一钱五分·炒 郁金一钱五分·研 扁豆二钱·炒

神曲一钱五分·炒 焦查三钱 青果五枚·研（水煎温服）

---

1 爱新觉罗·溥杰（1907—1994），溥仪胞弟。1919年8月至1923年12月奉“旨”进“宫”给溥仪伴读汉文。自1929年至1944年间三次留学日本，曾任伪满宫廷侍从武官等职。1945年8月被苏军俘虏，1950年7月引渡回国，在抚顺战犯管理所改造，1960年12月被特赦，1962年5月任全国政协文史资料研究委员会专员。20世纪80年代以后出任全国人大常委会委员、全国人大民族委员会副主任委员。

2 爱新觉罗·毓崇（1903—1965），溥仪的族侄。其父贝勒衔固山贝子溥伦是道光皇帝长子奕纬之孙。曾任清资政院总裁。1912年，毓崇奉“旨”进“宫”给溥仪伴读汉文，常代书房中的皇帝受过。溥仪到天津后，他在“行在”管收发。继而跟溥仪到长春。1932年任伪执政府侍卫官处二等侍卫官，1934年任伪宫内府荐任待遇侍卫官，伪满后期调任荐任二等掌礼处礼官兼近侍处理事官（承应科科长）。伪满倒台后随皇族逃亡，靠唱八角戏返回北京，1958年在北海公园画舫斋就业。

3 陈宝琛（1848—1935），字韬庵，福建闽县人。同治年间进士，20岁点翰林，曾任内阁学士和礼部侍郎。有“清流党”之名，以“敢谏”著称，因遭慈禧贬斥，回乡赋闲二十年。1911年重被朝廷起用，放山西巡抚，未及上任又改任宣统帝的师傅，从此追随溥仪二十年。其人稳健、谨慎、忠诚，是溥仪最信赖、最尊敬的老师。

4 当时每日两次“正餐”，早点、夜宵在外。

5 朱益藩（1861—1937），字艾卿，江西莲花人。进士出身，点了翰林，在晚清曾任陕西学政、山东提学使，京师大学堂（北京大学前身）总监督等职。1916年9月开始担任溥仪的师傅（毓庆宫行走），1924年溥仪出宫后被留下管理“清室北京办事处”，1926年9月溥仪传旨令其“毋庸管理留京办事处，即行来津照旧入直”。溥仪出关朱未随行，亦未到过长春。他病逝后，溥仪命载涛在北京为其治丧，并赐谥“文诚”。

6 庄士敦（1874—1938），字志道，英国苏格兰人，原名雷金纳德·弗莱明·约翰斯顿。毕业于牛津大学，攻读东方古典文学和历史，获硕士学位。1898年来华，曾任香港总督亨利·布莱克的私人秘书和香港民政官员。1919年2月应聘给溥仪当英文师傅，对溥仪影响极大。1924年溥仪命其管理颐和园、静明园和玉泉山，1927年出任英国驻威海卫行政专员，1930年回国。嗣后两次来华并专程前往天津和长春看望溥仪。有《紫禁城的黄昏》《儒教与近代中国》等著作存世。

7 爱新觉罗·溥佳（1908—1979），溥仪七叔载涛与嫡配姜婉贞的次子，系溥仪的堂弟。少年时代曾入宫给溥仪伴读英文，伪满时又被溥仪召到长春，出任伪宫内府侍卫官（简任待遇）。不久，溥仪送他赴日本“深造”。在早稻田大学学政法，毕业后返回长春，出任伪宫内府近侍处处长等职。后因吸毒、走私被溥仪驱逐，返京闲居。中华人民共和国成立后，曾在内蒙古自治区政协工作。

8 范一梅，清宫太医院的御医。因为他的解雇与留用问题，溥仪与端康皇贵妃发生激烈冲突，导致溥仪生母瓜尔佳氏自杀身死。

晚餐后少顷即服。5时半寝。

● 二十九日（1921年1月7日） 晴

夜1时许即被呼醒，觉甚不适。及下地，方知已受煤毒。二人扶余以行，至前室已晕去。卧于榻上，少顷即醒，又越数时乃愈。而在余寝室之二太监，亦晕倒，今日方知煤之当深戒也。8时，仍旧上课读书，并读英文。3时下学，餐毕，至6时余寝。

溥仪、婉容大婚当日接见来访的外国来宾

婉容与文绣在御花园

溥仪寓居天津日本“租界”期间

日记存篇

（1925年2月24日—1931年11月10日）

乙丑年二月初二日（1925年2月24日），对溥仪来说这是个大吉大利的日子：俗称“龙抬头”。当时溥仪把自己比作“困龙”，他要奋飞，重振“大清王朝的雄风”。

溥仪在天津的七年（从20岁至27岁），是政治上走向成熟的七年。他一方面准备远涉重洋，游学欧美，汲取现代的精神和物质力量；另一方面也在努力奠定再造清朝的政治、经济和军事基础。他继续“团结”并控制长城内外乃至大江南北的封建遗老和复

1924年12月初，溥仪（左五）、陈宝琛（左三）与日本驻北京公使馆人员合影

溥仪出宫后，婉容（前排右二）、文绣（前排右四）和婉容的外祖母（前排左一）、母亲（后排右二），以及日本驻华公使芳泽谦吉的女儿（前排右一）等，在北京日本公使馆的庭院里合影

旧势力；他积极笼络张作霖、吴佩孚、孙传芳等各系军阀，连谢米诺夫的白俄残部也不放弃；他与英、美、法、日、意等国驻津领事和驻军司令官广泛结交，以扩大影响，寻求有力的外部支持；他派遣最亲信的人东渡日本学习军事，妄图掌握属于自己的武装力量。总之，他要重建“大清帝国”的天堂。不料，一切都成了泡影，欧美未能成行，军队未能建立，“中兴之业”难以实现，最终连自己也出卖了，卖给了日本军国主义，演出一幕历史悲剧。

溥仪在天津时期的日记未曾中断过，连同嗣后在伪满十四年间写下的日记，积有整整一皮箱，但都在伪满倒台、溥仪向通化逃亡之际，焚毁于大栗子沟了。当时溥仪是亡“国”之君、丧家之犬，担心日记会变成罪证，从而把他推上断头台。然而有几页天津时期的日记竟能历尽劫难而保存下来。考察今藏于中国第一历史档案馆的这几页日记原件，明显可知它是溥仪当年亲笔摘抄的，而且毫无疑问是依原文重抄的。至于溥仪为了什么目的重抄这几页日记就不得而知了。

幸运的是，溥仪在天津时期的召见日记，竟然基本完整地保存了下来，由此可以获知溥仪在天津的七年中，每天都见过哪些人，从而真真切切地见证了溥仪妄图复辟的那一段历史时光，太珍贵了！

1926 年

驻张园日记

壹号[1]

八月初五日（1926 年 9 月 11 日）

早 7 时起，洗漱毕，萧丙炎[2]诊脉。8 时，郑孝胥[3]讲《［资治］通鉴》。9 时，园中散步，接见康有为[4]。10 时余，康辞去，适张宪及张庆昶至，留之早餐赐每人“福”“寿”字一张，在园中合摄一影（张宪为李景林部之健将、张庆昶为孙传芳部之骁将）[5]，12 时辞去。接见［佟］济煦[6]，少时即去。余用果品，并用茶点，适英国任萨姆女士[7]至，与之相谈。皇后［婉容］所召之女画士亦至[8]。余还寝室休息，在园中骑车运动。薄暮乘汽车出园，赴新购房地[9]，少时即返。8 时余晚餐、休息，并接见哈锐川医士[10]。11 时寝[11]。

---

1 “驻张园日记”几字为原有，“壹号”两字原写在天头处，或指日记第一页。

2 萧丙炎，江西人，原为清末都察院御史。溥仪当“关门皇帝”时，因师傅朱益藩推荐而召见萧丙炎，并于 1924 年 2 月 16 日传“谕”“萧丙炎赏在南书房行走”。其人精于医道，得到溥仪的尊重。溥仪在天津七年，令萧不离左右，实为保健医生，连婉容、文绣也“每日必令萧诊脉一次”。溥仪出关，他未能随行，后事不详。

3 郑孝胥（1861—1938），字苏龛，福建闽县人。清末曾任驻日公使馆书记官、神户领事，还当过广西边务督办。因陈宝琛和庄士敦介绍于 1923 年觐见溥仪，先后任总管“内务府大臣”“懋勤殿行走”。继随溥仪到天津，是溥仪的主要“谋臣”兼师傅。伪满初年任“国务总理”兼“文教部总长”，继而出任“国务总理大臣”，1935 年 5 月遭贬，1938 年 3 月 28 日病死。

4 康有为（1858—1927），字长素，广东南海人。出身清朝进士。1895 年领导了著名的“公车上书”活动，主张实行君主立宪制度。1898 年在光绪皇帝支持下发动变法，企图通过自上而下的变法维新，发展民族资本主义，挽救民族危亡，遭到慈禧太后的镇压而失败。其后组织保皇会，与孙中山为首的革命派相对立。1926 年一度为溥仪“复号还宫”（恢复皇帝尊号，返居北京清宫）而奔走活动，利用张作霖和吴佩孚联合控制北京的政治局面，致信吴佩孚敦请复辟。其间，他亲赴天津“觐见”，向溥仪行跪拜大礼，并在接受溥仪赏赐的匾额和寿礼后感恩戴德，曾给溥仪写过一份一千多字的《谢恩折》，表示“永戴高天厚地之恩”。康有为当时正以“还宫派”的面貌，为了争取恢复皇帝尊号、恢复优待条件、溥仪重返紫禁城而奔走呼号。

5 圆括号内的文字不仅在于说明二张的身份，实为说明溥仪笼络二张的政治目的。李景林，字芳宸，系张作霖部将。当时天津在奉系控制下，李景林为直隶督办，常以地方官的身份前往张园觐见溥仪。孙传芳（1885—1935），字馨远，山东历城人。当时，孙刚被北伐军击溃，潜来天津投靠张作霖，出任安国军副总司令兼五省联军司令。

6 佟济煦，系福州驻防旗人、清朝国戚的后裔，因陈宝琛推荐而得到溥仪的任用，当了内务府堂郎中。继而随溥仪到天津担任庶务处任事，为溥仪筹办经费。伪满期间，出任伪执政府警卫处处长并管辖溥仪的护军，1937 年 6 月因“大同公园事件”被革职，后转任伪宫内府近侍处处长（简任一等，勋二位）。

7 任萨姆，1923 年经庄士敦介绍入宫给婉容当英文教师。其后在天津英文文法学校任教习，同时兼任婉容的英文教师。

8 郭布罗·婉容（1906—1946），字慕鸿，达斡尔族人，隶属满洲布特哈部正白旗。清代吉林将军长顺即其先祖。被册立为皇后，于 1922 年 12 月 1 日进宫与溥仪举行大婚典礼。后随溥仪居于天津和东北，贬置冷宫多年，悲惨地病死于吉林延吉南山。1926 年曾有位崔慧弗小姐出于代父报恩的思想来到天津张园，担任了婉容的绘画教师，直到 12 年后病逝于长春。“女画士”或即指她。

9 溥仪在津期间先后购得小型楼房十余座。

10 哈锐川（与结保川为同一人）是北京有名的外科医生，当时溥仪腿上生疮，特意请他来津诊治。

11 据溥仪的《召见簿》（藏中国第一历史档案馆·清废帝溥仪档卷 56）载：“［丙寅八月］初五日见萧丙炎、佟济煦、郑孝胥、康有为、张宪、张庆昶。”未提哈锐川，其他皆与日记吻合。

[八月] 初六日（1926年9月12日）

早8时余起。10时召见袁励准[1]。11时早餐，并见哈锐川。12时接见康有为，至1时康辞去。陈［宝琛］师傅来见。2时余休息。3时，鲁军军长毕庶澄[2]及其内弟、旅长常之英来谒，5时辞去。少顷吴忠本至，托之南下时代向吴佩孚[3]慰问。6时，毕翰章[4]来谒，6时［余］辞去。余在园内散步，适［郭布罗·］荣源[5]至，稍谈，余即入室休息。[6]

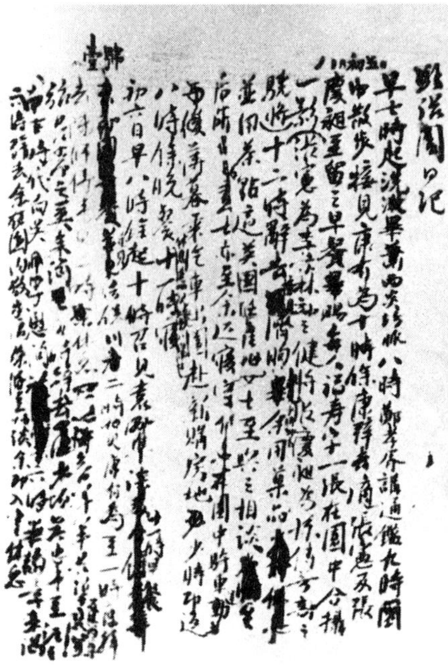

溥仪在张园写的一页日记

1928年

[七月初八日]（1928年8月22日）[7]

……王孝总、溥任[8]、商衍瀛[9]、际彪、许荣勋、载瀛[10]等随同行礼。十一时半见郑孝胥。午刻餐。一时见胡嗣瑗[11]。载瀛由京来见。三时见［佟］济煦。罗振玉[12]携张兆钾函奏一件并报交。

1 袁励准系清朝遗老，小朝廷时期经常入宫“觐见”溥仪，颇受重用。1922年2月25日，溥仪“传旨”将其纳入“清查大内字画”七人小组即一例。

2 毕庶澄，奉系军阀张宗昌部军长兼渤海舰队司令，后被褚玉璞枪毙。溥仪在某个时期经常接受毕庶澄的“觐见”，也曾前往毕的军部回访。

3 吴佩孚（1874—1939），字子玉，山东蓬莱人。北洋军阀直系首领之一。溥仪当“关门皇帝”时即与吴佩孚时有往来，一方办寿，彼方必有献纳。1926年6月吴佩孚与张作霖一度联合控制北京，并晤谈“合作讨赤”。同年9月，吴正在湖北与北伐军作战，连连失利，故有“南下慰问”之说。不久武昌沦陷，继而北伐军又在河南境内连连告捷，吴佩孚部溃散。

4 毕翰章，亦为奉系军阀的一个军长，1926年前后常往张园觐见溥仪。1926年8月1日，溥仪有亲笔信致毕，并赠送军刀一柄。

5 郭布罗·荣源（1884—1951），字仲泉，婉容之父。毕业于京师大学堂，曾任清末北洋考察商务官郎中、世袭一等轻车都尉、兵部行走，光绪皇帝陵工监修等职。辛亥革命后闲居。婉容入宫后，他被封为辅国公，一度出任清室总管内务府大臣。随溥仪移居长春以后，又任伪宫内府顾问官等职。1945年8月，被苏军俘虏，在伯力拘押5年。引渡回国后病故于哈尔滨。婉容是其与继配恒香（皇族毓朗的侄女）所生。

6 据溥仪的《召见簿》（藏中国第一历史档案馆·清废帝溥仪档卷56）载：“［丙寅八月］初六日见萧丙炎、袁励准、陈宝琛、康有为、荣源、毕庶澄、常之英、吴忠本、毕翰章、张宗昌。”全与日记吻合。

7 1928年8月，国民党第四十一军军长孙殿英率部盗掘清末乾隆和慈禧的陵寝后，溥仪在天津张园内摆设乾隆和慈禧的灵位和香案祭席，每天举行三次祭奠，本篇日记就记载了溥仪亲率络绎而来的遗老们行礼叩拜的情景。行礼人员中王孝总、际彪、许荣勋以及张兆钾的生平情况不详。

8 爱新觉罗·溥任，生于1918年。别名金友之。载沣侧福晋邓佳氏所生，是溥仪的同父异母弟。载沣共四子，溥任最小。他在新中国成立前后一直从事教育工作，擅长绘画，尤精于山水国画。退休前任北京市西城区厂桥小学会计，曾任西城区人大代表，北京市政协委员。

9 商衍瀛，广东驻防旗人，晚清翰林。从“小朝廷”时代开始，作为“股肱之臣”长期追随溥仪。他与奉系将领颇有联系，又系东北卍字会名人，在策划溥仪出关问题上起了作用。他的晚年是在北京的病榻上度过的，病逝于50年代末。

10 爱新觉罗·载瀛，系道光皇帝第五子和硕惇勤亲王奕誴的第四子，袭贝勒衔。历任清宗人府右宗人，清东陵守护大臣等职。

11 胡嗣瑗，字琴初，贵州人，清末进士，1903年殿试中点翰林。辛亥革命后参与张勋复辟。溥仪在天津期间，胡为“行在”大管家。随溥仪出关后，历任伪执政府秘书长、伪参议府参议等职。

12 罗振玉（1866—1940），字叔蕴，号雪堂。我国著名古文字学家和古文献学家。在清末曾任学部参事官等职。清亡前举家迁居日本，潜心著述。1919年返国后追随溥仪，伪满年代先后出任伪监察院院长、“满日文化协会”会长等职。

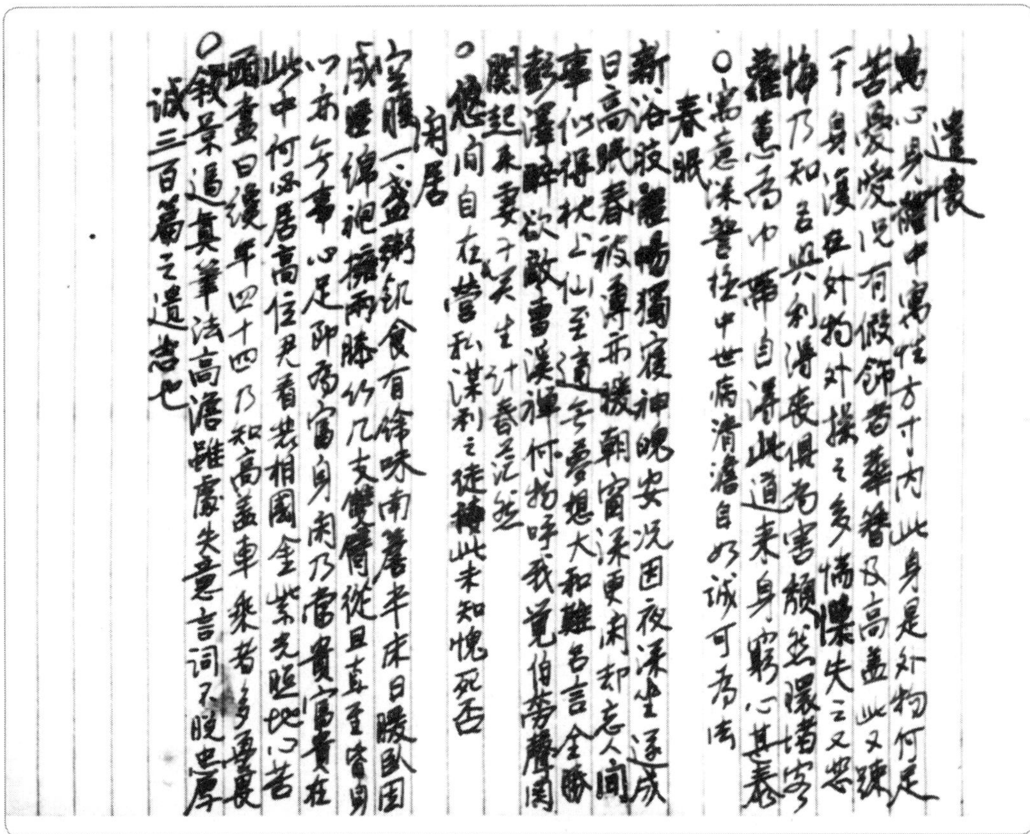

溥仪天津时期亲书遣怀诗及评论

溥仪在张园园庭内

召见日记簿

（1926年1月29日—1931年11月8日）

乙丑十二月十六日（1926年1月29日）至丙寅正月二十九日（1926年3月13日）[1]

● **十二月十六日（1926年1月29日）**

见 萧丙炎 郑孝胥 陈宝琛 庄士敦

● **十二月十七日（1926年1月30日）**

见 萧丙炎 郑孝胥 胡嗣瑗 济煦[2] 陈宝琛 庄士敦

● **十二月十八日（1926年1月31日）**

见 萧丙炎

● **十二月十九日（1926年2月1日）**

见 萧丙炎 佟成海

● **十二月二十日（1926年2月2日）**

见 萧丙炎 佟成海 柏大夫

● **十二月二十一日（1926年2月3日）**

见 萧丙炎 佟成海 陈宝琛 朱益藩

● **十二月二十二日（1926年2月4日）**

见 萧丙炎 哈锐川 陈宝琛 朱益藩

● **十二月二十三日（1926年2月5日）**

见 陈宝琛 朱益藩

● **十二月二十四日（1926年2月6日）**

见 萧丙炎 陈宝琛

● **十二月二十五日（1926年2月7日）**

见 萧丙炎 佟成海 荣源

1 依据《清废帝溥仪档案〈召见日记簿（之一）〉簿字259》。

2 济煦，即佟济煦，在《召见日记簿》中一律写为“济煦”，悉仍其旧。

● 十二月二十六日（1926年2月8日）

见 萧丙炎 佟成海

● 十二月二十七日（1926年2月9日）

见 萧丙炎 陈宝琛

● 二月二十八日（1926年2月10日）

见 萧丙炎 庄士敦 马克巍

● 十二月二十九日（1926年2月11日）

见 萧丙炎 郑孝胥 陈宝琛 郭曾炘 庄士敦

● 十二月三十日（1926年2月12日）

见 溥佶 毓峻 萧丙炎 郑孝胥 陈毅 济煦 庄士敦 铁良 袁大化 陈宝琛 刘骧业 荣源 润良 有田总领事 佐分利

● 正月初一日（1926年2月13日）

见溥佶 毓峻 萧丙炎 济煦 载抡 润良 荣源 张学骥 张学师 张学毅 载振 溥钟 溥睿 有田总领事 有田夫人 宇佐美领事 冈本副领事 冈本夫人 白井副领事 白井夫人 荻尾署长 荻尾夫人 英文女教员蓝小姐 草刈文子 伯瑞尔（递片） 江藤荣吉 润奇〈麒〉

陈宝琛、朱益藩、陈三立

● **正月初二日（1926年2月14日）**

见 萧丙炎 郑孝胥 赵月修 济煦 谢介石 陈宝琛 乐泰 载涛 载泽 载润 溥侗 溥伒 溥佳 宝熙 耆龄 衡永

● **正月初三日（1926年2月15日）**

见 萧丙炎

● **正月初四日（1926年2月16日）**

见 萧丙炎 佟成海 谢介石

● **正月初五日（1926年2月17日）**

见 萧丙炎 佟成海 郑孝胥 法部主事刘维霖

● **正月初六日（1926年2月18日）**

见 萧丙炎 迟云鹏 陈宝琛 济煦

● **正月初七日（1926年2月19日）**

见 萧丙炎 广寿 爵善

● **正月初八日（1926年2月20日）**

见 萧丙炎 佟成海 郑孝胥 陈宝琛

● **正月初九日（1926年2月21日）**

见 萧丙炎 郑孝胥 国梁 参谋官金子定一 吉田通太郎 镇威军顾问荒木五郎 陆军工兵大尉木村翠 存耆[1] 翁之熹

● **正月初十日（1926年2月22日）**

见 萧丙炎 郑孝胥 陈宝琛 王国维

● **正月十一日（1926年2月23日）**

见 溥杰 萧丙炎 郑孝胥 许汝棻 胡嗣瑗 景方昶

● **正月十二日（1926年2月24日）**

见 溥杰 萧丙炎 佟成海

● **正月十三日（1926年2月25日）**

见（无）

● **正月十四日（1926年2月26日）**

见 溥杰 荣源 恒煦 萧丙炎 载涛 郑孝胥 徐良 陈宝琛 日本司令部副官长汤浅政雄 吉田通太郎 谢介石

● **正月十五日（1926年2月27日）**

见 溥杰 萧丙炎 刘骧业 陈宝琛

1916年王国维从日本回国前与罗振玉合影

1 存耆即察存耆，在《召见日记簿》中一律写为"存耆"，悉仍其旧。

● **正月十六日（1926 年 2 月 28 日）**

见 萧丙炎 刘骧业 陈宝琛 吉田忠太郎 川岛浪速

● **正月十七日（1926 年 3 月 1 日）**

见 萧丙炎

● **正月十八日（1926 年 3 月 2 日）**

见 萧丙炎 郑孝胥 荒木五郎 陈宝琛

● **正月十九日（1926 年 3 月 3 日）**

见 萧丙炎 济煦 郑孝胥 铁良 陈宝琛 庄士敦

● **正月二十日（1926 年 3 月 4 日）**

见 萧丙炎 济煦 陈宝琛 谢介石 陈懋解

● **正月二十一日（1926 年 3 月 5 日）**

见 荣源 萧丙炎 郑孝胥 刘骧业 宇佐美 江藤荣吉

● **正月二十二日（1926 年 3 月 6 日）**

见 萧丙炎 杨履瑞 陈宝琛 刘骧业

● **正月二十三日（1926 年 3 月 7 日）**

见 萧丙炎 郑孝胥 徐良 济煦 陈宝琛

● **正月二十四日（1926 年 3 月 8 日）**

见 萧丙炎 刘骧业 陈宝琛 聂宪藩 济煦 谢介石 张梦潮 张梦渭 张梦范 张梦津 张梦渊 张梦汾 润麒 陈懋需 陈懋随

● **正月二十五日（1926 年 3 月 9 日）**

见 萧丙炎 陆宗舆

● **正月二十六日（1926 年 3 月 10 日）**

见 萧丙炎 郑孝胥 陈宝琛

● **正月二十七日（1926 年 3 月 11 日）**

见 萧丙炎 胡嗣瑗 刘骧业 金子参谋 江藤荣吉

● **正月二十八日（1926 年 3 月 12 日）**

见 荣源 萧丙炎 济煦 胡嗣瑗 刘骧业 陈宝琛 罗振玉 小泉司令 杜参谋长 金子参谋 吉田通译官 谢介石

● **正月二十九日（1926 年 3 月 13 日）**

见 萧丙炎 陈宝琛 薛之珩

1926 年 3 月 3 日庄士敦到天津看望溥仪

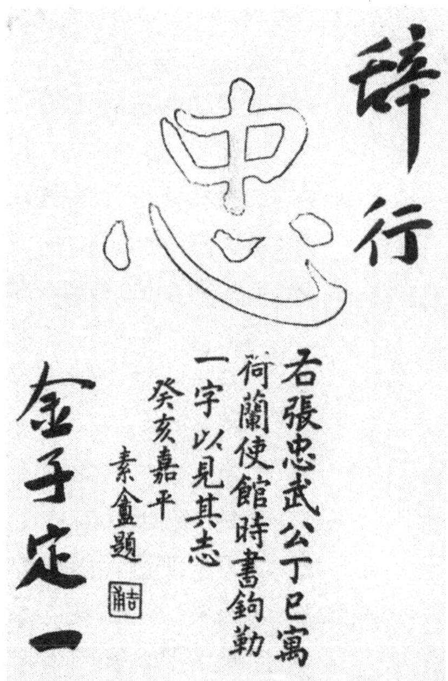

日本驻屯军参谋金子定一为溥仪讲时事的辞行片

丙寅二月初一日（1926年3月14日）至三月二十三日（1926年5月4日）[1]

● **二月初一日（1926年3月14日）**

见 萧丙炎 郑孝胥 济煦 陈宝琛 袁大化 谢介石

● **二月初二日（1926年3月15日）**

见 萧丙炎 郑孝胥 万绳栻 济煦 铁良

● **二月初三日（1926年3月16日）**

见 萧丙炎 济煦 郑孝胥 陈宝琛 海军中佐蒲田静三

● **二月初四日（1926年3月17日）**

见 萧丙炎 胡嗣瑗 刘骧业 小泉司令 高田丰树司令 北田副官 吉田通译官 谢介石 铁良

● **二月初五日（1926年3月18日）**

见 荣源 萧丙炎 济煦 金子参谋 铁良 陈宝琛

● **二月初六日（1926年3月19日）**

见 荣源 萧丙炎 郑孝胥 陈宝琛 许家福

● **二月初七日（1926年3月20日）**

见 萧丙炎 白井副领事 第一遣外舰队司令、海军少将永野修身 第一遣外舰队参谋、海军中佐北罔春雄 第一遣外舰队参谋、海军中佐近藤英次郎 海军大尉藤原喜代间 谢介石

● **二月初八日（1926年3月21日）**

见 萧丙炎 济煦

● **二月初九日（1926年3月22日）**

见 萧丙炎 佟成海 谢介石 胡若愚

● **二月初十日（1926年3月23日）**

见 萧丙炎 郑孝胥 周登皞 陈宝琛 铁良 吉田通太郎译官 渡久雄参谋长 升允

● **二月十一日（1926年3月24日）**

见 萧丙炎 佟成海 郑孝胥 刘骧业 郑垂 荒木五郎 增崇 存耆

● **二月十二日（1926年3月25日）**

见 荣源 萧丙炎 郑孝胥 刘骧业 陈宝琛 济煦 李士奎 金子参谋 重松俊章

● **二月十三日（1926年3月26日）**

见 萧丙炎 济煦 吴忠本（胡嗣瑗代见）

● **二月十四日（1926年3月27日）**

见 萧丙炎 郑孝胥 济煦 陈宝琛 铁良 李士奎 褚玉璞 毕庶澄

● **二月十五日（1926年3月28日）**

1 依据《清废帝溥仪档案〈召见日记簿（之二）〉簿字260》。

见 荣源 萧丙炎 陈宝琛 袁大化 升允 铁良

● **二月十六日（1926年3月29日）**

见 荣源 萧丙炎 刘骧业 胡若愚 荒木顾问 金子参谋 参谋三野友吉 大尉木村翠

● **二月十七日（1926年3月30日）**

见 萧丙炎 郑孝胥 济煦 三多 陈宝琛 李藻麟

● **二月十八日（1926年3月31日）**

见 萧丙炎 荒木顾问 仪我诚也

● **二月十九日（1926年4月1日）**

见 荣源 萧丙炎 郑孝胥 孙守志（胡嗣瑗代见） 载振 溥钟 溥锐 刘骧业 吴忠本（荣源代见） 张梦潮 济煦 金子参谋 渡赖二郎 张学良 胡若愚 毕庶澄

● **二月二十日（1926年4月2日）**

见 萧丙炎 济煦 郑孝胥 胡嗣瑗 三多（胡嗣瑗代见） 李准 吴忠本 陈宝琛 高田司令 渡参谋长 金子参谋 三野参谋 吉田通译官 渡赖二郎 毕庶澄 杨清臣 李士奎

● **二月二十一日（1926年4月3日）**

见 萧丙炎 郑孝胥 济煦 王廷桢 润良 润麒 张梦潮 张学师〈诗〉张学毅 金子参谋

● **二月二十二日（1926年4月4日）**

见 荣源 萧丙炎 胡若愚

● **二月二十三日（1926年4月5日）**

见 荣源 萧丙炎 郑孝胥 济煦 毕庶澄 周渭南 周雪亭 杨振春（济煦代见）

● **二月二十四日（1926年4月6日）**

见 荣源 萧丙炎 胡嗣瑗 迟云鹏

● **二月二十五日（1926年4月7日）**

见 萧丙炎

● **二月二十六日（1926年4月8日）**

见 萧丙炎 谢介石

● **二月二十七日（1926年4月9日）**

见 萧丙炎 郑孝胥 商衍瀛 陈宝琛 三多（景方昶代见） 景方昶 济煦

● **二月二十八日（1926年4月10日）**

见 萧丙炎 济煦 吴宗禹 徐良 陈宝琛 段治乾

● **二月二十九日（1926年4月11日）**

见 荣源 萧丙炎 郑孝胥 陈宝琛 济煦

张学良

● **三月初一日（1926年4月12日）**

见 荣源 萧丙炎 济煦 郑孝胥 胡嗣瑗 王乃澄 陈宝琛 赫立德 潘尔瑞 存耆 刘维霖（胡嗣瑗代见） 张宗昌 李士奎

● **三月初二日（1926年4月13日）**

见 萧丙炎 陈宝琛 刘骧业

● **三月初三日（1926年4月14日）**

见 萧丙炎 济煦 徐良 伍德海 迟键

● **三月初四日（1926年4月15日）**

见 萧丙炎 郑孝胥 济煦 徐良

● **三月初五日（1926年4月16日）**

见 萧丙炎 谢介石

● **三月初六日（1926年4月17日）**

见 荣源 萧丙炎 济煦 吴忠本 谢介石

● **三月初七日（1926年4月18日）**

见 荣源 萧丙炎 陈宝琛 王怀庆

● **三月初八日（1926年4月19日）**

见 荣源 萧丙炎 郑孝胥 谢介石

● **三月初九日（1926年4月20日）**

见 萧丙炎 王震昌 铁良 张学骥 恒煦 佟成海

● **三月初十日（1926年4月21日）**

见 荣源 恒煦 萧丙炎 郑孝胥 陈宝琛

● **三月十一日（1926年4月22日）**

见 萧丙炎 载涛 毓峻 济煦

● **三月十二日（1926年4月23日）**

见 萧丙炎 郭曾炘 济煦 陈宝琛 张学骥 王廷桢 载涛 润良

● **三月十三日（1926年4月24日）**

见 萧丙炎 佟成海 济煦 郑孝胥 广寿 爵善 柯劭忞

● **三月十四日（1926年4月25日）**

见 萧丙炎 济煦 郑孝胥 柯劭忞 陈曾寿 陈宝琛 单世奎

● **三月十五日（1926年4月26日）**

见 萧丙炎 济煦 郑孝胥 袁大化 于咸麟 吉田通译官

● **三月十六日（1926年4月27日）**

见 萧丙炎 济煦 郑孝胥 陈宝琛 朱益藩

● **三月十七日（1926年4月28日）**

见 萧丙炎 郑孝胥 载润 济煦 宝熙 张国淦 陈宝琛 朱益藩 荣源 李景林

● 三月十八日（1926年4月29日）

见 萧丙炎 济煦 郑孝胥 胡嗣瑗 载润 宝熙 朱益藩

● 三月十九日（1926年4月30日）

见 萧丙炎 陈宝琛 许荣勋（济煦代见）

● 三月二十日（1926年5月1日）

见 萧丙炎 济煦 朱汝珍 袁励准 陈宝琛 许家禄 刘凤池 李书文

● 三月二十一日（1926年5月2日）

见 萧丙炎 陈曾寿 王乃澄 济煦 陈宝琛

● 三月二十二日（1926年5月3日）

见 萧丙炎 济煦 郑孝胥 荣源

● 三月二十三日（1926年5月4日）

见 萧丙炎 佟成海 郑孝胥 存耆 荣源 许荣勋 刘凤池 溥佶 李家骥

丙寅三月二十四日（1926年5月5日）至五月十九日（1926年6月28日）[1]

● 三月二十四日（1926年5月5日）

见 萧丙炎 陈宝琛 荣源 迟云鹏

● 三月二十五日（1926年5月6日）

见 萧丙炎 陈曾寿 杨兆清 王乃澄 冀县知事金良骥

● 三月二十六日（1926年5月7日）

见 萧丙炎 济煦 郑孝胥 赵月修 陈宝琛 铁良 刘骧业 伟功 江藤荣吉 润良

● 三月二十七日（1926年5月8日）

见 萧丙炎 郑孝胥 陈宝琛

● 三月二十八日（1926年5月9日）

见 溥佶 萧丙炎 济煦 陈曾寿 罗振玉

● 三月二十九日（1926年5月10日）

见 萧丙炎

● 三月三十日（1926年5月11日）

见 萧丙炎 济煦

天津时代溥仪和郑孝胥

1 依据《清废帝溥仪档案〈召见日记簿（之三）〉簿字261》。

四月初一日（1926年5月12日）

见 萧丙炎 郑孝胥 钟麟同之子钟培英 济煦 陈宝琛 连璋 荣源

四月初二日（1926年5月13日）

见 荣源 萧丙炎 济煦 郑孝胥 陈宝琛 存耆 刘凤池 美国司令官康诺尔 美国司令部白时副官

四月初三日（1926年5月14日）

见 荣源 萧丙炎 济煦 吉田忠太郎 天津驻屯步兵队附陆军步兵大尉横井忠道 存耆 法国司令恩琪若

四月初四日（1926年5月15日）

见 荣源 萧丙炎 济煦 郑孝胥 胡嗣瑗 陈宝琛

四月初五日（1926年5月16日）

见 荣源 萧丙炎 乐泰 郑孝胥 胡嗣瑗 杨履瑞 济煦 熙钰 存耆 载抟 毕庶澄

四月初六日（1926年5月17日）

见 萧丙炎 景方昶 陈宝琛 刘凤池 全荣

四月初七日（1926年5月18日）

见 萧丙炎 济煦 陈宝琛 刘骧业 载沣 载瀛 刘凤池 毕翰章 恒煦 高木陆郎

四月初八日（1926年5月19日）

见 萧丙炎 郑孝胥 胡嗣瑗 济煦 陈宝琛 刘凤池

四月初九日（1926年5月20日）

见 萧丙炎 济煦 郑孝胥 铁良 陈宝琛

四月初十日（1926年5月21日）

见 萧丙炎 刘骧业 刘凤池 毕翰章

四月十一日（1926年5月22日）

见 萧丙炎 济煦 郑孝胥 朱煜勋（胡嗣瑗代见） 陈宝琛 谢介石

四月十二日（1926年5月23日）

见 萧丙炎 济煦 郑孝胥 润良 吴忠本（胡嗣瑗代见） 黄慕 吉田忠太郎 载涛

四月十三日（1926年5月24日）

见 萧丙炎 济煦 郑孝胥 陈宝琛 刘骧业 毓彭 存耆 毕翰章 刘凤池 内田康哉 铁良 有田八郎 船津辰一郎 高桥君平 小野得一郎 稻田龙吉 山井格太郎 江口定条

四月十四日（1926年5月25日）

见 恒煦 萧丙炎 济煦 郑孝胥 陈宝琛 王式 迟鍈 胡嗣瑗 丸山丰 有留重利

四月十五日（1926年5月26日）

见 萧丙炎 济煦 刘骧业 荣源 刘凤池 庄士敦 威灵顿 润良 迟云鹏

四月十六日（1926年5月27日）

见 萧丙炎 济煦 郑孝胥 袁大化 内田康哉

四月十七日（1926年5月28日）

见 萧丙炎 济煦 郑孝胥 胡嗣瑗 王式 陈宝琛 荣源 张学骥

● **四月十八日（1926年5月29日）**

见 萧丙炎 济煦 郑孝胥 胡嗣瑗 白井副领事 罔松乾丈 野口日主 谢介石

● **四月十九日（1926年5月30日）**

见 萧丙炎 郑孝胥 济煦 刘凤池 宇佐美领事

溥仪与郑孝胥会见英国驻津领事馆官员

● **四月二十日（1926年5月31日）**

见 萧丙炎 济煦 郑孝胥 庄士敦 萧丙炎 佟成海

● **四月二十二日（1926年6月2日）**

见 萧丙炎 佟成海 济煦 陈宝琛 润良 田德山

● **四月二十三日（1926年6月3日）**

见 萧丙炎 佟成海 郑孝胥 胡嗣瑗 朱益藩 陈宝琛 吉田忠太郎参谋七部第一部长陆军少将 荒木贞夫陆军步兵少佐原田熊吉

● **四月二十四日（1926年6月4日）**

见 萧丙炎 佟成海 济煦 朱益藩

● **四月二十五日（1926年6月5日）**

见 萧丙炎 佟成海 郑孝胥 济煦 陈宝琛 朱益藩

● **四月二十六日（1926年6月6日）**

见 萧丙炎 佟成海 胡嗣瑗 济煦

● **四月二十七日（1926年6月7日）**

见 萧丙炎 佟成海 荣源 宝永（广寿之子代见）

● **四月二十八日（1926年6月8日）**

见 萧丙炎 佟成海 济煦 郑孝胥

● **四月二十九日（1926年6月9日）**

见 荣源 萧丙炎 佟成海 济煦 胡嗣瑗 许兰洲 存耆

● **五月初一日（1926年6月10日）**

见 萧丙炎 郑孝胥 济煦 孙学仕 刘凤池

● **五月初二日（1926年6月11日）**

见 荣源 萧丙炎 佟成海 济煦 胡嗣瑗 万绳栻 商衍瀛 升允 铁良 张其锽 吴忠本

● **五月初三日（1926年6月12日）**

见 萧丙炎 佟成海 郑孝胥 胡嗣瑗 张徵乾 袁大化 陈宝琛 济煦 溥侊 溥佳 毕翰章

● **五月初四日（1926年6月13日）**

见 荣源 萧丙炎 佟成海 济煦 郑孝胥 胡嗣瑗 景方昶 陈宝琛 贡桑诺尔布 钟世铭 丹巴达尔斋

● **五月初五日（1926年6月14日）**

见 萧丙炎 王九成 张学骥 张学施 张学毅 载涛

● **五月初六日（1926年6月15日）**

见 萧丙炎 济煦 陈宝琛 恒煦

● **五月初七日（1926年6月16日）**

见 恒煦 萧丙炎 佟成海 郑孝胥 胡嗣瑗 景方昶 陈宝琛 载泽 溥侗 济煦 荣源 毓彭

● **五月初八日（1926年6月17日）**

见 萧丙炎 佟成海 郑孝胥 胡嗣瑗 陈宝琛 陈懋艮

● **五月初九日（1926年6月18日）**

见 萧丙炎 佟成海 陈宝琛 荣源

● **五月初十日（1926年6月19日）**

见 萧丙炎 佟成海 关榕祚 迟云鹏（胡嗣瑗代见）

● **五月十一日（1926年6月20日）**

见 萧丙炎 佟成海

● **五月十二日（1926年6月21日）**

见 萧丙炎 佟成海 济煦 陈宝琛 景方昶 荣源

● **五月十三日（1926年6月22日）**

见 恒煦 萧丙炎 佟成海 胡嗣瑗 毓廉 黄树成 胡先春 载涛 溥佶 庄士敦 香港监督鹿亚德 鹿亚德夫人 毕庶澄 陈宝琛

● **五月十四日（1926年6月23日）**

见 萧丙炎 济煦 刘凤池 荣源

● **五月十五日（1926年6月24日）**

见 萧丙炎 济煦 陈宝琛 刘凤池 包文渊

● **五月十六日（1926年6月25日）**

见 萧丙炎 济煦 徐锺葳

● **五月十七日（1926年6月26日）**

见 陈宝琛

● **五月十八日（1926年6月27日）**

见 萧丙炎 济煦 胡嗣瑗 罗振玉 陈宝琛 庄士敦

● **五月十九日（1926年6月28日）**

见 萧丙炎 济煦 劳健 陈宝琛

丙寅五月二十日（1926年6月29日）至七月二十八日（1926年9月4日）[1]

● **五月二十日（1926年6月29日）**

见 毓峻 萧丙炎

● **五月二十一日（1926年6月30日）**

见 萧丙炎 陈宝琛 毕翰章 胡毓坤 刘凤池 郑孝胥

● **五月二十二日（1926年7月1日）**

见 萧丙炎

● **五月二十三日（1926年7月2日）**

见 萧丙炎 济煦 郑孝胥 陈宝琛 载洵 佟成海 毕庶澄 哈锐川

● **五月二十四日（1926年7月3日）**

见 毓峻 萧丙炎 佟成海 哈锐川 济煦 存耆 润琦 庄士敦

1 依据《清废帝溥仪档案〈召见日记簿（之四）〉簿字262》。

● **五月二十五日（1926 年 7 月 4 日）**

见　萧丙炎　济煦　郑孝胥　王国维　张光　包文渊

● **五月二十六日（1926 年 7 月 5 日）**

见　萧丙炎　佟成海　陈宝琛

● **五月二十七日（1926 年 7 月 6 日）**

见　萧丙炎　陈毅　陈宝琛　庄士敦

● **五月二十八日（1926 年 7 月 7 日）**

见　荣源　萧丙炎　佟成海　胡嗣瑗　迟云鹏　王敬珪　陈宝琛

● **五月二十九日（1926 年 7 月 8 日）**

见　萧丙炎　佟成海　济煦　胡嗣瑗　陈宝琛　刘凤池　包文渊　阎泽溥

● **五月三十日（1926 年 7 月 9 日）**

见　萧丙炎　济煦　包文渊

● **六月初一日（1926 年 7 月 10 日）**

见　萧丙炎　赵月修　济煦

● **六月初二日（1926 年 7 月 11 日）**

见　萧丙炎　济煦　溥伒　铁良　陈宝琛

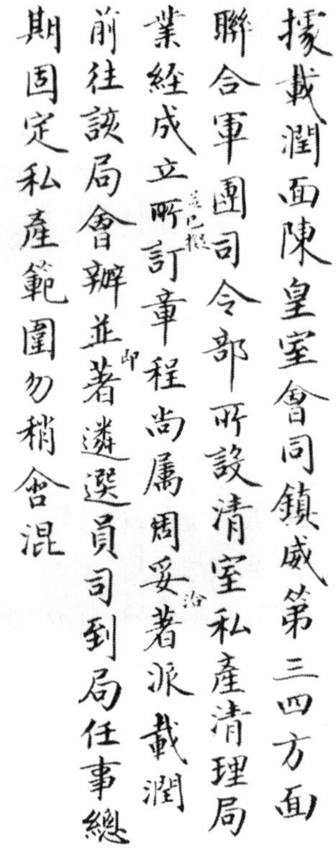

據載潤面陳皇室會同鎮威第三四方面聯合軍團司令部所設清室私產清理局業經成立所訂章程尚屬周妥著派載潤前往該局會辦並著遴選員司到局任事總期固定私產範圍勿稍含混

溥仪亲笔记事

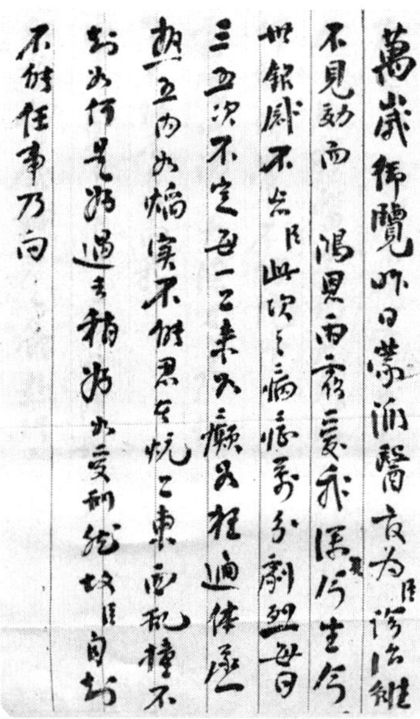

1926 年 7 月刘凤池致溥仪的信第 1 页

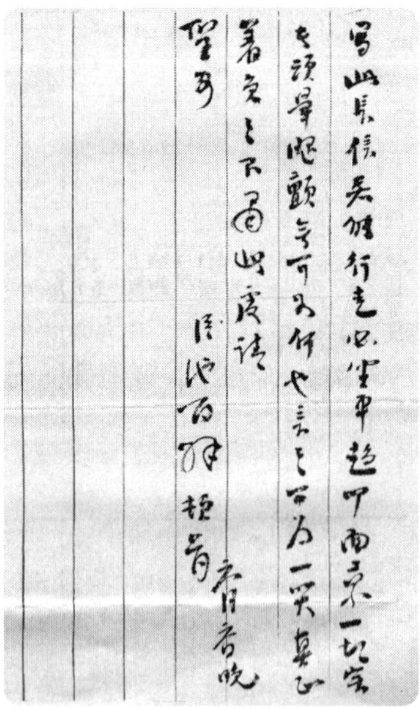

1926 年 7 月刘凤池致溥仪的信末页

● **六月初三日（1926年7月12日）**

见 萧丙炎 济煦 陈宝琛

● **六月初四日（1926年7月13日）**

见 萧丙炎 陈宝琛 溥佶 王廷桢

● **六月初五日（1926年7月14日）**

见 萧丙炎 佟成海 王廷桢

● **六月初六日（1926年7月15日）**

见 萧丙炎 佟成海 济煦 陈玉琛 景方昶

● **六月初七日（1926年7月16日）**

见 萧丙炎 济煦

● **六月初八日（1926年7月17日）**

见 萧丙炎 济煦 胡嗣瑗 陈宝琛

● **六月初九日（1926年7月18日）**

见 萧丙炎 济煦 白井副领事 岩村成允 岩村成允夫人

● **六月初十日（1926年7月19日）**

见 萧丙炎 济煦 薛之珩

● **六月十一日（1926年7月20日）**

见 萧丙炎 济煦

● **六月十二日（1926年7月21日）**

见 萧丙炎

● **六月十三日（1926年7月22日）**

见 萧丙炎 济煦 朱益藩 萧方骏

● **六月十四日（1926年7月23日）**

见 萧丙炎 朱益藩

● **六月十五日（1926年7月24日）**

见 萧丙炎 济煦 刘骧业 芳泽谦吉 西田畊一参赞

● **六月十六日（1926年7月25日）**

见 萧丙炎 佟成海

● **六月十七日（1926年7月26日）**

见 萧丙炎 佟成海

● **六月十八日（1926年7月27日）**

见 萧丙炎 佟成海 济煦

● **六月十九日（1926年7月28日）**

见 萧丙炎 佟成海

消闲中的溥仪

● **六月二十日（1926年7月29日）**

见 萧丙炎 佟成海

● **六月二十一日（1926年7月30日）**

见 萧丙炎 佟成海 胡嗣瑗 济煦

● **六月二十二日（1926年7月31日）**

见 萧丙炎

● **六月二十三日（1926年8月1日）**

见 萧丙炎 胡嗣瑗

● **六月二十四日（1926年8月2日）**

见 毓峻 萧丙炎

● **六月二十五日（1926年8月3日）**

见 萧丙炎 济煦 刘凤池 陈宝琛 包文渊

● **六月二十六日（1926年8月4日）**

见 萧丙炎 佟成海 济煦 陈宝琛 朱益藩 刘维霖（胡嗣瑗代见） 载涛

● **六月二十七日（1926年8月5日）**

见 萧丙炎 陈宝琛 朱益藩

● **六月二十八日（1926年8月6日）**

见 荣源 萧丙炎 佟成海 载润 宝熙

● **六月二十九日（1926年8月7日）**

见 萧丙炎

● **七月初一日（1926年8月8日）**

见 萧丙炎 佟成海 济煦 胡嗣瑗 铁良 刘凤池 毕斡章 包文渊

● **七月初二日（1926年8月9日）**

见 萧丙炎 济煦

● **七月初三日（1926年8月10日）**

见 萧丙炎 济煦 陈宝琛 溥佳

● **七月初四日（1926年8月11日）**

见 萧丙炎 荣源

● **七月初五日（1926年8月12日）**

见 萧丙炎

● **七月初六日（1926年8月13日）**

见 萧丙炎 粤桂联军总指挥颜启汉（胡嗣瑗代见）

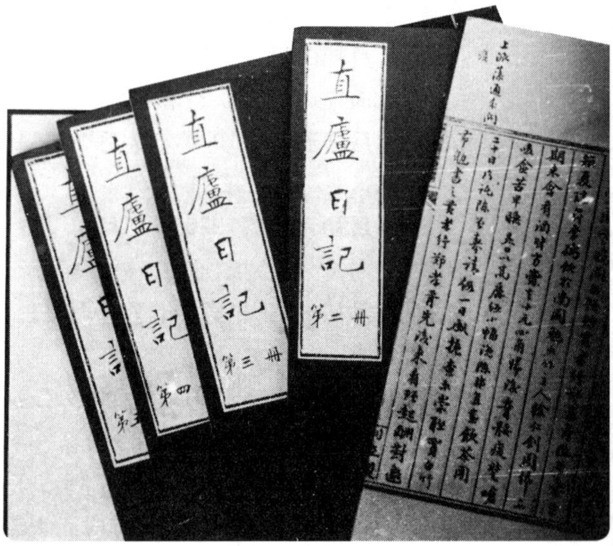

溥仪的行在大管家胡嗣瑗按日记载行在大事而留下的日记，直庐是其书斋名

● 七月初七日（1926年8月14日）

见 萧丙炎 胡嗣瑗

● 七月初八日（1926年8月15日）

见 萧丙炎 郑孝胥 叶尔恺 富连瑞（胡嗣瑗代见） 刘凤池

● 七月初九日（1926年8月16日）

见 萧丙炎 济煦 郑孝胥 胡嗣瑗 陈宝琛

● 七月初十日（1926年8月17日）

见 萧丙炎 胡嗣瑗 袁大化 陈毅 单宗模 柯毓申 有田总领事 白井副领事

● 七月十一日（1926年8月18日）

见 萧丙炎 胡嗣瑗 万绳栻 刘凤池 柯毓申

● 七月十二日（1926年8月19日）

见 萧丙炎 郑孝胥 陈宝琛

● 七月十三日（1926年8月20日）

见 萧丙炎 郑孝胥 胡嗣瑗 陈宝琛 李士奎

● 七月十四日（1926年8月21日）

见 恒煦 萧丙炎 郑孝胥 胡嗣瑗 陈宝琛 叶尔恺 佟成海 包文渊

● 七月十五日（1926年8月22日）

见 萧丙炎 佟成海 郑孝胥 胡嗣瑗 袁大化 陈宝琛

● 七月十六日（1926年8月23日）

见 萧丙炎 济煦 李淮 王秉恩 陈宝琛 刘骧业 吕海寰 荣源

● 七月十七日（1926年8月24日）

见 萧丙炎 陈宝琛 刘凤池

● 七月十八日（1926年8月25日）

见 毓峻 萧丙炎 郑孝胥 徐良

● 七月十九日（1926年8月26日）

见 萧丙炎

● 七月二十日（1926年8月27日）

见 萧丙炎

● 七月二十一日（1926年8月28日）

见 萧丙炎 济煦 朱曜 李士奎

● 七月二十二日（1926年8月29日）

见 萧丙炎 陈宝琛 迟云鹏 胡若愚 朱益藩 徐源泉 彭希镜

● 七月二十三日（1926年8月30日）

见 萧丙炎 郑孝胥 朱益藩

● **七月二十四日（1926 年 8 月 31 日）**

见 萧丙炎 济煦 袁大化 陈宝琛 王秉恩 朱益藩

● **七月二十五日（1926 年 9 月 1 日）**

见 萧丙炎 济煦 胡嗣瑗 陈宝琛 吉田通译官 长谷部 三野 丸山

● **七月二十六日（1926 年 9 月 2 日）**

见 荣源 萧丙炎 济煦 郑孝胥 胡嗣瑗 陈宝琛 存耆

● **七月二十七日（1926 年 9 月 3 日）**

见 荣源 萧丙炎 郑孝胥 万绳栻 陈宝琛 康有为 徐良

● **七月二十八日（1926 年 9 月 4 日）**

见 荣源 萧丙炎 陈宝琛

丙寅七月念九日（1926 年 9 月 5 日）至十月初十日（1926 年 11 月 14 日）[1]

● **七月二十九日（1926 年 9 月 5 日）**

见 荣源 萧丙炎 柯劭忞

● **七月三十日（1926 年 9 月 6 日）**

见 萧丙炎 康有为

● **八月初一日（1926 年 9 月 7 日）**

见 萧丙炎 胡嗣瑗 陈宝琛 升允 铁良

● **八月初二日（1926 年 9 月 8 日）**

见 萧丙炎

● **八月初三日（1926 年 9 月 9 日）**

见 萧丙炎 陈宝琛 广寿 爵善 万绳栻

● **八月初四日（1926 年 9 月 10 日）**

见 萧丙炎 张宪 王秉恩 陈宝琛

● **八月初五日（1926 年 9 月 11 日）**

见 萧丙炎 济煦 郑孝胥 康有为 张宪 张庆昶

● **八月初六日（1926 年 9 月 12 日）**

见 萧丙炎 袁励准 陈宝琛 康有为 荣源 毕庶澄 常之英 吴忠本 毕翰章 张宗昌

● **八月初七日（1926 年 9 月 13 日）**

见 萧丙炎 济煦 郑孝胥 王秉恩 叶尔恺 陈宝琛 存耆 徐良

1 依据《清废帝溥仪档案〈召见日记簿（之五）〉簿字 263》。“七月念九日”即七月二十九日，原文如此。

● **八月初八日（1926年9月14日）**

见 毓峻 萧丙炎 郑孝胥 胡嗣瑗 陈宝琛 济煦 康有为 李士奎 聂晋礼 存耆 恒煦 冈本副领事 弓野司法总办 暹罗国文部大臣 文部大臣夫人 侍从 毕翰章

● **八月初九日（1926年9月15日）**

见 萧丙炎 济煦 郑孝胥 存耆 陈宝琛 佐治亲王 司礼官哈尔塞 掌船官史彭纳 驻津英国司令官希资 驻津英国总领事克尔

● **八月初十日（1926年9月16日）**

见 萧丙炎 冯恕 陈宝琛 陈曾寿 袁大化 济煦 叶尔恺 刘凤池 荣源 溥佳

● **八月十一日（1926年9月17日）**

见 萧丙炎

● **八月十二日（1926年9月18日）**

见 萧丙炎 嗣瑗 济煦 陈宝琛 朱汝珍 王秉恩

● **八月十三日（1926年9月19日）**

见 萧丙炎 郑孝胥 万绳栻

● **八月十四日（1926年9月20日）**

见 萧丙炎

● **八月十五日（1926年9月21日）**

见 萧丙炎 润良 润麒

● **八月十六日（1926年9月22日）**

见 萧丙炎 护理马兰镇总兵张之庆（胡嗣瑗代见）

● **八月十七日（1926年9月23日）**

见 萧丙炎 刘凤池 郑孝胥

● **八月十八日（1926年9月24日）**

见 萧丙炎

● **八月十九日（1926年9月25日）**

见 萧丙炎 济煦 郑孝胥 康有为

● **八月二十日（1926年9月26日）**

见 荣源 萧丙炎 郑孝胥 胡嗣瑗 康有为

● **八月二十一日（1926年9月27日）**

见 萧丙炎 郑孝胥 连堃 胡嗣瑗 西本省三

● **八月二十二日（1926年9月28日）**

见 萧丙炎 郑孝胥 温肃 胡嗣瑗 景方昶 万绳栻

● **八月二十三日（1926年9月29日）**

见 萧丙炎 陈毅 景方昶 陈宝琛

● **八月二十四日（1926年9月30日）**

见　萧丙炎　济煦

● **八月二十五日（1926年10月1日）**

见　萧丙炎　陈宝琛

● **八月二十六日（1926年10月2日）**

见　萧丙炎　铁良　荣源　陈宝琛

● **八月二十七日（1926年10月3日）**

见　萧丙炎　郑孝胥　陈宝琛　荣源

● **八月二十八日（1926年10月4日）**

见　萧丙炎　陈宝琛

● **八月二十九日（1926年10月5日）**

见　萧丙炎　郑孝胥　胡嗣瑗　济煦　陈宝琛

● **八月三十日（1926年10月6日）**

见　萧丙炎　济煦　毕翰章　刘凤池　江藤荣吉

● **九月初一日（1926年10月7日）**

见　萧丙炎　胡嗣瑗　载洵　袁大化　载涛　王廷桢

● **九月初二日（1926年10月8日）**

见　萧丙炎　佟成海　胡嗣瑗

● **九月初三日（1926年10月9日）**

见　萧丙炎　佟成海　陈宝琛

● **九月初四日（1926年10月10日）**

见　萧丙炎

● **九月初五日（1926年10月11日）**

见　萧丙炎　佟成海　郑孝胥　济煦　陈宝琛　前总理大臣、子爵清浦奎吾　前递信大臣、男爵藤村义朗　前大藏次官西野元　陆军步兵中佐土肥原贤二　医学博士大森宪太　金子坚太郎、子爵息金子武麿　三井物产株式会社员岩井光次郎　清浦子爵随员藤塚警部补

● **九月初六日（1926年10月12日）**

见　萧丙炎　佟成海　胡嗣瑗　济煦　陈宝琛　乐泰

● **九月初七日（1926年10月13日）**

见　萧丙炎　佟成海　万绳栻　陈宝琛

● **九月初八日（1926年10月14日）**

见　萧丙炎　佟成海　胡嗣瑗　毓璋　陈宝琛

● **九月初九日（1926年10月15日）**

见　萧丙炎　胡嗣瑗　冈本副领事

● **九月初十日（1926年10月16日）**

见　萧丙炎　佟成海　郑孝胥　胡嗣瑗

● **九月十一日（1926年10月17日）**

见　萧丙炎　佟成海　郑孝胥　陈宝琛　周登皡　赵俊卿

● **九月十二日（1926年10月18日）**

见　萧丙炎

● **九月十三日（1926年10月19日）**

见　萧丙炎　佟成海

● **九月十四日（1926年10月20日）**

见　溥杰　萧丙炎　胡嗣瑗　白井副领事　东京观相院院长川西泰龙子　润良

● **九月十五日（1926年10月21日）**

见　乐泰　萧丙炎　佟成海　郑孝胥　谢介石　栗原白岭　千秋实

● **九月十六日（1926年10月22日）**

见　萧丙炎　佟成海　荣源　有田总领事　白井副领事　冈本副领事　萩尾署长

● **九月十七日（1926年10月23日）**

见　乐泰　毓峻　恒煦　萧丙炎　佟成海　润良　润麒　溥佳　王廷桢　包文渊　萩尾署长

● **九月十八日（1926年10月24日）**

见　萧丙炎　胡嗣瑗　荣源

● **九月十九日（1926年10月25日）**

见　萧丙炎　郑孝胥

● **九月二十日（1926年10月26日）**

见　萧丙炎　商衍瀛

● **九月二十一日（1926年10月27日）**

见　萧丙炎

● **九月二十二日（1926年10月28日）**

见　萧丙炎　胡嗣瑗　济煦　比国钦命游历专使戴比业　比国驻津副领事骆丰泰

● **九月二十三日（1926年10月29日）**

见　萧丙炎　郑孝胥　胡嗣瑗　景方昶

● **九月二十四日（1926年10月30日）**

天津时代风华正茂的溥仪

见 萧丙炎 胡嗣瑗 济煦

● **九月二十五日（1926年10月31日）**

见 毓峻 萧丙炎 郑孝胥 胡嗣瑗 张学骥

● **九月二十六日（1926年11月1日）**

见 萧丙炎 郑孝胥

● **九月二十七日（1926年11月2日）**

见 萧丙炎 郑孝胥

● **九月二十八日（1926年11月3日）**

见 萧丙炎 孟效曾 胡嗣瑗

● **九月二十九日（1926年11月4日）**

见 萧丙炎 郑孝胥

● **十月初一日（1926年11月5日）**

见 萧丙炎 郑孝胥

● **十月初二日（1926年11月6日）**

见 萧丙炎 郑孝胥 胡嗣瑗 孙守正（胡嗣瑗代见） 荣源 喻长鉴

● **十月初三日（1926年11月7日）**

见 萧丙炎

● **十月初四日（1926年11月8日）**

见 萧丙炎

● **十月初五日（1926年11月9日）**

见 萧丙炎 胡嗣瑗 济煦 景方昶 周登皞（胡嗣瑗代见） 孟效曾（胡嗣瑗代见）

● **十月初六日（1926年11月10日）**

见 萧丙炎 郑孝胥 胡嗣瑗 济煦 李士奎

● **十月初七日（1926年11月11日）**

见 萧丙炎 许汝棻 存耆 济煦

● **十月初八日（1926年11月12日）**

见 萧丙炎 李准

● **十月初九日（1926年11月13日）**

见 萧丙炎 吴忠本（胡嗣瑗代见） 袁金铠

● **十月初十日（1926年11月14日）**

见 萧丙炎 景方昶 刘凤池

丙寅十月十一日（1926年11月15日）至十二月二十四日（1927年1月27日）[1]

● **十月十一日（1926年11月15日）**

见 萧丙炎 载搂

● **十月十二日（1926年11月16日）**

见 萧丙炎 佟成海 胡嗣瑗 魁陞 刘凤池 马占山

● **十月十三日（1926年11月17日）**

见 萧丙炎 驻津瑞典领事郎德华 存耆 胡毓坤 毕翰章 刘凤池

● **十月十四日（1926年11月18日）**

见 萧丙炎 胡嗣瑗 济煦 朱汝珍 祺诚武

● **十月十五日（1926年11月19日）**

见 荣源 萧丙炎 景方昶 周登皞 胡嗣瑗 载润 袁大化

● **十月十六日（1926年11月20日）**

见 荣源 萧丙炎 万绳栻 升允 刘凤池 喻长鉴

● **十月十七日（1926年11月21日）**

见 荣源 萧丙炎 胡嗣瑗 商衍瀛 陈懋复 王廷桢 樊德光

● **十月十八日（1926年11月22日）**

见 萧丙炎 罗振玉

● **十月十九日（1926年11月23日）**

见 萧丙炎 杨钟羲 胡嗣瑗 济煦 商衍瀛 魁陞 蒲田静三 仪我诚也 吉田忠太郎

● **十月二十日（1926年11月24日）**

见 萧丙炎

● **十月二十一日（1926年11月25日）**

见 萧丙炎 李士奎

● **十月二十二日（1926年11月26日）**

见 萧丙炎

● **十月二十三日（1926年11月27日）**

见 萧丙炎 胡嗣瑗 袁励准 铁良

● **十月二十四日（1926年11月28日）**

见 萧丙炎 载泽 载涛

● **十月二十五日（1926年11月29日）**

见 萧丙炎 济煦

1 依据《清废帝溥仪档案召见日记簿（之六）〉簿字264》。

● **十月二十六日（1926年11月30日）**

见 萧丙炎 济煦 胡嗣瑗 载涛 金寿良 李士奎 吉田通译官 丸山参谋 仪我诚也 溥佳

● **十月二十七日（1926年12月1日）**

见 萧丙炎 胡嗣瑗 张徵乾 陈宝琛 刘凤池

● **十月二十八日（1926年12月2日）**

见 萧丙炎 济煦

● **十月二十九日（1926年12月3日）**

见 萧丙炎 白井副领事 服部升子 竹中繁子

● **十月三十日（1926年12月4日）**

见 萧丙炎

● **十一月初一日（1926年12月5日）**

见 萧丙炎 胡嗣瑗 陈宝琛 张海鹏 朱益清 景方昶

● **十一月初二日（1926年12月6日）**

见 萧丙炎 广寿 爵善 胡嗣瑗

● **十一月初三日（1926年12月7日）**

见 萧丙炎 胡嗣瑗 陈宝琛

● **十一月初四日（1926年12月8日）**

见 萧丙炎 济煦 林开謩 李景林

● **十一月初五日（1926年12月9日）**

见 萧丙炎 济煦

● **十一月初六日（1926年12月10日）**

见 萧丙炎 济煦 存耆 陈宝琛 荣源 阎泽溥 锡赐 柯尔 佐治 伯尔克德 赫思克得 伍德海

● **十一月初七日（1926年12月11日）**

见 萧丙炎 林开謩

● **十一月初八日（1926年12月12日）**

见 萧丙炎 荣源 吉田通译官 古仁所丰 小平总治 王廷桢 樊德光

● **十一月初九日（1926年12月13日）**

见 萧丙炎 胡嗣瑗 载泽（胡嗣瑗代见） 刘凤池

● **十一月初十日（1926年12月14日）**

见 萧丙炎 陈宝琛 朱益藩 载泽

● **十一月十一日（1926年12月15日）**

见 萧丙炎 胡嗣瑗 朱益藩 润良 刘髯公

● **十一月十二日（1926年12月16日）**

见 荣源 萧丙炎 郑孝胥 朱益藩 陈宝琛

● 十一月十三日（1926年12月17日）

见 荣源

● 十一月十四日（1926年12月18日）

见 荣源 萧丙炎 郑孝胥 胡嗣瑗

● 十一月十五日（1926年12月19日）

见 荣源 萧丙炎 胡嗣瑗 刘凤池 载涛 载泽 载瀛

● 十一月十六日（1926年12月20日）

见 荣源 萧丙炎 宝熙 陈宝琛 载涛 载泽 载瀛

● 十一月十七日（1926年12月21日）

见 萧丙炎 胡嗣瑗 有田总领事 白井副领事

● 十一月十八日（1926年12月22日）

见 萧丙炎 铁良 袁大化

● 十一月十九日（1926年12月23日）

见 萧丙炎 润良

● 十一月二十日（1926年12月24日）

见 萧丙炎 济煦 景方昶 吉田通译官 丸山参谋

● 十一月二十一日（1926年12月25日）

见 萧丙炎 济煦 郑孝胥 胡嗣瑗 景方昶 载涛

● 十一月二十二日（1926年12月26日）

见 萧丙炎 郑孝胥 胡嗣瑗 姚宝来

● 十一月二十三日（1926年12月27日）

见 萧丙炎 胡嗣瑗 存耆 吉田通译官 渡久雄

● 十一月二十四日（1926年12月28日）

见 萧丙炎 郑孝胥 黄慕 刘维霖（景方昶代见）

● 十一月二十五日（1926年12月29日）

见 萧丙炎 济煦 林葆恒 陈震 刘凤池

● 十一月二十六日（1926年12月30日）

见 萧丙炎 郑孝胥 荣源

● 十一月二十七日（1926年12月31日）

见 萧丙炎 济煦 郑孝胥 有田总领事 白井副领事

● 十一月二十八日（1927年1月1日）

见 萧丙炎 郑孝胥 胡嗣瑗 景方昶

● 十一月二十九日（1927年1月2日）

见 萧丙炎

● **十一月三十日（1927 年 1 月 3 日）**

见 萧丙炎 佟成海 济煦

● **十二月初一日（1927 年 1 月 4 日）**

见 萧丙炎 杨钟羲 郑孝胥 荣源 刘凤池

● **十二月初二日（1927 年 1 月 5 日）**

见 萧丙炎

● **十二月初三日（1927 年 1 月 6 日）**

见 萧丙炎 济煦 胡嗣瑗 荣源

● **十二月初四日（1927 年 1 月 7 日）**

见 萧丙炎 陆荣廷 济煦 刘凤池

● **十二月初五日（1927 年 1 月 8 日）**

见 萧丙炎 陆裕光

● **十二月初六日（1927 年 1 月 9 日）**

见 郑孝胥 胡嗣瑗 景方昶 润良

● **十二月初七日（1927 年 1 月 10 日）**

见 萧丙炎 济煦 胡嗣瑗 陈宝琛

● **十二月初八日（1927 年 1 月 11 日）**

见 萧丙炎 载涛 载润 载瀛 载泽 苏锡麟 万绳栻

溥仪和婉容，平起平坐恩爱夫妻

● **十二月初九日（1927 年 1 月 12 日）**

见 萧丙炎

● **十二月初十日（1927 年 1 月 13 日）**

见 萧丙炎 郑孝胥 胡嗣瑗 陈宝琛 张学骥 润良

● **十二月十一日（1927 年 1 月 14 日）**

见 萧丙炎

● **十二月十二日（1927 年 1 月 15 日）**

见 萧丙炎 胡嗣瑗

● **十二月十三日（1927 年 1 月 16 日）**

见 萧丙炎 郑孝胥 胡嗣瑗 商衍瀛 刘凤池

● **十二月十四日（1927 年 1 月 17 日）**

见 萧丙炎 济煦 胡嗣瑗 陆荣廷 商衍瀛

● **十二月十五日（1927 年 1 月 18 日）**

见 荣源 萧丙炎 袁大化 陆裕光 陈宝琛

● **十二月十六日（1927年1月19日）**

见 萧丙炎 铁良 袁大化 刘凤池 杨云峰 彭希镜 升允 陈宝琛

● **十二月十七日（1927年1月20日）**

见 萧丙炎 胡嗣瑗 万绳栻 商衍瀛 徐源泉

● **十二月十八日（1927年1月21日）**

见 萧丙炎 济煦 郑孝胥 胡嗣瑗 陈宝琛

● **十二月十九日（1927年1月22日）**

见 萧丙炎 载涛 朱益藩

● **十二月二十日（1927年1月23日）**

见 萧丙炎 郑孝胥 李士奎 陈宝琛 朱益藩

● **十二月二十一日（1927年1月24日）**

见 萧丙炎 胡嗣瑗 陈宝琛 朱益藩

● **二月二十二日（1927年1月25日）**

见 萧丙炎 高田司令 北田副官 吉田通译官

● **十二月二十三日（1927年1月26日）**

见 萧丙炎 润麒

● **十二月二十四日（1927年1月27日）**

见 毓峻 萧丙炎 胡嗣瑗 陈宝琛 刘凤池 毕庶澄 周雪亭

丙寅十二月二十五日（1927年1月28日）至丁卯二月十五日（1927年3月18日）[1]

● **十二月二十五日（1927年1月28日）**

见 萧丙炎 胡嗣瑗

● **十二月二十六日（1927年1月29日）**

见 萧丙炎

● **十二月二十七日（1927年1月30日）**

见 萧丙炎

● **十二月二十八日（1927年1月31日）**

见 萧丙炎 济煦 胡嗣瑗 罗振玉 陈宝琛 景方昶 王敬玺 毓彭（胡嗣瑗代见） 刘凤池

● **十二月二十九日（1927年2月1日）**

1 依据《清废帝溥仪档案〈召见日记簿（之七）〉簿字265》。

见 毓峻 萧丙炎 济煦 胡嗣瑗 景方昶 陈宝琛 存耆 润良 润麒 恒煦 李士奎 荣源

● 丁卯年正月初一日（1927年2月2日）

见 毓峻 恒煦 萧丙炎 济煦 荣源 增崇 存耆 润良 润琦 载振 溥钟 溥锐 张彪 英国司令官希资 英国总领事贾姆森 英国副领事周尔若 参谋长白克哈 法国司令官思恩琪若 瑞典副领事郎德华 美国律师东伯利 张学骥 张学师 张学毅

● 正月初二日（1927年2月3日）

见 萧丙炎 张兆钾 舒远隆 润麒

● 正月初三日（1927年2月4日）

见 萧丙炎 济煦 郑孝胥 胡嗣瑗 张兆钾 润麒 李景林

● 正月初四日（1927年2月5日）

见 萧丙炎 载涛 载润 载泽 溥伒 溥修 溥侊 溥杰 溥佳 耆龄 宝熙 衡永 联堃 奕元 良揆

● 正月初五日（1927年2月6日）

见 萧丙炎 胡嗣瑗 景方昶 王廷桢 刘凤池

● 正月初六日（1927年2月7日）

见 溥杰 萧丙炎 郑孝胥 陈宝琛 刘凤池 毕翰章 钟凯 赵俊卿

● 正月初七日（1927年2月8日）

见 溥杰 萧丙炎 胡嗣瑗 陈宝琛 周登皞 胡国英（溥杰代见） 中山荣

● 正月初八日（1927年2月9日）

见 溥杰 萧丙炎 济煦 胡嗣瑗 升允 朱益清 魁瀛

● 正月初九日（1927年2月10日）

见 溥杰 萧丙炎 佟成海 郑孝胥 陈宝琛 庄士敦 存耆

● 正月初十日（1927年2月11日）

见 溥杰 萧丙炎 胡嗣瑗 景方昶 陈宝琛 庄士敦

● 正月十一日（1927年2月12日）

见 溥杰 萧丙炎 升煦 郑孝胥 景方昶 存耆 刘髯公 牛维乐 弱不斯恩 康有为 徐良 庄士敦

● 正月十二日（1927年2月13日）

见 溥杰 萧丙炎 济煦 赵景祺（胡嗣瑗代见） 朱益藩 溥儒 张学师 张学毅 庄士敦

● 正月十三日（万寿日）（1927年2月14日）

见 溥杰 乐泰 恒煦 萧丙炎 杨钟羲 佟成海 济煦 广寿 爵善 郑孝胥 润良 润麒 毓廉 赵景祺 李西 赵国圻 金梁 金贤 升煦 张兆钾 朱汝珍 王国维 袁励准 袁行宽 刘凤池 增恺 增悌 耆龄 衡良 奕元 陈震 朱益藩 景方昶 载瀛 溥僴 商衍瀛 载搜

载泽 溥修 谢介石 周登皞 荣源 罗振玉 载振 溥钟 溥锐 塔思哈 张彪 庄士敦 金钺 胡嗣瑗 陈宝琛 林葆恒 姚宝来 万绳栻 张琨 张梦潮 陈毅 温肃 刘骧业 增崇 存耆 于成麟 宝熙 吴锡宝 陈良土 黎湛枝 钟凯 载洵 溥侊 溥儒 任祖安 国梁 张之照 铁良 载涛 溥佳 毓善 费毓楷 王季烈 康有为 苏锡麟 鲍文 徐勤 徐良 陈懋复 章钰 袁大化 升允 定安 善昌 郭曾炘 郭测云 毓彭 刘髯公 赵俊卿 胡先春 王文焘 李孺 胡炜 王廷桢 胡若愚 张学骥 张学诗 张学毅 贝斯 贝斯太太 贝斯小姐 特玲太太 伍德海 瓦锡祖 希资 杰姆游 任萨姆女士 伯瑞尔 聂罗 柏士女医 柏喀特 布肯拿 吉田忠太郎 丸山繁次 三野友吉 北田副官 有田总领事 有田太太 宇佐美 宇佐美太太 白井副领事 冈本副领事 萩尾署长 萩尾太太 周尔若

● **正月十四日（1927年2月15日）**

见 溥杰 萧丙炎 胡嗣瑗 袁励准 陈良士 陈宝琛 朱益藩 刘凤池 庄士敦 康有为 徐勤 徐良 润良 张梦潮 张梦渭 张梦范 张学诗 张学毅

● **正月十五日（1927年2月16日）**

见 萧丙炎 济煦 郑孝胥 胡嗣瑗 载润 张兆钾 张梦潮 张学毅 润良

● **正月十六日（1927年2月17日）**

见 萧丙炎 胡嗣瑗 张学骥

● **正月十七日（1927年2月18日）**

见 萧丙炎 载涛

● **正月十八日（1927年2月19日）**

见 萧丙炎 济煦 松原 川邨 胡嗣瑗

● **正月十九日（1927年2月20日）**

见 萧丙炎 吉田茂总领事 日本副领事

● **正月二十日（1927年2月21日）**

见 萧丙炎 王文焘

● **正月二十一日（1927年2月22日）**

见 萧丙炎

● **正月二十二日（1927年2月23日）**

见 萧丙炎 鲍文 徐良

● **正月二十三日（1927年2月24日）**

见 萧丙炎 郑孝胥 陈宝琛 王怀庆 白荫奎

● **正月二十四日（1927年2月25日）**

见 萧丙炎 济煦 刘凤池 白荫奎

● **正月二十五日（1927年2月26日）**

见 萧丙炎 张学骥

● **正月二十六日（1927年2月27日）**

见　萧丙炎　胡嗣瑗　陈宝琛　庄士敦　瀛女士皇后前侍读英人　霍殿阁　刘凤池

● **正月二十七日（1927年2月28日）**

见　恒煦　萧丙炎

● **正月二十八日（1927年3月1日）**

见　萧丙炎　郑孝胥　陈宝琛

● **正月二十九日（1927年3月2日）**

见　萧丙炎　郑孝胥　润良　润麒　张学毅

● **正月三十日（1927年3月3日）**

见　萧丙炎　郑孝胥　毓彭　张学骥　张学毅　润麒

● **二月初一日（1927年3月4日）**

见　萧丙炎　济煦　郑孝胥　万绳栻　罗振玉　铁良　陈宝琛　张兆钾

● **二月初二日（1927年3月5日）**

见　萧丙炎　胡嗣瑗　张学毅

● **二月初三日（1927年3月6日）**

见　萧丙炎　恒煦　胡嗣瑗　毕翰章　刘维霖（胡嗣瑗代见）

● **二月初四日（1927年3月7日）**

见　萧丙炎　佟成海

● **二月初五日（1927年3月8日）**

见　萧丙炎　济煦　郑孝胥　乐泰　庄士敦　润麒

● **二月初六日（1927年3月9日）**

见　萧丙炎　郑孝胥　陈宝琛　庄士敦　润麒　张学毅　有田总领事　白井副领事　小堀寅次郎　岛田二朗　太原要　小宫山繁

● **二月初七日（1927年3月10日）**

见　萧丙炎　魁陞　景煦

● **二月初八日（1927年3月11日）**

见　萧丙炎　许荣勋　陈宝琛　许炳榛

● **二月初九日（1927年3月12日）**

见　萧丙炎　胡嗣瑗　毕翰章

● **二月初十日（1927年3月13日）**

见　萧丙炎　陈宝琛　张学诗　张学毅

● **二月十一日（1927年3月14日）**

见　萧丙炎　许荣勋

● **二月十二日（1927年3月15日）**

见 萧丙炎 济煦 郑孝胥 万绳栻 陈宝琛 恒煦

● **二月十三日（1927 年 3 月 16 日）**

见 萧丙炎 佟成海 胡嗣瑗 景方昶 刘凤池 庄士敦

● **二月十四日（1927 年 3 月 17 日）**

见 萧丙炎 胡嗣瑗 景方昶 庄士敦

● **二月十五日（1927 年 3 月 18 日）**

见 乐泰 萧丙炎 胡嗣瑗 宝熙 裕隆 荣绪 王溥 李经畬 陈宝琛 景方昶 黎湛枝 郭曾炘 温肃

丁卯二月十六日（1927 年 3 月 19 日）至七月初九日（1927 年 8 月 6 日）[1]

● **二月十六日（1927 年 3 月 19 日）**

见 萧丙炎 铁良 万绳栻 张梦潮 许荣勋 许可 润麒

● **二月十七日（1927 年 3 月 20 日）**

见 萧丙炎 济煦 郑孝胥 陈宝琛 润麒

● **二月十八日（1927 年 3 月 21 日）**

见 萧丙炎 济煦 许荣勋 陈宝琛 刘凤池 商衍瀛 润麒

● **二月十九日（1927 年 3 月 22 日）**

见 萧丙炎 济煦 郑孝胥 胡嗣瑗 刘凤池 冯恕 陈宝琛 溥侗 李士奎 朱益藩 载涛 润麒

● **二月二十日（1927 年 3 月 23 日）**

见 萧丙炎 陈宝琛 袁大化 朱益藩 胡若愚 张学毅

● **二月二十一日（1927 年 3 月 24 日）**

见 萧丙炎 陈宝琛 毕翰章 溥佳

● **二月二十二日（1927 年 3 月 25 日）**

见 萧丙炎 济煦

● **二月二十三日（1927 年 3 月 26 日）**

见 萧丙炎 郑孝胥 庄士敦

● **二月二十四日（1927 年 3 月 27 日）**

见 萧丙炎 胡嗣瑗 张之照 载泽 周迪评 钟培英 张彪 存耆 庄士敦

● **二月二十五日（1927 年 3 月 28 日）**

1 依据《清废帝溥仪档案〈召见日记簿（之八）〉簿字 266》。

见 萧丙炎 郑孝胥 胡嗣瑗 白井副领事 山本条太郎 江藤丰二 荣源 庄士敦 施久尔 柏喀特

● **二月二十六日（1927年3月29日）**

见 萧丙炎 胡嗣瑗 万绳栻 景方昶 苏锡麟 德穆楚克栋鲁普 补英达赖

● **二月二十七日（1927年3月30日）**

见 萧丙炎 胡嗣瑗

● **二月二十八日（1927年3月31日）**

见 萧丙炎 郑孝胥 胡嗣瑗 景方昶 荣源

● **二月二十九日（1927年4月1日）**

见 萧丙炎 杨钟羲 存耆 荣源 陈宝琛 毕翰章 郑孝胥

● **三月初一日（1927年4月2日）**

见 萧丙炎 胡嗣瑗 铁良 陈宝琛 钟培英

● **三月初二日（1927年4月3日）**

见 萧丙炎 王式 李准 舒远隆 舒远洪

● **三月初三日（1927年4月4日）**

见 萧丙炎 胡嗣瑗 袁大化

● **三月初四日（1927年4月5日）**

见 萧丙炎 济煦 胡嗣瑗 万绳栻 陈宝琛 苏锡麟 铁良 任祖安

● **三月初五日（1927年4月6日）**

见 萧丙炎 万绳栻 孙宝琦 宇佐美 刘凤池

● **三月初六日（1927年4月7日）**

见 萧丙炎 济煦 陈宝琛 赵尔巽 张彪 钟培英 希资 柏喀特 聂罗 布肯拿 葛路内兆居 陈毅

● **三月初七日（1927年4月8日）**

见 萧丙炎 济煦 胡嗣瑗 陈宝琛 王式 李准 张兆钾 张树 张桂 有田总领事 白井副领事 万绳栻

● **三月初八日（1927年4月9日）**

见 萧丙炎 陈宝琛 万绳栻 景方昶 吉田通译官 古城胤秀 张学毅

● **三月初九日（1927年4月10日）**

见 萧丙炎 刘凤池 古城胤秀

● **三月初十日（1927年4月11日）**

见 萧丙炎 胡嗣瑗 陈宝琛

● **三月十一日（1927年4月12日）**

见 萧丙炎 济煦 刘凤池 王式 钟培英

● **三月十二日（1927年4月13日）**

见 萧丙炎 济煦 胡嗣瑗 陆荣廷 刘宝题 张学骥 阎泽溥

● **三月十三日（1927年4月14日）**

见 萧丙炎 济煦 胡嗣瑗 陈宝琛 载润 钟培英 欧尔德

● **三月十四日（1927年4月15日）**

见 荣源 萧丙炎 济煦 陈宝琛 王怀庆 高田司令官 吉田通译官 苏锡麟 阎泽溥

● **三月十五日（1927年4月16日）**

见 萧丙炎 景方昶

● **三月十六日（1927年4月17日）**

见 萧丙炎 舒远隆 舒远洪 万绳栻 罗振玉 刘凤池

● **三月十七日（1927年4月18日）**

见 萧丙炎 广寿 爵善 铁良 张学毅

● **三月十八日（1927年4月19日）**

见 萧丙炎 恒煦 张学毅

● **三月十九日（1927年4月20日）**

见 萧丙炎 李经畬 张学毅

● **三月二十日（1927年4月21日）**

见 萧丙炎 王式 景方昶

● **三月二十一日（1927年4月22日）**

见 萧丙炎 刘凤池 铁良 钟培英 溥佳 张学毅

● **三月二十二日（1927年4月23日）**

见 萧丙炎 济煦 胡嗣瑗 景方昶 杨宗翰 江藤荣吉 钟培英 张学毅

● **三月二十三日（1927年4月24日）**

见 萧丙炎 张学毅 毕翰章

● **三月二十四日（1927年4月25日）**

见 萧丙炎 毓廉 胡嗣瑗 张学毅 存耆

● **三月二十五日（1927年4月26日）**

见 萧丙炎 润良 张学毅

● **三月二十六日（1927年4月27日）**

见 萧丙炎 胡嗣瑗 陈宝琛

● **三月二十七日（1927年4月28日）**

见 萧丙炎 陈宝琛

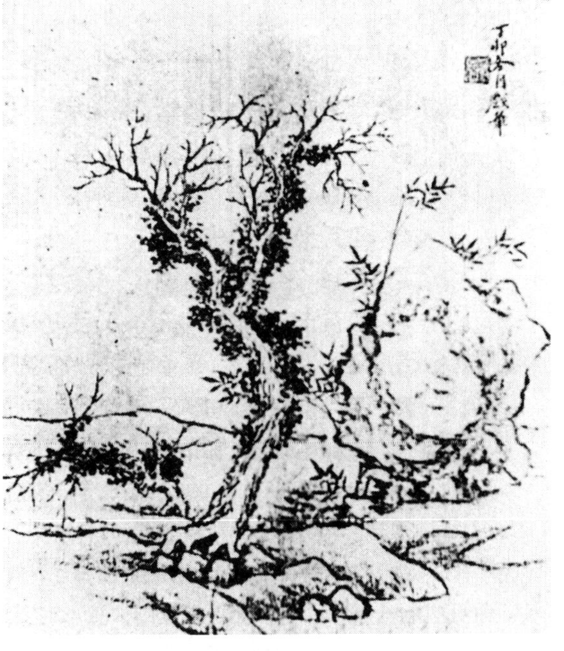

溥仪1927年所画

● **三月二十八日（1927年4月29日）**

见 萧丙炎 济煦 景方昶 赵世愚 周登皞 润麒 索汇东 张学毅

● **三月二十九日（1927年4月30日）**

见 萧丙炎 胡嗣瑗 景方昶 陈宝琛 有田总领事 加藤外松 白井副领事 江藤荣吉 海军主计、大尉大谷茂 海军中尉木下康夫 海军主计、少尉今井朝男 润麒 张学毅

● **四月初一日（1927年5月1日）**

见 萧丙炎 胡嗣瑗 景方昶 铁良 袁大化 升允 毕翰章 张学毅 润麒

● **四月初二日（1927年5月2日）**

见 萧丙炎 陈宝琛 刘继霖（胡嗣瑗代见） 润麒 张学毅 溥杰 溥仁〈任〉[1]

● **四月初三日（1927年5月3日）**

见 溥杰 溥任 萧丙炎 陈宝琛 商衍瀛

● **四月初四日（1927年5月4日）**

见 溥杰 溥任 萧丙炎 胡嗣瑗 景方昶 徐良（溥杰代见） 张学毅

● **四月初五日（1927年5月5日）**

见 溥杰 溥任 萧丙炎 张学毅 舒远洪 润麒 舒远隆 舒远惠

● **四月初六日（1927年5月6日）**

见 溥杰 溥任 萧丙炎 胡嗣瑗

● **四月初七日（1927年5月7日）**

见 溥杰 溥任 萧丙炎 胡嗣瑗 景方昶 沈继贤 钟培英 美国参议院议员宾阿穆 美国步兵少佐马士禄 史悌卫 张学诗 张学毅

● **四月初八日（1927年5月8日）**

见 溥杰 溥任 萧丙炎 景方昶 载涛 张学毅 舒远隆 舒远洪

● **四月初九日（1927年5月9日）**

见 溥任 萧丙炎 济煦 胡嗣瑗 陈宝琛 载涛 毓善 吴锡宝

● **四月十日（1927年5月10日）**

见 溥任 萧丙炎 胡嗣瑗 景方昶 陈宝琛 载涛

● **四月十一日（1927年5月11日）**

见 溥任 萧丙炎 景方昶 毓康 毓尊 毓崇 张学毅

● **四月十二日（1927年5月12日）**

见 溥任 萧丙炎 济煦 罗振玉 林葆恒 陈宝琛 铁良 润良 张学毅

● **四月十三日（1927年5月13日）**

见 溥任 萧丙炎 郑孝胥 胡嗣瑗 周登皞 刘凤池 毕翰章

● **四月十四日（1927年5月14日）**

见 溥任 萧丙炎 郑孝胥 胡嗣瑗 景方昶 陈宝琛 万绳栻 存耆

1《召见簿》中把溥任写成溥仁，以下直接改正，不再注出。

● 四月十五日（1927年5月15日）

见 溥任 萧丙炎 胡嗣瑗 张学毅 朱益藩

● 四月十六日（1927年5月16日）

见 溥任 萧丙炎 济煦 郑孝胥 胡嗣瑗 载润 朱益藩 景方昶 溥佑

● 四月十七日（1927年5月17日）

见 溥任 萧丙炎 郑孝胥 王式 载润 朱益藩 乔治 柏路

● 四月十八日（1927年5月18日）

见 溥任 萧丙炎 胡嗣瑗 朱益藩

● 四月十九日（1927年5月19日）

见 溥任 萧丙炎 朱益藩 润麒 张学毅

● 四月二十日（1927年5月20日）

见 溥任 萧丙炎 郑孝胥 刘凤池

● 四月二十一日（1927年5月21日）

见 溥任 萧丙炎

● 四月二十二日（1927年5月22日）

见 溥任 萧丙炎 郑孝胥 胡嗣瑗 舒远隆 舒远洪 润麒 张学毅

● 四月二十三日（1927年5月23日）

见 溥任 萧丙炎 郑孝胥 存耆 钟培英 舒远隆 舒远洪 润良 润麒 张学毅 毕翰章 白井副领事 佐藤领事 柏喀特 聂罗 卜堪纳 伍德海 英格伦

● 四月二十四日（1927年5月24日）

见 溥任 萧丙炎 济煦 胡嗣瑗 陆荣廷 李准 景方昶 恒煦 孙宝琦 刘凤池

● 四月二十五日（1927年5月25日）

见 溥任 萧丙炎 王式 陈宝琛 存耆 朱汝珍 加藤总领事 白井副领事 佐藤领事

● 四月二十六日（1927年5月26日）

见 溥任 萧丙炎 毕翰章

● 四月二十七日（1927年5月27日）

见 溥任 萧丙炎 济煦

● 四月二十八日（1927年5月28日）

见 溥任 萧丙炎 郑孝胥 陈宝琛 张学毅

● 四月二十九日（1927年5月29日）

见 溥任 萧丙炎 刘凤池 张学毅

● 四月三十日（1927年5月30日）

见 溥任 萧丙炎 济煦 胡嗣瑗 陈宝琛

● 五月初一日（1927年5月31日）

见 萧丙炎 郑孝胥 胡嗣瑗 铁良 袁大化 升允 刘凤池 溥伸

● **五月初二日（1927年6月1日）**

见 萧丙炎 济煦 郑孝胥 陈宝琛 载涛 毕翰章

● **五月初三日（1927年6月2日）**

见 萧丙炎 彭希镜 刘凤池 张学毅 张学诗

● **五月初四日（1927年6月3日）**

见 萧丙炎 济煦 郑孝胥 胡嗣瑗 陈宝琛 罗振玉 景方昶 钟培英 刘凤池 吉田总领事 白井副领事 存耆

● **五月初五日（1927年6月4日）**

见 萧丙炎 济煦 袁大化 李准 罗振玉 万绳栻 钟培英 张学诗 张学毅 毕翰章 润麒

● **五月初六日（1927年6月5日）**

见 萧丙炎 济煦 胡嗣瑗 陈宝琛 费毓楷 王廷桢

● **五月初七日（1927年6月6日）**

见 荣源 萧丙炎 郑孝胥 胡嗣瑗 孔宪章（荣源代见） 毕翰章（荣源代见）

● **五月初八日（1927年6月7日）**

见 萧丙炎 邓戡 希资 威斯戡特克德 冈本副领事

● **五月初九日（1927年6月8日）**

见 萧丙炎 济煦 郑孝胥 陈宝琛 存耆 孔宪章（荣源代见）

● **五月初十日（1927年6月9日）**

见 萧丙炎 郑孝胥 华世奎 李士奎 钟培英

● **五月十一日（1927年6月10日）**

见 萧丙炎 郑孝胥 陈宝琛 铁良 存耆 吉田通译官 丸山参谋 河野悦次郎

● **五月十二日（1927年6月11日）**

见 萧丙炎 陈宝琛

● **五月十三日（1927年6月12日）**

见 萧丙炎 济煦 郑孝胥 陈宝琛 舒远隆 舒远洪 存耆 润麒 邓戡 希资 白喀特 威斯戡特克德 山梨半造 铃木贞一 松岛德二 加藤繁信 中岛比多吉 毕翰章 贾斯巴立 谢格林 诺伯立 达布拉作

● **五月十四日（1927年6月13日）**

见 荣源 萧丙炎 赤池浓 内藤顺太郎 白井副领事 商衍瀛

● **五月十五日（1927年6月14日）**

见 萧丙炎 杨钟羲 郑孝胥 袁大化

● **五月十六日（1927年6月15日）**

见 萧丙炎 济煦 郑孝胥 胡嗣瑗 陈宝琛

● 五月十七日（1927年6月16日）

见 萧丙炎 济煦 舒远隆 舒远洪

● 五月十八日（1927年6月17日）

见 萧丙炎 郑孝胥 陈宝琛 宪贞 钱骏祥

● 五月十九日（1927年6月18日）

见 萧丙炎 郑孝胥 陈宝琛 朱益藩 润麒

● 五月二十日（1927年6月19日）

见 萧丙炎 郑孝胥 王廷桢 朱益藩 陈宝琛 克弟秦

● 五月二十一日（1927年6月20日）

见 萧丙炎 景方昶 陈宝琛 沈继贤 朱益藩

● 五月二十二日（1927年6月21日）

见 萧丙炎 济煦 郑孝胥 朱益藩 溥儒 钟培英 舒远隆 舒远洪 润麒 张学毅

● 五月二十三日（1927年6月22日）

见 萧丙炎 济煦 胡嗣瑗 陈宝琛 存耆

● 五月二十四日（1927年6月23日）

见 萧丙炎 郑孝胥 张学毅 润麒

● 五月二十五日（1927年6月24日）

见 萧丙炎 济煦 郑孝胥 朱汝珍 存耆

● 五月二十六日（1927年6月25日）

见 恒煦 萧丙炎 郑孝胥 张学毅

● 五月二十七日（1927年6月26日）

见 萧丙炎 张学毅

● 五月二十八日（1927年6月27日）

见 萧丙炎

● 五月二十九日（1927年6月28日）

见 萧丙炎 郑孝胥 钟培英

● 六月初一日（1927年6月29日）

见 萧丙炎 济煦 郑孝胥 铁良 万绳栻 白井副领事 乌居赫雄 荣源

● 六月初二日（1927年6月30日）

见 萧丙炎 济煦 郑孝胥 胡嗣瑗 万绳栻 存耆 加藤总领事 白井副领事 荣源

● 六月初三日（1927年7月1日）

见 萧丙炎 郑孝胥 苏锡麟 杨宗翰

● 六月初四日（1927年7月2日）

见 萧丙炎 佟成海 景方昶

● **六月初五日（1927年7月3日）**

见 萧丙炎 佟成海 郑孝胥 陈宝琛 铁良 袁大化 张学毅

● **六月初六日（1927年7月4日）**

见 萧丙炎 佟成海 胡嗣瑗 景方昶 陈毅 陈宝琛 舒远隆 舒远洪 润麒 张学诗 张学毅 张以孝 张以礼 张以智 荣源 润良

● **六月初七日（1927年7月5日）**

见 萧丙炎 周登皞 万绳栻 溥佳

● **六月初八日（1927年7月6日）**

见 萧丙炎 济煦 陈宝琛

● **六月初九日（1927年7月7日）**

见 萧丙炎 郑孝胥 陈宝琛 刘凤池

● **六月初十日（1927年7月8日）**

见 萧丙炎 张学诗 刘髯公

● **六月十一日（1927年7月9日）**

见 荣源 萧丙炎 济煦 郑孝胥 陈宝琛 加藤总领事 白井副领事 沈继贤（济煦代见）

● **六月十二日（1927年7月10日）**

见 荣源 萧丙炎 胡嗣瑗 润良

● **六月十三日（1927年7月11日）**

见 萧丙炎 润麒

● **六月十四日（1927年7月12日）**

见 萧丙炎 胡嗣瑗 溥儒 钟培英

● **六月十五日（1927年7月13日）**

见 萧丙炎 郑孝胥 李孺

● **六月十六日（1927年7月14日）**

见 萧丙炎 济煦 郑孝胥 袁大化

● **六月十七日（1927年7月15日）**

见 萧丙炎 载涛 毓彭

● **六月十八日（1927年7月16日）**

见 萧丙炎 济煦 郑孝胥 吉田通译官 陆军政务次官竹内友治郎 冈村宁次 张学毅

● **六月十九日（1927年7月17日）**

见 萧丙炎

● **六月二十日（1927年7月18日）**

见 萧丙炎 郑孝胥 胡嗣瑗 刘维霖（景方昶代见）

● **六月二十一日（1927年7月19日）**

见 萧丙炎 郑孝胥 景方昶 陈宝琛

● **六月二十二日（1927年7月20日）**

见 萧丙炎 郑孝胥 胡嗣瑗 毓善

● **六月二十三日（1927年7月21日）**

见 乐泰 萧丙炎 济煦 胡嗣瑗 铁良 李孺（胡嗣瑗代见） 朱益藩 陈宝琛

● **六月二十四日（1927年7月22日）**

见 萧丙炎 李孺 载润 朱益藩 陈宝琛

● **六月二十五日（1927年7月23日）**

见 萧丙炎 济煦 郑孝胥 载润 朱益藩 张梦潮 陈宝琛

● **六月二十六日（1927年7月24日）**

见 萧丙炎 济煦 郑孝胥 宝熙 舒远隆 舒远洪 润麒 张梦潮

● **六月二十七日（1927年7月25日）**

见 萧丙炎 郑孝胥 陈宝琛

● **六月二十八日（1927年7月26日）**

见 萧丙炎 溥杰 荣源 润良

● **六月二十九日（1927年7月27日）**

见 溥杰 萧丙炎 济煦 郑孝胥 陈宝琛 商衍瀛 润良 润麒

● **六月三十日（1927年7月28日）**

见 溥杰 萧丙炎 济煦 郑孝胥 舒远隆 舒远洪 润麒 常之英

● **七月初一日（1927年7月29日）**

见 溥杰 萧丙炎 胡嗣瑗 温肃 于咸麟 袁大化 铁良 升允 张学诗 张学毅 载泽 溥忻

● **七月初二日（1927年7月30日）**

见 溥杰 萧丙炎 济煦 郑孝胥 陈宝琛 润麒

● **七月初三日（1927年7月31日）**

见 萧丙炎 景方昶

● **七月初四日（1927年8月1日）**

见 萧丙炎 郑孝胥 钟培英

● **七月初五日（1927年8月2日）**

见 萧丙炎 陈宝琛 铁良 周登皞 张学毅

● **七月初六日（1927年8月3日）**

见 萧丙炎 郑孝胥 钟培英 希资 博尔克德 张学毅 润麒

● **七月初七日（1927年8月4日）**

见 萧丙炎 陈宝琛

● **七月初八日（1927年8月5日）**

见 萧丙炎 胡嗣瑗 景方昶 载涛 溥伸 溥佞 润麒 张学毅

● **七月初九日（1927年8月6日）**

见 萧丙炎 济煦 郑孝胥

丁卯九月十七日（1927年10月12日）至十二月初一日（1927年12月24日）[1]

● **九月十七日（1927年10月12日）**

见 溥杰 溥任 萧丙炎 舒远隆 舒远洪 张梦潮 存耆 润良 润麒 溥佳 新井司令官 三野参谋 吉田通译官 加藤总领事 白井副领事 希资司令官 白克哈 加米斯特 聂罗布肯那 施久尔 恩祺若 狄伯义 马拉吉 杜立 苏森 王格森领事 拉风旦副领事 法国副领事麦达

● **九月十八日（1927年10月13日）**

见 溥杰 溥任 萧丙炎 徐勤 徐良

● **九月十九日（1927年10月14日）**

见 溥杰 溥任 萧丙炎 郑孝胥 景方昶 陈毅 万绳栻 陆荣廷 徐良

● **九月二十日（1927年10月15日）**

见 萧丙炎 郑孝胥 陈宝琛 张志潜 景方昶

● **九月二十一日（1927年10月16日）**

见 溥任 萧丙炎 济煦 胡嗣瑗 陈宝琛 袁大化 徐勤 徐良 白井副领事 蜂须贺正氏 荻尾和市郎

● **九月二十二日（1927年10月17日）**

见 溥任 萧丙炎 胡嗣瑗 伍庄 徐良 杨圻

● **九月二十三日（1927年10月18日）**

见 溥任 萧丙炎 济煦 郑孝胥 许荣勋

● **九月二十四日（1927年10月19日）**

见 溥任 荣源 萧丙炎 润良 润麒

● **九月二十五日（1927年10月20日）**

见 溥任 萧丙炎 郑孝胥 胡嗣瑗

● **九月二十六日（1927年10月21日）**

见 溥任 萧丙炎 郑孝胥 许荣勋

● **九月二十七日（1927年10月22日）**

见 溥任 萧丙炎 郑孝胥

● **九月二十八日（1927年10月23日）**

1 依据《清废帝溥仪档案〈召见日记簿（之九）〉簿字267》。

见 萧丙炎 胡嗣瑗 存耆

● **九月二十九日（1927 年 10 月 24 日）**

见 萧丙炎 许荣勋 张志潜 景方昶 润良

● **十月初一日（1927 年 10 月 25 日）**

见 萧丙炎 济煦 祺诚武

● **十月初二日（1927 年 10 月 26 日）**

见 毓峻 萧丙炎 袁大化 陈宝琛 毓彭

● **十月初三日（1927 年 10 月 27 日）**

见 萧丙炎 济煦 许荣勋 陈宝琛 赵恩臻 毓彭

● **十月初四日（1927 年 10 月 28 日）**

见 毓峻 萧丙炎 许荣勋 陈宝琛 袁行宽 存耆 张学毅 日本众议院议员栅赖军之佐 柏田忠一 山谷德治郎 富田等平 长峰与一 意赖德藏 众议院书记官大池真 众议院主事井上海人 白井副领事

● **十月初五日（1927 年 10 月 29 日）**

见 萧丙炎 济煦 润良 润麒 张学龄 张学骞 张学钢 张学良 张学骥 张学诗 张学毅 张学绅

● **十月初六日（1927 年 10 月 30 日）**

见 萧丙炎 胡嗣瑗 陈宝琛

● **十月初七日（1927 年 10 月 31 日）**

见 毓峻 萧丙炎

● **十月初八日（1927 年 11 月 1 日）**

见 萧丙炎 载洵 草刈省吾 罗振玉

● **十月初九日（1927 年 11 月 2 日）**

见 萧丙炎 陈宝琛

● **十月初十日（1927 年 11 月 3 日）**

见 萧丙炎 陈宝琛 朱益藩 润良

● **十月十一日（1927 年 11 月 4 日）**

见 溥杰 萧丙炎 朱益藩 那彦图 润良 润麒

● **十月十二日（1927 年 11 月 5 日）**

见 溥杰 萧丙炎 贡桑诺尔布 朱益藩 溥佳 毓善

● **十月十三日（1927 年 11 月 6 日）**

见 溥杰 萧丙炎 朱益藩

● **十月十四日（1927 年 11 月 7 日）**

见 溥杰 萧丙炎 陈宝琛 那彦图 朱益藩 景方昶 润良

● **十月十五日（1927年11月8日）**

见 溥杰 恒煦 萧丙炎 许荣勋 乐泰 存耆 润良 润麒 张梦潮 荣源

● **十月十六日（1927年11月9日）**

见 溥杰 萧丙炎 博尔克德

● **十月十七日（1927年11月10日）**

见 萧丙炎 陈宝琛 润麒

● **十月十八日（1927年11月11日）**

见 萧丙炎 济煦 景方昶 陈宝琛 万绳栻 荣源

● **十月十九日（1927年11月12日）**

见 萧丙炎 济煦 陈宝琛 润麒

● **十月二十日（1927年11月13日）**

见 萧丙炎 载润 溥仲

● **十月二十一日（1927年11月14日）**

见 萧丙炎 济煦 载润 载涛 陈良士

● **十月二十二日（1927年11月15日）**

见 萧丙炎 陈宝琛

● **十月二十三日（1927年11月16日）**

见 萧丙炎 济煦 胡嗣瑗 陈宝琛 毓崇 张学毅 润麒

● **十月二十四日（1927年11月17日）**

见 萧丙炎 润良 润麒

● **十月二十五日（1927年11月18日）**

见 萧丙炎 济煦

● **十月二十六日（1927年11月19日）**

见 萧丙炎

● **十月二十七日（1927年11月20日）**

见 萧丙炎 胡嗣瑗 温肃

● **十月二十八日（1927年11月21日）**

见 萧丙炎 佟成海 景方昶

● **十月二十九日（1927年11月22日）**

见 （无）

● **十月三十日（1927年11月23日）**

见 萧丙炎 济煦 胡嗣瑗 溥钧

● **十一月初一日（1927年11月24日）**

见 萧丙炎 佟成海 于成麟 万绳栻 罗振玉 陈毅 袁大化 升允 毓崇 存耆

● **十一月初二日（1927年11月25日）**

见 萧丙炎 吴锡宝 毓善

● **十一月初四日（1927年11月27日）**

见 萧丙炎 郑孝胥 荣源 王怀庆

● **十一月初五日（1927年11月28日）**

见 萧丙炎 润良

● **十一月初六日（1927年11月29日）**

见 萧丙炎 济煦 郑孝胥 郭宗熙 胡嗣瑗 陈宝琛

● **十一月初七日（1927年11月30日）**

见 恒煦 萧丙炎 郑孝胥 陈宝琛 存耆 润良 润麒 荣源

● **十一月初八日（1927年12月1日）**

见 萧丙炎

● **十一月初九日（1927年12月2日）**

见 萧丙炎 郑孝胥 胡嗣瑗 景方昶 陈宝琛 宝熙

● **十一月初十日（1927年12月3日）**

见 萧丙炎 郑孝胥 张学毅

● **十一月十一日（1927年12月4日）**

见 萧丙炎 郑孝胥 溥儒

● **十一月十二日（1927年12月5日）**

见 萧丙炎 陈宝琛 润良 润麒

● **十一月十三日（1927年12月6日）**

见 萧丙炎 郑孝胥

● **十一月十四日（1927年12月7日）**

见 萧丙炎 佟成海 陈宝琛 润麒

● **十一月十五日（1927年12月8日）**

见 萧丙炎 济煦 郑孝胥 于咸麟 万绳栻 陈毅 罗振玉 袁大化 陈宝琛 润良

● **十一月十六日（1927年12月9日）**

见 萧丙炎

● **十一月十七日（1927年12月10日）**

见 萧丙炎 郑孝胥 陈宝琛

● **十一月十八日（1927年12月11日）**

见 萧丙炎 张永汉 陈宝琛 朱益藩 新井司令官 吉田通译官 徐良 伍庄

● **十一月十九日（1927年12月12日）**

见 荣源 萧丙炎 济煦 张永汉 朱益藩 袁大化 彭希镜

● **十一月二十日（1927 年 12 月 13 日）**

见 萧丙炎 郑孝胥 胡嗣瑗 景方昶 陈宝琛 朱益藩 溥儒 润麒

● **十一月二十一日（1927 年 12 月 14 日）**

见 乐泰 萧丙炎 朱益藩 张学毅

● **十一月二十二日（1927 年 12 月 15 日）**

见 萧丙炎 朱益藩 陈宝琛 陈懋复

● **十一月二十三日（1927 年 12 月 16 日）**

见 萧丙炎 郑孝胥 陈宝琛 坂西利八郎 多田骏 朱益藩 润麒

● **十一月二十四日（1927 年 12 月 17 日）**

见 萧丙炎 张学毅

● **十一月二十五日（1927 年 12 月 18 日）**

见 萧丙炎 佟成海 郑孝胥

● **十一月二十六日（1927 年 12 月 19 日）**

见 萧丙炎 胡嗣瑗 溥杰 溥任 伊鼎

● **十一月二十七日（1927 年 12 月 20 日）**

见 溥杰 溥任 萧丙炎 朱汝珍 斋藤长寿

● **十一月二十八日（1927 年 12 月 21 日）**

见 溥杰 溥任 毓峻 萧丙炎 济煦 胡嗣瑗 润麒 张梦潮

● **十一月二十九日（1927 年 12 月 22 日）**

见 萧丙炎 许荣勋 济煦 郑孝胥 奎陛 荣源 溥杰 溥任

● **十一月三十日（1927 年 12 月 23 日）**

见 溥杰 溥任 萧丙炎 张学毅

● **十二月初一日（1927 年 12 月 24 日）**

见 溥杰 溥任 萧丙炎 溥侊

丁卯十二月初二日（1927 年 12 月 25 日）至十二月三十日（1928 年 1 月 22 日）[1]

● **十二月初二日（1927 年 12 月 25 日）**

见 溥杰 萧丙炎 济煦 胡嗣瑗 万和寅 张学诗 张学毅 润麒

● **十二月初三日（1927 年 12 月 26 日）**

见 萧丙炎 许荣勋 济煦 郑孝胥 景方昶 谢介石

1 依据《清废帝溥仪档案〈召见日记簿（之十）〉簿字 268》。

十二月初四日（1927年12月27日）

见 萧丙炎 徐良

十二月初五日（1927年12月28日）

见 萧丙炎 徐良 黄文谦

十二月初六日（1927年12月29日）

见 萧丙炎 白井副领事 恩祺若 马拉吉 存耆 润麒

十二月初七日（1927年12月30日）

见 萧丙炎 郑孝胥 陈宝琛

十二月初八日（1927年12月31日）

见 恒煦 萧丙炎 郑孝胥 白井副领事

十二月初九日（1928年1月1日）

见 萧丙炎 济煦

十二月初十日（1928年1月2日）

见 萧丙炎 胡嗣瑗 景方昶 王怀庆

十二月十一日（1928年1月3日）

见 萧丙炎 济煦 郑孝胥 存耆 恩祺若

十二月十二日（1928年1月4日）

见 萧丙炎 胡嗣瑗 宋云桐 荣源

十二月十三日（1928年1月5日）

见 萧丙炎 润麒 舒远隆 兰义

十二月十四日（1928年1月6日）

见 萧丙炎 佟成海 张学毅

十二月十五日（1928年1月7日）

见 萧丙炎 郑孝胥 荣源 李士奎 包文渊 存耆 施久尔 施久尔之父 张学毅 张毓峋

十二月十六日（1928年1月8日）

见 萧丙炎

十二月十七日（1928年1月9日）

见 萧丙炎 济煦 存耆

十二月十八日（1928年1月10日）

见 萧丙炎 郑孝胥 润良

十二月十九日（1928年1月11日）

见 萧丙炎 佟成海 郑孝胥 陈宝琛

十二月二十日（1928年1月12日）

见 萧丙炎 郑孝胥 胡嗣瑗

● **十二月二十一日（1928年1月13日）**

见 萧丙炎 润良

● **十二月二十二日（1928年1月14日）**

见 萧丙炎 佟成海 陈宝琛 温肃

● **十二月二十三日（1928年1月15日）**

见 萧丙炎 景方昶 冈本副领事 白井副领事 张学毅

● **十二月二十四日（1928年1月16日）**

见 萧丙炎 景方昶 润良

● **十二月二十五日（1928年1月17日）**

见 萧丙炎

● **十二月二十六日（1928年1月18日）**

见 萧丙炎 升允 袁大化 润良

● **十二月二十七日（1928年1月19日）**

见 萧丙炎 济煦 郑孝胥 苏锡麟 张学毅

● **十二月二十八日（1928年1月20日）**

见 萧丙炎 伊鼎 谢介石

● **十二月二十九日（1928年1月21日）**

见 萧丙炎 郑孝胥 陈宝琛 张学毅 张学诗 润良

● **十二月三十日（1928年1月22日）**

见 毓峻 萧丙炎 许荣勋 胡嗣瑗 陆裕彰 景方昶 徐良 荣源 润麒 舒远隆 舒远洪 润良

戊辰正月初一日（1928年1月23日）至二月二十九日（1928年3月20日）[1]

● **正月初一日（1928年1月23日）**

见 毓峻 萧丙炎 许荣勋 济勋 荣源 润麒 润良 存耆 舒远隆 舒远洪 陈宝琛 张梦潮 霍殿阁 吉田通译官 新升司令官 三野参谋 河野参谋 鹫津参谋长 加藤总领事 白井副领事 加藤司法领事

● **正月初二日（1928年1月24日）**

见 萧丙炎 谢介石 陈宝琛

● **正月初三日（1928年1月25日）**

1 依据《清废帝溥仪档案〈召见日记簿（之十一）〉簿字269》。

见 萧丙炎 罗振玉 润麒 张树

● **正月初四日（1928年1月26日）**

见 萧丙炎 胡嗣瑗 载润 载涛 载泽 联堃 奕元 溥伒 溥佳 溥佑 溥修 耆龄 衡永 林寿田 林紫垣 黄文谦 徐良 润麒 张学毅

● **正月初五日（1928年1月27日）**

见 郑孝胥 罗振玉 陈宝琛

● **正月初六日（1928年1月28日）**

见 萧丙炎 溥杰 溥任 润良

● **正月初七日（1928年1月29日）**

见 溥杰 溥任 萧丙炎 郑孝胥 陈宝琛 张学毅 舒远隆 舒远洪 润麒

● **正月初八日（1928年1月30日）**

见 溥杰 溥任 萧丙炎 郑孝胥

● **正月初九日（1928年1月31日）**

见 溥杰 溥任 萧丙炎

● **正月初十日（1928年2月1日）**

见 溥杰 溥任 萧丙炎 济煦

● **正月十一日（1928年2月2日）**

见 溥杰 溥任 郑孝胥 郭曾炘 周登皞 陈宝琛 林开謩 朱益藩 王廷桢 润良 黄文谦 徐良

● **正月十二日（1928年2月3日）**

见 溥杰 溥任 萧丙炎 许荣勋 济煦 载瀛 朱益藩 陈宝琛 润良 溥佳

● **正月十三日（万寿日）（1928年2月4日）**

见 溥杰 溥任 恒煦 毓彭 润良 润麒 载泽 载瀛 溥伒 溥修 载振 溥锺 溥锐 奕元 载涛 载洵 溥佳 溥佺 毓善 毓峻 溥儒 溥僡 舒远隆 舒远洪 张梦潮 赵景祺 杰弥逊英国总领事 柏利恒英国副领事 包耳奥国领事 希资英国司令官

● **正月十四日（1928年2月5日）**

见 溥杰 溥任 萧丙炎 李西 李荣鑑 张鹤 赵景祺 赵国圻 存耆 柏瑞尔

● **正月十五日（1928年2月6日）**

见 溥杰 溥任 乐泰 萧丙炎 载溥 溥佑

● **正月十六日（1928年2月7日）**

见 溥杰 溥任 萧丙炎

● **正月十七日（1928年2月8日）**

见 溥杰 溥任 萧丙炎 毓廉 胡嗣瑗 白井副领事

● **正月十八日（1928年2月9日）**

见 溥杰 溥任 萧丙炎 祺诚武

● **正月十九日（1928年2月10日）**

见 溥杰 溥任 荣源 萧丙炎 济煦 郑孝胥 胡嗣瑗 陈宝琛 存耆

● **正月二十日（1928年2月11日）**

见 溥杰 溥任 荣源 萧丙炎 郑孝胥 王怀庆 存耆 张学毅 乐泰

● **正月二十一日（1928年2月12日）**

见 溥任 萧丙炎

● **正月二十二日（1928年2月13日）**

见 萧丙炎 润麒

● **正月二十三日（1928年2月14日）**

见 萧丙炎 杨宗瀚

● **正月二十四日（1928年2月15日）**

见 萧丙炎 郑孝胥 杨宗瀚 存耆

● **正月二十五日（1928年2月16日）**

见 萧丙炎 陈宝琛 存耆 润良 润麒

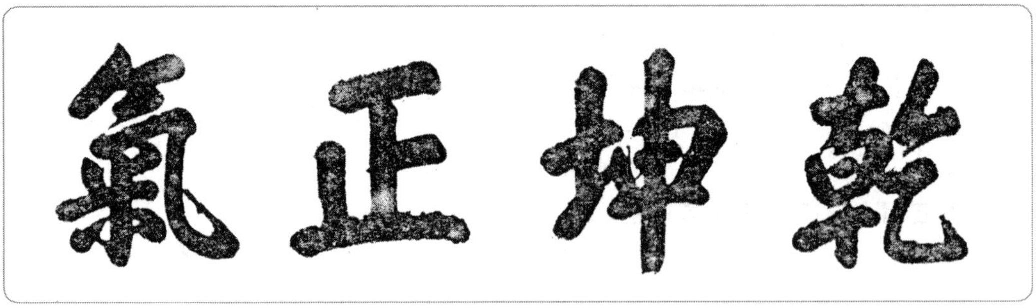

溥仪手书“乾坤正气”四字

● **正月二十六日（1928年2月17日）**

见 萧丙炎 郑孝胥 陈宝琛 徐良 黄文谦

● **正月二十七日（1928年2月18日）**

见 萧丙炎 张学毅

● **正月二十八日（1928年2月19日）**

见 萧丙炎 济煦

● **正月二十九日（1928年2月20日）**

见 毓峻 萧丙炎 溥侊 柏瑞尔 朱益藩

● **二月初一日（1928年2月21日）**

见 毓峻 萧丙炎 袁大化 恒煦 张学毅

● **二月初二日（1928年2月22日）**

见 萧丙炎 郑孝胥 张学毅

● 二月初三日（1928年2月23日）

见 萧丙炎 张学毅 润良

● 二月初四日（1928年2月24日）

见 萧丙炎 郑孝胥 景方昶 张梦潮 润麒

● 二月初五日（1928年2月25日）

见 萧丙炎

● 二月初六日（1928年2月26日）

见 萧丙炎 郑孝胥 增崇 存耆 张兆钾 张学毅 萧方骏

● 二月初七日（1928年2月27日）

见 恒煦 萧丙炎 郑孝胥 宋易（恒煦代见） 尹群（恒煦代见） 萧方骏 加藤总领事 白井副领事

● 二月初八日（1928年2月28日）

见 萧丙炎 郑孝胥 萧方骏

● 二月初九日（1928年2月29日）

见 萧丙炎 郑孝胥 许震 陈宝琛 陈曾寿

● 二月初十日（1928年3月1日）

见 萧丙炎 济煦 润良 润麒

● 二月十一日（1928年3月2日）

见 萧丙炎 郑孝胥 徐埴 陈宝琛 张学毅

● 二月十二日（1928年3月3日）

见 萧丙炎 济煦 郑孝胥 陈宝琛

● 二月十三日（1928年3月4日）

见 萧丙炎 陈宝琛 宋易（景方昶代见）

● 二月十四日（1928年3月5日）

见 萧丙炎 陈宝琛 加藤总领事 白井副领事 存耆

● 二月十五日（1928年3月6日）

见 萧丙炎 济煦 郑孝胥 万绳栻 陈毅 袁大化 于成麟 张学毅

● 二月十六日（1928年3月7日）

见 萧丙炎 济煦 胡嗣瑗 景方昶 李士奎 李西 邢士廉 沈鸿英 沈荣光 张学毅 本庄繁 吉田通译官 汤浅政雄

● 二月十七日（1928年3月8日）

见 萧丙炎 济煦 陈宝琛 李西

● 二月十八日（1928年3月9日）

见 萧丙炎 郑孝胥 景方昶 李西 白井副领事

● 二月十九日（1928年3月10日）

见 （无）

● **二月二十日（1928年3月11日）**

见　萧丙炎　济煦　郑孝胥　陈宝琛　高继宗　朱益藩　清水泰次　藤田福太郎　玉泉大梁　内田泉之助　丸山二郎　白泽清人　矢野真　盐谷温　佐佐木护邦　桥本增吉　杉本直治郎　竹内松治　加藤虎之亮　白井副领事

● **二月二十一日（1928年3月12日）**

见　萧丙炎　郑孝胥　陈宝琛　朱益藩　存耆　希资　博尔克德　伍德海　壁堪那　戈尔登尼

● **二月二十二日（1928年3月13日）**

见　萧丙炎　郑孝胥　陈宝琛　谢介石　载涛　毓善　毓嵂　毓崧　毓椮　朱益藩　刘宝题　润麒

● **二月二十三日（1928年3月14日）**

见　萧丙炎　郑孝胥　陈宝琛　袁大化　朱益藩　毓崇　张学诗　润良　润麒

● **二月二十四日（1928年3月15日）**

见　萧丙炎　郑孝胥　陈宝琛　朱益藩　徐良　李谦

● **二月二十五日（1928年3月16日）**

见　萧丙炎　济煦　陈宝琛　朱益藩

● **二月二十六日（1928年3月17日）**

见　萧丙炎　李准　李桓　朱益藩　陈宝琛

● **二月二十七日（1928年3月18日）**

见　萧丙炎　郑孝胥　陈曾寿　张学毅

● **二月二十八日（1928年3月19日）**

见　萧丙炎　郑孝胥　济煦　胡嗣瑗　陈宝琛

● **二月二十九日（1928年3月20日）**

见　萧丙炎　郑孝胥　胡嗣瑗　陈宝琛　祁勒纳　存耆　包文渊　沈继贤

戊辰二月三十日（1928年3月21日）至四月十三日（1928年5月31日）[1]

● **二月三十日（1928年3月21日）**

见　萧丙炎　陈宝琛

● **闰二月初一日（1928年3月22日）**

见　萧丙炎　济煦　郑孝胥　胡嗣瑗　王孝总

1 依据《清废帝溥仪档案〈召见日记簿（之十二）〉簿字270》。

● 闰二月初二日（1928年3月23日）

见 萧丙炎 陈曾寿 荣源 润麒

● 闰二月初三日（1928年3月24日）

见 萧丙炎 郑孝胥 陈曾寿

● 闰二月初四日（1928年3月25日）

见 萧丙炎 郑孝胥 杨履瑞 萧方峻 荣源 润良 润麒

● 闰二月初五日（1928年3月26日）

见 萧丙炎 济煦 陈曾寿 载润

● 闰二月初六日（1928年3月27日）

见 萧丙炎 郑孝胥

● 闰二月初七日（1928年3月28日）

见 萧丙炎 郑孝胥 荣源

● 闰二月初八日（1928年3月29日）

见 乐泰 萧丙炎 郑孝胥 胡嗣瑗 吉田通译官 何盛三 滨田纯一 尹鼎（乐泰代见） 章士钊

● 闰二月初九日（1928年3月30日）

见 萧丙炎 济煦 陈宝琛 存耆 张学诗

● 闰二月初十日（1928年3月31日）

见 萧丙炎 郑孝胥 胡嗣瑗 陈宝琛

● 闰二月十一日（1928年4月1日）

见 萧丙炎 景方昶 陈宝琛 温肃 袁金铠 郭宗熙

● 闰二月十二日（1928年4月2日）

见 萧丙炎 济煦 陈宝琛 徐良 梁元

● 闰二月十三日（1928年4月3日）

见 萧丙炎 陈宝琛 徐源泉 张学毅

● 闰二月十四日（1928年4月4日）

见 萧丙炎 陈宝琛 郑孝胥 神田 小仓知正 润麒

● 闰二月十五日（1928年4月5日）

见 萧丙炎 济煦 胡嗣瑗 陈宝琛 汤浅政雄 吉田通译官 张学毅

● 闰二月十六日（1928年4月6日）

见 萧丙炎 济煦 万绳栻

● 闰二月十七日（1928年4月7日）

见 荣源 萧丙炎 济煦 陈宝琛 桂瑞麟 张学毅

● 闰二月十八日（1928年4月8日）

见 萧丙炎 济煦 陈宝琛 张学毅 润麒

● 闰二月十九日（1928年4月9日）

见　萧丙炎　济煦　存耆　王惟仁　朱汝珍　博尔克德　马来利

● 闰二月二十日（1928年4月10日）

见　萧丙炎　济煦　毓峻　陈宝琛

● 闰二月二十一日（1928年4月11日）

见　萧丙炎　陈宝琛　吴郁生　张学骥　张学毅　严仁曾　润麒

● 闰二月二十二日（1928年4月12日）

见　萧丙炎　吴郁生　陈宝琛

● 闰二月二十三日（1928年4月13日）

见　毓峻　萧丙炎　胡嗣瑗　陈宝琛　广寿　爵善　张学毅

● 闰二月二十四日（1928年4月14日）

见　萧丙炎　存耆　安日洛尼

● 闰二月二十五日（1928年4月15日）

见　萧丙炎　溥杰　溥任

● 闰二月二十六日（1928年4月16日）

见　溥杰　溥任　毓峻　萧丙炎　包文渊

● 闰二月二十七日（1928年4月17日）

见　溥杰　溥任　萧丙炎

● 闰二月二十八日（1928年4月18日）

见　溥杰　溥任　萧丙炎　铁良　润麒　存耆　润良

● 闰二月二十九日（1928年4月19日）

见　溥杰　溥任　萧丙炎　济煦　润良　润麒　舒远隆　舒远洪　存耆

● 三月初一日（1928年4月20日）

见　溥杰　溥任　萧丙炎　济煦　袁大化　吴郁生　吉田通译官　竹本多吉　菅野虎雄　大桥理祐　田中善一郎　西村久之助　矢部仫二　藤井源次郎　般桥新助　竹田鹿尾　张学毅

● 三月初二日（1928年4月21日）

见　溥杰　溥任　萧丙炎　胡嗣瑗　徐良　鲁郁彤

● 三月初三日（1928年4月22日）

见　溥杰　溥任　萧丙炎　王惟仁（溥杰代见）　润良

● 三月初四日（1928年4月23日）

见　溥杰　溥任　萧丙炎　陈宝琛

● 三月初五日（1928年4月24日）

见　溥杰　溥任　萧丙炎　济煦　景方昶　陈宝琛　存耆　司令官贾斯巴里　总指挥欧里萨　参谋长欧里欧　陆军中尉贝尔船尼　军医沙家瑞斯　粮台官门作尼　陆军大尉皮格里达　陆军中尉皮器欧器　陆军少尉贝克欧尼　陆军少尉雷达的　陆军少尉格尔达

● **三月初六日（1928年4月25日）**

见 溥杰 溥任 萧丙炎 陈宝琛 荣源 润良 润麒 李谦（荣源代见）

● **三月初七日（1928年4月26日）**

见 溥杰 溥任 萧丙炎 陈宝琛 吴忠本 李谦 张学毅

● **三月初八日（1928年4月27日）**

见 萧丙炎 济煦 胡嗣瑗 景方昶 陈宝琛 润麒

● **三月初九日（1928年4月28日）**

见 萧丙炎 陈宝琛 包文渊（荣源代见） 荣源

● **三月初十日（1928年4月29日）**

见 荣源 萧丙炎 陈宝琛 存耆 朱益藩

● **三月十一日（1928年4月30日）**

见 荣源 萧丙炎 胡嗣瑗 毓彭 载涛 载泽 载润 载瀛 朱益藩 徐良 章士钊

● **三月十二日（1928年5月1日）**

见 萧丙炎 胡嗣瑗 朱益藩

● **三月十三日（1928年5月2日）**

见 萧丙炎 胡嗣瑗 陈宝琛 朱益藩 润麒

● **三月十四日（1928年5月3日）**

见 萧丙炎 济煦 胡嗣瑗 陈宝琛 荣源 章士钊 徐良 李谦 白井副领事

● **三月十五日（1928年5月4日）**

见 萧丙炎 陈宝琛 王式

● **三月十六日（1928年5月5日）**

见 萧丙炎 济煦 胡嗣瑗 包文渊 陈宝琛 王怀庆

● **三月十七日（1928年5月6日）**

见 萧丙炎

● **三月十八日（1928年5月7日）**

见 萧丙炎 陈宝琛 包文渊 陈绍唐

● **三月十九日（1928年5月8日）**

见 萧丙炎 胡嗣瑗 陈宝琛 润麒

● **三月二十日（1928年5月9日）**

见 萧丙炎 商衍瀛 存耆

● **三月二十一日（1928年5月10日）**

见 萧丙炎

● **三月二十二日（1928年5月11日）**

见 萧丙炎 济煦 郭曾炘

三月二十三日（1928 年 5 月 12 日）

见 萧丙炎 陈宝琛 润麒

三月二十四日（1928 年 5 月 13 日）

见 萧丙炎 济煦 广寿 爵善 聂晋礼 陈宝琛

三月二十五日（1928 年 5 月 14 日）

见 萧丙炎 胡嗣瑗 载涛 陈宝琛 存耆 徐良 林宝锋 吉田通译官 三野参谋

三月二十六日（1928 年 5 月 15 日）

见 济煦 陈宝琛

三月二十七日（1928 年 5 月 16 日）

见 萧丙炎 载润 溥佑 王廷桢 张学毅

三月二十八日（1928 年 5 月 17 日）

见 萧丙炎

三月二十九日（1928 年 5 月 18 日）

见 萧丙炎 济煦 载润 陈宝琛 补英达赖 张学毅

四月初一日（1928 年 5 月 19 日）

见 萧丙炎 袁大化 铁良

四月初二日（1928 年 5 月 20 日）

见 恒煦 萧丙炎 济煦 胡嗣瑗 张树 李士奎 陈宝琛 刘骧业

四月初三日（1928 年 5 月 21 日）

见 萧丙炎 济煦 存耆 沈继贤 陈宝琛 贾斯巴里 皮气雅 荣源 白井副领事 张学诗 张学毅

四月初四日（1928 年 5 月 22 日）

见 萧丙炎 张学毅 溥佳 张学诗 包文渊 谢介石

四月初五日（1928 年 5 月 23 日）

见 萧丙炎 济煦 万绳栻 陈毅 谢介石 陈宝琛 工藤铁三郎

四月初六日（1928 年 5 月 24 日）

见 萧丙炎 陈宝琛 谢介石

四月初七日（1928 年 5 月 25 日）

见 荣源 萧丙炎 济煦 胡嗣瑗 郑孝胥 陈宝琛 存耆 舒远隆 舒远洪 润麒

四月初八日（1928 年 5 月 26 日）

见 萧丙炎 郑孝胥 陈宝琛

四月初九日（1928 年 5 月 27 日）

见 萧丙炎 济煦 存耆 徐良

四月初十日（1928 年 5 月 28 日）

见　萧丙炎　郑孝胥　景方昶　载润　陈宝琛　武同文（荣源代见）　董耀青（荣源代见）

● **四月十一日（1928 年 5 月 29 日）**

见　萧丙炎　济煦　存耆　徐良　工藤铁三郎

● **四月十二日（1928 年 5 月 30 日）**

见　萧丙炎　郑孝胥　胡嗣瑗　陈宝琛　存耆　载润

● **四月十三日（1928 年 5 月 31 日）**

见　萧丙炎　胡嗣瑗　陈宝琛　存耆　刘骧业

戊辰四月十四日（1928 年 6 月 1 日）至六月十七日（1928 年 8 月 2 日）[1]

● **四月十四日（1928 年 6 月 1 日）**

见　萧丙炎　济煦　郑孝胥　陈宝琛

● **四月十五日（1928 年 6 月 2 日）**

见　萧丙炎　袁大化　铁良　陈宝琛　陆荣廷

● **四月十六日（1928 年 6 月 3 日）**

见　萧丙炎　郑孝胥　存耆　溥佞

● **四月十七日（1928 年 6 月 4 日）**

见　萧丙炎

● **四月十八日（1928 年 6 月 5 日）**

见　萧丙炎　存耆　溥佞　溥杰　溥任　张学骥　润良

● **四月十九日（1928 年 6 月 6 日）**

见　萧丙炎　郑孝胥　载涛　溥杰　溥任　赵月修　徐良（溥杰代见）

● **四月二十日（1928 年 6 月 7 日）**

见　毓崚　萧丙炎　济煦　郑孝胥　胡嗣瑗　陈宝琛　存耆　新井司令官　吉田通译官　古城胤秀　溥任　荣源

● **四月二十一日（1928 年 6 月 8 日）**

见　萧丙炎　郑孝胥　王式　溥任

● **四月二十二日（1928 年 6 月 9 日）**

见　萧丙炎　胡嗣瑗　载涛　溥佞　溥杰　溥任

● **四月二十三日（1928 年 6 月 10 日）**

见　萧丙炎　郑孝胥　徐良　杨圻　溥杰　溥任

1 依据《清废帝溥仪档案〈召见日记簿（之十三）〉簿字 271》。

● **四月二十四日（1928年6月11日）**

见 萧丙炎 溥杰 溥任 毕翰章

● **四月二十五日（1928年6月12日）**

见 萧丙炎

● **四月二十六日（1928年6月13日）**

见 萧丙炎 胡嗣瑗 徐良 张介石 靳荣禄 谢介石 张学诗

● **四月二十七日（1928年6月14日）**

见 毓峻 萧丙炎 济煦 郑孝胥 陈宝琛 存耆 溥杰 溥任

● **四月二十八日（1928年6月15日）**

见 萧丙炎 郑孝胥 谢介石 溥任 存耆 万绳栻 白井副领事 载涛

● **四月二十九日（1928年6月16日）**

见 毓峻 萧丙炎 胡嗣瑗 郑孝胥 陈宝琛 存耆 溥侊 载涛 溥任 润麒

● **四月三十日（1928年6月17日）**

见 毓峻 萧丙炎 陈宝琛 海军少将第二遣外舰队司令向田金一 第九驱逐舰司令町田进一郎 海军军部出任兼参谋第二遣外舰队司令部附柴田源一 第二遣外队参谋柳本柳作 第二遣外舰队机关长大久保永 第二遣外舰队参谋越智孝平 吉田通译官 贵族院议员坂西利八郎 帝国美术院会员、东京学校教员结城素明 渡边晨亩 福马谦造 白井副领事 存耆 溥任

● **五月初一日（1928年6月18日）**

见 萧丙炎 郑孝胥 任祖安 升允 袁大化 陈宝琛

● **五月初二日（1928年6月19日）**

见 萧丙炎 郑孝胥 王式 载涛 铁良 溥任

● **五月初三日（1928年6月20日）**

见 萧丙炎 济煦 载润 陈宝琛 润麒 溥任 白井副领事 乐泰

● **五月初四日（1928年6月21日）**

见 萧丙炎 郑孝胥 徐良 溥杰 曾琦 靳荣禄 陈宝琛 舒远隆 舒远洪 溥任

● **五月初五日（1928年6月22日）**

见 萧丙炎 金方觉 溥杰 溥任

● **五月初六日（1928年6月23日）**

见 萧丙炎 济煦 陈宝琛 景方昶 溥杰 润良

● **五月初七日（1928年6月24日）**

见 萧丙炎 张学骥（溥杰代见） 溥杰 溥任

● **五月初八日（1928年6月25日）**

见 萧丙炎 陈宝琛 载润 许兰洲 溥任

● **五月初九日（1928年6月26日）**

见 萧丙炎 郑孝胥 陈宝琛 溥杰 包文渊 境田驹藏 福山三霍 白井副领事 润良 溥

任 荣源

● **五月初十日（1928年6月27日）**

见 萧丙炎 溥任 溥杰 广寿 爵善 张学诗

● **五月十一日（1928年6月28日）**

见 萧丙炎 载润 溥杰 溥任 远山猛雄（溥杰代见）

● **五月十二日（1928年6月29日）**

见 萧丙炎 郑孝胥 王式 荆嗣佑 溥任 陈宝琛 溥杰

● **五月十三日（1928年6月30日）**

见 萧丙炎 溥任

● **五月十四日（1928年7月1日）**

见 萧丙炎 宝熙 溥杰 溥任 溥佳

● **五月十五日（1928年7月2日）**

见 萧丙炎 郑孝胥 胡嗣瑗 朱汝珍 袁大化 溥任

● **五月十六日（1928年7月3日）**

见 荣源 萧丙炎 济煦 郑孝胥 陈宝琛 溥杰 溥任 溥侊 远山猛雄 境田驹藏

● **五月十七日（1928年7月4日）**

见 萧丙炎 景方昶 溥杰 溥任 润麒

● **五月十八日（1928年7月5日）**

见 萧丙炎 存耆 谢介石 白井副领事 溥杰 溥任 润麟 远山猛雄

● **五月十九日（1928年7月6日）**

见 萧丙炎 郑孝胥 胡嗣瑗 陈宝琛 高田丰树 吉田通译官 存耆 白井副领事 溥杰 溥任 润麒

● **五月二十日（1928年7月7日）**

见 萧丙炎 郑孝胥 胡嗣瑗 陈宝琛 载润 华世奎 朱益藩 溥任 溥杰

● **五月二十一日（1928年7月8日）**

见 萧丙炎 朱益藩 载涛 陈宝琛 王孝总 刘骧业 溥任 新井司令官 西村琢磨 川添长太郎 贵志正雄 蟹江冬藏 小泉黄次 远山久大 田中文三 林田仁介 吉田通译官

● **五月二十二日（1928年7月9日）**

见 萧丙炎 郑孝胥 胡嗣瑗 景方昶 陈宝琛 载涛 载润 朱益藩 沈继贤（溥杰代见） 溥杰 溥任 润麒 远山猛雄

● **五月二十三日（1928年7月10日）**

见 萧丙炎 溥杰 溥任 润麒 远山猛雄 润良

● **五月二十四日（1928年7月11日）**

见 萧丙炎 郑孝胥 景方昶 陈宝琛 高田丰树 吉田通译官 润麒 八田宗吉 萩原英 溥杰 溥任 润良 远山猛雄

● **五月二十五日（1928 年 7 月 12 日）**

见　萧丙炎　郑孝胥　溥杰　溥任　润麒

● **五月二十六日（1928 年 7 月 13 日）**

见　萧丙炎　济煦　郑孝胥　刘宝题　溥杰　溥任　润麒　远山猛雄

● **五月二十七日（1928 年 7 月 14 日）**

见　萧丙炎　陈宝琛　刘宝题　关麟书　溥杰　溥任　白井副领事　吉村谦一郎大阪朝日新闻社秘书　天野德三朝日新闻社长务取缔役　下村宏大阪东京朝日新闻记者　久佳悌三

● **五月二十八日（1928 年 7 月 15 日）**

见　毓峻　郑孝胥　陈宝琛　溥任

● **五月二十九日（1928 年 7 月 16 日）**

见　毓峻　萧丙炎　溥杰　溥任　润麒　远山猛雄

● **六月初一日（1928 年 7 月 17 日）**

见　萧丙炎　胡嗣瑗　景方昶　袁大化　谢介石　溥杰　溥任　润麒　远山猛雄

● **六月初二日（1928 年 7 月 18 日）**

见　萧丙炎　郑孝胥　陈宝琛　王孝总　溥侗　溥杰　溥任　润麒　远山猛雄

● **六月初三日（1928 年 7 月 19 日）**

见　恒煦　萧丙炎　李士奎　金梁　溥杰　溥任　润麒　远山猛雄

敬呈

清帝尊展

東北邊防軍司令長官公署緘

张学良致溥仪的函封面

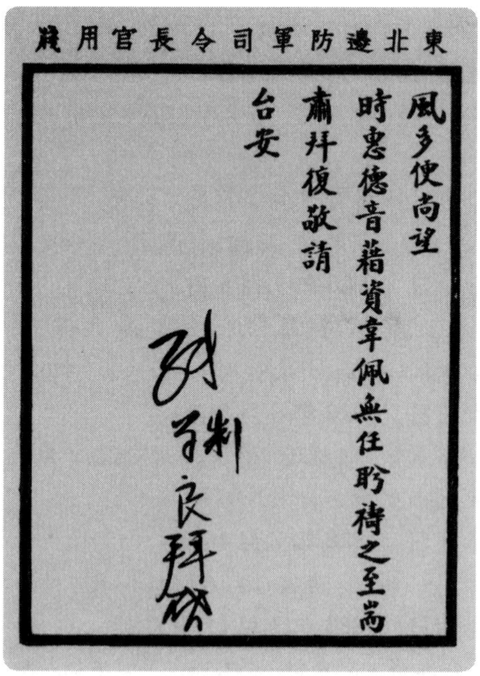

東北邊防軍司令長官用牋

風多便尚望

時惠德音藉資章佩無任盼禱之至耑

肅拜復敬請

台安

張學良拜啓

张学良致溥仪的函内文

● 六月初四日（1928年7月20日）

见 恒煦 萧丙炎 济煦 胡嗣瑗 陈宝琛 耆龄 金梁 载涛 溥杰 张学诗 溥任 润麒 远山猛雄

● 六月初五日（1928年7月21日）

见 萧丙炎 金梁 沈继贤 溥任 溥杰

● 六月初六日（1928年7月22日）

见 萧丙炎 溥任

● 六月初七日（1928年7月23日）

见 恒煦 萧丙炎 郑孝胥 娄裕熊 溥杰 溥任 润良 远山猛雄

● 六月初八日（1928年7月24日）

见 萧丙炎 郑孝胥 陈宝琛 王孝总 载润 溥任 溥杰 润麒 远山猛雄

● 六月初九日（1928年7月25日）

见 萧丙炎 济煦 胡嗣瑗 陈宝琛 王孝总 载润 法国司令员狄欣 美国参谋长牛继乐 天津常关关长欧思本 溥杰 溥任 远山猛雄 润麒

● 六月初十日（1928年7月26日）

见 萧丙炎 济煦 郑孝胥 陈宝琛 载涛 溥任 谢介石（溥杰代见） 溥杰 润麒 万绳栻 远山猛雄

● 六月十一日（1928年7月27日）

见 萧丙炎 陈宝琛 广寿 爵善 万绳栻 谢介石 润良 润麒 溥杰 溥任 远山猛雄

● 六月十二日（1928年7月28日）

见 萧丙炎 陈宝琛 载润 万绳栻 吉田通译官 溥杰 溥任 润良 润麒 远山猛雄

● 六月十三日（1928年7月29日）

见 萧丙炎 郑孝胥 陈宝琛 溥杰 溥任 吉田通译官 陆军步兵中佐小泉慕次（未见） 陆军步兵大尉石井民惠（未见） 陆军步兵大尉本池政敏（未见） 陆军步兵大尉高久伸一（未见）

● 六月十四日（1928年7月30日）

见 萧丙炎 郑孝胥 陈宝琛 溥杰 溥任 润麒 远山猛雄

● 六月十五日（1928年7月31日）

见 萧丙炎 济煦 溥杰 溥任 润麒 远山猛雄

● 六月十六日（1928年8月1日）

见 萧丙炎 郑孝胥 景方昶 陈宝琛 李思浩 费毓楷 王孝总 谢介石 溥杰 溥任 润麒 远山猛雄

● 六月十七日（1928年8月2日）

见 萧丙炎 陈宝琛 胡嗣瑗 溥杰 溥任 润麒

戊辰六月十八日（1928年8月3日）至七月二十一日（1928年9月4日）[1]

● **六月十八日（1928年8月3日）**

见 荣源 萧丙炎 济煦 郑孝胥 胡嗣瑗 景方昶 陈毅 陈宝琛 袁大化 王孝总 载润 铁良 溥杰 溥任 载涛 载振 溥锺 溥锐 润良 润麒

● **六月十九日（1928年8月4日）**

见 荣源 萧丙炎 济煦 郑孝胥 胡嗣瑗 景方昶 陈宝琛 增崇 存耆 载润 润良 润麒 溥杰 溥任 张琨 林葆恒 罗振玉 万绳栻 张鹤（溥杰代见） 陈毅 载涛 载振 溥锐 耆龄

● **六月二十日（1928年8月5日）**

见 荣源 萧丙炎 济煦 郑孝胥 胡嗣瑗 景方昶 万绳栻 耆龄 陈宝琛 王孝总 李孺 载振 溥锐 际彪 刘骧业 张琨 塔思哈 定安 陈毅 张学骥 载涛 袁大化 罗振玉 张鹤 润良 溥杰 溥任 宝熙

● **六月二十一日（1928年8月6日）**

见 荣源 萧丙炎 济煦 郑孝胥 胡嗣瑗 景方昶 陈毅 宝熙 耆龄 徐良 鲁郁彤 费毓楷 陈宝琛 王孝总 刘骧业 载润 谢介石 联堃 罗振玉 张琨 张绍香 际彪 加藤（总领事） 白井（副领事） 李孺 载振 溥锐 溥杰 溥任 润良 润麒 舒远宏 舒远隆 恒煦 载涛 张鹤（溥杰代见） 新井（司令官） 吉田通（译官） 溥伒

● **六月二十二日（1928年8月7日）**

见 荣源 恒煦 萧丙炎 济煦 郑孝胥 胡嗣瑗 景方昶 溥伒 载涛 罗振玉 王孝总 郭则沄 谢介石 沈继贤 李孺 金良骥（溥杰代见） 溥杰 溥任 润良 润麒 增崇 存耆 远山猛雄

● **六月二十三日（1928年8月8日）**

见 萧丙炎 济煦 郑孝胥 胡嗣瑗 景方昶 郭宗熙 万绳栻 张鹤 载润 溥任 载振 溥锐 罗振玉 际彪 李孺 谢介石 载瀛 载泽 朱益藩 金钺 润良 润麒 定安 塔思哈 溥杰 杨维春 载涛 刘骧业 远山猛雄

● **六月二十四日（1928年8月9日）**

见 荣源 萧丙炎 济煦 郑孝胥 胡嗣瑗 载润 陈宝琛 罗振玉 万绳栻 际彪 溥杰 溥任 朱益藩 铁良 润良 润麒 载振 溥锐 舒远隆 远山猛雄

● **六月二十五日（1928年8月10日）**

1 依据《清废帝溥仪档案〈召见日记簿（之十四）〉簿字272》。

见 荣源 萧丙炎 济煦 郑孝胥 胡嗣瑗 景方昶 载涛 陈宝琛 王孝总 万绳栻 罗振玉 万和寅 金方觉 王怀庆 朱益藩 溥杰 溥任 润麒

● **六月二十六日（1928年8月11日）**

见 毓峻 萧丙炎 济煦 郑孝胥 胡嗣瑗 金方觉 载振 溥锐 陈宝琛 溥任 溥杰 润良 润麒 载涛 荣源

● **六月二十七日（1928年8月12日）**

见 萧丙炎 郑孝胥 胡嗣瑗 陈宝琛 包文渊 溥杰 溥任 王孝总 狄伯义 润良 润麒 商衍瀛 谢介石 舒远隆

● **六月二十八日（1928年8月13日）**

见 萧丙炎 商衍瀛 溥杰 溥任 润良 润麒 张学骥（溥杰代见） 远山猛雄

● **六月二十九日（1928年8月14日）**

见 朱汝珍 溥杰 溥任 任祖安（溥杰代见） 沈继贤（溥杰代见） 薛之珩（溥杰代见） 润良 润麒 远山猛雄

● **七月初一日（1928年8月15日）**

见 萧丙炎 胡嗣瑗 溥杰 溥任 载涛 陈宝琛 萧方骏 王孝总 吉田通译官 驻津日本军参谋三野友吉 驻津日本军参谋河野悦次郎 载振 溥锐 聂宪藩 薛之珩 润麒 沈维贤 谢介石 远山猛雄

● **七月初二日（1928年8月16日）**

见 萧丙炎 胡嗣瑗 陈宝琛 溥杰 溥任 白井副领事（郑孝胥、胡嗣瑗、王孝总代见） 泽村幸夫（同上三人代见） 沈继贤 远山猛雄

● **七月初三日（1928年8月17日）**

见 萧丙炎 胡嗣瑗 郑垂 李准 李涛 溥任 陈宝琛 刘骧业 溥� 溥绪 润麒 李士奎 溥杰 远山猛雄

● **七月初四日（1928年8月18日）**

见 萧丙炎 溥杰 溥任 朱益藩 徐良（溥杰代见） 润麒 润良 远山猛雄

● **七月初五日（1928年8月19日）**

见 萧丙炎 温肃 溥任 润麒 陈宝琛 朱益藩 朱煜 溥杰

● **七月初六日（1928年8月20日）**

见 萧丙炎 郑孝胥 胡嗣瑗 溥任 朱益藩 王孝总 溥杰 润麒 张学诗 远山猛雄 驻津日本司令官新井龟太郎 东京府立第六中学校校长阿部宗秀 宪容 副领事田代重德 司法领事佐藤清吉 副领事白井康 书记官佐佐木护邦 书记官笠原太郎 书记官衣川水门 书记官生田一雄 书记官奥田乙治郎

● **七月初七日（1928年8月21日）**

见 萧丙炎 溥杰 溥任 载涛 日本警察署副署长福山三霍（溥杰代见） 日本警察署警部弓野力男（溥杰代见） 日本警察署警部未永金之助（溥杰代见） 润麒 张梦潮 舒远隆 远山猛雄

● **七月初八日（1928年8月22日）**

见　萧丙炎　济煦　郑孝胥　胡嗣瑗　载瀛　溥任　溥杰　润麒　远山猛雄

● **七月初九日（1928年8月23日）**

见　萧丙炎　郑孝胥　王孝总　商衍瀛　陈宝琛　载润　张鹤　毕堪能　谢立　溥杰　溥佺　溥任　舒远隆　润麒　远山猛雄

● **七月初十日（1928年8月24日）**

见　萧丙炎　胡嗣瑗　郭曾炘　张鹤　溥杰　溥任　朱有济　润麒　远山猛雄

● **七月十一日（1928年8月25日）**

见　萧丙炎　溥任　广寿　爵善　溥杰　载润　舒远隆　润麒　远山猛雄

● **七月十二日（1928年8月26日）**

见　萧丙炎　郑孝胥　刘宝题　陆宗舆　溥杰　溥任　润麒　陈宝琛　刘骧业

● **七月十三日（1928年8月27日）**

见　荣源　萧丙炎　周登皞　罗振玉（溥杰代见）　刘宝题　邓嘉章　钱澄　溥杰　溥任　润麒　舒远隆　远山猛雄

● **七月十四日（1928年8月28日）**

见　萧丙炎　胡嗣瑗　景方昶　溥任　溥杰　润良　润麒　远山猛雄

● **七月十五日（1928年8月29日）**

见　萧丙炎　胡嗣瑗　溥任　润麒　小泉恭次　三浦保（刘骧业代见）　远山猛雄

● **七月十六日（1928年8月30日）**

见　萧丙炎　胡嗣瑗　陈宝琛　李士奎　溥杰　溥任　加藤总领事　白井副领事　日本驻屯军参谋长有野学　日本公使馆汉文参赞鹫津鉊平（溥杰代见）　润麒　远山猛雄

● **七月十七日（1928年8月31日）**

见　胡嗣瑗　金方觉（溥杰代见）　陈宝琛　溥杰　刘骧业（溥杰代见）　徐良（溥杰代见）　张学诗　润麒　远山猛雄

● **七月十八日（1928年9月1日）**

见　萧丙炎　金方觉　溥杰　张学诗　润良　润麒　溥任　远山猛雄

● **七月十九日（1928年9月2日）**

见　萧丙炎　济煦　溥杰　溥任　金方觉　润麒　陈宝琛　郑孝胥

● **七月二十日（1928年9月3日）**

见　胡嗣瑗　贡桑诺尔布　笃多博　溥任　杜孝穆（胡嗣瑗代见）　溥杰　载润　润良　润麒　远山猛雄

● **七月二十一日（1928年9月4日）**

见　萧丙炎　胡嗣瑗　景方昶　溥任　溥佺　润良　润麒　张梦潮　溥杰　远山猛雄

戊辰七月二十二日（1928年9月5日）至九月十八日（1928年10月30日）[1]

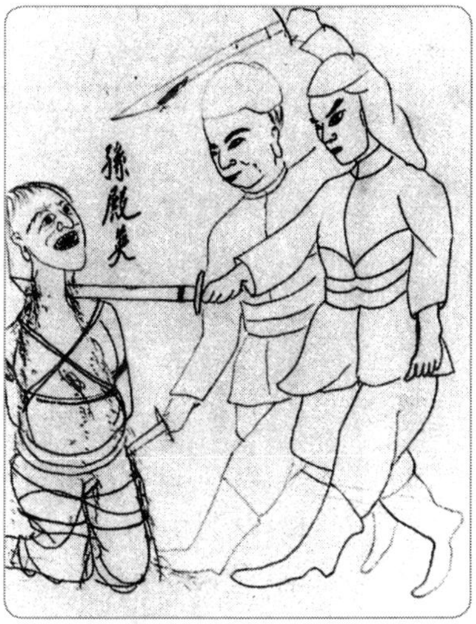

溥仪画杀孙殿英图

● **七月二十二日（1928年9月5日）**

见　萧丙炎　王式（溥杰代见）　溥杰　溥任　荣源　萧方骏　润麒　舒远隆

● **七月二十三日（1928年9月6日）**

见　萧丙炎　商衍瀛　溥杰　润良　荣源　润麒　远山猛雄

● **七月二十四日（1928年9月7日）**

见　萧丙炎　胡嗣瑗　袁励准　溥任　溥杰

● **七月二十五日（1928年9月8日）**

见　萧丙炎　陈宝琛　溥杰　溥任　载涛

● **七月二十六日（1928年9月9日）**

见　萧丙炎　胡嗣瑗　溥任　溥杰　润麒　舒远隆　张梦潮

● **七月二十七日（1928年9月10日）**

见　萧丙炎　济煦　胡嗣瑗　联堃　袁励准　景方昶　温肃　陈毅　陈宝琛　载泽　溥伒　宝熙　耆龄　溥侗　恒煦　罗振玉　万绳栻　载涛　载润　载振　朱益藩　润麒　舒远隆　张梦潮　溥杰　溥任

● **七月二十八日（1928年9月11日）**

见　萧丙炎　胡嗣瑗　郑孝胥　载泽　溥伒　溥侗　恒煦　耆龄　宝熙　陈毅　徐埴　志林　和钧　朱益藩　钟培英（溥杰代见）　苏锡麟　溥任

● **七月二十九日（1928年9月12日）**

见　萧丙炎　载润　朱益藩　祺诚武　张学骥（溥杰代见）　溥杰　润麒

● **七月三十日（1928年9月13日）**

见　萧丙炎　王式（溥杰代见）　载涛　贡桑诺尔布　新井司令官　吉田通译官　朱益藩　驻津日本军司令部林副官长

● **八月初一日（1928年9月14日）**

见　萧丙炎　朱益藩　溥侗（溥杰代见）　恒煦（溥杰代见）　润麒　溥杰　张梦潮　远山猛雄

● **八月初二日（1928年9月15日）**

见　萧丙炎　胡嗣瑗　溥侗　恒煦　陈宝琛　万绳栻　溥杰　溥任　润麒

● **八月初三日（1928年9月16日）**

见　萧丙炎

1 依据《清废帝溥仪档案〈召见日记簿（之十五）〉簿字273》。

● 八月初四日（1928年9月17日）

见 萧丙炎 郑孝胥 胡嗣瑗 朱庆澜 溥杰 溥任

● 八月初五日（1928年9月18日）

见 萧丙炎 溥杰 溥任

● 八月初六日（1928年9月19日）

见 萧丙炎 济煦 胡嗣瑗 陈宝琛 景方昶 溥任

● 八月初七日（1928年9月20日）

见 萧丙炎 谢介石（溥杰代见） 商衍瀛（溥杰代见） 载涛 溥杰 溥任

● 八月初八日（1928年9月21日）

见 萧丙炎 胡嗣瑗 陈宝琛 溥任

● 八月初九日（1928年9月22日）

见 萧丙炎 胡嗣瑗 白井副领事 溥杰

● 八月初十日（1928年9月23日）

见 世榕 萧丙炎 胡嗣瑗 陈宝琛 溥任 荣源

● 八月十一日（1928年9月24日）

见 萧丙炎 王式（溥杰代见） 溥杰 谢介石（溥杰代见） 荣源 溥任 润麒

● 八月十二日（1928年9月25日）

见 萧丙炎 胡嗣瑗 魁璋 溥荃 恒圻 安龄 载润 陈宝琛 载涛 溥任

● 八月十三日（1928年9月26日）

见 萧丙炎 陈宝琛 刘骧业

● 八月十四日（1928年9月27日）

见 萧丙炎 荣源 溥杰 润良 润麒

● 八月十五日（1928年9月28日）

见 萧丙炎 济煦 刘宝题 荣源 万绳栻（溥杰代见） 溥侗（溥杰代见） 恒煦（溥杰代见） 溥杰 溥任 润麒

● 八月十六日（1928年9月29日）

见 萧丙炎 溥侗 恒煦 万绳栻 刘宝题 荣源 溥杰 溥任 润麒 远山猛雄

● 八月十七日（1928年9月30日）

见 载瀛 载泽 溥伒 宝熙 溥杰 润麒 荣源

● 八月十八日（1928年10月1日）

见 萧丙炎 溥杰 润麒 溥任 张学骥（溥杰代见）

● 八月十九日（1928年10月2日）

见 萧丙炎 济煦 胡嗣瑗 陈宝琛 陈毅 载润 载泽 载瀛 溥伒 宝熙 载涛 袁大化 白井副领事（胡嗣瑗代见） 朱益藩 溥杰 润麒 远山猛雄

八月二十日（1928年10月3日）

见 萧丙炎 胡嗣瑗 陈宝琛 谢介石（溥杰代见） 溥杰 朱益藩 润麒 荣源

八月二十一日（1928年10月4日）

见 萧丙炎 荣源 溥杰 溥任 润麒

八月二十二日（1928年10月5日）

见 荣源 萧丙炎 润良 润麒 溥杰

八月二十三日（1928年10月6日）

见 萧丙炎 荣源 润良 润麒 溥杰

八月二十四日（1928年10月7日）

见 荣源 萧丙炎 溥杰 润麒 陈宝琛 润良

八月二十五日（1928年10月8日）

见 萧丙炎 溥杰 荣源 润麒

八月二十六日（1928年10月9日）

见 萧丙炎 胡嗣瑗 商衍瀛 陈宝琛 溥杰 溥任 润麒 荣源

八月二十七日（1928年10月10日）

见 荣源 萧丙炎 陈宝琛 王孝总 溥杰 溥修（溥杰代见） 润良 润麒

八月二十八日（1928年10月11日）

见 荣源 萧丙炎 费毓楷（溥杰代见） 溥杰 润麒

八月二十九日（1928年10月12日）

见 荣源 萧丙炎 胡嗣瑗 溥杰 润麒 远山猛雄

九月初一日（1928年10月13日）

见 荣源 萧丙炎 溥杰 润麒

九月初二日（1928年10月14日）

见 萧丙炎 胡嗣瑗 溥杰 润麒 远山猛雄 刘骧业 陈宝琛 溥任 荣源

九月初三日（1928年10月15日）

见 萧丙炎 润麒 溥杰

九月初四日（1928年10月16日）

见 萧丙炎 罗振玉（溥杰代见） 溥杰 润麒

九月初五日（1928年10月17日）

见 萧丙炎 胡嗣瑗 陈宝琛 金湛霖 刘骧业 荣源 溥杰

九月初六日（1928年10月18日）

见 萧丙炎 荣源 罗振玉（溥杰代见） 溥杰 润麒

九月初七日（1928年10月19日）

见 萧丙炎 胡嗣瑗 徐良 陈宝琛 荣源 溥杰 溥任 润麒

九月初八日（1928年10月20日）

见 萧丙炎 胡嗣瑗 陈宝琛 荣源 溥杰 润麒

● **九月初九日（1928年10月21日）**

见 萧丙炎 荣源

● **九月初十日（1928年10月22日）**

见 萧丙炎 济煦 金湛霖 贡桑诺尔布 陈宝琛 溥杰 荣源 万绳栻 吉田通译官（溥杰代见） 宫地静（溥杰代见） 福岛德一（溥杰代见） 吉冈详（溥杰代见） 德田弥作（溥杰代见） 生田目彻（溥杰代见） 井上熊藏（溥杰代见） 原田文男（溥杰代见） 新名泰（溥杰代见） 木下文吉（溥杰代见） 川添长太郎（溥杰代见） 林一造（溥杰代见）） 下田龙荣门（溥杰代见） 绪才重人（溥杰代见） 润麒

● **九月十一日（1928年10月23日）**

见 萧丙炎 溥杰 润麒

● **九月十二日（1928年10月24日）**

见 萧丙炎 胡嗣瑗 溥杰 润麒 远山猛雄 吴忠本 吴孝彰 溥任 润良

● **九月十三日（1928年10月25日）**

见 萧丙炎 陈绍唐（溥杰代见） 溥杰 润麒 荣源

● **九月十四日（1928年10月26日）**

见 萧丙炎 济煦 胡嗣瑗 溥杰 润麒 荣源

● **九月十五日（1928年10月27日）**

见 胡嗣瑗 坂西利八郎 溥杰 润麒 溥任 荣源

● **九月十六日（1928年10月28日）**

见 萧丙炎 溥杰

● **九月十七日（1928年10月29日）**

见 萧丙炎 荣源 润麒 溥杰 溥任

在网球场地上的溥仪

● **九月十八日（1928年10月30日）**

见 萧丙炎 胡嗣瑗 陈宝琛 包文渊（溥杰代见） 溥杰 润麒 荣源 溥佩（溥杰代见） 恒煦（溥杰代见）

戊辰九月十九日（1928年10月31日）至十二月初七日（1929年1月17日）[1]

● **九月十九日（1928年10月31日）**

见 萧丙炎 陈宝琛 刘骧业 溥杰 润麒 陈绍唐（溥杰代见）

● **九月二十日（1928年11月1日）**

见 萧丙炎 荣源 溥杰 润麒

● **九月二十一日（1928年11月2日）**

见 萧丙炎 胡嗣瑗 吉田通译官 渡边晨亩 溥杰 润麒 荣源

● **九月二十二日（1928年11月3日）**

见 萧丙炎 载涛 载瀛 载泽 陈宝琛 荣源 润良

● **九月二十三日（1928年11月4日）**

见 萧丙炎 包文渊 济煦 管翼贤（济煦代见） 荣源

● **九月二十四日（1928年11月5日）**

见 萧丙炎 润麒 溥杰

● **九月二十五日（1928年11月6日）**

见 萧丙炎 溥杰

● **九月二十六日（1928年11月7日）**

见 萧丙炎 溥杰 荣源 润麒

● **九月二十七日（1928年11月8日）**

见 萧丙炎 胡嗣瑗 溥杰 润麒 远山猛雄 荣源

● **九月二十八日（1928年11月9日）**

见 乐泰 萧丙炎 载涛 溥杰 润麒 远山猛雄 荣源

● **九月二十九日（1928年11月10日）**

见 萧丙炎 润良 荣源 溥杰

● **九月三十日（1928年11月11日）**

见 萧丙炎 溥杰 张鹤（溥杰代见）

● **十月初一日（1928年11月12日）**

1 依据《清废帝溥仪档案〈召见日记簿（之十六）〉簿字274》。

见 萧丙炎 溥杰 袁大化 铁良 润麒 溥任

● **十月初二日（1928年11月13日）**

见 萧丙炎 胡嗣瑗 陈宝琛 溥杰

● **十月初三日（1928年11月14日）**

见 萧丙炎 胡嗣瑗 荣源 溥杰 润麒

● **十月初四日（1928年11月15日）**

见 萧丙炎 费毓楷（胡嗣瑗代见） 李思浩（胡嗣瑗代见） 溥杰 润麒

● **十月初五日（1928年11月16日）**

见 萧丙炎 溥杰 润麒

● **十月初六日（1928年11月17日）**

见 萧丙炎 溥杰 润麒 费毓楷（溥杰代见）

● **十月初七日（1928年11月18日）**

见 荣源

● **十月初八日（1928年11月19日）**

见 萧丙炎 溥杰 润麒 远山猛雄

● **十月初九日（1928年11月20日）**

见 萧丙炎 胡嗣瑗 万绳栻 陈宝琛 溥杰 荆育瓒（溥杰代见） 荣源 润麒

● **十月初十日（1928年11月21日）**

见 萧丙炎 郑孝胥 胡嗣瑗 万绳栻 荆育瓒 溥杰 润麒 远山猛雄 溥佳 荣源

● **十月十一日（1928年11月22日）**

见 萧丙炎 郑孝胥 陈宝琛 溥杰 润麒 溥任

● **十月十二日（1928年11月23日）**

见 萧丙炎 溥杰 润麒

● **十月十三日（1928年11月24日）**

见 萧丙炎 胡嗣瑗 金方觉 陈宝琛 溥杰 润麒 远山猛雄

● **十月十四日（1928年11月25日）**

见 萧丙炎 郑孝胥 溥杰 溥任

● **十月十五日（1928年11月26日）**

见 萧丙炎 济煦 胡嗣瑗 袁大化

● **十月十六日（1928年11月27日）**

见 萧丙炎 胡嗣瑗 陈毅 溥杰 润麒 荣

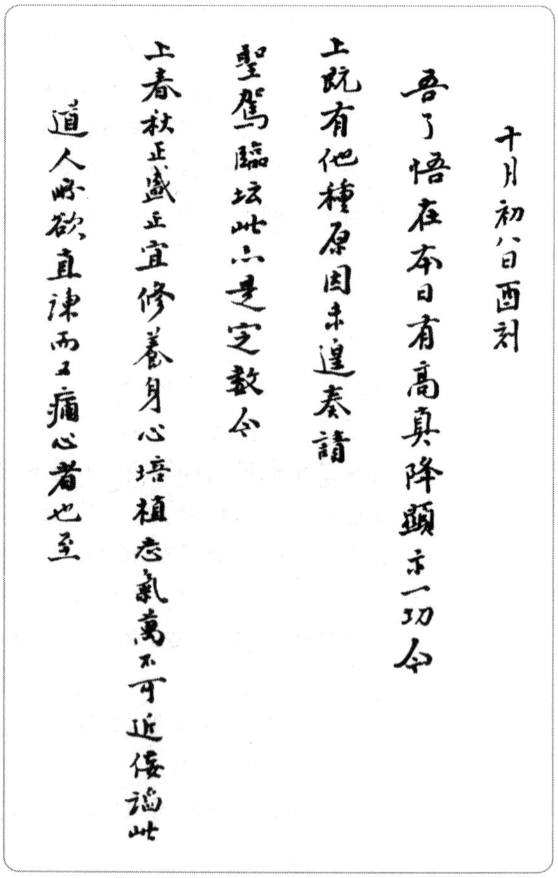

十月初八日酉刻

吾了悟在本日有高真降顕示一切令

上既有他種原因未遑奏請

聖駕臨坛此亦是定數令

上春秋正盛正宜修養身心培植志氣萬不可近倿諂此

道人所欲直陳而又痛心者也至

溥仪占卜记录

源

● **十月十七日（1928年11月28日）**

见 萧丙炎 溥杰 润麒 远山猛雄

● **十月十八日（1928年11月29日）**

见 萧丙炎 荣源

● **十月十九日（1928年11月30日）**

见 萧丙炎 溥杰 润麒 远山猛雄 松枝保二 徐观聂

● **十月二十日（1928年12月1日）**

见 萧丙炎 郑孝胥 胡嗣瑗 陈宝琛 徐观聂 溥杰

● **十月二十一日（1928年12月2日）**

见 世榕 萧丙炎 胡嗣瑗 费毓楷 溥杰 溥任

● **十月二十二日（1928年12月3日）**

见 萧丙炎 济煦 耆龄 宝熙 溥杰 润麒

● **十月二十三日（1928年12月4日）**

见 萧丙炎 郑孝胥 远山猛雄 恒煦

● **十月二十四日（1928年12月5日）**

见 恒煦 萧丙炎 溥杰 溥任

● **十月二十五日（1928年12月6日）**

见 萧丙炎 陈宝琛 毕堪那 英国白参谋长

● **十月二十六日（1928年12月7日）**

见 萧丙炎 郑孝胥 刘维霖（溥杰代见） 溥杰 溥任

● **十月二十七日（1928年12月8日）**

见 恒煦 萧丙炎 济煦 加藤总领事 奥田乙治郎 恒圻 溥杰

● **十月二十八日（1928年12月9日）**

见 恒圻 萧丙炎 郑孝胥 胡嗣瑗 费毓楷 陈毅 商衍瀛 溥杰 溥任

● **十月二十九日（1928年12月10日）**

见 萧丙炎 济煦 胡嗣瑗 陈宝琛 溥杰 溥任 荣源

● **十月三十日（1928年12月11日）**

见 萧丙炎 徐良 鲍翼君 蓝赞襄 溥杰

● **十一月初一日（1928年12月12日）**

见 萧丙炎 济煦 万绳栻 陈宝琛 溥杰

● **十一月初二日（1928年12月13日）**

见 恒煦（溥杰代见） 萧丙炎 商衍瀛 润良 溥杰 溥任

● **十一月初三日（1928年12月14日）**

见 萧丙炎 罗振玉 胡嗣瑗

● **十一月初四日（1928年12月15日）**

见 恒煦 萧丙炎 胡嗣瑗 徐观聂

● **十一月初五日（1928年12月16日）**

见 萧丙炎 溥杰 溥任

● **十一月初六日（1928年12月17日）**

见 萧丙炎

● **十一月初七日（1928年12月18日）**

见 萧丙炎 朱煜勋（胡嗣瑗代见）

● **十一月初八日（1928年12月19日）**

见 萧丙炎 郑孝胥 温肃 溥杰 溥任

● **十一月初九日（1928年12月20日）**

见 萧丙炎 胡嗣瑗 陈毅

● **十一月初十日（1928年12月21日）**

见 世榕 萧丙炎 徐良 徐勤 溥杰 张钦泰（溥杰、世榕代见）

● **十一月十一日（1928年12月22日）**

见 萧丙炎 鲁郁彤 万和寅 徐良 李振铎

● **十一月十二日（1928年12月23日）**

见 萧丙炎 郑孝胥 景禔 胡先春 陈宝琛

● **十一月十三日（1928年12月24日）**

见 萧丙炎 郑孝胥

● **十一月十四日（1928年12月25日）**

见 萧丙炎 郑孝胥 万绳栻

● **十一月十五日（1928年12月26日）**

见 萧丙炎 胡嗣瑗 溥杰 溥任

● **十一月十六日（1928年12月27日）**

见 萧丙炎 溥任

● **十一月十七日（1928年12月28日）**

见 萧丙炎 郑孝胥 陈宝琛 溥杰

● **十一月十八日（1928年12月29日）**

见 萧丙炎 郑孝胥 加藤总领事 白井副领事 溥杰 溥任

● **十一月十九日（1928年12月30日）**

见 萧丙炎 溥杰 新井司令官 吉田通译官 松本参谋长 溥任

● **十一月二十日（1928年12月31日）**

见 萧丙炎 胡嗣瑗 载润 徐勤 徐良 梁秋水 溥杰 溥任

● **十一月二十一日（1929年1月1日）**

见 萧丙炎 陈宝琛 步兵队第一中队长古田龙三 驻屯军司令部附春山雄一 铃木繁二

● **十一月二十二日（1929年1月2日）**

见 萧丙炎 胡嗣瑗 陈宝琛 奥田乙治郎 袁大化 溥杰 加藤总领事

● **十一月二十三日（1929年1月3日）**

见 萧丙炎 郑孝胥 毕翰章（溥杰代见） 溥杰

● **十一月二十四日（1929年1月4日）**

见 萧丙炎 郑孝胥 溥杰 陈业

● **十一月二十五日（1929年1月5日）**

见 萧丙炎 陈宝琛

● **十一月二十六日（1929年1月6日）**

见 萧丙炎 毕翰章 济煦 商衍瀛 荣源

● **十一月二十七日（1929年1月7日）**

见 萧丙炎 胡嗣瑗 陈宝琛 荣源

● **十一月二十八日（1929年1月8日）**

见 萧丙炎 郑孝胥 溥杰 润麒 恒煦（溥杰代见） 荣源 萧方骏

● **十一月二十九日（1929年1月9日）**

见 萧丙炎 胡嗣瑗

● **十一月三十日（1929年1月10日）**

见 萧丙炎 郑孝胥 朱汝珍 白井副领事 任祖安

● **十二月初一日（1929年1月11日）**

见 萧丙炎 祁友鼎 恒煦 溥杰

● **十二月初二日（1929年1月12日）**

见 萧丙炎 郑孝胥 徐勤 荣源

● **十二月初三日（1929年1月13日）**

见 萧丙炎 郑孝胥 徐埴 陈宝琛 溥杰 恒煦（溥杰代见）

● **十二月初四日（1929年1月14日）**

见 萧丙炎

● **十二月初五日（1929年1月15日）**

见 （无）

● **十二月初六日（1929年1月16日）**

见 萧丙炎

● **十二月初七日（1929年1月17日）**

见 萧丙炎 郑孝胥

戊辰十二月初八日（1929年1月18日）至己巳二月十七日（1929年3月27日）[1]

● **十二月初八日（1929年1月18日）**

见　萧丙炎　溥杰

● **十二月初九日（1929年1月19日）**

见　萧丙炎　郑孝胥　荣源

● **十二月初十日（1929年1月20日）**

见　萧丙炎　荣源

● **十二月十一日（1929年1月21日）**

见　萧丙炎　胡嗣瑗

● **十二月十二日（1929年1月22日）**

见　萧丙炎　溥杰　溥任

● **十二月十三日（1929年1月23日）**

见　萧丙炎　济煦　郑孝胥　吉田通译官　山赖雄昌

● **十二月十四日（1929年1月24日）**

见　萧丙炎　郑孝胥　李士奎

● **十二月十五日（1929年1月25日）**

见　萧丙炎　济煦　胡嗣瑗　溥僡

● **十二月十六日（1929年1月26日）**

见　萧丙炎　恒煦（溥杰代见）　溥杰　溥任　荣源　润麒

● **十二月十七日（1929年1月27日）**

见　萧丙炎　郑孝胥　胡嗣瑗　荣源　徐勤　徐良　溥杰　润麒　远山猛雄

● **十二月十八日（1929年1月28日）**

见　萧丙炎　郑孝胥　毓廉　景嘉　溥杰　张学诗　朱益藩　远山猛雄　永井忠一

● **十二月十九日（1929年1月29日）**

见　萧丙炎　朱益藩　郑孝胥　溥杰　润麒　载润　陈宝琛

● **十二月二十日（1929年1月30日）**

见　萧丙炎　朱益藩　郑孝胥　毓廉（溥杰代见）　溥杰　溥任　郑垂　那彦图　良揆（溥杰代见）

● **十二月二十一日（1929年1月31日）**

见　萧丙炎　朱益藩　陈宝琛

1 依据《清废帝溥仪档案〈召见日记簿（之十七）〉簿字275》。

● **十二月二十二日（1929年2月1日）**

见 萧丙炎 朱益藩 胡嗣瑗 溥杰

● **十二月二十三日（1929年2月2日）**

见 萧丙炎

● **十二月二十四日（1929年2月3日）**

见 萧丙炎 郑孝胥 毓廉 景嘉 溥杰 溥任

● **十二月二十五日（1929年2月4日）**

见 萧丙炎 溥杰 润麒 张梦潮 舒远隆

● **十二月二十六日（1929年2月5日）**

见 萧丙炎 济煦 溥杰 润麒

● **十二月二十七日（1929年2月6日）**

见 萧丙炎 胡嗣瑗 袁行宽 溥杰 远山猛雄

● **十二月二十八日（1929年2月7日）**

见 恒煦 萧丙炎 郑孝胥 费毓楷 祁友鼎（恒煦、济煦代见） 陈宝琛 广寿 爵善 溥杰 润麒

● **十二月二十九日（1929年2月8日）**

见 萧丙炎 溥杰 润麒

溥仪与网球明星们合影

● **十二月三十日（1929年2月9日）**

见 萧丙炎 郑孝胥 胡嗣瑗 溥杰 溥任 润麒

● **己巳年正月初一日（1929年2月10日）**

见 萧丙炎 润麒 润良 溥杰 溥任

● **正月初二日（1929年2月11日）**

见 萧丙炎

● **正月初三日（1929年2月12日）**

见 萧丙炎 溥侗

● **正月初四日（1929年2月13日）**

见 萧丙炎 郑孝胥 胡嗣瑗 贡桑诺尔布 陈宝琛

● **正月初五日（1929年2月14日）**

见 萧丙炎

● **正月初六日（1929年2月15日）**

见 萧丙炎 郑孝胥 陈宝琛 溥侗 恒煦 溥杰 溥任

● **正月初七日（1929年2月16日）**

见 萧丙炎 济煦 郑孝胥 陈宝琛 刘骧业 溥杰 润麒 远山猛雄

● **正月初八日（1929年2月17日）**

见 萧丙炎 济煦 郑孝胥 陈宝琛 刘骧业

● **正月初九日（1929年2月18日）**

见 萧丙炎 郑孝胥 陈宝琛 溥杰 润麒 远山猛雄

● **正月初十日（1929年2月19日）**

见 萧丙炎 郑孝胥 陈宝琛 李升培 润麒 溥杰 远山猛雄

● **正月十一日（1929年2月20日）**

见 萧丙炎 郑孝胥 罗振玉 金梁 赵国圻 陈初 陈宝琛 溥杰 毓廉 景嘉

● **正月十二日（1929年2月21日）**

见 萧丙炎 朱汝珍 袁励准 高继宗 贡桑诺尔布 李西 润麒 溥杰 朱益藩

● **正月十三日（1929年2月22日）（万寿日）**

见 萧丙炎 金梁 润良 柯劭忞 润麒 钱骏祥 孙韬 衡永 谢喆甡 徐良 胡先春 章钰 铁良 袁大化 苏锡麟 溥杰 溥任 黄文谦 陆宗舆（另有六十一人未见）

● **正月十四日（1929年2月23日）**

见 萧丙炎 朱益藩 郑孝胥 章钰 袁励准 陈业 耆龄 宝熙 徐埴 载洵 载涛 王廷桢 溥杰 润麒 良揆 胡玉泽

● **正月十五日（1929年2月24日）**

见 萧丙炎 郑孝胥 罗振玉 林荣恒 曾彝进（溥杰代见） 张鹤（溥杰代见） 华世奎 溥杰

溥任 李西（溥杰代见） 润麒

● **正月十六日（1929年2月25日）**

见 萧丙炎 郑孝胥 任祖安 周愚夫 徐勤 徐良 郑垂 溥杰 毕翰章（溥杰代见）

● **正月十七日（1929年2月26日）**

见 萧丙炎 郑孝胥 王怀庆 李西 溥杰

● **正月十八日（1929年2月27日）**

见 萧丙炎 荣源

● **正月十九日（1929年2月28日）**

见 萧丙炎 郑孝胥 载瀛 载泽 溥伒 溥杰

● **正月二十日（1929年3月1日）**

见 萧丙炎 贡桑诺尔布 祺诚武 溥杰 润麒

● **正月二十一日（1929年3月2日）**

见 萧丙炎 陈宝琛 溥杰 荣源 润麒 溥任 远山猛雄

● **正月二十二日（1929年3月3日）**

见 萧丙炎 郑孝胥 高继宗 恒钧 包文渊

● **正月二十三日（1929年3月4日）**

见 萧丙炎 溥侗 恒煦 载润

● **正月二十四日（1929年3月5日）**

见 萧丙炎 毓廉 郑孝胥 包文渊 陈宝琛 祺诚武 荣源

● **正月二十五日（1929年3月6日）**

见 萧丙炎 郑孝胥 费毓楷 郑垂 沈继贤 英国司令希资 英国武官贝

● **正月二十六日（1929年3月7日）**

见 萧丙炎

● **正月二十七日（1929年3月8日）**

见 包文渊 荣源

● **正月二十八日（1929年3月9日）**

见 包文渊 萧丙炎

● **正月二十九日（1929年3月10日）**

见 萧丙炎 溥侗

● **二月初一日（1929年3月11日）**

见 萧丙炎

● **二月初二日（1929年3月12日）**

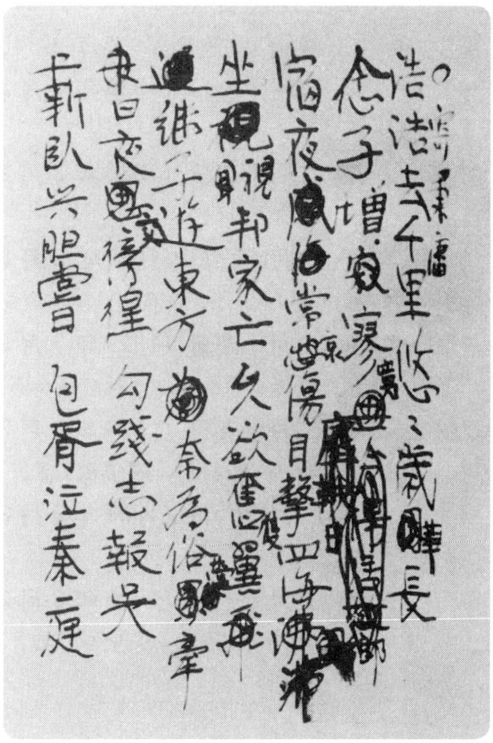

溥仪寄给金秉藩（即溥杰）的亲笔诗

见 萧丙炎 载润 贡桑诺尔布

● **二月初三日（1929 年 3 月 13 日）**

见 萧丙炎

● **二月初四日（1929 年 3 月 14 日）**

见 萧丙炎 济煦 孙韬 黄树成 吉田通译官 大场鑑次郎 世榕

1929 年 3 月，溥仪派溥杰和润麒到日本学习军事，为其复辟作准备

● **二月初五日（1929 年 3 月 15 日）**

见 萧丙炎 黄树成 恽宝仁

● **二月初六日（1929 年 3 月 16 日）**

见 （无）

● **二月初七日（1929 年 3 月 17 日）**

见 萧丙炎

● **二月初八日（1929 年 3 月 18 日）**

见 萧丙炎 沈继贤 万和寅

● **二月初九日（1929 年 3 月 19 日）**

见 萧丙炎

● **二月十日（1929 年 3 月 20 日）**

见 萧丙炎 陈宝琛 荣源

● **二月十一日（1929 年 3 月 21 日）**

见 萧丙炎

● **二月十二日（1929 年 3 月 22 日）**

见 萧丙炎

● **二月十三日（1929 年 3 月 23 日）**

见 萧丙炎 陈宝琛

● **二月十四日（1929 年 3 月 24 日）**

见 萧丙炎 陈宝琛 林开謩 徐良 韩宾礼

● **二月十五日（1929 年 3 月 25 日）**

见 萧丙炎 孙韬 陈宝琛 林开謩 谢喆甡 黄树成 恽宝仁

● **二月十六日（1929 年 3 月 26 日）**

见 萧丙炎

● **二月十七日（1929 年 3 月 27 日）**

见 萧丙炎 济煦 陈宝琛 白井副领事

己巳二月十八日（1929年3月28日）至五月二十六日（1929年7月2日）[1]

● 二月十八日（1929年3月28日）

见 萧丙炎

● 二月十九日（1929年3月29日）

见 萧丙炎 陈宝琛 徐勤 任祖安 广寿 爵善 太田外世雄

● 二月二十日（1929年3月30日）

见 萧丙炎 溥修 林开謩

● 二月二十一日（1929年3月31日）

见 萧丙炎 陈宝琛 陈毅 宝熙

● 二月二十二日（1929年4月1日）

见 毓峻 萧丙炎 陈宝琛 新井司令官 吉田通译官 陈毅 济煦

● 二月二十三日（1929年4月2日）

见 萧丙炎

● 二月二十四日（1929年4月3日）

见 萧丙炎 沈继贤 新井司令官 吉田通译官 植田司令官 宍浦副官

● 二月二十五日（1929年4月4日）

见 萧丙炎

● 二月二十六日（1929年4月5日）

见 萧丙炎 陈宝琛

● 二月二十七日（1929年4月6日）

见 萧丙炎 陈宝琛

● 二月二十八日（1929年4月7日）

见 萧丙炎 恽宝惠 恽宝仁

● 二月二十九日（1929年4月8日）

见 萧丙炎 罗蕴如（济煦代见）

● 二月三十日（1929年4月9日）

见 萧丙炎 荣源

● 三月初一日（1929年4月10日）

见 萧丙炎

1 依据《清废帝溥仪档案〈召见日记簿（之十八）〉簿字276（原编为286）》。此册无年份记载，顺序排在《召见日记簿》之二倒数第二册，按其内容推算应为己巳年第二本。

● **三月初二日（1929年4月11日）**

见 萧丙炎 济煦 陈宝琛 荣源

● **三月初三日（1929年4月12日）**

见 萧丙炎 吉田通译官 河野参谋 吉冈参谋

● **三月初四日（1929年4月13日）**

见 萧丙炎

● **三月初五日（1929年4月14日）**

见 萧丙炎

● **三月初六日（1929年4月15日）**

见 萧丙炎 荣源

● **三月初七日（1929年4月16日）**

见 萧丙炎 陈宝琛 祺诚武 萧方骏 荣源

● **三月初八日（1929年4月17日）**

见 萧丙炎 萧方骏 荣源

● **三月初九日（1929年4月18日）**

见 萧丙炎 陈宝琛 伊鼎（济煦代见） 萧方骏 溥任

● **三月初十日（1929年4月19日）**

见 萧丙炎 商衍瀛

● **三月十一日（1929年4月20日）**

见 萧丙炎

● **三月十二日（1929年4月21日）**

见 萧丙炎 荣源

● **三月十三日（1929年4月22日）**

见 萧丙炎 济煦 荣源 杨荣恩（济煦代见）

● **三月十四日（1929年4月23日）**

见 萧丙炎 商衍瀛 谈国桓

● **三月十五日（1929年4月24日）**

见 萧丙炎 商衍瀛

● **三月十六日（1929年4月25日）**

见 萧丙炎 逖利欧 乐格郎 罗蕴如

● **三月十七日（1929年4月26日）**

见 萧丙炎

● **三月十八日（1929年4月27日）**

见 萧丙炎

● **三月十九日（1929年4月28日）**

见 萧丙炎 商衍瀛

● **三月二十日（1929年4月29日）**

见 萧丙炎 郑孝胥 郑垂 陈宝琛 太田外世雄 小仓正恒 久岛精一 吉田胜雄 香川修一 中目悟 溥任

● **三月二十一日（1929年4月30日）**

见 萧丙炎 郑孝胥 郑垂

● **三月二十二日（1929年5月1日）**

见 萧丙炎 郑孝胥 郑垂 载涛

● **三月二十三日（1929年5月2日）**

见 萧丙炎 郑孝胥 朱庆澜

● **三月二十四日（1929年5月3日）**

见 萧丙炎 郑孝胥 陈宝琛

● **三月二十五日（1929年5月4日）**

见 萧丙炎 境田驹藏 福山三霍 未永金之助 广寿 爵善 白井副领事

● **三月二十六日（1929年5月5日）**

见 萧丙炎 济煦 郑孝胥 陈宝琛 郑垂

● **三月二十七日（1929年5月6日）**

见 萧丙炎 郑孝胥 沈继贤 郑垂 载泽 载瀛

● **三月二十八日（1929年5月7日）**

见 萧丙炎 郑孝胥 陈宝琛 载瀛 载泽 和钧 郑垂

● **三月二十九日（1929年5月8日）**

见 萧丙炎 郑孝胥 王福石 田村俊次 溥任

● **四月初一日（1929年5月9日）**

见 萧丙炎 郑孝胥 商衍瀛 郑垂

● **四月初二日（1929年5月10日）**

见 萧丙炎 溥任

● **四月初三日（1929年5月11日）**

见 萧丙炎 郑孝胥 陈宝琛

● **四月初四日（1929年5月12日）**

见 萧丙炎 郑孝胥 郑垂

● **四月初五日（1929年5月13日）**

见 萧丙炎 耆龄 宝熙 苏锡麟 阎泽溥

● **四月初六日（1929年5月14日）**

见　萧丙炎　郑孝胥　陈宝琛　载泽　载瀛　和钧　刘维霖（济煦代见）

● **四月初七日（1929年5月15日）**

见　萧丙炎　郑孝胥

● **四月初八日（1929年5月16日）**

见　萧丙炎

● **四月初九日（1929年5月17日）**

见　萧丙炎　济煦　郑孝胥　袁励准　高继宗（陈宝琛代见）

● **四月初十日（1929年5月18日）**

见　萧丙炎　郑孝胥　商衍瀛　陈宝琛

● **四月十一日（1929年5月19日）**

见　萧丙炎　郑孝胥　商衍瀛　万绳栻　陈宝琛

● **四月十二日（1929年5月20日）**

见　萧丙炎　郑孝胥　万绳栻　润良

● **四月十三日（1929年5月21日）**

见　萧丙炎　郑孝胥　王季烈

● **四月十四日（1929年5月22日）**

见　萧丙炎　郑孝胥　费毓楷　郑垂　万绳栻　荣源

● **四月十五日（1929年5月23日）**

见　萧丙炎　郑孝胥　万绳栻　郑垂　荣源

● **四月十六日（1929年5月24日）**

见　萧丙炎　郑孝胥　陈宝琛

● **四月十七日（1929年5月25日）**

见　孙韬（郑孝胥代见）

● **四月十八日（1929年5月26日）**

见　萧丙炎

● **四月十九日（1929年5月27日）**

见　萧丙炎

● **四月二十日（1929年5月28日）**

见　萧丙炎　王季烈　郑垂

● **四月二十一日（1929年5月29日）**

见　萧丙炎　郑孝胥　庄士敦　郑垂

● **四月二十二日（1929年5月30日）**

见　萧丙炎　恒钧（济煦代见）

● **四月二十三日（1929年5月31日）**

见 萧丙炎 济煦 郑孝胥 万绳栻 陈宝琛 郑垂

● **四月二十四日（1929 年 6 月 1 日）**

见 萧丙炎

● **四月二十五日（1929 年 6 月 2 日）**

见 萧丙炎 郑孝胥 载泽 载瀛 载涛 载润 总领事冈本武三 白井副领事 郑垂

● **四月二十六日（1929 年 6 月 3 日）**

见 萧丙炎 郑孝胥 郑垂 徐良 英国武官雷蓝 远山猛雄

● **四月二十七日（1929 年 6 月 4 日）**

见 萧丙炎 郑孝胥 广寿 爵善 郑垂 郑禹

● **四月二十八日（1929 年 6 月 5 日）**

见 萧丙炎 郑孝胥 万绳栻 陈宝琛 荣源

● **四月二十九日（1929 年 6 月 6 日）**

见 萧丙炎 济煦 郑孝胥 万绳栻 荣源 朱煜勋（济煦代见）

● **五月初一日（1929 年 6 月 7 日）**

见 萧丙炎 许兰洲

● **五月初二日（1929 年 6 月 8 日）**

见 萧丙炎

● **五月初三日（1929 年 6 月 9 日）**

见 萧丙炎 郑孝胥 郑垂

● **五月初四日（1929 年 6 月 10 日）**

见 萧丙炎 郑孝胥 宝熙

● **五月初五日（1929 年 6 月 11 日）**

见 萧丙炎 张学诗 溥任

● **五月初六日（1929 年 6 月 12 日）**

见 萧丙炎 郑孝胥 刘宝题 荣源

● **五月初七日（1929 年 6 月 13 日）**

见 萧丙炎 郑孝胥 温肃 陈宝琛 郑垂

● **五月初八日（1929 年 6 月 14 日）**

见 萧丙炎 郑孝胥 万绳栻 郑垂

● **五月初九日（1929 年 6 月 15 日）**

见 萧丙炎 郑孝胥

● **五月初十日（1929 年 6 月 16 日）**

见 萧丙炎 郑孝胥 吉田通译官 郑垂 溥任

● **五月十一日（1929 年 6 月 17 日）**

见　萧丙炎　郑孝胥　郑垂

● **五月十二日（1929年6月18日）**

见　萧丙炎　溥任

● **五月十三日（1929年6月19日）**

见　萧丙炎　万绳栻

● **五月十四日（1929年6月20日）**

见　萧丙炎　郑孝胥　万绳栻　郑垂

● **五月十五日（1929年6月21日）**

见　萧丙炎　郑孝胥　李准

● **五月十六日（1929年6月22日）**

见　萧丙炎　济煦　郑孝胥　万绳栻　郑垂　阿克弟〈第〉　载润

● **五月十七日（1929年6月23日）**

见　萧丙炎　荣源

● **五月十八日（1929年6月24日）**

见　萧丙炎

● **五月十九日（1929年6月25日）**

见　萧丙炎　远山猛雄

● **五月二十日（1929年6月26日）**

见　萧丙炎　济煦　郑孝胥　荣源

● **五月二十一日（1929年6月27日）**

见　萧丙炎　朱益藩　郑孝胥　陈宝琛　溥任

● **五月二十二日（1929年6月28日）**

见　萧丙炎　朱益藩　郑孝胥　万绳栻　陈宝琛　溥佳

● **五月二十三日（1929年6月29日）**

见　（无）

● **五月二十四日（1929年6月30日）**

见　萧丙炎

● **五月二十五日（1929年7月1日）**

见　萧丙炎　郑孝胥　胡嗣瑗

● **五月二十六日（1929年7月2日）**

见　萧丙炎　济煦　郑孝胥

溥仪与郑孝胥之子郑垂合影于静园

己巳五月二十七日（1929年7月3日）至八月二十七日（1929年9月29日）[1]

● **五月二十七日（1929年7月3日）**

见　萧丙炎　溥任

● **五月二十八日（1929年7月4日）**

见　萧丙炎　溥任

● **五月二十九日（1929年7月5日）**

见　萧丙炎

● **五月三十日（1929年7月6日）**

见　萧丙炎　溥任

● **六月初一日（1929年7月7日）**

见　萧丙炎　溥任

● **六月初二日（1929年7月8日）**

见　萧丙炎

● **六月初三日（1929年7月9日）**

见　萧丙炎　郑孝胥　胡嗣瑗　万绳栻　林葆恒　沈继贤　谢喆甡

● **六月初四日（1929年7月10日）**

见　（无）

● **六月初五日（1929年7月11日）**

见　萧丙炎　郑孝胥　胡嗣瑗　溥任

● **六月初六日（1929年7月12日）**

见　萧丙炎　远山猛雄

● **六月初七日（1929年7月13日）**

见　萧丙炎　郑孝胥　万绳栻　白井副领事

● **六月初八日（1929年7月14日）**

见　萧丙炎　陈宝琛　载润

● **六月初九日（1929年7月15日）**

见　萧丙炎　郑孝胥　万绳栻

● **六月初十日（1929年7月16日）**

见　萧丙炎　万绳栻　远山猛雄

● **六月十一日（1929年7月17日）**

天津静园大门

1 依据《清废帝溥仪档案〈召见日记簿（之十九）〉簿字277（原编为287）》。此册亦无年份记载，当系接上册者。

见 萧丙炎 万绳栻 冈本总领事 白井副领事 溥任

● 六月十二日（1929年7月18日）

见 萧丙炎 万绳栻

● 六月十三日（1929年7月19日）

见 萧丙炎 郑孝胥 万绳栻 万和寅

● 六月十四日（1929年7月20日）

见 萧丙炎 温肃 鲁郁彤 白井副领事 马根荃

● 六月十五日（1929年7月21日）

见 萧丙炎 郑孝胥 万绳栻 陈承瀚

● 六月十六日（1929年7月22日）

见 萧丙炎 济煦 万绳栻 增崇 王怀庆 荣源

● 六月十七日（1929年7月23日）

见 萧丙炎 郑孝胥 陈宝琛

● 六月十八日（1929年7月24日）

见 萧丙炎 郑孝胥 万绳栻 铁良 郑垂

● 六月十九日（1929年7月25日）

见 萧丙炎 郑孝胥

● 六月二十日（1929年7月26日）

见 萧丙炎 郑孝胥 万绳栻 郑垂 溥任

● 六月二十一日（1929年7月27日）

见 萧丙炎 万绳栻 陈宝琛 黄树成 郑垂 载涛 载润 载泽 载瀛 全荣 白井副领事 远山猛雄 溥任 荣源 朱益藩

● 六月二十二日（1929年7月28日）

见 萧丙炎 郑垂 冈本总领事 白井副领事 田代副领事 佐藤领事 远山猛雄

● 六月二十三日（1929年7月29日）

见 萧丙炎 郑孝胥 苏锡麟 万绳栻 载涛 载润 载瀛 载泽 全荣 朱益藩 荣源 那彦图

● 六月二十四日（1929年7月30日）

见 萧丙炎 那彦图 荣源

● 六月二十五日（1929年7月31日）

见 萧丙炎 郑孝胥 万绳栻 郑垂 阿克第 载涛 载润

● 六月二十六日（1929年8月1日）

见 萧丙炎 郑孝胥 广寿 爵善

● 六月二十七日（1929年8月2日）

见 萧丙炎 郑孝胥 陈宝琛 郑垂 冈本总领事 白井副领事 溥任

● 六月二十八日（1929年8月3日）

见 萧丙炎 郑孝胥 周愚夫（万绳栻代见）

● 六月二十九日（1929年8月4日）

见 萧丙炎 万绳栻 陈宝琛 张学诗

● 七月初一日（1929年8月5日）

见 萧丙炎 张学诗

● 七月初二日（1929年8月6日）

见 萧丙炎 郑孝胥 胡嗣瑗 远山猛雄

● 七月初三日（1929年8月7日）

见 萧丙炎

● 七月初四日（1929年8月8日）

见 萧丙炎 济煦 郑孝胥 万绳栻 李准 德色赖托布 阿拉坦瓦齐尔 乌尔图那苏图 溥任 荣源 白井副领事

● 七月初五日（1929年8月9日）

见 萧丙炎 郑孝胥 胡嗣瑗 存耆

● 七月初六日（1929年8月10日）

见 萧丙炎 胡嗣瑗 陈宝琛 郑垂 新坂狂也署长

● 七月初七日（1929年8月11日）

见 萧丙炎 郑孝胥 胡嗣瑗

● 七月初八日（1929年8月12日）

见 萧丙炎 胡嗣瑗 吉田通译官

● 七月初九日（1929年8月13日）

见 萧丙炎 济煦 郑孝胥 郑垂 溥任

● 七月初十日（1929年8月14日）

见 萧丙炎 郑孝胥 商衍瀛 万绳栻 远山猛雄 武田秀三

● 七月十一日（1929年8月15日）

见 萧丙炎 郑孝胥 胡嗣瑗 陈宝琛 郑垂 柯昌泗 杨宗翰

● 七月十二日（1929年8月16日）

见 萧丙炎 郑孝胥 胡嗣瑗 陈宝琛 武田秀三 林廷琛

● 七月十三日（1929年8月17日）

见 萧丙炎 胡嗣瑗 罗诚 载润

● 七月十四日（1929年8月18日）

见 萧丙炎 郑孝胥 沈继贤 郑垂 陈宝琛 远山猛雄 武田秀三

● 七月十五日（1929年8月19日）

见 济煦 广寿 爵善 郑垂

● **七月十六日（1929年8月20日）**

见 萧丙炎 郑孝胥 武田秀三 陈宝琛 郑垂 溥任

● **七月十七日（1929年8月21日）**

见 萧丙炎 济煦 郑孝胥 胡嗣瑗 张之照 郑垂

● **七月十八日（1929年8月22日）**

见 萧丙炎 胡嗣瑗 金方觉

● **七月十九日（1929年8月23日）**

见 萧丙炎 金方觉 锺俊三 郑垂

● **七月二十日（1929年8月24日）**

见 萧丙炎 郑孝胥 胡嗣瑗 朱汝珍

● **七月二十一日（1929年8月25日）**

见 萧丙炎 郑孝胥 胡嗣瑗 李家镝 舒远隆 郑垂

● **七月二十二日（1929年8月26日）**

见 萧丙炎 郑孝胥 李准

● **七月二十三日（1929年8月27日）**

见 萧丙炎 郑孝胥 郑垂

● **七月二十四日（1929年8月28日）**

见 萧丙炎 金方觉 郑垂 阿克第

● **七月二十五日（1929年8月29日）**

见 萧丙炎 郑孝胥 胡嗣瑗 远山猛雄 郑垂 荣源

● **七月二十六日（1929年8月30日）**

见 萧丙炎 郑孝胥 金方觉 锺俊三 郑垂

● **七月二十七日（1929年8月31日）**

见 萧丙炎 郑孝胥 郑垂 白井副领事 后藤禄郎副领事

● **七月二十八日（1929年9月1日）**

见 萧丙炎 郑孝胥 胡嗣瑗 陈宝琛 宝熙 郑垂

● **七月二十九日（1929年9月2日）**

见 萧丙炎 郑孝胥 郑垂

● **八月初一日（1929年9月3日）**

见 萧丙炎 胡嗣瑗 荣源

● **八月初二日（1929年9月4日）**

见 萧丙炎 郑孝胥 郑垂 金方觉 荣源

● **八月初三日（1929年9月5日）**

见 萧丙炎 胡嗣瑗 远山猛雄

八月初四日（1929年9月6日）

见 萧丙炎 郑孝胥 郑垂 广寿 爵善 白井副领事

八月初五日（1929年9月7日）

见 萧丙炎 郑孝胥 胡嗣瑗 远山猛雄 舒远隆 荣源 郑垂

八月初六日（1929年9月8日）

见 世榕 萧丙炎 郑孝胥 郑垂 林廷深 谢道仁 林棨

八月初七日（1929年9月9日）

见 萧丙炎 济煦 郑孝胥 胡嗣瑗 远山猛雄 润良 郑垂

八月初八日（1929年9月10日）

见 萧丙炎 郑孝胥 郑垂 远山猛雄 吉田忠太郎 萧方骏

八月初九日（1929年9月11日）

见 萧丙炎 郑孝胥 远山猛雄 王怀庆 萧方骏

八月初十日（1929年9月12日）

见 萧丙炎 郑孝胥 胡嗣瑗 远山猛雄 李景林

八月十一日（1929年9月13日）

见 萧丙炎 济煦 郑孝胥 陈宝琛

八月十二日（1929年9月14日）

见 萧丙炎 济煦 郑孝胥 胡嗣瑗 远山猛雄 朱煜勋（胡嗣瑗代见） 溥任

八月十三日（1929年9月15日）

见 萧丙炎 郑孝胥 沈继贤

八月十四日（1929年9月16日）

见 萧丙炎 郑孝胥 远山猛雄 陈宝琛 钟岳 荣源

八月十五日（1929年9月17日）

见 萧丙炎 刘宝题 毓崇 张学骥 溥任 润良 荣源

八月十六日（1929年9月18日）

见 毓崇 萧丙炎 郑孝胥 费毓楷 远山猛雄

八月十七日（1929年9月19日）

见 毓崇 萧丙炎 郑孝胥 胡嗣瑗 远山猛雄 林步随 溥任 陈宝琛 溥佺

八月十八日（1929年9月20日）

见 毓崇 溥佺 萧丙炎 郑孝胥 远山猛雄 溥任

八月十九日（1929年9月21日）

见 毓崇 溥佺 萧丙炎 郑孝胥 远山猛雄

八月二十日（1929年9月22日）

见 毓峻 萧丙炎 胡嗣瑗 荣源

● 八月二十一日（1929年9月23日）

见 萧丙炎 郑孝胥 陈宝琛 钟岳

● 八月二十二日（1929年9月24日）

见 萧丙炎 润良 荣源

● 八月二十三日（1929年9月25日）

见 萧丙炎 郑孝胥 胡嗣瑗 沈继贤 远山猛雄 荣源

● 八月二十四日（1929年9月26日）

见 萧丙炎 济煦 郑孝胥 胡嗣瑗 远山猛雄 林步随 陈宝琛 溥任

● 八月二十五日（1929年9月27日）

见 萧丙炎 郑孝胥 远山猛雄

● 八月二十六日（1929年9月28日）

见 萧丙炎 济煦 李儒

● 八月二十七日（1929年9月29日）

见 萧丙炎 济煦 李儒

己巳八月二十八日（1929年9月30日）至十一月十六日（1929年12月16日）[1]

己巳十一月十七日（1929年12月17日）至庚午正月念一日（1930年2月19日）[2]

● 十一月十七日（1929年12月17日）

见 萧丙炎 远山猛雄 夏瑞符 后藤副领事

● 十一月十八日（1929年12月18日）

见 萧丙炎 济煦 远山猛雄 郑垂 陈宝琛 广赖 德色赖托布 吴兆麟 溥任

● 十一月十九日（1929年12月19日）

见 萧丙炎 远山猛雄 赵月修

● 十一月二十日（1929年12月20日）

见 萧丙炎 远山猛雄 胡嗣瑗 沈继贤 郑垂 阎泽溥 荣源

1 本册《召见日记簿》缺失。

2 依据《清废帝溥仪档案〈召见日记簿（之二十）〉簿字278（原编为276）》。“正月念一日”即正月二十一日，原文如此。

● **十一月二十一日（1929年12月21日）**

见 萧丙炎 远山猛雄 胡嗣瑗 夏瑞符 郑垂 广赖 德色赖托布 扎葛尔 吴兆麟

● **十一月二十二日（1929年12月22日）**

见 萧丙炎 济煦 谢介石 陈宝琛 郑垂

● **十一月二十三日（1929年12月23日）**

见 萧丙炎

● **十一月二十四日（1929年12月24日）**

见 萧丙炎 费毓楷

● **十一月二十五日（1929年12月25日）**

见 萧丙炎 王季烈

● **十一月二十六日（1929年12月26日）**

见 萧丙炎 远山猛雄 万绳栻 谢介石 沈继贤 荣源

● **十一月二十七日（1929年12月27日）**

见 萧丙炎 胡嗣瑗 阎泽溥

● **十一月二十八日（1929年12月28日）**

见 萧丙炎 李儒 鲁郁彤 德色赖托布 吴兆麟 广赖

● **十一月二十九日（1929年12月29日）**

婉容在静园会客厅内会见来宾

见 萧丙炎 远山猛雄 费毓楷 陈宝琛 荣源

● **十一月三十日（1929年12月30日）**

见 萧丙炎 费毓楷 朱曜 刘维霖（济煦代见） 德色赖托布 吴兆麟 冈本总领事

● **腊月初一日（1929年12月31日）**

见 萧丙炎

● **腊月初二日（1930年1月1日）**

见 萧丙炎 冈本总领事 后藤副领事 尾见领事

● **腊月初三日（1930年1月2日）**

见 萧丙炎 胡嗣瑗 载涛 载润 载泽 载瀛 费毓楷

● **腊月初四日（1930年1月3日）**

见 萧丙炎 胡嗣瑗 舒远隆

● **腊月初五日（1930年1月4日）**

见 萧丙炎 远山猛雄 陈宝琛 费毓楷

● **腊月初六日（1930年1月5日）**

见 郑孝胥

● **腊月初七日（1930年1月6日）**

见 萧丙炎 郑孝胥 胡嗣瑗 李准 谢介石 沈继贤 溥任

● **腊月初八日（1930年1月7日）**

见 萧丙炎 德色赖托布 吴兆麟

● **腊月初九日（1930年1月8日）**

见 萧丙炎 郑孝胥 恒锌 吉田通译官 吉冈参谋 德色赖托布 吴兆麟

● **腊月初十日（1930年1月9日）**

见 萧丙炎 袁金铠 润良 恒锌

● **腊月十一日（1930年1月10日）**

见 溥修 萧丙炎 郑孝胥 陈宝琛 冯云卿（溥修、济煦代见） 沈继贤 袁大化 袁金铠

● **腊月十二日（1930年1月11日）**

见 萧丙炎 黄树成 谢介石 金梁 袁金铠 广赖

● **腊月十三日（1930年1月12日）**

见 萧丙炎 胡嗣瑗 徐良 陈宝琛 载泽 志林 张梦潮

● **腊月十四日（1930年1月13日）**

见 萧丙炎 郑孝胥 赵月修 荣源 阎泽溥

● **腊月十五日（1930年1月14日）**

见 萧丙炎 郑孝胥 徐良 张英华 溥任

● **腊月十六日（1930年1月15日）**

见 萧丙炎 济煦 郑孝胥 胡嗣瑗 荣源

● 腊月十七日（1930年1月16日）

见 萧丙炎 胡嗣瑗 谢介石 沈继贤 三多

● 腊月十八日（1930年1月17日）

见 萧丙炎 郑孝胥 胡嗣瑗 朱益藩

● 腊月十九日（1930年1月18日）

见 萧丙炎 郑孝胥 胡嗣瑗 朱益藩 广寿 爵善 费毓楷

● 腊月二十日（1930年1月19日）

见 萧丙炎

● 腊月二十一日（1930年1月20日）

见 萧丙炎 郑孝胥 胡嗣瑗 陈宝琛 朱益藩 费毓楷

● 腊月二十二日（1930年1月21日）

见 萧丙炎 郑孝胥

● 腊月二十三日（1930年1月22日）

见 萧丙炎 陈宝琛 阎泽溥

● 腊月二十四日（1930年1月23日）

见 萧丙炎 刘骧业 广赖 舒远洪

● 腊月二十五日（1930年1月24日）

见 萧丙炎 郑孝胥 包文渊 溥任

● 腊月二十六日（1930年1月25日）

见 萧丙炎 郑垂 阎泽溥

● 腊月二十七日（1930年1月26日）

见 萧丙炎 郑孝胥 胡嗣瑗 郑垂 吉田通译官 吉冈参谋

● 腊月二十八日（1930年1月27日）

见 萧丙炎 济煦 郑垂 荣源

● 腊月二十九日（1930年1月28日）

见 萧丙炎 郑孝胥 郑垂 载泽 载瀛 志林 锺继 舒远隆 徐良 润良

● 腊月三十日（1930年1月29日）

见 毓峻 萧丙炎 济煦 陈宝琛 舒远洪 溥任 陈懋需 费毓楷 润良 荣源 舒远隆

● 庚午 元旦（1930年1月30日）

见 毓峻 萧丙炎 济煦 润良 荣源 舒远隆 舒远宏 吉田通译官 吉冈参谋 溥任

● 正月初二日（1930年1月31日）

见 萧丙炎 济煦 郑孝胥 胡嗣瑗 李士奎 郑垂 陈懋需 远山猛雄

● 正月初三日（1930年2月1日）

见 （无）

● 正月初四日（1930年2月2日）

见 萧丙炎

● 正月初五日（1930年2月3日）

见 萧丙炎 郑孝胥 溥佳 李景林 苏锡麟

● 正月初六日（1930年2月4日）

见 萧丙炎 郑孝胥 郑垂

● 正月初七日（1930年2月5日）

见 萧丙炎 陈宝琛 徐良

● 正月初八日（1930年2月6日）

见 徐良 哈德 柏立汉穆 郑垂

● 正月初九日（1930年2月7日）

见 萧丙炎 郑孝胥 远山猛雄 郑垂 朱益藩

● 正月初十日（1930年2月8日）

见 萧丙炎 郑垂 陈宝琛 朱益藩 罗振玉 王季烈 夏瑞符 杨钟羲 狄伯义 马天英 吉田通译官 吉冈参谋 溥任

● 正月十一日（1930年2月9日）

见 萧丙炎 郑孝胥 朱汝珍 毓廉 景嘉 恒润 夏瑞符 溥优

● 正月十二日（1930年2月10日）

见 萧丙炎 郑孝胥 溥熏 毓墀 恒达 启功 赵国圻 冯恕 冯大生 商衍瀛 广寿 爵善 朱益藩 杨钟羲 郑垂 毓崇 李西

● 正月十三日（1930年2月11日）（万寿圣节）

见 本日求见者凡九十人，均不见。

● 正月十四日（1930年2月12日）

见 萧丙炎 孙韬 袁励准 商衍瀛 载涛 载润 溥儒 三多 杨钟羲 李西 郑垂 冈本总领事

● 正月十五日（1930年2月13日）

见 萧丙炎 定安 罗振玉 杨钟羲 陆宗振 沈继贤 溥任

● 正月十六日（1930年2月14日）

见 萧丙炎 罗振玉 毓崇 溥任

● 正月十七日（1930年2月15日）

见 萧丙炎 胡嗣瑗 毓崇

● 正月十八日（1930年2月16日）

见 萧丙炎 杨钟羲 李西 郑垂 鲁郁彤 胡若愚 润良

● 正月十九日（1930年2月17日）

见 萧丙炎 郑孝胥 胡嗣瑗 阳仓扎布 车林端多布 谢介石 夏瑞符 润良 毓崇

● 正月二十日（1930年2月18日）

见 萧丙炎 郑孝胥 杨钟羲 毓廉 景嘉 恒润 郑垂 胡若愚

● 正月二十一日（1930年2月19日）

见 萧丙炎 沈继贤 郑垂 狄伯义 马天英 王怀庆

庚午正月二十二日（1930年2月20日）至四月初一日（1930年4月29日）[1]

● 正月二十二日（1930年2月20日）

见 萧丙炎 胡嗣瑗 陈宝琛 郑垂 徐良 溥任

● 正月二十三日（1930年2月21日）

见 萧丙炎 郑孝胥 远山猛雄

● 正月二十四日（1930年2月22日）

见 萧丙炎 陈宝琛 李西 周登皞 毓廉 毓崇 溥任

● 正月二十五日（1930年2月23日）

见 萧丙炎 郑孝胥 刘骧业 沈继贤 溥任 润良

● 正月二十六日（1930年2月24日）

见 郑孝胥

● 正月二十七日（1930年2月25日）

见 萧丙炎 溥任

● 正月二十八日（1930年2月26日）

见 萧丙炎 郑孝胥 郑垂 溥任

● 正月二十九日（1930年2月27日）

见 萧丙炎 郑孝胥 陈宝琛 郑垂

● 二月初一日（1930年2月28日）

见 萧丙炎

● 二月初二日（1930年3月1日）

见 萧丙炎 郑孝胥 张超南 陈宝琛 郑垂 李西

● 二月初三日（1930年3月2日）

见 萧丙炎 荣源 溥任

1 依据《清废帝溥仪档案〈召见日记簿（之二十一）〉簿字279（原编为277）》。

● **二月初四日（1930年3月3日）**

见 萧丙炎 郑孝胥 胡嗣瑗 袁励准 徐良 周善培 溥任 毓崇

● **二月初五日（1930年3月4日）**

见 萧丙炎 王季烈 毓廉 徐良 周善培 谢介石

● **二月初六日（1930年3月5日）**

见 萧丙炎 郑孝胥 胡嗣瑗 陈宝琛 袁励准 罗福葆 费毓楷

● **二月初七日（1930年3月6日）**

见 萧丙炎 郑孝胥 胡嗣瑗 吉田通译官 吉冈参谋

● **二月初八日（1930年3月7日）**

见 萧丙炎 郑孝胥 沈继贤 景嘉

● **二月初九日（1930年3月8日）**

见 萧丙炎 鲁郁彤

● **二月初十日（1930年3月9日）**

见 萧丙炎 郑孝胥 李孺 刘骧业 毓崇 陈业

● **二月十一日（1930年3月10日）**

见 萧丙炎 郑孝胥 陈宝琛 毓崇 鲁郁彤 谢介石

● **二月十二日（1930年3月11日）**

见 萧丙炎 后藤副领事

● **二月十三日（1930年3月12日）**

见 萧丙炎 郑孝胥 胡嗣瑗 谢介石 周善培 费毓楷

● **二月十四日（1930年3月13日）**

见 萧丙炎 费毓楷

● **二月十五日（1930年3月14日）**

见 萧丙炎 费毓楷

● **二月十六日（1930年3月15日）**

见 萧丙炎 郑孝胥 周善培

● **二月十七日（1930年3月16日）**

见 萧丙炎 郑孝胥 胡嗣瑗 陈宝琛 夏瑞符 徐良 陈怀道（胡嗣瑗代见） 溥任

● **二月十八日（1930年3月17日）**

见 萧丙炎 济煦 郑孝胥 远山猛雄 李西 陈业

● **二月十九日（1930年3月18日）**

见 萧丙炎 冈本总领事 吉田通译官 武田秀一

● **二月二十日（1930年3月19日）**

见 萧丙炎 胡嗣瑗 沈继贤 陈怀道（胡嗣瑗代见）

● **二月二十一日（1930年3月20日）**

见 萧丙炎 郑孝胥 胡嗣瑗 远山猛雄 郑垂

● **二月二十二日（1930年3月21日）**

见 萧丙炎

● **二月二十三日（1930年3月22日）**

见 萧丙炎 济煦 郑孝胥 胡嗣瑗 陈宝琛 郑垂 沈继贤 夏瑞符

● **二月二十四日（1930年3月23日）**

见 萧丙炎 胡嗣瑗 马子政 马仙洲 广寿 爵善 荣源 润良

● **二月二十五日（1930年3月24日）**

见 萧丙炎 郑孝胥 郑垂 德色赖托布 吴兆麟

● **二月二十六日（1930年3月25日）**

见 萧丙炎 郑孝胥 胡嗣瑗

● **二月二十七日（1930年3月26日）**

见 萧丙炎 夏瑞符 郑垂 荣源

● **二月二十八日（1930年3月27日）**

见 萧丙炎 郑孝胥 胡嗣瑗 徐良 陈宝琛 德色赖托布 吴兆麟 色丹巴勒珠尔 哈拉巴勒丹 吉田通译官 吉冈参谋 润良

● **二月二十九日（1930年3月28日）**

见 萧丙炎

● **二月三十日（1930年3月29日）**

见 萧丙炎 郑孝胥 沈继贤 郑垂

● **三月初一日（1930年3月30日）**

见 萧丙炎 济煦 沈继贤 郑垂 徐良

● **三月初二日（1930年3月31日）**

见 萧丙炎 郑孝胥 胡嗣瑗 陈宝琛 李西

● **三月初三日（1930年4月1日）**

见 萧丙炎 郑孝胥 远山猛雄 夏瑞符 五弓安二郎 杉木董

● **三月初四日（1930年4月2日）**

见 萧丙炎 郑垂 夏瑞符 峰松真三郎 冈本久雄

● **三月初五日（1930年4月3日）**

见 萧丙炎 郑孝胥 郑垂 车林端多布 荣源

● **三月初六日（1930年4月4日）**

见 萧丙炎 郑孝胥

● **三月初七日（1930年4月5日）**

见 萧丙炎 德色赖托布 吴兆麟 赵桂林 吴慧民

● **三月初八日（1930年4月6日）**

见 萧丙炎 郑垂

● **三月初九日（1930年4月7日）**

见 萧丙炎 郑垂 吉田通译官 富田贵一 竹下勇

● **三月初十日（1930年4月8日）**

见 萧丙炎 夏瑞符 宪贞 郑垂 溥任

● **三月十一日（1930年4月9日）**

见 萧丙炎 郑垂 载涛 载泽 沈继贤

● **三月十二日（1930年4月10日）**

见 萧丙炎 郑垂 舒远隆

● **三月十三日（1930年4月11日）**

见 萧丙炎 胡嗣瑗 郑垂 载涛 昭煦 文葵 毓崧 吉田通译官 吉冈参谋 荣源 任教习

● **三月十四日（1930年4月12日）**

见 萧丙炎 远山猛雄 德色赖托布 吴兆麟 迟云鹏 赵月修 郑垂 广赖 沈继贤

● **三月十五日（1930年4月13日）**

见 宪贞 孙韬 郑垂 李西

● **三月十六日（1930年4月14日）**

见 萧丙炎 溥修 郑垂 远山猛雄

● **三月十七日（1930年4月15日）**

见 萧丙炎 郑垂 包文渊（胡嗣瑗代见） 溥任

● **三月十八日（1930年4月16日）**

见 萧丙炎 胡嗣瑗 陈宝琛 郑垂

● **三月十九日（1930年4月17日）**

见 萧丙炎 郑垂 载泽 载瀛 毓崧 广赖

● **三月二十日（1930年4月18日）**

见 萧丙炎 胡嗣瑗 郑垂 沈继贤 吉田通译官 吉冈参谋 任教习

● **三月二十一日（1930年4月19日）**

见 萧丙炎 广寿 爵善 郑垂

● **三月二十二日（1930年4月20日）**

见 萧丙炎 任教习

● **三月二十三日（1930年4月21日）**

见 萧丙炎 胡嗣瑗 郑垂 远山猛雄

● **三月二十四日（1930年4月22日）**

见 萧丙炎 济煦 胡嗣瑗 陈宝琛 郑垂 任教习

● **三月二十五日（1930 年 4 月 23 日）**

见 萧丙炎 济煦 夏瑞符 德色赖托布 吴兆麟

● **三月二十六日（1930 年 4 月 24 日）**

见 萧丙炎 济煦 郑垂 贡桑颜尔布 笃多博 冈本总领事 舒远宏 溥任

● **三月二十七日（1930 年 4 月 25 日）**

见 萧丙炎 郑垂 新坂署长

● **三月二十八日（1930 年 4 月 26 日）**

见 萧丙炎 济煦 陈宝琛 郑垂 德色赖托布 吴兆麟

● **三月二十九日（1930 年 4 月 27 日）**

见 萧丙炎 鲁郁彤 任教习

● **三月三十日（1930 年 4 月 28 日）**

见 萧丙炎 济煦 溥任

● **四月初一日（1930 年 4 月 29 日）**

见 萧丙炎

庚午四月初二日（1930 年 4 月 30 日）至
六月初七日（1930 年 7 月 2 日）[1]

● **四月初二日（1930 年 4 月 30 日）**

见 萧丙炎 胡嗣瑗 李西 夏瑞符 广赖 荣源

● **四月初三日（1930 年 5 月 1 日）**

见 萧丙炎 黄树成 朱汝珍 沈继贤 夏瑞符 冈本总领事 后藤副领事 何冠英 费毓楷

● **四月初四日（1930 年 5 月 2 日）**

见 萧丙炎 陈宝琛 何冠英 夏瑞符

● **四月初五日（1930 年 5 月 3 日）**

见 萧丙炎 沈继贤 夏瑞符

● **四月初六日（1930 年 5 月 4 日）**

见 萧丙炎 朱汝珍 溥任

● **四月初七日（1930 年 5 月 5 日）**

见 萧丙炎 胡嗣瑗 袁大化 王继兴（济煦代见） 溥任

● **四月初八日（1930 年 5 月 6 日）**

见 萧丙炎 王继兴 沈继贤 陈宝琛

1 依据《清废帝溥仪档案〈召见日记簿（之二十二）〉簿字 280（原编为 278）》。

● **四月初九日（1930年5月7日）**

见 萧丙炎 济煦 溥修 方燕年 溥伒 后藤副领事 田尻副领事

● **四月初十日（1930年5月8日）**

见 萧丙炎 陈宝琛 吴兆麟 溥伒 毓崇 费毓楷

● **四月十一日（1930年5月9日）**

见 萧丙炎 胡嗣瑗 林开謩

● **四月十二日（1930年5月10日）**

见 萧丙炎 胡嗣瑗 林开謩 溥钰 广赖 谢介石

● **四月十三日（1930年5月11日）**

见 萧丙炎 溥钰 郑百谷 费毓楷

● **四月十四日（1930年5月12日）**

见 萧丙炎 济煦 夏瑞符 沈继贤 朱庆澜

● **四月十五日（1930年5月13日）**

见 萧丙炎 济煦 胡嗣瑗 郑孝胥 郑垂

● **四月十六日（1930年5月14日）**

见 萧丙炎 李西 郑垂 大崎 溥任

● **四月十七日（1930年5月15日）**

见 萧丙炎 郑孝胥 胡嗣瑗 苏锡麟 张廷谔 郑垂 密库庭 阿图夫

● **四月十八日（1930年5月16日）**

见 萧丙炎 郑孝胥 胡嗣瑗

● **四月十九日（1930年5月17日）**

见 萧丙炎 郑孝胥 陈宝琛 王季烈 郑垂 任教习

● **四月二十日（1930年5月18日）**

见 萧丙炎 郑孝胥 胡嗣瑗 任教习

● **四月二十一日（1930年5月19日）**

见 萧丙炎 郑孝胥 赵守铮（胡嗣瑗代见） 郑垂

● **四月二十二日（1930年5月20日）**

见 萧丙炎 郑孝胥 远山猛雄 沈继贤 溥任

● **四月二十三日（1930年5月21日）**

见 萧丙炎 王继兴（胡嗣瑗代见）

● **四月二十四日（1930年5月22日）**

见 萧丙炎

● **四月二十五日（1930年5月23日）**

见 萧丙炎 郑孝胥 胡嗣瑗 陈宝琛 车林端多布 沈继贤 郑垂 朱益藩

● **四月二十六日（1930年5月24日）**

见 萧丙炎 郑孝胥 胡嗣瑗 陈宝琛 郑垂 朱益藩

● **四月二十七日（1930年5月25日）**

见 萧丙炎 车林端多布 王继兴 郑垂 夏瑞符 溥任

● **四月二十八日（1930年5月26日）**

见 萧丙炎 郑孝胥 胡嗣瑗 陈宝琛 朱益藩 郑垂 沈继贤

● **四月二十九日（1930年5月27日）**

见 萧丙炎

● **五月初一日（1930年5月28日）**

见 萧丙炎 济煦 郑孝胥 胡嗣瑗 沈继贤 王季烈 朱曜

● **五月初二日（1930年5月29日）**

见 萧丙炎 郑孝胥 林葆恒 陈宝琛 郑垂 徐良 毓崇 广赖

● **五月初三日（1930年5月30日）**

见 萧丙炎 济煦 郑孝胥 胡嗣瑗 郑垂 广赖 毓崇

● **五月初四日（1930年5月31日）**

见 萧丙炎 郑孝胥 胡嗣瑗 陈宝琛 郑垂

● **五月初五日（1930年6月1日）**

见 萧丙炎 胡嗣瑗 吴少香 袁大化 郑垂 毓崇 大崎 溥任 溥钰 内田

● **五月初六日（1930年6月2日）**

见 萧丙炎 郑孝胥 胡嗣瑗 朱庆澜 袁大化 沈继贤

● **五月初七日（1930年6月3日）**

见 萧丙炎 郑孝胥 郑垂 沈继贤 吴少香

● **五月初八日（1930年6月4日）**

见 萧丙炎 郑孝胥 郑垂 吴少香 车林端多布 费毓楷 毓崇

● **五月初九日（1930年6月5日）**

见 萧丙炎 郑孝胥 郑垂 沈继贤 吴少香

● **五月初十日（1930年6月6日）**

见 萧丙炎 胡嗣瑗 万绳栻 溥任

● **五月十一日（1930年6月7日）**

见 萧丙炎

● **五月十二日（1930年6月8日）**

见 萧丙炎 郑孝胥 陈宝琛 沈继贤 润良

● **五月十三日（1930年6月9日）**

见 萧丙炎 郑孝胥 胡嗣瑗 端绪 郑垂 润良 毓崇 吉田通译官 吉冈参谋

● **五月十四日（1930年6月10日）**

见 萧丙炎 胡嗣瑗 陈宝琛 郑垂 润良 毓崇

● **五月十五日（1930年6月11日）**

见 萧丙炎 王继兴 车林端多布 沈继贤 费毓楷

● **五月十六日（1930年6月12日）**

见 萧丙炎 郑孝胥 胡嗣瑗 吴兆麟 车林端多布 润良

● **五月十七日（1930年6月13日）**

见 萧丙炎 胡嗣瑗 郑垂 张学骥 荣源 溥任

● **五月十八日（1930年6月14日）**

见 萧丙炎 郑孝胥 陈曾寿 刘廷灏 润良 毓崇

● **五月十九日（1930年6月15日）**

见 萧丙炎 徐良 杨圻 载瀛 耆龄 郑垂 润良 毓崇 大崎 池田

● **五月二十日（1930年6月16日）**

见 萧丙炎 郑孝胥 胡嗣瑗 陈曾寿 罗远芳（胡嗣瑗代见） 陈宝琛 徐良 杨圻 朱益藩

● **五月二十一日（1930年6月17日）**

见 萧丙炎 朱益藩

● **五月二十二日（1930年6月18日）**

见 萧丙炎 朱益藩 沈继贤 赵国圻 阎泽溥 毓崇 润良

● **五月二十三日（1930年6月19日）**

见 萧丙炎 郑孝胥 陈宝琛 郑垂 德色赖托布 吴兆麟 赵桂林 毓崇 润良

● **五月二十四日（1930年6月20日）**

见 萧丙炎 毓崇 荣源 润良

● **五月二十五日（1930年6月21日）**

见 萧丙炎 朱益藩 胡嗣瑗 陈曾寿 吴少香 郑垂 荣源 溥任 毓崇 润良

● **五月二十六日（1930年6月22日）**

见 萧丙炎 德色赖托布 吴兆麟 郑垂 任教习

● **五月二十七日（1930年6月23日）**

见 萧丙炎 郑孝胥 溥偁 郑垂 希资司令 伍德海 毓崇

● **五月二十八（1930年6月24日）**

见 萧丙炎

● **五月二十九（1930年6月25日）**

见 萧丙炎

● **六月初一日（1930年6月26日）**

见 萧丙炎 阎泽溥 溥任 毓崇 润良

● **六月初二日（1930年6月27日）**

见　萧丙炎　郑孝胥　陈宝琛　夏瑞符

● **六月初三日（1930 年 6 月 28 日）**

见　萧丙炎　郑孝胥

● **六月初四日（1930 年 6 月 29 日）**

见　萧丙炎　郑孝胥　大崎　荣源　毓崇　润良　阎泽溥

● **六月初五日（1930 年 6 月 30 日）**

见　萧丙炎　舒远隆

● **六月初六日（1930 年 7 月 1 日）**

见　萧丙炎　陈宝琛　远山猛雄　佐藤领事　费毓楷　荣源　润良

● **六月初七日（1930 年 7 月 2 日）**

见　萧丙炎　济煦　胡嗣瑗

庚午六月初八日（1930 年 7 月 3 日）至七月二十四日（1930 年 9 月 16 日）[1]

● **六月初八日（1930 年 7 月 3 日）**

见　萧丙炎　济煦　陈曾寿

● **六月初九日（1930 年 7 月 4 日）**

见　萧丙炎　济煦　郑孝胥　胡嗣瑗　广赖　溥任　润良

● **六月初十日（1930 年 7 月 5 日）**

见　萧丙炎　郑孝胥　田草川俊雄　水符镇雄　毓崇　润良

● **六月十一日（1930 年 7 月 6 日）**

见　萧丙炎

● **六月十二日（1930 年 7 月 7 日）**

见　萧丙炎　郑孝胥　溥僩　增培

● **六月十三日（1930 年 7 月 8 日）**

见　萧丙炎　郑孝胥

● **六月十四日（1930 年 7 月 9 日）**

见　萧丙炎　郑孝胥　胡嗣瑗　润良　尹泽荣　尹炳喜　毓崇

● **六月十五日（1930 年 7 月 10 日）**

见　萧丙炎　陈曾寿　沈继贤　溥任　毓崇

● **六月十六日（1930 年 7 月 11 日）**

1 依据《清废帝溥仪档案〈召见日记簿（之二十三）〉簿字 281（原编为 279）》。

见 萧丙炎 郑孝胥

● **六月十七日（1930 年 7 月 12 日）**

见 萧丙炎 郑孝胥 胡嗣瑗

● **六月十八日（1930 年 7 月 13 日）**

见 萧丙炎 郑孝胥 车林端多布 毓崇

● **六月十九日（1930 年 7 月 14 日）**

见 萧丙炎 郑孝胥

● **六月二十日（1930 年 7 月 15 日）**

见 萧丙炎

● **六月二十一日（1930 年 7 月 16 日）**

见 萧丙炎 荣源 徐良 阎泽溥

● **六月二十二日（1930 年 7 月 17 日）**

见 萧丙炎 郑孝胥

● **六月二十三日（1930 年 7 月 18 日）**

见 萧丙炎 胡嗣瑗 李准

● **六月二十四日（1930 年 7 月 19 日）**

见 萧丙炎 郑孝胥 毓崇

● **六月二十五日（1930 年 7 月 20 日）**

见 萧丙炎 费毓楷

● **六月二十六日（1930 年 7 月 21 日）**

见 萧丙炎 郑孝胥 章梫 章以吴 赵国圻 毓崇 润良 高照伦

● **六月二十七日（1930 年 7 月 22 日）**

见 济煦 萧丙炎 郑孝胥 胡嗣瑗 陈曾寿 章梫 陈宝琛 毓运 吉冈参谋 吉田通译官 润良 毓崇 溥任

● **六月二十八日（1930 年 7 月 23 日）**

见 萧丙炎 陈曾寿 赵国圻 溥任

● **六月二十九日（1930 年 7 月 24 日）**

见 萧丙炎 郑孝胥 孙韬 润良 赵国圻

● **六月三十日（1930 年 7 月 25 日）**

见 萧丙炎 郑孝胥 费毓楷

● **闰六月初一日（1930 年 7 月 26 日）**

见 萧丙炎 郑孝胥 朱庆澜 郑垂 张学骥

● **闰六月初二日（1930 年 7 月 27 日）**

溥仪捐出的洋房

见　萧丙炎

● **闰六月初三日（1930年7月28日）**

见　萧丙炎　郑孝胥　陈宝琛

● **闰六月初四日（1930年7月29日）**

见　萧丙炎　郑孝胥　郑垂

● **闰六月初五日（1930年7月30日）**

见　萧丙炎　郑孝胥　陈宝琛　沈继贤

● **闰六月初六日（1930年7月31日）**

见　萧丙炎　济煦　胡嗣瑗　郑垂　后藤副领事

● **闰六月初七日（1930年8月1日）**

见　萧丙炎　济煦　郑孝胥　后藤副领事　德色赖托布

● **闰六月初八日（1930年8月2日）**

见　萧丙炎　郑孝胥　胡嗣瑗　陈宝琛　耆龄　郑孝胥　费毓楷　后藤副领事　郑陨敳　田尻领事　广赖　远山猛雄　新坂署长

● **闰六月初九日（1930年8月3日）**

见　萧丙炎　陈曾寿

● **闰六月初十日（1930年8月4日）**

见　萧丙炎

● **闰六月十一日（1930年8月5日）**

见　萧丙炎　郑孝胥　陈曾寿　陈宝琛　郑垂　郑陨敳　毓崇　费毓楷　溥任

● **闰六月十二日（1930年8月6日）**

见　萧丙炎　端绪

● **闰六月十三日（1930年8月7日）**

见　萧丙炎　济煦

● **闰六月十四日（1930年8月8日）**

见　萧丙炎　陈宝琛　溥熏　郑垂

● **闰六月十五日（1930年8月9日）**

见　萧丙炎　郑孝胥　胡嗣瑗　沈继贤　吉田通译官　吉冈参谋　本池副官

● **闰六月十六日（1930年8月10日）**

见　萧丙炎　毓崇

● **闰六月十七日（1930年8月11日）**

见　萧丙炎

● **闰六月十八日（1930年8月12日）**

见　萧丙炎　郑孝胥　胡嗣瑗　郑垂　毓崇

● **闰六月十九日（1930年8月13日）**

见 萧丙炎 胡焕

● **闰六月二十日（1930年8月14日）**

见 萧丙炎

● **闰六月二十一日（1930年8月15日）**

见 萧丙炎 郑垂 郑隤斅 溥佳 溥任 吴少香

● **闰六月二十二日（1930年8月16日）**

见 萧丙炎 郑孝胥 陈宝琛 郑垂 西村聪 姉崎观一 细田谦藏 平野彦次郎 姉崎岩藏 大桥太郎 片冈静男 川又武 喜多川武夫 佐藤德四郎 佐野厚 白本丰 多田罗准一 中原政一 滨中清 比嘉俊成 皆川常造 山田修次 渡部实一 小川大舜 费毓楷 溥佳

● **闰六月二十三日（1930年8月17日）**

见 萧丙炎 李准 陈宝琛 费毓楷 李思浩

● **闰六月二十四日（1930年8月18日）**

见 萧丙炎 济煦 郑孝胥 胡嗣瑗

● **闰六月二十五日（1930年8月19日）**

见 萧丙炎 郑孝胥 胡嗣瑗 孙韬 陈宝琛

● **闰六月二十六日（1930年8月20日）**

见 萧丙炎 郑孝胥 陈宝琛 郑垂 润良

溥夫人捐珍珠賑災

隱居天津之遜帝夫人對於江淮災民極爲懇切久思加以賑濟祇以手乏餘資而未果

（遜帝溥夫人之寫真）

溥夫人日前遂將其心愛之珍珠一串捐出託人送至天津某義變價助賑並以鄂省災情最重囑以珠價賑鄂此珠串計一百七十二顆當初係以二千五百元購得溥浩然先生方以樓房助賑溥夫人復捐珠串爲災民續命仁心義舉足爲末俗矜式社會上之闊太太不乏富逾溥夫人者盍聞風興起

报纸上刊出婉容赈灾的消息

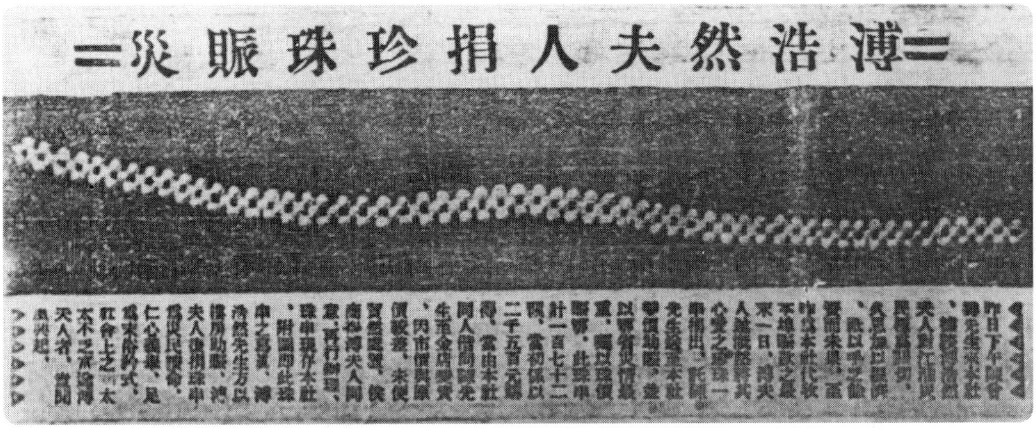

婉容捐出的珍珠项链

● **闰六月二十七日（1930年8月21日）**

见 萧丙炎 郑孝胥 荣源

● **闰六月二十八日（1930年8月22日）**

见 萧丙炎 郑孝胥 郭则沄 郑垂

● **闰六月二十九日（1930年8月23日）**

见 萧丙炎

● **七月初一日（1930年8月24日）**

见 萧丙炎 郑孝胥 陈宝琛 郑垂 润良 溥任

● **七月初二日（1930年8月25日）**

见 萧丙炎 夏瑞符 郑垂 希资司令 费毓楷

● **七月初三日（1930年8月26日）**

见 萧丙炎 郑孝胥 郑垂 吉田通译官 吉冈参谋 徐良 鲁郁彤 希资司令 吴〈伍〉德海 麦森

● **七月初四日（1930年8月27日）**

见 萧丙炎 郑孝胥 胡嗣瑗 郑垂 希资司令 牛进司令

● **七月初五日（1930年8月28日）**

见 萧丙炎 郑孝胥 郑垂

● **七月初六日（1930年8月29日）**

见 萧丙炎 济煦 夏瑞符 吴兆麟 车林端多布 郑垂

● **七月初七日（1930年8月30日）**

见 萧丙炎 郑孝胥 商衍瀛 郑垂

● **七月初八日（1930年8月31日）**

见 萧丙炎 钱澄 润良

● **七月初九日（1930年9月1日）**

见 萧丙炎 荣源

● **七月初十日（1930年9月2日）**

见 萧丙炎 郑孝胥 商衍瀛 万绳栻 夏瑞符 润良 溥任

● **七月十一日（1930年9月3日）**

见 萧丙炎 郑垂 柯林 葛宝英 克乐 王维翰

● **七月十二日（1930年9月4日）**

见 萧丙炎 王继兴（胡嗣瑗代见） 荣源

● **七月十三日（1930年9月5日）**

见 萧丙炎 郑孝胥 德色赖托布 郑垂

● **七月十四日（1930年9月6日）**

见 萧丙炎 郑垂 广赖

● **七月十五日（1930年9月7日）**

见 萧丙炎 陈宝琛 耆龄 郑垂 任教习 荣源

● **七月十六日（1930年9月8日）**

见 萧丙炎 郑孝胥

● **七月十七日（1930年9月9日）**

见 萧丙炎 郑孝胥 万绳栻 恒钧（胡嗣瑗代见） 郑垂

● **七月十八日（1930年9月10日）**

见 萧丙炎

● **七月十九日（1930年9月11日）**

见 萧丙炎 济煦 郑孝胥 胡嗣瑗 陈宝琛 陈懋复 郑垂 吉田通译官 吉冈参谋

● **七月二十日（1930年9月12日）**

见 萧丙炎 郑孝胥

● **七月二十一日（1930年9月13日）**

见 萧丙炎 牛进司令 庄士敦 吴兆麟 郑垂

● **七月二十二日（1930年9月14日）**

见 萧丙炎 郑孝胥 陈宝琛 定安 庄士敦 牛进司令 徐良 郑垂

● **七月二十三日（1930年9月15日）**

见 萧丙炎 郑孝胥 陈宝琛 朱益藩 荣源

● **七月二十四日（1930年9月16日）**

见 萧丙炎 胡嗣瑗 衡永 朱益藩 和希格 赵桂林 沈继贤

庚午七月二十五日（1930年9月17日）至九月二十七日（1930年11月17日）[1]

● **七月二十五日（1930年9月17日）**

见 萧丙炎 济煦 郑孝胥 胡嗣瑗 陈宝琛 朱益藩 郑垂 刘永平

● **七月二十六日（1930年9月18日）**

见 萧丙炎 远山猛雄 郑孝胥 胡嗣瑗 载涛 郑垂 白司达克揶 巴尔沙摩 佛兰卡第 朱益藩

● **七月二十七日（1930年9月19日）**

见 萧丙炎 远山猛雄 载涛

● **七月二十八日（1930年9月20日）**

见 萧丙炎 济煦 郑孝胥 郑垂 张学骥 任教习 润良

● **七月二十九日（1930年9月21日）**

见 萧丙炎

● **八月初一日（1930年9月22日）**

见 萧丙炎 郑孝胥 郑垂

● **八月初二日（1930年9月23日）**

见 萧丙炎 方燕年 林葆恒 郑垂 徐良 白司达克揶 巴尔沙摩 佛兰卡第

● **八月初三日（1930年9月24日）**

见 萧丙炎 郑孝胥

● **八月初四日（1930年9月25日）**

见 萧丙炎 胡嗣瑗 万绳栻 耆龄 徐良 费毓楷 荣源 吉田通译官

● **八月初五日（1930年9月26日）**

见 萧丙炎

● **八月初六日（1930年9月27日）**

见 郑孝胥 郑垂 冈本总领事 后藤副领事

● **八月初七日（1930年9月28日）**

见 萧丙炎 远山猛雄 郑垂

● **八月初八日（1930年9月29日）**

见 徐良

● **八月初九日（1930年9月30日）**

见 萧丙炎 胡嗣瑗 徐良 熊略 陈国伦 郑垂 费毓楷

1 依据《清废帝溥仪档案〈召见日记簿（之二十四）〉簿字282（原编为280）》。

● **八月初十日（1930年10月1日）**

见 萧丙炎 郑孝胥 徐良 郑垂

● **八月十一日（1930年10月2日）**

见 萧丙炎 胡嗣瑗 商衍瀛 郑垂 陈宝琛 钱澄 吴少香 润良

● **八月十二日（1930年10月3日）**

见 郑孝胥 吴少香 郑垂 新坂署长 溥任

● **八月十三日（1930年10月4日）**

见 萧丙炎 胡嗣瑗

● **八月十四日（1930年10月5日）**

见 萧丙炎 郑孝胥 哈喇巴勒丹（胡嗣瑗代见） 郑垂 冈本总领事 田尻领事 后藤副领事 吴少香

● **八月十五日（1930年10月6日）**

见 萧丙炎 胡嗣瑗 吴少香 毓崇 溥任 润良 荣源

● **八月十六日（1930年10月7日）**

见 萧丙炎 毓崇 吴〈伍〉德海 鲁郁彤

● **八月十七日（1930年10月8日）**

见 萧丙炎 郑孝胥 胡嗣瑗 陈曾寿 衡永 溥任 任教习 鲁郁彤

● **八月十八日（1930年10月9日）**

见 萧丙炎 郑垂 润良 毓崇 林宝华 大崎 溥任 吴少香 内田 吉田博士 陶祖椿

● **八月十九日（1930年10月10日）**

见 萧丙炎 润良

● **八月二十日（1930年10月11日）**

见 萧丙炎 郑垂

● **八月二十一日（1930年10月12日）**

见 萧丙炎

● **八月二十二日（1930年10月13日）**

见 （无）

● **八月二十三日（1930年10月14日）**

见 萧丙炎 郑孝胥 胡嗣瑗 陈宝琛 沈继贤 林宝华 陶祖椿 广赖

● **八月二十四日（1930年10月15日）**

见 萧丙炎 郑垂 毓崇

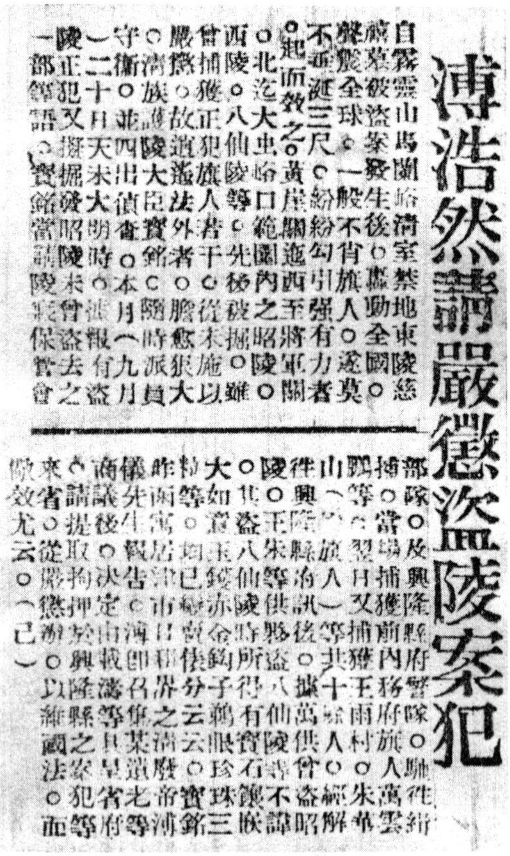

溥浩然請嚴懲盜陵案犯

《新天津报》（1930年10月11日）关于溥仪要求“严惩盗陵案犯”的报道

八月二十五日（1930年10月16日）

见 萧丙炎 郑孝胥 荣源 润良

八月二十六日（1930年10月17日）

见 萧丙炎 尚其英 许家福 郑垂 吴少香 林宝华 费毓楷 润良 陶祖春〈椿〉

八月二十七日（1930年10月18日）

见 萧丙炎 陈曾寿 田文彝

八月二十八日（1930年10月19日）

见 萧丙炎 郑孝胥 郑垂 润良

八月二十九日（1930年10月20日）

见 萧丙炎 郑孝胥 陈宝琛 林葆恒 刘骧业 沈继贤 费毓楷 荣源 阎泽溥

八月三十日（1930年10月21日）

见 萧丙炎 郑垂 溥佞 沈继贤 溥任

九月初一日（1930年10月22日）

见 萧丙炎 郑孝胥 胡嗣瑗 陈宝琛 徐良

九月初二日（1930年10月23日）

见 萧丙炎 郑孝胥 吉田通译官 宪基 连组 费毓楷

九月初三日（1930年10月24日）

见 萧丙炎 郑孝胥 宪基 连组 郑垂 任教习

九月初四日（1930年10月25日）

见 萧丙炎 郑孝胥 朱益藩 宫川一贯 郑垂 刘骧业 陈道源

九月初五日（1930年10月26日）

见 萧丙炎 胡嗣瑗 郑垂 张学骥（济煦代见）

九月初六日（1930年10月27日）

见 萧丙炎 郑孝胥

九月初七日（1930年10月28日）

见 萧丙炎 郑孝胥 胡嗣瑗 陈宝琛 郑垂 吴少香

九月初八日（1930年10月29日）

见 萧丙炎 荣源 润良 溥任

九月初九日（1930年10月30日）

见 萧丙炎 朱益藩 郑垂 尹群（济煦代见） 吴少香 陶祖椿 林宝华

九月初十日（1930年10月31日）

见 萧丙炎 胡嗣瑗

九月十一日（1930年11月1日）

见 萧丙炎

● **九月十二日（1930年11月2日）**

见 萧丙炎 郑孝胥 吴少香 费毓楷

● **九月十三日（1930年11月3日）**

见 萧丙炎

● **九月十四日（1930年11月4日）**

见 萧丙炎 胡嗣瑗 郑垂 徐良

● **九月十五日（1930年11月5日）**

见 萧丙炎 徐良 梁元 沈继贤 于化臣

● **九月十六日（1930年11月6日）**

见 萧丙炎 郑孝胥 胡嗣瑗 徐良（荣源代见） 龚安庆（荣源代见） 冯江元（荣源代见） 梁元（荣源代见） 荣源

● **九月十七日（1930年11月7日）**

见 萧丙炎 郑孝胥 胡嗣瑗 陈曾寿 晋昌 钟岳 吴道潜 徐良 龚安庆 冯江元

● **九月十八日（1930年11月8日）**

见 萧丙炎 胡嗣瑗 陈曾寿 溥任

● **九月十九日（1930年11月9日）**

见 萧丙炎 胡嗣瑗 林宝华 梁宝奎 陶祖椿 陈宝琛

● **九月二十日（1930年11月10日）**

见 萧丙炎 郑垂 钮湛德司令 佛兰卡第

● **九月二十一日（1930年11月11日）**

见 萧丙炎 陈宝琛

● **九月二十二日（1930年11月12日）**

见 萧丙炎 夏瑞符 郑垂 钮湛德司令 罗莫诺 摩那勒

● **九月二十三日（1930年11月13日）**

见 萧丙炎

● **九月二十四日（1930年11月14日）**

见 （无）

● **九月二十五日（1930年11月15日）**

见 （无）

● **九月二十六日（1930年11月16日）**

见 萧丙炎 吴少香 林宝华 陶祖椿 梁宝奎 大崎 内田 吉田 池田 桑原

● **九月二十七日（1930年11月17日）**

见 萧丙炎 郑垂 唐宝锷

庚午九月二十八日（1930 年 11 月 18 日）至腊月初十日（1931 年 1 月 28 日）[1]

● **九月二十八日（1930 年 11 月 18 日）**

见 萧丙炎 德色赖托布（济煦代见） 吴少香 郑垂 台乐司令官

● **九月二十九日（1930 年 11 月 19 日）**

见 萧丙炎 胡嗣瑗 李准 陈宝琛 夏瑞符

● **十月初一日（1930 年 11 月 20 日）**

见 萧丙炎 济煦 赵月修 郑垂 吴少香 溥任 大崎 林宝华 梁宝奎

● **十月初二日（1930 年 11 月 21 日）**

见 萧丙炎 吴宗禹

● **十月初三日（1930 年 11 月 22 日）**

见 萧丙炎 胡嗣瑗 陈宝琛 商衍瀛 雍涛（商衍瀛代见） 许以栗（商衍瀛代见） 郑垂 吉田通译官 宫田修 瓜生喜三郎 毓崇

● **十月初四日（1930 年 11 月 23 日）**

见 萧丙炎 吴少香 载涛 溥伒 溥僩 溥佺 林廷琛 翁敬棠 任教习

● **十月初五日（1930 年 11 月 24 日）**

见 萧丙炎 吴少香 陈宝琛 郑垂 于化臣（郑垂代见） 陶祖椿 毓崇

● **十月初六日（1930 年 11 月 25 日）**

见 萧丙炎 林宝华

● **十月初七日（1930 年 11 月 26 日）**

见 萧丙炎 陈曾寿 陈宝琛 孟效曾（陈曾寿代见）

● **十月初八日（1930 年 11 月 27 日）**

见 萧丙炎 胡嗣瑗 陈曾寿 陈宝琛 陶祖椿 盖尔士 离特

● **十月初九日（1930 年 11 月 28 日）**

见 萧丙炎 孟效曾（胡嗣瑗代见）

● **十月初十日（1930 年 11 月 29 日）**

见 萧丙炎 胡嗣瑗 陈曾寿 王乃斌

● **十月十一日（1930 年 11 月 30 日）**

见 萧丙炎 林宝华 任教习 司蜜斯

● **十月十二日（1930 年 12 月 1 日）**

见 萧丙炎 陈宝琛 林宝华 吴少香 梁宝奎

---

1 依据《清废帝溥仪档案〈召见日记簿（之二十五）〉簿字 283（原编为 281）》。

● 十月十三日（1930年12月2日）

见 萧丙炎 孟效曾（胡嗣瑗代见） 吉田通译官

● 十月十四日（1930年12月3日）

见 萧丙炎

● 十月十五日（1930年12月4日）

见 萧丙炎 胡嗣瑗 万绳栻

● 十月十六日（1930年12月5日）

见 萧丙炎

● 十月十七日（1930年12月6日）

见 萧丙炎 济煦 刘伯龙（济煦代见） 溥任

● 十月十八日（1930年12月7日）

见 萧丙炎 济煦 刘伯龙（济煦代见）

● 十月十九日（1930年12月8日）

见 萧丙炎 张季煜 吴少香 后藤副领事

● 十月二十日（1930年12月9日）

见 萧丙炎 济煦 胡嗣瑗 夏瑞符 萨兰芬

● 十月二十一日（1930年12月10日）

见 萧丙炎 胡嗣瑗 陈曾寿 夏瑞符 吉田通译官 吉冈参谋

● 十月二十二日（1930年12月11日）

见 萧丙炎 郑孝胥 夏瑞特 郑垂 载涛

● 十月二十三日（1930年12月12日）

见 萧丙炎 胡嗣瑗 载涛 夏瑞符 刘伯龙

● 十月二十四日（1930年12月13日）

见 萧丙炎 郑孝胥 胡嗣瑗 载涛 钱澄（胡嗣瑗代见） 楼裕熊（胡嗣瑗代见）

● 十月二十五日（1930年12月14日）

见 萧丙炎 刘伯龙 夏瑞符

● 十月二十六日（1930年12月15日）

见 萧丙炎 郑孝胥 胡嗣瑗 郑垂 夏瑞符

● 十月二十七日（1930年12月16日）

见 萧丙炎 林宝华 郑垂

● 十月二十八日（1930年12月17日）

见 萧丙炎 郑孝胥

● 十月二十九日（1930年12月18日）

见 萧丙炎 溥任

● **十月三十日（1930年12月19日）**

见 萧丙炎 郑孝胥 胡嗣瑗 陈宝琛 荣源 刘骧业

● **十一月初一日（1930年12月20日）**

见 萧丙炎 郑孝胥 郑垂

● **十一月初二日（1930年12月21日）**

见 萧丙炎 郑孝胥 陶祖椿 郑垂

● **十一月初三日（1930年12月22日）**

见 萧丙炎 郑孝胥 陈宝琛 郑垂

● **十一月初四日（1930年12月23日）**

见 萧丙炎 郑垂

● **十一月初五日（1930年12月24日）**

见 萧丙炎 郑孝胥

● **十一月初六日（1930年12月25日）**

见 萧丙炎 胡嗣瑗 陈宝琛

● **十一月初七日（1930年12月26日）**

见 萧丙炎 远山猛雄 广赖 广寿 爵善 章梫 郑垂

● **十一月初八日（1930年12月27日）**

见 萧丙炎

● **十一月初九日（1930年12月28日）**

见 萧丙炎 郑孝胥 钮湛德司令

● **十一月初十日（1930年12月29日）**

见 萧丙炎 恽宝仁 植田司令官 吉田通译官 宍浦副官 中川通译官 溥任

● **十一月十一日（1930年12月30日）**

见 萧丙炎 袁大化 鲁郁彤

● **十一月十二日（1930年12月31日）**

见 萧丙炎

● **十一月十三日（1931年1月1日）**

见 萧丙炎 苏锡麟 吉田新七郎 田尻领事 后藤副领事 新坂署长 徐良

● **十一月十四日（1931年1月2日）**

见 萧丙炎 张英华

● **十一月十五日（1931年1月3日）**

见 萧丙炎 郑孝胥 溥佑 陈宝琛

● **十一月十六日（1931年1月4日）**

见 萧丙炎 陈宝琛 陈懋需

● **十一月十七日（1931年1月5日）**

见 萧丙炎 郑孝胥 陈曾寿 尚其英 商衍瀛 朱庆澜

● **十一月十八日（1931年1月6日）**

见 萧丙炎 胡嗣瑗 商衍瀛

● **十一月十九日（1931年1月7日）**

见 萧丙炎 郑孝胥 吉田通译官 植田司令 宍浦副官 溥任 毓崇

● **十一月二十日（1931年1月8日）**

见 萧丙炎 济煦 胡嗣瑗 苏锡麟 陈宝琛

● **十一月二十一日（1931年1月9日）**

见 萧丙炎 毓崇

● **十一月二十二日（1931年1月10日）**

见 萧丙炎 董元亮 池田

● **十一月二十三日（1931年1月11日）**

见 萧丙炎

● **十一月二十四日（1931年1月12日）**

见 萧丙炎 郑孝胥 胡嗣瑗 陈宝琛 荣源 广赖

● **十一月二十五日（1931年1月13日）**

见 萧丙炎 郑孝胥 香椎浩平司令官 吉冈参谋 宍浦副官 吉田通译官

● **十一月二十六日（1931年1月14日）**

见 萧丙炎 郑孝胥 林宝华 徐良 梁宝奎

● **十一月二十七日（1931年1月15日）**

见 萧丙炎 郑孝胥 陈宝琛 张梦潮

● **十一月二十八日（1931年1月16日）**

见 萧丙炎 郑孝胥 林宝华 黄荣良

● **十一月二十九日（1931年1月17日）**

见 萧丙炎 陈曾寿 徐良 赵月修 格爱司力

● **十一月三十日（1931年1月18日）**

见 萧丙炎 郑孝胥

● **腊月初一日（1931年1月19日）**

见 萧丙炎 郑孝胥 陈宝琛 溥侊

● **腊月初二日（1931年1月20日）**

见 萧丙炎 陈宝琛

● **腊月初三日（1931年1月21日）**

见 萧丙炎 陈曾寿 陈宝琛

● **腊月初四日（1931年1月22日）**

见 萧丙炎 郑孝胥 林宝华 离特 陶祖椿

● **腊月初五日（1931年1月23日）**

见 萧丙炎 陈曾寿 吴少香 林宝华

● **腊月初六日（1931年1月24日）**

见 萧丙炎 郑孝胥 吴少香

● **腊月初七日（1931年1月25日）**

见 萧丙炎 载涛 徐良 章士钊 吴少香 吉田通译官 润良

● **腊月初八日（1931年1月26日）**

见 萧丙炎 胡嗣瑗 润良 溥任

● **腊月初九日（1931年1月27日）**

见 萧丙炎 胡毓坤 富双英

● **腊月初十日（1931年1月28日）**

见 萧丙炎 郑孝胥 徐良 章士钊

庚午十二月十一日（1931年1月29日）至 辛未二月十四日（1931年4月1日）[1]

● **腊月十一日（1931年1月29日）**

见 萧丙炎 胡嗣瑗 陈曾寿 恽宝惠

● **腊月十二日（1931年1月30日）**

见 萧丙炎 郑孝胥 胡嗣瑗 林宝华 梁宝奎

● **腊月十三日（1931年1月31日）**

见 萧丙炎 郑孝胥 吴少香

● **腊月十四日（1931年2月1日）**

见 萧丙炎 胡嗣瑗

● **腊月十五日（1931年2月2日）**

见 萧丙炎 郑孝胥 徐良 溥任 钮湛德司令 马来雷

● **腊月十六日（1931年2月3日）**

见 萧丙炎

● **腊月十七日（1931年2月4日）**

见 萧丙炎

1　依据《清废帝溥仪档案〈召见日记簿（之二十六）〉簿字284（原编为282）》。

● **腊月十八日（1931年2月5日）**

见 萧丙炎 郑孝胥 胡嗣瑗 陈曾畴〈寿〉 郑垂

● **腊月十九日（1931年2月6日）**

见 萧丙炎 吉田通译官 吉冈参谋

● **腊月二十日（1931年2月7日）**

见 萧丙炎 郑孝胥 毓崇

● **腊月二十一日（1931年2月8日）**

见 萧丙炎 郑孝胥 车林端多布

● **腊月二十二日（1931年2月9日）**

见 萧丙炎 胡嗣瑗

● **腊月二十三日（1931年2月10日）**

见 萧丙炎

● **腊月二十四日（1931年2月11日）**

见 萧丙炎 郑孝胥 杨宗翰 车林端多布 郑垂

● **腊月二十五日（1931年2月12日）**

见 萧丙炎 郑孝胥 胡嗣瑗 陆宗舆

● **腊月二十六日（1931年2月13日）**

见 萧丙炎 郑垂

● **腊月二十七日（1931年2月14日）**

见 萧丙炎 胡嗣瑗 溥伒 毓崇

● **腊月二十八日（1931年2月15日）**

见 萧丙炎 徐良 赫德博士 陈玉庆

● **腊月二十九日（1931年2月16日）**

见 萧丙炎 胡嗣瑗 润良

● **辛未正月元旦（1931年2月17日）**

见 济煦 郑孝胥 润良 郑垂 荣源 吴少香 香椎司令官 吉冈参谋 吉田通译官 吉田博士 张学骥

● **正月初二日（1931年2月18日）**

见 胡嗣瑗 陈曾寿 陈宝琛 大崎 池田 内田桑原

● **正月初三日（1931年2月19日）**

见 郑孝胥 张学骥 朱文龙 孙瑞方

● **正月初四日（1931年2月20日）**

见 林宝华 郑垂 载涛

● **正月初五日（1931年2月21日）**

见 许兰洲 高香云

● **正月初六日（1931 年 2 月 22 日）**

见 胡嗣瑗 陈曾寿

● **正月初七日（1931 年 2 月 23 日）**

见 林宝华

● **正月初八日（1931 年 2 月 24 日）**

见 胡嗣瑗 远山猛雄 溥任

● **正月初九日（1931 年 2 月 25 日）**

见 萧丙炎 胡嗣瑗

● **正月初十日（1931 年 2 月 26 日）**

见 萧丙炎 胡嗣瑗 王季烈 吉田通译官 渡边晨亩

● **正月十一日（1931 年 2 月 27 日）**

见 萧丙炎 朱益藩

● **正月十二日（1931 年 2 月 28 日）**

见 萧丙炎 溥熏 冯恕 袁励准 袁行宽 罗振玉 赵国圻 李西 郑垂 苏锡麟

● **正月十三日（1931 年 3 月 1 日）（万寿圣节）**

见 毓峻 萧丙炎 济煦 郑孝胥 胡嗣瑗 陈曾寿 万绳栻 润良 溥佑 袁励准 杨钟羲 荣源 溥佡 溥僩 毓崇 溥儒 王季烈 朱益藩 罗振玉 袁大化 溥德 郑垂 铁良 李西 赵国圻 溥佳 夏瑞符 香椎司令官 广赖中将 林一皂副官长 吉冈参谋 中井千万骑大尉 吉田通译官 张学骥 溥任 田尻领事 后藤副领事 任教习 哈德牧师（尚有六十人未见）

● **正月十四日（1931 年 3 月 2 日）**

见 罗振玉 冯恕 冯大申 林葆恒

● **正月十五日（1931 年 3 月 3 日）**

见 萧丙炎 郑孝胥 冯恕 冯大申 载涛 郑垂 桑岛主计总领事 后藤副领事

● **正月十六日（1931 年 3 月 4 日）**

见 毓廉 景嘉 郑孝胥 胡嗣瑗 荣源 李士奎 恒润

● **正月十七日（1931 年 3 月 5 日）**

见 萧丙炎 任祖安（济煦代见） 万武（济煦代见） 吉田通译官

● **正月十八日（1931 年 3 月 6 日）**

见 毓廉 郑垂

● **正月十九日（1931 年 3 月 7 日）**

见 毓廉 黄孝纾 郑垂 香椎司令官 吉冈参谋 吉田通译官

● **正月二十日（1931 年 3 月 8 日）**

见 萧丙炎 郑孝胥 陈曾寿 宝熙 吉田通译官 渡边晨亩

● **正月二十一日（1931 年 3 月 9 日）**

见 萧丙炎 郑孝胥 林宝华 郑垂 溥任

● **正月二十二日（1931 年 3 月 10 日）**

见 萧丙炎 溥任

● **正月二十三日（1931 年 3 月 11 日）**

见 萧丙炎

● **正月二十四日（1931 年 3 月 12 日）**

见 萧丙炎 陈曾寿 宝熙

● **正月二十五日（1931 年 3 月 13 日）**

见 萧丙炎 宝熙

● **正月二十六日（1931 年 3 月 14 日）**

见 萧丙炎 郑孝胥 胡嗣瑗

● **正月二十七日（1931 年 3 月 15 日）**

见 萧丙炎 展仁士 曾昭桦 郑垂

● **正月二十八日（1931 年 3 月 16 日）**

见 萧丙炎 郑孝胥 胡嗣瑗

● **正月二十九日（1931 年 3 月 17 日）**

见 萧丙炎

● **正月三十日（1931 年 3 月 18 日）**

见 萧丙炎 荣源 溥杰 润麒 溥任

● **二月初一日（1931 年 3 月 19 日）**

见 萧丙炎 郑孝胥 胡嗣瑗 溥杰 润麒 武田秀三 良揆

● **二月初二日（1931 年 3 月 20 日）**

见 萧丙炎 郑孝胥 溥杰 润麒 董元亮

● **二月初三日（1931 年 3 月 21 日）**

见 萧丙炎 溥杰 润麒 郑孝胥 胡嗣瑗 陈曾寿 郑垂 桑岛总领事 田尻领事 后藤副领事 远山猛雄

● **二月初四日（1931 年 3 月 22 日）**

见 萧丙炎 溥杰 惠均 吉田通译官 中岛 森田

● **二月初五日（1931 年 3 月 23 日）**

见 萧丙炎 济煦 溥杰 溥任

● **二月初六日（1931 年 3 月 24 日）**

见 萧丙炎 溥杰 郑孝胥 陈曾寿 林宝华 郑垂

● **二月初七日（1931 年 3 月 25 日）**

见 萧丙炎 溥杰 陈宝琛 润麒 郑垂 郑禹 周登皞

● **二月初八日（1931 年 3 月 26 日）**

见 萧丙炎 溥杰 胡嗣瑗 郑垂

● **二月初九日（1931 年 3 月 27 日）**

见 溥杰 萧丙炎 吉田通译官 吉冈参谋 润麒 夏瑞符

● **二月初十日（1931 年 3 月 28 日）**

见 溥杰 郑孝胥 吉田通译官 吉冈参谋 三浦参谋

● **二月十一日（1931 年 3 月 29 日）**

见 溥杰 萧丙炎 胡嗣瑗 陈宝琛 润麒 毓崇 溥任

● **二月十二日（1931 年 3 月 30 日）**

见 溥杰 萧丙炎 郑垂 堤四郎 阪下天仙 毓崇

● **二月十三日（1931 年 3 月 31 日）**

见 溥杰 萧丙炎 润麒

● **二月十四日（1931 年 4 月 1 日）**

见 溥杰 萧丙炎 郑孝胥

辛未二月十五日（1931 年 4 月 2 日）至四月三十日（1931 年 6 月 15 日）[1]

● **二月十五日（1931 年 4 月 2 日）**

见 溥杰 萧丙炎 胡嗣瑗 陈宝琛 吉田通译官 江崎 荣源 润麒

● **二月十六日（1931 年 4 月 3 日）**

见 溥杰 萧丙炎 郑孝胥 润麒 远山猛雄 郑垂

● **二月十七日（1931 年 4 月 4 日）**

见 溥杰 萧丙炎 平野健三 润麒 任教习

● **二月十八日（1931 年 4 月 5 日）**

见 溥杰 萧丙炎 高香云 平野健三 润麒 吉田通译官 藤田语郎 山崎正董 山木随员 溥任

● **二月十九日（1931 年 4 月 6 日）**

见 溥杰 萧丙炎 郑孝胥 润麒 溥任

● **二月二十日（1931 年 4 月 7 日）**

见 萧丙炎 郑孝胥 胡嗣瑗 陈曾寿

1 依据《清废帝溥仪档案〈召见日记簿（之二十七）〉簿字 285（原编为 283）》。

● **二月二十一日（1931年4月8日）**

见 萧丙炎 郑孝胥 郑垂 郑禹

● **二月二十二日（1931年4月9日）**

见 萧丙炎

● **二月二十三日（1931年4月10日）**

见 萧丙炎

● **二月二十四日（1931年4月11日）**

见 田尻领事 后藤副领事

● **二月二十五日（1931年4月12日）**

见 萧丙炎 荣源

● **二月二十六日（1931年4月13日）**

见 萧丙炎 钮湛德司令 溥任

● **二月二十七日（1931年4月14日）**

见 萧丙炎 郑垂

● **二月二十八日（1931年4月15日）**

见 萧丙炎

● **二月二十九日（1931年4月16日）**

见 萧丙炎

● **二月三十日（1931年4月17日）**

见 萧丙炎 胡嗣瑗

● **三月初一日（1931年4月18日）**

见 萧丙炎 郑垂

● **三月初二日（1931年4月19日）**

见 萧丙炎 胡嗣瑗 郑垂 吴少香

● **三月初三日（1931年4月20日）**

见 陈宝琛 刘骧业

● **三月初四日（1931年4月21日）**

见 萧丙炎

● **三月初五日（1931年4月22日）**

见 萧丙炎 陈宝琛 刘骧业 溥任

● **三月初六日（1931年4月23日）**

见 萧丙炎

● **三月初七日（1931年4月24日）**

见 萧丙炎

● 三月初八日（1931年4月25日）

见 萧丙炎

● 三月初九日（1931年4月26日）

见 萧丙炎 陈宝琛 陈曾寿 郑垂 德川义宽 大桥正次 大田万吉 桑原镰助

● 三月初十日（1931年4月27日）

见 萧丙炎 陈曾寿 陈宝琛 郑垂

● 三月十一日（1931年4月28日）

见 萧丙炎 胡嗣瑗 陈曾寿 陈宝琛 郑垂 尚其英

● 三月十二日（1931年4月29日）

见 萧丙炎 胡嗣瑗 陈曾寿 陈宝琛 郑垂 夏瑞符

● 三月十三日（1931年4月30日）

见 萧丙炎 胡嗣瑗 陈曾寿 溥任

● 三月十四日（1931年5月1日）

见 萧丙炎 林开謩

● 三月十五日（1931年5月2日）

见 萧丙炎 胡嗣瑗 陈曾寿 陈宝琛 鲁郁彤 任教习 郭欧 熙克仁 普路莫 袁大化 林开謩

● 三月十六日（1931年5月3日）

见 萧丙炎 胡嗣瑗 陈曾寿 鲁郁彤 郭欧 熙克仁 普路莫 任教习 张学骥

● 三月十七日（1931年5月4日）

见 萧丙炎 鲁郁彤 任教习 普路莫

● 三月十八日（1931年5月5日）

见 萧丙炎 胡嗣瑗 陈曾寿 杨〈阳〉仓扎布 笃多博 林棨 鲁郁彤

● 三月十九日（1931年5月6日）

见 萧丙炎 胡嗣瑗 陈曾寿 商衍瀛 吉田通译官

● 三月二十日（1931年5月7日）

见 萧丙炎

● 三月二十一日（1931年5月8日）

见 萧丙炎 郑孝胥 郑垂

● 三月二十二日（1931年5月9日）

见 萧丙炎 郑孝胥 载涛 郑垂

● 三月二十三日（1931年5月10日）

见 萧丙炎 郑孝胥 郑垂 袁大化 铁良

● 三月二十四日（1931年5月11日）

见 萧丙炎 郑孝胥 郑垂

● 三月二十五日（1931 年 5 月 12 日）

见 萧丙炎 郑孝胥 郑垂 溥任

● 三月二十六日（1931 年 5 月 13 日）

见 萧丙炎 郑孝胥 胡嗣瑗 郑垂 罗振玉 毓崇

● 三月二十七日（1931 年 5 月 14 日）

见 萧丙炎

● 三月二十八日（1931 年 5 月 15 日）

见 萧丙炎 郑孝胥

● 三月二十九日（1931 年 5 月 16 日）

见 萧丙炎 郑孝胥 胡嗣瑗 鲁郁彤

● 四月初一日（1931 年 5 月 17 日）

见 萧丙炎 郑孝胥 胡嗣瑗 陈曾寿 载涛 溥伒 溥佺

● 四月初二日（1931 年 5 月 18 日）

见 萧丙炎 载涛 林宝华 吴少香

● 四月初三日（1931 年 5 月 19 日）

见 萧丙炎 胡嗣瑗 溥修 吴少香

● 四月初四日（1931 年 5 月 20 日）

见 萧丙炎 郑孝胥 远山猛雄 小早川秋声 徐良

● 四月初五日（1931 年 5 月 21 日）

见 萧丙炎 郑孝胥 吉田通译官 高山公通

● 四月初六日（1931 年 5 月 22 日）

见 萧丙炎 胡嗣瑗 陈宝琛 水野炼太郎 守屋荣夫 横山助成 后藤副领事 德穆楚克栋鲁普 鲁郁彤

● 四月初七日（1931 年 5 月 23 日）

见 萧丙炎 郑孝胥 胡嗣瑗 温肃 周善培 徐良 李维忱 郑垂 朴好秉（胡嗣瑗代见） 溥任

● 四月初八日（1931 年 5 月 24 日）

见 济煦 郑孝胥 陈增荣 朴好秉 赵桂林（济煦代见）

● 四月初九日（1931 年 5 月 25 日）

见 萧丙炎 郑孝胥 郑垂 森赳

● 四月初十日（1931 年 5 月 26 日）

见 萧丙炎

● 四月十一日（1931 年 5 月 27 日）

见 萧丙炎 陈宝琛

● 四月十二日（1931 年 5 月 28 日）

见 萧丙炎 郑孝胥 胡嗣瑗 徐良 冯江元

● 四月十三日（1931 年 5 月 29 日）

见 萧丙炎 郑孝胥 胡嗣瑗 陈曾寿 毓崇

● 四月十四日（1931 年 5 月 30 日）

见 萧丙炎 郑垂 后藤领事 特命全权大使田中都吉 日本纺绩同业会总务船津辰一郎

● 四月十五日（1931 年 5 月 31 日）

见 萧丙炎 郑孝胥 胡嗣瑗 溥僴

● 四月十六日（1931 年 6 月 1 日）

见 （无）

● 四月十七日（1931 年 6 月 2 日）

见 萧丙炎 李准 严家炽 润良 溥任

● 四月十八日（1931 年 6 月 3 日）

见 （无）

● 四月十九日（1931 年 6 月 4 日）

见 郑垂

● 四月二十日（1931 年 6 月 5 日）

见 萧丙炎 郑孝胥 胡嗣瑗 陈曾寿 郑垂

● 四月二十一日（1931 年 6 月 6 日）

见 萧丙炎 广赖

● 四月二十二日（1931 年 6 月 7 日）

见 萧丙炎 新坂署长 郑垂

● 四月二十三日（1931 年 6 月 8 日）

见 萧丙炎 林宝华 金倬（济煦代见）

● 四月二十四日（1931 年 6 月 9 日）

见 萧丙炎 陈宝琛 广寿 爵善

● 四月二十五日（1931 年 6 月 10 日）

见 萧丙炎 胡嗣瑗 陈曾寿 溥任

● 四月二十六日（1931 年 6 月 11 日）

见 萧丙炎 胡嗣瑗 吉田通译官

● 四月二十七日（1931 年 6 月 12 日）

见 萧丙炎

● 四月二十八日（1931 年 6 月 13 日）

见 萧丙炎 陈曾寿 陈宝琛 后藤副领事 最上政三 官泽胤勇 佐藤谦之辅 多田满长

冈田春夫 武谷甚太郎

● 四月二十九日（1931年6月14日）

见 萧丙炎 陈宝琛 张溱

● 四月三十日（1931年6月15日）

见 萧丙炎 郑孝胥 胡嗣瑗 陈曾寿 郑垂 吉田通译官 桑浦参谋 钮湛德司令

辛未五月初一日（1931年6月16日）至七月二十一日（1931年9月3日）[1]

● 五月初一日（1931年6月16日）

见 萧丙炎 郑孝胥 郑垂

● 五月初二日（1931年6月17日）

见 萧丙炎 胡嗣瑗 孙培经 屈永秋

● 五月初三日（1931年6月18日）

见 萧丙炎 郑孝胥 温肃 朱益藩 郑垂 哲述森 鄂〈欧〉登科

● 五月初四日（1931年6月19日）

见 萧丙炎 郑孝胥 郑垂 哲述森

● 五月初五日（1931年6月20日）

见 萧丙炎 袁大化 铁良 溥任

● 五月初六日（1931年6月21日）

见 萧丙炎 济煦 胡嗣瑗 陈曾寿

● 五月初七日（1931年6月22日）

见 萧丙炎 郑孝胥 郑垂 郑百谷 大崎

● 五月初八日（1931年6月23日）

见 萧丙炎

● 五月初九日（1931年6月24日）

见 萧丙炎 胡嗣瑗 陈宝琛

● 五月初十日（1931年6月25日）

见 萧丙炎 吉田通译官

● 五月十一日（1931年6月26日）

见 萧丙炎 郑孝胥 陈宝琛 郑垂 哲进森 鄂〈欧〉登科

● 五月十二日（1931年6月27日）

1 依据《清废帝溥仪档案〈召见日记簿（之二十八）〉簿字286（原编为284）》。

见　萧丙炎　郑孝胥　胡嗣瑗　陈曾寿　陈宝琛　温肃　章梫

● 五月十三日（1931 年 6 月 28 日）

见　萧丙炎　胡嗣瑗　载涛　溥伒　溥泉　宝铭

● 五月十四日（1931 年 6 月 29 日）

见　萧丙炎　郑孝胥　张志潜　载涛　溥伒　宝铭　蓝云屏（胡嗣瑗代见）

● 五月十五日（1931 年 6 月 30 日）

见　萧丙炎　胡嗣瑗　潘语舲（胡嗣瑗代见）　吉田通译官

● 五月十六日（1931 年 7 月 1 日）

见　萧丙炎　溥任

● 五月十七日（1931 年 7 月 2 日）

见　萧丙炎

● 五月十八日（1931 年 7 月 3 日）

见　萧丙炎　赵月修　杨〈阳〉仓扎布

● 五月十九日（1931 年 7 月 4 日）

见　萧丙炎　郑孝胥　张志潜　张允侨　车林端多布　朱益藩

● 五月二十日（1931 年 7 月 5 日）

见　萧丙炎　张允侨　大崎　池田　朱益藩　富永锦吾　膺巢福市　桑原镰助　内田　桑园

● 五月二十一日（1931 年 7 月 6 日）

见　萧丙炎　胡嗣瑗　冯恕　冯大申　冯忠凌　毓崇

● 五月二十二日（1931 年 7 月 7 日）

见　萧丙炎　郑孝胥　朱益藩

● 五月二十三日（1931 年 7 月 8 日）

见　萧丙炎　蓝云屏

● 五月二十四日（1931 年 7 月 9 日）

见　萧丙炎　郑孝胥　郑陨戣

● 五月二十五日（1931 年 7 月 10 日）

见　萧丙炎　郑孝胥　胡嗣瑗　陈曾寿　广寿　爵善

● 五月二十六日（1931 年 7 月 11 日）

见　萧丙炎

● 五月二十七日（1931 年 7 月 12 日）

见　萧丙炎　郑孝胥　郑陨戣

● 五月二十八日（1931 年 7 月 13 日）

见　萧丙炎　郑孝胥　陈宝琛

● 五月二十九日（1931 年 7 月 14 日）

见　萧丙炎　郑孝胥

● **六月初一日（1931 年 7 月 15 日）**

见 萧丙炎 郑孝胥 尚其英

● **六月初二日（1931 年 7 月 16 日）**

见 萧丙炎 大崎 郑隤敳 毓崇 哲进森 鄂〈欧〉登科

● **六月初三日（1931 年 7 月 17 日）**

见 萧丙炎 郑孝胥 胡嗣瑗 陈曾寿 徐良 钮湛德司令 马来雷

● **六月初四日（1931 年 7 月 18 日）**

见 萧丙炎 折笠义光 笠井重治

● **六月初五日（1931 年 7 月 19 日）**

见 萧丙炎 郑孝胥 杨〈阳〉仓扎布 罗图颇 德穆楚克栋鲁普 郑隤敳 大崎 松尾丰实 池田 内田 桑园 山岸 村上 山田 清目

● **六月初六日（1931 年 7 月 20 日）**

见 萧丙炎 张志潜

● **六月初七日（1931 年 7 月 21 日）**

见 萧丙炎 郑孝胥

● **六月初八日（1931 年 7 月 22 日）**

见 萧丙炎

● **六月初九日（1931 年 7 月 23 日）**

见 萧丙炎 溥杰 润麒 远山猛雄 荣源 溥任

● **六月初十日（1931 年 7 月 24 日）**

见 溥杰 萧丙炎 郑孝胥 润麒 吴少香 大崎 毓崇 村上 山田

● **六月十一日（1931 年 7 月 25 日）**

见 溥杰 萧丙炎 胡嗣瑗 陈宝琛

● **六月十二日（1931 年 7 月 26 日）**

见 溥杰 萧丙炎 润麒

● **六月十三日（1931 年 7 月 27 日）**

见 溥杰 萧丙炎 郑孝胥

● **六月十四日（1931 年 7 月 28 日）**

见 溥杰 萧丙炎 郑孝胥 沈继贤（溥杰代见） 吉田通译官 系贺国次郎 星野四郎 内堀维文 岩泽岩 小栗勇雄 涩谷智夫 中垣正光 广吉寿男 宫崎令二 山田胜一 由田直次设乐实

● **六月十五日（1931 年 7 月 29 日）**

见 溥杰 萧丙炎 润麒

● **六月十六日（1931 年 7 月 30 日）**

见 溥杰 萧丙炎 郑孝胥 商衍瀛 远山猛雄 润麒 郑垂

● 六月十七日（1931年7月31日）

见 溥杰 萧丙炎

● 六月十八日（1931年8月1日）

见 溥杰 萧丙炎

● 六月十九日（1931年8月2日）

见 萧丙炎 郑孝胥

● 六月二十日（1931年8月3日）

见 萧丙炎 郑孝胥 溥任

● 六月二十一日（1931年8月4日）

见 萧丙炎 郑孝胥 胡嗣瑗 陈曾寿 张学毅

● 六月二十二日（1931年8月5日）

见 萧丙炎 郑孝胥 张学毅 吉田通译官

● 六月二十三日（1931年8月6日）

见 萧丙炎

● 六月二十四日（1931年8月7日）

见 萧丙炎 桑岛总领事 郑垂 张学毅

● 六月二十五日（1931年8月8日）

见 萧丙炎 郑孝胥 胡嗣瑗 宝熙 张学毅

● 六月二十六日（1931年8月9日）

见 萧丙炎 胡嗣瑗 陈曾寿 载涛 溥伒

● 六月二十七日（1931年8月10日）

见 萧丙炎 张学毅

● 六月二十八日（1931年8月11日）

见 萧丙炎 郑孝胥 陈曾寿 载涛 郑垂

● 六月二十九日（1931年8月12日）

见 萧丙炎 郑孝胥 刘维霖（胡嗣瑗代见） 溥杰

● 六月三十日（1931年8月13日）

见 溥杰 萧丙炎 陈宝琛

● 七月初一日（1931年8月14日）

见 溥杰 萧丙炎 惠均 郑垂 李士奎 郑隤敳 张学毅

德王（德穆楚克栋鲁普）

● **七月初二日（1931 年 8 月 15 日）**

见 溥杰 萧丙炎 郑孝胥 郑垂 郑隤敳 张学毅 吉田博士 竹冈胜也 本多精夫 国行一男 森住利直 冈宫保美 远藤实夫 伊奈健次 山本健二 大久保政夫 益田健次 青木义宪 镜山猛 都筑赖助 井上健三 林凤鳞 贝斯 答钮司令官 塔楼副司令

● **七月初三日（1931 年 8 月 16 日）**

见 溥杰 萧丙炎 郑孝胥 袁励准 郑垂 郑隤敳

● **七月初四日（1931 年 8 月 17 日）**

见 溥杰 萧丙炎 胡嗣瑗 溥任

● **七月初五日（1931 年 8 月 18 日）**

见 溥杰 萧丙炎 刘骧业 润麒

● **七月初六日（1931 年 8 月 19 日）**

见 溥杰 萧丙炎 润麒

● **七月初七日（1931 年 8 月 20 日）**

见 溥杰 萧丙炎 胡嗣瑗 陈曾寿 朱庆澜 吉田通译官 松本参谋长 润麒 张学毅 宝熙 衡永 溥任

● **七月初八日（1931 年 8 月 21 日）**

见 溥杰 萧丙炎 山崎诚一郎领事

● **七月初九日（1931 年 8 月 22 日）**

见 溥杰 萧丙炎 郑孝胥 陈宝琛 郑垂 徐良 江亢虎

● **七月初十日（1931 年 8 月 23 日）**

见 溥杰 萧丙炎 张学毅

● **七月十一日（1931 年 8 月 24 日）**

见 溥杰 萧丙炎 郑孝胥 胡嗣瑗 香椎司令官 吉田通译官 润麒

● **七月十二日（1931 年 8 月 25 日）**

见 溥杰 萧丙炎 郑孝胥 胡嗣瑗 润麒 溥任 润良

● **七月十三日（1931 年 8 月 26 日）**

见 溥杰 萧丙炎 润麒 溥任 润良 广寿 爵善 荣源 张学

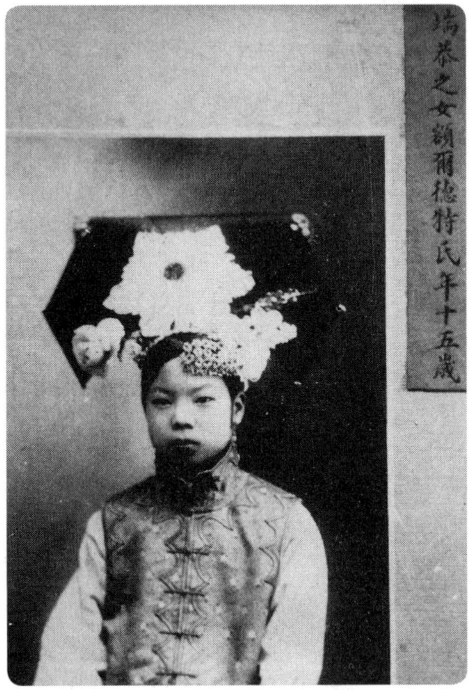

入宫前的文绣

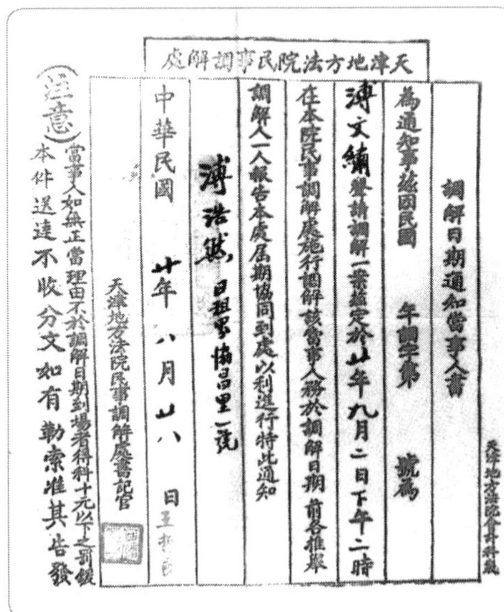

天津地方法院民事調解處

調解日期通知當事人書

為通知事茲因民國 年 字第 號為

溥文繡聲請調解一案業定於廿年九月二日下午二時

在本院民事調解處施行調解該當事人務於調解日期前各推舉

調解人一人報告本處屆期偕同到處以利進行特此通知

溥浩然 日租界協昌里一號

中華民國廿年八月廿八日

天津地方法院民事調解處書記官

（注意）當事人如無正當理由不於調解日期到場者得科十元以下之罰鍰

本件送達不收分文如有勒索准其告發

1931 年 8 月 25 日文绣出走，要求与溥仪离婚。天津地方法院为此发出民事调解通知书

妃子自覺·溥儀達觀

一方力求大事化爲無事

預料結果不外脫離大吉

《商报》1931 年 8 月 27 日

● 七月十四日（1931 年 8 月 27 日）

见　萧丙炎　胡嗣瑗　广漱　徐良　马鸣桐

● 七月十五日（1931 年 8 月 28 日）

见　萧丙炎　济煦　胡嗣瑗　徐良　荣源　吉田　韩凤麟　甘继成

● 七月十六日（1931 年 8 月 29 日）

见　萧丙炎　郑孝胥　胡嗣瑗　林宝华　张学毅　润良　荣源

● 七月十七日（1931 年 8 月 30 日）

见　萧丙炎　郑孝胥　胡嗣瑗　林宝华　张学毅

● 七月十八日（1931 年 8 月 31 日）

见　萧丙炎　胡嗣瑗　陶祝年　吴少香　时昌黎　高惠民　高泽民　萨本铁　横田　张学毅　吉田通（译官）　武内（参谋长）　荣源

● 七月十九日（1931 年 9 月 1 日）

见　萧丙炎　毓廉　郑孝胥　张学毅　（义国司令）玛丁内葛　（义国司令）柯陆　徐良

● 七月二十日（1931 年 9 月 2 日）

见　萧丙炎　远山猛雄　郑孝胥　胡嗣瑗　载涛　广寿　爵善　张学毅

● 七月二十一日（1931 年 9 月 3 日）

见　萧丙炎　张学毅　郑孝胥

辛未七月二十二日（1931年9月4日）至九月二十九日（1931年11月8日）[1]

● 七月二十二日（1931年9月4日）

见 萧丙炎 张学毅 郑孝胥

● 七月二十三日（1931年9月5日）

见 萧丙炎 张学毅 郑孝胥 胡嗣瑗 陈曾寿 溥修 吴少香

● 七月二十四日（1931年9月6日）

见 萧丙炎 郑孝胥 胡嗣瑗 陈曾寿

● 七月二十五日（1931年9月7日）

见 萧丙炎 郑孝胥 胡嗣瑗 郑垂

● 七月二十六日（1931年9月8日）

见 萧丙炎 张学毅 徐良 江亢虎

● 七月二十七日（1931年9月9日）

见 萧丙炎 郑孝胥 胡嗣瑗 陈曾寿 陈宝琛 张学毅 载涛 广寿 爵善

● 七月二十八日（1931年9月10日）

见 萧丙炎 远山猛雄 胡嗣瑗 张学骥 张学毅

● 七月二十九日（1931年9月11日）

见 萧丙炎 郑孝胥 胡嗣瑗 陈曾寿 张学毅 张超南 徐良 钮湛德司令 马来雷

● 八月初一日（1931年9月12日）

见 萧丙炎 胡嗣瑗 张学骥

● 八月初二日（1931年9月13日）

见 萧丙炎 郑孝胥 陈宝琛 徐良 克赖外纳巴铁 张学毅

● 八月初三日（1931年9月14日）

见 萧丙炎 郑孝胥 胡嗣瑗 刘骧业

● 八月初四日（1931年9月15日）

见 萧丙炎 张学毅

● 八月初五日（1931年9月16日）

见 萧丙炎 郑孝胥 胡嗣瑗 陈宝琛 张学毅

● 八月初六日（1931年9月17日）

见 萧丙炎 郑孝胥 胡嗣瑗 衡永 溥儒 郭则沄 广寿 爵善 郑垂 刘骧业 溥任 久

1 依据《清废帝溥仪档案〈召见日记簿（之二十九）〉簿字287（原编为285）》》。

保久壹 广赖光家

● **八月初七日（1931年9月18日）**

见 萧丙炎 张学毅

● **八月初八日（1931年9月19日）**

见 萧丙炎 陈曾寿 张学毅 陈宝琛 郑垂 刘骧业

● **八月初九日（1931年9月20日）**

见 萧丙炎 济煦 郑孝胥 胡嗣瑗 朱益藩 吉田通译官 张学毅

● **八月初十日（1931年9月21日）**

见 萧丙炎 郑孝胥 朱益藩 张学毅 徐勤 商衍瀛

● **八月十一日（1931年9月22日）**

见 萧丙炎 胡嗣瑗 朱益藩 鲁郁彤

● **八月十二日（1931年9月23日）**

见 萧丙炎 郑孝胥 朱益藩 张学毅 汝云声 吉田通译官 三浦参谋

● **八月十三日（1931年9月24日）**

见 萧丙炎 胡嗣瑗 陈宝琛 溥修

● **八月十四日（1931年9月25日）**

见 萧丙炎 胡嗣瑗 吉田通译官

● **八月十五日（1931年9月26日）**

见 萧丙炎 胡嗣瑗 袁大化 铁良 徐良 张学毅 溥任

● **八月十六日（1931年9月27日）**

见 萧丙炎 郑孝胥 胡嗣瑗 陈宝琛 张学毅

● **八月十七日（1931年9月28日）**

见 萧丙炎 胡嗣瑗 张学毅 吉田通译官 溥任 徐良

● **八月十八日（1931年9月29日）**

见 萧丙炎 郑孝胥 张学毅

● **八月十九日（1931年9月30日）**

见 萧丙炎 郑孝胥 胡嗣瑗 吉田通译官 张学毅

● **八月二十日（1931年10月1日）**

见 萧丙炎 郑孝胥 吉田通译官 全荣 郑垂 徐良 张学毅 后藤副领事

● **八月二十一日（1931年10月2日）**

见 萧丙炎 郑孝胥 许兰洲 张学毅 广寿 爵善 新坂署长

● **八月二十二日（1931年10月3日）**

见 萧丙炎 徐良 龚安庆 赵国圻

● **八月二十三日（1931年10月4日）**

见 萧丙炎 郑孝胥 胡嗣瑗 郑垂 刘骧业 良揆 宪贞

● **八月二十四日（1931 年 10 月 5 日）**

见 萧丙炎 济煦

● **八月二十五日（1931 年 10 月 6 日）**

见 萧丙炎 郑孝胥 胡嗣瑗 陈宝琛 钮湛德司令 郑垂 宪贞 远山猛雄 徐良

● **八月二十六日（1931 年 10 月 7 日）**

见 萧丙炎 济煦 郑孝胥 陈宝琛 徐良 郑垂 钮湛德司令 庄士敦 宪贞 后藤副领事

● **八月二十七日（1931 年 10 月 8 日）**

见 萧丙炎 胡嗣瑗 远山猛雄 庄士敦 张学毅 刘髯公

● **八月二十八日（1931 年 10 月 9 日）**

见 萧丙炎 郑孝胥 张学毅 徐良

● **八月二十九日（1931 年 10 月 10 日）**

见 萧丙炎 徐良 王丕焕 陈乐山

● **九月初一日（1931 年 10 月 11 日）**

见 萧丙炎 远山猛雄 胡嗣瑗 赤池浓 恒煦 郑垂

● **九月初二日（1931 年 10 月 12 日）**

见 萧丙炎 郑孝胥 远山猛雄 陈宝琛 徐良 郑垂 刘骧业 吉甫森 马赛 司密斯 子爵大河内辉耕 子爵土岐章 男爵渡边汀 中村纯九郎 青木周三 赤池浓 八田嘉明 山崎龟吉 书记官山本秋广 书记官光吉信一 张学毅

● **九月初二日（1931 年 10 月 12 日）**[1]

上召见 贵族院议员朝鲜满洲支那视察旅行团（第二班） 团长、子爵大河内辉耕 子爵土岐章 男爵渡边汀 中村纯九郎 青木周三 赤池浓 八田嘉明 山崎龟吉 同行贵族院书记官山本秋广 同属光吉信一

● **九月初三日（1931 年 10 月 13 日）**

见 萧丙炎 远山猛雄 郑孝胥 野口则清 郑垂 刘骧业 苏锡麟 徐良

● **辛未年九月初三日（1931 年 10 月 13 日）**[2]

上午 上召见 东京大阪朝日新闻记者野口则清

● **九月初四日（1931 年 10 月 14 日）**

见 萧丙炎 远山猛雄 胡嗣瑗 桑岛总领事 后藤副领事 张学毅 徐良 溥任

● **九月初五日（1931 年 10 月 15 日）**

见 萧丙炎 济煦 远山猛雄 郑孝胥 张学毅 徐良

● **九月初六日（1931 年 10 月 16 日）**

见 萧丙炎 远山猛雄 胡嗣瑗 徐良 张学毅

---

1 本日召见名单，在原《召见簿》上记两次，此处照录。

2 本日召见名单，在原《召见簿》上也记两次，此处仍照录。

● **九月初七日**（1931年10月17日）

见 萧丙炎 胡嗣瑗 广寿 爵善 郑垂 庄士敦 吉田通译官

● **九月初八日**（1931年10月18日）

见 萧丙炎 庄士敦 张学毅 溥任

● **九月初九日**（1931年10月19日）

见 萧丙炎 郑孝胥 胡嗣瑗 张学毅 郑垂 溥任

● **九月初十日**（1931年10月20日）

见 萧丙炎 胡嗣瑗 陈宝琛 赵月修 郑垂 徐良 宪贞

● **九月十一日**（1931年10月21日）

见 萧丙炎 郑孝胥 胡嗣瑗 陈曾寿 郑垂 宪贞 张学毅

● **九月十二日**（1931年10月22日）

见 萧丙炎 胡嗣瑗 宪基 宪原 吉田通译官 郑垂 宪贞

溥仪离津之前，曾致信日本黑龙会首领头山满，希望获取对复辟清朝的支持

● **九月十三日**（1931年10月23日）

见 萧丙炎 郑孝胥 胡嗣瑗 陈宝琛 后藤副领事 张学毅 宪贞 郑垂 宪原 宪基

● **九月十四日**（1931年10月24日）

见 （无）

● **九月十五日**（1931年10月25日）

见 萧丙炎 郑孝胥 陈宝琛 宪贞 徐良 龚安庆 郑垂

● **九月十六日**（1931年10月26日）

见 萧丙炎 郑孝胥 胡嗣瑗 郑垂 张学毅

● **九月十七日**（1931年10月27日）

见 萧丙炎 胡嗣瑗 高继宗 张学毅 郑垂

溥妾離異解决

贍養費五萬元

『着不准再嫁他人欽此』

「本報特訊」轟動津門之溥儀妾文繡要求離異案，經雙方律師奔走，已及兩月。現和解已成立。由溥儀給文繡以相當生活費，准其離異，回母家居住。聞其最後調解，係在天津保樓律師團林廷琛事務所，雙方均表示讓步，故得圓滿解決。此項和解條件，已於昨日在津正式簽字。至條件內容及生活費數目，因雙方律師須負職務上之秘密，不願發表。惟據傳聞和解條件中之最關重要及最有趣味者·厥為規定文繡此後只能在母家過度餘生，不得再嫁他人。生活費數目則為五萬元云。

2

《天津平报》1931 年 10 月 23 日

● **九月十八日（1931 年 10 月 28 日）**

见 萧丙炎 胡嗣瑗 高继宗 郑垂

● **九月十九日（1931 年 10 月 29 日）**

见 萧丙炎 郑孝胥 郑垂 宪基 宪原 赵守铮（胡嗣瑗代见） 徐良 梁元 美国提督海因斯 美国司令官太罗尔 张学毅 毓崇

● **九月二十日（1931 年 10 月 30 日）**

见 萧丙炎 济煦 郑孝胥 胡嗣瑗 宪基 宪原 郑垂 张学毅

● **九月二十一日（1931 年 10 月 31 日）**

见 萧丙炎 宪原 张学毅

● **九月二十二日（1931 年 11 月 1 日）**

见 萧丙炎 郑孝胥 胡嗣瑗 汉罗扎布 溥伒 吉田通译官 吴少香 商衍瀛

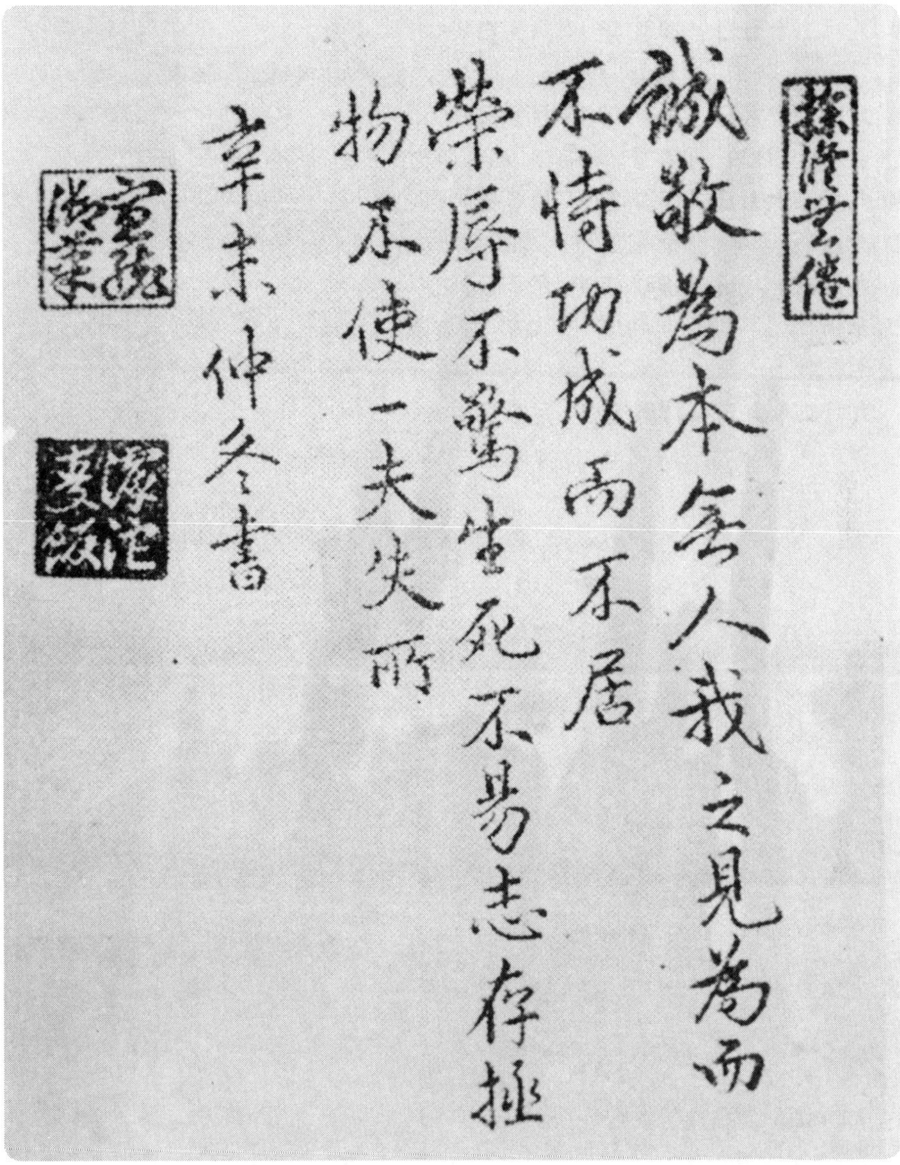

1931 年溥仪离津出关前亲书一段话

九月二十三日（1931 年 11 月 2 日）

见 萧丙炎 郑孝胥 郑垂 夏瑞符 商衍瀛 何海生 吉田通译官 土肥原

九月二十四日（1931 年 11 月 3 日）

见 萧丙炎 郑孝胥 胡嗣瑗 郑垂 商衍瀛

● 九月二十五日（1931年11月4日）

见　萧丙炎　济煦　郑孝胥　胡嗣瑗　陈曾寿　溥修　吉田通译官　毓崇

● 九月二十六日（1931年11月5日）

见　萧丙炎　济煦　郑孝胥　胡嗣瑗　林宝华　李士奎　载涛　郑垂　毓崇

● 九月二十七日（1931年11月6日）

见　萧丙炎　郑孝胥　胡嗣瑗　陈宝琛　郑垂　林宝华　吉田通译官　新坂署长

● 九月二十八日（1931年11月7日）

见　萧丙炎　郑孝胥　胡嗣瑗　陈宝琛　陈曾寿　郑垂　林宝华　张学毅　吉田通译官　新坂署长　润良　毓崇

● 九月二十九日（1931年11月8日）

见　萧丙炎　郑孝胥　胡嗣瑗　陈曾寿　许兰洲　吉田通译官

1931年11月10日，溥仪登上日本商轮前往东北

溥仪在抚顺战犯管理所改造期间

日记存篇

（1950 年 8 月 1 日—1959 年 12 月 4 日）

1950 年 8 月 1 日，溥仪结束了在苏联伯力收容所的五年囚居生活，被引渡回国，开始了在抚顺战犯管理所的十年时光。这是他的人生旅程的转折时期，用他自己的话说，是“起死回生的十年”“重生再造的十年”。在漫长的改造岁月中，溥仪过着集体生活，参加学习，参加劳动，撰写自传、心得，还要写交代、揭发材料，接待记者采访，赴各地参观，还有家属、亲属的探望和丰富多彩的文化娱乐活动。这一切使溥仪对中国共产党和人民政府有了认识，有了感情。正是这座监狱，打掉了溥仪的皇帝架子，开始逐步完成了从封建专制统治者向社会主义普通公民的转变过程，完成了从国人痛恨的卖国贼向举世皆知的爱国者的转变过程。1959 年 12 月 4 日由中华人民共和国最高人民法院签发了给溥仪的《特赦通知书》，正是这位中国末代皇帝新生的标志。

在 1956 年和 1957 年两年内，战犯管理所组织部分在押犯人到各地参观，从而把平时学习的内容与社会实践结合起来，收到了很好的教育效果。溥仪好记，每天参观都能留下实录和观感。这些文字记录了所见所闻，反映了思想状况，流露了真情实感，是宝贵的历史资料。当时，战犯管理所要求在押人员每人写一篇自传，溥仪也把参观文字编入自传之中，从而留存了这批资料。现据以摘出，除小标题和脚注为编者所加，余皆照录。

抚顺战犯管理所

抚顺战犯管理所金源所长与溥仪谈话

1956 年

在抚顺参观的日记（3 月 5 日—7 日）

● 第一天 [3 月 5 日] 上午

参观了抚顺露天煤矿。

在矿山事务所内听到该矿负责人员的说明，说到日本帝国主义怎样长期地做了掠夺式的开采，以及怎样惨无人道地虐待和残害矿山工人的种种滔天罪行。尤其是当听到在1932 年由于汉奸的勾结，怎样使平顶山的三千名同胞，遭到了日寇的集体大屠杀，致使男女老少集体死在鬼子的机枪扫射下时，真使我觉得自己的脑袋，犹如有千斤之重，简直无法抬起头来，更不敢拿眼睛去偷视一下发言人的脸。他还讲到当时有一位年龄仅仅五岁的方素荣——现为矿山中的劳动模范，她全家数口都倒在日寇的子弹之下，她因被压在她祖父的尸体下，才免去了一死。但是也在她那小小身体上受有八处重伤……当他讲着这些惨绝人寰的敌伪过去罪行时，不由得使我觉得他口中所说出来的一字一句，都像是一把把的钢刀，一下子一下子地不住往我心上刺来。那时我的心就如同千割百裂一样，我的手都有些颤动了，我的悔泪漾满两眶。[1]

1 平顶山惨案发生在抚顺市南花园区的平顶山镇（距抚顺市中心十余里），1932 年 9 月 16 日上午，日军抚顺守备队队长川上精一率宪兵队和守备队，借口平顶山日本人受到袭击，为了割断辽宁民众抗日自卫军与当地群众的联系，制造了屠杀无辜居民三千人的大惨案。

后来又在矿山负责干部的引导下，参观了饱经日本帝国主义劫掠的露天矿矿场。到今天在日本鬼子掠夺后所遗留下来的罪恶残痕上，还冒着一缕一缕的白烟。也就是孽火还在燃烧着，祖国人民的地下财富还在不断地毁灭着，就如同向我作着血泪控诉一般，证明敌伪的罪恶，不论到了什么时候，也是消灭不了的。

我过去曾以伪满傀儡皇帝的身份，到这里来过一次，我还亲手按了一次电钮，做了爆煤工作，这意味着什么？不是和我亲手开了一次祖国地下宝库的大门，请鬼子去盗窃一个样的吗？[1]

思前想后，使我觉得我每走一步，都是步步踏在罪恶遗迹上一般，无一处不是对于敌伪滔天罪恶的俨然见证。

此后又参观了从敌伪的“虎口余生”今天翻了身站立起来了的劳动人民的福利施设——一幢幢整齐洁净的职工宿舍楼房，一家家丰饶富庶的生活环境，天国般的托儿所，矿工的保健医疗设施等。抚今追昔，愈发使我在遇到每一个人时，都没有抬起头来的勇气。特别是当职工家属以亲切的笑脸允许我们进到屋内参观，并没有对我们这批过去曾坑害过他们的汉奸表露一点点仇恨之意，而且还和颜悦色地和我们谈话，这时我又怎能不在心中暗想：

过去在敌伪时代，这一位一位的劳动人民以及他们的家属所长年受到的，不是牛马般的奴役，地狱般的折磨，就是说不尽的凌辱欺侮以及血腥的屠杀。在那长期的灾难岁月里，像什么作业中的安全保障、什么生活福利、什么家庭之乐，根本是连做梦也休想做得到的。听说从 1937—1944 年之间〈衍〉，矿井的瓦斯爆炸事件就有六次，遭难的工人就达数百名之多，幸而在当时保住了生命而变成残废〈疾〉的，也有五百余名之多，在当时，残废〈疾〉就等于被判处死刑一个样。冻饿而死的，当然更不知多少了。工人们牛马般地劳作，工头的打骂剥削，吃糠咽菜的身子，甚至当工人病重不能行动时，还挨皮鞭木棍。病势垂危尚未绝息时，经常会遭到活埋。死了往“万人坑”中一扔，便算是劳动人民的一生最后着落之处……这样的人间地狱都是由谁造成的？还不是那帮万恶的法西斯强盗？还不是我们这帮卖国求荣的民族败类？

现在人民在共产党和毛主席的领导下，战胜了日寇，打垮了汉奸伪政权，光荣地当上了新国家的真正主人了。可是人民对于我们这群血海深仇的卖国贼，又是怎样的呢？

在我们眼前明摆着的事实，不是有些老大娘都在亲切地招呼我们“进屋里坐一坐”的吗？

这种宽宏大量以德报怨的伟大胸襟，又怎能不使我在今昔对比下，良心上愈发觉得无地自容？真不如痛打我一顿，或是大骂我一场，甚至是……这样反倒会使我觉得“心安理得”的了。

下午又参观了石油第一厂。

当我一进到这个现代化工厂，看到了那些我完全“摸不着头脑”的机器设备时，真

1 1938 年 6 月 24 日，溥仪曾以“康德皇帝”的身份“巡狩”抚顺露天矿。

使我大有目不暇接之感，觉得看什么都是新鲜的。

这个工厂，在过去也曾是毫无例外地遭到汉奸的出卖，日寇的掠夺，最后则是遭到了反动国民党匪军破坏的三个阶段。可是在解放之后，这些人民的财产又重新回到人民之手，便不但超速度地恢复了生产，而且替祖国的社会主义建设做出了惊人的贡献。例如油母页岩利用率，便比敌伪时代提高到使人吃惊的程度；在制油和副产品方面，也制出了过去所不能制造的多种产品。

当我听到安全装置现在就有二千二百四十多件时，当我参观了工人保健食堂以及如托儿所、保健站、疗养所、休养所、技术学校、职工业余中学等福利设施时，既使我对于过去产生不胜惭怍赧愧之情，更使我对于今天有了无限兴奋鼓舞之感。

最后还参观了抚顺的工人养老院。听完了院长的全面详细说明和细致参观之后，感觉到我们在管理所内的生活，简直和养老工人的生活一般无二。吃的、穿的、居住及文娱等，哪一样都没有什么差别。可是他们都是饱受过敌伪的摧残压迫，在解放以后又对祖国人民革命事业，做过光辉贡献的老工人。而我们呢，则恰恰相反，在过去则是专门骑在人民头上，祸国殃民的可恶汉奸，可是在今日却受着这种过分温暖的人道待遇，怎能不既自惭形秽又良心内疚呢？

而后更允许我们分批到养老工人的住室内去作访问。当我们进入一位工人老大爷清洁而舒适的房间后，蒙他和蔼地招呼我们坐下，并听他谈到在敌伪时代所遭受的种种悲惨遭遇以及对于新旧社会所作的对比时，更使我觉得羞愧得无地自容，就如同是一个做贼的人和失主对了面一样，愈发觉得没脸抬头看人。

● 第二日（3月6日）

我又参观了离抚顺约有十五华里的台山堡村农业生产合作社。

一走进院中就听到音乐和戏剧的广播，真使我觉得嗅到了一种农业合作化高潮中的新农村的新气息。同时又看到家家户户大门上所贴的春联，已再不是那些带有封建时代旧农村色彩的东西，而是完全换上了“战胜自然”和“建设社会主义新农村”一类的字句，也使我觉得有一种说不出的富有幸福远景的感觉。

我们听了社主任对敌伪时代的血泪控诉和翻身后的喜悦以及建设社会主义新农村的种种新旧对比之后，更参观了新式农具、养鸡、养羊场、蔬菜暖窖和自给自足的砖窑等。最后更允许我们分批赴社员的家庭访问。

我所访问姓刘的那一家，除了一对老夫妇之外，他们还有三个儿子，两个儿子在上学，一个儿子叫刘永兴是个残废〈疾〉。他们一家人都在过着翻身后，特别是农业合作化后的富裕幸福生活。

如果是在旧社会农村，他们的那个残废〈疾〉儿子，不用说是会成为家庭中的一个累赘，而且会受着家中以及村中的冷遇。可是在今日的新农村中，他则是有着很适合于他生理状态的好工作——专门担任蔬菜暖窖的记账工作，一个月就能挣四十多元。如果是在旧社会的话，不要说是个残废〈疾〉人，就连不残废〈疾〉的人，也经常会在地主恶霸的压榨下，过着累死吃不饱的悲惨生活，还能谈得到挣不挣钱的问题?!

当我走进这一对老夫妇的居室时，我的脸上就觉得热乎乎地直发烧，于是只得抱着见不得人的鬼胎而木然地坐在炕沿上，低着头不敢拿正眼去和他们对眼光。这时，在我的内心里，曾起了很厉害的思想斗争。结果是，我认为单凭我那中国人所应有的起码良心，也就不能不向这位老大爷和老大娘去低头谢罪。

本来嘛！回想一下在伪满十四年中，东北广大农民所受到的无穷灾难，都是些什么？

除了受剥削、被奴役、遭压迫、任掠夺之外，还有集家并屯、烧房夺田、抓劳工、抓“思想犯”、抓“经济犯”、经常挨打受骂、长年啼饥号寒，甚至法庭监狱、警察宪兵的摧残以及集体屠杀等，不都是东北广大农民曾遭遇到的命运吗？所有这些说不尽数不完的飞灾横祸，所有这些忍不下、受不了的殖民地生活，还不都是由于以我为首的这群汉奸给日本帝国主义去当忠顺的帮凶所造成的吗？例如日寇的移民政策，不就是由于我和当时的关东军司令官本庄繁所签订的“密约”[1]而造成，还不是由于以后的所谓《日满议定书》和什么《拓殖议定书》等而开始实行的吗[2]?

又如一贯支持日寇肆行侵略战争、专门替它搜刮食粮等重要民需物资的“粮谷出荷”罪恶政策，以及曾直接危害了广大农民日常生活的“农村经济统制”等的罪恶伪法令，不也都是由于我的签名盖章所造成的吗？想到这里之后，我是再也不能不规规矩矩地站在老大爷、老大娘的面前，低下头来，衷心来作自我介绍和深深认罪的了！

可是曾经饱受了日伪长期蹂躏的老人家们，不但听了我这元恶大憝的姓名，没有表示“仇人见面”的“眼红”状态，也没有丝毫表露出鄙蔑的神情，反倒平心静气诚诚恳恳地对我作了劝勉：

“好好地学习改造吧！”

这种大海般的胸怀，这种不念旧恶的仁恕态度，叫我还有什么话能再说？只能是低着头、忍着泪、抱着一种说不出的心情，走出了这家的大门。

● 第三日（3月7日）

上午参观了龙凤矿。

矿山的负责人在介绍全盘情况时，曾对我们说，过去在敌伪统治时期，从1937年到1944年的七年之中，矿井的瓦斯爆炸事故就达六次之多，致使三百多名工人丧失了宝贵的生命，五百八十多名工人变成了残废〈疾〉者。在那个旧社会里，只要一成了残废〈疾〉，实际上就等于被判处死刑一样。因为失去了供驱使的劳力，就会立时失业，而失业的结果，等待他的不是冻死便是饿死。再加上矿井内的安全设备，可以说是一无

1 本庄繁（1876—1945），日本兵库县人。1931年至1932年8月间任关东军司令官，参与制造“九一八”事变并指挥了侵占中国东北的战争，继任日本天皇裕仁的侍从武官长。日本战败后被定为甲级战犯，在狱中自杀。“密约”系由本庄繁炮制，要求溥仪承认日本在我国东北的政治统治权、军事占领权及经济控制权，1932年3月10日溥仪致函本庄繁予以承认。

2《日满议定书》签字于1932年9月15日，实为伪满的“卖身契”。《拓殖议定书》签字于1936年，从此开始了日本向我国东北移民百万户的计划。

溥仪在抚顺战犯管理所时访问矿工家庭

1956 年溥仪参观抚顺龙凤煤矿

所有，资本家的唯一目的，就是追求无止境的超额利润，又怎肯在工人的生命安全上多花一分钱？况且殖民地人民的生命，在他们看来，更是连半文钱也不值。所以每当工人下井时，他们的爱人以及其他家属，有的便在坑外提心吊胆地焦候着她们亲人的平安完工上来，也有的哭哭啼啼在预想着不幸命运的随时“光降”。只要到时未能上来，她们的亲人，便算是和她们一旦永别了！家破人亡、妻离子散的悲惨暗影，是时时刻刻笼罩在当时广大劳动人民的头上的。

自从解放以后，满天的乌云全散了，过去的惨痛暗影一去不复返了，共产党和毛主席的太阳般的温暖光辉，普遍照耀在每一个劳动人民的身上。于是这座阴风惨惨的劳动人民的活地狱，一变而成为建设社会主义社会的光明灿烂的劳动人民自己的矿山。

我看到了矿井的无数安全设备，也看到了党和人民政府完全为工人着想的种种福利设施。我亲眼看到了规模巨大、秩序井然的工人更衣室，宽敞清洁的大食堂，既有淋浴又有浴池设备的大澡堂，有成排的铁床、清洁的被褥而且是清静无哗、足供上井后安睡之用的休息室，有专门医生负责照料的太阳灯室，还有亲切的卫生所，和医院一般的工人业余疗养所等。此外，还有托儿所和幼儿园以及营养丰富、专为下井工人准备的保健食堂。在那里还备有特制的面包和牛乳等，我还亲口尝到了工人保健食堂的蛋糕，非常可口。

在文化娱乐方面，有专供职工使用的电影院和文化馆等。对于年老工人的照顾更是无微不至，例如补助金的待遇等。

所有这些，在过去都是绝对没有的事情，可是在劳动人民自己当了家做了主的今日，这种情形却已成为各工矿企业中的普遍现象。我愈看到劳动人民今日的幸福生活，便愈发不能不回想到过去的种种黑暗。愈回想到这里，便愈发清楚认识到自己在过去“为虎作伥”的种种不可饶恕的汉奸罪行。

同日下午，又让我参观了煤炭工业部抚顺工业学校。

在这里使我深切感到的就是：

共产党、毛主席和人民政府对于劳动人民的培养关怀真是无微不至。

使我对于“理论与实际相结合”“学以致用”的新社会教育制度的科学理论，有了进一步的认识。同时也进一步地感谢政府这次让我们来参观。因为这也是为了要使我们把“理论和实际互相结合起来”的一种温暖的教育和恩情。

从敌伪时代遗留下来的皮带车床和我国自制的种种新车床以及苏联、波兰、捷克斯洛伐克等兄弟国家的种种新式机器的鲜明对比中，使我认识了在实际上的孰优孰劣。

溥仪经常到战犯管理所图书室查阅资料

教师的积极发明创造、学生的热心钻研，处处都把新社会的朝气勃勃新气象表现了出来，这是和我在过去所看到的“奴才专门养成所”——伪满时代的学校，有着根本的不同了。

总之，我在这次参观学校中的总的感想和结论是：

“毛泽东时代的青年确实太幸福了！”

然后又让我们参观了“抚顺第二国营商店”。这也就是在这次抚顺参观中的最后一处参观。

最使我感到兴奋的地方，就是到处都充满了丰富多彩的国产品，这和过去我在天津所看惯的英美货充斥市面的情景以及在伪满时代的东洋货塞满东北的现象完全不同了。特别是在我参观的当时，正是处在社会主义三大改造高潮的风起云涌之后，在街头巷尾，“庆祝公私合营”的标语以及五色缤纷的彩旗等，还都生动地表现着。锣鼓喧闹欢呼万岁的余波犹在鼓舞着人们的心弦。所以这次参观国营商店，不但使我看到了新社会商业方面的概貌，也使我对于社会主义三大改造高潮的概貌，有了新的认识。这对我的启发和教育，我认为是极大的，是我终生难忘的一次理论和实际紧密结合的有力教材！

1957年

在沈阳等地参观的日记（5月21日—27日）

● 参观的头一天——5月21日

我们参观了有名的大伙房水库。

除了听到工地负责干部介绍的情况之外，还在说明员的亲切说明之下，参观了水库全景的模型展览室，然后又到工地去作实地参观。使我亲眼看到了祖国广大劳动人民夜

溥仪开始写自传，这便是《我的前半生》一书的雏形

以继日地从事社会主义热火朝天的伟大建设的实际情况。同时也听到了 1937 年浑河泛滥成灾的罪恶往事。

也就是在敌伪残酷统治的时期，由于洪水肆虐，致使沿河两岸人民遭受了巨大的损害。房屋、田地、道路全被冲毁，人民的宝贵生命也丧失很多。可是我们这帮汉奸们，只知一心一意地去伺候自己的“主子”——日寇，好来维持自己的特权地位，对于人民的灾害，根本就没有放在心上。就以在我的记忆中并没有 1937 年水灾的印象这一事来看，就完全足以证明我对于人民的疾苦灾害是怎样毫不关心的了。不仅如此，甚至伪官吏还借“防灾”为〈之〉名，从人民身上捞一把，借此填满自己的私囊；等到真的发生水灾之后，他们还会拿“杯水车薪”的“赈灾”来骗取“爱民如子”的美名哩！像 1937 年的大水灾，共冲毁房屋七万五千余间，淹没良田二十余万公顷，罹灾人民约达三十万人，牲畜也损失了二千多头，致使两岸人民遭到流离失所妻离子散的灾害。但这只是在敌伪长期罪恶统治中无数惨事里的一个例子罢了。

因此也使我愈发认识到，自己过去的罪恶，都和敌伪统治的整个罪恶分不开，就拿自己在当时对天然灾害的心情以及看法来说，当然在报纸上也时常看到有关这类记事的报道。可是我也只不过漠然地看过就算完事，一次也没有对于人民的疾苦产生过一些真正同情之心。这说明了什么？还不是自己的立场和人民的立场根本相反，所以才会终于“每况愈下”地忘了什么是民族的气节，结果是，甚至于当上了敌人的走狗，尚自觉是“好不错的”哩！回想起来，真觉得对人民永远抬不起头来。

那么，今日的共产党、毛主席和人民政府又是怎样关心人民生活的呢？我们共产党和人民政府不但是把人民从帝国主义、封建主义和官僚资本主义三座沉重大山下解放了出来，还把人民组织起来，使他们都能当上了国家的真正主人，所以人民才能这样积极而自动地集结在共产党、毛主席的周围，人人皆能掌握自己的命运，满怀信心地看准了一个共同大目标——建设社会主义、共产主义的幸福美好生活而忘我地劳动着。

从这里不但能使我看出了党的伟大和劳动人民的无穷力量、无尽智慧，同时也使我从事实上更进一步地认识了苏联对我国的大公无私的真诚援助。例如，苏联建议“就地取材”，利用当地沙石的办法，这不独给我国节省了许多建设社会主义的有用资材，同时还给我国人民建设工业化国家的伟大艰巨事业节省了多少人力和运输力。更让我们吸取了苏联的联合作业方式和机械化的经验等，像苏联这样无私的真诚援助，像苏联专家们这样的〈地〉替我国精打细算，这和过去帝国主义国家对我国的所谓“援助”来相比，我想就是傻子也会知道！

帝国主义的“援助”，只不过是给它的剩余物资找销路，给它的资本家开辟并攫取无穷利润的道路。因此它根本就不会替你设法省钱，替你节约人力，尤其是不肯真心给你援助。

能让犯人参观，这已是古今中外从来未有的事情，至于在参观之后，更让我们这群人在工地俱乐部看到了十余年来未曾看到的京剧，这些位京剧演员，又都是为了来慰问为祖国日日夜夜从事社会主义伟大建设的人民演员。而竟会让这群伪满汉奸和反动国民党战犯来看这样的戏，这种恩情，这种过了分的温暖，真是除了新中国，就连做梦也休想梦到的事啊！政府是这样，工地负责人也是这样，就是那些位专门来慰劳人民的人民演员也是这样。不但如此，并且还都是聚精会神地给我们演了《十字坡》和《拾玉镯》两出好戏，甚至还向我们谢幕两次。这也使我进一步地认识到：政府的政策，也就是一般人民的心情，这二者是一致的，是分不开的。嗐！这真是叫我说什么好呢？说什么也没有用，只有化感激、惭愧为力量，老老实实地学习再学习、争取再争取，除此之外，是说什么也不能解决问题的。

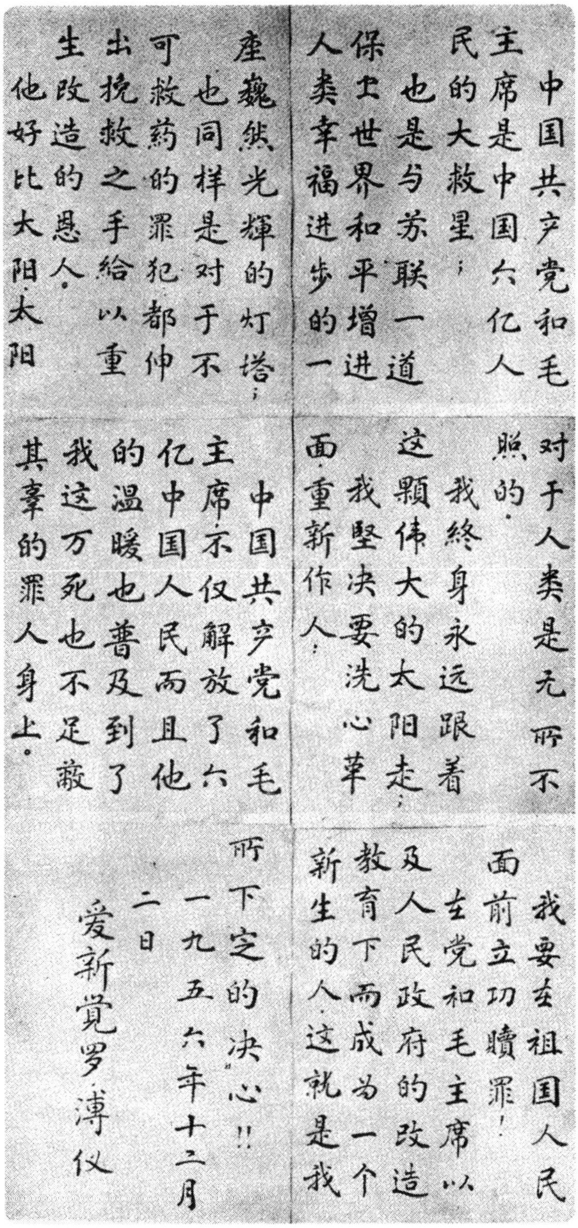
中国共产党和毛主席是中国六亿人民的大救星；也是与苏联一道保卫世界和平增进人类幸福进步的一座巍然光辉的灯塔；也同样是对于不可救药的罪犯都伸出挽救之手给以重生改造的恩人。他好比太阳，太阳对于人类是无所不照的。

我终身永远跟着这颗伟大的太阳走；我坚决要洗心革面重新作人；

中国共产党和毛主席不仅解放了六亿中国人民而且他的温暖也普及到了我这万死也不足赦其辜的罪人身上。

我要在祖国人民面前立功赎罪！在党和毛主席以及人民政府的改造教育下而成为一个新生的人，这就是我所下定的决心!!

一九五六年十二月二日

爱新觉罗·溥仪

溥仪在抚顺战犯管理所写的一篇短文

● 第二日[1]——5月23日

上午参观了“东北工业陈列馆”。

1 这里指外出参观的“第二日”，5月22日未外出参观。

当下车乍一进门时，第一眼我就看到了门外亭子里的那块天然大煤块，这是我在几年以前曾在报纸上看到的东西，所以使我对它感到十分亲切。我总觉得它就是在象征着我国伟大工业建设似的，所以我一眼看到它，就觉得有一种说不出的愉快和兴奋的心情。至于馆内所陈列的钢铁实物标本、各种现代化的机器、现代化工厂的模型、第一汽车厂的解放牌汽车和二楼的国产近海客艇、远洋拖船、和平号（型）机车、货车、元宝车、电力自动车、选矿机、棉纺机以及各种新式农具、国产的各种风动工具、各种仪器、电力部门的电力网模型、各种变压器，以及三楼上的化学工厂模型、各种化学产品、石油、橡胶、纸张、医疗机械药品等。还有在四楼上陈列着的煤以及煤矿坑井的模型、有色金属、水泥、石棉制品、陶瓷、木料、玻璃制品。五楼上的亚麻工业制品、亚麻厂（哈尔滨）模型、柞蚕、毛织品、食品以及乐器等，真是五花八门，应有尽有。并且其中的绝大部分，都是出乎我想象以外的东西。也就是在过去任何时候，都绝对不会有，而且不可能有的东西。可是现在，在共产党、毛主席的领导下，仅仅在这几年之中，仅仅东北地区就有了这样伟大成就，真是处处都给我以“中国人民站起来了”的感觉。这对我的民族自卑感和崇外思想残余，确是一服极有力的消毒剂。使我不独认识到过去所以落在时代后面的由来，同时也使我认识到现在新社会的所以可爱和将来的尤其可爱。不但祖国的前途是如此，就拿我个人来说，只要我能学习改造好，我个人的前途，也仍然是有无限光明的！

● 当日下午和次日［24日］上午

又让我们参观了第一、二机床厂。

首先使我感觉到的，就是敌伪的罪恶以及反动国民党的罪恶，同时也使我认识到，就是反动国民党的罪恶——破坏工厂，也都是由于伪满这批汉奸所促成的。因此还使我认识到，只有在共产党的领导下，只有在苏联以次的社会主义兄弟国家的真诚无私援助下，才会使这些工厂在过去曾经被日寇和反动国民党完全破坏的废墟上重新改建、扩建起来，成为给人民谋求福利的有用工具。

特别是在第二机床厂，曾有机会使我瞥见了一部分工人宿舍的概貌和该厂俱乐部内的实际情况。尤其是在该俱乐部内，在我们发表了参观感想之后，这位负责人对我们所讲的话，确实是一字一句地打动了我的心坎，使我更进一步认识到：祖国人民的“对事不对人”——也就是说人民固然在憎恨着我们的过去罪恶，但仍是要把我们从罪恶的泥坑中救出来，而使我们能够由鬼变成人的道理〈衍〉，也就是共产党一贯治病救人的伟大理想，同时这也就是马列主义改造社会人类科学理想的伟大精神所在。我听到这位负责干部所讲的话：

“今天听到你们的发言，都很激动，这也是当然的事情……根据你们的感想，我认为主要有两点：

（1）让犯人参观，这乃是历史上从来未曾有过的事情，只有共产党，才能实现改造社会、改造人类的伟大科学理想。过去日本帝国主义等对于共产党员都曾是怎样来着？

（2）你们说好多的烈士牺牲了，他们再也看不到祖国的这样的工厂和这样的新社会。因此，我希望你们能通过这次参观，更多地去体验新中国的社会主义建设事业……来积极地努力改造自己……好好地争取吧！”

这是多么既温暖又热情洋溢的讲话啊！我认为这一篇话，是充分代表了所有这次我们所参观过的工厂里工人阶级的宽大心情的。我认为只有好好铭记住这一篇话，唯有永远把这种感激和谢罪的心情牢记心头，我们才不辜负这番话，才不负祖国人民对我们的过分恩情。

● 第三日［24日］

下午又参观了风动工具厂。

对于风动工具厂参观后的感想，也是和参观第一、第二机床厂差不多。因为这个工厂，也曾经饱受过敌伪的破坏摧残，同样是在新中国劳动人民的忘我努力下，把它扩建成为制造各种新型风动工具的现代化工厂。现在的产品不但遍供了全国，而且尚有一部分出口。

● 第四日——5月25日

我们参观了“工人新村”。

当我看到了那些一望无际整整齐齐的楼房、衣服整洁的妇女和儿童，看到了一部分工人住宅的内部情况，看到了他们清洁、丰富、味美而价廉的食堂和品种多样的百货商店等时，使我觉得这简直是一座新城市，汽车、电车横贯在工人村的中央。这和我过去所看过的工棚子，有天壤的不同。我当时还认为住在这里的工人，不是模范工人就是先进生产者的家属，可是事实上住在这里的全都是铁西地区的一般工人。同时也使我认识到为什么要在这里成立工人村的理由，原来这也是和敌伪时的反动统治罪恶分不开的。

在敌伪时代的那些“大腹便便”的资本家们，不用问，照例都是只知拼命地攫取超额利润，而根本不管工人死活的。他们每当建厂时，除了日本人职工能有稍稍像样子的小房子之外，至于中国工人的住处，则完全是一种窝棚式的东西。解放以后，因为“铁西”形成了一个新工业地带，所以对于那些有工厂而无工人宿舍的地方势不能不给工人修建新的楼房。而工厂又是分散形成的，因此对于凡是住在“铁西”的各工厂的工人，都集中住在这个新工人村里。

我不但由此更进一步地认识到过去帝国主义资本家的贪婪毒恶和新中国对于劳动人民的亲切关照，同时也使我认识到，这就是象征着我们新社会人民幸福生活的雏形，也就是劳动人民所以这样忘我劳动的缘故。

接着，我们又参观了东北体育宫。这里的第一个印象是，不独它那富有民族风格的艺术和那伟大而华丽的建筑物吸引了我，就连宫内的室内运动场的规模、设备也都出乎我的意料之外。特别是当我看到那女子排球队的练习时，更是给予我很大的启发和教育。

首先是我国现今妇女的体格和精神，若和旧日我所看惯的妇女来比，真为〈谓〉有了天地之差。尤其是在比赛中，例如某人把球发坏了，其余的人总是用话来作安慰，如说："没关系，没关系""不要紧，不要紧"之类。就是在应当批评的时候，也都是抱着诚恳而温和的态度来作忠告，绝不是用埋怨的口吻或是打击的态度。这种新社会的体育道德和运动精神，真是和过去的"锦标主义"和"风头思想"完全不同。因为现在的运动乃是着重于训练集体精神、交流技术经验和锻炼身体的缘故。这对于我的今后学习改造，也给予了莫大的启示。

● 第五日——5 月 26 日上午

参观了沈阳电缆厂。

这也是日本帝国主义在 1936 年为了掠夺和奴化我东北人民而建立起来的。在当时工人阶级所受的压迫虐待和吃不饱穿不暖的种种磨难，是说不尽的。就拿日寇到 1945 年为止，扣除了它的所谓"投资"以外，还赚取了八倍之多的利润一事来说，就足以充分证明日本帝国主义者的贪婪狠毒达到了怎样的程度。这个工厂也是在回到祖国人民手里之后，从只有十七个工人的废墟上，把它变为一个亚洲第一的现代化的巨型工厂，它的产品能供全国建设事业之用。在这里，首先使我深刻感到的是中苏的深厚友谊。如从 1953 年开始建厂起，由施工以至投入生产，没有一样不是由于苏联诚恳无私的帮助。苏联不但派来了大批专家，还供给我们以头等的装备和精湛的技术。我在参观中曾亲眼看到一位苏联专家，穿着普通工人的服装，在那"纸浆包线"车间里，和工人一起热心地研究着什么。这在我们新中国的一般人看来，也许觉得并不算是一件什么出奇的事情，可是在我看来真是稀奇。因为我既曾听说过西洋技师的高高在上，骄傲不逊，也看到过日本工程师的"颐指气使"蛮横无理。所以我觉得苏联专家的这种真诚帮助作风，实在是一件"难能可贵"的稀奇事情。同时还看到另一位苏联专家（四五十岁的老大娘），也正在车间扎绑一个什么东西，并指手画脚地指导着几位工人操作。听说她就要回国了，为了要在回国以前，把她那全套本领统统传授给我国工人，她近来总是这样忘却一切地来作指导。又如"腊克线"的制造，原来是那些"先进"的资本主义国家绝对不肯传

溥仪参观沈阳电缆厂

溥仪在沈阳参观激发民族自尊心的中国产品

授他人的一种“独得秘法”，可是我们在苏联大公无私的毫无保留的援助下，现在已经能够大批制造了。据说“纸浆包线”的方法也是如此，因为这个方法，现在世界上只有苏联、美国及我国能制造。可是我国在苏联的援助下，已能够采用“六个头”的新方法，而美国就是到了现在，也不过只能用“两个头”的方法而已，足见我国现在苏联的真诚帮助之下，我们的技术水平已经超过了美国。不但如此，还听说从事这一工作的机器，也是苏联新制出来尚未使用，就先给我国送了来。无怪乎我国的工业建设在这短短的几年中，在第一个五年计划里，就能以飞跃发展的速度取得光辉成就使资本主义国家大吃一惊。唯其是我国因为有了苏联这样的真诚帮助，所以才使我们少走了许多弯路。更无怪乎不论是厂方负责人或是领我们参观的厂方干部，都异口同声地感谢苏联的大力支持和帮助。

而我呢，也是由于这次亲眼看到了无数的真人真事，因而也就使我把从书本上、报纸上得知的苏联对我国的无私援助，进一步地变成为亲耳所听和亲眼所见的种种事实，也使我对于苏联的这种大公无私、国际主义的精神有了更进一步的认识和感谢。真是“百闻不如一见”，真是理论和实际相结合的教育。

下午休息。

● 第六日——5月27日

上午参观了沈阳的市容——南至南湖、南塔，东至东陵，西至工人村，北至北陵。随后又让我们参观了沈阳市百货公司第一商店和沈阳国营贸易企业联营公司。

在我参观沈阳市市容时，首先使我感觉到的是，旧市街现已成为新沈阳市的一部分，也可以说是一小部分，固然旧市街依然是繁华的，但是新建的工业、文化教育区域的规模之大，却是远远超过了原来的旧街市。这些新区域真是象征着我国将来新城市的远景，也象征着我国社会主义伟大建设的远景和前途。使人自然会对此感到有一种说不出的欢欣和辽阔的心情，同时还使我感觉到什么是人民生活的提高。因此我认识了现在的生活提高，就是指着一般人民生活普遍提高而言，绝不是像旧社会那样“朱门酒肉臭，路有冻死骨”的贫富两极化的现象。既看不到“阔佬”独占的大洋楼、豪华的自用汽车和娇艳的“姨太太”“小姐”之类的穷奢极侈腐化享受生活——也就是所谓“特权阶级的阔气”，同时也根本看不到身披麻袋的“乞丐”和病倒街头无人理睬的鸦片瘾者以及赤身裸体的儿童……所有的人都穿戴得整整齐齐、干干净净，并且不分男女老少，都是快快乐乐地有饭吃、有房住和有适当的工作。这就是映入我眼内的新人民大沈阳市的市容概况。特别是拿过去伪满时代在所谓“日本站”和“商埠地”的日本人天下及官僚、军阀、政客、资本家等特权者为所欲为的情形和今日的新面貌来比，真使我觉得沈阳的面貌真是完全变了样子了。

当我参观“沈百商店”和“沈阳联营公司”时，首先使我感觉到的就是：日本帝国主义资本家曾经用来垄断我国商业的大商店，现在都已经为我国人民服务了。其次是我过去所担心的事：如在报纸上时常有什么猪肉不好买和某些商品供应不上和涨价的消息等，但是，在这次参观中，却把我的那种“杞人之忧”都给一起吹散了。买东西的人是那样地拥挤，并且那一天还不是星期日，也不是一般职工下班的时间；店里的东西又是那样丰富——我所担心的棉布简直是堆积如山，货色也都齐备，其他的日常生活必需品之类，也都是样样俱全，应有尽有。这才使我进一步认识到，报纸上所说的脱销或是供应不足的现象并不是由于“来源枯竭”的一种表现〈衍〉，而正是发展进程中发生的局部的临时的现象。正如社论中所明白指出的那样：“这种供应不足，乃是发展中的不足，是供不应求的一时现象。”这也就如同我国年产的钢铁产量虽是年有增加，月有增加，可是社会主义建设中所需的钢铁数字，则远远超过了产量的数目，所以我国的

溥仪在温室内浇水

对中医有兴趣的溥仪，在管理所内的卫生室得到了发挥专长的机会

增产节约，并不能只把它看成是第一个五年计划中的重要任务，就是到了第二个、第三个五年计划时，我国仍然必须大力增产节约，因为这乃是人民生活水平不断提高的一种必然现象。

下午我们又参观了北陵公园，并在那里作了野外文娱小节目。在参观东陵和北陵时，因为在那里埋着的都是我的祖先，[1]所以我觉得这两处的参观，对我的教育意义非常之大。首先是对于我那根深蒂固的“狭隘民族主义思想”的残余——我从小是在封建专制制度民族狭隘思想色彩极端浓厚的家庭环境中长大的。所以，对于自己的祖先，更是抱有一种与众不同的想法和看法。

可是在这次的参观中，启发和教育我的地方是：起初我还以为在人民的新中国，对于那些过去的清朝封建君主坟墓还能有谁来管？说不定会被糟践得成个什么样子！可是到了当地一看，却是被反动的国民党给毁坏得“不亦乐乎”，而现在归到人民手里以后，则得到了充分的保护和修缮。不但“宝顶”——坟头周围，都给安上了铁条网，防止游人随便攀登，还把残缺的地方都修补一新。特别是在北陵还挖了一个三百几十万平方米的湖，并准备了许多游艇。两陵上也新栽了不少树木。今后还打算在北陵安设电灯，并在其南面新修一座跳舞大厅以及儿童游园、动物园等。不但对于这两陵如此，就是对于河北省内的东西两陵和南口附近的明十三陵等处，[2]现在也都在祖国人民手中，把过去曾经骑在广大人民头上的封建帝王坟墓，变成能供广大人民游览休息的文化、风景区域。足见我过去所担心的，正是因为尚未能认识清楚我们新中国的伟大，所以才会在自己的狭隘小圈子里经常打转转。因此我在这次的参观中，有了一种新的认识，就是不论它的过去历史如何，抑或是它的阶级成分如何，只要是现在能和人民在一起，改变了它原来的阶级本质，它就有无限的前途。也就是说，如果能够和人民结合在一起，它便会长存下去。总而言之，脱离了人民群众，那么，它的命运就会是脆弱的、有限的、绝对不能存在下去的。

在哈尔滨参观的日记（1957年6月4日—8日）

6月4日

下午5时，我们先到了哈尔滨。

1 沈阳东陵即福陵，系清太祖努尔哈赤（1559—1626）的陵墓，位于沈阳市东郊浑河北岸的天柱山上。沈阳北陵即昭陵，系清太宗皇太极（1592—1643）的陵墓，位于沈阳市北5公里处。

2 “河北省内的东西两陵”指清东陵和清西陵。清东陵位于河北省遵化县县城西北六十华里的马兰峪附近，始建立于1661年，包括顺治帝的孝陵、康熙帝的景陵、乾隆帝的裕陵、咸丰帝的定陵、同治帝的惠陵，还葬有皇后、妃嫔和皇子等157人。清西陵在北京西南100公里处，以奇峰岭、大雁桥、燕下都（战国遗址）、紫荆关为四界。始建于1730年，包括雍正帝的泰陵、嘉庆帝的昌陵、道光帝的慕陵、光绪帝的崇陵，还葬有皇后、妃嫔、王爷、皇子和公主等76人。溥仪的陵址也选在这里了，未及建成，更未使用。“明十三陵”指明朝十三位皇帝的陵墓。

尽管我们都在火车中吃了饭，所方仍照顾我们，怕我们饭吃得早，腹中会饿，下车之后，先领我们到永安饭店饱餐一大顿面条，吃完之后，就领我们到“哈尔滨旅舍”去投宿。这里就是过去最有名的“马迭尔饭店”，乃是哈市第一流的旅馆，可是竟会让我们这帮人住在里面。房间、被褥、铁床之类先不用说，就连每日三餐，就如同是“赴宴”一样，真是使我觉得太过分了。请问：古今中外，谁听说过有这样对待犯罪人的?!我相信，只有在人民的新中国，只有在共产党领导下的社会主义国家才能这样！

一般说起来，在我们这次的长途参观中，随时随地都使我在心感身受方面，看出了所方对于我们的无微不至的真诚照顾。例如对于年老或有病的人的体贴入微，走路时不让快走，指定专人来照顾，医生护士一步不离，对于不愿吃鱼、不吃牛羊肉的个别人的特别关照，对于闹肚子的人（我就是如此）另给准备蛋糕之类的软食……不但对于老人、病人如此，就是对于我们全体同犯们，也都同样是做着胜似亲人的关怀。比如说对于吃饭、睡觉、休息，甚至大小便等也都是照顾得周周到到。特别是所方各位工作人员的这种不分昼夜、不顾疲倦的连日辛勤工作，以及有关各方面——各市当局、各工矿企业等单位、农业生产合作社、展览馆以及列车乘务员的无比诚恳、无比亲切的工作作风等，样样都给予我以很好的实际教育。像是这种种感人心腑的动人事实，又怎能不使我受到了终生难忘的深刻感动呢？

● 参观第一日——6月5日

参观了“哈百第一商店”和“副食品商店”以及四个公园——“斯大林公园”“兆麟公园”“儿童公园”和“哈尔滨公园”。最后还参观了哈尔滨市的市容。

至于对商店和市容的观感，因与沈阳相同，不作赘述。现在只就我对于四个公园的参观感想，按着所受到的感动浅深依次记述。

首先，是斯大林公园，过去的太阳岛，那还不是专供官僚、资本家以及外国人游乐之用的地方？就是西临江岸的——过去所谓的“水上俱乐部”还不也是与劳动人民素无缘分的地方？而现在呢，太阳岛上的帝俄时代的别墅等，已成为新中国劳动人民游息的好场所了。当时所谓的“水上俱乐部”现在也成为人民大众的公共食堂了。特别是现在从江堤上向江北一望，便可以看到过去所无的一幢一幢的富丽典雅的楼房。不是新建的职工疗养院，就是给广大人民谋求福利的种种卫生、文化方面的建筑。

在碧琉璃般的松花江面上，来来往往跑着满载劳动人民歌声笑声的汽艇和游船。

已成为长春市图书馆干部的李玉琴，多次前往抚顺探望丈夫

在那绿树涟漪相映成趣的平坦大堤上，则可以随处看到无数工人、学生，都在各乐其乐：有的三三两两地散着步，有的坐在树下长椅上拉着幽雅的手风琴，有的引吭高歌，有的拿着相机照相，有的坐在堤畔上给那如画一般的风景写生，有的则在游艇售票口旁列成长队……这种充满朝气的新气象，和过去只有特权阶级独自享受的杀气腾腾、死气沉沉旧光景完全不同的。听我弟弟［溥杰］说，过去他曾在那个"水上俱乐部"里摆过阔。在当时，这里的厕所内，有一名白俄老大娘左手持手巾，右手端肥皂，专等在门口。每便一次便须"恰如其分"地给她两三角钱不等。更听说在当时，该俱乐部，已成为日本人的天下，除了像我弟弟那样的"特殊人物"外，一般中国人差不多都不敢进去的。因为日本人及白俄的有力者，经常在那里乱唱乱闹地过着金迷纸醉的生活，不定什么时候，就有被醉汉"袭击"的危险。

抚今追昔，真觉得现在一切一切，都是既明朗而且清新愉快，像过去那种畸形繁华和罪恶享乐的影子，早已被劳动人民的双手给洗涤干净，再也找不到那种阴晦黑暗的气氛。

其次，使我受到感动最深的，就是儿童公园。

那里简直是一个儿童的幸福小世界。在那里有儿童自己管理的——具体而微的儿童列车和两个"俨然如真"的正式火车站：一个是"北京"站，一个是"莫斯科"站。开车的当然是儿童，至于站长、车长、打信号旗的人员也个个都是儿童。他们都是认真而严肃地执行着自己的"运输"任务。车站外面的花木，车站建筑物的擦拭装饰等，也都是由他们自己来做。另外，还有电气的木马、飞机、小汽车、拖拉机、坦克、船艇之类的游戏器具。他们都严格守着先后的秩序，一个一个地上去玩，玩毕就把座位让给依次的候补者。在那里，可以说是来来往往的，无一不是儿童，偶尔有一两位大人，在那里反倒会有"在人家家里作客"之感。

那天使我认为是最幸运的是，就是恰巧在我们参观时，有一大帮苏联的儿童和他们的老师来到这里，他们都和和气气地和我国儿童在一起玩。这和过去日本帝国主义者的孩子，不让中国儿童到他们身旁去的不愉快情形相比，真使我觉得感慨无量。

现在的孩子们，在他们的小世界里，不独从小就可以养成他们的集体观念，热爱劳动的精神，还可以在这里养成他们国际主义的友爱精神哩。不由得使我深切地感到，毛泽东时代的儿童是真幸福的。除了共产党领导之下的新中国，在过去可有谁关心过儿童的事情？谁有闲工夫理睬他们的生活、教育和幸福？同时也使我深深觉到，我的子子孙孙一定都会比我幸福得多，因为他们生得是时候，一生下来就有无穷幸福的光明前途在等着他们，绝对没有人来摧残他们，只有党和国家在关怀他们。因此使我对此得出一个结论：为了自己的孩子，为了民族的将来，如果不跟定共产党走，便根本谈不到什么幸福、什么将来的！

再次，是兆麟公园。在这里我曾瞻仰了李兆麟将军[1]的坟墓，在墓旁还供有人民所

1 李兆麟（1908—1946），原名李超兰，辽宁辽阳人。1932 年在家乡创建东北抗日义勇军第二十四路军，历任中共满洲省委军委书记。东北人民革命军第六军政治部主任、东北抗日联军第三路军总指挥等职。抗战胜利后任黑龙江省副省长、中共哈尔滨市委常委，中苏友好协会会长。1946 年 3 月在哈尔滨被国民党特务杀害。

赠献的花圈。使我不由得痛感到：将军的伟大人格和为人民而牺牲的革命精神，永远活在六亿人民的心中，他的生命可以说是和民族的生命一样永远无尽的。同时再回想一下自己的过去，我怎能还在将军的坟前抬得起头！

在哈尔滨公园里，虽然也看到了卢冬生将军[1]的坟墓，但因为不知道将军的平生事迹，只认为这也是一位革命烈士而已。后来到了东北烈士纪念馆，才知道了将军的伟大事迹，所以在该公园内，只是默然地敬了一礼。

● **参观第二日——6 月 6 日**

上午参观了“东北量具刃具厂”，下午参观了“东北电表仪器厂”。

● **参观第三日——6 月 7 日**

上午参观了“亚麻工厂”。

● **参观第四日——6 月 8 日**

下午参观了“哈尔滨电机厂”。

我在这四个单位中，所感到的主要是：东北量具刃具厂、东北电表仪器厂以及哈尔滨电机厂都是我国第一个五年计划中的重点工程。除了电机厂是由我国自己设计的之外，其余的都是苏联援助我国一百五十六项工程中的，都是带有全国性的现代化工厂、最重要的重工业企业，对于我国的伟大社会主义建设事业，都起着绝对作用。

我平日还主观地以为，量具也不过是尺一类的东西，而刃具也不过是车刀而已。可是在我参观了五个重要车间、七个辅助车间和生产出来的那些复杂多端的量规和那叫不出名堂，看不出用途的种种刃具以及精妙入微不差毫厘的量尺之后，才使我初步地理解了量具刃具的重要性。固然，总括地来说，它们都是量产品规格和切削东西的用具，但是决不像我所认为的那样简单，而是千变万化各有专用的精密工具。没有它便不可能制造各种机器。和那些仪表之类一样，都是在现代化工业中，离了它一步也不能走的。总之，当我看到了那些钟表似的精密仪器，看到了那些奇奇怪怪的刃具和那想象不到的量具之后，才使我真正认识到这些工业企业的异常重要性。

同时也使我感到这量具刃具和电表仪器厂，简直不像是个工厂，而恰恰像是个什么科学研究室。还使我对于那种连一点点尘土也绝对不许可带进去，活像医院手术室那样清洁的地方，居然也让我们进去参观。即使在条件万分不许可的时候，还组织各队的代表进去细看，为的是好让他们在亲眼看过之后，把所见所闻普遍地传达给我们知道。祖国人民这种“推心置腹”的待遇和为了使我们加速学习改造的苦心，真是使人感激得不知怎样说才好。

还有，那些青年男女工人的学习热情，也是惊人的。他们不但在一年之间，就可以熟练地掌握那样精尽毫发的高深而复杂的技术，特别是在那样紧张而细腻的工作之后，在那休息时间的分秒之间，每个人还都是抓紧了这些短时间，打开书本从事研究。这种

1 卢冬生（1908—1945），湖南湘潭人，曾参加南昌起义，其后在中国工农红军中任营长、团长、师长等职。抗战初期任八路军一二〇师三五八旅旅长。1939 年春赴苏联学习。1945 年回国后出任东北松江军区副司令员，同年 12 月 14 日在哈尔滨牺牲。

勤修苦练的劳动人民积极负责精神，若是拿来和我现在的学习态度来比，真正是相形之下羞愧死人。

我现在的学习环境是怎样的呢？我有充分的时间，可以尽情地学习，同时也有充分的休息时间和自己研究的时间供我利用，并且在精神上也可以心无二用地专门从事学习……在这样的优良学习环境下，若和他们在百忙中仍是分秒不肯放松的学习研究来相比，真是会有天上和地下之悬殊的。

其次，是我对哈尔滨电机厂的感想：除了该厂是由我国自己设计的之外，更使我感到兴奋的，就是该厂内各种大得惊人的巨型机器（如苏联的大型龙门刨床等）和制造出来的无数巨大机器零件。同时也看到了我国全国规模的电气化远景。这些不由得使我想起了列宁所说的电气化和社会主义建设的关系。在该厂领导我们参观的那位女干部，更是使我感动已极。她不断地从我们的队头跑到我们的队尾，一边跑着一边作着极其热心的说明，真恨不得把工厂情况给我们每一个人都作详细的介绍。看她的年纪，也只不过是二十多岁的样子，可是她那沉着而富有自信的态度，简直和我在苏联影片中所看到的女工程师、女生产队队长以及在小说中所看到的苏联女农业专家的神情态度，完全一般无二（电表仪器厂领我们换了鞋子进去参观的那位女干部也同样使我深有此感），足见我国的妇女现在是完全站起来了，使我不由得由衷心生出既敬佩又高兴的感觉来。

再次，是我对于憧憬多年的哈尔滨亚麻厂的感想：它虽是属于轻工业的一个工厂，但它是高度机械化自动化最先进的现代化的工业企业。它对于我国国防起着重要作用。我对于它，真是从它建厂之日起，一直都抱有无限憧憬的念头，并且在沈阳的工业陈列馆内，也曾看到了它的全般模型，所以当我这次亲眼看到了它那富丽堂皇的建筑时，就使我如同看到了自己多年未见的熟人一个样，毫不感到一点陌生，并且在那乍一看到的一瞬间，我的心不由得激动了起来，觉得热乎乎地跳个不住。

当我听完了厂方负责人的介绍和看到了那些令人生爱的巧妙自动装置和那生产出来的五彩缤纷的亚麻制品时，真使我加倍地对于苏联对我国的大公无私毫无保留的热诚援助，产生了不可遏止的衷心感激的心情。由建厂安装到生产，就连勘察地质、调查风土、研究气候，以及对于亚麻的种种科学分析研究等，都无一不是苏联帮助的。此外，苏联还替我们培养了一千多名工人和大批的干部，真是从头到尾一点不剩地传授给了我们。所以我们才会在过去的一片空地上，从无到有地有了这样能够供应全国人民需要的，能供工业大量需要的近代化大亚麻工厂。

此外，最使我深切感受到的，就是这一工厂对于工人的安全设施和对于工人的卫生福利的种种设施。如在那麻屑滚滚尘土飞扬的车间内，居然会吸到不染纤尘的新鲜空气。这在旧社会的工厂里，能够梦想得到吗？又如在各个机器上所安装的反光镜、信号灯、自动换电装置、自动安全装置等，不但大大减轻了工人的体力劳动，也充分保证了工人身体的安全，至于化学地板、自动防火设备，以及对工人的种种无微不至的照顾，并在

溥仪在沈阳特别军事法庭作证

建厂时所倡导的“先建工人住宅而后建厂”的新办法等，哪一样不充分表现出新中国工人阶级和劳动人民现在当家做主以后的新气象来呢！在党的领导下，在这样的社会制度下，工人阶级又怎能不拿出认真负责的真正主人公的态度，为了建设自己的社会主义祖国，而积极地发挥出超人的热情和空前的创造热情来呢。

● **参观第三日——6 月 7 日**

下午参观了朝阳［区］（前平房区）朝阳乡的金星农业生产合作社。

● **参观第四日——6 月 8 日**

下午在参观了哈尔滨电机厂后又参谒了东北烈士纪念馆。

我在哈尔滨的四天参观当中，使我最受到深刻感动和终身也不会忘掉的就是金星合作社和东北烈士馆。按着参观的顺序，先从合作社说起。

当我乍一到金星农业生产合作社，看到墙上挂着的锦旗上写有“平房区”的字样时，就使我蓦然想起曾在苏联报纸上看到的日本帝国主义“731 细菌部队”的滔天罪行来，立时就觉得有一种铅石一般的沉重空气，压到自己的头上，压得我抬不起头来。后来听到合作社主任述说在敌伪时该村受到灾祸的情形：如过去村民经常吃不饱，穿不暖。不是平白无故地被认为是“政治犯”，就是硬被指为“经济犯”而横遭逮捕。一被安上这样的“罪名”，不用说，轻者得饱尝残酷的吊打非刑和牢狱之苦，重者就得死于非命。此外，强征青年为伪“国兵”，以及强抓“劳工”等，都是村民被注定了的厄运。特别是由于日寇把所饲养带有细菌的老鼠放出的缘故，致使该村在1946年的秋季不到半个月的时间，就被害死142个人。社主任并把遭难人的真名实姓一一列举了出来。使我听到每句话都如同钢刀刺心一样，真是既难过又愧恨，简直恨不得有个地缝也想钻进去。

当我听到刘贤阁的爱人、孩子、弟弟和弟妇同归于尽只剩下一个小孙子的事情，以及听到老靖〈敬〉家全家十八口，在五天内就死了十三口的事情，并听到还有新婚夫妇在结婚第二天，便双双死于鼠疫等的时候，我觉得我自己就是一个血淋淋的帮凶杀人犯，站在受害人的面前，是心如刀绞地难过。

然后，我又访问了劳动模范姜淑清老大娘的家，我因为想到自己过去的一切一切，现在又听到日寇活生生的罪行，实在忍不住了，便向老大娘说："我就是在过去曾经帮助了日本鬼子抢去了你们的粮食、害死了你们亲人的伪满皇帝溥仪！我愈是亲眼看到了你们今天的幸福生活，便愈发想起了过去祸害你们达十四年之久的滔天罪恶……我唯有低头向你们衷心谢罪……"我不由得哭了，可是这位老大娘，不但没有对我表示什么仇恨，反而用温言对我说："……只要好好学习，政府是会宽大的……"使我听了，愈发把感激和愧恨混合在一起，除了俯首流泪之外，已没有什么可说的话?!

老大娘是这样，全社社员以及社主任也都是这样。按常理说，对于曾经祸害自己达十几年之久的血腥的大汉奸头子，今日见了面，想起了掠夺粮食、征兵抓丁、苛捐杂税、经济统制和散播鼠疫等的血海深仇时，还不会一下子猛扑过来想一棒子打死我这个祸国殃民的头号大卖国贼？可是当我临要辞去的时候，合作社还把暖窖里长年辛辛苦苦的劳动结晶——黄瓜和小红萝卜摘了一大堆送给我们。虽然我们激动地一再辞谢，但那些宽宏大量的社员，非要送我们不可。到了这样的时候，又怎能不叫人感动流泪地接受呢？收，当然是非收下不可的了，并且也是非把它拿回去吃下不可的，因为这是人民对我们的宽大情谊啊！

在我接受各位农民这种过分的赠与时，我的心中实在是既感激又羞愧，使我怎能不想起曾经遭受敌伪残害以致丧失无数宝贵生命的牺牲者呢？他们已不可能看到今天这样的繁荣幸福的新社会，也不可能看到今天这样的光辉灿烂的新农村，也再看不到自己家中的亲人，也永远享受不着今天这样的日益增进的幸福生活……可是我们这群曾经残害过他们的汉奸，反而看到了这样的新社会，并且还尝到由受害农民所辛勤栽植出来的蔬菜，我除了含泪接受之外，还有什么办法可言？我在这种深铭肺腑的事实教育下，不由得发生了一种感情。

总之，这件事是我终身永远忘记不了的。我决不应当白白地吃掉这种万金难买的贵重礼物。我一定要争取学习改造好，来补赎自己过去无穷罪恶于万一！固然是，赎是绝对赎不过来的，历史上的滔天大罪更是永远也抹杀不了的。可是，我决不能白吃它，哪怕是一点一滴的赎罪行为也好，我非要这样去做不可，反正我决心万万不能白白地吃了它！

此外，像我亲眼所看到的各位社员现实的幸福生活，所听到的将来无限幸福的远景规划，以及医疗所、妇幼保健站、图书馆、小学校、新式农具，像城市小百货店那样的供销合作社、养猪养鸡和大玻璃暖窖等，简直是像自给自足的小市镇一样。因而，使我想起了“苏联的今天就是我们的明天”这句话来，这不就是缩短城乡差别第一步的具体表现吗？

特别是在社主任的说明介绍中，听到了他那有条不紊的规划，看到了合作社的种种设施和他那充满自信的革命乐观态度，真使我痛感到：这就是千千万万农业生产合作社中的一个，也就是在土改的伟大运动中，在农业合作化高潮中，经过了无数革命实际考验的一个农业生产合作社，以真人真事，以血泪的控诉，以“宽严相济”的伟大精神，以理论与实际相结合的具体教育一样一样摆到我的面前。

我认为我国农村现在所以有了这样的根本变化，并不是什么奇迹，尤其不是侥幸。这是在共产党的坚强组织和正确领导下，在无数革命烈士的流血牺牲下，人民用自己的力量赢来的革命胜利果实。

其次，是在东北烈士纪念馆。

在我尚未到哈尔滨之前，我真是渴望着瞻仰一下烈士馆，因为我曾在《中华女儿》影片中，看到了烈士馆中的一部。可是当我这次真个地看到了“东北烈士纪念馆”几个字时，我的心又扑通扑通地跳了起来，觉得有一种极大的压力，把我的心脏压得异常沉重，仿佛是透不过气来似的。

等到进了馆门，看到墙上满挂的日寇虐杀我东北人民的各种照片，特别是当看到杨靖宇将军[1]、赵尚志将军[2]、赵一曼烈士[3]，以及其他各位曾在敌伪时代牺牲了的烈士画像、相片、英雄事迹和遗物等时，更叫我感到极端难过和惭悔，就仿佛把我带到了各位烈士的面前受审一个样，我不能不深深低下了头，不能不落下了泪，不能不难过得要死。我由于良心的内疚、精神恍惚，虽然在听馆员介绍时，也曾记了笔记，但事后翻开来一看，当时所记的字迹，差不多都是歪斜潦草得不成个字，所记的话语，也都是支离破碎地不成其为整句话。

特别是当我听到馆里的负责干部在给我们所作的专题报告中，介绍杨靖宇将军的抗日奋战英勇牺牲的壮烈事迹时，不但使我忍不住双泪齐流，同时简直觉得自己的这个身子，真是龌龊不堪和渺小得不像个样子，觉得自己在今日的存在是多余的、不应该的，

1 杨靖宇（1905—1940），原名马尚德，回族，河南确山人。曾任确山县农民协会会长、中共豫南特委书记。1929 年奉中共中央之命到东北开展工人运动。“九一八”事变后历任东北反日救国会总会长、中共哈尔滨市委书记、中共满洲省委书记、东北抗日联军第一军军长兼政委、第一路军总指挥兼政委、中共南满省委书记等职。1940 年 2 月 23 日在吉林濛江（今靖宇县）保安村作战牺牲。

2 赵尚志（1908—1942），热河朝阳（今属辽宁）人。1932 年以后一直参与领导东北人民的抗日斗争，历任抗日义勇军孙朝阳部参谋长、珠河（今尚志）反日游击队队长、东北人民革命军第三军军长、抗联第二路军副总指挥。1942 年 2 月 12 日与敌作战负重伤被俘，不幸牺牲。

3 赵一曼（1905—1936），原名李坤泰，四川宜宾人。曾赴苏联学习，并在湖北、江西、上海等地做秘密工作。1931 年调出任中共满洲省委妇女委员，1934 年任中共珠河（今尚志）铁北区委书记，1935 年任东北抗日联军第三军第二团政委。同年在战斗中受伤被捕，1936 年 8 月 2 日在珠河英勇就义。

因而使我形成一种“茫然自失”的状态。抗日英雄能那样地出生入死，能那样地不怕艰难危险，到底是为了什么？因为他们始终并没有想过自己的事，所以才能够拿冰天雪地当作涵育〈衍〉抗日杀敌的练武场，拿草根树皮当作保卫祖国的军粮，真是无时无地不在关怀着整个民族的前途、命运，关怀着世界正义人类的前途和命运的。在将军英勇牺牲之后，就连穷凶极恶的敌人，当看到在将军的胃袋中满装着尚未消化的草根树皮残滓时，也不能不低头暗中称美〈赞〉。

将军的肉体，固然是消逝了，可是将军的精神却永远地活在六亿人民的心中。

可是像我这样的人，则是“虽生犹死”，而且是“徒有中国人之名，而无中国人之实”。何况像我这样的人，现在却在党和人民的破格宽大下，不但允许活着，而且还给予学习改造的机会，甚至还被允许到这庄严的地方来瞻仰……总之，我除了万分惭悔之外，无法表达我当时的心情。

等到晚间，参观完了回到哈尔滨旅舍之后，所方又容许了我们的请求，允许我们在旅舍的小会场上，能够向所方、市方发表了我们参观的心情和我们对政府的由衷感激之意。这时，所方和市方也都相继讲了话。在这里，最使我受到感动的，就是所方所讲的要我们“言行一致”的一段话。我认为这真是对我们在学习改造现阶段的一个对症下药。因为我们——尤其是我现在所患的最大毛病，就是理论不能联系实际，也就是说，我的言行在很多地方，未能完全一致。如果不把这个最大的毛病克服掉，那么，知也等于不知，说也等于不说。总之要以实际行动来报答党对我教育改造的恩情。

● **参观第四日——6月8日**

上午，参观了哈尔滨毛织厂。

在这个工厂的参观中，使我得到启发并受到感动的，并不是它的宏伟厂房和现代化的机器设备，而是另外的一个问题。那就是民族资本家在帝国主义时代，在殖民地、半殖民地的国度内所受到的压迫排挤的真正情形。这正是民族资本家在它那二重性格之中会有革命性一面的所以然。

同时也使我认识到，利用旧机器设备来为祖国社会主义建设服务的重要性。即使是机器设备较旧的工厂，只要有共产党的领导，便会产生出“化腐朽为神奇”的奇迹。只要是劳动人民翻了身当上了国家的主人，就会把无穷的潜力、无尽的智慧发挥出来。总之，没有这样的社会主义优越制度，就不会把一切消极因素都转变为积极的因素。当我看到了那些美丽的毛毯和呢绒衣料等时，我就想：明明是同样的东西，在资本主义时代，它就为资本家提供利润，在帝国主义跳梁时期，它也就充当了掠夺我国人民财富的有力工具。现在它回到人民的手里，它才能开始为人民服务。可是在这些日子的报纸上，却登载有右派分子敢钻我国共产党大公无私全国整风的空子，狂妄地说出“没有共产党也不会卖国”等的荒唐谬论。这种颠倒是非混淆黑白的胡说八道，又怎能不激起全国六亿人民的义愤！拿汉奸的罪例来看，拿反动国民党的所作所为来看，拿哈尔滨毛织厂的化旧为新的事例来看，没有中国共产党，中国人民还能活得下去吗？还谈得到彻底翻身吗？没有共产党，那些老厂房、旧机器等等，能够像今日这样地超额完成国家所给予的光荣任务吗？“没有共产党，就没有今日的新中国”的这句话，是任何人也否定不了的。

在长春参观的日记（1957 年 6 月 9 日—12 日）

● 6 月 9 日

早晨从哈尔滨出发，下午三时许到了长春。当我们这列火车一开进了长春站，我的心又陡然沉重了起来，好像被缚上一个大铅坨子一个样。等到下了火车，走出了长春车站，亲眼看到了长春市民时，我的那颗心就愈发沉重得几乎要把心弦都坠断了一样，就和我在哈尔滨乍一进入东北烈士纪念馆时的心情一般无二，简直使我不敢抬头去看一切人们的脸。本来嘛，自从 1932 年在这里当上伪执政，一直到 1945 年敌伪一齐完蛋为止，我都是盘踞在长春的。可以说那里的一草一木和每一寸土地，都和我的肮脏罪行有着直接的关系。也就是说，凡日寇所犯的罪行，都是和我的罪恶分不开的。因此，我到了长春，心里怀着鬼胎，就如同盗窃的人，一旦被人给领到被偷人家中去一个样，这时心中的惊慌、羞愧、恐惧和难过等心情，都交织在一起。

到长春，所方更把我们安置在“吉林省人民委员会招待所”内，对我们的起居饮食等一切一切，关怀和照顾得无微不至。

● 参观第一日——6 月 10 日

上午参观了“中国科学院光学精密仪器研究所”。

当我参观这个研究所时，我的心情是和昨天乍一到长春时不同，始终是充满了欢欣鼓舞的心情。首先使我受到感动的，就是现在我国制造的光学仪器玻璃，已达到国际先进水平，并且也超过了曾在世界上被公认为第一位的德国“蔡司”镜头。毫无疑问，这又是对我那崇拜舶来品的崇外思想残余，上了一堂活生生的课。在过去也曾听到人们说，日本制造的望远镜，在外形上固然也相当漂亮，就是镜头玻璃不行，日子一多，受到了潮气，就会生出斑点来。至于精密的显微镜等，当然更不能制造了。而现在，我们的新中国，却在全国解放后仅仅几年之间，不但已能制造光学玻璃，而且它的质量居然已超过了德国，这又怎能不使我感到无比的高兴？无比的自豪？

此外，在我听到该研究所的负责干部所作情况介绍时，他那对于科学研究的热情，对于工作的信心，深深地感动了我。我不由得想到：像他那样的科学工作者，如果是在旧中国的话，还不是“所学非所用”地沉沦下去，还能容许他有发挥自己特长的机会？还能谈得到有什么机会对祖国做出贡献？他能够有今天，都是中国共产党的正确领导和社会主义优越制度之所赐。无怪乎在他那研究所内所研究出来的结果，立时就会被推广到全中国的各个方面去，真是我国工业中一个伟大成就。

下午，又让我们参观了“长春市儿童医院”。对于这个儿童医院，也使我感到了一种感奋兴起的心情，和在哈尔滨儿童公园内所受到的感动不相上下。在旧社会里的医院，固然也有小儿科，但是那种小儿科大夫中绝大多数不过是为了找饭吃才当上小儿科医生，并且在那个时候，请得起小儿科大夫给孩子看病的，又都是些什么人？不是官僚就是资本家。至于一般人民的子女，尤其是广大劳动人民的后一代，不要说他们给孩子看不起病，吃不起药，就连吃饭还成为严重的问题哩！可是在今日的新中国，所有的儿童都是一律地得到了人民政府温暖的关怀和至矣尽矣的照顾、爱护，像那飞机型的新型医院建筑物，像那照顾得无微不至的门诊处，最新设备的医疗和安全而周密的卫生处理，既清洁卫生又营养丰富的食堂，还有阳光充足、空气新鲜、看顾周到而且玩具设备齐全的儿童游戏室，以及还有闻所未闻的母亲室等。这种无以复加的照顾，真诚为人民谋福利的精神，在旧社会里，就连做梦也休想梦得到。仅就这次参观的长春市儿童医院来说，政府的投资就达到八十八万元之多。这说明生在伟大毛泽东时代的儿童是多么幸福！

此后又参观了长春市的市容。

固然在乍一参观市容时，我的心情又不觉紧张起来，因为我不由得想起了过去自己在敌伪统治时期的种种罪恶。但看到种种生气勃勃的新气象时，我的紧张心情才又逐渐和缓下来。我看到了当时在伪满时期的罪恶大本营——日本帝国主义的关东军司令部，现已成为吉林省党委和人民委员会[1]的“国务院”“司法”“经济”等部和“最高法院”等曾经摧残、屠杀人民的罪恶发源地，现也都变成救治人民疾苦的医学校和医院，以及专为人民谋福利的机关。在伪宫预定地现在也已修建了培养我国伟大社会主义建设人才的地质宫[2]。过去我所窃据过的伪宫，现已成为结核病疗养院[3]。过去满挂着日本文字招牌的店铺等，现也都分别做了我国人民的商店、俱乐部、住宅以及其他为人民谋福利的场所。特别是当我看到日本殖民者的“神社”“庙宇”等奴化人民的罪恶工具，有的已经脱胎换骨，有的则被彻底清除干净的情形时，不由得心中既是惭愧又是称快。

尤其是从前的“日本站”[4]一带，再也看不到耀武扬威目中无人的日寇侵略军的影子，看不到欺压、侮辱我国人民的敌伪警察、宪兵和特务的横行，也看不到趾高气扬以征服者自居的日本人以及不愿拿中国人当顾客看待的东洋铺子了。

在日俄战争时就开始侵略我国的日本帝国主义侵略军头子——儿玉［源太郎］[5]的

1“吉林省党委”即中共吉林省委，其旧址为日本关东军司令部。“人民委员会”即吉林省人民政府，其旧址为日本关东军宪兵司令部和日本驻伪满“大使馆”。

2 此址旧称杏花村，后来曾为长春地质学院，现为吉林大学的一个学区和长春市文化广场。该处主楼系在伪满未建成的新“皇宫”的已有基础上续建的。

3 位于长春市东北角原兴远路（今光复北路）的伪皇宫，在20世纪50年代一度改用作疗养院。现已按原样恢复并建成为伪皇宫陈列馆，今名伪满皇宫博物院。

4“日本站”即今长春火车站旧址，原建筑已拆除。

5 儿玉源太郎（1852—1906），日本山口县人。中日甲午战争爆发后，他出任日军大本营留守参谋长，不久兼任临时检疫部部长，继而被加封为男爵，1896年任陆军中将，1898年任台湾总督，因镇压台湾义军有“功”，于1900年兼任陆军大臣等。1904年晋升为陆军大将，并以“满洲军”总参谋长身份参与日俄战争。1906年任参谋总长兼“南满铁道”设立委员长，拟向中国东北移民五十万。在一次对中国东北现地考察时得暴症而死。死后被封为伯爵。

铜像也看不到踪影了。在那里高悬的是我们六亿人民的伟大领袖毛主席的大幅画像，所谓“儿玉公园”，现在则是成为名副其实的胜利公园了。这一切一切都是使我觉得既痛快又兴奋的地方。

尤其是解放后由我国人民之手所修建起来的高楼大厦，那种雄伟的姿态，立即感觉到它不是在日寇汉奸跳梁时代的罪恶遗物。因为它的规模局势，一望可知是和旧日的东洋化建筑大不相同。特别是在过去我曾认为是相当“了不起”的大建筑物，如伪最高法院、伪国务院和伪各部等[1]在我现在的眼光看来，都觉得它并不怎样高大，因为把它和现在的新建筑一比，它的规模局势也就显得渺小了。

总之，在参观长春市容时，我的心情是相当复杂和不宁静的。真是忽然觉得兴奋，又忽然觉得惭愧，既有时觉得高兴，又有时觉得难过……反正不好受的时候多就是了。这也是只有做过亏心事的人，才会体验得到的一种微妙心情！

● 参观第二日——6月11日

上午参观了伟大社会主义建设中的重点工程——第一汽车厂。我国这个重工业，也是我一向就最为关心的一个，每当听到了“解放牌汽车”这几个字，总会使我感到一种说不出的兴奋和骄傲。本来嘛，活了这么大，坐过的，看到的，没有一辆不是外国的汽车，而现在居然把几十年来认为绝对办不到的事办到了，这使人怎能不兴奋鼓舞呢？这次赴哈尔滨的途中，列车经过长春时，我就曾从车窗中，贪婪地注视着这个汽车厂，从前几站起，我那一双眼睛，就没敢离开过车窗，生怕错过了看它的机会。终于在今天被领到这里来参观，当时我的心情，真是激动已极。

到了“汽车城”，首先映入眼帘的就是那一望无边的现代化巨型厂房和商店、医疗机关、俱乐部、食堂、工人住宅……真是雄伟已极。还有那宽敞平坦的柏油大马路，来来往往数不尽的各式各样车辆，谁又能说它不是一座近代化的新城市？它不但活像一座新城市，而且活像一座最理想、最富有清新朝气的新型现代化城市。把它叫作“汽车城”，我觉得真是最恰当不过的了。等到进入那高大整齐的厂房，看到那种种叫不出名字来的最新式的完全自动化的机器设备时，真使我觉得犹如做梦一样。看到哪一部分，都使人爱慕得不忍离去。尤其是对于苏联老大哥的真情厚谊，更使人有一种说不尽的感激心情。真是“没有苏联，就不会有这样社会主义建设的伟大事业”。虽然我对于机器，根本是个“门外汉”，而且又是走马看花地参观，但我却觉得样样都吸引我，处处都使我发生亲密之感。

参观了厂房之后，又由厂方负责干部在百忙中热心地领我们参观了工人的种种福利设施。由于规模宏大的关系，当然都是坐着汽车去的。首先看的是教育大楼，它包括从扫盲班起，直到大学为止，共有一万二千多名工人在那里从事技术钻研和文化学习。其次看的是设备规模比一般医院还完备、还大的职工医院和幼儿园。

1 伪最高法院即伪“中央法衙”，旧址现为空军461医院；伪国务院旧址现为吉林大学白求恩医学院基础教学楼；伪各部指伪满后期的“民生部”“治安部”“外交部”“司法部”“经济部”“兴农部”“交通部”等，其旧址大部分在今长春市新民大街东西两侧。

教育大楼使我受到深刻感动的，除了该楼的规模宏伟和完善的教学设备以外，在该楼一进门的迎面墙上，高悬有周恩来总理对于职工技术、文化学习的一篇指示：“须使职工学习由于自愿，且不要使学习时间过长，课程也不要过紧，以免妨碍职工的工作和身体健康……”这种骨肉般的关怀，这种精神、物质两方面的殷切而适宜的照顾，这和父兄对子弟的关怀，又有什么不同之处？回想过去封建专制时代封建大地主——皇帝对农民的督饬盘剥，资本主义时代资本家对工人的挤血榨油，殖民主义者对殖民地劳动人民的敲骨吸髓，若和今日劳动人民的当家做主后的情形来相比，可以得出这样的结论：封建大地主对其隶下的农民所要求的只是逆来顺受甘受宰割，资本家对工人则是超额利润，宗主国对殖民地劳动人民是志在掠夺奴役，而我们新中国劳动人民是主人，政府则是为人民服务的一个机关，是从骨肉之情出发，是血肉相连的一个整体。从周总理的这几句指示中，就可以完全看出这一新关系来的。所以在这六亿人民的温暖大家庭中，每一个家庭中的成员，人人都能够鼓足干劲，在“我为人人，人人为我”的伟大共产主义精神下，为这个大家庭而各自贡献出自己的全部力量。

在幼儿园也使我受到了很大的感动。无数天真活泼的儿童，向我们表示欢迎并伸出那可爱的小手打招呼，有的还发出感人的声音说着：“叔叔你好！”也有的说：“叔叔抱抱我！”这些话真使我“自惭形秽”，我暗想，你们今天欢迎的这一群人，都是曾经骑在你们父兄头上，压迫过他们，榨取过他们，甚至还杀害过他们的血腥凶手啊！可是现在呢，却都怡然自得地受着这群可爱孩子的欢迎！

不但儿童不知道过去的事情，连各位教师、保姆也都如此。我又怎敢用沾染过他们父兄鲜血的手，去握他们纯洁可爱的小手呢？至于去抱他们更不用说，尤其不敢且不配的！但终于因为“情不可却”，也“无法去却”的缘故，我只得一方面热泪盈眶地，一方面半哭半笑地握了他们的柔软可爱的小手。他们还为我们唱了歌，跳了舞。

我在这种意想不到的温暖空气中，又怎能不啼笑皆非，拼命地拍手来回答他们的情意呢？这真是我一辈子永远忘不了的一个最深刻的印象。尤其是在参观途中，看到了日寇的“100号部队”——细菌部队的罪恶遗址，这就更使我的良心受着极严厉的斥责。祖国人民，我对不起你们！可爱的儿童们，我更对不起你们！我唯有永远把这次的参观牢牢记在心头，永远要拿它当作督励我、鞭策我的力量，我定以今后的余生，来向父母般的祖国人民赎罪，来向这些天真可爱的儿童赎罪！

此外，还参观了专为照顾工人上下班的安全，而特别建造的那座横跨在铁路线上的美丽天桥，引导我们参观的那位厂方干部曾对我们讲：“只有现在的工人，才能享受到这种真正的幸福。”然后又给我们讲了一段新中国儿童的感人事例：有一个小学校的学生曾给厂里写信，说他们希望能参观自己的汽车厂。当厂方答应了这个诚恳的请求，并表示打算派几辆宽敞而舒适的外国制造的公共大汽车去迎接他们时，他们却坚决要求说：“我们愿意坐我国自己制造出来的解放牌大卡车去参观！”

拿儿童爱祖国的纯洁心灵来和我过去那种“非外国货不爱用”的殖民地奴才思想相比，真让我愈发觉得愧对这群毛泽东时代的好儿童——“毛主席的好孩子！”真是的，我不但应该向新社会的广大人民学习，也应该向新中国的后一代学习！

● **参观第三日——6月12日**

上午参观了长春影片制造厂。

这个制片厂的前身是什么？它在日伪统治时代叫作“满映”，也就是“满洲国映画（电影）公司”的简称，它曾在惨杀过日本共产党员大杉荣及其幼子而臭名远扬的日本法西斯特务头子甘粕正彦[1]的操纵下，欺骗和毒化了我东北人民。而现在呢，因为它已经归到了我国人民自己的手里，它的性质完全改变了，它的规模和设备也完全科学化和现代化了。例如，最新式的放映会场、自动化的照光、布景和摄影设备等，都是和过去完全不同，它成为给人民服务的人民影片制造厂了。过去我对这里的演员们——尤其女演员，总抱有极端轻视的想法和看法，可是现在呢，完全使我变成为一种对她们的尊敬心情了。例如，领我到厂内各处参观的那位女干部，她那热心的说明，熟练而诚恳的介绍，那引人入胜的口才，以及那满怀信心热爱工作的意志和态度，不由得使我深深感到新中国的文化艺术都突飞猛进地向前发展着，新中国的妇女都是了不起的，过去的历书，真是看不得的东西了。

参观之后，又给我们看了几卷该厂制造的影片。其中最使我受到感动的，就是今年（1957年）“五一”节的纪录片——《检阅我们的力量》和世界驰名的故事片——《董存瑞》。

在前一片中，使我看到了中苏两国的人民领袖亲密无间地并立在北京天安门上一同观礼，以及各兄弟国家人民的各自努力于生产建设的种种镜头。很巧妙地把和平民主兄弟国家的和平建设事业同我国人民劳动佳节的意义，融合到一起，使我不由得对天安门前人民力量的检阅，感觉有一种愈发伟大的意义和愈发兴奋鼓舞的心情。

在后一片中，我仿佛亲眼瞻仰了董存瑞烈士英勇壮烈的事迹。愈发感到自己过去的所作所为是可耻的，是罪恶的勾当。董存瑞烈士的一举一动都是那样的天真率直，那样的英勇刚毅。唯其来自勤劳勇敢的劳动人民，才能在共产党的教育培养下，愈发能够发扬光大没有一幕不给我以深刻的感受，使我流了好几次泪。

我认识到，这也是祖国人民给予我又一次深刻而生动的事实教育，这种随时随地利用机会启示我们、教育我们的种种苦心，又怎能不使我深深受到感动，又怎能不使我要立志学好呢？

同日下午，又参观了［中国人民解放军］兽医大学。

这是我们在长春最末一次的参观；在这个大学内，最使我受到感动的，就是在各个

1 甘粕正彦（1891—1945），1912年毕业于日本陆军士官学校。任东京麹町宪兵分队长时趁1923年东京大地震慌乱之机杀害了大杉荣全家，虽因此被判处10年徒刑，但不久即被假释。“九一八”事变前后以坂垣征四郎的代表的身份参与侵华活动，其间与溥仪接触亦多。伪满期间历任警务司司长、“协和会”总务兼企划部部长等职。1939年后出任伪满映画会社理事长，主持摄制了一些新闻宣传片和故事片。1945年8月自杀身亡。

教研室的各位教授的热情研究和教学的态度，以及为祖国伟大社会主义建设事业的积极性和自信心。例如饲料中毒的研究，卫生检验的研究，内科、外科、生理学、X光、人工授精、检孕、寄生、家畜传染等的教学研究，都是对于我们的伟大建设事业有推进作用的。这里也和长春的光学仪器研究一样，都是把研究所得的经验，普遍推广到全国的各个角落。特别是对于代用“治血液中锥虫药品”的发明推广，对于牛瘟发明了“牛兔山羊化”的接种疗法，对于猪瘟的“兔化”方法，对于鸡瘟的“简便移苗疗法”等，不独提高了防治的效率，同时也给我们祖国节省了不少的外汇。这种积极热心的教研精神，这种勤勉不倦的工作态度，这种处处精打细算为社会主义建设着想的细腻工作和实事求是的作风，都深深启发了我，感动了我！

● **在鞍山参观的日记（1957年6月13日）**

第二日早晨7时到了鞍山，这一天的参观是相当忙碌的，共参观了鞍山钢铁公司联合企业中的大孤山选矿厂、第9号高炉、第2薄板厂、大型轧钢厂以及无缝钢管厂。

除了无缝钢管厂由于正在检修中，只能看到厂房、设备的概略规模，而未能看到机器的实际操作外，其余4个单位都在有关方面负责人的热心说明下，作了参观。在这里使我认识到：鞍山所经过的三个时期——日帝统治（包括伪满十四年罪恶统治在内）时期、国民党反动统治时期和解放后的时期。固然在日寇占领时期，在鞍山是曾有了一些所谓“开辟性”的“奠基修建”，但是当时的所谓“开辟”和“奠基”是为了谁的利益？还不是日本帝国主义为了要大力掠夺我国东北人民的财富，才把从我国明抢暗盗来的钱作为从事经济侵略的投资，然后更从我国人民身上，来作循环不已的无厌掠夺？然而使它能够造成这种局面的又是谁？是不是和我们这帮汉奸特别是我这卖国求荣的大汉奸的罪恶分不开?! 光复后国民党反动派又乘机篡夺了人民用鲜血换来的胜利果实，并且还进行了残酷的破坏，而这个远因以及近因，又是由谁给造成的？归根结底，还是以我为首的伪满汉奸走狗所促成的。

我敢断言：鞍钢在过去所遭的不幸，人民所受到的人和物的无数损害，都是和我的罪行分不开的。现在我们这帮人却被领来参观，看到了今日鞍钢的伟大面貌和它在我国工业化中的重要作用，既感到对今日和明天的喜悦和兴奋，又不由得“痛定思痛”地对于自己过去出卖祖国民族利益的罪恶，觉得万分没有脸面见人。因为这是自己良心上的自咎自责，想要不这样去想，是做不到的。

鞍钢愈是有光辉灿烂的今日和无限前途的明天，那么，任何一个人也包括我自己在内，也就愈发不能忘掉它那黑暗而悲惨的过去，因为它的过去是和我的罪恶分不开的。我的罪恶，都是铁一般的既成事实，也是在民族历史上永远也磨灭不掉的事实。我认为，我唯有永远认清这一事实，永远铭记这一事实，才会使我在现在和将来，永远能够在衷心认罪的基础上，来加强自己赎罪的意愿，来磨砺自己学习改造与争取的志向。不这样，是根本谈不到还有什么明天的！

二次参观沈阳的日记（1957年8月28日—30日）

到了8月28日，所方又命我们到沈阳东陵附近的“辽宁省东北农业展览会”去参观。展览会共分为十一个馆，使我在这次参观中，不独认清了全国农业合作化高潮后的大跃进的事实，也使我对全辽宁省的水田化、土壤保持、防旱防涝、果树上山、蚕业、药材、农村机械化、电气化、畜牧、养鱼等无限光明的前途和远景，有了更进一步的认识和信心。特别是在农业合作化馆中看到的过去农村中贫富两极化的对比，愈发使我深深认识了人剥削人的旧社会的罪恶。同时也使我从全省农业合作社社员每户的平均收入年有增加的事实中，更把它结合到学习过的有关农业合作化文件上，愈发信瀨〈赖〉共产党和毛主席的英明领导，真是处处为了广大人民着想，处处在启发教育着广大的劳动人民，真是没有共产党、毛主席，就绝对不会有像今日这样的新中国。

第二天［8月29日］

上午，又参观了沈阳陶瓷厂。

这也是我国的重要企业之一，它不但供应着全国的大小便器、洗面盆和澡盆，就连卫生瓷砖、耐酸砖、电缆管和暖片等，也都正在这里大批制造。此外，如建筑上用的隔音、防潮、防寒特种玻璃以及工业上用的凿空板等，也都在这里大量生产中。

下午，又参观了沈阳重型机器厂。其规模的庞大，部件的巨伟，看着使人惊奇。据该厂负责人说，在1936年敌伪统治时代，只不过是日本住友财阀的一个“钢管株式会社”，到了1939年，才改为铸造机器的工厂。在那个时候，它只能生产一些火车上的一般零件和一些小型矿山用的机器。到了“九三”胜利之后，因曾遭到日本帝国主义溃败时的破坏和后来反动国民党的种种摧残，结果只剩下了一个徒有四方框框的废址，曾被当作马棚来利用，在这废墟之中，除了马粪之外，简直成了鸟雀的一处“乐园”。至于现在的这座新型工厂，乃是在归到祖国人民手中之后才新建起来的。现在则已成为拥有九千七百余名职工，能大量生产高达五米的大螺旋机、六米的大型机器和六十四吨重的水压机的大型机器工厂。因此，它就成为在第一个五年计划中预定建设的两个重型机器厂中的一个。现在为了减轻工人体力劳动，已装有能吊起七十五吨重的大吊车以及大型、小型火车和电车的铁路输送线。

过去在铸造车间里，经常由于对面不见人的灰尘飞扬严重影响工人身体健康的现象，现已基本上被消灭。现在到处都安装了必要的喷雾器和吸尘机，还把加热炉的煤火改为煤气，所以不论走到哪里，也都看不到那样的烟尘。

在锻压车间内，现在已经能够生产二千五百吨的大型水压机，这都是过去所绝对不能想象的。

总之，这里的一切一切都是巨大的，都显示了我国工人阶级在共产党领导下，发挥了无穷无尽的力量和智慧。

次日 [8月30日]

又让我们参观了"辽宁实验中学"。

这里的先进教学经验，先进的管理制度和教学方法，都是进步的富有革命性的东西。

这里不仅有像大学校似的既宽敞又高大的楼房供学生上课之用，在二层楼上还有理化馆和生物馆以及能容纳一千六百人的大礼堂。另外还有专供学生实验用的机器与木工车间，还有供实验农牧业用的实习园地，也有收藏四万余册图书的图书馆。

这里有一千多名学生，是男女合校制。参观那天虽还在暑假期间，但已有不少学生陆续归来，有的欢天喜地和同学们在叙述假期中的生活，有的带着行李往宿舍里走，也有的在自己的宿舍内收拾着衣服杂物，有的和久别的老师亲热地握手谈话，还有的在课堂里领取新学期的课本……到处呈现出一片青春活泼的气象。

该校的教学方针是，不要纸上的空谈而是把学习与实践紧密结合起来。不但在思想和知识方面，校方当局特别注重，同时对学生的健康方面，也是作了无微不至的照顾。该校所励行的五爱——爱祖国、爱人民、爱劳动、爱科学和爱社会公共财产的教学精神，是该校指向的一个大目标。

参观这所学校使我得到的最重要收获是：该校师生在"学以致用"的伟大新理念下，致力于普遍把理论与实际相结合的新式教学方法，这就是学习苏联先进教学方法的一个具体表现。同时也使我深深感到我国青年前途无限光明。我相信这种试点式的实验中学，也就是我们后世子孙的幸福前途的缩影。我愈是看到了现在青年的幸福学习生活，就愈发回忆起敌伪时代毒化东北青年的种种罪恶。像过去的什么"崇奉唯神之道"，什么"建国精神"，什么"青年勤劳奉仕"以及拿日本话当作"国语"等奴化教育，哪一样不是毁灭人性，戕害民族良心的思想侵略工具？所以每当我看到青年光明幸福的现在，我愈是痛切认识到过去自己的严重罪恶！

同日下午又参观了沈阳化工厂。这也是我国一个重要的现代化企业，它除了担负供应全国各地的大量"六六六"药品之外，像最近研究成功的农田除草剂以及特效杀虫剂等，也都正在这里试制中。此外还生产许许多多的副产品，都是利用正式生产的剩余物资研究制造出来的。

然后又参观了化工厂的幼儿园。按着儿童的年龄分为七个班，每班都有清洁宽敞、阳光充足、空气清新的寝室，以及营养丰富的儿童食堂并锻炼儿童智慧、培养集体观念、爱护公共财产精神的种种游戏室等。这里可以容纳共约二百名儿童。请想一想这给工厂里的妈妈们，减去了多少"内顾之忧"啊！据说像这样天国般的幼儿园，光在沈阳市的范围之内，就有数百处之多，这在旧社会真是绝对不可能有的。

把这几次参观得到的深刻认识综合起来，约为以下几点：

（1）是对于祖国的伟大社会主义建设事业，感觉到它就是自己的事业，就是有关自己和自己后代子孙前途的伟大事业，因而感到有一种感奋兴起不能自已的心情。

溥仪认真阅读刘少奇的《马克思列宁主义在中国的胜利》一书

（2）是对于祖国劳动人民的力量，有了更进一步的实际深刻认识，不独打破了日本帝国主义在临滚出去时所嘲笑我们的话，如“高炉附近等着种高粱吧”，以及“把高炉修复起来，至少得费二三十年的工夫”等，也打破了以美帝为首的帝国主义集团的“禁运政策”和他们想要看我们笑话的妄想，同时也纠正了我那“唯武器论”的崇外思想和“民族自卑观念”的残余错误思想。

（3）是和平民主阵营兄弟国家，特别是苏联对我国的大公无私、真诚帮助，使我更进一步认识到国际主义精神的崇高和伟大。

（4）是党和毛主席、人民政府对于我的温暖关怀和数年如一日的苦心、耐心教育指导，真是天高地厚犹如父母一般。真是始终一贯费尽了种种心思，按着我们的学习认识程度，政治思想水平，适当地给我们不断准备好开心的钥匙，不但是把我们一个一个从泥坑中救了上来，并且还替我们擦拭干净沾满浑身的泥污，而且还从多方面来启发我们，拿种种实际来与我们的学习互相结合，不论在精神方面，抑或是在物质方面，都经常使我们感到了无比的温暖，过分的照应，因而使我痛切感觉到：我之所以能有今天，我之所以能够逐渐由鬼变成了人，所以能有像今天这样对真理的初步认识，并不是由于我学习得怎样不错，更不是由于我自己积极努力，这都是由于我们的共产党和毛主席把我一步一步拉到现在这个地方来的。我觉得除了把感激的心情，化为加强学习改造的力量之外，是没有什么话可说的。

（5）是对于自己的罪恶，也有了更深刻的认识。真是日寇所到之处，都是和以我为首的汉奸集团的罪恶分不开的。日寇之所以能够侵略我祖国的大半可爱山河，不都是由于这个伪满给它当了经济军事基地的缘故吗？祖国同胞牺牲了一千多万的宝贵生命，损失了五百多亿美元的人民财富，不都是由于我甘心给日寇当忠实走狗的缘故吗？给日本鬼子磨刀的是我！按住了自己的兄弟姊妹的身子，让日寇能够毫不费力抡刀去砍的也

981 号战犯溥仪

是我！！把自己同胞的血肉，变成日本帝国主义强盗的营养资料，然后再从法西斯匪徒所排泄出来的尿滴粪渣中来养肥汉奸集团的也是我！！！我对于自己的祖国人民是犯下了这样难赦的滔天罪行，可是祖国人民对于这样的我，不但没立即治以应得的严刑，反倒这样地教育我，改造我，使我也能在这史无前例的破格宽大恩遇中，参观了祖国的工矿、企业、城市和乡村，使我能从学习和实际的紧密结合下，得到加速改造，这能不让我从万分感激和惭愧悔恨之中，好好地来翻一翻自己过去的罪恶旧账吗？真是愈感到祖国的可爱，便愈发觉得自己的丑恶肮脏是万无可恕的了。

（6）这次参观使我愈发认清了敌我的关系，更能清楚地认识到日寇、汉奸、美帝和反动国民党的罪恶阶级本质……就拿我自己来说，像我这样的人，如果不是跟定了共产党走，还能有我的第二条活路？真是有几条命也早就都交待了。如果我没有遇到共产党领导下的新中国，没有赶上毛泽东时代，我是早被注定绝对不会有，且不可能有今天的，当然也就根本谈不到什么明天的如何如何了！

（7）是由于这次的参观，使我更深刻地认识到，光是感激祖国人民，感谢人民政府、共产党和毛主席是不够的，光是认识自己过去的严重罪恶也是不够的。这样仍然不可能报答党和人民对于我的殷切期待。唯有把感激和悔恨化为力量，在感激和认罪的基础上，老老实实地学习，用实际行动来争取，才是唯一的报答之道，同时也是我今后唯一努力的目标。

（8）我在这后两次的参观中，确曾起了和在第一次参观时截然不同的心情。例如我第一次参观时，总是害怕看到过去敌伪的罪迹，害怕听到饱受过日伪蹂躏的人民对于日寇和汉奸的血泪控诉，因而忐忑不安。后来的几次参观，我则是抱有一种受教育的心情，所到之处，听到看到的一切事情，没有一样不是对于我有着程度不同的启发和教育。就拿最明显的例子来说，当我看到了铁路沿线的绿化，便会想起在过去敌伪统治时代，不准居民在沿线两旁若干公尺内种植高秆作物（如高粱等），原因是怕人民藏在其中向他们放冷枪，反抗他们。又如当听到人民对我们加以勉励和各参观单位对我们作热情的说明介绍时，便会更进一步地认识到祖国人民的宽宏大度是和党与政府的一贯宽大改造政策完全一致的。

总之，政府对我这样的耐心教育改造，就是为了要彻底改变我过去的一切反人民的立场观点，使我这样的人，也能建立起在新社会里所应有的新人生观。所以所方数年如一日地殷切教诲我们，对于我们的学习、文娱活动和生活，都是无微不至的关怀。我只有从内心深处感激党和人民，来加速改造自己。

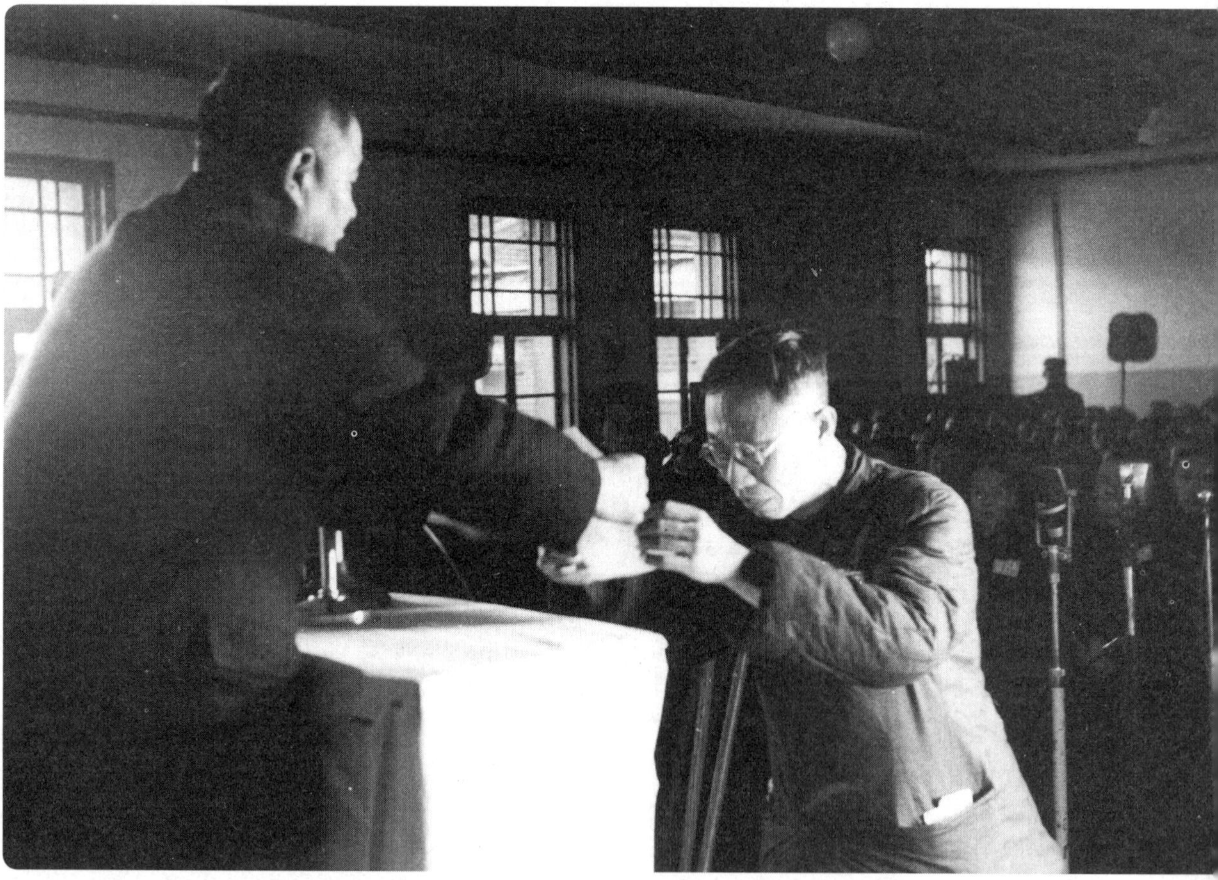

毛主席作出了第一个特赦溥仪的决定，1959 年 12 月 4 日，在特赦战犯大会上溥仪激动地接过了特赦通知书

溥仪特赦以后作为公民生活期间

日记存篇

（1959 年 12 月 4 日—1967 年 10 月 17 日）

1959年12月4日，爱新觉罗·溥仪获得特赦，成为中华人民共和国公民，9 日回到北京。

此后，溥仪曾是北京植物园的园丁，也曾是全国政协文史资料研究委员会的专员。他的回忆录《我的前半生》吸引了世界上许多国家的读者。正像周恩来所说，他的改造开创了新纪元，是世界上的奇迹。

1962 年 4 月 30 日，溥仪和一位普通护士李淑贤共同组成了幸福的家庭。他们互敬互爱，欢度甜蜜的生活。

溥仪与李淑贤

在八年公民生活中，溥仪受到中国共产党和中华人民共和国领导人毛泽东、刘少奇和周恩来的接见。作为一个普通公民和一位全国政协委员，他观光游览了江南和西北，参加了许多重要的政治活动和外事活动，为了祖国统一大业作出了自己的贡献。

1967 年 10 月 17 日，正是动乱的年月，溥仪因肾癌离开人世。1980 年 5 月 29 日，全国政协为他举行了隆重的追悼会，公正评价了他在后半生中对祖国的贡献。

作为公民的溥仪每天握笔，辛勤地写下数十本日记，实录了崭新的生活。广大读者将从收录在本书的十一本存世日记内容中，看到一个曾为皇帝的普通中国人的面貌，甚至可以看到溥仪患病期间用过的中药药方和临终留下的绝笔。

1959 年

按：溥仪在本年写的日记只存一篇，内容系记录周恩来在 1959 年 12 月 14 日接见首批特赦战犯[1]时的谈话内容。这是对溥仪的后半生影响最大的一次谈话。鉴于正式谈话记录《接见首批特赦战犯溥仪等十一人时的谈话》已经收入《周恩来统一战线文选》（中共中央统一战线工作部和中共中央文献研究室编，人民出版社 1984 年版）一书，乃据定稿代替溥仪的记录稿，原文后注改为页下注，以求统一。

你们出来几天了，有些问题先谈一谈好。

我们党和政府，是说话算话的，是有原则的。我们是根据民族利益、人民利益来释放你们的。现在和你们谈四个问题。

一、立场问题

立场问题是个政治问题，就是人们在民族斗争和阶级斗争中站在哪一边的问题。你们在这个方面要经得起考验，要给人以好的印象。首先，要站稳民族立场，热爱新中国。

从鸦片战争[2]到今天，经过将近一百二十年的斗争，中国人民翻了身，取得了伟大的胜利，这一事实连帝国主义也是承认的。溥仪先生可以证明，现在我们的国家比你们过去搞得好吧。国民党统治二十多年也没有搞好。今天中国六亿五千万人民站起来了，生于斯，长于斯，这样的国家不爱还爱什么？以民族问题为例，过去是一个民族压迫另一些民族。溥仪先生，你在清末登基时才两三岁，那时你不能负责，但在伪满时代你要负责。宣统年间，我到过沈阳，那时满族人的气焰很高。后来清朝亡了，满族好像也亡了，许多满族人改名换姓，不敢说自己是满族人。而今天在共产党领导下，各民族平等了，他们也承认自己是满族了。今天的新中国，是各族人民的大家庭。

在今天，各民族都应该得到承认和尊重，各民族之间应该平等相处，互相帮助。特别是占全国人口百分之九十四的汉族，更有责任帮助少数民族，这样才能真正平等相处。

我们不仅主张国内各民族之间平等，而且主张国与国之间也应该平等。今天世界上

1 首批特赦战犯是：溥仪（原伪满洲国皇帝）、杜聿明（原国民党东北保安长官司令部中将司令、徐州“剿总”中将副总司令）、王耀武（原国民党第二绥靖区中将司令官兼山东省政府主席）、曾扩情（原国民党四川省党部主任委员）、郑庭笈（原国民党第四十九军中将军长）、宋希濂（原国民党川湘鄂边区绥靖公署中将主任）、杨伯涛（原国民党第十八军少将军长）、陈长捷（原国民党天津市警备司令部中将司令）、丘行湘（原国民党青年军第二〇六师少将师长兼洛阳警备司令）、周振强（原国民党浙西师管区中将司令兼金华城防指挥）、卢浚泉（原国民党第六兵团中将司令官）。

2 鸦片战争是 1840 年至 1842 年资本主义的英国对中国发动的侵略战争。从 18 世纪末期起，英国把大量鸦片走私输入中国，毒害中国人民，并使中国白银大量外流。1838 年年底清政府派林则徐为钦差大臣去广州禁烟。1839 年 6 月林则徐下令当众销毁从英、美等国不法商人手中缴获的鸦片二百三十多万斤。1840 年，英国借口保护通商，发动侵华战争。清政府在战争中动摇妥协，只有部分军队和人民群众奋起抵抗侵略者。英军除先后在广东、福建、浙江沿海骚扰并入侵外，又攻占吴淞，闯进长江，直逼南京，迫使清政府在 1842 年 8 月签订了丧权辱国的《南京条约》。从此，中国逐步沦为半殖民地半封建国家。

1960年1月26日周总理接见溥仪和载涛等

有社会主义国家，有帝国主义国家，还有民族主义国家。对帝国主义的挑战，我们要反对。对民族主义国家，我们要争取。

民族立场很重要，我们对蒋介石还留有余地，就是因为他在民族问题上对美帝国主义还闹点别扭，他也反对“托管”[1]，反对搞两个中国。今天美帝国主义要把侵占台湾合法化，想把金门、马祖给我们，把台湾、澎湖留给自己，把蒋介石搞掉。我们认为台、澎留给蒋介石比留给美帝国主义好，将来这些地方总有一天会回到祖国怀抱。两害相权取其轻，我们不能给美帝国主义以机会。在这里我们实际上支持了蒋介石。正如章行老[2]所说“现在真正支持蒋介石的是北京”。我们希望蒋介石、陈诚[3]、蒋经国[4]团结起来反对美帝国主义。总之，要支持民族立场。祖国的领土是完整的，不容许帝国主义分割，损害我们的一根毫毛也不行。民族利益与劳动人民的利益是一致的。有了民族立场，还要进一步建立劳动人民的立场。

1“托管”，这里是指美国政府企图长期霸占我国台湾的一项计划。在中国人民解放战争取得全国胜利的前夕，美国国务院为把台湾从中国大陆分离出去，多次提出通过联合国把台湾置于美国的“托管”之下。因为蒋介石不同意，英法两国也不支持，美国的“托管”计划没有实现。

2章士钊（1881—1973），字行严，湖南长沙人。北洋军阀统治时期曾任段祺瑞执政府司法总长兼教育总长。1949年国共和平谈判时，是南京国民党政府代表团成员之一。因国民党政府拒绝在国内和平协定上签字，遂留在北平。中华人民共和国成立后，曾任全国人民代表大会常务委员会委员、中国人民政治协商会议全国委员会常务委员、中央文史馆馆长。

3陈诚（1898—1965），浙江青田人。1923年在粤军任连长。西安事变时任国民党政府军政部常务次长。1948年去台湾，后曾任国民党政府“行政院长”“副总统”等职。

4蒋经国（1910—1988）浙江奉化人，蒋介石的长子。当时任国民党中央委员及中央常务委员、国民党政府“行政院”政务委员会委员、“总统”等职。

1959年12月14日

周总理对我们讲话

你們出来几天了，有問題要首先說了才好，所以就叫你们来谈谈。

过去你们过集体生活，这几天你们过的是个体生活，还是过集体生活好。你们是标兵，要禁得起考验，要给人以好的印象。我们的统一战线，党和政府说话算话。而不是不择手段，是有原则的。蒋介石是不择手段，是唯我独尊，是个人主义。我们共产党是根据民族利益、人民利益来释放你們，我和你们谈四个問題：

1. 立場问题：

政治问题，就是立場問題。整风反右，就是为了立場問題。

1 民族立場：民族的立場，人民立場，也就是民族的利益，人民的利益。民族利益与劳动人民的利益是一致的。

从鸦片战争到今天将近一百廿年，中国人民翻身的事实，连帝国主义也承認的。溥先生你也可以说明，比你们过去搞得好吧！国民党统治廿多年它没有搞好。今天六亿五千万人民站起来了，这样的国家不爱还爱什么？生于斯，长于斯，不爱这个国家爱谁呢？

以民族问题为例，溥先生，你在清朝只六岁，你不负责任，但在伪满时代你要负责。但朝代亡了，族也变了，清朝不仅是亡了国而且是亡了族。满族改名

这篇日记记录了1959年12月14日周恩来总理接见溥仪等特赦人员时的讲话

今天的人民包含工人阶级、农民阶级、小资产阶级和民族资产阶级。工人阶级是领导阶级，农民是集体农民，资产阶级和小资产阶级还有点尾巴。建立劳动人民立场，就是要去掉剥削阶级的立场，逐步站到劳动人民这一边来。这一点希望你们不断地加强思想改造，不断革命，过好社会主义关。

你们要读些书，读了书还要能够运用。要多读《毛泽东选集》，因为毛泽东思想是马列主义同中国革命实践相结合的产物，读起来容易理解。毛泽东思想对马列主义是有发展的。

一个人，一个社会，都要不断革命。我们的国家不仅要有经济建设，还要有政治建设和精神建设。我们的时代是向前发展的，你们也要不断进步。

二、观点问题

你们有做新人的愿望，这很好。但还要继续树立和加强几个观点。

一是劳动观点。有机会劳动锻炼，对你们来说还有必要。现在你们的眷属能劳动是好事，要予以鼓励。

二是集体观点。你们出来以后，要把已有的集体主义观点巩固起来，不然个人主义思想就会抬头。你们个人主义的东西还不少，要常常过集体生活。所以现在把你们组织起来，与政协联系，经常进行学习。我们都是过集体生活的。家庭也可以说是一个集体，你们的子女可能会同你们争论并批评你们，你们要有思想准备。十年所得，不要抛于一旦。要认罪服罪，重新做人。

三是群众观点。这是中国革命最重要的问题。共产党人并没有三头六臂，就是因

为坚定地依靠群众，才把蒋介石的反动统治推翻了。把群众发动起来，力量是无敌的。依靠群众，依靠六亿五千万人民，帝国主义和一切反动派都不足怕。我们搞经济建设，搞科学文化建设也要依靠六亿五千万人民。人民的力量是不可战胜的。

三、工作和生活问题

工作、生活、劳动、学习、参观，要好好安排，目的是为了帮助你们进一步了解国内情况。

要回家的、接眷属的都可以。这两个月里，可以参观，听报告，看看书报。两个月后再考虑安排工作。这些问题由统战部和政协负责。

与台湾有联系的，可以做点工作。但写信也不要太急挖苦，要以民族利益为重。工作要从长计议。

四、前途问题

走社会主义共产主义道路，做新人，有奔头。你们做得好，狱中人会感到更有希望。你们是头一批释放的，彼此要互相勉励，允许你们互相来往。既要勉励自己，也要勉励狱中的人。在狱中的人个别至死不悟的也会有，但大多数经过改造会有进步，会分批得到特赦，也是有前途的。这次出来三十三人，将来出来的会更多，都不要落伍。

溥仪回到北京后落户口

溥仪刚到五妹家，深情地凝望着毛主席像

你们也不要把现在的一切都看得那么好。北京的巷子里还有很多矮小房屋。全中国实现现代化，还需要几十年。精神面貌，也不一致，有的人进步比较慢。我希望你们：第一，要相信党和国家。党和国家对你们是信任的，你们要用自己的力量，为国家为民族多作贡献。第二，倘有不如意的事，可以写信，可以与中央统战部联系，有话就要说，不要积少成多，结成疙瘩。

你们是从旧社会来的，旧的社会联系多，可以用自己的亲身感受帮助改造社会上的死角。溥仪先生可以起到我们起不到的作用。你们到社会上，到你们的亲友中，有两个可能：一个是你们影响他们，一个是他们影响你们。好的影响要接受，坏的影响要挡回去。人的乐趣就在这里。宜生[1]参加水利工作，大家为了制定一个好的方案，争论不休，这是高尚的政治生活。你们出来了，新的环境对你们是进一步的考验。你们要努力改造，努力工作，不断进步。

溥仪在五妹韫馨家中接受采访

1960 年

按：溥仪在本年写的日记已经失掉，但其中涉及外事活动的若干篇，却因溥仪亲手摘抄在有关笔记本上而幸运地保存了下来。

3 月 17 日　星期四

我到中国科学院本部，和苏联乌克兰女作家克拉维茨，男哲学家、苏中友好协会秘书萨哈罗夫会见，谈到我过去童年生活，后来自己的罪恶，以及回国学习改造经过，特赦后我的工作、生活，以及家属问题。我并表示为祖国、人民贡献一切的决心。谈的〈得〉很融洽，并一同照相，他要求我写几个字，并赠送我有乌克兰国徽的领带针一个，[有]基辅照片的明信片，留音话片一张。在座的有科学院对外联络委员赵静如同志、王志安秘书，还有一个对外文[委的同志]。

溥仪接见乌克兰女作家

1 傅作义（1895—1974），字宜生，山西临猗人。曾任国民党绥远省政府主席、国民党华北“剿总”总司令。1949 年 1 月率部接受和平改编，对北平和绥远的和平解放作出了贡献。中华人民共和国成立后，曾任中央人民政府委员、中国人民政治协商会议全国委员会副主席、水利电力部部长。

● **4 月 29 日 星期五**

匈牙利人民自由报记者，来植物园访问我和田［裕民］主任[1]，了解我工作情况和生活情况，并参观温室。

● **5 月 26 日 星期四**

下〈上〉午，智利一个〈人〉、阿根廷一人、秘鲁三人（律师、作家、医生、画家、提琴家），到植物园访问我（王旭东主任[2]、殷［兆玉］秘书[3]、奚［斌］主任[4]在座）。周尔〈而〉复[5]［陪同］，对外文化联络委员会介绍。

1960 年五一劳动节溥仪等观礼后合影

他们对于我的如何学习、改造的过程，极感兴趣（我们领袖毛主席接见拉丁美洲朋友时曾谈到可以见溥仪去）。

拉丁美洲朋友对于我国政府的改造政策以及对我的改造过程极感兴趣，因而访问我，特别着重地问我学习、改造经过。

5 月 26 日下午[6]，周［恩来］总理在人民大礼〈会〉堂招宴[7]英国蒙哥马利元帅[8]，招我去作陪（这是第三次见我们总理）[9]。见了李德全部长[10]，陈毅、贺龙两元帅，罗瑞卿大将，萧劲光海军大将，萧华中〈上〉将，习仲勋副总理，外交协〈学〉会会长张奚若，舒舍予[11]，侯外庐[12]，达浦生[13]，章汉夫[14]，夏衍（文化）［部］副部长[15]，傅作义，陈

1 田裕民（1901—1975），他是一位 20 世纪 20 年代参加革命的老干部，曾领导过抗日游击队。当时任中国科学院植物研究所北京植物园主任。1964 年 11 月被特邀为第四届全国政协委员。在 60 年代，他与溥仪结下深厚友谊。

2 王旭东，当时任北京市民政局办公室主任。

3 殷兆玉，当时是北京市民政局的干部，溥仪被释放回到北京，最初即由他负责联系。

4 奚斌，当时任北京植物园办公室主任。

5 周而复，当时任国务院对外文化联络委员会委员。他是作家，有《上海的早晨》等作品问世。

6 本句以下在原文中独立成篇，虽与上文同属当日之事，仍重复标出了日期。

7 “招宴”一词系溥仪的习惯用语，日记常用，是“设宴”或“招待宴会”的意思。

8 蒙哥马利（1887—1976），英国前总参谋长，陆军元帅，子爵。第二次世界大战期间曾任非洲战区地中海战场指挥官，功勋卓著。退役后于 1960 年和 1961 年两度来中国访问，都受到毛泽东主席的接见。

91959 年 12 月 4 日，周恩来在中南海西花厅接见首批特赦人员时，溥仪第一次见到他，1960 年 1 月 26 日，周恩来在全国政协礼堂接见并宴请溥仪及其家属，这是溥仪与总理第二次见面，应邀出席招待蒙哥马利元帅的宴会，则是他们第三次相见。

10 李德全（1896—1972），河北通州（今北京通县）人。冯玉祥夫人。早年参加反帝反封建民主运动，致力于妇女和儿童福利保健事业。中华人民共和国成立后，历任中国红十字会会长、卫生部部长、全国妇联副主席、全国政协副主席等职。

11 舒舍予（1899—1966），原名舒庆春，字舍予，笔名老舍。满族，北京人。一生从事文学创作，有《老舍文集》等问世，《骆驼祥子》是其代表作。历任全国政协常委、中国文联副主席、中国作家协会副主席、北京市文联主席等职。

12 侯外庐（1903—1987），山西平遥人，历史学家。当时任全国人大代表、中国科学院哲学社会科学部委员、历史研究所第二副所长。

13 达浦生（1874—1965），字凤轩，回族，江苏六合人。当时任中国伊斯兰教协会副主任兼中国伊斯兰教经学院院长，全国政协常委、全国人大代表、中国对外文化协会常务理事等职。

14 章汉夫（1905—1972），江苏武进人，当时任国务院外交部常务副部长。

15 夏衍（1900—1995），原名沈端先，浙江杭州人。作家、电影剧作家。当时任文化部副部长、中国文联副主席等职。

溥仪会见智利朋友

其尤[1]，齐燕铭（国务院办公厅主任？）[2]，郭兰英[3]，沈雁冰[4]……各首长和同志。

● 10月2日　星期日

（在崇内旅馆）[5]墨西哥记者一人来访问，问我过去履历童年到现在，特别着重谈到我学习改造的过程。他说，美帝国主义造谣，竟说什么我已冷酷地死去了。我说，我过去的封建统治阶级的皇帝、伪满的汉奸等的前半生已然死去了，但是党给我的新生——我的后半生正在开始。

他问我过去历史经过、我改造的情况、家族情况，并让我写几个字，给我照相。谈了两小时，他很满意。

● 10月19日　星期三

英国作家（基维德夫妇）来植物园访问我（在座奚［斌］主任），谈到我童年生活情况，学习、改造情况，工作情况，谈三小时许。

● 10月29日　星期六

同奚［斌］主任到国际俱乐部，应廖承志[6]主任［之邀出席］招待、欢送《西行漫游〈记〉》美国作家埃德迦·劳斯[7]的酒会。他[8]笑着说："你是皇帝，我给你磕头。"我答："我过去的所谓皇帝完全是罪恶的，过去的我已然死了，现在我是中国的新劳动人民。"[9]他问我身体怎么样？我说，过去在旧社会由于腐朽堕落的生活，弄的〈得〉身体极坏，走一二里［地］就喘的〈得〉缓不过气来。今天我整天走路或劳动，也［不觉得］累，现在我才真正年轻了。他说："您过去是受日本强制到东北去的。"我说："是

1 陈其尤（1892—1970），别名陈定思，广东海丰人。当时任中国致公党中央主席、全国人大常委、全国政协常委等职。
2 齐燕铭（1907—1978），本姓齐利特氏，蒙古族，北京人，戏剧家。当时任国务院副秘书长、总理办公室主任。溥仪搞不清，才加了括号，画了问号。
3 郭兰英，当代著名歌唱家，她演唱的《南泥湾》鼓舞了一代人。
4 沈雁冰（1896—1981），原名沈德鸿，笔名茅盾，浙江桐乡人，著名作家。当时任文化部部长、中国作家协会主席、全国人大代表、全国政协常委等职。
5 1959年12月23日至1960年2月16日，溥仪住在崇内旅馆214房间。
6 廖承志（1908—1983），广东惠阳人。廖仲恺之子。当时任国务院外事办公室副主任、华侨事务委员会主任。
7 埃德迦·劳斯即埃德加·斯诺（1905—1972），著名美国记者。他在1936年冒险采访陕甘宁边区。写成《西行漫记》一书，向全世界真实地报道了中国革命的情况。中华人民共和国成立后，斯诺于1960年6月到10月、1964年和1970年三次来华，每次都与毛泽东、周恩来见面谈话，被喻为中美两国关系方面"报春的燕子"。
8 指埃德加·斯诺。
9 原文如此，不确切。应改为"新劳动者"或"中国劳动人民中间的一员"。

日本帝国主义侵略中国，寻找他利用的对象，才利用封建余孽。因为我过去当清朝皇帝，所以利用我以达到它侵略中国的阴谋和计划。而我呢？一心想复辟清朝，因而利用日寇。这正是封建余孽和日本帝国主义的相互勾结而建立的伪满洲国。由于我的背叛祖国，当日寇走狗，帮助成立伪满，助长了日寇［的］侵略战争。我们祖国在抗日战争中牺牲了一千多万同胞，损失了五百亿美元的财富，给中国人民带来了历史空前灾难。我对中国人民犯了这样大罪，我们中国共产党和政府，对我该杀而不杀，对我这样宽大，对我教育改造，今天竟成为中国的劳动人民，这是历史空前的事。”他接着问：“您在何处工作？”我答：“在中国科学院北京植物园。”他说：“您喜爱植物吗？”我说：“我对花卉很感兴趣。”说到这里，他即到别的桌子去了。

后来，我又遇见斯特朗女士[1]，我说：“您不是在延安见过我们毛主席吗？”她说见过毛主席，说来过中国六次，曾游逛很多地方。

我说，今天中国人民都站起来了，这都是由于中国共产党和毛主席领导人民几十年革命斗争，推翻了帝国主义、封建主义和官僚资本主义，才有今天繁荣、富强和幸福的新中人〈国〉的一切。她说，不仅中国人民站立起来了，而且中国已成为极富强的大国，对于保卫世界和平，制止战争，中国是起［了］极大的作用［的］，这都是共产党和毛主席领导的正确［的］原〈缘〉故。

我更听别人讲，美国斯诺作家[2]现在不打算回美国，要到欧洲去。他说，因为美国物价昂贵，他在美国生活不起。斯特朗女士这次已住中国两年，她不愿意回美国去。她说回到美国，再要到中国就不行了，美国不给办出国证。

日本保卫和平人士西园寺公望[3]也来和我谈话。我说，美帝国主义是中日两国人民最凶恶的敌［人］。我对日本人民争取和平、民主、独立，反［对］帝国主义的斗争表示同情，但是日本还在反动统治下，池田[4]反动内阁却是阻挠中日友好，这是我反对的。

西园寺说，日本反动派，人究［竟］是少数，日本广大人民是有力量的。他说，为了和平、民主、反对殖民主义，我们中日两国人民是站在一条道路上的。我说，很对。西园寺后来又到别处去谈话了。

（同来参加酒会的有奚主任）

● 10月30日 星期日

（我同田［裕民］主任、李雪山到北京饭店）应政法协〈学〉会（政法协〈学〉

1 安娜·路易斯·斯特朗（1886—1970），美国著名进步作家，曾六次访华。1946年8月毛泽东在延安会见她时，曾针对当时的国际、国内形势发表谈话，提出“一切反动派都是纸老虎”的著名论点。1958年，斯特朗女士以72岁高龄最后一次来到中国，从此长住北京，以发表通讯的形式，向全世界介绍中国的情况。

2 原文如此，不符合一般称谓习惯，改为“美国作家斯诺”较顺。

3 西园寺公望，日本公爵，曾于1906年至1908年和1911年至1912年两度出任日本内阁总理大臣，是辅弼明治、大正和昭和三代天皇的元老。早已故去。此处实指西园寺公望之孙西园寺公一，他生于1906年，曾任日本参议员、《日曜新闻》编辑、维也纳世界和平理事会书记处书记。1958年至1970年任亚洲及太平洋区域和平联络会议副秘书长常驻中国，其间曾与溥仪同时在周恩来家里作客，因其与溥杰的妻子嵯峨浩有远亲关系，跟溥杰有更多的往来。

4 池田勇人（1899—1969），毕业于日本东京大学法学部，早年任职于大藏省税务部门。后来曾在石桥湛山内阁和岸信介内阁任藏相、通产相。1960年7月出任自民党总裁，嗣后连续三次组阁，出任首相，直到1964年11月19日下野。新的《日美安全条约》就是池田任首相期间批准的。

会副会长柯柏年）之邀，到北京饭店和拉丁美洲国家——阿根廷、巴西、智利［等］三十九人会见，他们中有法律工作者、法官、教授、律师、天主教民主党、激进党、社会党人士。

我介绍我的履历，从童年说起，封建家庭情况，我的罪恶思想根源——敬天法祖、迷信孔子学说，迷［信］长白山神话等。以及出故宫、自投罗网逃往日本公使馆，在天津与日寇的相互勾结利用，并述说当时历史背景，各帝国主义分割中国，美帝国主义后来的〈又〉要分享贼赃而提倡所谓门户开放、机会均等，以及日本的田中上奏文[1]，它的对〈衍〉侵略世界梦幻和［侵略］中国整个计划。又谈到"九一八"日寇侵占东北，土肥原到天津见我，我又答应到东北，以及在白河上日寇准备汽油，如果中国军队查问时，为了灭迹，实行点火爆炸，连我带日本人和日本兵一起烧死的阴谋。又述说了在伪满当日寇走狗种种罪恶事实。然后又述说在苏联情况，以及回到祖国后党的宽大改造政策，自己改造的经过，参观祖国的情况和特赦后自己的工作情况和自己今后为祖国、为人民服务贡献一切的决心，又说些关于祖国社会主义的伟大成就等。约谈了三小时多。这样，因时间关系，他们还要参观，因此没有时间再问我。

这次谈话缺点是把过去在北京生活、天津生活以及伪满的罪恶谈的〈得〉多了，后来谈学习、改造的过程，特别人们都愿知道我是如何改造、转变的，都愿知道党和政府改造犯人的作用，我谈过去太多了，以致后来谈如何改造的时间不充分了。以后当总结经验，抓重点来说，纠正这次的缺点。

● **11月16日　星期三**

应政法协〈学〉会之约〈邀〉，到北京饭店和古巴最高检查〈察〉官、古巴两个律师谢尔瓦·佛朗西斯会见[2]。他们主要了解我们党改造犯人的政策和措施，谈到在天津以及在伪满的罪恶历史经过，又谈学习、改造过程。

● **12月8日　星期四**

应外交协〈学〉会之邀，到北京饭店和乌拉圭议员赛格威亚（前司法部部长、现任众议员〈院〉议员、律师格拉克木·赛格维尔）[3]会见。着重谈到学习、改造过程，又向他说明特赦后生活、工作情况。告诉他，我见过周总理，我参加过北京各界百万人民反对日美军事同盟和支援日本人民的示威游行大会。参加我们1960年国庆节观礼。谈到我为了保卫祖国和社会主义事业，请求参加民兵训练等在植物园的情况。最后他说："希望你好好努力工作。"

1 田中上奏文即史称的《田中奏折》。1927年4月20日，日本军阀主要头目之一，政友会总裁田中义一大将出任首相兼外相并组阁。他上台就提出了"欲征服中国，必先征服满蒙；欲征服世界，必先征服中国"的所谓"大陆政策"。当时透露出来的田中呈给天皇的奏折，完全暴露了日本军阀的侵略野心。

2 原文如此。应改为"和古巴最高检察官谢尔瓦·佛朗西斯以及两个律师会见"。

3 小括号内文字系溥仪后添加的，应是对"赛格威亚"的身份和姓名的确认。

1961 年

按：这是溥仪在本年所写全部日记中得以保存下来的唯一篇章，也是从溥仪单独记载外事活动的笔记本上摘录下来的。

1 月 14 日　星期六

美国记者特莱维斯夫妇，由外交协〈学〉会金家健负责翻译，来访问我，作了三小时谈话。主要是了解我童年生活，了解我的经历和〈衍〉以及我的学习、改造经过，我一一答复了，他表示满意。

我表示，我对美国人民是欢迎的，我是反对美帝国主义统治阶级集团的。

他表示：“一方面感谢您从腐朽的生活转变为新的生活和给我们述说关于您的经历，很详细，我们很感谢；另一方面，我向您和中国人民表示遗憾，我们同样不赞成美国干

1961 年 6 月 10 日，周恩来总理在中南海西花厅接见溥仪家族

出席溥仪与李淑贤婚礼的爱新觉罗家族成员合影留念

结婚証

658 号

爱新觉罗溥仪 (男) 56 岁
李淑贤 (女) 37 岁
自愿
结婚，经審查合於中华
人民共和国婚姻法关於
结婚之规定，发给此証。

北京市

一九　　　　月 21 日

溥仪和李淑贤结婚证

郭沫若、包尔汉在全国政协礼堂会见新郎新娘

涉中国［和］对中国的敌视政策。我们愿意和你们参加在一个行列里，一同反对美帝国主义。”

1963年

按：溥仪在本年写的日记比较完整，几乎逐日都有记载，但由于大部分是写在一本带记事空格的《农历》上，记事均较简略。所标时间亦系利用《农历》原有印文。

毛泽东主席接见溥仪

● 1月1日　星期二

和［李淑］贤[1]到岳［美中］大夫[2]处，未遇。到七叔［载涛］[3]家拜年。

● 1月2日　星期三

继续文史工作会议[4]

● 1月3日　星期四

文史工作会议。

● 1月4日　星期五

贤入协和医院。[5]

文史工作会议。

● 1月5日　星期六

文史工作会议。

● 1月6日　星期日

到胡维鲁[6]家，留吃饺子。

下午，到医院看贤，又到六妹［韫娱］[7]家。

---

1 李淑贤（1924—1997），浙江杭州人。她是北京市朝阳区关厢医院的护士，于1962年4月30日和溥仪结婚。溥仪日记中只用一个“贤”字称呼她，以下不再一一注明。

2 岳美中（1900—1982），河北滦县人，中医学家，著名经方派老中医。历任唐山市中医公会主委、中华医学会副会长、西苑医院内科主任等职。他是全国人大常委、全国政协医药卫生组副组长。尤长于治疗肾病、肝病、老年病，曾为苏加诺、胡志明治病，出版有《岳美中论医集》《岳美中医案集》等著作。溥仪经常请他看病。

3 爱新觉罗·载涛（1887—1970），醇亲王奕譞（溥仪祖父）第七子，载沣（溥仪生身父）胞弟。1897年奉慈禧命承继贝勒衔固山贝子奕谟为嗣，1902年又受命转继多罗锺端郡王奕詥为嗣，降袭贝勒，遂有“涛贝勒”之称。清末曾任军咨大臣。中华人民共和国成立后出任中国人民解放军炮兵司令部马政局顾问。他是全国人大代表、全国政协委员。

4 全国文史资料工作会议于1962年12月20日至1963年1月11日召开，讨论政协各级组织开展文史资料工作三年多的情况和问题，并交流经验。全国政协副主席陈叔通、中共中央统战部副部长张执一到会讲话，全国政协副秘书长申伯纯作总结发言。溥仪出席了会议。

5 李淑贤因妇科疾病住院治疗。

6 胡维鲁（1904—1980），河北省蓟县人，20世纪20年代参加革命的军队老干部。中华人民共和国成立后被授予大校军衔，因在植物园养病而与溥仪熟稔，成了常来常往的朋友。

7 爱新觉罗·韫娱（1919—1982），载沣侧福晋邓佳氏所生，是溥仪的同父异母妹。从小学清宫如意馆的画，尤工花鸟。上世纪60年代初因周恩来过问，安排在北京画院当画师。

● **1月7日　星期一**

文史［工作］会议。

● **1月8日　星期二**

文史［工作］会议。下午，请假看贤疾。

● **1月9日　星期三**

文史［工作会议］开会，张执一[1]讲话。

● **1月10日　星期四**

和文史工作会议人员参观明清档案馆。[2]

● **1月11日　星期五**

上午，申［伯纯］老[3]作总结报告[4]。晚，到人大听彭真[5]同志讲国际情〈形〉势[6]。

● **1月13日　星期日**

到协和［医院］看贤病。

● **1月14日　星期一**

下午，学习[7]。

年轻时的李淑贤

● **篇后附录一：董益三同日日记**

下午，学习。吴［群敢］主任先到；其次，［阎］宝［航］老到；之后，申［伯纯］老也到。谈彭真市长1月11日在人民大会堂的报告。申老谈的，有几点对我有启发：（1）讲利害不讲是非的问题；（2）真懂与假懂的问题；（3）阶级斗争与民族斗争的问题。17时30分散会。

董益三、宋伯兰夫妇

● **篇后附录二：董益三简历**

董益三先生1904年出生于湖北省潜江县，早年就读于黄埔

1 张执一（1911—1983），湖北汉阳人。当时任中共中央统战部副部长、秘书长。

2 明清档案馆即今中国第一历史档案馆，在北京故宫西华门内。

3 申伯纯（1898—1979），北京丰台人。曾亲历西安事变，长期从事统战工作。当时任全国政协副秘书长、文史资料研究委员会副主任委员。他和溥仪接触较多。

4 没出席会议的文史资料专员沈醉、杨伯涛、郑庭笈和董益三4人。也应邀前往中央社会主义学院听了报告。

5 彭真（1902—1997），山西曲沃人。当时任中共中央政治局委员、中央书记处书记，全国人大常委会委员长，全国政协副主席、北京市市长。溥仪特赦后曾得到他的关怀。

6 报告会由中共中央统战部组织，在人民大会堂举行。彭真同志主讲国际国内形势，下午3时半开始，到7时半结束。

7 详见“篇后附录”。

军校武汉分校，并参加了1927年5月保卫武汉、迎击夏斗寅部的战斗。1927年秋加入中共后回家乡搞农民运动，后在武汉博文中学任教并从事革命活动，曾在鲁迅先生支持下参与发起“左翼作家联盟武汉分盟”，秘密出版《犀报》，还组织过“飞行集会”等。1931年春，因叛徒告密而被国民党武汉行营侦缉处拘捕，经审问未暴露政治身份，随即转押于军人监狱。至1933年夏，经托人说情具保释放。出狱后又经人介绍前往北平担任《北方日报》副经理，不久，该报由国民党复兴社接收，董调任浙江省警官学校特训班指导员，沦为国民党军统特务。1936年，调任杭州无线电训练班主任，兼国民党军事委员会调查统计局（即“军统”）第二处（处长戴笠）通讯科副科长。从此以电讯专家身份在“军统”内服务多年，其间曾于1945年至1947年赴美学习电讯管理业务。回国后出任国民党第十五“绥靖”区司令部（司令官康泽）第二处少将处长，1948年2月1日到襄阳就职，同年7月16日在襄樊战役中被解放军俘获。当时曾受到解放军三野司令员陈毅的接见，陈毅看过董写于1948年1至7月的日记，表扬他是有一定进步思想的国民党高级军官。其后，董在功德林监狱和秦城监狱改造十二年，于1960年11月28日获特赦。出狱后和溥杰等第二批特赦人员集中居住在北京崇内旅馆，参观学习并受到周恩来总理的接见。从这时起，董益三与溥仪已有接触并相识。1961年5月至1962年5月，他在北京郊区红星公社旧宫大队果木队劳动锻炼一年，随即派往全国政协文史资料研究委员会任专员，成为溥仪的同事和朋友。溥仪去世还不到一个月，他又在1967年11月12日与沈醉一起，因历史特务案再度被公安部拘捕，二进秦城监狱监禁五年。这不是因为重新犯罪，而是“四人帮”的政治需要。直到周恩来知情后下令释放，才在1972年10月30日与沈醉同时被释出，并送回全国政协机关恢复原职务。在文史资料战线上，董益三继续做了大量工作，于1983年5月被特邀为第六届全国政协委员。他的幸福晚年生活是与妻子宋伯兰一起，在北京永定河畔一栋单元住宅楼内度过的。他们自1962年中秋节结婚以来，相濡以沫，共同度过了美好的岁月，直至1989年董益三先生因病谢世。——编者

● 1月16日　星期三

到［群众］出版社[1]，途中遇贤出院，同归政协。[2]

● 1月17日　星期四

山西［省政协］文史［资料研究］委员会王定南，招［待］山西人座谈、午餐，我参加。同贤到岳［美中］大夫处。

晚，廖［沫沙］、贺、郭及李恕、殷兆玉、王旭东[3]招［待］我和［溥］杰、［嵯峨］

1 当时溥仪正在群众出版社帮助下修改《我的前半生》，故常去。

2 溥仪考虑到妻子的病情，本不希望她太早出院，李淑贤却自办了出院手续，离开协和医院回家，夫妻在途中巧遇。当时溥仪的家就在全国政协大院内。

3 廖沫沙（1906—1990），湖南长沙县人。中华人民共和国成立后历任中共北京市委委员，宣传部部长、教育部部长、统战部部长，他还是全国政协委员和北京市政协副主席。“文化大革命”期间，他与邓拓、吴晗因撰写《三家村札记》而被诬为“三家村反党集团”，受到严酷迫害。“三家村”冤案现已平反昭雪。这次宴会由北京市委统战部和北京市民政局主办，贺、郭等均为两单位以及政协机关的人员。

浩[1]、嫮生[2]在仿膳［饭庄］[3]吃饭。

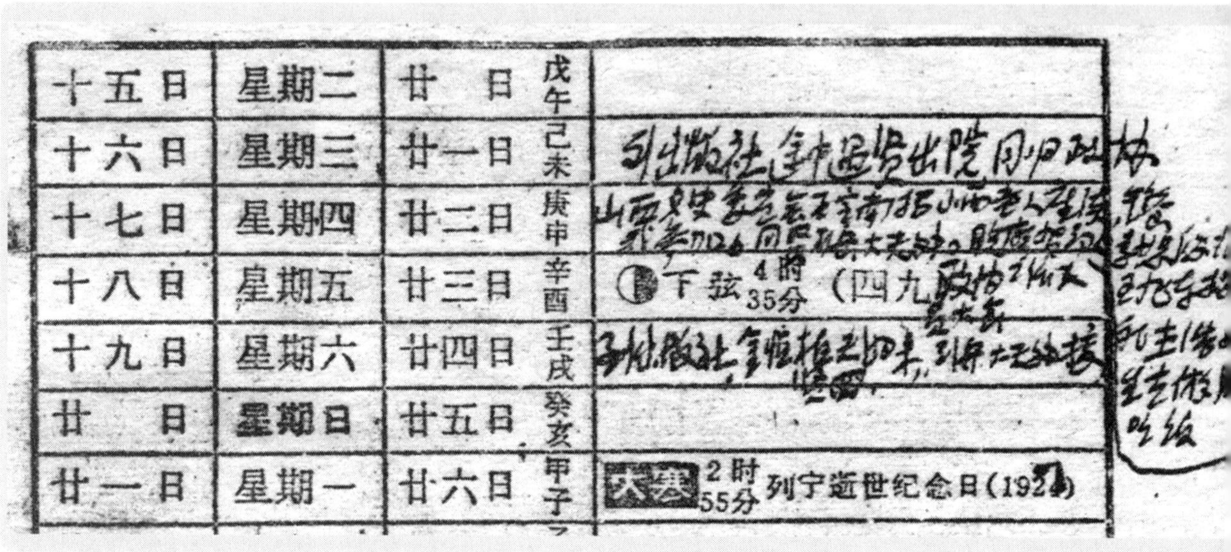

十五日	星期二	廿日	戊午	
十六日	星期三	廿一日	己未	[illegible]
十七日	星期四	廿二日	庚申	[illegible]
十八日	星期五	廿三日	辛酉	下弦 4时35分（四九 [illegible]
十九日	星期六	廿四日	壬戌	[illegible]
廿日	星期日	廿五日	癸亥	
廿一日	星期一	廿六日	甲子	大寒 2时55分 列宁逝世纪念日（1924）

1963年1月16日溥仪日记记载此事

● 1月18日　星期五

政协工作人员大会。

● 1月19日　星期六

到［群众］出版社。

金恒植[4]夫妇来。到岳［美中］大夫处接贤回。

● 1月23日　星期三

上午，同贤到岳［美中］大夫处。

同在小［饭］铺吃饭。

李大妈[5]和她孙女看贤。

专员室漫谈春节前工作人员大会感想。

● 1月24日　星期四

---

1 嵯峨浩（1914—1987），日本人，出身华族。1937年与溥杰结婚，即所谓“政略婚姻”。因战乱而离散多年后，由于周恩来的关怀而于1961年5月在北京团聚。

2 爱新觉罗·嫮生，生于1940年。是溥杰与嵯峨浩的次女，7岁时随母赴日。1968年与神户福永家次子健司（北白川宫家族）结婚，已入日籍。1961年后常来中国探亲。

3 仿膳饭庄，在北京北海公园内，始建于1925年，由几名原清宫御厨开办，以宫廷菜和宫廷糕点闻名。

4 金恒植，溥仪的孙辈家族成员。爱新觉罗本是满语汉音，“觉罗”为姓，系女真人的血缘集团；“爱新”则是徽称，又是汉语“金”的满语译音，爱新觉罗意即建立后金王朝的觉罗氏。后来，许多本姓爱新觉罗的人乃以“金”为汉姓。

5 李大妈是李淑贤与溥仪结婚前在北京朝外吉市口四条14号居住时的邻居。那时溥仪常向李大妈了解女友的情况，相处得很不错。

除夕到办公室[1]。

下午，休息。毓嵒[2]来。

● **篇后附录：董益三同日日记**

上午，吴［群敢］主任通知：明日上午10—11点到礼堂三楼大厅团聚。这是一个节约时间又顾全了习俗的两全办法，领导上做事确实是合情合理、面面顾到的。

● **1月25日　星期五**

和贤到连［以农］[3]老、冯、宋处拜年。同王述曾[4]到史、于、马、苏、张、张、徐、赵各处拜年。

10时，［全国］政协团拜，看文娱［节目］[5]。

下午，佩英、佩兴来[6]。

赵大妈[7]、马俊莹[8]来拜年。我和贤到马俊莹家、明世凯[9]家拜年。又到杨伯涛[10]、周振强[11]、何遂[12]家拜年。

晚，同贤参加政协文娱庆祝会，看歌舞、京剧。

● **篇后附录：董益三同日日记**

9时45分到［全国］政协礼堂三楼大厅团聚。到会的是各民主党派负责人、申执委，无党派民主人士，以及其他方面负责人。党中央到会的有薛［子正］副部长、彭真书记、郭沫若院长……陈叔通简短地讲了几句话。之后，演出了文娱节目，主要的是北京京剧界的几位名角清唱，如杜近芳、赵燕侠、袁世海、裘盛戎、张君秋、马连良……还有侯宝林等的相声。12时散会。

---

1 关于办公室内的活动，详见篇后附录。

2 爱新觉罗·毓嵒(1918—1998)，是清朝道光皇帝第五子和硕惇勤亲王奕誴的曾孙，溥仪的族侄。从1936年冬跟随溥仪，在长春、赤塔、伯力、抚顺，直到1957年年初释放回京才离开溥仪。在伯力时还一度被溥仪立嗣。毓嵒字严瑞，《我的前半生》中多处提到的"小瑞"就是他。他获释后就业于北京大兴县天堂河农场，住在北京西城区南官房老宅。退休后他曾被文化部北京恭王府修复管理处聘为顾问。

3 连以农，当时任全国政协秘书处副处长。

4 王述曾，新中国成立前曾任国民党的省级行政专员和中央政府的监察委员。当时是全国政协机关干部，在文史资料研究委员会编辑室工作。

5 参加"团拜"的有全国政协副主席，秘书长、常委以及各民主党派和人民团体负责人。详见篇后附录。

6 溥仪乳母王连寿（1886—1946），河北省大城县人。本姓焦，夫家姓王，溥仪称呼"二嬷"。她在1906年进醇王府当奶妈，后随溥仪入宫。溥仪对她感情至深，长期奉养在宫中。因丈夫和女儿均夭亡，她过继一子，叫王书庭。佩英系王书庭次女，佩兴系王书庭之子，佩英之弟。

7 赵大妈，名叫高宝珍，全国政协工友赵华堂的老伴。溥仪独身生活期间，得到赵华堂许多照顾，两人间以至后来两个家庭间关系颇为密切。

8 马俊莹，全国政协机关干部家属，明世凯的妻子。

9 明世凯，当时任全国政协机关人事科副科长。

10 杨伯涛，生于1909年，湖南芷江人。原为国民党第十八军少将军长，1948年12月在淮海战役中被俘。经过10年改造生活，1959年12月4日获得特赦。其后，与溥仪同时被安排在全国政协，历任文史资料研究委员会专员、全国政协委员、民革中央监察委员。

11 周振强（1904—1989），浙江诸暨人。原国民党浙西9S管区中将司令兼金华城防指挥。还曾任蒋介石卫士队队长。1949年被俘，1959年获特赦，1961年在全国政协任文史资料研究委员会专员，1983年被特邀为全国政协委员。他是溥仪与李淑贤的婚姻介绍人之一。

12 何遂，全国政协机关干部。

● 1月26日　星期六

和贤看岳［美中］大夫。毓嶦[1]来。同贤看张仁甫[2]未遇。二妹［韫和］[3]、［郑］广元[4]来，留嶦吃饭。周振强夫妇[5]来。

晚，看京剧，杜近芳[6]［的］《拾玉镯》。

● 1月27日　星期日

上午，佩英、佩兴来。

● 1月28日　星期一

和张述孔[7]接见苏锡麟[8]。

晚，看京剧。

● 1月29日　星期二

佩华[9]来拜年。毓喦来。

溥佳、老万［嘉熙］[10]来。

晚，贤邀周振强夫妇、常淑兰[11]、陈淑文[12]吃饭。

● 1月30日　星期三

同赵华堂到中医研究院接洽蒲辅周[13]，为贤看病事。

● 2月1日　星期五

1 爱新觉罗·毓嶦，生于1923年，字君固，清朝第二代恭亲王溥伟之子，溥仪的族侄。他自1937年到长春，在内廷读书，奉旨袭“王爷”爵位，一直跟随溥仪历经伪满、伯力和抚顺几段生活，于1957年年初获释。继而在北京市大兴县天堂河农场就业，现为北京日坛公园中国艺苑的书法家。《我的前半生》中多次提到的“小固”就是他。

2 张仁甫，回族人，北京市朝阳区关厢医院中医外科大夫，医术颇精。李淑贤在该科工作时得到他不少的关心和帮助，也常请他诊病。1964年春天溥仪夫妇从南方参观归来，还给老先生带了他特别喜欢的茶叶和花束。待溥仪夫妇第二次参观归来并带上礼品登门时，老先生已经作古。

3 爱新觉罗·韫和（1911—2002），又名金欣如。载沣嫡福晋瓜尔佳氏所生，溥仪胞妹。从天津到长春，长期跟随溥仪，年轻时一度随夫留住英国，通英文，也曾到过日本。1958年以后从事街道幼儿教育工作，直至退休。她曾任北京市西城区政协委员。

4 郑广元，原名郑隤敳。郑孝胥之孙。早年毕业于上海圣约翰大学。1932年4月与韫和在长春结婚，嗣后留学英国，毕业后在伪满外交部任职，中华人民共和国成立后当上北京市邮政局基建处的工程师。他曾任北京市西城区政协委员。已于1995年病逝。

5 周振强夫人楼亚隽，丈夫关押期间她在浙江杭州当缝纫女工。60年代初经政府帮助迁来北京与获特赦的丈夫团聚。

6 杜近芳，当代著名京剧表演艺术家。

7 张述孔，当时任全国政协文史资料研究委员会北洋组副组长，溥仪即为北洋组成员。

8 苏锡麟，民国时代将领，曾参与张勋复辟活动，后来成为张作霖部下重要将领，先任骑兵卫队旅旅长，继任蓟榆镇守使。溥仪在天津时接见过他。1963年前后，他作为（文史资料选辑）编辑工作中的组稿对象，与溥仪又有了工作联系。张述孔在一次关于抢救资料的发言中曾说：“我也曾找过苏锡麟，请他写张勋复辟，结果他一直不写。后来我打着溥仪旗号催他，袁东衣也催他，他才写了。”

9 佩华，王书庭（溥仪乳母王连寿过继子）长女，当时是北京市崇文区儿童医院保健科的护士。

10 万嘉熙（1914—1972），祖籍江西省。其父万绳栻是溥仪的老臣，曾给张勋当过内阁丞（秘书长）。1931年夏入日本陆军士官学校中华队，次年改为伪满派遣生，转入日本生徒队。1934年9月毕业后分在长春的伪满禁卫兵团，任中尉。次年改派伪满第五军管区（承德）。1936年年末由溥仪“指婚”与“五格格”韫馨结婚，嗣后调伪满中央陆军训练所（在沈阳）任教官。伪满垮台前，在陆军高等军事学校（在长春）任教官（中校衔）。最后时刻转任为宫内府侍从武官，继而随溥仪被俘入苏，引渡后又同在抚顺关押，1957年获释被安排在北京编译社当日文翻译，于1972年下乡插队期间病故。

11 常淑兰，李淑贤的同事，北京市朝阳区关厢医院医生。

12 陈淑文，李淑贤的同事，北京市朝阳区关厢医院药剂师。

13 蒲辅周（1888—1975），四川梓潼人。出身中医世家，1955年调研究院，从事中医临床研究工作。历任中医研究院副院长、中华医学会常务理事、全国政协常委等职。

和贤到中医研究院，蒲［辅周］老为［其］看病。

● **2月2日　星期六**

和［溥］杰到李文达[1]处［与］在中西药房的李主任接头。为贤抓当归、川黄事。

● **2月4日　星期一**

早，和贤到中医研究院看病。

● **2月5日　星期二**

和［溥］杰到［群众］出版社。

● **2月6日　星期三**

和贤到中医研究院看病。

● **2月7日　星期四**

同［溥］杰、万［嘉熙］、王［子衡］[2]到［群众］出版社，李［文达］约餐。

晚，和贤赴［溥］杰家吃饼、面。

● **2月8日　星期五**

“民革”[3]约请我和贤参加庆祝元宵节［的活动］。

● **2月9日　星期六**

晚，和贤参加政协舞会。［溥］杰、娉生、罗亨年[4]来舞会。在政协听张杰关于中国穆斯林代表团访问印尼报告[5]。

● **2月10日　星期日**

和贤取衣。

到巨赞[6]家。在佛教协会观佛牙舍利[7]。

● **2月11日　星期一**

下午，学习。

● **2月12日　星期二**

巨赞法师

供奉在七宝金塔内的佛牙舍利

1 李文达（1929—1993），当时在群众出版社文艺编辑室工作。曾根据组织安排协助溥仪整理《我的前半生》书稿。

2 王子衡，生于1896年，旅顺人。毕业于日本早稻田大学政治科。因主编大连《关东报》出名。伪满年代历任“总理大臣”秘书官、黑河省长、“协和会”指导部长、滨江省长等职。日本投降后被俘入苏，1950年引渡回国在抚顺关押改造。1960年11月获得特赦，返京定居。《我的前半生》撰写期间，他也曾给溥仪提供资料。

3 “民革”系中国国民党革命委员会的简称。这里未能说明是民革中央还是民革北京市委的活动。

4 罗亨年，溥仪的孙辈家族成员（族侄之子），现居美国。罗，乃取“爱新觉罗”尾字转为汉姓；亨，原为恒。按清朝宗室规定，每辈用名都要镶进一个固定字，如弘、奕、载、顯、旻、溥、毓、恒、启等字。按此“恒”为“溥”下两辈。

5 这次报告会是由全国政协宗教组举办，在当天上午举行。

6 巨赞（1908—1984），原名潘楚桐，字琴朴，江苏江阴人。早年就读于上海大夏大学，曾参加反帝罢工运动。1931年在杭州灵隐寺削发出家，钻研佛学。抗战时期曾在湖南组织佛教徒参加救国活动，在广西主编《狮子吼》月刊宣传抗日。中华人民共和国成立后，以北京广济寺法师身份，历任中国佛教协会副会长，中国佛学院副院长，全国政协常委等职。1963年前后他是全国政协委员。曾与溥仪在同一学习小组活动，相处熟稔。

7 中国佛教协会即设在广济寺内。溥仪当皇帝时信佛，对佛学有兴趣，即从报上得知广济寺舍利阁内保存一颗佛牙，遂向巨赞法师请求并得到允许前去观看。“佛牙舍利”专指释迦牟尼的牙齿。他去世后遗留4颗牙齿，佛徒供奉如珍宝，广济寺所存即为其中之一。

到［群众］出版社。

● **2 月 14 日　星期四**

和贤到中医研究院。

● **2 月 15 日　星期五**

开文史资料“制卡片、分类、编目”会议。

晚，和赵华堂到工人俱乐部看三妹［韫颖］[1]演戏[2]，回来很迟。

● **2 月 16 日　星期六**

同贤到中医研究院。

下午，听中华医学院访巴报告[3]。

● **2 月 18 日　星期一**

贤上班开始（半日）[4]

● **2 月 19 日　星期二**

和［溥］杰到［群众］出版社。

● **2 月 21 日　星期四**

和贤到中医研究院。

● **2 月 22 日　星期五**

和［溥］杰、万［嘉熙］、王子衡到［群众］出版社。

● **2 月 23 日　星期六**

到［群众］出版社。

● **2 月 24 日　星期日**

和贤在西单吃饭。晚，在政协吃饭。

● **2 月 25 日　星期一**

到［群众］出版社。

看［毓］祥母[5]。

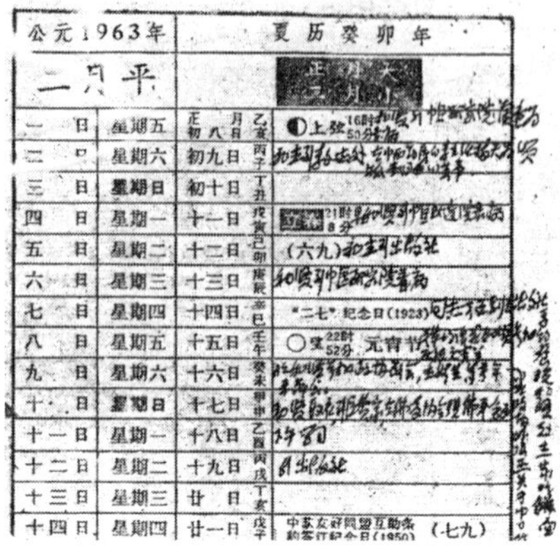

1963 年 2 月 10 溥仪日记记载了此事

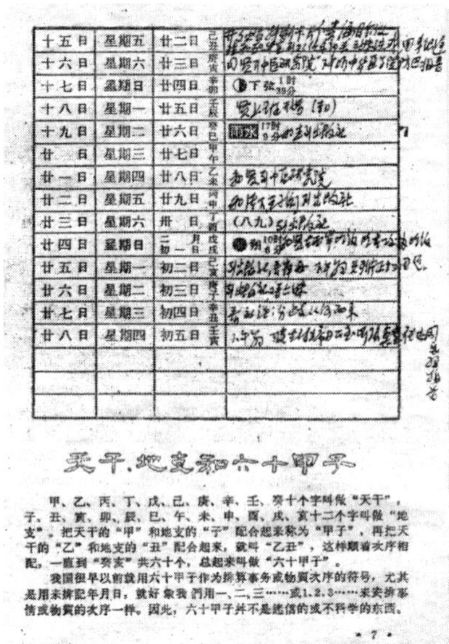

1963 年 2 月 15—28 日溥仪日记

1 三妹即爱新觉罗·韫颖（1913—1993），又名金蕊秀，载沣嫡福晋瓜尔佳氏所生，溥仪的胞妹。她自少年时代即在天津、长春等地长期跟随在溥仪身边，是姊妹中最受溥仪疼爱的一个。20 世纪 30 年代曾随夫（郭布罗·润麒）留住日本数年，通日语。1956 年开始在北京市东城区政协机关工作，同年经沈性元（钱昌照夫人）介绍加入民革，晚年曾任北京市东城区政协常委。

2 韫颖喜欢京剧，曾在北京市东城区政协京剧组排练几出戏，并在区俱乐部等处登台演出《四郎探母》《凤还巢》《大登殿》等剧目，溥仪、溥杰、嵯峨浩等都观看了她的演出，还夸她“唱得不错”。

3 这次报告会由全国政协医药卫生组主办，当天下午 3 时，同仁医院副院长戴士铭在机关第二会议室报告了访问巴基斯坦观感。

4 李淑贤因妇科疾病于 1 月 4 日至 16 日在协和医院住院治疗，出院后继续休养一个月，在中医研究院门诊治疗。从本日起半日上班。

5 爱新觉罗·毓祥，清恭亲王溥伟之子，毓嶦的胞弟，溥仪的族侄。1937 年他随母从大连赴长春投奔溥仪，被安排在内廷读书，实际是在溥仪身边伺候。伪满倒台后，他扶母随皇族逃亡，返回北京。后来自学兽医成功，并在大兴县天堂河农场就业。毓祥的生身母系溥伟的第四姨太，名叫张淑贤，按清官祖制是没有资格进“宫”晋见皇帝的，1937 年溥伟病故，家境潦倒，她被迫携子赴长春，却只能送儿进宫，而自己留居“宫”外。溥仪今天能够亲自来探望这位昔日的王爷姨太，充分证明了他思想的进步。

下午，学习……

● 2月26日　星期二

到［群众］出版社。又看六妹［韫娱］。

● 2月27日　星期三

看社论：《分歧从何而来？》[1]

● 2月28日　星期四

下午，学习。

晚，副主席办公室听张惠堂传达周总理［的］报告。

● 3月1日　星期五

学习《分歧从何而来？》

● 3月3日　星期日

读社论[2]……

● 3月7日　星期四

北洋组[3]开会。

毓嵒来。

下午，学习。

下午，贤、［嵯峨］浩、二［妹韫和］、三［妹韫颖］、四［妹韫娴］[4]、五［妹韫馨］[5]、六［妹韫娱］、七［妹韫欢］[6]，同赴［全国］政协，参加庆祝三八妇女节［的活动］[7]。

● 3月8日　星期五

晚，和贤看川剧[8]。

● 3月9日　星期六

到［群众］出版社。

穿戴戏装的三格格韫颖走到台前

1 指当天发表的《人民日报》社论。

2 溥仪利用假日学习是为次日讨论作准备。

3 北洋组是全国政协文史资料研究委员会下设的一个小组，具体负责审理清末和北洋政府时代的文史资料来稿。此外，还有东北军组、西北军组、工商组以及文教组等。

4 爱新觉罗·韫娴（1914—2002），又名金蕊珠。载沣侧福晋邓佳氏所生，是溥仪的同父异母妹。伪满年代随溥仪住在长春，并由溥仪“指婚”嫁给蒙古贵族赵国圻（曾用名赵琪璠）。自20世纪40年代末丈夫漂洋海外，她便只身育女，艰难度日，直到80年代初赵琪璠从台湾辗转归来，才有北京重圆的幸福晚年。

5 爱新觉罗·韫馨（1917—1996），生于1917年。又名金蕊洁。载沣侧福晋邓佳氏所生，是溥仪同父异母妹。伪满年代随溥仪住在长春，并由溥仪“指婚”嫁给万嘉熙，曾随夫留住日本。50年代后期参加工作，先在北京新街口食堂当服务员，后来当会计，直至退休。

6 爱新觉罗·韫欢（1921—2006），载沣侧福晋邓佳氏所生，溥仪的同父异母妹。她没到过东北，与溥仪接触最少。1948年即脱离家庭，当上小学教师，更名金志坚，宣布与旧家庭决裂。1950年2月，经自由恋爱，她与一位出身贫农的汉族人、北京四中副教导主任兼政治教员乔宏志结成夫妻。1956年，她担任了北京市崇文区精忠街小学教导主任。1960年丈夫病逝。1975年起担任北京市第227中学副教导主任，直至退休。她曾任北京市崇文区政协常委。

7 全国政协组织首都妇女集会，庆祝“三八”国际劳动妇女节。大会由全国政协常委妇女组组长许广平主持，全国妇联副主席邓颖超作题为《怎样做中华人民共和国的一个名实相符的国家主人》的讲话。会后，首都文艺工作者表演了精彩节目。

8 川剧，旧称“川戏”，是流行于四川各地和云南、贵州部分地区的地方戏曲剧种，包括昆、高、胡、弹、灯五种声腔，语言幽默风趣。

● **3月11日　星期一**

下午，学习。

● **3月14日　星期四**

到［群众］出版社。

下午，学习[1]。

● **3月15日　星期五**

［全国］政协开选民会，领选民证（第二次）[2]。

● **3月16日　星期六**

到［群众］出版社。

● **3月17日　星期日**

贤到朝阳医院看贤院刘［树田］主任病[3]，又和贤游景山。

新婚的溥仪夫妇来到天安门前的金水桥上

● **3月19日　星期二**

到［群众］出版社。

● **3月20日　星期三**

北洋组开会。

● **3月21日　星期四**

上午，选民会议[4]

下午，学习。

● **3月22日　星期五**

下午，听冀朝鼎[5]关于第二〈三〉届亚非人民大会［的］报告。[6]

● **3月23日　星期六**

晚，沙曾熙[7]来，同贤和我到政协舞厅。

● **3月24日　星期日**

［毓］嵂来，同我和贤吃面。

老万［嘉熙］来。我同贤出，洗衣服等。

● **3月25日　星期一**

1 专员学习，内容系讨论当天《人民日报》发表的中苏两党来往的两封信件，即1963年2月21日苏共中央给中共中央的来信和1963年3月9日中共中央给苏共中央的复信。

2 当时，溥仪的家住在全国政协大院内，划归丰盛区，参加该地选民投票。溥仪第一次参加公民选举是在1960年11月26日，这是第二次参加公民选举。

3 “贤院”指李淑贤所在的北京朝阳区关厢医院，刘树田系该院门诊部主任，因病正在朝阳医院住院，溥仪随妻子前往探视。

4 全国政协机关的选民在上午10时开会，介绍了六位候选人（区人民代表）的自然情况和事迹。

5 冀朝鼎（1903—1963），笔名动平，山西汾阳人。新中国成立前后多次出席国际政治会议。当时任中国国际贸易促进委员会副主席、对外贸易仲裁委员会主席、中国人民保卫世界和平委员会常委、中国人民对外文化协会常务理事、中国亚非学会理事、中苏友好协会总会理事、中国拉丁美洲友好协会副会长、中国银行副董事长等职。1963年8月9日病逝。

6 这次报告会是全国政协国际问题组举办的，由冀朝鼎报告在坦桑尼亚的莫希召开的第三届亚非人民团结大会的情况。

7 沙曾熙，当时任人民出版社编辑，是溥仪与李淑贤的婚姻介绍人之一。

下午，生活漫谈会[1]。

晚，接赵华堂到人民医院看病。

● 3月26日　星期二

上午，读分类目录。

下午，同郭寿臣、俞人则[2]访我们预选的人民代表——丰盛小学教员王廷栋，经王教导主任和孙行政同志[3]介绍与本人谈话，很满意。

● 3月27日　星期三

本日早，政协民兵训练。我向吴［群敢］[4]主任提出，请求参加民兵训练，组织上因年老未准。要求参加学习国歌、国际歌的练习合唱，要求冯廷雄[5]同志打〈答〉应教练。（领粮票）退还粮票五斤三两。

● 3月28日　星期四

下午，学习《再论与陶里亚蒂分歧》，讨论战争与和平。吴［群敢］主任说，学这篇文章再有三个星期，再学别的文件。

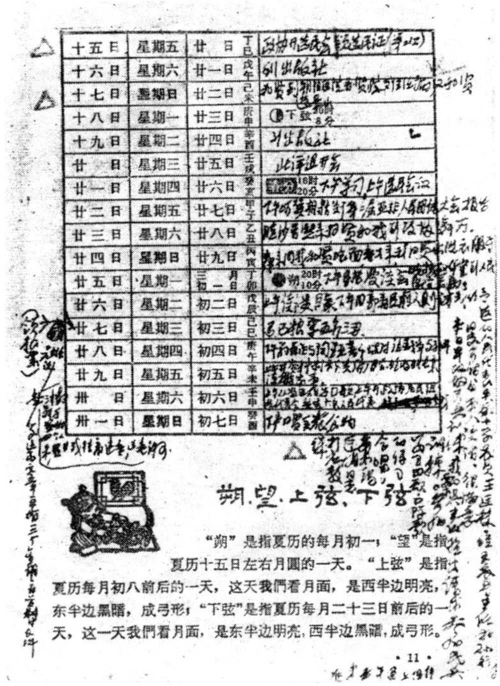

朔.望.上弦.下弦

"朔"是指夏历的每月初一；"望"是指夏历十五日左右月圆的一天。"上弦"是指夏历每月初八前后的一天，这天我們看月面，是西半边明亮，东半边黑暗，成弓形；"下弦"是指夏历每月二十三日前后的一天，这一天我們看月面，是东半边明亮，西半边黑暗，成弓形。

1963年3月15—31日溥仪日记

● 3月29日　星期五

上午，开资料制卡、分类、编目会。

晚，冯［廷雄］科长来，谈搬家事[6]。

● 3月30日　星期六

上午，从冯廷雄学国歌。

下午，开政协居民组选代表会，共选六名人民代表。

［晚］，赴［政协］三楼舞厅，贤约四个人来，贤告我往商连［以农］老，连老许可。

● 3月31日　星期日

同贤买粮、食物。

● 4月1日　星期一

下午，学习《陶［里亚蒂同志同我们的］分歧》[7]。

● 4月3日　星期三

开会选人民代表六人。

1 据董益三日记所载，生活会谈粮食定量问题、第四批特赦问题、学习雷锋问题和个人思想问题。
2 郭寿臣、俞人则是全国政协工作人员，跟溥仪为同一选区公民。
3 王、孙均为丰盛小学干部，溥仪未能记住名字，乃以职务称。
4 吴群敢，当时任全国政协文史资料研究委员会办公室副主任。他是平时与溥仪联系较多的一位基层领导。
5 冯廷雄，当时任全国政协机关人事科科长，不久调任文史资料研究委员会办公室副主任。
6 当时，全国政协机关正在考虑为溥仪安置住房，以改善他家的居住条件。
7 专员学习，重点讨论该文中论及美国军事基地和核武器问题的部分，溥仪最后发言，一直讲到下午6时。

4月4日　星期四

上午，办公。

下午，学习。［读］苏共给中共的信。

4月5日　星期五

搭民革［汽］车到植物园。［参加劳动］打碎瓦片垫兰盆[1]。

4月6日　星期六

在植物园，上草帘子，灌盆水。

晚，回城，尤其图送[2]。

老万［嘉熙］来。

万嘉熙

4月7日　星期日

同贤到蒲辅周家，又到北［京］医［院］看康心之[3]病。去［全国］政协餐[4]。

晚，看［毓］嵒疾。

4月8日　星期一

模式口劳动[5]。

4月9日　星期二

看［毓］嵒疾[6]，同到张荣增大夫处看病[7]，又让裘大夫[8]看病。晚，同贤在人民剧厂〈场〉看戏（［察］存耆[9]约）。

4月10日　星期三

下午，北洋组开会。

4月11日　星期四

下午，学习……

1 栽植兰花须在花盆底下垫碎瓦片，以利排水，溥仪到植物园就参加了这项劳动。从1960年2月到1961年2月，溥仪在北京植物园度过整整一年“半日劳动、半日学习”的生活，对植物园感情很深。离开以后仍坚持每周回去参加劳动一两天，一般是周五上午去，周六下午归。

2 尤其图系植物园的青年工人。溥仪不认路，有一次自己乘公共汽车从植物园返城，绕了许多圈子也找不到家，急坏了家属。从此以后溥仪返城，常常由尤其图送出一段路。

3 康心之（1894—1967），陕西城固人，曾任国民党政府四川省粮食储运局局长、四川省银行总经理、中央银行顾问等职，支持民主运动，是一位爱国民主人士。中华人民共和国成立后当上了全国政协委员。因李淑贤作为北京市朝阳区关厢医院的护士经常到康家往诊，给康的母亲和妹妹注射，彼此成为朋友，其时康正在北京医院住院，溥仪夫妇遂前往探视。

4 当时溥仪常常偕夫人在全国政协或文化俱乐部内部食堂就餐，吃便饭。

5 当时全国政协机关干部定期集体到位于北京郊区模式口的一处农场参加劳动。

6 三番五次地前往探视一位患病的晚辈亲属，对一般人来说这是一桩平凡小事而在溥仪身上却反映着巨大的思想变化。

7 张荣增是海军医院一位有名望的老中医大夫，溥仪常常请他给自己或妻子看病。这次是溥仪带患病的族侄毓嵒来请他诊病。

8 裘大夫，女，全国政协机关医务室中医科医生，“文革”前已调离。

9 察存耆，溥仪的亲属，侄辈家族成员爱新觉罗·毓朗的女婿，也是皇后婉容的五姨父。他曾在天津张园给溥仪当英文翻译，又随溥仪出关。溥仪任伪满执政时，他任“执政府”侍卫官处头等侍卫官，溥仪当上伪满康德皇帝后，他任“宫内府”侍卫官（荐任待遇）；1942年又出任“宫内府”掌礼处典礼科科长（荐任二等、勋六位）。伪满垮台后流落返京，溥仪撰写《我的前半生》书稿时他曾协助提供资料，已在“文革”前病逝。

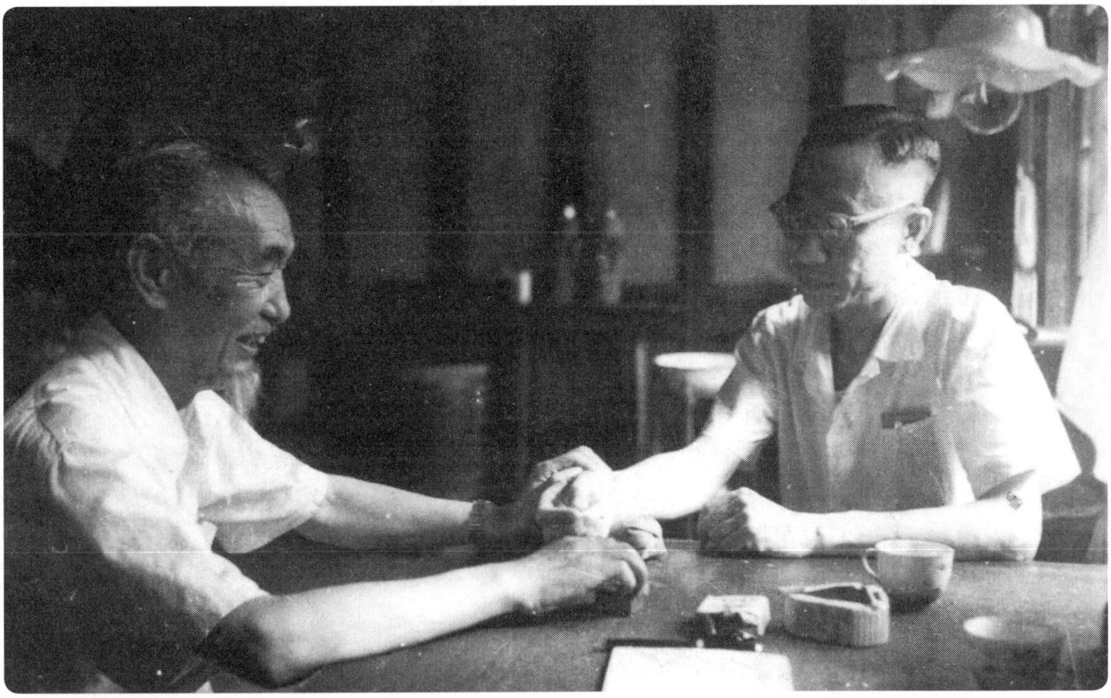

张荣增老医师给溥仪诊脉

4月14日　星期日

同贤到丰盛区选民投票［站］，选举（1）吴志刚；（2）龚恕清；（3）赵富梅；（4）张光明；（5）王廷栋；（6）何风文。[1]

4月15日　星期一

下午，学习反修正主义［文章］（续）。烟由沈醉[2]领去[3]。

4月16日　星期二

［全国］政协餐厅伙房失火，旋救灭。[4]

1 丰盛区选民投票站设在丰盛胡同10号，投票在上午进行。溥仪选举的6位人士都是事先公布的候选人，名前序列号原有，但溥仪把4号候选人写在最后了，现按原序号改正。

2 沈醉（1914—1996），湖南湘潭人。他18岁加入国民党军统，是戴笠和毛人凤手下的亲信特务，到全国解放前夕已升任国民党保密局云南站少将站长。1949年12月，当解放军兵临城下，沈醉亦被控制的情况下，被迫参加了卢汉的云南起义。嗣后被作为战犯关押改造10年，于1960年11月28日获得特赦。继而在北京学习参观三个半月，又赴京郊红星人民公社旧宫大队劳动一年。1962年5月安排在全国政协文史资料研究委员会任专员。1967年11月6日至1972年11月28日再度置于秦城监狱关押。1980年经最高人民法院重新审理，撤销原特赦通知书，改按起义将领对待。1981年11月23日特邀为全国政协委员。20世纪60年代以来，沈醉先后撰写出版了《军境内幕》《我所知道的戴笠》《魔窟生涯》和《我这三十年》等100多万字的文史资料。

3 烟在当时属紧俏商品。全国政协机关内部小卖店按时定量向机关干部供应平价优质烟，如"上海牌"每条4元2角。这里指溥仪把自己的一份转让给沈醉。

4 关于"失火"的记载与董益三日记中的记载有出入，据董记失火发生在4月9日，他写道："今天早晨上班时，礼堂餐厅厨房着火，很快就扑灭了，损失不大，起火原因据说是烟囱，又说是电线。"这一记载显然是可靠的。4月9日溥仪未在班上，很可能他直到16日才听说此事，遂记下。

偕毓嵒到张荣增处看病，又到政协让裘大夫看。

伊弗悦[1]。

● **4月18日　星期四**

下午，听王雨田[2]关于中东情况报告[3]。

● **4月19日　星期五**

送赵华堂到张［荣］增等处看病[4]。

● **4月20日　星期六**

下午，参加寇韵华结婚［典礼］[5]。上午，学国际歌。

● **4月21日　星期日**

同贤到老万［嘉熙］家吃饺子。

● **4月22日　星期一**

学习反［对］修正主义文［章］。申［伯纯］老参加，谓当［继］续学习。学［习］反修正主义［文章的］总结，申老谓不深透，将来［有］必要［再］学习[6]。

● **4月23日　星期二**

上午，大扫除[7]。

到［群众］出版社。看赵［华堂］家。在鼓楼吃饭。

下午，在副主席办公室学习国际歌。

● **4月24日　星期三**

上午，在联络委员会社会人士工作小组召开［的］社会人士座谈会［上］谈改造过程[8]。

下午，在伙房开会，报告“新五反”运动开始，［并进行］小组讨论[9]。

晚，参加王述曾结婚［典礼］。

● **4月25日　星期四**

上午，张执一报告关于增产节约运动（“新五反”）。

---

1 此句是溥仪补记在《农家历》记事格边沿处的。“伊”在日记中是指李淑贤。

2 王雨田（1914—1977），河南遂平人，中华人民共和国成立后历任外交部东欧司司长，亚非司司长，中国驻苏丹、肯尼亚、刚果和德意志联邦共和国大使等。

3 报告会是全国政协国际问题组主办的，下午3时在礼堂三楼大厅进行，主要讲中东地区的战略地位，以及它作为世界矛盾焦点而引起的一系列政治斗争。

4 赵华堂的病属于老年性慢性病。他是“文革”结束后去世的。

5 寇韵华，全国政协机关人事科干部。他结婚前夕，文史专员们凑钱，由沈醉和罗历戎经办，买了一点儿纪念品。董益三为此在日记中写下感想，“前日送一个姓王的婚礼，今日送寇的礼。在旧社会送礼是一个很大的负担，甚至是一个沉重的负担。新社会改变了这个陋习，送礼只是表示一个意思，所费不多，两次送，只费一元。”

6 专员们曾在4月19日座谈过一次，溥仪作了时间较长的发言。此处提到的“总结”即指4月19日座谈。

7 这次大扫除是全国政协机关为迎接“五一”而搞的。

8 联络委员会是全国政协下设的五个委员会之一，当时由邵力子任主任委员。据溥仪在这次座谈会上的发言稿，他谈了三个问题：一、我的身世、罪恶和改造前的思想状况；二、十年改造的四个阶段（第一阶段：死刑的恐怖；第二阶段：由蒙混到认罪；第三阶段：由认罪到悔罪；第四阶段：希望在前，争取新生）；三、获得新生的根本条件。

9 关于开展增产节约和“新五反”运动，溥仪等专员们早在本年3月4日就知道精神了。那天晚7时至9时，专员们集中在政协副主席办公室，听取传达周恩来在农业科学会议和部队政治工作会议上所作的报告。4月20日，在全国政协常务副主席和秘书长联合办公会议上，张执一副秘书长报告了关于在政协机关开展“新五反”运动的问题。这次伙房会议是传达党中央的有关指示，也是先透透风。正式动员报告将在次日举行。

下午，小组讨论。[1]

● **4月26日 星期五**

上午9时，叶蠖生在［全国］政协报告南斯拉夫问题[2]。

下午，讨论“五反”运动。

● **4月27日 星期六**

下午，听吴［群敢］主任在办公室向文史全［体］工作人员读张［执一］部长报告（上次讲的）[3]。

● **4月28日 星期日**

模式口劳动[4]。

● **4月30日 星期二**

和贤结婚第二年[5]。和杜［聿明］[6]、范［汉杰］[7]、杨［伯涛］、郑［庭笈］[8]、罗［历戎］[9]、廖［耀湘］[10]、［溥］杰夫妇［一起］，晚到人民大会堂，参加招待外宾庆祝会。

● **5月1日 星期三**

参加政协“五一节”庆祝和游行[11]。

前国民党中央委员、东北保安长官司令部中将司令、徐州“剿总”中将副总司令杜聿明。

---

1 吴群敢在专员讨论中提出参加运动的原则，有四句话：积极参加，提高认识，多提意见，不做检查。他还宣布：从即日起，半日工作，半日运动。

2 报告会是由全国政协学习委员会举办的，叶蠖生是位学者。

3 张执一的报告主要是传达党中央对开展增产节约和反对贪污盗窃、投机倒把、铺张浪费，分散主义和官僚主义的指示。文史办公室和专员室共30人参加会议，传达完毕又商量讨论题目，吴群敢提出，先讨论“实际上是不是还有阶级和阶级斗争”。

4 劳动项目是栽树，先乘机关汽车到温泉苗圃起树苗（数百株柏树苗），再到模式口农场栽上。

5 溥仪和李淑贤于1962年4月30日在南河沿政协文化俱乐部礼堂举行婚礼，到本日满周年，也可以说是进入了婚后第二年的第一天。

6 杜聿明（1903—1981），字光亭，陕西米脂人。黄埔军校第一期毕业生，曾参加北伐战争、长城抗战并率部在抗日战争时期屡建功勋。解放战争期间追随蒋介石打内战，历任国民党东北保安长官司令部中将司令，东北、徐州“剿总”副总司令等高级军职。在淮海战役中被解放军俘获，历经10年改造，于1959年12月4日和溥仪同时获特赦，1961年3月又同时被安排在全国政协，任文史资料研究委员会专员。1964年任全国政协委员，1978年任全国人大代表、全国政协常委、文史资料研究委员会委员兼军事组副组长。遗著有若干重要的军事回忆录。

7 范汉杰（1897—1976），广东大埔人。先后毕业于广东陆军测量学校和黄埔军校第一期，并曾赴德国留学。北伐战争时任团长，后任国民党第十九路军副参谋长等。抗战时期历任国民党政府第一军副军长、中央军校高等教育班主任；第二十七军军长、第三十八集团军总司令、第一战区长官部副长官、陆军总部副总司令。解放战争时期历任山东第一兵团司令、东北“剿总”副总司令、锦州前线指挥所主任、冀热辽边区司令官。1948年10月在锦州战役中被俘，经12年改造生活，于1960年11月获特赦。1962年5月到全国政协任文史资料研究委员会专员，1964年被特邀为全国政协委员。

8 郑庭笈，生于1905年，病逝于20世纪80年代，海南文昌人，前国民党第四十九军中将军长。1948年10月在辽沈战役中被解放军俘获，历经11年改造生活，于1959年12月获得特赦。1961年3月被安排在全国政协任文史资料研究委员会专员，1983年被特邀为全国政协委员。他还是民革中央监察委员。

9 罗历戎，生于1902年，病逝于20世纪80年代。四川渠县人，曾是蒋介石“王牌军”的第一军副军长和第三军中将军长。抗战时期曾率部封锁延安。全国解放前夕，他奉命固守石家庄，在清风店战役中被俘。历经11年改造生活，于1960年11月获得特赦，1962年5月被安排在全国政协任文史资料研究委员会专员。1983年被特邀为全国政协委员。晚年因患脑血栓，长期在家休养。

10 廖耀湘（1907—1968），号建楚，湖南邵阳人，毕业于黄埔军校第六期，又留学法国，学机械化骑兵。抗战时期从少校升至少将、从连长升至军长，曾率部人缅入印，与日军作战。解放战争时期任国民党第九兵团中将司令官、辽西兵团司令。1948年10月在辽沈战役中被俘，历经13年改造岁月，于1961年12月25日获得特赦。1962年5月被安排在全国政协任文史资料研究委员会专员，1964年被特邀为全国政协委员。

11 游行情况详见篇后附录。

晚，在天安门看焰火，同贤以及［溥］杰夫妇，嫮生等［在］一起[1]。

● **篇后附录：董益三同日日记**

8时30分左右，到［全国］政协的大旗之下，参加“五一”国际劳动节庆祝大会。陈叔通副主席讲了十分钟的话，之后开始游行。照例政协委员们走到丰盛胡同，即回礼堂三楼看文艺演出。但陈叔通、郭沫若、许广平几个人，仍坚持和我们机关干部等，游行到民族饭店后解散。

前国民党北宁路护路中将司令兼天津市市长杜建时，他是第四批在1962年获得特赦，图为特赦时留影

● **5月2日 星期四**

和贤到俞德浚[2]主任家。到故宫博物院游。

下午，三妹［韫颖］、老润［麒］[3]来，未遇。

● **5月3日 星期五**

下午，参加［全国］政协招待华侨、港澳同胞酒会[4]。

● **5月4日 星期六**

北洋组开会。

晚，二妹［韫和］、沙曾熙来。

● **5月5日 星期日**

贤仍学习[5]。

周［振强］之子［周小奇］[6]来，邀到周振强家。留午饭。

晚，到院接贤回家[7]。

看赵华堂病。

● **5月6日 星期一**

早，到广安门为贤买药。

1 专员及眷属应邀在天安门东七台观看焰火。

2 俞德浚，已故植物学家。早年留学德国，后受聘在英国爱丁堡大学从事教学和科学研究工作。中华人民共和国成立后回到祖国，长期担任中国科学院植物研究所北京植物园主任，有《植物园手册》等著作存世。溥仪刚到植物园就钻研他的著作，认真作笔记，搜集植物标本，对这位有学术专长的领导同志非常尊敬。

3 郭布罗·润麒（1912—2007），达斡尔族，祖籍满洲布特哈部正白旗满德屯（今黑龙江省讷河县），生于北京，自幼随外祖母住在天津德国租界，少时因胞姐婉容被册立为皇后而被溥仪赏以扩军参领的头衔。从1929年起，先后在日本学习院、日本陆军士官学校、日本陆军骑兵学校、日本陆军大学读书或进修。1932年夏“奉旨”与溥仪的三妹韫颖结婚。伪满年间曾任禁卫军连附、骑兵连长，第二军管区参谋、“满洲国”驻日大使馆副武官辅佐官，伪满陆军高等军事学校中校教官等职。伪满垮台前夕改任侍从武官，随溥仪逃亡并一起被俘入苏。引渡回国后在抚顺改造，1957年4月获释。派在北京编译社担任日文翻译，“文革”中下放京西黄塔公社插队劳动，继而调中国社会科学院法学研究所任编译，直至退休。他曾任全国政协委员。

4 全国政协为欢迎“五一”节回国观光的华侨和来京的港澳同胞而举行了这次酒会。

5 当时，李淑贤在北京市朝阳区业余卫生学校学习。

6 周小奇，乳名毛毛。溥仪在日记中时而称“周子”，时而称“周毛毛”。

7 李淑贤因值班或上课等原因而回家稍晚时，溥仪常常亲自到医院去接。

听荣高棠[1]报告二十七届乒乓球锦标赛情况[2]。

● **5月7日　星期二**

上午，工作。

下午，学习。［讨论“新五反”］[3]让对领导提意见。

● **5月9日　星期四**

下午，学习。让领导提意见，对申［伯纯］老、吴［群敢］主任……[4]

● **5月10日　星期五**

申［伯纯］老在文史办公室讲“新五反”[5]。

晚，讨论[6]。

● **5月11日　星期六**

下午，□园洗澡。到北海看毓崇，到杜聿明家为他侄女结婚致贺[7]。

● **5月12日　星期日**

和贤到周振强家吃饭。贤托周妻打绒衣。

晚，到王府井做裙子、内衣两件。

● **5月13日　星期一**

程普哉[8]报告“新五反”[9]，连以农简单讲话。

下午，学习。

晚，到北海游。

● **5月14日　星期二**

毓嵒来。

下午，同嵒、李以劻[10]看赵华堂病。

前国民党第九兵团中将司令官廖耀湘获特赦时留影，他在1963年到全国政协任文史专员与溥仪共事

1 荣高棠（1912—2007），曾用名高棠，河北霸县人。当时任国家体委副主任兼秘书长。1983年9月获国际奥委会授予的奥林匹克银质奖章。

2 报告会由全国政协主办，在当天下午进行。第27届世界乒乓球锦标赛于1963年4月5日至14日在捷克斯洛伐克的布拉格举行，我国荣获三项世界冠军和两项世界亚军。荣高棠是我国乒乓球代表团团长。

3 此处原文字迹模糊，根据上下文补入。

4 以下还有一两句话，但模糊难辨。

5 据董益三日记载，当天上午，文史系统的办公室、编辑室和专员室共32人集中开会，听取申伯纯讲话。他讲两点内容：（1）修正主义产生的根源；（2）怎样防止修正主义的发生，着重于当前“五反”的必要性和重要性。

6 讨论在下午，不是晚间。沈醉、杜聿明、郑庭笈等先后发言。

7 杜聿明嫁侄女的典礼仪式于当天下午4时在杜家举行，杜邀请全体专员去吃喜糖，郑庭笈、李以劻、溥仪等人都参加了。

8 程普哉，当时任全国政协机关党委书记。

9 程普哉的报告目的在于把“新五反”运动引向深入，有两部分内容：一是传达中共中央统战部副部长徐冰于4月25日在各民主党派、无党派人士双周座谈会上关于“新五反”运动的讲话，一是总结政协机关“新五反”运动情况，宣布思想准备阶段结束，检查、揭发阶段开始。要求搞深搞透，绝不草率收兵。

10 李以劻（1913—2006），广东人，前国民党陆军第五军中将副军长兼独立第五十师师长。1949年8月，在福建省福清县附近率部向我军投诚。其后一度被作为战犯关押，历经11年改造生活，于1960年11月28日获得特赦。1962年5月起在全国政协任文史资料研究委员会专员。1983年被特邀为全国政协委员。其间，经最高人民法院重新审理，决定撤销原特赦通知书，按投诚人员对待。他和妻子邱文升晚年定居于香港。

● **5月15日　星期三**

上午，到群众出版社。到关厢医院看贤。

下午，学习（发言），申［伯纯］老来参加[1]。

● **篇后附录：董益三同日日记**

下午，继续座谈。虽已是［全国政协机关“新五反”运动的］第二阶段，由于我们没有什么揭发，因而还是学习。溥［杰］谈过以后，老郑［庭笈］谈的时候，申［伯纯］老来了。

● **5月17日　星期五**

参加［全国］政协社会人士工作组座谈会（二次），谈改造的感想[2]。

● **5月19日　星期日**

雨。同贤到西苑[3]，让岳美中看病。

金恒懿、苏梅[4]来访。

● **5月21日　星期二**

“新五反”运动，让专员为领导提意见[5]。

● **5月22日　星期三**

我国际贸易促进会[6]介绍日本自由民主党阿部文男来见并写字。

1963年5月22日[7]，日本北海道输出入协同组合自由民主党北海道议会议员阿部文男，由我国国际贸易促进委员会联络部董部长偕同来访问。谈话主要内容：

阿：我到中国，今是第二次，对新中国许多事情是不知道的，今天得见您，我非常高兴，很愿知你的近况。

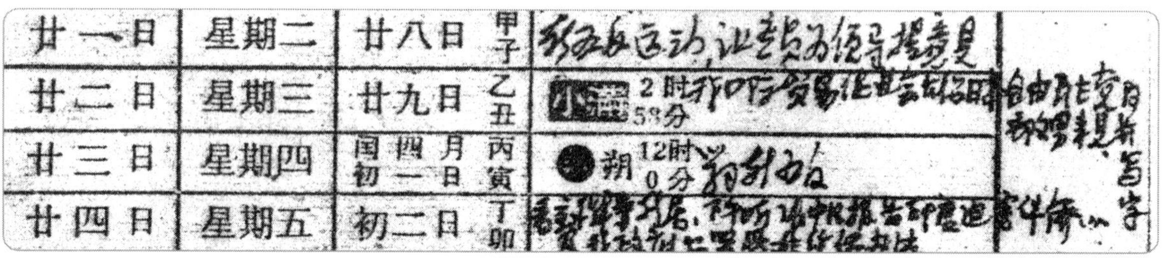

1963年5月22日，溥仪会见日本自由民主党议员阿部文男谈话记录

他说：看您很健康，年青〈轻〉。

1 专员学习，详见篇后附录。

2 这是全国政协联络委员会人士工作小组召开的座谈会，邀请溥仪谈改造问题，先后开了两次：第一次在4月24日，侧重谈改造过程；第二次在本日，侧重谈改造感情。

3 当时岳美中在西苑中医研究院附属医院任内科主任。

4 金桓懿和苏梅都是溥仪的孙辈家族成员。

5 董益三在同日日记中简略记载了专员们提意见的情况。郑庭笈、杜聿明给申伯纯和吴群敢提了意见，董益三补充说，理发室的“通知”第三条规定“副秘书长随到随理”是特殊化的表现。李以劻则对稿酬偏低、退稿以及侨汇等问题提出意见。

6 即中国国际贸易促进委员会，是在国家对外贸易活动中负责仲裁等项工作的机构，南汉宸是该委员会主席。

7 此句以下的本日日记是从溥仪单独记载外事活动的笔记本上摘录下来的。

我说：在新社会，我愈来愈年轻了。

我表示对人民的支持。

我说：我过去是当日帝帮凶，对祖国犯了大罪恶。日本帝国主义侵略中国，不仅给中国人民带来空前灾难，也给日本人民带来大灾难。享福的是天皇、大官、资本家、军阀，日本人民被迫充当侵略炮灰，日本人民也受了空前灾难。现在，我们祖国解放十三年，摆脱帝国主义压迫［了］，在中国共产党和毛主席领导下，打倒了帝国主义及其走狗——封建势力，成了中国主人［的］中国人民已经站起来了。过去中国［的］殖民地半殖民地地位，已一去不复返了。因此使我想到日本目前所处的环境不好，很像中国东北解放前的处境，受帝国主义的压迫。但我相信勤劳、勇敢、富有民族自尊心的日本人民，是并不甘心于这种环境［的］，现在［正进行着］越来越多地反对美帝国主义，争取日本民主、独立、和平的斗争。日本人民斗争并非孤立的，它得到了世界正义人民的支持，特别是得到中国人民道义上的支持。前年在北京举行的百万市民示威大游行，支持日本人民斗争和反对日美安全条约的示威大游行，我也参加［了］。这是我第一次参加革命人民行列、一同［进行］反对帝国主义的斗争，我感到无比自豪。另外，我参加支持日本人民的正义斗争，成为世界人民正义斗争的参加者，我感到光荣。我相信日本人民一定会得到最后胜利的！

阿部问我：您过去当皇帝，生活上有许多人伺候，今天生活不感到不方便吗？我［说］：相反，我过去在旧社会自幼就养尊处优，过骄奢淫逸生活，使自己失去一般人的自己生活［的］能力，养成饭来张口、衣来伸手，好比自幼就在温室里养大，禁不起［一］点风雨。加以生活不规律，造成我的身体虚弱多病，和废人一样。自从回国以来，锻炼，过集体生活，我现在病全好了，真是如你说的越［来越］年青〈轻〉了。我去年结婚，有人提议为我雇用保姆，我们两人都反对，认为自己不能独立生活，还用人伺候，这是多么可耻！现在，我的生活非常好。在精神方面来说，我也是无比愉快。过去当皇帝，是傀儡，又［是］反人民的。今天真正和六亿五千万人民一道成为国家的主人，伟大中国的公民了。

阿部：谈［到］过去在苏联，听国内宣传说您思想受了苏联的教育，是吗？

我笑了。［我说：］这是反动派的诬蔑、胡说。我在苏联受人道主义待遇，对于我看什么书都是自由，并没有什么教育。

日本反动派诬蔑中国共产党对人洗脑筋，这真是诬蔑，无稽之谈。我是认识了真理，不能不向真理低头。

我是中国人，我清楚知道，过去是什么样的中国，是殖民地受奴役的中国。举例说，过去的北京东交民巷都是外国人统治，中国人在自己国家不能在那地方行使法律。今天先生来此，看看现在［有］没有那种现象？现在是中国人民自己的天下了。

我过去回国［前］，鉴于历代改朝换代，皇帝和家属没有能生存的，所以自念归国一定被杀。可是完全相反，我不仅生存，而且现在成为真正公民，成为国家主人之一。

本来么〈嘛〉，多数人受罪，少数人享福、作威作福是不合理的。过去，日本天皇、大臣、军阀、伪满皇帝享福，人民过地狱生活。伪满人民连大米、白面都不能吃，吃了就犯罪。今天，人民完全摆脱了压迫、剥削，成为新国家主人了。

过去［的］旧中国农业落后，工业是殖民地的工业，帝国主义也不允许中国有自己的工业。今天，我们有自己的工业，过去所不能制造的东西，现在无论什么新科学技术，工业制品，我们都能自己作〈做〉了。这一切是对真理的认识，这也能说是洗脑吗？

即以日本战犯来说，他们过去对中国人民犯了多么大的罪恶，杀害了无数中国人民、共产党［员］、爱国人士，甚至对和平居民多次集体屠杀，［以］活人用［作］细菌实验。抗日战争，中国人民牺牲了一千多万人，中国共产党和爱国人民落到敌伪手里，百无一活，可是日本战犯没有一个处以死刑[1]，大多数已回国[2]。举一个例：日本战犯初到中国，害怕、诋毁中国，等过了几年，在改造［和］人道主义待遇下，当有些人回日本前，日本记者问他们话，他们都说中国好。日本记者不信，认为这是在中国，他们不敢说。等一上船回日本，他们一定不这样了，相反，日本战犯离开中国，上了船，仍是说中国好，这使记者很失望。

又如一个日本战犯释放回国过山海关时，在火车上大哭起来。记者问他，他说过去在山海关我杀了许多中国人，他们不能活了，也不能和家人团圆了。杀中国人的我今天反能和家人团圆了。这〈衍〉正是这个日本人天良发现，这是对真理的抵〈低〉头，难道这也是洗脑吗？又如日本人总是以自己之心揣度别人。在抚顺战犯管理所过去是日本囚杀中国爱国人民［的］地方，在〈有〉一个地方是当时做好、对中国人施加种种酷刑和处死的地方，今天战犯看见中国人也正在修缮这个地方，认为是〈衍〉将会对他们［施以］酷刑和加害，想不到盖好了，正是为他们治病的医务室！这正说明反动分子以己之心度人之心。

我过去当皇帝，事实上受日本的限制，连家族都限制，有见的，有不许见面谈话的。

在当时，例如在故宫以及在伪满，都在圈子里一步不能出来。我是北京生人，连北京大街都不认识什么样，只有现在我才真正自由，北京哪里我都认识了。

我感到过去是耻辱罪恶的前半生，后半生才是〈衍〉真正是幸福和自由的，我和六亿人民一样，成为国家真正的主人了。

他临辞行前和我照相，求我签名题字，我写："决定历史前进的是人民，人民的力量才是不可抗拒的力量。新兴的力量一定代替腐朽的力量。"

他说我过去是皇帝，他头脑是旧的，他以平民资格见我，尚存恐惧；可是，看见我平民一样的〈地〉对待他，向我致谢。我说，愿为争取日本的独立、民主和世界和平、

1 这是指中华人民共和国成立以后处理当时关押的日本战犯的情况，不包括日本投降后由南京国民党政府审判处理的若干首要日本战犯，如谷寿夫、松本石根等是那时被处绞刑的。

21956 年 8 月，最高人民法院组织特别军事法庭，对在押的 1062 名日本战犯审判完毕。除对其中 45 名判处有期徒刑外，其余免予起诉，立即释放，遣送回日本。

中日早日恢复邦交友谊而共同努力！

补录：

在这以前他还问我现做何工作？我答：在全国政协文史［资料］研究委员会工作，且正写一本《我的前半生》。他说，他正愿意看见我的书，日本人民也都愿看。

● **5月23日 星期四**

学习“新五反”[1]。

● **篇后附录：董益三同日日记**

下午头一个时间，老宋［希濂］把整理了的昨日大家对领导和机关所提的意见，向大家念了一遍。之后，老杨［伯涛］又对吴［群敢］主任提了一条意见（说吴主任在年初文史资料会议时交他一个征稿的名单，要他填写所在地时说话的语气和态度太生硬）……下一个时间，没有意见提了就自流。老杜［聿明］、老范［汉杰］、老沈［醉］，借故都走了。我乘这个时间仔细地看了今日的参考消息……下班时有雨，很冷，和老杨、老溥［仪］共伞回家。

● **5月24日 星期五**

看宝禅寺新居。[2]

下午，听张帆报告印度迫害华侨以及我政府安置受难华侨办法。[3]

● **5月25日 星期六**

晚，钮益序[4]、吴月萍[5]访贤，我带他们到三楼舞厅。

● **5月26日 星期日**

和贤到百货大楼、东安市场，在西四买了无线电（八十八元）[6]。

● **5月27日 星期一**

下午，学习。[7]

● **5月30日 星期四**

［给］抚顺战犯管理所李福生复信[8]。

● **篇后附录：李福生致溥仪的信**[9]

溥仪专员：

1 专员学习，详见篇后附录。

2 溥仪新居位于北京市西城东观音寺甲22号（今东冠英胡同40号），包括两间卧室、两间客厅、一间饭厅，另有卫生间、厨房和库房。宽敞的长形院落内长着各种各样的树木。从政协机关前往新居应在马相胡同下车，走南草场。溥仪不熟悉，在宝禅寺下车，绕道新街口往东观音寺，故记为“宝禅寺新居”。

3 张帆系国务院华侨事务委员会委员，在全国政协华侨组举办的报告会上，他主讲了印度政府迫害华侨的情况与背景。

4 钮益序，应为钮韵铎，溥仪误听。他是北京中医院医生。

5 吴月萍，应为胡益萍，溥仪误听。她在北京中医学院毕业前正在关厢医院实习，与李淑贤的关系不错。

6 据李淑贤回忆，在西四买了一台当时流行的“普及”牌五灯收音机。

7 据董益三日记载，这次学习，要求专员继续给领导提意见，但大家觉得无意见可提，乃转为漫谈。

8 李福生，生于1925年，病逝于21世纪初，辽宁盖县人。1950年毕业于东北行政学院法律系。1972年以前一直在抚顺战犯管理所任管理员，管教员。溥仪改造期间与他接触颇多。溥仪说过，管理所所长孙明斋、副所长金源和管教员李福生，是为他操心最多的几个人。溥仪特赦后始终与李福生保持联系。见篇后附录。

9 李福生写于1963年7月2日的这封信是对溥仪5月30日信的复信。从李福生的信中也可以了解到溥仪那封信的大致内容。举一反三，还可以知道他们通信来往的情形。

接到你的来信已一个多月了，由于全所正在开展增产节约运动，所以一直拖到今天才给你写回信，可能你等得很着急了吧？从来信中得知你的一切情况都很好，我们都很高兴。现在，管理所情况除人数比过去少一些外，均还没有什么变化。我们全所工作人员身体都很好，工作干劲也很足，并且按照党的政策继续对在押战犯进行教育改造。这些在押战犯在党的宽大政策的感召下，也都有不同程度的进步，因此自1959年以来，每年都有一些人获得了特赦走上新生。他们释放后表现都不错，经常给管理所来信汇报他们的工作情况和学习情况。

另外，你来信时打听孙［明斋］[1]所长和金［源］所长的情况，现在他们的工作情况和身体情况都很好。再有，你在来信中称，有机会来抚时，愿到管理所看看。对此，我们表示欢迎。我们过去几年中去北京的机会很少，也确实去过几次，但由于时间不允许，也没有来得及到你那里看看。今后去北京时，如有机会的话，准备去看看你。

最后希望你在已取得成绩的基础上，进一步加强学习，努力工作，为社会主义建设事业贡献出更大力量。

祝你工作顺利，生活愉快，身体健康。

李福生

1963.7.2

● 6月1日　星期六

赵华堂出院[2]。

移住新居宝禅寺——东观音寺22号。工作人［员］和专员帮搬东西。七叔［载涛］三太太［王乃文］[3]、三妹［韫颖］来。赵大妈、李大妈、张景荣[4]帮［助搞］清洁和做饭。

● 6月2日　星期日

吴［群敢］主任、四弟［溥任］来。周年强来。留周和四弟吃饭。

［溥］杰二弟夫妇、四妹［韫娴］来。万［嘉熙］、润［麒）、五妹［韫馨］来。

● 6月5日　星期三

打扫卫生。

● 6月6日　星期四

张［刃先］[5]主任分给稿子看。

下午，到植物园（吴祖宏来接）[6]。

1 孙明斋（1913—1988），山东省海阳县人，1950年6月至1959年任抚顺犯管理所所长。

2 关于全国政协工友赵华堂患病的情况，溥仪日记中从3月25日开始有所记载，其间涉及溥仪探病或引领赵赴医院求诊等内容。这里的“出院”指在首都人民医院住院治疗后病愈出院。

3 载涛有一位夫人三位姨太：夫人姜婉贞生四子1949年病逝；大姨太周梦云，生一子，离婚；二姨太金孝兰生一子，1966年自杀；三姨太王乃文，无子女，也已病逝。

4 张景荣，李淑贤与溥仪结婚前在北京吉市口居住时的邻居，当时在朝阳区东大桥中学工作。她母亲被李淑贤和溥仪称呼为张大妈，经常来往。

5 张刃先，当时任全国政协文史办公室第一副主任。

6 这天下午是专员的学习时间，座谈国内的阶级和阶级斗争问题，郑庭笈、沈醉、董益三、杜聿明等就阶级斗争的形势、特点等问题，举出事例进行辩论。吴祖宏，植物园工人。

● 6月7日 星期五

整理兰花架、扩盆（白振奎[1]、蒋进云[2]一起工作）。

● 6月8日 星期六

下午，回城里。

● 6月9日 星期日

和贤到王府井买裙子、木桌。

下午，［毓］嵒、毓灵筠[3]、刘秀云来。

晚，胡［维鲁］老、俞［德浚］主任夫妇来吃饭。留胡老、［察］存耆吃饭。

● 6月10日 星期一

下午，学习。[4]

● 6月11日 星期二

到群众出版社。

● 6月12日 星期三

到群众出版社。

借书（两星期）[5]：《唐诗选》上、下册；《左传选》一本；《太平天国》一本；《资治通鉴》一本。

溥仪和李淑贤在自家宅门前

● 6月16日 星期日

周振强妻［楼亚隽］和子［周小奇］来，贤留吃饭。

［毓］㨗夫妇来，比臂，伊不悦。

张云〈仁〉甫来。

四弟［溥任］夫妇和二子一女来[6]。

● 6月18日 星期二

下午，学习[7]。

● 6月20日 星期四

1 白振奎，北京植物园工人，溥仪刚到植物园时曾向他学习栽植兰花的技术。

2 蒋进云，当时是北京植物园的青年女工，1960年她从园林技术学校毕业后分配到这里，就和溥仪相识了。

3 毓灵筠，出自道光皇帝第五子和硕惇勤亲王奕誴，奕誴的长子载濂有两个儿子：长子溥偁即为毓嵒之父，次子溥修即为毓灵筠之父，因此毓灵筠也就是毓嵒的堂妹。她一生未参加工作，晚年半身瘫痪。

4 专员在座谈中提及全国人大常委会副委员长、全国政协副主席、民盟主席沈钧儒先生，显然是已听到沈病危的消息。第二天，沈以89岁高龄谢世，公祭大会于6月14日在中山公园中山堂举行。

5 括号内文字指借书期限。

6 溥任有三子两女：长子毓嶂是地质工程师，在青海，曾为北京市崇文区副区长兼任北京市民族事务委员会副主任；次子毓鋆是北京工业大学教师，曾任环境与能源工程学院副院长；长女毓琨是北京市二十四中学化学教师；次女毓珵是北京第三毛线厂工人；三子毓岚是河南新乡二中语文教师，后调任北京市朝阳区和平街第一中学高级语文教师，也是古玩收藏家。

7 溥仪误记。专员学习每周两次，周一和周四下午。据董益三日记载，这次专员学习在6月17日下午，内容系漫谈中共中央和苏共中央的复信。

下午，学习[1]。

● 6月23日 星期日

和贤到西苑［中医研究院附属医院］找岳美中看病。

游颐和园。

到［全国］政协看赵华堂。

● 6月24日 星期一

下午，听艾思奇[2]讲“修正主义”。

● 6月28日 星期五

金恒懿来。

伊不悦，余告金去。

溥仪从植物园回家

● 6月29日 星期六

和贤到北海公园。不认识的人李荫棠在街上来谈。

● 6月30日 星期日

和贤到朝外市场，到［全国］政协看电影《红楼梦》。

下午，关厢医院吴月〈胡益〉萍、孙少敏[3]，中医院钮益序〈韵铎〉来。老万［嘉熙］来。

伊帮某来当众夺扇。

晚，和贤以及吴〈胡〉、孙、钮，到政协参加“建筑食堂工人联欢大会”和看电影。

● 7月2日 星期二

徐承〈廷〉泽[4]在［全国］政协报告起义经过。座谈会[5]。

午，徐［冰］[6]、张［执一］部长，郭［沫若］老，招［待］徐［廷泽］午餐，我陪[7]。

● 7月4日 星期四

1 专员学习，继续座谈《关于国际共产主义运动总路线的建议》。据董益三日记，座谈实际成为“杂谈”，例如杜聿明“谈他的老婆归国的一些事”，还有类似的其他题目。

2 艾思奇（1910—1966），原名李生萱，云南腾冲人。当时任中央高级党校副校长兼哲学教研室主任、中国科学院哲学社会科学部委员，中国哲学学会副会长等职。作为哲学家，对马克思主义哲学原理和毛泽东思想有独到的研究，出版有《艾思奇文集》。还著有《大众哲学》，通俗易懂，很普及。

3 孙少敏，时为北京中医学院的学生，和胡益萍是同学，又同在北京市朝阳区关厢医院实习。

4 徐廷泽，原为台湾国民党空军第二联队十一大队四十三中队上尉飞行员，1963年6月1日上午，驾驶美制F-86F喷气战斗机飞回大陆。

5 这次座谈会于上午9时在全国政协礼堂东厅召开，中共中央统战部副部长徐冰和张执一，全国政协副主席郭沫若以及各民主党派中央负责人，政协机关处长以上领导同志出席了座谈会，一、二、三、四批特赦在京人员也应邀参加了会议。已成为中国人民解放军空军少校的徐廷泽由空军上将刘亚楼陪同到会报告了起义归来的情况及台湾地区现状。其后，徐回答了与会者提出的问题。最后郭沫若简短发言，至中午12时结束。

6 徐冰（1903—1972），原名邢萍舟，河北南宫人。早年留学德国，长期在北平等地从事地下统战工作。中华人民共和国成立后，历任石家庄市副市长，中共中央统战部副部长、部长，全国政协副秘书长、秘书长、副主席等职。

7 专员中应邀陪餐的，除溥仪外，还有杜聿明和宋希濂。

溥仪夫妇游北海

到植物园，刘万林[1]来接。见田［裕民］老、胡［维鲁］老、俞［德浚］主任、刘宝善[2]。

● 7月5日 星期五

回城。听程普哉传达平［杰三］部长[3]报告“新五反”[4]。

● 7月12日 星期五

政法学会[5]介绍，到马里大使馆与总统顾问丹巴·迪亚洛、检查〈察〉官培卡伊·恩迪阿耶、代办，在北京饭店谈话三小时。

1963年7月12日下午[6]，政法协〈学〉会介绍，在北京饭店，我接见马里总统顾问丹巴·迪亚洛和共和国检查〈察〉官培卡伊·恩迪阿耶以及大使馆代办。谈了三小时。

● 7月13日 星期六

晚，到马里大使馆参加酒会[7]。

1963年7月13日星期六[8]，下午，参加（政法协〈学〉会介绍）在马里大使馆开〈举行的〉酒会，欢送昨天见的两位马里客人。

● 7月14日 星期日

和贤到岳美中家看病。

下午，俞［德浚］主任、［察］存耆、三妹［韫颖］夫妇来。

● 7月18日 星期四

在［全国］政协听杨蕴玉[9]报告去〈出席〉世界妇女大会的情况[10]……

● 7月21日 星期日

杜聿明夫妇[11]、郑庭笈夫妇[12]来访[13]。

午，到关厢医院。［在］朝外食堂吃饭。

晚，贤［的］同［志］常淑兰来。一同到政协吃饭、看电影。

● 篇后附录：董益三同日日记

1 刘万林，当时是北京植物园工作人员。

2 刘宝善，当时是北京植物园青年工人，曾与溥仪住在同一宿舍。

3 平杰三，生于1906年，河南内黄人，华北大学肄业。历任中共中央统战部副部长、全国政协副秘书长、全国政协常委、中共中央顾问委员会委员等职。

4 溥仪显然是接到政协通知后专程赶回机关听报告的。上午9时在礼堂第二会议室由程普哉传达，内容系平杰三在周一上午所作关于党中央对农村“四清”运动十项决议（即“前十条”）的报告，并非“新五反”。

5 “政法学会”即中国政治法律学会，会长董必武。

6 此句以下本日日记是从溥仪单独记载外事活动的笔记本上摘录下来的，可与前文比照阅读。

7 溥仪把这句话写在当日记事本空格之外的空白处了。

8 本日日记是从溥仪专门记载外事活动的笔记本上摘录下来的。

9 杨蕴玉，当时任全国妇联书记处书记。

10 下午3时，杨蕴玉在北京各界欢迎大会上报告出席莫斯科世界妇女代表大会的经过情况，专员们在政协礼堂收听了实况转播。

11 杜聿明夫人曹秀清（1901—1985），1924年在陕西榆林师范上学时曾加入中国共产党，1927年脱党。丈夫被俘后，她奉蒋介石手谕携婆母和子女飞台，在台北县烟酒专卖局制品厂当收发员。1958年奉宋美龄之命赴美探亲，以劝导女婿杨振宁来台。结果，曹在普林斯顿定居。1963年6月16日，在我国驻外使馆周密安排下万里来归，与丈夫团聚。其后多次受到周恩来接见，并被安排在全国政协文史资料研究委员会工作。1981年5月，丈夫去世后，她被增补为全国政协委员。

12 郑庭笈夫人冯莉娟，在丈夫关押期间迫于政治压力一度离婚。丈夫特赦后，由于周恩来的关怀和过问，终于破镜重圆。其时，冯早已被调进全国政协文史办公室当打字员。

13 关于杜聿明夫妇来访，详见篇后附录。

老杜[聿明]昨日对我说，要和他的老婆今天上午9时来看我。过去拒绝一次，没有来。这次我再一次谢绝，他坚决地要来。说是早8点到溥仪那里去，9时到我家，之后到杨[伯涛]那里去。说是为了要他的老婆[曹秀清]多了解了解情况，转变她的思想。说是我的爱人[宋伯兰]从事教育工作很久，来看看，可以对她起一些积极的影响。我说，说"看"，不敢当，可以不必；等我的爱人好些了，我们俩一道来看你们两个。你如说有所为……另有一个目的，那我准时欢迎。

● 7月22日　星期一

下午，学习。……

见巴西妇女代表伊伏内·海思[14]。7月22日上午[15]，（在政协的会议室）接见巴西妇女代表伊伏内·海思（《巴西邮报》、里约热内卢《最后一点钟报》记者）。对外文委[16]介绍。

● 7月23日　星期二[17]

上午，[会见]巴西女作家西尔维拉（对外文委介绍，李峰同志和翻译来。[全国]妇联赵烽同志同来）。下午3时，公安部于处长、李文达、聂阵宗同志，偕蒋匪帮九股特务[中]进窜大陆的、投降并立了功的、受过政府奖励的五人[18]来访问，让我介绍自己学习、改造经过。

6时许，他们辞出。公安部同志招待我在[全国]政协餐厅吃饭，又到我家看看。

● 7月28日　星期日

和贤到动物园参观。

晚，在[全国]政协楼顶[19]听歌唱。

● 8月3日　星期六

在[全国]政协听录音，传达周总理[20]在人[民]大[会堂]对大[学]、高中应届毕业的学生讲话。

● 篇后附录：董益三同日日记

8时至13时，在礼堂听播送周总理对北京市高等院校应届毕业生和高中毕业生代表所作报告录音。周恩来首先谈了四个问题：德育、智育、体育三个方面和晚婚、节育。德育中的阶级观点、劳动观点、革命观点和集体观点；智育中建立学习观点，向群众学

---

14 溥仪会见伊伏内·海思在本日上午，可参阅后文。

15 此句以下本日日记是从溥仪专门记载外事活动的笔记本摘录下来的。

16 "对外文委"即国务院对外文化联络委员会，当时主任是张翼若。

17 在《农家历》本日记事格内无记载。这篇日记是从溥仪专门记载外事活动的笔记本上摘录下来的。

18 1962年10月至12月间，先后有九股台湾地区武装特务偷渡登陆或空降着陆，均被歼灭。其中5人慑于沿海军民的强大威力，自动缴械投诚，真心悔罪，并积极完成了人民政府交给他们的任务。公安部分别授予他们一万元或五千元的奖金，还一一安置了适当工作。这5人是受台湾地区"情报局"派遣，于1962年10月28日在广东省电白县下村地区偷渡登陆的"广东省反共救国军独立第五纵队"司令周一敏、电台台长戴继武，由美国中央情报局驻台湾地区特务机构"海军辅助通讯中心"和台湾地区"情报局"分别派遣的，于1962年12月4日在广东省阳江县石磊山区空降着陆的通讯组长李华常、电台台长王作亭和张志君。参阅中华人民共和国公安部公报，载1962年12月30日《人民日报》。

19 楼顶指全国政协礼堂的"屋顶花园"，夏秋之季常在这里举办文娱晚会或赏月茶话一类活动。

20 关于周恩来总理报告的主要内容，详见篇后附录。

习，学哲学、学自然科学，学学习工具；体育中的刻苦锻炼，要有朝气，有旺盛的斗志；晚婚与节育中谈到了我国人口增加率：1949—1963 年增加了 22500 万人，每年平均净增 1500 万人（2%~3%）。最后，是对学生的七个要求。

● **8 月 4 日　星期日**

终日雨。贤感冒。

● **8 月 5 日　星期一**

雨。在［全国］政协听李先念副总理［关于］第二［个］五年计划［的］报告[1]。

● **8 月 6 日　星期二**

雨。贤感冒。

● **8 月 7 日　星期三**

雨。贤感冒。我约张荣增来为贤看病。

● **8 月 10 日　星期六**

雨。戴文山[2]家漏雨[3]。

上午，印尼记者夫妇采访（新闻工作者协会[4]介绍）。

● **8 月 11 日　星期日**

和贤到张荣增大夫家看病[5]。到［全国］政协吃饭。

周振强［之］子［周小奇］来，同餐。

晚，老万［嘉熙］、五妹［韫颖］来。

● **8 月 12 日　星期一**

下午，学习。

● **8 月 14 日　星期三**

晚，雨。接贤，贤已到家[6]。

● **8 月 15 日　星期四**

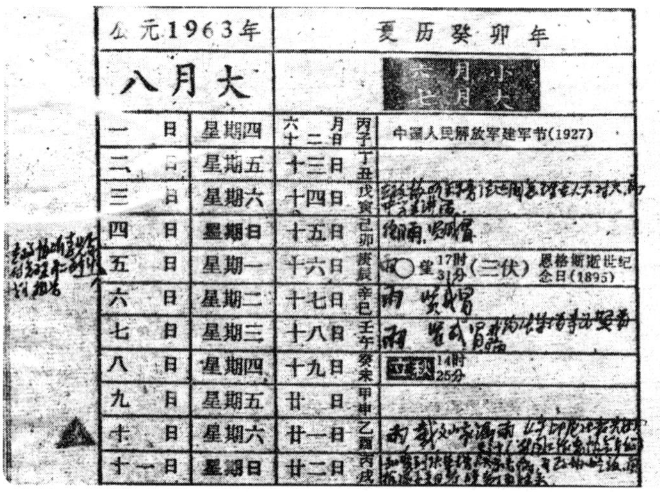

公元1963年			夏历癸卯年	
八月大			六月小 七月大	
一　日	星期四	六月十二日	丙子	中国人民解放军建军节(1927)
二　日	星期五	十三日	丁丑	
三　日	星期六	十四日	戊寅	
四　日	星期日	十五日	己卯	
五　日	星期一	十六日	庚辰	○望 17时31分（三伏）恩格斯逝世纪念日(1895)
六　日	星期二	十七日	辛巳	
七　日	星期三	十八日	壬午	
八　日	星期四	十九日	癸未	立秋 14时25分
九　日	星期五	廿　日	甲申	
十　日	星期六	廿一日	乙酉	
十一日	星期日	廿二日	丙戌	

溥仪日记（1963 年 8 月 1 ~ 11 日）

1 这次报告是由政协全国委员会举行的，上午 8 时开始，到中午 12 时 15 分结束。李先念主讲《关于 1961 年和 1962 年国民经济调整的成就和当前的主要任务》，也谈到国民经济第二个五年计划前三年“大跃进”的情况，列举了很多数字。在京全国政协委员，党外全国人大代表、各民主党派中央委员和候补中央委员出席。溥仪等专员们出席报告会后，还在当日下午座谈，讨论了周恩来在 8 月 3 日对学生的讲话和李先念的报告。

2 戴文山，全国政协机关的电工，曾参与 1949 年 9 月政协第一届会议和 10 月 1 日开国大典的供电及维修服务。政协领导为了照顾溥仪的生活，特意安排戴家住在溥仪家的院子里，在进门门道处的厢房内。

3 戴的住房因连雨而漏，溥仪曾劝其先搬入自家客厅，戴怕影响溥仪的外事活动而执意不搬，溥仪遂找机关房管部门要求抓紧修理，不久即获解决。

4 新闻工作者协会即中华全国新闻工作者协会，当时由吴冷西任主席。

5 8 月 7 日溥仪曾邀张荣增来家往诊，事后被妻子批评，李淑贤不同意太劳累老先生。溥仪接受批评，携妻往大夫家求诊。

6 据李淑贤回忆，当时北京连雨，本日雨更大，溥仪持伞前往妻子所在医院接应。其时李淑贤已往回走。溥仪又守候在归途中一处无盖的下水道口旁边，因为雨水漫过路面，溥仪担心妻子掉进去，从而留下夫妻恩爱的一段佳话。

到植物园。挠〈浇〉水、搽〈擦〉叶上斑、挪花盆。[1]胡［维鲁］、俞［德浚］主任给蚊香[2]。

● **8月16日　星期五**

返［全国］政协。回迟，贤很着急[3]。

● **8月18日　星期日**

和贤访周振强夫妇。

● **8月19日　星期一**

下午，学习[4]。

● **8月22日　星期四**

到［群众］出版社接洽，再印活字版[5]三份交政协。

四位文史专员。右起：周振强、王耀武、溥仪、杨伯涛

● **8月25日　星期日**

晚，同贤携偕淑英[6]在［全国］政协看文娱活动〈节目〉，听唱歌。

● **8月26日　星期一**

下午，学习。

● **8月27日　星期二**

《中国建设》杂志社记者沈苏儒（副总编辑）[7]、李伯悌（编辑）来访[8]。

● **8月28日　星期三**

同专员等到［中央］社会主义学院劳动（收玉米）[9]。《中国建设》摄影师朱永清来照相。

下午7时，参加对外文委张致祥[10]招待阿尔及利亚新闻代表团的宴会（宋希濂[11]同参加，在人大[12]）。

---

1 浇水等项是溥仪在植物园的劳动内容。

2 当天晚上溥仪住在植物园。为防蚊咬，老干部胡维鲁、植物园主任俞德浚亲自把蚊香送到宿舍，反映了他们之间的友情。

3 溥仪从植物园返城，每次都有小青年送他到换车的站台上，下车就到家了，一般在下午四五点钟总能进门。这天他没让别人送，结果弄错路线，一直绕到深夜11时才回到家中，妻子为此虚惊一场。这事也惊动了政协和植物园领导，从此以后往返植物园便有汽车接送了。

4 据董益三同日日记载：学习座谈程普哉书记和张执一部长的讲话。

5 “活字版”指书稿清样。根据政协领导指示，溥仪到群众出版社联系，要求取回三份《我的前半生》一书付印前清样。

6 戴淑英，戴文山之女，排行第五。

7 沈苏儒，浙江嘉兴人，著名爱国民主人士沈钧儒之弟。

8 “来访”为约稿。溥仪为之撰写的《从皇帝到公民》一文很快被译成英文，登在《中国建设》英文版1964年1月号上。

9 据董益三日记载，这次劳动原定在8月29日，因雨延至8月30日，收玉米、柿子、辣椒。

10 张致祥，当时任国务院对外文化联络委员会副主任、中国人民对外文化协会副会长、中国人民保卫世界和平委员会常委。

11 宋希濂（1906—1994）字荫国。湖南湘乡人。1924年人黄埔军校（第一期），参加了东征、北伐。赴日学习军事归来，投身淞沪抗战，南京保卫战和收复兰封的战役，屡建功勋。1938年出任国民党71军军长。参与武汉会战，继而出任中国远征军第11集团军总司令，在滇西缅北对日作战。抗战胜利后追随蒋介石打内战，历任新疆警备司令、华中“剿总’司令、川湘鄂边区“绥靖”公署中将主任等职。1949年12月19日于四川大渡河畔被俘，经10年改造，于1959年12月4日获得特赦。1961年3月起任全国政协文史资料研究委员会专员，1964年11月被特邀为第四届全国政协委员，1978年当选为第五届全国政协常委。1980年赴美定居，与子女团聚。他还是黄埔同学会的副会长。

12 这里所说宴会地点在人民大会堂显然是误记，请参照后文。

8月28日上午劳动[1]，史［永］处长[2]从社［会主］义学院接返。下午，应对外文化联络委员会张致祥招待〈邀请〉出席在民族文化宫招待阿尔及利亚新闻代表团的宴会。阿代表团［团］长为梅格拉乌伊·穆罕默德。同席的还有全国新闻工作者协会范瑾[3]以及朱光[4]、傅作义、周培源[5]、林巧稚[6]、乐松生[7]、周游[8]、我和宋希濂。

在席上介绍自己简历。

● **8月31日　星期六**

《中国建设》杂志社朱永清来家为我和贤照相。

同贤看三妹［韫颖］。归途，在［公共汽车］站失布包和被单，同贤重到罗鼓巷寻找（伊愠极）。我们正找问，车站排队的人告，适有一学生拾起（学生许长庆拾得）。正于〈遇〉上许长庆来，他告：失物已转交路警苏金利。

● **9月1日　星期日**

去人事科经明世凯调查，告我去取失物。在东四北大街十条交通队领出失物。

● **9月2日　星期一**

王贤讳[9]到政协来访。

● **9月3日　星期二**

参加外交学会张奚若在人［民］大［会堂］招待肯尼亚非洲民族联盟代表团［的］酒会（宋希濂同参加）。

● **9月4日　星期三**

吴［群敢］主任交群众［出版］社活字版给我看[10]。

● **9月5日　星期四**

和贤到中医研究院找蒲辅周看病。

● **9月6日　星期五**

报登《苏共领导同我们分歧的由来和发展》[11]。

● **9月7日　星期六**

1 本句以下一段是从溥仪专门记述外事活动的笔记本上摘录下来的。
2 史永，当时任全国政协副秘书长。
3 范瑾，当时任《北京日报》总编辑、中华全国新闻工作者协会副主席。
4 朱光，当时任国务院对外文化联络委员会副主任。
5 周培源（1902—1993），江苏宜兴人。1924年毕业于清华学校，其后赴美留学，并在美国、德国长期从事科学研究，成为著名物理学家。他也是一位教育家和政治活动家。当时任国家科学技术协会书记处书记、中国物理学会理事长、北京大学副校长、九三学社中央副主席。
6 林巧稚（1901—1983），福建厦门人。1929年毕业于协和医学堂，获博士学位，即被聘为协和医院妇产科医生。其后又曾往英、美进修，成为著名妇产科专家。当时任全国人大代表、全国政协常委、协和医院妇产科主任等职。
7 乐松生，工商界知名人士，当时任中国民主建国会中央常委、北京市副市长。
8 周游，当时任《北京日报》副总编辑、中华全国新闻工作者协会书记处书记。
9 王贤讳，生于1903年，已故。辽宁金县人。其父王永江曾任奉天省长，是张作霖的智囊人物。他早年留学德国。伪满年代历任伪国务院人事处简任参事官，奉天警察厅厅长、奉天市长、"国务院"总务厅次长等职。后被苏军俘获，囚居伯力等地。引渡回国后继续在抚顺关押。1963年4月9日获得特赦。嗣后在北京定居就业。
10 溥仪于8月22日与群众出版社联系后不久，清样送至政协机关。是日，溥仪第一次看到《我的前半生》清样。
11 此为《人民日报》和《红旗》杂志联合署名的文章题目。

早，在“桂春斋”吃油条，其家服［务］员用手点票，又抓食物。胃疼。到人民医院，［请］张荣增大夫治病。

回政协，到冯［廷雄］科长家。朱杰〈洁〉夫[1]来看。同冯乘车回家。又同贤和冯科长到人民医院注射。夜始返。疼才止。

前国民党川湘鄂边区“绥靖”公署中将主任宋希濂，在1959年12月4日特赦时摄

● **9月8日　星期日**

发高烧至39.6℃。

● **9月9日　星期一**

贤请假二日照顾我病。宋希濂、［溥］杰、［嵯峨］浩、二妹［韫和］、［郑］广元、赵华堂夫妇来看。杰〈衍〉范汉杰来看。

夕，老万［嘉熙］来。

● **9月10日　星期二**

毓嵒[2]、三妹［韫颖］来。

到人民医院看病（和〈找〉张大夫）。

留嵒吃饭。

● **9月11日　星期三**

贤托戴大嫂[3]为煮粥。［载涛］二太太［金孝兰］来。七叔［载涛］来送食物。老万［嘉熙］、李以劻夫妇[4]、罗历戎夫妇[5]、王耀武[6]侄女〈儿〉[7]来看。

下午，［溥］杰、［嵯峨］浩、罗［亨年］来，送饼干和加工面。

● **9月12日　星期四**

张述孔来。烧退。吴群敢来看。

● **9月13日　星期五**

下午，［溥］杰和武志平[8]来看。

---

1 朱洁夫，当时任全国政协委员、全国政协秘书处副处长。他是清朝遗老，在北京小朝廷和天津“行在”追随溥仪多年，担任其汉文师傅并对其产生过重要影响的朱益藩的亲属。

2 爱新觉罗·毓嵒，溥任的次子，溥仪的侄儿。

3 戴大嫂，戴文山之妻。

4 李以劻夫人邱文升，因怀孕而于1949年春携长子赴台湾分娩。同年8月丈夫阵前投诚后，她投奔香港亲属家。其后，因财产被骗光而不能负担两个孩子的生活，几寻短见。作为天主教徒，她得到教会救济进入善谋会职业学校教书。又因与丈夫通信被辞，转入某酒楼当会计。1963年3月16日终以探亲的理由携子前来北京与丈夫团聚。

5 罗历戎夫人孙丛珍，一位被同事们称道为“贤妻良母”的主妇。

6 王耀武（1905—1968），山东泰安人。1926年毕业于黄埔军校第三期，其间参加过东征。在国民党军队中从排长一直升至集团军总司令。抗战年代曾率第七十四军在川鄂湘边界抗击日军。日本投降后出任第二绥靖区司令官兼山东省政府主席。1948年9月在济南战役中被俘，历经11年改造生活，于1959年12月4日获特赦。1961年3月被安排在全国政协文史资料研究委员会任专员。1964年11月被特邀为全国政协委员，1968年7月3日病逝。

7 王耀武在特赦后的最初几年独身生活，加之患有脑血管硬化症，遂让当时正念书的侄儿王治国在身边照顾。

8 武志平，溥仪的同事，当时也在全国政协文史资料研究委员会下设的北洋组工作，后来调入设在北海公园内的中央文史馆工作。

打扫屋子。贤返，不让打扫，她扫外间。

● **9月14日　星期六**

张景荣来看贤，留餐。沙曾熙来。王佩英来。她给我来送水果。［载涛］二太太［金孝兰］、俞［德浚］主任来。四妹［韫娴］来。毓嵂来。

交佩英转交佩华结婚礼品[1]。

● **9月16日　星期一**

病愈上班。

下午，学习反修文件[2]。申［伯纯］老、阎宝航[3]、吴群敢参加。

● **篇后附录：董益三同日日记**

下午，座谈申［伯纯］老、阎［宝航］老和吴［群敢］主任今天都来参加了我们的学习。这是今年4月开始“五反”以后的第一次，这是像一个新的学习阶段的开始。在今天的座谈会上，老郑［庭笈］、老宋［希濂］、老李［以劻］提出了一些问题。申老发言谈了今后学什么以及怎样学习的问题。吴主任作了总结性的发言，指出了今后讨论些什么。

● **9月17日　星期二**

北洋组定、审稿，我和张述孔一起看，［溥］杰和武志平，廖华[4]和王毓超[5]。

下午，看稿，写卡片[6]。

● **9月18日　星期三**

看稿，写卡片。

● **9月22日　星期日**

和贤找岳美中看病。

下午，［察］存耆来（吃饭）。溥任来。周毛毛［小奇］来帮贤做饺子（吃饭）。晚，二妹［韫和］来。

● **9月23日　星期一**

下午，学习“反修”文件[7]。

● **篇后附录：董益三同日日记**

下午学习，吴［群敢］主任参加了我们这次学习，对讨论的问题没有谈什么，另外作了两点指示：（1）关于工作问题指出，范［汉杰］、罗［历戎］、李［以劻］、杨［伯涛］可以抽出一些时间，帮助前面行政办公室做些事情，如登记、抄写……（2）生活

1 王佩华将要结婚，溥仪买了礼品送她。

2 专员学习。详见篇后附录。

3 阎宝航（1895—1968），字玉衡，辽宁海城人。早年因创办免费贫儿学校出名，并参与社会活动，其后赴英国、丹麦留学、考察。回国后时任奉天青年会总干事，“九一八”事变后发起组织东北民众抗日救国会，参与领导东北抗日救亡总会，长期在白区从事地下工作，并在国民党上层开展统一战线工作，担任过辽宁省人民政府主席。中华人民共和国成立后，出任外交部办公厅副主任、全国政协常委。1965年时在全国政协文史资料研究委员会担任一定的负责工作。

4 廖华，全国政协机关干部，当时负责专员们的学习。

5 王毓超，全国政协机关干部，当时在文史办公室工作。

6 全国政协文史资料研究委员会征集到大量史料，一时难以发表，为了方便查阅，当时决定专员审稿时要对每篇史料写出三四十字的内容摘要，并加以分类编目，所以才“写卡片”。

7 专员学习，详见篇后附录。

会要成为制度，按时开会，老宋［希濂］提出，路远的是否可以迟到，早退一点？吴主任说，不能在办公作息时间之外另定办公时间。吴主任表示：接受了人民的供养，是不是自己经常想到究竟为人民做了什么？光是说“为人民贡献”力量还不够，还要注意到实际上为人民做了什么。生活会，不必叫检讨会，但相互间可以谈谈，不能说都没有问题吧！下班时（6时10分）遇雨，和溥仪、老郑［庭笈］三人共一把伞回家，鞋袜湿透。

● 9月26日　星期四

学习……

晚，参加为国庆召开的全体工作人员大会。

学《三评》[1]。

● 9月29日　星期日

上午，申［伯纯］老招待巴西退伍少将路易斯·费利贝[2]、律师西尔亚[3]、作家托雷利（《幽默报》）[4]，我谈经历和改造过程。吴［群敢］主任、张述［孔］陪（对外文委［介绍］）。

10〈9〉月29日上午9时[5]，巴西空军少将、法律家［一］人、作家二人，由对外文委介绍，到［全国］政协见申伯纯秘书长。我参加座谈会，外宾问我经历和改造过程。谈后法律家要我签字，一个人要〈说〉将来我的著作出版要给他寄一份（在座的有吴群敢主任、对外文委同志二人、翻译一人）。

法律家一人[6]说：“这此〈次〉到中国，看到中国社会主义建设和人民智慧，并且得与你见面谈话，知你和人民在一起。我们相信，在中国没有人［能］更明确的〈地〉告诉［我们］你的本［身］经历［和］你的著作。希望你谈谈经历。”

又一个作家[7]说，“你的实际情况的介绍，将［被］写成文章。对这方面，不仅是社会主义国家感兴趣，对于〈即或〉反动派人士，对你的经历也［会］感兴趣。当我离开北京前，写出文章让你再看一看。”

空军少将［路易斯·费利贝·方西嘉］说：“溥仪先生的谈话有很大教育意义，可以了解中国人民是如何懂得联系整体的人和人民自己的力量？这可通过对战犯的改造政策上看出来。在中印边境冲突影片［中］，看到对印俘的遣返中〈衍〉，也说明问题。你不仅献身为自己国家、人民服务，而且也为世界人民服务。这对我们是巨大教育的一篇文章，更证实帝国主义大量诬蔑中国挑起战争，是‘好战者’的说法的无稽之谈”等语。

● 10月1日　星期二

1 溥仪在下午的讨论中有了心得，遂在参加机关工作人员大会后，又夜读当天发表的“三评”。
2 应为巴西退役空军少将路易斯·费利贝·方西嘉。
3 应为巴西律师劳尔·林斯·伊·席尔瓦。
4 应为巴西里约热内卢巴中文协副主席，《幽默报》社长阿帕里·西奥·托雷利。
5 此句以下本日日记，是从溥仪专门记载外事活动的笔记本上摘录下来的。
6 应为巴西律师劳尔·林斯·伊·席尔瓦。
7 应为巴西著名作家格拉济利安诺·拉莫斯夫人。

参加国庆观礼（八十多国、两千多外宾参加）[1]。

休假三日。

● **篇后附录：董益三同日日记**

昨晚上［宋］伯兰把我的节日服装都预备好了，并且试穿给她看了才睡。今日（无云无风，最好的天气）一早就着装，吃了两个昨晚预备好的熟鸡子出发。7时50分到达机关（因无车，步行帅府胡同，约杨伯涛一道到机关）。崇内［旅馆］的第四批［特赦人员］已经来到政协。8时10分我们同车，先到大佛寺和［从］和平里［政协宿舍］来的一批［专员］会合，上车到民族文化宫。下车到观礼台左一台观礼，下午两点才回家。

● **10月2日　星期三　中秋节**

1963年中秋节溥仪夫妇在全国政协举办的赏月晚会上

和贤找岳美中看病。三妹［韫颖］来，我们未在家。

下午，和贤到张［荣增］大夫处吃饭。

在［全国］政协楼上［出席］赏月会。

● **10月3日　星期四**

贤同事王玉兰[2]，常淑兰来访（吃饭）。

下午，参加［全国］政协［举办的］“归国华侨、港澳同胞欢迎酒会”。

● **10月4日　星期五**

上班。

● **10月6日　星期日**

和贤找岳美中看病。

晚，参加对外文委在人［民］大［会堂举行的］酒会。欢送阿尔及利亚制宪国民议会议员、议会外交新闻委员会委员梅格拉乌伊·穆罕默德为首的阿新闻代表团（张致祥

1 关于专员们参加观礼的心情和过程，详见篇后附录。

2 王玉兰，北京市朝阳区关厢医院院长办公室的干部。

邀、宋希濂同参加）。

● **10月7日 星期一**

下午，学习[1]。

到人民医院治鼻炎。

晚，到王府井洗澡。

● **篇后附录：董益三同日日记**

学习，吴［群敢］主任参加。一开始，老宋［希濂］即提出9月26日学习讨论时所留下的问题（杨［伯涛］、杜［聿明］、杜［建时］等对我的发言有意见）。首先，宋［希濂］要我把上次发言的要点再谈一遍，之后杨［伯涛］、郑［庭笈］、溥［仪］、溥［杰］、大杜［聿明）、范［汉杰］、沈［醉］参加辩论。杨［伯涛］、杜［建时］、廖［耀湘］、沈［醉］为一方，我和郑［庭笈］、溥［仪］、溥［杰］、范［汉杰］为一方，后来（休息后），我为了明确争论的焦点和精简我的意见，又作了一次补充发言。最后吴主任说，同意了我们的意见。杨［伯涛］还不大服气，李［以劻］的发言，拥护吴主任的意见。宋［希濂］又提出意见，但同意了我的论点。之后，吴主任指示，下次讨论第三题，这个问题暂时结束。

● **10月8日 星期二**

贤服岳［美中的］药[2]，头晕转加，减生姜[3]。

● **10月12日 星期六**

听彭炎[4]报告参加［第］17届国际防痨大会情况和吴英恺[5]［关于第］20届国际外科大会［的］报告。

● **10月13日 星期日**

和贤到王府井为我量衣服。［在］餐厅吃饭，看济南部队音乐［节目］[6]。

● **10月14日 星期一**

侨务委员会[7]介绍菲律宾一华侨和夫人［来全国政协］座谈。

溥仪、溥杰和杜聿明（左二）、宋希濂（左一）在谈工作

1 溥仪也参加了这次专员学习中的讨论和辩论，详见篇后附录。
2 指10月6日岳美中给李淑贤看病时所开的中药。
3 溥仪略通中医之道，早年在宫中就常在御医的处方上斟酌增减，对症自处。
4 彭炎，当时任中国红十字会常务委员会委员、执行委员会委员、秘书长。
5 吴英恺，当时任中国红十字会执行委员会委员。
6 这一台文艺节目是当天晚间在全国政协礼堂演出的，题目为民族音乐会，由济南部队文工团民族乐器演奏者表演管弦和打击乐器。
7 侨务委员会即国务院华侨事务委员会，当时由廖承志任主任。

下午，学习。

贤头晕，医院给伊二日假。

● **10月15日　星期二**

早4时，乘三轮到协和［医院］挂号。7时，贤来诊。没有什么结果。

参加北洋组扩大会[1]。

下午，到群众出版社交申［伯纯］老、吴［群敢］主任对著作［的］一些参考意见[2]。

● **10月16日　星期三**

早，在北海、景山散步。

到二妹［韫和］家见了［郑］广元。

● **10月17日　星期三**

早，和贤同《中国建设》杂志社田［某］先在室［内］照相，又到卧佛寺、香山和植物园照相。贤和田先退，我留住植物园。

晚，和田［裕民］老、胡［维鲁］老闲谈。

● **10月18日　星期五**

在温室整理兰花，剪枯枝，除苔。

下午，返城。贤比较好。

● **10月19日　星期六**

上午，外交部介绍，接见法国《战斗报》卡力克和瑞典记者魏克伯穆，谈经历、改造、生活并照相（录音）。

下午，访平安医院马竣和大夫[3]（宋［希濂］介绍），托他为贤诊病。

10月19日上午9时[4]，接见（外交部介绍）法国《战斗报》记者卡力克、瑞典"名"记者魏克伯穆，谈至12时半，张一道作倍〈陪〉。问我经历和在伪满情况，以及改造与特赦后工作、生活情况（彼等皆来过北京二〈两〉次。过去，卡力克较对我国接近，有好感。魏克伯穆报道也曾反映我国事实，但另一方面，也有些歪曲的报道）。除谈话外还照相、合影、单独谈话以及握手、把臂的照相，还有录音二〈两〉段，魏携来照相机。

● **10月22日　星期二**

上午，和贤找蒲辅周诊病。蒲说是贫血□漏，气血亏从而心、肝、脾、胃弱，以致胃液少，肺［内］虚火上升。

下午，同贤找马竣和大夫看病。马说是贫血、神经衰弱炎，为贤开两星期假。

● **10月24日　星期四**

---

1 当时，专员和文史办公室其他同志正集中力量按历史时期搞分类编目工作。据董益三日记记载。从9月25日至10月12日完成了国民党时期的分类编目工作。10月14日开始汇编北洋时期的卡片，如在"军政类"下，又分为袁世凯帝制运动项、护国讨袁项、黎元洪项、张勋复辟项、护法项等。这次北洋组扩大会即为商讨北洋时期史料的分类编目工作。

2 全国政协机关内领导同志在《我的前半生》出版前提出了具体意见。

3 马竣和，北京平安医院西医老大夫。早年留学德国，曾治愈一位被几家大医院判定为绝症患者的政协委员，受到溥仪钦佩。

4 此句以下本日日记是从溥仪专门记录外事活动的笔记本上摘录下来的。

和工作人员到模式口劳动，5 时许返[1]。

● **10 月 25 日　星期五**

晚，参加郭沫若（对外文协[2]、中尼友协[3]举办）招待尼［泊尔］全国评议会会〈议〉长比什瓦·班杜·塔［帕的文艺晚会］（在人［民］大［会堂］）。

10 月 25 日星期五晚 8 时[4]，应对外友〈文〉协、中尼友协（郭沫若）之邀[5]，参加在人［民］大［会堂］三楼举行的招待尼泊尔全国评议会议长比什瓦·班杜·塔帕和夫人等全体评［议］会代表团成员［的］文艺晚会（贤因疾未参加）。［溥］杰和［嵯峨］浩都参加了晚会。观看歌舞、唱歌（郭兰英）[6]。休息时往客厅和评议会代表团见面，经郭老介绍，我和搭〈塔〉帕议长谈话，表示欢迎尼泊尔朋友来访。

［塔］帕问我现在感到精神愉快吗？我答，我现在是中华人民共和国伟大的公民，感到无比光荣和骄傲。过去当清［朝］皇帝，特别是当日本帝国主义走狗，对中国人民犯了滔天罪行。我的前半生和后半生是一个分水岭，做清［朝］皇帝和伪满皇帝的我已然死去了，现在是属于人民的新生的我。

后谈到中尼两国友好对亚洲和世界和平都有贡献，愿中友〈尼〉友好万古长青。

［塔］帕议长表示，尼中友好是历史一贯的，“你当清朝皇帝时，中尼就是友好的”。又说，尼泊尔国王和人民是一致的，国王得［到］人民爱戴。

我说，尼泊尔国王陛下、王后陛下前年曾来北京，在人［民］大［会堂］宴会上我们见过面。［塔］帕说，他“听国王陛下说过曾和您见过一面”。我说：“希望你见国王时，代我问好。”［塔］帕称谢，谓“回去一定转告国王陛下”。少时即二次入场，看京剧《雁荡山》。

● **10 月 27 日　星期日**

下午，［察］存耆送来鸡爪枣，溥仲[7]来，未见，托外出。老万［嘉熙］、五妹［韫馨］来。

● **10 月 28 日　星期一**

偕贤找蒲［辅周］老看病。在上车时肋受挤伤。在人民医院医治，服白药。

● **10 月 29 日　星期二**

在［全国］政协，孙晓村[8]招待，我接见智利参议员阿乌马达夫妇、前内政部部长杜马夫妇，并同便餐（对外文委介绍）。

---

1 溥仪、溥杰、郑庭笈、杜建时、沈醉、董益三和李以劻七位专员，与政协机关干部一起参加了这次劳动。任务是整理农场的环境卫生，拆除废弃的牛棚。

2 对外文协即中国人民对外文化协会，当时由楚图南任会长。

3 中尼友协即中国尼泊尔友好协会，当时由周建人任会长。

4 此句以下本日日记是从溥仪专门记录外事活动的本子上摘录下来的。

5 郭沫若并非对外文协和中尼友协的负责人，只是这次文艺招待会的主持人将本句改为“应对外文协、中尼友协和郭沫若之邀”更妥。

6 郭兰英在晚会上登台演唱。

7 爱新觉罗・溥仲，晚清贝勒载润之子，与溥仪同辈。当时是银行职员。

8 孙晓村（1906—1991），浙江杭州人。当时任全国政协常委兼副秘书长、中国民主建国会秘书长、中华全国工商业联合会常委。后来曾任中央社会主义学院院长、全国政协副主席等职。

下午，在金星照相馆照相，政协准备重做出入证用。

10月30日上午10时[1]，对外文委介绍，由孙晓村[全国]政协秘书长招待，张延[2]、林安娣[3]陪坐，由我和（1）智利全国和平委员会副主席、激进党参议院委员会主席、智利大学法律系教授阿乌马达和夫人，（2）新左翼民主运动领导人、前内政部部长蒙特罗和夫人，（3）民族民主党众议员杜马的夫人见面，谈话后一同进午餐。对外文委来带队一人、翻译三人，还有新华社摄影师一人。

谈话内容，问我经历和改造概况。

● 10月31日 星期四[4]

上午10时，外交学会介绍，在[全国]政协接见乌拉圭《前进报》记者莱亚诺（二十四岁），林安娣在座。外交学会带队一个〈人〉、翻译一人。

谈话内容：

（1）问：见过西太后[5]否？答：述当时记忆情况，述离北府[6]时祖母[7]舍不得离开情形，入宫内养成自尊自大等等。

（2）问：你父亲[8]对共产党怎样？答：自我出宫[9]后，他一直脱离政界活动，一直是在家闲居，对共产党、对国民党都没有关系。

（3）问：你[属]何党？是共产党员否？答：无党派。共产党是无产阶级先锋队，是全心全意为人民服务[的政党]，人民利益是党[的]最高利益。我现在还差得很[多]，不够资

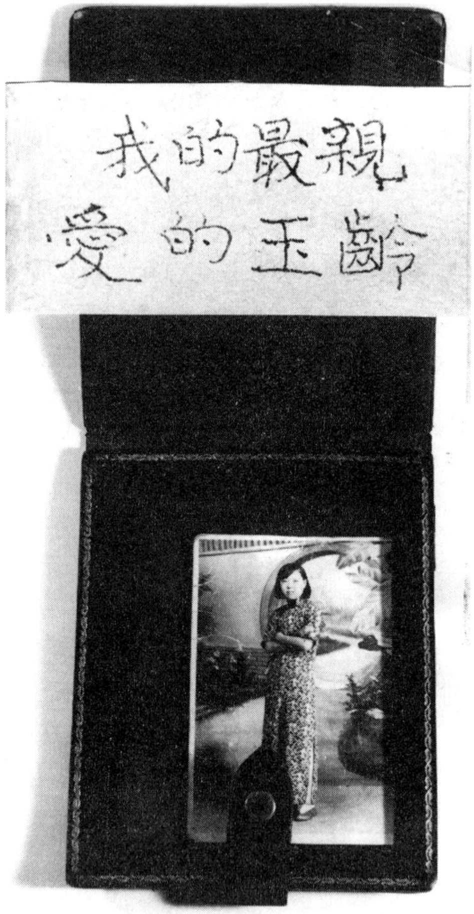

“我的最亲爱的玉龄”是溥仪亲笔写在谭玉龄照片背面上的几个字

1 此句以下本日日记是从溥仪专门记录外事活动的笔记本上摘录下来的。它比前文详尽，但两文时间不一致，权且并存。
2 张延，当时任全国政协秘书处副处长。
3 林安娜，全国政协机关干部。
4 本日日记是从溥仪专门记录外事活动的笔记本上摘录下来的。
5 西太后即叶赫那拉氏（1835—1908），清奕詝（咸丰皇帝）之妃，载淳（同治皇帝）之母。载淳继位后她被尊为圣母皇太后，徽号慈禧，通称慈禧太后。她在同治、光绪（载湉）两朝垂帘听政，独揽大权达47年之久。慈禧是在溥仪入宫（时年三岁）两天后去世的。
6 北府指北京什刹海后海北岸醇王府，溥仪降生于此。本来醇王府建于北京西城太平湖畔，因光绪皇帝降生于此，不得再行使用，才迁出。因为新府位于旧府之北，一般称之为北府。
7 祖母即清第一代醇亲王奕譞的二侧福晋刘佳氏，载沣、载洵和载涛是她亲生三子，按醇王府惯例，载沣长子溥仪一生下就交由祖母抚育，直到溥仪入宫，所以祖孙感情深厚。刘佳氏死于1925年。
8 父亲即载沣（1883—1951），字亦云，号书癖，宣统年间出任监国摄政王。载沣在宣统退位前就宣布“归藩”闲居。其后曾与孙中山会面，并多次拒绝迁居伪满。周恩来评价说，他在辛亥革命中的表现是好的。
9 辛亥革命推翻了清朝政府，但根据“清室优待条件”，溥仪保留皇帝尊号，留居紫禁城。直到1924年11月5日，溥仪及其后妃被冯玉祥部将鹿钟麟驱逐出紫禁城，清室内务府等机构随之迁出，“小朝廷”就此告终，所谓“出宫”即指此事。

格，入党是我争取的目标。

（4）问：结婚几次和情况？答：四次。且历述谭玉龄[1]入伪宫受日本人干涉，要到京调查以及必须由关东军司令官介绍才能结婚。谭死时情况，日本人毒死她至今是疑问，以及日人如何企图为我找日本妇女相片、为我择配问题，李玉琴[2]如何入宫，为什么要[与]年纪小的人结婚的内幕等等。又述及［溥］杰和［嵯峨］浩子结婚的日本帝国主义的政治阴谋[3]和当时我的害怕与更增加媚日的丑态，说明一切是自己为第一位，不管祖国和人民［的］利益，这一切是阶级本质所决定。又述日本过去为朝鲜王和日女结婚［以］合并朝鲜的掌故[4]。

（5）问：改造的抚顺［生活］情况。曾判过死刑否？答：述说改造政策的伟大，历史所未有。从未判刑，只是学习改造，也曾参观[5]。旧监狱把好人折磨死，新监狱把坏人变好人。又举例说，这所监狱在日伪时代的建设由来和虐杀共产党爱国人士的情况，以及日本战犯（以前敌伪时代的监狱所长）如何猜疑、把管理所为犯人修建的医务室最初误认是杀人和拷问所的贼人胆虚，以己心度他人之腹的事实。

（6）问：对雷锋[6]的看法。答：雷锋是无产阶级崇高的伟大战士，［具有］全心全意为祖国、为人民服务［的］精神。像雷锋这样［具有］舍己为人的崇高品质［的人］，正是无产阶级革命队伍百千万人中的一个。中国所以能由半殖民地、殖民地〈半封建〉变成今天的繁荣、富强，都是无数像雷锋一样的无数〈衍〉革命烈士流血牺牲所换来的。如果像我过去那样贪生怕死、只知有己不知有人，中国前途还有今天？这正说明两个阶级根本不同的本质。共产主义风格是我为人人，人人为我。我过去［代表的］封建阶级正是一切为我，毫不为人。旧社会是人不为己，天诛地灭。这是两种截然不同的阶级面貌和不同的人生观的表现。

（7）问：对斯大林如何看法？答：早在我们[的]《再论无产阶级专政[的]历史经验》[7]

---

1 谭玉龄（1920—1942），原名他他拉·玉龄。北京人，满族。1937 年 4 月 6 日被溥仪“册封”为“祥贵人”，1942 年 8 月 13 日死于伪满宫中，被“追封”为“明贤贵妃”。她有爱国思想，且与溥仪感情较好，溥仪始终怀疑她是被“帝室御用挂”吉冈安直下令毒杀的。

2 李玉琴（1928—2001），吉林长春人，汉族。1943 年 5 月被溥仪“册封”为“福贵人”，1945 年 8 月随溥仪出逃。嗣后在天津溥修家等待溥仪 10 多年，于 1957 年 5 月离婚。她 1955 年参加工作，是长春市图书馆职员，直至退休。她生前曾任吉林省和长春市的政协委员。

3 溥杰与日本华族出身的嵯峨浩的婚姻，是由曾任关东军司令官的本庄繁和曾任日本陆相的南次郎为媒人。由溥仪的“御用挂”吉冈安直出面各方周旋并促成，而于 1937 年 4 月 3 日在日本东京结婚的。婚前一个月即 1937 年 3 月 1 日伪满公布《帝位继承法》，规定“弟之子”可以继承皇位。溥仪当时就看出，日本的目的是希望溥杰生下日本血统的儿子以取代“康德皇帝”，故称之“政略婚姻”。

4 这里所谓“朝鲜王”实指朝鲜末代皇太子李垠，他是朝鲜末代皇帝纯宗异母弟，于 1907 年晋封为皇太子，1908 年（12 岁）被日本送进日本陆军大学，毕业后在日本任陆军中将，并与日本皇族梨本宫之女方子结婚。1910 年朝鲜即被日本吞并，培养李垠并为之婚配显系政治阴谋。

5 溥仪在抚顺改造期间曾于 1956 年和 1957 年间，随管理所组织的战犯参观团到过抚顺以及鞍山、沈阳、长春、哈尔滨等市的许多工矿、商店、医院、学校和风景区。

6 雷锋（1940—1962），湖南长沙人。1960 年参军。以学习毛主席著作，全心全意为人民服务著称。1962 年担任沈阳部队工程兵某部运输连班长期间因公殉职。1963 年 3 月 5 日，毛泽东发出“向雷锋同志学习”的号召，随后在全国开展了学习雷锋的群众运动。

7 该文是《人民日报》编辑部针对国际共产主义运动中提出的一些重大问题，根据中共中央政治局扩大会议的讨论写成的文章，最早发表在 1959 年 12 月 29 日的报纸上，后来出版了单行本，文中谈及对斯大林的评价问题。

一书中判断过的。就是斯大林功大于过，功是第一位，错误是第二位。述说斯大林的功，在苏联社会主义革命与社会主义建设以及卫国战争［中］，不仅捍卫了苏联，而且保卫了世界人民免被法西斯德国的吞并。这是无可辩驳的伟大功勋，谁也不能否认的。

（8）问：斯大林的过是什么？答：斯大林晚年犯主观主义，并且扩大肃反化[1]。但他的主观愿望仍是好的，为了镇压反革命分子。在《再论无产阶级专政［的］历史经验》一书中，对此早下了定论。

（9）问：对赫鲁晓夫如何看法？答：谈赫鲁晓夫，这关系过〈到〉中苏分歧问题。我的看法是：中国、苏联都是社会主义国家，中苏人民都有革命传统的友谊。现在，中苏的确存在着某些原则上的分歧，但根据马克思列宁主义原则、根据中苏两国人民间同志的关系，这些分歧迟早总会得到正当解决的……谈至此，我问他来中国多久？都知道雷锋名字和事迹，说明很留心，我很钦佩。

正闲谈间，照相师来了，旋即照相。他说："今天谈的〈得〉很多，谢谢你！"我送他出政协大门，又照相。送他登车而返，时已12时3刻左右矣。

● 11月3日　星期日

和贤出，取衣服。看张仁甫大夫。去王府井吃馄饨[2]。

● 11月4日　星期一

下午，学习[3]。

● 11月5日　星期二

陪贤到平安医院看病。

● 11月6日　星期三

上午，外交部新闻司介绍我见印尼《人民日报》苏约诺谈话，关于我经历。下午，人事科要来年劳动登记表和今年劳动次数表。

11月6日上午9时[4]，在［全国］政协接见印度尼西亚《人民日报》记者苏约诺（外交部新闻司介绍，翻译为《人民日报》鲍同志）。比较详细地问我的过去经历。今天谈到我怎么样到东北？日寇怎样成立伪满？他拟下次再会见我，继续谈。

● 11月7日　星期四

在武志平家开北洋组例会。

到人民医院继［续］治肋伤。

● 11月9日　星期六

上午，［继］续接见印尼记者苏约诺。

下午，外交学会介绍，我接见巴［基斯坦］国庆观礼团团长、公众领袖巴沙尼（大

1 原文如此。应改为"肃反扩大化"。

2 据李淑贤回忆，溥仪和她看望张大夫以后在王府井小饭馆午餐，同桌一位长者认出溥仪，对当年的宣统在平民用餐的地方吃饭甚感惊奇。他们还在众人围观的情况下，就溥仪的工作、生活近况交谈起来。

3 专员学习，内容有三：先谈南越军事政变问题；次谈《人民日报》编辑部文章；最后是漫谈，涉及杜建时的婚姻问题、王耀武找爱人的问题等。这次学习由宋希濂主持。

4 此句以下本日日记是从溥仪专门记录外事活动的笔记本上摘录下来的。

毛拉），巴［基斯坦驻华］大使馆秘书一人，翻译二人，共进晚餐。陈曾慈[1]陪见，孙晓村招待。

11月9日[2]，外交部新闻司介绍，我接见印尼《人民日报》记者（第二次谈话）。

下午接见巴基斯坦来我国国庆观礼团团长、公众领袖达摩拉（称号）巴沙尼，巴大使馆秘书，外交协〈学〉会王［蔺圃］副秘书长[3]，巴语翻译（女），英语翻译（男），还有孙晓村、陈曾慈。谈话后由政协孙晓村招［待］宴［会］，谈颇洽。最后，巴秘书说，我的一切改变都归功于党的改造政策的胜利。

11月10日 星期日

外交学会介绍，见巴西进步党主席、众议员法贡夫妇。

周总理在人［民］大［会堂］福建厅接见。晚周总理、陈［毅］副总理接见全体专

周总理接见溥仪和李淑贤

1 陈曾慈，当时为全国政协机关干部。

2 此句以下本日日记是从溥仪专门记录外事活动的本子上摘录下来的。其中涉及人员称谓与前文有出入者均照录，如"达摩拉"在前文中写作"大毛拉"，是同音异写。

3 王蔺圃，当时任中国人民外交学会副秘书长。

员夫妇（一、二、三、四次特赦的人），我和贤均参加。总理讲了许多话，从［下午］4时到6时，然后共照相。在新疆厅共进晚餐。徐冰、张执一、廖沫沙、傅作义、张治中[1]等参加。

11月10日上午[2]，外交学会介绍（在［全国］政协），我接见巴西社会进步党副主席、众议员法贡和夫人。陈曾慈在座。主要谈中国建设和发展与今昔对比，并谈我的经历。

下午4时，周总理（陈毅副总理、傅作义、张治中、徐冰、张执一、廖沫沙等均参加）在人［民］大［会堂］福建厅召见我和李淑贤、各专员和夫人。座谈至6时半宴会（在新疆厅），8时散会[3]。总理讲话另记。

● 篇后附录一：董益三日记（11月9日）

今日下午，冯［廷雄］科长来通知：周总理明日下午4时，在人民大会堂福建厅接见我们一、二、三、四批［特赦人员中］在京的人员，有爱人的带爱人一道去。这是一件令人兴奋的消息，规定明日下午3时到［全国］政协机关来集合。……明日接见事告诉伯兰以后，她很兴奋。

● 篇后附录二：董益三日记（11月10日）

上午，许长林[4]来了，说是来"取经"的。这是因为他得到周总理接见我们的通知以后，不知什么原因，先找他的女婿去打听，没有结果，才到我这里来。我把我的估计告诉他说：重点是接见第三、四批［特赦］的在京人员。特别是第四批［特赦人员］中的老康［泽］，因而就全体接见一次。许坐了约一小时，走了。

……14时30分出门，乘车到白塔寺下车，走到机关。14时45分我把伯兰第一回领到我的办公室。稍坐、等待……15时了，所有的人都来了，唯有溥仪夫妇未到，不能再等。大车先开［到］崇内［旅馆］接［第］四批［特赦］的五人，再到人［民］大会堂时，溥仪两人也赶到了，一起进入人民大会堂南头的"福建厅"。徐［冰］部长、张［执一］部长、廖［沫沙］部长已先到。周总理16时准时来，和我们一一握手见面。之后，在很亲切的气氛中谈了一个多钟头的话，主要的是：

西太后、袁世凯、蒋介石都不能容人……共产党之所以能容人，是由于这个阶级是大公无私的。过去我们都是对立的，经过一段时期的"监视"，认识到了过去，转变了，我们就统一了，由对立达到统一，大家都是一样了……之后谈到这次会见的由来，和我的估计差不多。说是这两年国际国内的事较多，没有机会见大家，现在，第四批［特赦人员］有的要离开北京了……所以现在一起和大家见见面。最后，对老康的一段话的分

1 张治中（1890—1969），字文白。安徽巢县人。1916年毕业于保定陆军军官学校，大革命时期参加过北伐。1928年曾前往欧美考察，归国后历任京沪警备司令官，第九集团军总司令等职，积极参加了淞沪"一·二八"和"八一三"抗战。抗日战争时期历任湖南省主席等职，多次向蒋介石进言主张与共产党团结抗日。抗战结束后出任西北行营主任兼新疆维吾尔自治区主席，因主张和平、民主，有"和平将军"之称。1949年出任国民党政府与中国共产党谈判的首席代表，后因南京政府拒绝签字，遂留北平。中华人民共和国成立后历任全国政协常委、全国人大常委会副委员长，国防委员会副主席、民革中央副主席等职。

2 此句以下本日日记是从溥仪专门记录外事活动的笔记本上摘录下来的。

3 关于这次接见的前后过程，详见篇后附录。

4 许长林，原国民党第七十七军少将副军长，1960年获得特赦。

量是很重的，总理说：康兆民，在台湾，老蒋［介石］和小蒋［经国］、陈［诚］都是反对你的，我们也是反对你的。台湾不能容你，而我们是能容的。原来人民是反对的，就是党内也反对你，我们对人民、对党内说服不容易，是毛主席的威信。毛主席说了是要兑现的，所以还是要你出来……你们也要兑现……

之后，陈［毅］副总理讲话，谈到大家把身体养好，能对人民做点事情也好。就是不做什么也好。总理插话说：把自己经历的事写下来，写写材料也是贡献。陈副总理谈到"自由"的时候，总理又插言说：自由是个认识问题，立场还比较容易看出来，自由必须是对事物的认识一致之后，才能感觉得到，这是很困难的……张治中、傅作义也讲了几句话。18时30分晚餐（新疆厅），大家敬酒时我没有敬酒，张［执一］部长几次来和我谈了一些过去在湖北革命的往事。

● 篇后附录三：董益三日记（11月11日）

下午，学习。座谈周总理、陈副总理讲话。老陈［曾慈］参加记录。前半段时间是回忆讲话的内容，后半段时间谈各〈个〉人的体会。老溥［仪］、老杜［聿明］谈得较好一些。老罗［历戎］、老范［汉杰］、老杨［伯涛］等［都谈了］。老宋［希濂］说："后［半夜］一点，和老伴都吃了安眠药，才能成睡。"

● 11月15日 星期五

下午，看七叔［载涛］（方从闽视察回来）[1]。

● 11月17日 星期日

下午，张景荣来看贤。

● 11月18日 星期一

下午2时半，对外文委介绍，见古巴文联比达·罗德里格斯夫妇，谈经历和改造[2]。6时辞去。

11月18日（星期一）下午2时半[3]，对外文委介绍，我在［全国］政协接见古巴文联文学部主任、诗人比达·罗德里格斯夫妇。谈我的经历、特别着重我的思想改造方面。晚6时许客人辞去。《北京周报》副总编辑石方禹[4]在座，陈曾慈陪坐。

● 11月19日 星期二

上午，和贤到平安医院看病。

和贤看溥杰病（感冒）。

说"有瘤"，下星期五再检查[5]。

---

1 据董益三日记记载，全国政协副秘书长申伯纯也刚从四川等地视察归来，或与作为全国政协委员、民族组副组长的载涛同期分路视察。

2 古巴诗人、作家和艺术家联合会文学部主任比达·罗德里格斯会见溥仪后不久即受到毛泽东接见。他告诉毛泽东说：［溥仪］长谈他过去的错误，很真诚。毛泽东说：我也见过他一次，请他吃过饭，他可高兴了……他很不满意过去不自由的生活，当皇帝是很不自由的。

3 此句以下本日日记是从溥仪专门记录外事活动的本子上摘录出来的。

4 石方禹，电影评论家。原文"石方禹"三字旁边，溥仪追加了"（对外文委）"字样，或表示石是以对外文委成员的身份参加这次会见的。

5 意谓平安医院诊断结果，怀疑李淑贤"有瘤"。

● 11月22日　星期五

贤到妇产医院诊查〈察〉。

下午，同申伯纯到国际俱乐部参加外文学会和中巴友协举办欢送巴（基斯坦）巴沙尼大毛拉的冷餐酒会。

11月22日（星期五）[1]，外交协〈学〉会（主办）订〈定〉于22日晚7时，在国际俱乐部欢送巴基斯坦国庆节观礼团团长巴沙尼，并请包尔汉[2]、梅龚彬[3]、孙晓村、申伯纯。

● 11月23日　星期六

参加收白菜于菜窖，警卫员均参加[4]。

● 11月25日　星期一

贤感冒头痛，我同贤到海军医院找张荣增看病。

晚，老万［嘉熙］来。

● 11月27日　星期三

下午，在副主席办公室听传达李富春、李先念副总理报告[5]。

● 篇后附录：董益三同日日记

下午1时30分到5时在［全国政协］副主席会议室听传达报告：李富春、李先念两位副总理在人大报告……主要内容是：1963年度国民经济计划执行情况和1964年度计划。经济情况是全面稳步上升，预备［19］63、［19］64、［19］65三年只搞经济的复兴和发展的年度计划，自1966年起搞第三个五年计划。其次是年度的决算与预算的情况，1963年的收入与支出约是328亿元，1964年将为380多亿元左右。

● 11月29日　星期五

到张荣增处要（补）开［给］贤［的］药方，张送坐药（治瘤）。

贤到妇产医院，周五院长给人动手术，未见面。

● 12月1日　星期日

为贤抓药。

下午，张景荣来看贤，留吃饺子。

● 12月2日　星期一

学习……[6]

● 12月7日　星期六

1 此句以下本日日记是从溥仪专门记录外事活动的笔记本上摘录下来的。

2 包尔汉（1894—1989），新疆维吾尔自治区温宿人，维吾尔族。早年留学德国，1933年在莫斯科参加革命，后回新疆做地下工作。1946年任新疆三区革命联合政府副主席，1949年参加和平解放新疆的工作。中华人民共和国成立后担任新疆维吾尔自治区人民政府主席等职。当时为全国政协常务副主席。

3 梅龚彬（1900—1975），湖北黄梅人。当时任全国人大常委会委员、全国政协副秘书长、民革常委兼秘书长等职。

4 据董益三日记载，这次劳动系“搬运白菜两小时”。

5 关于传达报告概况，详见篇后附录。

6 据董益三日记载，专员们谈及若干美苏两国的社会现象，从莫斯科一家美国洗衣店谈起，谈到美国的洗衣店，机器洗衣和手工洗衣问题。杜聿明讲美国的家庭生活自动化现状，杜建时则讲了美国的军官训练方法。

毓嵒、恒镇[1]来政协看，留餐。

● 12 月 8 日　星期日

贤值日，我到关厢医院和贤看康心之。

毓嶦来，未在家。

● 12 月 9 日　星期一

贤在妇产医院阴道照相，活体实验。

下午，学习“是否大反复？”[2]

● 篇后附录：董益三同日日记

下午，学习。吴［群敢］主任参加。因为有吴主任参加，老宋［希濂］有思想准备，会场的空气比较严肃些。今日宋提出谈思想反复问题，溥杰、沈［醉］、杜［建］时、杜［聿］明、杨［伯涛］、郑［庭笈］、溥仪都作了检查。我觉得他们谈的有些文不对题，也没有什么新的东西。沈把在红星［公社］买高价烟叶、买黑市鸡蛋，杜聿明又把买自由市场的东西、一位李太太的事……第若干次地拿出来了。我谈也没有新的东西，首先说明我的体会，徐［冰］部长谈的反复，不是指一般的没有解决的思想问题，而是指实践上的反复。因此我只谈了特赦以后享受思想又逐渐抬头的问题。60 元至 100 元的不够用，是事实的证明，老李［以劻］所谈也还是什么“不服气”“寄钱给侄儿子”的老一套，时间到了。吴主任指示：反复问题留待以后再谈，目前仍以反修学习为主。在月底以前抓紧一点，至“反复”问题，如果要检查，应先定一个范围，定一个尺度，工商界的标准不同，知识分子标准也不同……

● 12 月 11 日　星期三

看文史材料。

● 12 月 12 日　星期四

看文史材料[3]。

贤晚开会，因晕增加不适。

● 12 月 13 日　星期五

到群众出版社。

又到赵［华堂］家看看。

下午，听荣高棠关于第一届新兴力量运动会［的］报告[4]。

● 12 月 15 日　星期日

和贤在西四吃面。

● 12 月 16 日　星期一

1 爱新觉罗·恒镇，毓嵒长子，生于 1944 年，在新疆生产建设兵团当过烧砖工人、电影放映员等，退休后回到北京居住。

2 专员学习，详见篇后附录。

3 下午，溥仪参加了专员学习，并在讨论中发言。

4 此句记在《农家历》记事格外，并指示在 12 月 12 日的位置上。实为本日事，时间从下午 2 时开始，作为我国体育代表团的团长，荣高棠生动地讲述了参加 1963 年 11 月中旬在印度尼西亚首都雅加达举行的第一届新兴力量运动会的过程。该项运动会的宗旨，是在社会主义国家和其他第三世界国家的青年中间举行友好和平等的业余体育比赛。

下午，学习[1]。

● 篇后附录：董益三同日日记

下午，学习。覃异之[2]、郑洞国两人传达周总理和陈[毅]副总理在[全国二届]人大[四次会议上]的报告，并讨论了这个报告。

● 12月17日　星期二

到妇产医院见王院长[3]询贤病。

● 12月19日　星期四

下午，自习"二十五条"[4]文章。

应三妹[韫颖]约，看（东城区政协主办京剧）[5]。回迟，贤弗予〈愉〉，欲离[6]，一时许眠。

● 12月20日　星期五

听"卫生代表团访问越南报告"[7]。

● 12月21日　星期六

到劳动[人民]文化宫参加对罗荣桓元帅灵堂的吊唁。

下午，到[群众]出版社。

晚，参加申[伯纯]老招待段宏钢[8]、段伯泉[9][的]晚餐。杨东莼[10]、章士钊、廖华、张述孔参加。

● 12月22日　星期日

和贤取衣服。看赵华堂。

感冒发烧[11]。

● 12月23日　星期一

休假。到人民医院开假条三天，发烧。

溥杰来。吴[群敢]主任来。[嵯峨]浩派人送干面等。贤买水果、饼干。老万[嘉熙]来看。贤做粥。

---

1 专员学习，详见篇后附录。

2 覃异之，生于1907年，广西宾阳人。1926年毕业于黄埔军校第三期，在国民党军队中从排长步步升迁到军长，又作为南京卫戍区副总司令于1949年在香港起义。中华人民共和国成立后，历任水利电力部参事室主任、民革中央常委，北京市人大常委会副主任，全国政协常委等职。已故。

3 据溥仪通信录载，他是北京妇产医院副院长，未记其名。

4 "二十五条"指1963年6月14日中共中央给苏共中央的复信。

5 韫颖当时在北京市东城区政协上班，参加了政协京剧组的排演活动，先后排了《四郎探母》《凤还巢》《大登殿》等戏。本日在区俱乐部登台演出，特约溥仪、溥杰和嵯峨浩前往观看，他们都说："真想不到，三妹唱得不错。"

6 溥仪夫妇也有"红脸"的时候，这次还提到"离婚"，但很快就言归于好了。

7 据董益三日记载：下午2时，在全国政协礼堂听中国卫生代表团成员，中华医学会副会长黄家驷作访问越南的报告。

8 段宏钢，曾在20世纪10至20年代担任"中华民国"政府执政和总理的皖系军阀首领段祺瑞之子。

9 段伯泉，段祺瑞的晚辈亲属。

10 杨东莼（1900—1979），湖南醴陵人。早年曾赴日研究唯物论，1930年以后出任中山大学教授，同时在张治中任主席的湖南省政府内当高级参议。1963年前后任国务院副秘书长、中央文史馆馆长、全国政协常委兼文史资料研究委员会副主任委员、中国民主促进会中央副主席等职。有译著《费尔巴哈论》和《古代社会》。

11 系溥仪的自觉症状。

溥仪、溥杰、家族人士和全国政协工人赵华堂合影。

● 12 月 24 日　星期二

休假。感冒未愈。贤做粥。买水果、饼干、肉松。

● 12 月 25 日　星期三

休假。感冒发烧。

● 12 月 26 日　星期四

休假。烧退，休息一天。到人民医院诊治。［嵯峨］浩送酱汤。罗亨年送盐菜、干面。贤做热汤面。

● 12 月 27 日　星期五

上班。

换粮 13 斤。发一月分〈份〉粮票；借支一分〈份〉三十五元（内五元无〈没〉用）。

1964 年 [1]

3 月 11 日　星期三

下午，从北京到南京[2]。

江苏省政协秘书长唐采庭介绍南京情况。住福昌饭店[3]。

3 月 11 日江苏省政协唐秘书长介绍南京今昔对比情况[4]。

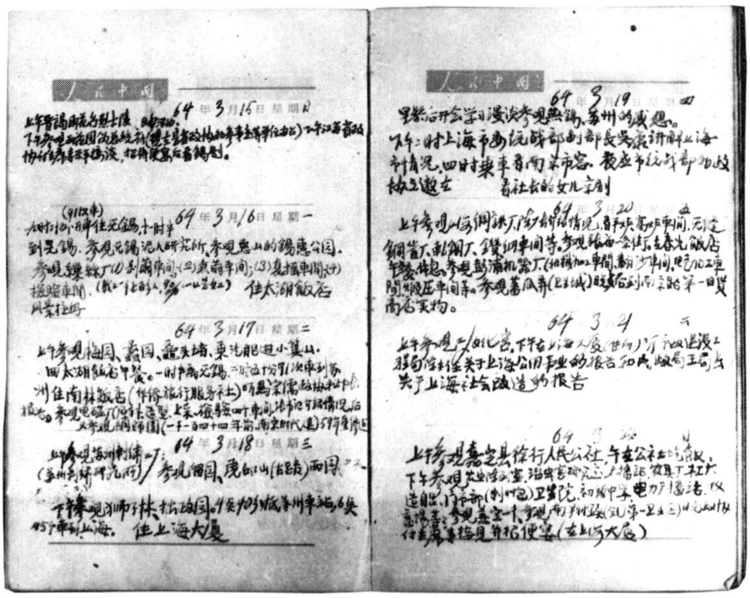

溥仪在 1964 年 3 月，赴南方六省一市参观访问时记下的日记

在国民党反动统治时期，南京人口一百三十五万人，而产业工人只有二万人。也是〈有〉专为官僚服务的行业如餐馆、妓院等等约九万人，这些消费行业遍及全城。官僚企业（四大家族企业）共三十八个，这三十八个都是装配性质。外国货为了展览放在窗柜里陈列，民族工业受美国货排挤，纷纷倒闭。1949 年城内一千人以上［的］工场〈厂〉仅仅三个。1948 年失业人数达三十七万人，占总人口四分之一。

解放后，南京由畸形发展的消费城市变为生产城市。现在，国营企业有二百一十多个，一千个工人以上［的］工厂有三十二个，企业职工有二十一万多人，增加八倍以上[5]。工业总产值达十一亿四千多万，比 1949 年增加二十一倍。过去机械工业[6]，解放前

1 溥仪在本年写的日记只保存下来一本，是他随全国政协参观团访问江南六省一市期间所记，虽嫌简略，幸能完整，使我们能了解这次参观的路线和概况，以及溥仪的心情与感受，他对社会主义祖国的认识。他在西北参观的几篇日记，则是从另一个本子上发现的断编残简。

2 溥仪下江南，一生中只此一次，是随全国政协参观团活动的。参观团根据周恩来的指示，由全国政协的十几位专员及另几位留在北京的特赦人员携眷属组成，参观团所乘列车于 3 月 10 日上午 10 时开出北京站，次日上午 10 时 40 分抵浦口，继而乘坐江苏省政协预备的专船渡江，再转专车。到达南京市内中山路福昌饭店时已过中午。

3 中山路福昌饭店是参观团在南京期间的下榻处，这里平时专门接待外宾，食宿条件很好。

4 此句以下本日日记写在同册日记本的后部，其内容系溥仪记录整理的江苏省政协唐采庭秘书长讲话，为便于读者特移并于此。

5 这里谈到的增加倍数显系与南京解放前夕相比。

6 “过去机械工业”应改为“在机械工业方面”。

一台机床也不能生产，现在我们能生产各种机床、医疗器械、仪表、电子显微镜、汽车等。机械化和半机械化试制成功的产品品种增加到二〈两〉千多种。关于在〈衍〉南京的工业发展大有可为。

农业：郊区农田面积三十五万多亩，人民公社有七十一个，农民有二十二万多人。1958 年百日大旱；1959 年有特大旱灾，受灾面积达 80% 以上，1960 年春季寒流所受〈衍〉影响，庄稼欠〈歉〉收。连续三年灾害，如果发生在解放前，那是不堪设想的。由于人民公社的力量，减轻了受灾程度。1962 年庄稼很好，但受 14 级台风影响，减收了一些。但是，1962 年粮食仍生产六千二百万斤，到 1963 年达一亿三千万斤。单位面积产量为五百多斤，1957 年单位面积产量才四百多斤。文教卫生事业也大大发展了。现在，全市大学有十八个，三万二千五百多人，比 1949 年增加三点七倍；中等学校解放前只有三十六所，现在有一百一十三所；小学在解放前只有二百多所，现在小学教育基本上普及了。90% 以上 [的] 人可以升中学。数量大大增加，质量也提高了。文化方面：解放前只有三个电影院、六个剧场，现在电影院有十一个、剧场有十三个、文化宫 [有] 十八个、图书馆 [有] 十四个。卫生情况：解放前南京市属医院只有五个，有二百五十个〈张〉病床。现在医院、疗养院共有九十七所，病床有九千多张；各种诊所（医疗所）六百多所，卫生人员八千多人。这个增加比解放前不是几倍，而是增加几十倍了。

过去称五老村为苦恼村，解放前都是贫民窟，非常脏臭。解放后，政府设备〈安设〉下水道、修自来水，居民自动组织起来进行大清理，现在〈已〉成为全南京市最好的卫生村。过去的苦恼村成为今天的欢乐村了。

人民生活日益向上，生产商品种类很多，大部分食品不受限制，物价稳定，有下降趋势。去年调整工资的有 40% [的] 人，人民生活普遍提高。

● 3 月 12 日星期四

上午，参观明孝陵、梅花山、灵谷寺、中山陵[1]。

下午，参观汽车制造厂。

3 月 12 日参观汽车制造厂，魏厂长介绍大概情况[2]。

解放前，1940 年是维修厂（军队的），仅三十人。从一台机床、三十人开始，动力只用柴油机（原是一杆子工厂、一挑子工厂）。[19] 49 年解放后开始建厂，生产操作机，当时 [的] 任务 [是] 修枪炮，生产操作机，为解决军队运输生产胶轮马车、摩托车（井冈山号〈牌〉）。1956 年生产五十匹〈衍〉马力发动机，做汽车的〈衍〉

1 明孝陵，明朝开国皇帝朱元璋之墓，建成于 1381 年，位于南京紫金山下；梅花山位于南京东郊风景区的一处景点，灵谷寺位于南京紫金山东南坡，有无梁殿、灵谷塔、三绝碑等胜迹，寺庙周围古木参天；中山陵是孙中山先生陵墓，建成于 1929 年，规模宏伟壮丽，整个陵园长满松柏果木。沈醉在《皇帝特赦以后》一文（载香港《新晚报》1981 年 3 月 9 日至 4 月 21 日，下同）中描述了溥仪参观这几处景点时的详情。据讲，溥仪看到明朝开国皇帝的陵墓（孝陵）很大，而明朝末代皇帝在北京十三陵中最小，感慨万分；在梅花山，溥仪对抗战胜利后汪精卫的坟墓被炸一事曾刨根问底，游灵谷寺时又对志公殿感兴趣，看到戴笠墓却担心挨批评；中山陵及陵区国民党要员题字保存完好这件事也令溥仪感动。

2 此句以下本日日记写在同册日记本的后部，其内容系溥仪记录整理的南京汽车制造厂魏厂长介绍情况讲话，为便于读者，特移并于此。据董益三同日日记载："这个厂的规模和产品比起长春第一汽车制造厂相差很远，这个厂的特点是显示了解放前破烂摊子发展成为复杂机器制造厂、小厂可以造汽车的先例。"

修配用。1957年生产七十匹〈衍〉马力发动机，下半年试制汽车。1958年3月14日汽车试制成功（今年是“跃进牌”诞生六周年）。外国人试作装配需要两三年，而我们从［19］57年下半年八月到［19］58年三月就试制成功。我们当时遇过困难，当时只有二百五十吨冲压机，分三段冲压，打破做汽车最高纪录，也打破小厂不能制造汽车的迷信。现在，两个三百吨的，一个二百吨的（共八百吨）一并连起来，一次压出来汽车板（也可以分别压别的东西）。外国的只能单独压汽车板，不能分开三段，［并］都能使用压别的东西。一切困难经过职工、技术人员的研究创造，多少难关都解决了……从三十人发展［到］几千人，从一台机床发展［到］两三千［台］机床。这些都是我国人民双手自己制造，没有外［国］人帮助。这是自力更生、发愤图强、勤俭建国、勤俭建厂造成的。90%以上都是自己生产的，另有一部外国机床是从旧厂接收的。从无到有，从小到大，从弱到强，从低质量到高质量，从多种生产到单元生产汽车、发动机。现在生产一种五十匹为〈衍〉马力发动机，一种七十匹〈衍〉马力发动机，支援全国用。汽车各种材料全为我国制造。每年生产二千五百辆车。［该厂有］四个车间：发动机、底盘、冲压、装配。

● 3月13日　星期五

参观南化公司，中午在南化午餐。

听公司负责人说明公司情况后，参观工人宿舍、职工第四小学、南华〈化〉公司第九村幼儿园，看幼儿吃饭、唱《［学习］雷锋好榜样》歌，又看歌舞，生在毛泽东时代，儿童多么幸福呀！又看集体宿舍，登楼顶展望南华〈化〉公司全境。午时，承公司领导招待吃饭，在寝室休息。下午，参观氮肥厂、磷肥厂。

晚，学习讨论。[1]

3月13日参观南化公司（南京化学［工业］公司）[2]，杨经理介绍大概情况。中央化工部直属，这公司是“大跃进”产品〈物〉，1958年［已有］一万七千多人。生产化学肥料，年产六十万吨，磷肥［产量］最大，年产三十五万吨。可制造合成硫酸、氮肥、磷肥料〈衍〉。过去是进口，［19］56年，厂工人等研究试制功〈衍〉这高压容器成功。职工生活大大改善。

● 3月14日　星期六

上午，参观艺新丝织厂（电力车间、第三车间、车间检验室、木机车间、图案设计室、电机图案设计室、成品室）。又参观地方国营南京友谊服装厂，由厂长介绍情况（裁剪车间、缝纫车间、烫和装箱车间）。下午，登紫金山参观天文台，游览玄武湖（照相、喝茶、休息），游夫子庙[3]。

1 参观期间座谈，一般划分男组和女组，专员与专员在一起，眷属与眷属在一起分别进行。在溥仪的笔记中，曾发现他代夫人李淑贤草拟的发言稿。

2 此句以下本日日记写在同册日记本的后部，其内容系南化公司杨经理讲话，为便于读者，特移并于此。

3 紫金山天文台，位于南京东郊紫金山第三峰上，建成于1934年。存有许多珍贵的中国古代天文仪器，是我国主要的天文研究机构之一。玄武湖，历史上曾是封建帝王储藏全国黄册（土地税册）的一块禁区，自1911年辟为公园，湖面宽展，其中五洲相连，为南京一大游览胜地。夫子庙，在南京市城南秦淮河北岸，为文庙旧址，始建于1034年，清朝时重建。

1964 年 3 月 15 日，溥仪随参观团晋谒雨花台烈士陵园

溥仪夫妇来到南京原国民党总统府内蒋介石的办公室参观

● 3月15日　星期日

上午，晋谒雨花台烈士陵[1]。自由活动[2]。

下午，参观西花园伪总统府（现在是省政协和参事室等单位办公）[3]。下午，江苏省政协副主席李乐平接谈，招待便宴后看锡剧[4]。

● 篇后附录：董益三同日日记

下午 4 时 15 分到楼下，4 时 30 分乘车往江苏省政协去，看了蒋介石总统府和他的办公室之后，又看了太平天国的天王府和孙中山就任临时大总统办公处。接着茶会，介绍了江苏省政协的李副主席、江苏省委统战部部长、南京市委统战部部长。紧接着会餐，李副主席和我们的陈此［生］老讲了话。餐罢，一起到世界剧场观看“锡剧”——《红色种子》，到 10 时 15 分，演得很出色，思想性、艺术性都达到高度水平。

---

1 雨花台，位于南京市内南部。相传 6 世纪云光法师在此讲经说法，感动天上神明，落花如雨，因而得名。1927 年至 1949 年，国民党政府在此设立刑场，先后屠杀共产党员和爱国志士约 10 万人。中华人民共和国成立后，在这里兴建了烈士陵园。参观团首先参观“南京市雨花台烈士史料陈列室”，继而晋谒烈士陵。溥仪与宋希濂等还曾在纪念碑前摄影留念。

2 “自由活动”指离开雨花台至午餐前的一个多小时和午餐后至下午 4 时 30 分之前的时间。

3 西花园伪总统府，位于南京市内。1927 年 4 月蒋介石在南京设立国民政府，此处即为国民政府所在地。至 1948 年，国民党召开“行宪国大”，蒋介石由国民政府主席改任总统，这里亦相应改称总统府。溥仪夫妇在蒋介石办公室和西花园都曾摄影留念。

4 参观团下午的活动，详见篇后附录。江苏省政协李乐平副主席在晚餐前的茶会期间接见溥仪并谈话。

● 3月16日 星期一

9时25分开车（91次车）往无锡，11时半到无锡。参观无锡泥人研究所[1]。参观惠山的锡惠公园[2]。参观缫丝厂（1）剥茧车间（2）煮茧车间（3）复摇车间（4）检验车间，职工一千七百多人，90%以上是女工。

住太湖饭店，风景极好[3]。

● 篇后附录：董益三同日日记

早餐后，8时40分由旅馆出发到下关。9时25分车，13时30分到无锡。组织上事先已联系好，下车后，行李先运旅馆，我们就参观。先参观"泥人厂"，就便游览"锡惠公园"——惠山寺，后参观地方国营无锡市第一缫丝厂。之后，一车趋太湖滨，住"太湖饭店"。湖光山色，风景实在太美了。我们受到这样的接待，真感惭愧！

今日参观这两个厂，突出地反映了劳动人民的翻身——政治生活与经济生活的伟大变革。解放前政治上受压迫、经济上受剥削、社会上受歧视，过那种苦难的生活。今天成了国家的主人，劳动受人尊敬，政治上当人民的代表，经济上生活有保障，真是天堂与地狱之别。这就是为什么劳动人民把共产党、毛主席当成自己的救星的原因。晚饭后，饭店二楼放映了《无锡风景》和《女篮五号》的电影。

● 3月17日 星期二

上午，参观梅园、蠡园、鼋头堵〈渚〉，乘汽船游小箕山，回太湖饭店午餐[4]。

1时半离无锡，2时50分［乘］91次车到苏州，住南林饭店（华侨旅行服务社）[5]。

听马宗儒政协秘书长报告[6]。

参观电磁厂（原料、造型、上彩、检验四个车间），张书记介绍情况[7]。

后又参观网师园（一千一百四十四年前南宋时代建），［19］59年重修建[8]。

● 篇后附录：董益三同日日记

电磁厂是过去一个手工操作的［厂］，只能生产一万伏以下的电磁。落后的小厂发展至今日，职工增四倍，规模大二十五倍，产量增十二倍，质量［由］万伏以下——十一万伏至二十二万伏。具体地说明了旧制度破坏生产力、束缚生产力，新制度解放生产力，发展生产力。一种社会萧条、灾难，一种社会繁荣、幸福。

---

1 无锡是惠山泥人的产地。惠山泥人创于明代，造型夸张、色调明快，有独特的民族风格，并因此闻名海外。溥仪也很喜欢。

2 锡惠公园，依锡惠二山而建。惠山以泉水著名，有"天下第二泉"之称；锡山因历史上有过锡矿而得名。山顶有龙光塔。锡惠山色，园林美景，加之江南名园寄畅园等，把公园装点得极为美丽。

3 本日参观活动，参阅篇后附录。

4 梅园，依山而建，以梅花著称，当其盛开季节，满山雪白，芬芳扑鼻，是江南赏梅胜地。蠡园，位于城南蠡湖之滨，因范蠡借西施泛舟五里湖（亦名蠡湖）得名。该园小巧玲珑，以假山真水、亭阁长廊而著名。鼋头渚，因形似鼋头而得名，登渚可远眺太湖烟波浩渺，湖中小箕山以及隐约可见的72座山峰，故被誉称"太湖佳绝处"。参观团是在早餐后即开始游览太湖周围这几处园林景点的，然后又乘小火轮游太湖。据沈醉说，溥仪对太湖的石头有兴趣，曾用"俊、瘦、柔、透"四字标准衡量见到的太湖石，看是否为"精品"。

5 这里当时是专门接待国际友人和华侨的高级旅社。

6 马宗儒，当时任苏州市政协秘书长。他向参观团介绍了苏州概况。

7 该厂全称为"地方国营苏州市高压电磁厂"。关于张书记介绍的内容，详见篇后附录。

8 网师园，位于苏州东南，距南林饭店仅百步，为苏州最小的园林，布局紧凑，精巧，是典型的花园住宅。

3月18日 星期三

上午，参观苏州刺绣工厂（苏州刺绣研究所）[1]。参观留园[2]虎丘山（古迹）[3]、西园（□□□□□□）[4]。

下午，参观狮子林[5]、拙政园[6]。4点40分抵苏州车站，6点45分车到上海。住上海大厦[7]。

附感想一节[8]。

溥仪夫妇等在苏州拙政园

在苏州听报告和参观，知道苏州在解放前是消费城市。我们所看到的一些华丽庭园，都是过去地主阶级、资产阶级等享乐的地方。那是少数人的“天堂”，最大多数人过着牛马的生活。解放后，苏州才成为生产的城市。像轻工业、手工业以及刺绣等等都得到发展。特别参观刺绣厂，给我印象很深。例如解放前老艺人金锡芬[9]都失业了，回家种地、给别人当用人。解放后在党和毛主席领导下，劳动人民翻了身，成立了苏州刺绣研究所。金锡芬不仅回到刺绣研究所当了所长，而且被选当上了市政协委员、省人民代表。她还教了徒弟。说明只有在党的正确领导和社会主义无比优越制度［之下］，祖国的文化艺术才能真正得到发展，工人才成为国家主人，当家做主，劳动人民才得到彻底翻身。

篇后附录：董益三同日日记

上午8时，到苏州市刺绣研究所参观。刺绣（苏绣）世界闻名，有一千多年历史。

1 工厂与研究所实为一体，成立于1957年，其产品“苏州刺绣”以精细雅洁、色彩秀丽著称，是一种世界闻名的工艺美术品。该厂负责人介绍了苏绣生产和艺人生活等情况。详见篇后附录。据沈醉讲，溥仪在参观中率真抚摸一帧双面绣的猫刺绣和一位曾出国表演的女刺绣工的手，十分喜欢。

2 留园位于苏州城西北，始建于1525年，原为明朝大仆卿徐时泰的私人花园，1876年重建时改名留园，该园建筑布局紧密、精致。

3 虎丘，位于苏州城西北，这是一座高36米、面积20公顷的小山，上有参天古树和千年古塔。春秋（公元前770年—前476年）时吴王夫差葬其父阖闾于此。

4 西园，位于苏州城西北，始建于1271年至1294年，为戒幢律寺和西花园放生池的总称。寺内陈列五百罗汉像，池内养有大鱼及数只明代遗留大鼋。

5 狮子林，位于苏州城内，始建于1350年。因园中狮形怪石林列而得名。该园以玲珑剔透的太湖石假山为主，诸峰屹立，径曲洞深。

6 拙政园，位于苏州城内，始建于1522年。该园亭台廊榭都临池面水，有浓郁的江南水乡风味，也是苏州园林的代表作。园内有太平天国忠王李秀成府遗址，现辟为苏州博物馆，展出古代书画、商周铜器、丝绸刺绣和出土文物等。

7 参观团本日活动，参阅篇后附录。

8 此句以下本日日记写在同册日记本的后部，其内容系谈苏州市参观浏览的感想；根据它在日记本上所占位置情况分析，是在3月19日或此后一两天内补记的。为便于读者，特移并于此。

9 金锡芬，在董益三日记中写为“金静芬”。

在反动政府的统治下，民间工艺遭受摧残，工人改业，针法失传，曾在巴拿马比赛中得奖的女艺人金静芬，改业去当保姆。解放后，［19］54年成立刺绣小组，（19）57年成立刺绣研究所。80多岁的老艺人归队，经济生活、政治生活（人大代表、政协委员）翻了身，心情舒畅，培养艺徒，传授针法，由十八种创造发展为现今的四十种。老艺人八十岁还不肯退休，以劳动为愉快，劳动成了他们生活中不可缺少的部分。这是寄生阶级所不能理解的，这就是崇高的劳动人民的品质。

之后，游览留园、虎丘、西园——罗汉堂的五百罗汉与两个特殊的［塑像］：颠僧和疯僧。

下午，参观“狮子林”（14时30分至15时10分）、“拙政园”（15时15分至16时）、苏州市博物馆——太平天国忠王（李秀成）府（16时至16时半）。

我国古代园林，风格虽各有不同，但都是一个情调，即“曲径通幽，引人入胜”。就我个人来说，最喜爱的是笔直的大道、参天的古木、高耸的山峰、开阔的平原，而不大喜欢小巧玲珑。16时40分到苏州车站，乘17时35分至上海车，18时45分到达。和前几个点一样，上海市政协已经派人到站来接了。我们坐专备汽车到“上海大厦”。我和伯兰被安排在1311房间，伯兰高兴极了：“真的呀！夜上海真美呀！”我真是开了眼界，以前我真是没见过！

7时30分，我们上16楼晚餐。餐罢，洗澡休息。

● 3月19日　星期四

早餐后开会学习，漫谈参观无锡、苏州的感想[1]。

下午2时，上海市委统战部副部长吴康讲解上海市情况[2]。4时乘车看上海市容。

夜，应市统战部和政协之邀，在［中国大戏院］看《社长的女儿》京剧[3]。

3月19日，上海市委统战部副部长吴康讲上海情况（择〈摘〉要）[4]。

上海共十二个区、十个县，面积五千九百［一］十平方公里，市区一百四十平方公里（大部地区在县里），人口一千多万（上海市有七百万人口，郊区有三百万人口）。过去，上海是帝国主义侵略中国的大本营，它们在政治上、经济上、军事上、文化上等各方面来控制中国。

解放前，黄浦江上全是各帝国主义军舰来往，没有中国军舰。在白渡桥头，当日寇侵占上海时，派哨兵站岗在桥头，强迫来往中国人向他鞠躬，否则挨打。因此，许多人不愿过桥，绕道而行。外滩公园（“法界”）外竖立牌子：“中国人和狗不许入内。”

帝国主义除在政治、经济、军事［方面］侵略外，还从文化［方面］侵略。办教会大、中、小学，几十个教堂，许多电影院，办书报，操纵中国人［的］思想意识和灵魂。过

---

1 这次漫谈是参观旅游期间的阶段性小结，详见篇后附录。

2 溥仪摘要记录了吴康讲话内容，详后。

3 本日参观团的活动，参阅篇后附录。

4 此句以下本日日记写在同册日记本的后部，其内容系溥仪记录整理的上海市委统战部副部长吴康讲话，为便于读者，特移并于此。

去，上海是官僚、政客、军阀、地主、资本家等的安乐窝，到处是流氓、地痞。青帮、红帮和帝国主义、军阀，反动派等相互勾结一起，贩卖烟土〈鸦片〉、抢劫、绑票、勒索……无恶不作，鱼肉人民。处处是赌场、妓院以及跑马厂〈场〉、跑狗厂〈场〉等等，把上海弄得乌烟瘴气。

上海是冒险家乐园。例如哈同，先是为人看门，后来在南京路买地皮，逐渐成为百万富翁。还有一个外国人搞万国储蓄会，买空卖空，让中国人存钱［在］那里。钱存多了，他也跑了。当时“租界”是有外国领事裁判权［的］，中国人告状也无效。因此，上海是帝国主义大本营，是冒险家乐园，也是革命基地。解放后，上海和全国一样，也起了翻天覆地的变化。在黄浦江上看不到外国兵舰了，都是中国自己的船了。另有一些外国船是到上海的贸易船。黄浦江完全掌握在我国人民手里了。过去中国船进来由外国人领航，今天外国船进来由中国［人］领航。过去许多大银行属于外国，海关全属美国人管，今天银行、海关全由中国人自己管了。

上海过去轻工业有80%，重工业只有13%，重工业也仅仅是修配，当时上海是畸形发展的消费城市。现在，轻工业、重工业比例各占一半。过去原材料由外国进口，现在自己制造了。生产技术大大提高，许多品种从无到有，从少到多。过去不能制造的重工业产品，现在全能自己制造了。上海不少专家还到国外支援民族解放各国家[1]，帮助它〈他〉们自力更生地建立工农业，工资按照中国的水平，生活按照当地人民的水平，技术是国际水平。

农业方面：上海郊区人民公社执行党的农村政策，得到进一步发展。有二百多的〈个〉人民公社，粮食［产量］去年［达到］二十七亿斤，比1962年增加多了。棉花去年（［19］63年）大丰收，有一百万担。在［19］62年只收六十万担。此外，蔬菜过去上海靠外地支援，现在蔬菜不仅自给自足，而且支援外地。五年中［兴修］水利［工程］七十［项］，相当公社化以前八年总合〈和〉的两倍多。电力灌溉的耕地［占］百分之七十以上。战胜自然灾害，人民公社的优越性发挥出来［了］。上海有一百□十万人支援外地的农业（到新疆有二万五千人，今年有四万人支援新疆农业）。农业逐年稳步上升，农民收入［19］62年比［19］57年增长50%以上。

交通：运输、邮电、通信事业都在发展。市内交通也不同了，有轨电车已经落后，现在大都改用无轨汽车了。商业：加强工业品［流通和］农村的成品收购工作。完成外贸工作。加强国营同时，扩大合作社供应。供应分配，物价稳定，有些物价下降。保障人民基本需求，市场基本稳定，这一切都体现社会主义的无比优越性。城市建设：在五年中建立三百七十五万平方公〈衍〉米住宅，有一百来万人移入新宅。番瓜弄这个地方，过去人民住低洼湿臭的草房，现在逐步建立了高楼大厦，准备［让］工人随时移入。还有肇家浜（和北京龙须沟一样），解放后填平了臭水沟，建成为林荫大道，新房陆续建起来。上海也有卫星城市，都在郊区：一为闵行，一为张庙。这两个都是卫星城市。

1“民族解放各国家”提法不确切。应说“第三世界中独立的民族主义国家”。

还有卫星工业区。过去南京路下雨走船，现在下雨不成问题了。上海修二百六十里公路、五百多里埋下水道。

人民生活改善，有所提高。经济生活，在1963[年]有40%职工调整了工资。技术革新：[19]57年有七万八千科技人员，[19]62年有十二万，[19]63年又增加了。并且提拔许多工人当工程师。文化教育事业也日益发展了，人民精神面貌也大大变化。过去各扫门前雪，[这]已经过去了。现在拾金不昧、自动扫街上雪、推车义务劳动不要钱等等许多事迹，表现毫不为己、专门利人的社会主义新风格……

● **篇后附录：董益三同日日记**

上午，座谈南京、无锡、苏州参观游览的感想（小结式的）。第一组、第二组都谈完了，我倒数第三个谈，约20分钟。主要是谈南京丝织厂、无锡泥人厂、苏州刺绣研究所三个生产合作社的小厂对我的教育。下午，上海市委统战部吴[康]部长、刘秘书长和我们见面，介绍上海解放前后的概况和对我们在上海参观的初步安排（14时~16时）。16时15分乘汽车观看上海市容，因下雨，没有下车。晚餐后，18时45分乘车到中国大戏院欣赏上海京剧团所演的现代戏《社长的女儿》。

● **3月20日　星期五**

上午，参观上海钢铁厂，陈厂长介绍情况。看平炉、高炉车间、无缝钢管厂、轧钢厂、钻钢车间等[1]。参观张庙一条街[2]。在春光饭店午餐[3]。休息[4]。

参观彭浦机器厂（机械加工车间、翻沙〈砂〉车间、电气加工车间、煅压车间等）[5]。参观番瓜弄（卫生城）[6]。

晚餐后，到南京路第一百货商店买物。

● **3月21日　星期六**

上午，参观工人文化宫。

下午，在上海大厦（住所），听市政建设工程局陈主任关于上海公用事业的报告和民政局王局长关于上海社会改造的报告。[7]

● **篇后附录：董益三同日日记**

上午，参观工人文化宫，主要的是看“上海工人运动史料陈列馆”“阶级压迫与阶级斗争的图片展览馆”。这里说明帝国主义与反动派对中国劳动人民残酷的压迫和剥削、工人阶级英勇的反抗斗争和反革命的残暴的镇压。这里说明了今日人民的上海——美丽的繁荣的上海，是无数革命者用头颅和鲜血换来的。劳动人民今天过着自由（政治）幸

---

1 上海钢铁厂即“上钢一厂”，位于当时被称为“卫星城市”的张庙。据陈厂长当时向参观团介绍，该厂产量已由解放前的2千吨增加到80万吨；增长了400倍；品种已由解放前的24种增加到56种，增长了近2.5倍。

2 张庙一条街亦称张庙新村，主要为钢厂职工宿舍。

3 春光饭店系张庙一家较好的餐厅。

4 参观团在张庙新村招待所午休。

5 据厂负责人向参观团介绍，该厂已由修修配配的小厂发展成为能生产矿山、冶金等重工业以及造纸、木材综合利用等轻工业成套设备的大厂了，其产品不但可供国内，还能出口。

6 番瓜弄昔日是劳动群众的茅草棚，1958年以后建起一栋栋楼房。

7 参观团本日活动，详见篇后附录。

福（经济）生活，不能忘记旧时代苦难的日子，不能忘记阶级的血海深仇，我们今天过着自由幸福的生活，不能忘记过去的滔天的罪恶，要彻底背叛原来阶级，感谢共产党，坚决地走社会主义道路。

下午，上海市公共事业管理局和民政局两位［干部］来对我们作：（1）上海解放前后的公共事业的情况的报告；（2）上海社会改造的一部分——游民改造问题的报告。

晚上，7时30分到9时40分座谈到上海的观感。冯［廷雄］、宋［希濂］、连［以农］老邀上海统战部的人参加。周［振强］、廖［耀湘］、贾［毓芝］[1]、杨［伯涛］、王［耀武］、范［汉杰］六人发言后，已到9时25分了。

● 3月22日　星期日

上午，参观嘉定县徐行人民公社。

中午，在公社吃饭。

下午，参观农业陈列室、治虫害研究室、广播站、农具厂、木工厂、造船、门市部（制草包）、卫生院、初级中学、电力广播〈抽水〉站、牧畜场等等。参观嘉定一［条］街，参观南翔镇（全国第一卫生区）。晚，政协副主席等接见并招［待］便宴（在上海大厦）[2]。

● 篇后附录：董益三同日日记

上午8时30分出发，到嘉定徐行公社参观。9时30分～11时30分听社长介绍情况。中午，在公社午餐，餐后参观农具厂、草织场、畜牧场、电力抽水站、大田作物——良种油菜、梅村——嘉定一条街。［下午］4时50分回到旅馆，抓机会理了一个发。晚上6时30分在7楼大厅集会，统战部领导人介绍上海市政协刘副主席、陈望道副主席、民革负责人和我们见面，刘副主席讲了话。之后，［赴］18楼大厅宴会。

● 3月23日　星期一

微雨。上午参观上海青年宫。参观，听青年宫陈副主席报告。看展览帝国主义侵略压迫、国民党反动统治的罪恶活动、地主阶级的万恶剥削行为和上海学生的革命斗争图片，又参观上海社会生活对比展览会。下午，参观手表厂（自动、夹板、动件、冲压、理化、装配、工具、集体修理车间）[3]。

● 篇后附录：董益三同日日记

上午，参观上海青年宫。［共］七楼，我们参观的是：1楼，劳动模范和先进工作者事迹；2楼的忆苦思甜的展览会；3楼以上和4楼的上海学生运动史料陈列室。11时10分参观上海博物馆，主要是看上海社会生活的新旧对比……下午参观上海手表厂。这个厂完全是白手起家，连一个烂摊子的底子也没有。这是最小的精密机器工业，在资本主义国家里，非有几十年的工业基础，不可能有手表工业。美国至今比较好的手表（Warhane），它的零件差不多完全是从瑞士进口。我国从［19］56年开始试制，摸索，到［19］58年第一只手表出世，到［19］63年就是八十一万［只］的产量，质量达到

1 贾毓芝，原国民党第43军少将副军长兼迫击炮师师长，1963年获赦。
2 参观团本日活动，参阅篇后附录。
3 参观团本日活动，详见篇后附录。

世界水平的二级产品。之所以有此空前的奇迹，是社会主义的制度优越。这里突出地表现在协作，只要领导上抓哪一点，有关的厂校一起来支援，所以能克服一切困难，走向胜利。

● 3月24日 星期二

上午，参观塑料工厂，沈厂长介绍情况，看复制、制品、整理各车间。下车在南京路买东西。下午，参观国营第一印染厂，魏厂长介绍情况。看漂染、印花、整理、包装各车间。又参观出口商品陈列厅，五光十色、目不暇接。过去都是进口，现在轻工业、纺织工业都出口，作为中国人民感到自豪。这都是有了党的正确领导和社会主义制度优越性，才能发挥人民无穷智慧和力量。晚，刘良模[1]委员招［待］便餐[2]。

● 篇后附录：董益三同日日记

上午，参观上海塑料制品第三厂。这个厂是“大跃进”的产物之一，二十多个小厂组成，1958年6月开始生产。

下午2时，参观上海第一印染厂。这个厂的底子是1941年日寇侵略中国时制军服的［厂］，单一的品种（染色），手工操作。［19］58年设备更新，自己设计，自己安装，特别是工人发明的联合组漂机，代替了手工，把二十四小时的工作缩短到三小时，六十人操纵的减少为十六人操纵。品种增加到四十余种，花样一百二十多种，套色由二三种发展到十种，还有防缩、防溃、防水的处理。

今日看的这两个厂都是轻工业，都是［19］58年发展起来的，完全改变了原来的面貌。后者很大一部分出口，可以在国际市场上竞赛……

下午5时左右到外滩上海市对外贸易局参观上海出口商品展览，真是琳琅满目，美不胜收。5时45分，伯兰乘原车回来。我和老范［汉杰］游黄浦公园，回上海大厦。

今日上午参观塑料厂回程中，大家都在南京东路三大公司附近下了车。我俩也抓住这个机会到上海第一百货商店（大兴）买了一件“的确良”两用衫（10.8元）。之后为伯兰买口红，在第一商店没有买成，到“永安”公司又不成，后来在一家较小的店买了一管，乘原车回来。溥仪夫妇和宁静没有赶上车。

● 3月25日 星期三

上午，参观吴泾化工厂（造气、合成、硫铵、铵加工，辅助车间〈衍〉五个辅助车间；金工、修理、铸铁、仪表、动力车间），听吴厂长[3]介绍情况。

下午，2时半至6时学习漫谈。

晚，众人看上海杂剧〈技〉团［表演］（我们未去）[4]。

● 篇后附录：董益三同日日记

上午，参观上海吴泾化工厂。周厂长介绍情况，这个厂的特点，完全是自己提〈搞〉

1 刘良模，宗教界人士，当时任中华全国青年联合会副主席、全国政协委员。

2 参观团本日活动，详见篇后附录。

3 “吴厂长”在董益三日记中写作“周厂长”。

4 参观团本日活动，详见篇后附录。

起来的，自己设计、自己制造、自己安置〈装〉、自己生产。现在第一期工程完成，投入正式生产，职工都是自己培养出来的。这次参观增加了一些知识。

● **3月26日 星期四**

上午，参观微型轴承厂，听魏厂长报告情况。

晚餐后，6时20分离开上海大厦，6时40分到车站，政协诸同志送行。6时50分开车，10时52分抵杭州车站。少憩，乘杭州政协所备车，往杭州饭店居住[1]。

3月26日，溥仪来到无锡泥人研究所参观

● **篇后附录：董益三同日日记**

上午，参观上海微型轴承厂，这个厂是攻高精尖的厂之一，原底是一个棉纺厂、一个电机厂合并组成，都与轴承无关，从设备到技术可以说是空白的。由于职工奋发图强，自力更生，想办法，克服困难，出门取经，自己互相学习，用不好的造好的，用好的造更好的，自造设备一百五十六台（共四百六十八台机）。轴承不但满足了国内需要，而且出口。

下午，自由活动。

今日17时30分提前晚餐，18时20分离“上海大厦”，到闸北车站乘车，18时52分开车，22时45分到达别了二十七年的杭州，住新建的杭州饭店418室。焕然一新，解放前为反动统治服务，住杭州三年，也没享受这样的待遇。

● **3月27日 星期五**

早，和连［以农］老、杭州唐秘书长（政协）等游岳飞庙[2]。听政协陈礼节秘书长介绍杭州情况。

下午，和大家乘舟游西湖[3]。游九曲桥、三潭印月、卐字亭、花港观鱼、牡丹等处[4]。回来时看秋瑾墓[5]、苏小小墓[6]。

---

1 参观团本日活动，详见篇后附录。

2 岳飞（1103—1142），字鹏举。相州汤阴（今隶河南）人。南宋抗金名将，后被主和派宋高宗和秦桧以“莫须有”的罪名杀害。葬于杭州西湖西北栖霞岭，是为岳坟。岳飞庙，又称岳王庙，坐落在岳坟的左侧。

3 西湖位于杭州城西，因而得名。它三面青山一面城，湖中有堤有岛，亭台水榭，风景如画，唐朝以来便是游览胜地。参观团三四人乘一船，并配导游一名。溥仪夫妇、溥杰夫妇、杜聿明夫妇和一位记者同乘一条较大的摇船游湖。

4 九曲桥在小瀛洲；三潭印月系因三个石塔鼎足而立，花港观鱼在苏堤映波桥和锁澜桥之间，养奇异鱼类数十种；牡丹亭则在花港观鱼处的南端，亭外百花争妍，以上都是西湖景点。

5 秋瑾（1879—1907），字璇卿，号竞雄，别署鉴湖女侠，浙江山阴（今绍兴）人。1904年赴日本留学，次年参加光复会、同盟会，1906年回国办报办学，宣传革命，组织起义，成为名闻遐迩的民主革命英雄。1907年因起义失败而就义，葬于西湖之畔。

6 苏小小，是一位流传于杭州一带的历史故事中的人物，有说是六朝时南齐的著名歌妓，也有说是宋代名妓，能歌善舞，又有文名。西子湖畔也有她的墓地。

晚饭后，我们和宋［希濂］夫妇[1]到杭州城里买口罩，8时许回饭店。[2]

3月27日，杭州市［政协］秘书长陈礼节介绍杭州情况[3]。

杭州在历史上为著名的首都〈五代、南宋〉，有二千一百多年的历史。城市面积三百九十六万〈衍〉平方公里，人口九十五万人，城市人口七十一万人（郊区为二十四万），解放前［是］四十万人。现在，几个县也归市管辖，约四百万人。

解放前，杭州是消费城市，是官僚〈衍〉帝国主义、封建势力、官僚资产阶级的天堂，劳动人民是不能享受的，生活很苦。1949年解放后，在党领导下进行社会主义改造和社会主义建设，十五年的努力已将杭州［从］消费城市变为生产城市。解放前，杭州工业非常薄弱，没有什么工人，生产分散，设备落后，生产水平低。仅制造些丝绸、棉线工业［产品］，还有一些修配的工业，都是陈旧的。除手工业作坊以外，重工业一无所有，纺织工业奄奄一息，不能维持。解放后，经过对私人工商业社会主义改造，［实现］公私合营。由于生产所有制的改变，调动［了］职工的积极性，推动［了］工业的发展，同时，国家又投资新建和扩建许多工业企业……使得杭州工业面貌发生巨大变化。不仅原有工业有所发展（丝绸、纺织业都［因］用了新的机器而扩大），例如丝绸加工厂、棉纺织厂、纺织印染厂等等，过去都是私人经营，现在是公私合营了。［还］新建［了］冶金工业，过去不能出钢铁，1958年后出了钢铁。［新建了］机器制造业，制氧机厂，大、小型电动机（七百五十千瓦）［厂］都有。基本化学工业、橡胶工业都建立起来了，肥料工业也有了。现在已然能制造大型设备，为发展现代化工业奠定了初步基础。

在农业方面，过去郊区（除七县外）只有农田二十万亩、二十四万人。解放前，农民过着悲惨生活，大部土地为地主占有，农业生产力技术水平低，那时农民是“糠菜半年粮”。解放后，经过土地改革，经过农业生产初级社、农业生产高级社，以及在1959年冬适应农业发展的需要，联合组织了人民公社。这样，农业生产力才大大解放，生产不断提高，农民生活显著改善。

郊区人民公社有十五个，生产大队有二百八十八个，生产队有二千五百二十个。几年来经过整顿和建设，人民公社已经走向日益巩固的发展道路。

几年来，水利建设也取得了巨大发展。例如在新安江，郊区农村电力灌溉达十六万亩（共二十万亩）。农村过去一片漆黑，现在到处有电灯，由新安江发电送到杭州各处，形成郊区到城市的电力网。90%农田已经用上电力机械排灌，建立了化肥厂，科学知识普及——农业八字宪法［土、肥、水、种、密、保、管、工］，这一切和过去大不相同了。虽然经过自然灾害，遭受大台风侵袭，因为我们有了电力排灌，农业仍然是丰收。

去年——［19］63年郊区农业收成的粮食，比前年——［19］62年增加了31%。

1 宋希濂夫人易吟先，温柔贤淑，早年在新疆居住时与当时（1946年）担任新疆警备总司令的宋希濂结识。宋获赦之后，他们又在北京邂逅，终于在1962年夏天结为眷属。

2 参观团本日活动，详见篇后附录。

3 此句以下本日日记写在同册日记本的后部，其内容系溥仪记录整理的杭州市政协副秘书长陈礼节讲话，为便于读者，特移并于此。

1964年3月全国政协组织参观团南下，在杭州灵隐寺笑佛前

有十一个人民公社、一百五十个大队达到“农业四十条纲要”要求的亩产八百斤以上。去年，牧畜业——猪、羊比［19］62年增加11%。平均每户［养］猪二十二点二头、［养］羊一点八头。“农业四十条发展纲要”是规定每户养猪二头半，达到“农业四十条发展纲要”要求的有三个公社、六十六个大队。猪肉多了，都销售不了啦。茶叶方面：茶叶总产量1963年比1962年增加11%。平均亩产二百斤以上的有十二个大队（解放前一亩产三十多斤）。蔬菜方面：品种增加，质量提高，不仅保证城市的供应，而且还支援兄弟地区（如北京、上海、东北等地区），还支援了河北灾区不少。水稻、蔬菜、茶叶是杭州的特产。

文教卫生方面也有了巨大变化：解放前，有四个〈所〉大学、大学生三千多人；解放后，现在有七所大学、大学生一万六千多人。解放前，中等学校有三十一所，学生一万人：现有中等学校五十二所，学生三万六千多人。解放前，小学有二百一十四所，小学生三万六千多人；现在小学有三百三十五所，小学生十三万二千多人。解放后十四年中培养高等学校毕业的〈生〉二万八千七百多人，中等专业学校毕业［生］二万三千多人。小学教育，基本上普及。［从］文化艺术事业［看］，有电影院八个，剧院七个，专业剧团十四个，电影放映队二十二个，业余剧团一百〇一个，文化馆五所，文化站一个，各种科学研究机构二十二所。科学技术人员大大发展了。这和解放前根本不[可]相同〈提〉并论。[从]卫生事业[看]，解放前，医疗机构很少，卫生技术人员只有五百六十人，病床一千〇五十九张。解放后，医药卫生[机构]三百九十三个，病床一千〇五十九张〈衍〉，医院二十三个，疗养院、休养所十一个，一共病床七千二百十八张。卫生技术[人]员五千九百八十二人（比解放前增加四倍多）[1]。

● **篇后附录：董益三同日日记**

上午10时，浙江省政协唐秘书长和杭州市政协陈副秘书长和我们见面。陈秘书长为我们介绍了杭州情况（今昔对比）。

下午2时乘小船（我俩[2]和范[汉杰]，还有一位向导员坐一船），游览西湖。先到"三潭印月"，后到"花港观鱼"。5时乘车回饭店休息。

溥仪和李淑贤在花港观鱼牌坊前

现在的西湖和二十七年前比较，变化发展，难以言语形容。过去这里是反动统治者和资本家——寄生虫的春游之地，他们只知道盖自己的别墅，从不保护西湖、建设西湖，把西湖破坏践踏得不成样子，而今锦绣湖山成了人民中国的花园——劳动人民的花园。

● **3月28日 星期六**

上午，7时出发，11时半到新安江[3]。午饭，休息[4]。

[下午]2时，郭厂长介绍新安江水电站情况。随后，引导大家参观大坝和坝底各室、厂房、操纵室、水轮机、抑〈溢〉洪闸，以及电站升压站、坝区交通设施，[还]参观[发]水库模型室[5]。

晚饭后，在招待所前园散步。住招待所大楼，我和范[汉杰]、廖[耀湘]、沈[醉]同住，贤未去[6]。

● **篇后附录：董益三同日日记**

1 按此"卫生技术人员"实数，与前文所述同类人员比，增加的倍数远不止"四倍多"，这里有误。似应为"十倍多"，或因溥仪听错。

2 指董益三和宋伯兰夫妇。

3 杭州、新安江水电站之间相距160余千米。

4 参观团抵新安江后下榻于水电站招待所。

5 听郭厂长介绍并参观水电站的情况，详见篇后附录。

6 李淑贤因病不能乘坐长途汽车，遂留在杭州等待。

下午2时，水电站的郭厂长介绍水电站的建设经过。接着去参观厂房、大坝以及变电所和开关站台。这个发电站的特点是：（1）我国自己设计、自己制造、自己安装的第一座大型水电站，原计划［19］61年年底发电，苦战三年，提前一年多于1960年4月第一台电机开始发电；（2）房顶溢洪式钢筋混凝土建筑，这又是一个自力更生的产物。

3月28日，溥仪随参观团从杭州出发，乘汽车来到这座中国自行设计、制造、安装的新安江水电站

● 3月29日　星期日

上午，游览新安江，乘汽艇往来。

午餐后，2时乘汽车。到杭州（5时半）[1]。

● 篇后附录：董益三同日日记

早餐后，太阳升起、山雾渐散的时候，我们乘车到水库，转乘专备的电站的小火轮游湖（水库），看水库的风光。这个人工湖，群山环抱，烟波浩渺，天蓝水蓝，天水一色，湖山如画，人在画中，使人流连忘返。近11时，返回水坝，照了几张集体照片，回招待所午餐。

13时起程回杭州，［下午］6时10分到达杭州饭店，6时40分晚餐。

从杭州到新安江水电站，160余公里沿途正搞春耕春播，男女老少积极劳动，我们乘车游览，对比之下，惭愧何似？

溥仪与李以劻夫妇游湖

● 3月30日　星期一

上午，参观灵隐寺[2]、玉泉山[3]和柳岸〈浪〉闻莺[4]。

下午，参观都锦生丝织厂，张厂长介绍。看设计制图、准备、织造、成品检验各车间。

---

1 参观团本日活动，详见篇后附录。

2 灵隐寺，始建于公元326年，建筑庄严雄伟，寺外景色秀丽，是杭州游览胜地。

3 玉泉山，主要指一股天然的山泉，在清涟寺内，泉中养有各色的鱼。

4 柳浪闻鸳，公园，位于西湖之滨，西湖“十景”之一。

晚，政协于副主席等接见和招待便宴[1]。

参观都锦生丝纺〈织〉厂。[2]

解放前，杭州纺织工业由于帝国主义侵略和在国民党反动统治下，工厂一直是不能发展，纺织工业几乎都不能维持。解放后，在党领导下，工人阶级当家做主、翻了身，才发挥了职工的积极性、创造性。在1958［年］到1960年三年内……纺织业〈都锦生丝织厂〉和其他工厂一样，生产取得更大的成绩。举一个例子，就拿花色品种来说，解放初期工艺品花样仅仅一百多样，现在工艺品花样已达到一千五百多样。

随着生产提高，工人生活也不断改善。工人工资收入不断增加，现在每月平〈人〉均工资72元，比解放初期提高了61%。解放前把生丝（原料）大量出口，解放后是把原料加工制成产品出口，这样，工人四季都有事做。现在，工人除工资外，工作好的还有奖金。现在，工人不论在〈衍〉生、老、病、死，都有保障。还有托儿所、幼儿园、业余学校，有集体食堂、宿舍（大楼）、俱乐部、图书馆等等。只有在党和毛主席领导下，工人才真正翻了身。过去的工人受压迫、剥削的牛马生活已经一去不复返了，今天才真是工人和劳动人民当家做主。

● **篇后附录：董益三同日日记**

上午，游览灵隐寺。这个寺是东晋时建立的，至今有一千六百多年的历史。解放前，连年失修。［19］49年9月大雄宝殿倒塌（由于白蚁蛀蚀），［19］57年至［19］58年重建。十九米高的大佛像是用樟木雕的，殿柱形象和过去一样，但换了水泥钢筋，如来佛也得到了新生。之后到玉泉寺看鱼，原来的大鱼都被日寇吃光了。现在养了三种鱼：红的是鲫鱼，黄的是鲤鱼，黑的是青鱼。

下午，1时30分出发，到都锦生丝织厂参观。这个厂解放时只有十七台手织机，职工四十二人，现在机器增加十八倍，职工增四十倍，小厂原在艮山门，现在的厂址已美化成为一个花园，这也是一个翻天覆地的变化。3点多钟到“柳浪闻莺公园”游览，这个地点过去我是最熟悉，现在和过去也完全不一样了。过去只有两棵柳树、一把椅子，此外什么也没有。现在杨柳一片，绿草如茵，风摆柳条，有如浪滚……

5时45分，省［委］统战部于部长（省政协副主席）接见我们。6时20分便宴，宴罢休息。

● **3月31日 星期二**

上午，参观西湖人民公社梅家坞茶叶生产大队[3]，听卢振〈镇〉豪社长介绍情况，看农民宿舍、茶叶工厂、茶叶加工厂，看采茶和照相，看幼儿园。游览云栖寺[4]。

下午，参观浙江麻纺织厂，张厂长介绍，有软麻、梳麻、整理、织布、成品各车间，

1 参观团本日活动，详见篇后附录。

2 本文系溥仪参观都锦生丝织厂当天，写在同册日记本后部的短文，内容为参观感想，当视同本日日记。为便于读者，特移并于此。

3 梅家坞，中国绿茶——龙井茶的故乡。龙井茶色绿、香馥、味纯、形美，在国内外享有盛名。

4 云栖是一条长达一公里的山径，两旁有茂密的竹林，走在这条清幽的竹径上，使人感觉一片恬静。溥仪夫妇曾在此留影。

1964 年 3 月 31 日溥仪来到龙井茶的家乡，为当地干部签名留念

看托儿所。游黄龙洞[1]。

晚，看越剧《春到草原》[2]。

3 月 31 日上午，参观西湖人民公社梅家坞茶叶生产大队，卢镇豪社长介绍情况（概录）[3]。

大队有二百二十八家，总人口一千一百六十八人（能劳动的六百零三个）。大队以培植龙井花为主，采茶面积七百亩。有二百亩小果树，其他还有四十亩水果，还有九千四百亩山林。

公社总产量：在解放前平均亩产量六十斤，解放后组织起来，产量年年增加。到了［19］63 年平均亩产二百四十五斤（［19］58 年人民公社成立，平均产量为一百九十八斤）。解放初期平均总产量三万多斤（五百多亩地），［19］63 年总产量已达到十八万二千斤（七百多亩［地］）。

其次，茶叶质量也［有］提高，使农民的收入年年增加。举例说，解放前平均每户收入只是一百五十元，到［19］58 年人民公社成立，平均每户收入达到七百一十二元，［19］63 年平均每户收入为九百一十九元。以上是指除了税收、公共积累、生产费用外的纯收入（还不算副业收入）。

收入增加了，对于社员的福利、文化生活［的投资］也越［来越］提高。现在，每家都安上了电灯，文化福利也提高了。解放前，小学只有二十多人。现在，民办小学，有二百二十四个小学生，七岁适龄儿童全部上学。解放前上中学的只是地主子弟，现在入中学的四十五人，入大学的八人。刚解放时有二百八十［名］青壮年的文盲，［19］52 年［开展］扫除文盲［活动］，已有二百八十人分别［具］有初中、高小的水平。

我过去也是文盲，解放后通过学习，现在已提高到初中。解放前贫下中农是无法念书的，我十二岁的时候父［亲］被地主逼死，向地主欠〈借〉了六十元［钱的］干粮，过了一年，地主要一百二十元［钱的］干粮，要钱还不起，夺去了我家的田地。我十四岁时母亲被富农打死（母亲被打，卧炕上一年后才死）。我向保长告状，他说该打。留下我和弟弟、妹妹，三人讨饭吃，根本无法念书。共产党、毛主席来了，农民才翻了身。

1 黄龙洞，在西湖以北，系由人工依山凿石而修成一个龙头，再引山泉从龙口倾入潭而形成。环境优雅，是避暑胜地。

2 参观团本日活动，详见篇后附录。

3 此句以下本日日记写在同册日记本的后部，其内容系溥仪记录整理的西湖人民公社社长卢镇豪讲话，为便于读者，特移并于此。

弟弟在高小毕业，教六年级学生。我31岁，我和妹妹都结了婚。

过去，三个地主、五个富农，他们占全村总人口5%，可是，土地竟占全村70%以上。占全村95%人口以上的田地才［占］25%，大部分给地主、富农当长工、短工，生活困难。过去受苦难、受地主富农压迫［的］日子已经一去永不复返了。在党和毛主席领导下，我们真正从过去土地［上］的奴隶，成为土地上今天的主人了。

我们还预期〈制定了〉远景规划，有生产规划、人口规划、机械规划、住宅规划、文化福利规划等等。我们的前途是无限光明的。所有这一切都是党和毛主席给我们带来的。

● **篇后附录：董益三同日日记**

上午，8时出发，到四十公里近郊梅家坞大队参观龙井茶的生产情况，对茶的培育、生长、采摘、晾烤有了一些了解。重要的是卢大队长个人翻身的情况，给我们上了生动具体的一课……这个大队以生产茶叶为主，平均工资七十元，幼儿园办的工厂一样，他们目前的生活比工人的水平还高，十二年的远景规划更美。归途中游览了竹林地。

下午，参观浙江麻纺厂，这个厂是生产麻袋的，年产量为三千九百万条，每日生产十多万条。这个大厂有职工四千九百六十二人，近五千人。这个厂是在美帝封锁政策中建立起来的，自造的设备比帝国主义的还好。之后，到黄龙洞游览。

晚上，观看越剧《春到草原》（东坡剧院），很好，剧情很简单，演员表演的艺术动人，因而对观众的感染力很强。

● **4月1日　星期三**

上午，参观虎跑泉、净慈寺（南屏晚钟）和石屋洞[1]。

下午，自由活动，未出门。

晚，学习漫谈杭州观感（总的第四次）[2]。

● **篇后附录：董益三同日日记**

上午，游览六和塔、钱［塘］江大桥、虎跑公园、石屋洞、净慈寺（包括济祖殿）。下午，乘车观光市容。3时至5时个人活动，我和伯兰在商场区看了一看，为伯兰买了件衣料（珍珠纱5.5尺），伯兰很满意。晚餐前后收拾行李，准备出发［到］黄山游览。

［晚］7时座谈，杜［聿明］、杨［伯涛］、廖［耀湘］、贾［毓芝］、周［振强］五人［发言］，还有四人未谈。19时30分散会。又清理行李，到10时30分就寝。

● **4月2日　星期四**

上午，7时5分从西湖登车（汽车），［下午］1时45分到歙县[3]，在徽州旅舍〈社〉用午点、休息。5时50分到黄山[4]，住黄山宾馆。安徽［省］政协副主席戴戟、李云鹤

1 虎跑泉，在钱塘江与西湖中间的虎跑公园内，向来有"天下第三泉"之称，为杭州一大胜景。泉水含矿物质较多，清冽甘醇。净慈寺在西湖南岸，南屏山下。"南屏晚钟"为"西湖十景之一。石屋洞在钱塘江和西湖中间，南高峰下。参观团这次游览从钱塘江北岸开始一直到西湖南沿，顺序参见篇后附录。

2 参观团本日活动，详见篇后附录。

3 歙县，即徽州，在安徽省南部，杭州、歙县相距160公里，汽车走了6个多小时。

4 黄山，位于安徽省，是中国著名的自然风景区，奇松、怪石、云海、温泉，即游客向往的"黄山四绝"。歙县、黄山相距60公里，参观团于下午三时出发，汽车走了两个多小时。

由合肥来接。

晚，看黄山风景电影[1]。

● **4月3日　星期五**

雨。听黄山管理处杨处长介绍黄山情况。[2]

上午，我们游览宾馆附近风景。[3]

● **篇后附录：董益三同日日记**

按时起床、早餐，8时集合，黄山管理处杨处长介绍黄山的情况，先谈黄山的风景，后谈黄山解放前后的对比。黄山的风景、名胜依旧，不同的是各项修建：登山公路的建筑（六公里），登山的道路五十公里，疗养院、宾馆、礼堂［等］建筑面积一万八千二百七十二平方米，比解放前增七倍。旧的登山道路我已看到了，那羊肠小径，现在是宽阔的石级大道。过去普通的老百姓根本不可能到此来欣赏这名山的美景的。反动统治阶级的头目来此游览。他们的快乐是劳动人民的汗［水］换来的，他们不是步行上山的，是劳动人民把他们抬上去的。

9时左右分组去登山，伯兰量血压是140/96，我和伯兰都报了第二组。后看天气不好，有雨，又决定伯兰不去，我一人去。出门不远，我把［王］佩英劝回来，让老许［长林］一人去。我随大家先到慈光寺，之后我一马当先，第一个到达海拔一千一百一十米的立马桥，更上到打鼓洞（约海拔一千二百米）避风雨，至此已是11时30分了。这时一阵风、一阵雨，又饥又渴。照这样的速度估计，要到下午4至5时才能到文殊院就餐，途中没有喝的和吃的，我的雄心半减。想再爬二华里到半山寺去，从打鼓洞上去，山更陡峻，石级渐窄，突然一股七八级的强风从山夹口吹来，把我几乎吹倒，此时大雨又至，我又回到打鼓洞来。此时，杨处长要求大家考虑是否再爬的问题。三老决定打转，不再往上爬了。我也放弃了［登］文殊院的愿望，决定下山。老许［长林］同意我的见解，也决定下山。郑［庭笈］夫妇、周［振强］夫妇、罗［历戎］夫妇都决定下山。我先下，一口气冒雨到慈光寺休息，途中劝回了二杜［建时］夫妇，大杜［聿明］犹豫不决，在感光寺等了15分钟，等到了第二名老许［长林］，一同下山到宾馆，时已13时20分了。

● **4月4日　星期六**

上午，游览黄山宾馆附近风景（丹井、三叠泉、药臼、虎头崖等）[4]。大雨。

晚，承黄山管理处招待，看电影《百凤朝阳》。

● **4月5日　星期日**

在黄山附近散步。洗温泉浴。

晚，安徽省［政协］副主席戴戟、李云鹤介绍安徽情况与今昔对比（统战部洪沛部

1 据董益三日记载，晚餐后参观团成员分批洗澡，继而由黄山管理处专场放映黄山风光纪录片和一部戏曲故事片《朝阳沟》。

2 杨处长的介绍，详见篇后附录。

3 在分组登山活动中，名列第二组的溥仪仅爬到迎客松前摄影留念后即下山。唯有编在第一组的沈醉等几位年轻力壮的专员，终于能顶风冒雨攀峰达顶，并于当晚下榻于黄山最高处的北海宾馆。

4 在宾馆附近，过白龙桥有白云溪，丹井、药臼都是这里的风景点，都有一段神话传说。“丹井”二字为明代进士汪道昆题署。过丹井即为虎头岩（虎头崖），一块有虎头面目特征的巨岩，再向前为三叠泉，泉从高山下泻，经过三叠巨石，形成三折。

长开会后乘飞机也赶到）。晚，洪部长、两政协副主席招待大家，便宴。夜，看电影《中国杂技》[1]。

篇后附录：董益三同日日记

早餐后，伯兰去串门，我遇贾［毓芝］胖和老许［长林］，一同出去闲逛。先去看“百丈瀑布”，遇李念淑在作画，再前行，遇一指路牌“云谷寺”，我一时兴起，上山找此寺，翻了一山，问路人，说“［到］云谷寺还有15里，还要翻过一重山”。我行至山腰打转，遇许［长林］、贾［毓芝］，同归。此时伯兰也归回室。据她说她们开了一个小型的游艺会，各唱一歌，伯兰唱的是“刘胡兰”。我觉得她们玩得有意义，比拉家常要好，我也很高兴。

……13点多钟，爬山的“尖兵”回来了[2]，闹得一团。我出去和冯、常、宋[3]等打了招呼，回室，促伯兰起床，一同出去拍团体照。又和伯兰去洗了一个温泉澡，出来，要宁静为我俩拍了一个照，玩了一会儿，到商店买了一张刀片和少许糖食，回宾馆。

17点多钟，［在］三楼会议室集会。李［云鹤］老介绍安徽的情况，安徽省委统战部洪部长也来参加。之后，要求我们提意见。

4月6日　星期一

早，7时30多分出发。

午时在临安县昌化招待所用点心。

晚，5时35分抵杭州，仍住杭州饭店。

4月7日　星期二

早，连［以农］老、陈［此生］老[4]［主持召］开座谈会，陈老、连老谈感想[5]。

晚10时离杭州，乘火车往南昌。

到黄山参观[6]。

我们游览黄山时，安徽省［政协］两位副主席和统战部洪部长，在百忙中从合肥赶到黄山招待我们，向我们介绍安徽省情况。省政协与黄山管理处各位同志，分别引导我们参观并作说明。我们临离开黄山前，又蒙招待吃饭，又送我们离开黄山。我真感到在祖国大家庭中处处得到温暖，不论在什么地方，都是〈像〉在家庭〈中〉一样。

李［云鹤］副主席介绍安徽省情况，并作了新〈今〉昔对比，这都是〈衍〉对我们教育意义很大。

---

1 参观团本日活动及安徽省领导讲话、宴会情况，详见篇后附录。

2 “尖兵”指编在第一组的已经成功登顶的同志，他们中间大部分已于4月4日中午返回，少数登山更远的人于本日返回。

3 冯、常、宋都是刚下山的“尖兵”，冯可能指冯廷雄。

4 陈此生（1900—1981），广西贵县人。1920年肄业于复旦大学，曾在两广及香港等地任大学教授。1933年参加中国左翼作家联盟，1947年参与发起成立“民革”。中华人民共和国成立后历任广西壮族自治区人民政府副主席，《光明日报》社副社长兼总编辑等职。1964年前后他是全国政协常委，民革中央常委兼宣传部部长，奉命担任参观团的领队。

5 座谈会于上午8时30分在杭州饭店四楼会议室举行。陈此生讲话约一个半小时（内容详后）。据董益三日记载：“连老讲的是一个一个的具体问题，指出‘洋、古、名’的爱好和想法是错误的，这是对某些崇拜帝国主义的思想的批判。又对‘少数人生活不如以往’作了解释。”

6 本文系溥仪在座谈会前匆匆写就，以为发言要点，是写在同册日记本的后部，当视同本日日记。为便于读者，特移并于此。

安徽省在过去受帝国主义、封建军阀、官僚资产阶级的三座大山压迫下〈衍〉，人民是过着被剥削、被掠夺、牛马［般］的生活，再加上天灾：干旱、虫、风、雹，劳动人民更无法生活了。只有共产党和毛主席来了，安徽和全国一样得到解放，劳动人民才真正当家做主。解放后，在党领导下……已经战胜了严重的天灾，而且得到丰收，还能支援别的省。在精神面貌上也起了大变化，过去的小偷、土匪等都没有了，现在安徽不仅是在省、市，而且在乡村竟做到路不拾遗，失物都会被找到交过〈回〉。

这一切说明，没有共产党就没有人民新中国的一切，自然也就没有安徽人民的翻身和幸福的一切。有党的正确领导，有社会主义制度的无比优越性，才使安徽省起了根本变化，一天天地好起来。

以上是这次到黄山听报告后，我的一点体会。

4 月 7 日陈此［生］老谈话主要内容是[1]：

首先谈谈参观的目的。党和毛主席对每件事都有目的性，都含有重要意义。［周恩来］总理让参观，目的是什么？是要我们参观学习，看看祖国各地建设情况，看看工业、农业、文化、教育、城市建设等巨大变化，面对这实际情况，自然给我们实际教育。因此，参观、学习、教育是分不开的，我们是向事实学习。又问为什么参观学习？是为了提高认识、改造思想，最后使大家更好的［地］为祖国服务，更好［地］努力工作、跟党走、听毛主席的话，好为人民多做些事情。参观目的如不明确，则是辜负了领导［的］好意和要求。领导为了提高每一个人的思想认识，也是为了祖国人民。

我们参观内容是包括多方面的。成织〈就〉概括分为两类：一是社会主义创造的成就，二是改造的成就。社会主义创造的成就，例如过去我们是空白点，什么都没有，现在完全由自己制造出来了……如吴泾化工厂、杭州麻纺厂等等，都是创造出来的。改造成就，是过去有的，如南京化学公司，原来是私人搞的，但是它的基础是旧的，奄奄一息，没有生气。我们是在这基础上改造，使它发挥应有的力量。改造和添增，使它发挥［出］最高的能力来。

通过参观、学习、教育，倒〈到〉底收获了什么？我看通过事实教育，有这几个问题应该提高：

（一）对党和毛主席的领导，应该有进一步认识。我们常说党和毛主席是伟大的，正确的。从何见得？应当说出道理来。我个人估计，全国人民对这问题，承认党和毛主席领导正确是绝大多数（特别是工人、农民、革命知识分子、进步人士、爱国人士都承认）。不承认只是极少数（仍站在地主、资产阶级立场即国民党立场［上的人］，那是极少数，还有台湾没有接受改造的人）。党和毛主席为何能得到胜利？国民党为何失败？这是不同性质的党和政权。性质是两条性质〈个阶级〉、两条道路的斗争，就是剥削与被剥削的斗争，就是社会主义路线同封建、资本主义路线［的］斗争。党和毛主席是代表工人、

1 此句以下本日日记写在同册日记本的后部，其内容系溥仪记录整理的陈此生在游览黄山结束时召开的座谈会上的讲话，为便于读者，特移并于此。

农民、一切被剥削、被压迫阶级利益［的］，是代表90%以上工农大众利益与要求［的］，得到最大多数群众拥护。蒋介石是代表资产阶级、封建地主、帝国主义买办阶级利益［的］，他是〈衍〉为绝大多数人所反对。刘［少奇］主席[1]说，符合人民大众的利益，就是真理。真理掌握在党和毛主席手里，就是党一切为了人民，他走群众路线，是无往而不胜。我们要理解这个，就容易走正确的方向。通过参观学习，对这问题应该进一步认识，党和毛主席领导是绝对的正确。为什么工农最大多数人热爱毛主席？因为党和毛主席一切是为了全国人民，而得到他们的拥护，这是自然的。

（二）对于社会主义优越性，通过参观学习应进一步认识。为什么优越呢？通过参观看见工厂、人民公社，劳动生产积极性非常高，提高生产，改进生产技术。工作机关也是积极负责工作。比［较之下］，过去［的］工厂［工人］、农民（农民更不必提了，他们受地主剥削，连饭都吃不饱）、劳动人民不买〈卖〉力、不积极，工作人员［也］不积极负责工作。现在，［即使］个人多辛苦些也愿意工作。这都看出社会主义优越性。

（三）对爱国反帝（特别反美）斗争，应进一步认识[2]。

● 4月8日　星期三

12时到南昌，住江西宾馆。

午后，学习。漫谈参加黄山感想和陈［此生］、连［以农］老谈话[3]。

● 篇后附录：董益三同日日记

8时在车上早餐，12时30分车在大雨中到达南昌车站，乘专备的汽车沿“八一大道”到江西宾馆，分配到417房间。

下午3时30分~6时30分座谈黄山和杭州和参观感……

晚饭后，8时，江西省政府政协领导人和我们见面，介绍江西的情况和南昌的情况，到10时15分散会。

● 4月9日　星期四

上午，参观八一起义纪念馆（指挥部）[4]。看到周恩来、叶挺[5]、贺龙、朱德[6]、刘伯承[7]同志开会之处，参观关于八一起义图片、文件、实物照片等室，参观贺龙同志指挥部。

下午，参观革命烈士纪念堂。[8]

晚，看采茶剧《五井之春》。[9]

1 刘少奇（1898—1969），湖南宁乡人。当时任中华人民共和国主席。

2 原文到此结束。显然，溥仪整理这篇记录时，从（二）就简单化了，（三）则只记个题目，无内容。

3 参观团本日活动，详见篇后附录。

4 “八一起义”指1927年8月1日中国共产党领导的南昌起义。周恩来担任前敌委员会书记、贺龙担任总指挥，打响了武装反抗国民党反动派的第一枪。纪念馆就设在原起义指挥部内，参观团是冒雨来到这里的。

5 叶挺（1896—1946），广东惠阳人。在南昌起义中担任副总指挥。抗日战争时期曾任新四军军长等职，1946年因飞机失事遇难。

6 朱德（1886—1976），四川仪陇人。是南昌起义的领导者之一，当时任起义军第九军副军长。在抗日战争和解放战争中，他担任中共部队的总司令。中华人民共和国成立后，他被授予元帅军衔，曾任全国人大常委会委员长等职。

7 刘伯承（1892—1986），四川开县人。是南昌起义的领导者之一，当时任中共前敌委员会参谋团参谋长。中华人民共和国成立后被授予元帅军衔，曾任全国人大常委会副委员长等职。

8 下午2时至4时30分参观纪念堂，其后至晚餐前自由活动。

9 采茶剧，江西地方戏——赣剧的一种，当晚7时在胜利剧场演出。

● **4月10日 星期五**

上午8时出发（大汽车），［经］过新赣饭店，午餐[1]。

［下午］4时到吉安交际处招待所，住一夜[2]。

● **篇后附录：沈醉《回忆与溥仪在一起的时候》（节选）**

1964年4月9日溥仪夫妇在南昌参观了八一南昌起义指挥部旧址之后，同周振强夫妇（右）来到南昌劳动大学

我当时是专员中年龄最轻、身体最好的，领队便要我照顾溥仪。从南昌乘大客车，第一天在吉安过夜，怕赶路太急，这些老头受不了。吉安招待所的职工、厨师听说是这样一批人去了，便特意做出一道吉安名菜“红烧狗肉”请我们品尝。我一看就知道是狗肉。因它连皮带骨端出来，许多人以为是小猪肉，溥仪食量一向大，坐了一天车，更加能吃，一大盘狗肉他几乎吃了一小半。最后大师傅出来问他烧的狗肉味如何？都一致称赞烧得好，吃不出是狗肉。溥仪更加称赞，说他过去吃过不少好吃的东西，可是却从来没有吃过狗肉，有人开玩笑地说，过去谁敢把狗肉拿给皇帝去吃，不是自找苦头？溥仪马上纠正他说：“马牛羊，鸡犬豕，此六畜，人所食。书上虽没有记载什么皇帝爱吃狗肉，过去总还是很普通的一种肉食。”[3]不过，我们从井冈山回来再过吉安，端出狗肉来，他却连筷子都不伸一下。我问他这次为什么又不吃了？他说不知道是狗肉，吃起来还很香，知道是狗肉，一想到狗什么都吃，就吃不下去了。

吉安招待所的卫生间特别大，和一间双人房差不多。我和溥仪住一个双人房，早上我起来洗完澡、刷过牙等之后，便拿出黄色皮鞋油给皮鞋上油。溥仪原来是和他妻子共用一管牙膏，李淑贤留在南昌，就只把一把牙刷给溥仪，牙膏和漱口杯都没有给他。当我把鞋油上好之后，便把它放在桌上，我就去阳台上做早操，溥仪是深度近视眼，早上起来漱洗，照例不戴眼镜，他拿着牙刷到处找我的牙膏使用，看到桌上那一支管状鞋油

1 参观团从南昌出发前往井冈山，其间相距300公里，汽车要走两天。李淑贤因晕车经请假与另外两位专员眷属留在南昌等候。领队还嘱沈醉一路照顾溥仪。中午12时抵新赣饭店，下午1时继续旅程。

2 吉安交际处招待所，据董益三说与苏州南林饭店相似，高雅舒适。溥仪在吉安这一宿闹了不少笑话，详见篇后附录。

3 溥仪引语中的“食”，似应读“饲”，并与“饲”同义。如溥仪意在戏谑，借作“吃”解，亦可谓别有风趣。

以为是牙膏，使挤上一些去刷牙。刷过之后，他隔着门向在阳台上做操的我问了一声："老沈，你用的牙膏怎么是这样的怪味？"我回头一看，禁不住笑得前仰后合。原来他把鞋油刷得满嘴都是，我赶忙要他用肥皂洗干净，帮他把牙刷也用肥皂洗过，才给他挤上一点牙膏。他看我那样爱笑，便告诉我还有过这样可笑的事。他过去自己从来不曾挤过牙膏，总是别人代他挤上，只拿起来刷牙就行了。后来轮到他自己去挤牙膏，他轻轻地挤了几下，一点也没有挤出来，他急了，便用两手紧紧把牙膏握住，用力一挤，结果一下冲出一尺多长，怎么也装不进去了。他说这次虽然弄错了，把皮鞋油当牙膏，却还只挤出一点点，没有挤出一尺多长呢。

● **4 月 11 日　星期六**

早，8 时 30 分由吉安出发，乘大汽车，下午 4 时到井冈山宾馆。

下午，听李博物馆长介绍井冈山革命斗争情况和井冈山今昔对比 [1]。

● **篇后附录一：董益三同日日记**

上午 8 时，由吉安招待所出发，向井冈山目的地开行。行程共一百一十公里，［到］拿山（七十三公里）稍停。自拿山向西，进"天山之下第一山"（即毛主席领导中国人民革命第一个根据地）。13 时 30 分到达井冈山茨坪井冈山〈衍〉管理局，住招待所 319 房间。14 时午餐。15 时 30 分，井冈山革命博物馆李馆长向我们介绍情况——井冈山革命的情况和解放后井冈山的情况。报告到 18 时休息、吃饭，19 时继续报告，到 21 时完。

● **篇后附录二：沈醉《回忆与溥仪在一起的时候》（节选）**

从吉安乘汽车去井冈山，汽车刚一进入井冈山区，溥仪看到许多高大的宾馆和招待所等建筑物，便仿佛有所悟地大声说：百闻不如一见，过去不懂得为什么毛主席要选择井冈山做根据地，这些房屋是解放后才修建起来的。过去只有几座平房，明天就可以去参观。这一回答，使得他有点糊涂起来，他又自作聪明地说：毛泽东和党中央与红军都走了，还修建这么多屋子做什么？别人告诉他，这是修建给前来参观的人住的。他似懂非懂地点了点头，可能还没有想得通。

● **4 月 12 日　星期日**

上午，敬诣井冈山革命烈士碑行礼。乘车上山到黄洋界，看毛主席的诗，看红军的哨口 [2]。途中，看毛主席、朱［德］总司令挑粮上山休息的槲树。途中，过小井眺看过去红军医院伤兵被国民党反动派拉到田野杀害之处。[3] 参观大井毛主席坐的石和毛主席

---

1 参观团本日活动，详见篇后附录一。溥仪刚到井冈山就有趣闻，详见篇后附录二。井冈山，位于湘赣边界的罗霄山脉中段，1927 年 10 月毛泽东在此创建第一个农村革命根据地。开辟了农村包围城市、武装夺取政权的胜利之路。

2 红军哨口，指当年红军在井冈山区布阵扼守的前沿阵地，时有"五大哨口"（详见篇后附录）之称，黄洋界即其一。在这里发生过一次以少胜多的战斗：1928 年 8 月，红军主力开往湘南，只有一营兵力留守井冈山，而黄洋界哨口仅五六十人，连儿童团和妇女队加上还不足百人，却奇迹般地击退了来进攻的敌军四个团。毛泽东为此填了一首词《西江月·井冈山》，后来按手迹刻在黄洋界的石碑上，即溥仪在日记中提到的"毛主席的诗"。

3 导游指着野外的一片地方向参加团介绍说："红军撤退后，国民党反动派把尚未来得及撤走的一百多名红军伤病员，统统拉到这里杀害了。"溥仪闻而落泪。

卧室、办公室等。经［当年参加］暴动［并担任］大队长［的］邹文楷介绍。

下午，参观井冈山博物馆。［之后］自由活动。

晚，看电影《停战以后》[1]。

● **篇后附录：董益三同日日记**

上午8时，乘车到五大哨口（桐木岭、朱砂冲、黄洋界、八面山、双马石）之一黄洋界哨口参观。这个哨离茨坪只有17公里，因是山路，汽车开行一点多钟才到。途中，导游的干部指给我们看了小井村、中井村、上井村，在黄洋界看了形势，参观了当年五个哨口之一的工事，还看了敌人偷进的小水沟。之后，下山到大井村看毛主席当年办公室和卧室，并且由一个当年的暴动队长讲了当时毛主席在山上的情况。13时15分回到茨坪招待所。

14时30分到井冈山博物馆参观，看到了一段红军战士编的戏文《毛泽东的空山计》……看罢博物馆，16时30分左右，老冯［廷雄］宣布自由活动……

晚餐后，19时看电影《停战以后》。

1964年4月13日，溥仪来到井冈山茨坪，参观毛泽东故居和红军敬老院旧址

● **4月13日　星期一**

上午，参观茨坪毛主席居住的房子（毛主席在此写的《井冈山［的］斗争》）[2]。由老根据地大井乡苏维埃主席俞振坤介绍情况[3]。参观敬老院，由老人介绍情况[4]。

下午，学习。漫谈南昌和井冈山参观感想。

晚，看电影《万木春》[5]。

● **篇后附录：董益三同日日记**

上午，参观茨坪毛主席办公和住宿的旧址和光荣敬老院，听老人讲了井冈山毛主席的生活和井冈山斗争情况以及抓土豪的故事，看了老人们现在生活的情况。

午餐前后，和伯兰商量参观井冈山的心得：（1）毛主席发展马列主义，在农村建

---

1 参观团本日活动，详见篇后附录。

2 茨坪，是当年井冈山根据地的军事中心，湘赣边界党政军领导机关也曾设在这里。现有毛泽东当年的办公室和宿舍旧址可供参观。《井冈山的斗争》一文，是毛泽东于1928年11月25日写给中共中央的报告，已编入《毛泽东选集》第一卷。

3 “大井乡苏维埃主席”是俞振坤老人原在老根据地闹革命时的职务。

4 此即“光荣敬老院”，安置了一些老红军战士。溥仪曾与他们手拉手在毛泽东旧居前照相留念。

5 参观团本日活动及漫谈情况，详见篇后附录。

立革命根据地；（2）建立一支人民的武装，反对武装的反革命；（3）坚强的党的领导；（4）艰苦朴素的革命精神（和敌人进行残酷的斗争），才把革命引向胜利。14 时 30 分，座谈参观井冈山的观感。第二组我最后一个发言，以 15 分钟谈了一下 1927~1929 年我在鄂西搞革命的情况，证明只有在毛主席的正确领导之下，才能把革命引向胜利，进一步地体会到改造自己与学习毛主席著作的重要性。

晚饭后，在食堂放映《万木春》电影。

● **4 月 14 日　星期二**

上午，8 时由井冈山出发，10 时 45 分在泰和旅馆休息。又出发，下〈中〉午 12 时到吉安，住交际处招待所。

下午，参观禾埠人民公社，社长罗毅中介绍情况。看水站、养猪场，看拖拉机耕田。

晚，看《井冈山［的］黎明》（即“五井之春”）剧[1]。

● **篇后附录：董益三同日日记**

6 时起床，7 时出发，12 时 20 分到达吉安，里程约一百五十五公里。中途［在］泰和（一百一十公里）休息、喝水。

14 时 30 分，参观吉安郊区的一个公社——禾埠人民公社。主要是看大规模的集体养猪场（存栏猪 6500~7000 头）。之后，看水田拖拉机翻地的表演。这个水田拖拉机，南昌生产，拖着三铧犁翻水田，很好。

晚饭后，看吉安县采茶剧团的《井冈山的黎明》演出，结果就是《五井之春》。虽然戏剧相同，剧种也相同，但表演的手法有些不同，唱腔也不一样，看起来并无重复厌烦之感。看罢回招待所时已是 22 时 45 分了。今日一天是紧张的。

● **4 月 15 日　星期三**

上午，8 时从吉安出发，10 时 40 分到新赣县的旅馆午饭。11 时 3 刻出发回南昌，中途在樟树镇休息，［下午］3 时 40 分到南昌［江西］宾馆。

晚 7 时半，江西省两位政协副主席、副秘书长、民革副秘书长等接见谈话，便宴。[2]

● **4 月 16 日　星期四**

上午，参观南昌共产党［劳动］大学，听校长介绍。看实验室大楼和陈列室，看教学大楼，看教学情况。又看红土壤改造，能栽培树：橘、桃、梨树。

下午，参观南昌柴油［机］厂，听厂长介绍情况。[3]

● **篇后附录：董益三同日日记**

上午 8 时，参观“共产主义劳动大学”，这是最新型的大学，半工半读的大学，为社会主义建设事业而开办的学校。不同于传统的学制，为了改造客观世界，同时改造

---

1 参观团本日活动，详见篇后附录。

2 据董益三日记载：“17 时 30 分，上八楼集会，省政协余、潘两位副主席和两位副秘书长和我们相见、座谈，宋［希濂］、杜［聿明］、溥仪各人谈了一点观感。”李以劻也讲了几句，谈到当年带兵打红军，在永新战斗三天三夜，蒋介石亲临南昌给军官训话，还亲自对李讲了一些话等。继而在九楼餐厅举行宴会，董益三说：“今日也闹了酒，但比在黄山较好。”

3 参观团本日活动，详见篇后附录。

主观世界。办这个学校，首先遇到的困难，是对校内、校外的认识问题——怎样克服保守观点、怀疑观点。

下午2时30分，参观南昌柴油机厂。4时20分回旅馆，理发。

晚上座谈南昌的参观和余副主席的讲话……谈完后，又讨论了总结的方式问题，22时才散。今晚女组不座谈。

● 4月17日　星期五

上午，9时半从南昌上火车。

夜，12时半到长沙，住第二宾馆[1]。

● 篇后附录：董益三同日日记

7时30分早餐，9时行李集中，9时30分从江西宾馆出发，到南昌南站。[乘]10时6分火车去长沙。车上之热甚于北京的夏天，睡也不能睡，只好玩扑克——“力争上游”，玩了一次又一次。伯兰玩得较好，我是刚学，老许[长林]光做“娘娘”。这次车，是南昌—长沙的专车，每站必停，直到12时15分才到长沙。

湖南的领导人，派干部二人到株洲相接，到长沙后一切都准备好了，住长沙第二宾馆309房间，一切都是新的。伯兰虽高兴，但疲倦得动也不想动，为了睡眠的有利，又至餐厅吃了一小碗面条才回房间洗澡、更衣，就寝时已是1时30分了。

● 4月18日　星期六

早，申[伯纯]老、吴[群敢]主任视察南方中[间抽暇]来看我们并合影。

上〈下〉午，参观清水塘（毛主席任省委书记办公处）[2]、船山学社（毛主席青年时期进行革命活动之处）[3]。下午，听长沙〈湖南〉省政协副秘书长介绍湖南省情况和长沙市情况。晚，看《柯山红日》花鼓戏[4]。

● 篇后附录：董益三同日日记

今日迟一小时（8时30分）早餐。宣布上午没有安排，可以自由活动，限11时30分前回宾馆。当我们回房不久，老沈[醉]来通知：“申[伯纯]老和吴[群敢]主任来了，在203陈[此生]老房间。”我和伯兰跟他们一道去看申老和吴主任，之后又到宾馆门前合影。不久，申老和吴主任走了，他们今日下午去广州。我俩和溥杰夫妇、李以劻夫妇、周振强夫妇和贾[毓芝]夫妇出去逛大街，出中山东路、转到蔡锷路，经八一路、到黄兴路，过去“八角亭”商业中心，伯兰不愿再走了。我俩买衬衣不成，坐三轮（0.3元）回宾馆休息。下午3时，乘车前往清水塘毛主席的旧居和党组织地下活动的地方。4时参观毛主席所办的“自修大学”（船山学社）旧址。5时回宾馆听省政协刘副主席报告湖南和长沙的概况。

晚餐后到湖南剧院观看湖南花鼓戏[剧团]演出的现代戏《柯山红日》，22时50

1 参观团本日活动，详见篇后附录。
2 清水塘，位于长沙市，毛泽东早期从事革命活动的地方之一，有其旧居及当年党的地下省委机关。
3 船山学社，位于长沙市，是毛泽东创办自修大学的旧址，已辟为革命纪念地，存有珍贵的文物资料。
4 参观团本日活动，详见篇后附录。

分剧终，回宾馆休息。

● 4月19日 星期日

上午，7时出发，两次渡过湘江，10时半到韶山招待所。看〈听〉所长介绍毛［泽东］主席在故居情况[1]。怀着敬慕、兴奋［的］心情参观毛主席居住地：堂屋，毛主席母亲洗衣、煮猪食劳动之房，厨房，寝室，书房，谷仓，碓屋，牛栏，猪圈，放柴地方，养鱼、种菜、晒谷草、游泳等地方[2]。

4月19日在韶山招待所，所长介绍情况[3]。

韶山冲地方六百多户、两千八百人，60%是姓毛［的］。

在毛泽东少年时代游泳过的池塘边留影

解放前受压迫、剥削，有90%是贫雇农和手工业［者］，当中80%受地主阶级剥削。例如地租杂税、高利贷、烟税等，每次收一次〈衍〉一元。1918年一年就收（杂税）到1938年的租税（还没有生儿子就收到孙子［的］税［了］）。政治方面，也是［由］团防局的地主武装［统治］。团防局局长唐峻岩［从］1912年到1926年十四年间连任团防局局长，他在上任时说，先杀工人二个开刀，［遂］把两个叫花子杀了。当时民间［流传这样的］歌谣："韶山农民头上三把刀，债多、地租、利息高，农民眼前三条路，逃荒、讨米、坐监牢。"

1893年毛主席生于韶山冲上屋场［的一个］普通农民家里。主席［家］有五口人，父亲毛顺生，19〈8〉70年［出生］，直到1919年12月[4]病故。毛主席［的］父亲一生都劳动生产，治家很严。母亲姓文，谦和公正，［是一位］善良妇女、喜［欢］帮助农民的劳动妇女，对毛主席幼年的学习有好影响。［她］生于1867［年］，1911年8月病故，当时毛主席才十二岁[5]。毛主席［大］弟泽民，生于19〈8〉95［年］，比毛主席

---

1 关于所长介绍的内容有记录，详后。

2 参观团本日活动，以及溥仪参观毛泽东旧居时"敬慕、兴奋"的心情等，详见两篇篇后附录。

3 此句以下本日日记写在同册日记本的后部，其内容系溥仪记录整理的韶山招待所谢所长讲话，为便于读者，特移并于此。

4 毛顺生生于1870年10月，病逝于1920年1月。

5 毛泽东的母亲文氏生于1867年2月，病逝于1918年10月。文中"十二岁"显属误记，即使按1911年算，毛泽东也18周岁了。

小二岁[1]。1922年入党，担任部长？[2]抗日时在苏联学习。党派到新疆组织抗日统一战线，被军阀盛世才所杀害[3]。毛主席［的］小弟弟泽覃，生于1905年，1923年参加革命，在革命根据地任地委书记、任红军独立师师长[4]。1935年在［江西］瑞金［与福建］长汀［交界处］对敌作战［时］英勇牺牲，当时才二十九岁。

毛主席幼年时代，绝大部分时间住韶山，十六〈八〉岁离韶山。当六岁到八岁，在家做轻微劳动[5]。八岁到十五岁在家附近读了五年的私塾。十三岁［至］十六岁在家参加农业生产、种地，会一套技术。也放牛、养鱼、砍柴、种菜，样样都内行。毛主席爱劳动，种的地，在秋收［时即看出］产量更〈很〉高。［因为他］精耕细作，一般中耕作一遍，主席作三遍，［还要］拔草，产量特别高。毛主席不只是爱劳动，而且爱学习。在私塾时读“四书”，老师也不细讲。毛主席喜［欢］看反帝反封［的］小说，如《三国衍〈演〉义》《水浒传》《西游记》等。当时，先生只许看经书，毛主席在书桌上，把经书放在上面，把小说放在下面。一天，被先生发觉，他故意为难主席，让多多背书，主席都背了。还看小说，老师说毛主席真聪明，因此对看小说也不大禁止了。毛主席在十三至十六岁都是白天劳动，夜晚读书到深夜，把十里周围的书都借看遍。

毛主席看出农民的痛苦生活和社会的不公平不合理，心里〈衍〉产出〈生〉救国救民的心〈感〉情和抱负。可是，又感到自己知识不够，所以当十八岁（1910［年］）［时］，自己带着行李，出乡十七里外，在湘潭东山学校（高小）读了一年书[6]。1911年毛主席到长沙，考入湘乡驻省中学［堂］[7]。

1911年辛亥革命发生，毛主席剪了辫子参军[8]。后来革命果实被袁世凯[9]篡夺，毛主席认为资产阶级革命没有力量，于是回来又考上省第一中学[10]，因为课程刻版〈板〉陈旧，仅仅学了一个月就自动退学了[11]。毛主席在“帝王台图书馆”自修[12]。1913年［秋］到1918年［夏］，主席考入第一师范［读书5年］。为了提高文化，在师范开办夜校[13]。

---

1 毛泽民（1896—1943），应比毛泽东小3岁。

2 这里的问号是原有的，看来溥仪当时没搞清楚。毛泽民曾任安源工人俱乐部消费合作社经理、中央工农民主政府国家银行行长、国民经济部部长等职。

3 毛泽民被派到新疆从事抗日民族统一战线工作是在1938年，而他被盛世才杀害则在1943年。

4 毛泽覃（1905—1935），1923年加入中国共产党并担任中国社会主义青年团长沙地委书记处书记。1929年以后在赣西南根据地曾任中国工农红军独立五师师长，1934年红军主力长征后，他留在根据地仍任红军独立师师长。

5 毛泽东六岁开始帮助母亲喂猪，七八岁时饲养家里的一头黄牛。

6 应为湘乡县立东山高等小学堂，毛泽东在此读书期间注重中外史地，并开始阅读资产阶级民主革命派的书籍。

7 毛泽东在长沙上中学时，开始研究同盟会的书刊，并参加了反对清政府的革命活动。

8 毛泽东是湘乡驻省中学堂中第一批剪辫子的学生之一。在革命党人的鼓动下，不久便参加了湖南革命军，月饷7块大洋；其间没打过仗，只给长官们干点儿零星事务。

9 袁世凯（1859—1916），字慰庭，河南项城人。在清朝因主持编练新军而成为北洋军阀总首领，1911年10月出任清政府内阁总理大臣，至次年摇身一变而为中华民国大总统，并实行专制独裁，图谋并一度恢复了帝制。

10 辛亥革命爆发后，毛泽东在起义的新军中当了半年兵，1912年春天退役后，先后报考了某警察学校、某肥皂制造工业学校、某政法学校和某商业学校，均于录取不久即退学。其后考入湖南第一中学。

11 毛泽东在湖南第一中学念书整半年，不是“一个月”。有位教员借给他一本《御批通鉴辑览》，很感兴趣，认为比课堂所学更有用，遂决定退学自修。

12 这里即湖南省图书馆，毛泽东从晨到晚深埋其间，自修整半年。

13 1917年毛泽东以湖南第一师范学校学生会名义创办工人夜校，他亲自任教，讲授识字、写信、算账等，同时宣传革命思想。

1917 年成立新民学会组织[1]。1918［年］在第一师范毕业，九月组织留法学生，到北京，和李大钊等相识[2]，于是在北京［大学］图书馆工作半年。1919 年送上海一批出洋学生后回长沙[3]。组织学生运动，编《湘江评论》[4]。同年 12 月又回北京，这次读了《共产党宣言》[5]，毛主席细读这书，精通了马列主义的理论。

1920 年［毛主席］又回长沙，做党［的］工作，组织文化学会[6]，成立共产主义小组——研究俄罗斯会[7]，组织青年团，毛主席任湖南的青年团书记[8]。1921 年同何叔衡[9]等参加［中国共产］党［第一次］代表大会，回湖南任党［的］书记[10]。1922 年派刘少奇同志、李立三同志[11]等组织［安源路矿工人］大罢工和在〈衍〉萍乡煤矿［工人］罢工，取得大胜利。又成立了湖南总工会联合总会，任总工会干事[12]。1920 年再度回北京，[13]和杨开辉〈慧〉[14]结婚。后又到上海[15]。1925［年］毛主席从上海回韶山，开展农民运动[16]。组织"雪耻会"，由九人发展到一百多人。又把雪耻会的进步快、觉悟大的五个同志[17]［吸收入党］，组织了韶山党支部（这些同志在第一次和第二次国内革命战争中都英勇牺牲了）。主席组织这个雪耻会，当时地主阶级称是"过激党"，大地主陈姓向湖南军阀赵恒惕[18]告密，赵派兵要抓主席。一个在湘潭的同志听说了这事，从小路赶来，告诉了毛主席，催主席快走，家里人也催主席快走。可是毛主席不慌不忙，分析了［情况，认为］敌人两小时后才能赶到，所以又开会，［之后］才离开这里。从后墙跳出来，走了三华里时，二个

1 新民学会是毛泽东在 1918 年 4 月创建于长沙的革命团体，以"改造中国与世界"为宗旨。

2 其时，新民学会决定接受杨昌济的建议，组织青年先到北京学法文，再赴欧勤工俭学，以拯救中国。毛泽东到京后经在北京大学任教的杨昌济介绍，担任了北大图书馆助理员，遂与该馆馆长、"五四"新文化运动的旗手、中国共产党的创建者之一李大钊相识。

3 1919 年年初，毛泽东送蔡和森、邓中夏等人从上海登轮赴法，之后他抱定深入了解中国的愿望回到长沙。

4 "五四"运动发生后，毛泽东在长沙办的学生报纸《湘江评论》宣传革命理论，在华南学运中影响颇大，出了 5 期即被查封。

5 毛泽东在这一时期看了几乎全部已译成中文的马列主义著作，除《共产党宣言》外，还有考茨基的《阶级斗争》和科尔卡普的《社会主义史》等。

6 指毛泽东于 1920 年 7 月在长沙创办的文化书社，次年在湖南省内各县建立了 7 个分社，公开出售马列著作，传播新思想、新文化，宣传马列主义，直到 1927 年"马日事变"后被当局封闭。

7 1920 年 8 月毛泽东在长沙组织俄罗斯研究会，研究俄国十月革命的经验，倡导并组织赴苏留学。

8 毛泽东、何叔衡等于 1920 年 9 月在长沙成立共产党早期组织，10 月成立社会主义青年团，毛泽东出任团的书记。

9 何叔衡（1875—1935），中国共产党创始人之一，曾是中共湘区委员会负责人之一、湘江中学校长，1931 年任中华苏维埃共和国临时中央政府工农监察委员、最高法院院长。1935 年 2 月牺牲于长汀。

10 中国共产党第一次代表大会闭幕后，毛泽东被派回湖南建立中共湘区委员会，并担任区委书记。

11 李立三（1899—1967），湖南醴陵人。1921 年入党，是中国工人运动的主要领导人之一。1930 年犯过短期的"左"倾冒险主义错误，改正后继续担任中共中央委员。"文革"中受迫害致死。

12 毛泽东在湘区任职（区委书记）期间，兼任湖南省劳工书记处负责人。自 1922 年 9 月至 12 月先后领导了粤汉铁路工人、安潭路矿工人、泥木工人、水口山工人的罢工以及湖南 11 个工团代表与军阀赵恒惕的说理斗争。其间成立了湖南劳工联合会，毛泽东任主席。

13 这是毛泽东第二次到北京。1919 年 12 月毛泽东在湖南领导驱逐军阀张敬尧的斗争，不久，受新民学会派遣，以驱张百人请愿团团长身份前往北京，在北长街福佑寺住了 4 个月。

14 杨开慧（1901—1930），字云锦。湖南长沙人。毛泽东在湖南第一师范念书时的老师杨昌济之女。1920 年毛、杨在北京恋爱，年底在长沙结婚。婚后生下岸英、岸青和岸龙。因追随丈夫革命，于 1930 年 11 月被国民党杀害。

15 1920 年 4 月，毛泽东赴沪为前往法国勤工俭学的同志送行，其间以洗衣店帮工身份在沪居住了一个时期，乃返长沙。

16 1925 年 1 月，毛泽东参加了在上海举行的中共第四次代表大会，他在会上发言谈农民问题，但未被重视。同年 2 月，他从上海回到韶山开展农民运动。

17 这 5 个人是贫农毛福轩、钟志中和贫苦的知识分子毛新枚、李耿侯、庞叔侃。

18 赵恒惕（1880—1971），湖南衡山人。当时是北洋军阀政府任命的湖南省省长，湘军总司令。

农民很紧张，毛主席当时很瘦，说："你们随我来！"上了山（步行）八月到广州，成立了农民讲习所[1]。1925年到［19］27年写出《［湖南］农民运动［考察］报告》后，［在韶山］住三天[2]后来又回韶山[3]，这时农民知道主席回来，敲锣打鼓欢迎主席（这时［主席］已经离此三十二年了）。

● **篇后附录一：董益三同日日记。**

今日晨7时出发，10时30分到达韶山冲湘潭县韶山招待所。谢所长介绍韶山冲解放前后的情况和毛主席出生地（韶山冲土地冲上屋场）的情况，以及毛主席幼少年的生活、组织农民斗争的情况。12时20分午餐。13时去上屋场参观毛主席旧居。13时50分出发回长沙，17时到达西岸。因等过江的汽车太多，我们乘轮渡到东岸，转乘小汽车回旅馆，18时到达，18时30分晚餐。

● **篇后附录二：沈醉《回忆与溥仪在一起的时候》（节录）**

在湘潭参观毛主席的旧居时，他看到毛主席诞生的那张旧式木床，非要去亲手摸一下不可。讲解员告诉他，这些陈列的东西都不让人抚摸，怕久了损坏。他为了表示对毛主席的崇敬，一再要求想去摸一下，后来管理人员总算答应了他的要求，并声明只能让他一个人摸摸，别的人看看就行了。他一听又表示不去摸了，他最怕别人说他特殊，他总希望别人看他和看其他专员一样，不要因为他过去当过皇帝，就和别人不同，而要求对他不要特别照顾。

● **4月20日　星期一**

上午，游览岳麓山，看毛主席曾休息过的爱晚亭[4]，参观蔡锷[5]和黄兴[6]墓，游古麓山寺、古〈云〉麓宫，在望湘亭饮茶、照电影到白鹤亭〈泉〉[7]。

下午，参观湘绣厂[8]。

晚，省政协副主席、统战部部长招［待］宴［会］（统战部长曹痴、政协副主席曹伯闻、杨倓[9]）。

● **篇后附录一：董益三同日日记**

---

1 毛泽东这次在韶山住了将近半年，其间也曾离开韶山在周围几个县内考察农民问题，并成立农民协会、开办夜校、建立党的组织。1925年10月。国民党主办的第五届农民运动讲习所在广州开办，当时在国民党内担任执委会候补委员的毛泽东在讲习所作了多次报告。到1926年5月，他成为国民党第六届广州农讲所负责人。

2 事在1927年2月。

3 指1959年6月25日毛泽东重返故乡。

4 岳麓山，在湘江西岸，春茂林苍翠，秋天红叶满山，其最高处为云麓峰，可远眺长沙全景。爱晚亭就在山脚下，建于1792年，为骚人墨客吟诗作画之所，毛泽东青年时代常在这里与朋友们讨论时事、锻炼身体，"爱晚亭"三字即毛泽东亲自题写。蔡锷和黄兴墓都在岳麓山上。

5 蔡锷（1882—1916），字松坡，湖南邵阳人。早年就读于长沙时务学堂，1911年10月领导云南新军响应武昌起义，1915年12月组织护国军讨伐袁世凯，嗣后出任四川都督兼署民政长官，著有《蔡松坡集》。

6 黄兴（1874—1916），字克强，湖南善化（今长沙）人。早年就读于武昌两湖书院。从1904年领导长沙起义直到1911年黄花岗之役均任第一线指挥。辛亥革命中被推为革命军总司令，"中华民国"成立后任南京临时陆军总长兼总参谋长，著有《黄兴集》。

7 古麓山寺在岳麓山半腰，建于268年，为湖南最古老的佛寺之一。白鹤泉即在寺旁，传说泉水煮沸后，蒸气盘绕如鹤。"照电影"指中国新闻社随行记者拍摄了溥仪游览岳麓山的纪录片。

8 湖南湘绣工艺品驰名中外。

9 参观团本日活动，详见篇后附录。

上午7时出发，到岳麓山公园游览毛主席题字的“爱晚亭”、蒋翊武墓、蔡松坡墓、云麓宫（饮茶休息）、黄克强墓，11时30分返招待所。

下午，2时30分参观“手工业联社湘绣厂”，游览“烈士公园”。17时返招待所。

17时30分集会和湖南省领导会见，曹副主席（统战部部长）讲话，主要是谈湖南农业的情况。18时30分便宴，19时45分席散。

今日闹了一会酒，但不凶，较好。伯兰让服务员斟了一杯“竹叶青”烈性［酒］，没有准她喝。我俩各喝了一杯啤酒，汽水饮得很多。一天仍然很紧张。

● 篇后附录二：沈醉《回忆与溥仪在一起的时候》（节录）

我们在长沙招待所吃早饭时，不知是什么人丢掉一角钱的钞票在地上，范汉杰一向爱开玩笑，便拾起来放在溥仪的座位面前，说这是给服务人员作小账的。一位青年女服务员马上厉声斥责，说这是侮辱服务员！溥仪便吓得一个劲地陪〈赔〉不是。其实不是他说的。他看到那个服务员还在唠叨不休，便赶快找我去说情。他说我是湖南人，好解释一些。我看那个服务员的态度那么急，便去找她们的经理，才止住她。中午去吃午饭时，他紧紧跟在我后面，生怕再碰到那个服务员。谁相信他是那么胆小怕事呢？

● 4月21日　星期二

上午，参观长沙水泵厂（翻沙、加工、装配、工具四车间），其他［如］加修、锻工车间未参观[1]。下午，自由活动。

晚，参观社会主义阶级教育展览会[2]。

我到长沙是头一次[3]。听说这个地方曾经被国民党反动派用煤油点火烧了绝大部分[4]，可是这次来了，一点看不出过去一点〈衍〉烧毁的痕迹，处处有新的房子，城里、郊区的高楼大夏〈厦〉更是处处都有。这种迅速发展真是了不起的事，只有在党和毛主席正确领导下和社会主义无比优越［的］制度［下］，才能使长沙［的］恢复和发展［有］这样惊人的迅速。

4月21日晚，参观湖南省社会主义阶级教育展览会[5]，这对我们来说，真是具有很大教育意义。特别看见地、特、反、坏分子的种种破坏活动，这真是令人忿恨。过去我也知道，在很长时间［里］是有阶级和阶级斗争的。可是，我认为阶级斗争已然不是很严重。经这次参观学习，这是〈衍〉上了一次生动的阶级教育大课堂〈衍〉，这〈我〉对于阶级斗争的长期性、复杂性有了进一步的认识。在韶山参观[6]。

这次我能亲自看见了我们伟大领袖毛主席故居，这真出〈说〉不出我的高兴心情。

1 据董益三日记载，参观水泵厂后，又来到坐落于汉代古城墙上的“天心阁”，这是全城制高点，登上天心阁可以眺望长沙城。

2 溥仪在1964年7月写的参观总结中谈到展览会的内容。展览会用实物和图片反映国内的阶级斗争：没有改造好的地、富、反、坏分子或者收藏旧契约等反动证件，保存武器弹药、血衣尸骨，传授反动家史、编写反动诗词，或者杀人、放火、投毒、散发反动传单，组织反动集团、挑起家族械斗，或者开黑厂黑店，投机倒把、牟取暴利，或者宣扬封建迷信，施用美人计、酒肉计、离间计，以腐蚀革命干部，瓦解革命队伍。

3 此句以下一段实为溥仪的观感，写在同册日记本的后部，为便于读者，特移并于此。

4 1938年10月12日，长沙警备部队根据蒋介石的命令放火焚城，连续焚烧三天三夜，烧毁全城的三分之二。

5 此句以下本日日记写在同册日记本的后部，其内容系溥仪参观湖南省阶级教育展览会感想，为便于读者，特移并于此。

6 这篇短文也是溥仪于1964年4月21日写在本册日记后部的，为便于读者，特移并于此。

要不是党和政府组织我们到祖国格〈各〉地参观，我做梦也想不到［能来］到毛主席的家乡。

看到主席艰苦朴素的生活，听到韶山招待所负责同志说明毛主席幼年生活情况，对我真是很大的教育和启发。参观毛主席故乡韶山冲，这是我永远忘不了的事。对我来说，真是最光荣、最幸福的时刻。

● 4月22日 星期三

从长沙到汉口，由交际处大楼[1]上车，7时50分开车[2]。

下午，4时车过武昌，4时半到汉口，住璇宫饭店。

晚，学习漫谈在湖南参观感想。[3]

● 4月23日 星期四

上午，湖北省政协谢威副秘书长介绍湖北情况。

下午，参观重型机床厂[4]。

● 篇后附录：董益三同日日记

上午8时，湖北省和武汉市政协领导干部——省政协谢副秘书长和市政协卢秘书长和我们相见。谢秘书长介绍情况，湖北领导人为我们介绍的情况，内容十分丰富，数字多……

下午，2时参观重型机床厂，5时回饭店，遇雨。

晚上看电影：（1）水手长的故事；（2）木头姑娘；（3）人民公敌。时间又太长，放映到10时30分；又是三点多钟……除溥仪夫妇先退，连［以农］老后来也走外，其余都没有走。

● 4月24日 星期五

上午，参观长江大桥（范处长介绍）[5]。

下午，参观武汉钢铁公司（初轧厂、炼铁厂、焦化厂、炼钢厂）[6]。

参观长江大桥和武钢[7]，看见这样最新式巨大工程，都是我国自己制〈建〉造的。长江大桥1955年9月动工，到了［19］57年9月即完工。那些巨大的工程，只用了二年零一个月。武钢是从1955年10月开始平土（丘林〈陵〉地带），［19］56年开始建筑辅助工程，［19］57年开始建主体工程，速度是很快的。1号平炉原来计划要十个月建成，事实上只九个月就完成了。2号高炉原计划建好要两年四个月，可是提前了一年半，只用一百四十天建成。像这样速度不只是资本主义国家做不到，就是其他社会主义国家

1 “交际处大楼”即长沙市第二宾馆。

2 这里指送站汽车开动。参观团是乘上午8时25分的京广快车离开长沙的。

3 这次学习漫谈从晚7时30分至9时45分在参观团驻地分组进行。

4 关于谢威介绍的内容及参观团本日活动，详见篇后附录。

5 参观团于上午8时半出发，参观大桥并听取介绍后，杜聿明在武昌桥头堡处分别给溥仪夫妇、董益三夫妇，以及参观团其他成员摄影留念。其后，参观团的汽车在汉阳绕了一圈，又在汉口绕行一些街道，浏览市容。11时20分，返抵璇宫门前。

6 参观团在下午1时半出发，前往35公里之外的青山，参观武钢。其间有1小时的汽车路程。晚饭前返抵住地。据董益三日记载，《湖北日报》有位姓董的记者在晚饭后集体采访了溥仪、杜聿明、宋希濂、范汉杰、廖耀湘和董益三，他们都谈了观感。

7 此句以下本日日记写在同册日记本的后部；其内容系溥仪参观长江大桥和武钢感想。为便于读者，特移并于此。

在武汉钢铁公司，溥仪参观了初轧厂、炼铁厂、焦化厂和炼钢厂

也没有这么快的……中国工人、技术人员在党和毛主席正确领导下……我们〈衍〉自力更生、奋发图强，完全由自己设计、制〈建〉造出这样最新的、世界少有的长江大桥，也建成了巨大的武汉钢铁工厂，不仅速度是惊人的，质量也达到头等的国际水平。

所以，当我看见我们自己制〈建〉造的、这样巨大的长江大桥和武钢时，心里说不出是如何高兴和兴奋，真感到作为中国公民而自豪。

● 4月25日 星期六

上午，参观肉类加工厂和制成药品的陈列室[1]。

下午，游览东湖——屈原纪念馆、黎园[2]。

晚，政协招待在戏院看《赵玉霜》，楚剧[3]（赵为支部书记，坚决、足智、多能，破获地、富、坏分子）[4]。

● 篇后附录：董益三同日日记。

上午8时，参观武汉肉类联合加工厂。在宰杀车间，很多妇女怕看，伯兰也有点惊心，

1“制成药品”指肉类加工需要的各种化学药剂。

2东湖，位于武汉市东郊，为著名游览胜地。磨山植物园、武汉大学、鲁迅广场等在其周围，湖光阁高矗湖心，湖面宽阔，港汊交错。屈原（约前340—约前278），战国楚人，曾任三闾大夫，伟大的爱国诗人。其纪念馆在东湖西行吟阁。黎园亦在东湖湖区内。

3楚剧，旧名“西路子花鼓”，原系湖北东部花鼓戏，吸收了民间说唱、歌舞，以及汉剧、京剧的唱腔和表演方法。是湖北省流行剧种。

4参观团本日活动，详见篇后附录。

但还可以看，最使她难受的还是气味。下午两点游览东湖，风景比西湖更美，古迹方面有屈原的［塑］像和纪念馆。回来时车绕武汉大学区，顺便看了一下武汉大学。

……

晚上看汉剧《赵玉霜》，由名角陈伯华等演出。唱腔甚过湘赣等地方戏，但整个的演出并不突出，仅属一般(包括编剧)。戏散回旅馆已是11时。

溥仪夫妇和杜聿明参观湖北黄陂县杠店区滠口人民公社的油菜田

● 4月26日　星期日

上午，参观滠口人民公社。听社长介绍[1]。

［中午］在公社吃饭（在黄陂县委〈衍〉［杠店］市〈区〉委会）。又由县委介绍情况（张书记介绍）。看小麦，茂盛。看抽水机站。（二机，一小时灌三百亩，等于二千六百劳动力。一个机为一千千瓦，负担三十亩［至］四十亩。）

晚，［湖北省］政协副主席接见，招［待］便宴[2]。

● 篇后附录：董益三同日日记

上午，8时出发到黄陂县杠店区滠口公社、参观了这个公社的社员生活、湖田作物（小麦）。之后，到杠店区委会午餐，县委书记兼杠店区委书记介绍全区的情况。下午，2时参观区的大的抽水站，3时45分离开杠店区回来，5时到达饭店，6时湖北领导人会见并便宴（没有讲话）。

● 4月27日　星期一

上午、下午都作参观总结发言[3]。

晚，连［以农］老、陈［此生］老讲话[4]。

这次我参观了江苏、浙江、［安徽］、江西、湖南、湖北几省和上海市[5]，去的地方很多，参观项目简直一时数不过来。党为了帮助我们学习，提高爱国主义和社会主义教育，更好地为人民服务，组织专员参观，还让家属一同参观，这使自己感到无比光荣和温暖。

---

1 据当时记录，社长介绍了自公社成立后开荒，筑堤、围湖，变湖汊为良田，产量猛增等情况。按公社总产量，1949年为250万斤，1959年为310万斤，1963年为808万斤。从前这里有血吸虫病患者450人，到1964年已全部消灭了血吸虫病。

2 参观团本日活动，详见篇后附录。

3 参观团成员全天会议，各人总结近50天参观游览的收获，由郑庭笈和杨伯涛担任记录。

4 连以农指示：一、由宋希濂、杜聿明负责写集体总结向上级汇报，个人是否写出书面总结自定；二、眷属回京后继续学习，别中断。继而宋希濂请大家推举集体总结起草人，此事未定。

5 此句以下本日日记写在同册日记本的后部，其内容系溥仪自拟的总结发言稿，并已在当天举行的参观总结座谈会上使用。为便于读者，特移并于此。

在参观中，看见和学习了过去所不知道或不详细知道的事。我们参观许多工厂、人民公社、学校、展览会、纪念馆等等，一切都变化了，真是处处呈现一片欣欣向荣的新气象。

在参观工厂中，听到机器操纵的响声。从无到有，从小到大，看见中国自己设计、制〈建〉造的巨大的轻、重工业，真感到当中国公民的骄傲。

过去［的］旧日中国工业是少得可怜的工业〈衍〉，而且是帝国主义、殖民地〈衍〉和半殖民地工业；今天的工业是在〈衍〉我们奋发图强、自力更生的工业。过去的农业是落后的、分散的小农经济农业；今天是巨大的、前途无限发展的社会主义集体农业。过去的文化是封建的、买办的和帝国主义侵略的毒素文化：今天是社会主义的、为人民群众服务的、自己的新文化。交通运输方面，过去在中国的铁路和公路少得可怜，许多是外国人建立〈造〉和操纵的；今天是祖国人民自己设计开辟的、越来越多的铁路和公路。过去［的］城市是消费的、少数人享乐大多数人受罪的城市；今天，是由消费城市变成劳动人民共同享受和生产的城市。过去，外国租界分割了上海和武汉；今天，外国租界和一切帝国主义侵略势力，连根给拔了。过去，妓女、游民、乞丐、流氓遍满上海和武汉；今天，他们都得［到］改造，成为自食其力的劳动者。过去的名胜古迹都是地主、资本家、官僚据为己有享乐的地方，也是遭［受］内外反动派破坏的地方，今天的名胜古迹成为人民群众的乐园，成为劳动人民的游览区和疗养院。过去的工人、农民受压迫，被人侮辱，过牛马的生活；今天的工人、农民得解放，劳动受到尊敬、表扬，过日益幸福的生活。旧社会把人变成鬼，新社会把鬼变成人。社会主义无限好，共产党和毛主席的恩情说不完。这是六亿五千万人民的呼声，是世界被压迫民族的［呼声］[1]。

今天的祖国繁荣富强，人民的幸福生活来之不易。正是由党和毛主席领导人民几十年革命斗争与无数烈士流血牺牲所换来的。跟着党走，听毛主席的话，加强自我改造，在不同的岗位上，好好为人民服务，这是每一个公民应做的事情。

这是我［在］参观中初生〈步〉的简单体会。

● 4月28日　星期二

上午，［准备］。

12时半从武汉（璇宫饭店）出发到车站，下午1点4分开车就北京之途[2]。

● 篇后附录：董益三同日日记

昨晚结束了这次参观、旅行的学习，今日起程回京了。10时30分交运行李，照常12时午餐，12时30分离璇宫至汉口车站，乘13时4分京广车回京……

车至河南信阳时，我们走站台到餐车晚餐，9时过后，我和杜建时两个在上铺睡了，伯兰和念淑两个在下铺也睡了。

● 4月29日　星期三

午时，到北京。大家依次回家，我们回寓（1时许）。

1 溥仪自拟的总结发言稿到此告缺。但在同册日记本的最后几页里，又发现了该发言稿的抄件，且比前文多出三个自然段，特据以补录。

2 参观团本日活动及返程情况，详见篇后附录。

1964 年“五一”劳动节溥仪夫妇在欣赏收音机里的节目

晚，郑广元来[1]。

● 篇后附录：董益三同日日记

今晨 2 时左右车到安阳，伯兰的原籍，我们都在梦中。7 时多车至石家庄，我们又走站台到餐车进餐。为了下车后的方便，11 时又在车上午餐，12 时 4 分正点到达北京站。乘机关的车先至箭厂胡同，再至和平里，三至护国寺，四至东观音寺，五到我家，时已 13 时 50 分了。

● 8 月 5 日　星期三

上午，9 时政协来车接我们上大汽车，以〈依〉次接各专员上车。9 时 50 分到车站，10 时 20 分开火车。在车上用午、晚餐。是日车中很热，达［华氏］九十八度[2]。

● 篇后附录一：沈醉《回忆与溥仪在一起的时候》（节录）

我们从 1964 年 3 月去江南一带参观后，于 5 月 1 日前赶回北京过“五一”劳动节。因有外宾和港澳同胞去北京观光，这些人还有任务。到了 7(8)月间，又继续去西北参观，还是原班人马，只是政协的领队换了人。

1 参观团返程及到京情况，详见篇后附录。溥仪夫妇南行前嘱二妹韫和与妹夫郑广元照看住宅。

2 关于参观团开赴西北的缘起以及本日旅程状况，详见各篇篇后附录。

1964年在溥仪家中欢叙，左起：嵯峨浩、溥杰、李淑贤、溥仪

● 篇后附录二：董益三日记（7月21日）

今日上午刚一上班，李觉[1]即来对大家说（一进门就说），告诉大家一个好消息，听说你们这月底或8月初要出去参观，到延安、西安、洛阳、郑州一带去看看再回来。利用暑假的期间去一下，大概还是原班人马（指春季到东南去的一些人）。

● 篇后附录三：董益三日记（7月27日）

下午4时，［在］副主席会议室开会，辛志超副秘书长主持，连［以农］老、吴［群敢］主任、陈曾慈、曹玉林、社会主义学院魏副院长参加。之后，张［执一］部长也抽空参加，讲了话。

这次［参观］领队是三位：辛、连、魏，工作人员三位：吴、陈、曹。李觉也参加参观。路线是：北京→西安（三至四天）→延安、黄陵（四至五天）→西安（一至二天）→洛阳（二至三天）→郑州（二至三天）→北京（总共二十一天，自8月5日至26日）。

这次不去的有三人：我的爱人、溥仪的爱人和贾毓芝的爱人[2]。王耀武原拟不去，开会时在领导询问之下，临时决定去，如果不能到延安，就到西安为止。

这个会之后，老宋［希濂］又召集了一个会，大家谈了一下应注意的事项，最后老宋提出照前一次分组的办法分组，大家无意见。

● 篇后附录四：董益三日记（8月4日）

8时上班，绘了一个汽车路线示意图，交老宋［希濂］转老陈［曾慈］，决定明日上午，［由］老沈［醉］压车，接老杨［伯涛］、我、溥仪、溥杰，再到和平里，之后到箭厂胡同，从东单到车站。

● 篇后附录五：董益三日记（8月5日）

8时15分，伯兰送我上车，情意难分。10时到达车站，10时10分上火车，10时20分车开。

车上还是很热闹，大嫂们都和我开玩笑，特别是李念淑，说我不多说话，是在想爱人，

1 李觉（1900—1987），湖南长沙人。1940年任国民党第一兵团副司令期间随程潜将军在湖南起义。1964年为全国政协委员，并任全国政协机关秘书处副处长。

2 据董益三记载，宋伯兰这次不随团参观是他们自己“深思熟虑才决定的”，并于7月25日向吴群敢提出，经领导同意的。其他两位夫人也是自己提出的，后来李淑贤又决定去，只是未赴延安。

“怅惘”“空虚”，一见面就说，直到西安。

真是热，从［19］48年以后，没有感到这样热过！热我不怕，问题在于不能睡。

● **8月6日　星期四**

车过潼关，远眺华山，途中看见许多窑洞，过去都是用草包或席子堵上门[1]，现在都有门有窗了。说明农民生活的日益向上。

12时36分到西安车站，12时54分到陕西省人民委员会交际处招待所[2]。

● **篇后附录：董益三同日日记**

12时36分到西安，住人民大厦西楼208号房间。水泥大马路晒得滚烫，［嵯峨］浩的薄底鞋不隔高温，烫脚烫得直叫。二杜［建时］血压升高，躺下了。老康［泽］头晕，但还能支持。王耀武也有点受不了。王子衡不能吃饭，晚餐粒米未尽〈进〉。范［汉杰］的血压也升高了。

［晚］8时，我们进行座谈，还是两组（女同志自由出席旁听）。

晚上，因热，12时以后才睡着。

● **8月7日　星期五**

上午，参观西安［陕西省］博物馆。下午，参观半坡博物馆。

溥仪和妻子在自家院乘凉聊天

上午［参观的］陕西［省］博物馆，原来是［在］西安碑林[3]的基础上扩展起来的。解放后，初名“西安文物博物馆”，一面征集研究，一面整修扩建。随着大规模的基本建设工程的展开，大量文物发掘出土，馆内藏品很快丰富起来。1952年改名“西北历史博物馆”，1955年6月定名为“陕西省博物馆”。到目前为止，全部陈列面积共四千三百平方米，展出文物两千八百八十七件。全部陈列分三大部分：第一部分是表现地方史的陈列，包括周、秦、汉、南北朝、隋、

1 在此之前，溥仪未曾到过西北，这里所说显属耳闻。

2 参观团到达西安前后的情况，参阅篇后附录。

3 西安碑林，始建于1090年，藏有汉代到清代的碑石，墓志一千余块，是我国藏碑最早、最多的地方。在六个陈列室中，第一室以唐文宗开成二年刻的石经为主，即“开成石经”；第二室汇集了书法艺术上有突出成就的唐代名碑；第三室汇集了历代各类书体的碑石；第四室集中了宋代至清代的各种线刻画，第五室是宋、元、明、清各代能够反映社会历史的碑石；第六室所展碑石是元、明、清各代诗词歌赋作品。

唐、宋、元、明、清等阶段，以周、秦、汉为重点，共有两个大型陈列室；第二部分是“西安碑林”，共有六个陈列室；第三部分是专门性的陈列室和临时性的展览室，包括青铜器、历代陶瓷、石刻艺术等五个室。全馆共计十三个陈列室。

［下午参观的］西安半坡博物馆是解放后建立的。有五千年左右的历史，系在〈衍〉原始部落时代的遗迹[1]，1953年发现古代埋葬区，经过南面勘探，发现陶器。1954［年］到1957年中国科学院先后挖掘五次，现在只发掘了五分之一的地区（五分之四地区保护）。对于原始部落居住区只挖了十分之一，生产区域已竟〈经〉全掘了，从而发现使用工具等。［19］58年建成这个博物馆，内有四个陈列室，内有村落遗迹、生产工具、文化艺术［制品］和［其他］埋葬品（新石器时代）。半坡遗址是在西安东郊、河东岸，有五万平方米。下午又参观了国营西北第一印染厂：（1）漂炼车间；（2）染色车间；（3）印花车间；（4）整装车间。一天能生产四十米布（三班搞〈倒〉）。晚，游览兴庆公园[2]。

● 篇后附录一：董益三同日日记

上午，参观陕西省博物馆。陕［西］省是我国汉唐建都的地方，出土的文物很多，我们只是走马观花地了解一个大概。

下午，参观“半坡村”，这是四千多年前的先民生活的实际情况，最饶兴趣。看完半坡村后，紧接着去看西北第一印染厂，这个厂比上海的规模还大，［19］60年才建成投入生产的。

晚饭后，由于西安薰蚊子，8时我们又到“兴庆公园”去吃茶乘凉。这个公园比较北京的公园差得多，但在西安还是破天荒的。公园8时30分闭园，专为我们延长了一小时。9时45分回到人民大厦，想睡热得不能睡，到院子里看露天电影到10时45分之后回来，11时就寝。

● 篇后附录二：沈醉《回忆与溥仪在一起的时候》（节录）

我们乘卧车先去西安，住在人民大厦，大厦的厨师特为我们准备了一顿地方风味早点：羊肉泡馍。这是用一大碗肥羊肉汤来泡馍馍吃，先把像烧饼一样的硬馍弄成一小块一小块，泡到油汤里，等馍馍吸饱了油脂后，再吃泡好的馍馍和羊肉汤。我们都只吃不到一半就停下不吃了，溥仪却一口气吃完一大碗油汤和三张馍，又加了半碗汤。

吃完便去参观西安著名的碑林石刻。这里是历代名书法家写的字刻成碑，竖在那里，地方相当大。参观时许多家眷不愿去，溥仪的妻子也没去。可是等到分散参观后，到集合时间却不见溥仪，大家便分头去找也没找到。有人估计他可能回去照顾他妻子去了，便不再去找他而回到人民大厦。结果一问李淑贤［说］他并没有回来，我们几个人又开车去碑林再去找，一直找到吃午饭时还没有找到他。我们便回来吃饭，饭后又去找，这次总算在碑林内把他找到了。原来他在一个别人不注意的角落里，聚精会神地抄一块碑

1 半坡遗址是黄河流域一个典型的和比较完整的母系氏族公社的部落遗址，距今六千多年。

2 兴庆公园，在唐代兴庆宫的遗址上修建，园内有仿唐代建筑沉香亭、花萼相辉楼等。西安地方风俗，夏日晚饭后家家薰蚊子。参观团所住的人民大厦亦然，遂有夜逛公园之举动。关于参观团本日活动情况，以及溥仪对碑林的兴趣等，详见篇后附录。

文，因为早上吃得太多，也不觉得饿，所以他也记不得还要回去吃饭，直到吃晚饭他还是吃不下东西。一顿羊肉泡馍，把他撑饱了一天。

● 8月8日 星期六

上午，参观人民搪瓷厂。这个厂是从无到有，从小到大……截至现在，总产量比[19]52年提高十倍，畅销国内外（[该厂于19]51年建立，[19]52年正式生产）。计有：（1）制坯车间；（2）制琅车间；（3）涂烧[车间]；（4）喷花[车间]；（5）包装[车间]、辅助车间、模具车间。下午，参观国营西安仪表厂。[该厂]设计一千多个规格，一百九十五种产品。[19]57年开始施工，[19]60年建成，建厂时间为二十八个月……车间[计有]：（1）铸工车间；（2）金属切削车间；（3）锻轧[车间]；（4）表面[车间]；（5）元件[车间]；（6）机械仪表装配[车间]；（7）电子电气仪表装配[车间]；（8）标版[车间]。辅助车间[计有]：（1）机修[车间]；（2）动力[车间]；（3）维修[车间]；（4）试制[车间][1]。

● 篇后附录一：董益三同日日记

上午，参观地方国营西安人民搪瓷厂：（1）制坯；（2）制琅；（3）扩烧；（4）喷花（美术设计、晒相）等车间。下午，参观国营西安仪表厂（第一机械工业部）。今晨王子衡告诉我，他的老伴病了，急性肠胃炎，昨日拉了13次，今日转好。中午吴[群敢]主任宣布明日到延安去，说不能去的可以留下来几人，结果四人不去：王耀武和他的侄子二人，李淑贤、王子衡妻。

● 篇后附录二：参观团及溥仪在西北活动概况（8月9日至28日）[2]

● 8月9日

乘火车，自西安抵铜川。溥仪与廖耀湘、康泽、范汉杰、沈醉和董益三同宿于铜川矿务局招待所二楼八室。

● 8月10日

乘汽车，自铜川抵延安。上午9时至下午2时在黄陵招待所、富县国营食堂和甘泉少憩。当晚溥仪被安排在位于半山腰的延安招待所，内有卫生设备、条件最好的一处平房里。从这儿可以望见清凉山、凤凰山和有革命象征意义的宝塔山。

● 8月11日

听取延安大学党史教研室主任李森桂介绍毛泽东在陕北13年革命活动，并参观延安革命博物馆。

● 8月12日

参观杨家岭。在原中央大礼堂，听取负责人介绍毛泽东在此居住时、在“大生产”运动中以及与延安群众在一起的情况。还参观了中共中央办公厅和八路军总部旧址。晚上分三组（其中一组为眷属）座谈，溥仪发言谈观感。

---

1 这是留存下来的溥仪西北之行日记的最后一篇，其他各篇无从查找了。参观团本日活动，详见篇后附录一。

2 本附录是根据董益三日记、沈醉《回忆与溥仪在一起的时候》和溥仪的参观感想、参观总结等手稿编写的，希能弥补日记缺失的遗憾，给读者以西北之行的完整印象。

1964年8月13日，溥仪在延安枣园窑洞前，请农民高兴德在笔记本上签名

● 8月13日

上午参观枣园地区的延园，中央书记处办公地和毛泽东、刘少奇、周恩来、朱德、任弼时的办公室。在枣园毛泽东住过的窑洞前，溥仪听当地农民高兴德老大爷介绍了当年领袖密切联系群众的生动故事并合影、签名留念。下午参观柳林公社柳林大队。晚上看电影《七天七夜》。

● 8月14日

上午参观延安专区农业科学研究所和陕甘宁边区政府旧址。下午分组座谈，溥仪的发言获一致好评而被第一组推为代表，将要在三组联合大会上发言。溥仪还对陕北的窑洞感到新奇，坚决要求换住窑洞，领队答应了。溥仪由此有了新发现：因为窑洞本是暖的，戏文中“寒窑”一词就错了。

● 8月15日

上午参观鲁迅文学艺术学院及陕甘宁边区政府旧址。下午召开参观团全体人员大会，溥仪第一名作汇报发言，讲得很动情，联系个人历史流了泪。作汇报发言的还有宋希濂、廖耀湘、郑庭笈、王子衡和罗启芝。

● 8月16日

自由活动。溥仪与沈醉等再去延安革命博物馆参观，又去宝塔山游览。他发现宝塔的门楣上有“俯仰红尘”匾额就问向导：在革命圣地为什么不把封建迷信的匾额换掉？向导回答说，这不仅是因为保存古迹，而且延安还保存着两座寺庙，信仰问题是不能硬性规定的。溥仪与溥杰夫妇在多处摄影留念。

● 8月17日

乘飞机，分批返回西安。溥仪随第一批在上午11时登机，12时30分抵西安，与妻重聚。

● 8月18日

因天气不适飞机飞返西安。参观团第二批十余人延至本日上午飞返西安。

● 8月19日

赴陕西省礼泉县烽火公社烽火大队参观。溥仪访问了全国劳动模范、大队长王宝京和一位老农民王金寿，对干部参加生产并利用实验田研究、实践以及农民钻研种菜技术等颇有感触。

● 8月20日

参观八路军西安办事处旧址、西安交通大学和国营西北棉纺织第四厂。晚上应陕西省政协之请，在五一剧场观看由陕西军区五一剧团演出的秦腔现代剧《海防线上》。溥仪还抽空写了一篇无题短文，谈参观八路军西安办事处旧址的感想。

● 8月21日

游览临潼华清池，洗温泉浴。溥仪在水池内站不稳，却埋怨温泉的水太滑，浴毕错穿别人的衣服竟怪温泉的水让人肥胖，听完范汉杰编的故事就信以为真，闯女浴室要看姑娘们洗头……闹出许多笑话。下午座谈，并与省政协两位副主席见面。晚宴过后登车离开西安。溥仪还写了一篇无题短文，谈到游览华清池和骊山的感想。

溥仪夫妇和溥杰夫妇在龙门

● 8月22日

晨6时半抵洛阳，往友谊宾馆。上午听洛阳市政协刘秘书长介绍情况，下午游览了龙门石窟、关林（关羽的衣冠冢）和洛阳博物馆。溥仪在龙门的感受是旧社会破坏古迹，而新中国妥善管理了古代艺术珍品。晚上继续座谈陕西省的观感。

● 8月23日

上午参观洛阳轴承厂和矿山机器厂。下午参观东汉时代建立的中国第一座佛寺——白马寺并远眺了古汉城遗址。晚上，在红星剧场观看由南阳剧团演出的曲剧《芦荡火种》。

● 8月24日

上午参观洛阳第一拖拉机制造厂，看了热加工、冷加工、发动机和总装配等车间，最后看“东方红”

参观洛阳拖拉机制造厂时，溥仪和妻子一起登上“东方红”拖拉机的驾驶室

拖拉机表演时，溥仪夫妇愉快地登上一台机车并摄影留念。下午游览市容和东周“王城”遗址（今已辟为公园），还参观了出土古墓葬（距今2100年的西汉贵族墓和距今1900年的东汉武臣墓）。

● 8月25日

乘火车，自洛阳至郑州。当天参观郑州纺织机器厂，晚上听取市政协负责人介绍了解放前后河南省和郑州市的情况，溥仪认真记录。

● 8月26日

参观由东德援建的国营郑州砂轮厂，并游览郑州市的纺织工业区。从是日下午起进入总结阶段，先由个人在座谈会上口头总结。河南省政协刘副主席与参观团成员见面，并设宴款待了他们。晚上观看河南豫剧二团演出的现代戏《南海长城》。

● 8月27日

参观郑州烟厂、“二七”纪念堂并游览市容。在下午的个人总结发言中，溥仪

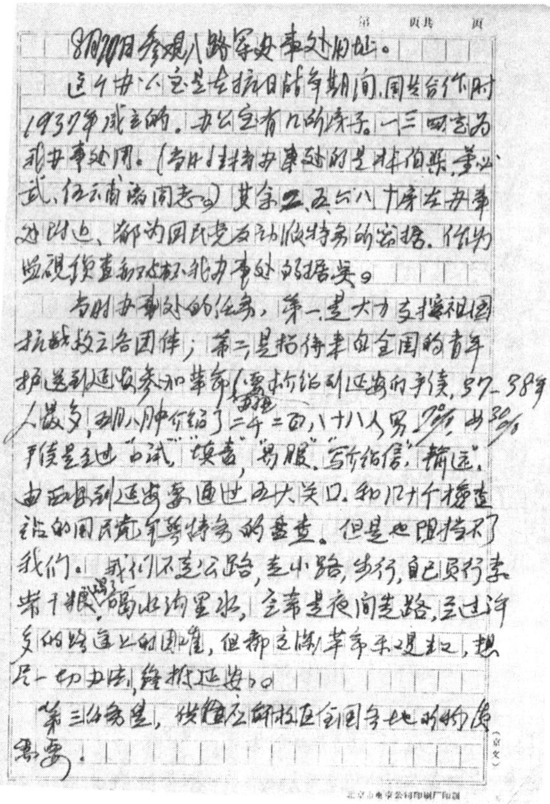
第　页共　页

8月28日参观八路军办事处旧址。

这个办公室是在抗日战争期间，国共合作时1937年成立的。办公室有几所房子。一三四室为我办事处用。（当时主持办事处的是林伯渠、董必武、伍云甫诸同志。）其余二、五、六、八、十房在办事处附近，都为国民党反动派特务的窝据。作为监视侦查和破坏我办事处的据点。

当时办事处的任务，第一是大力支援祖国抗战救亡各团体；第二是招待来自全国的青年护送到延安参加革命（要求介绍到延安的手续，37-38年人最多，如八路介绍了二千二百八十八人另外，由于手续是通过“面试”“填表”“换服”“写介绍信”“搭运”。由西安到延安要通过五大关口，和几十个检查站的国民党军警特务的盘查。但是也阻挡不了我们。我们不走公路，走小路，步行，自己负行李，带干粮，喝山沟里水，全都是夜间走路，经过许多的路途上的困难，但都立脚革命乐观主义，想尽一切办法，奔往延安。）

第三任务是，供给在解放区全国各地的需要！

（京文）

北京市电车公司印刷厂印制

参观八路军办事处旧址的感想

《我的前半生》于1964年3月由群众出版社发行

1964年10月11日，溥仪夫妇会见日本广播协会中国特别采访团

溥仪参加全国政协直属小组的学习。左起：刘斐、张治中、邵力子、李觉、范汉杰、宋希濂、杜聿明、王耀武、溥仪

谈了自己西北之行的观感。当天晚上溥仪洗澡时不慎跌伤右肋，中州宾馆服务员王秋林、张景和全力救助，派车接大夫、取药，几乎一夜未睡。溥仪深为感动，立即执笔给中州宾馆领导写了一封感谢信。

● 8月28日

乘火车，自郑州返北京，于夜10时30分抵达。溥仪夫妇回到东观音寺家中，从而结束了历时24天的西北之行。不久，溥仪即写出极为详尽的关于陕西、河南两省的参观总结，还为此在北京植物园等地作过报告。

1965年[1]

● 3月17日 星期三

抚顺战犯管理所所长金源[2]与公安部梁平同志到医院，第二次（一次在人民医院，二次在协和医院，还到家看贤一次）看我[3]，说了不少的勉励和安慰我的话。使我永不能忘记的是他勉励我的这些话，如"你应当做现在［仍然］在押战犯的学习榜样"。正如周总理在1960年勉励我的话"你应当作〈起〉标兵作用"[4]一样，所长特别指出：时时要有这红心[5]就成。红心这两个字，我永远把它当我的座右铭。为了党，为了毛主席，为了社会主义和共产主义伟大事业，为了祖国和六亿五千万祖国人民，为了世界人类进步和解放事业，我一定把我的这颗红心贡献这伟大的理想和事业。

每天要检查、考察自己，是不是随时随地都符合这个红心——所长最恳切、最期待和勉励的话。一切思想、行动，处处决不许离开这个红心，不断改造自己，身体力行。更要牢记我们伟大领袖毛主席所教导的，每天要像洗脸一样，洗自己的思想上［的］灰尘。

你诚心诚意执行党的方针政策，真正按毛主席的思想来办事，就是你对我不满意，你不把我当同志看，可是，我的心里也是把你看作是我的敬爱的好同志；反之，你不执行党的方针政策，不按照毛主席思想办事，就是你亲热地叫我声"同志"，我不仅不接受，而且认为是对我的侮辱。党和毛主席是中国人民的大救星，是中国革命光辉胜利的舵手，

1 溥仪1965年写的日记现存3册。按他自己编号的第23本，起于1965年4月15日，止于8月22日；第24本，起于8月23日，止于11月3日；第25本，起于11月4日，止于1966年4月30日。显然，1965年最初几个月的日记是写在编号第22本的日记本上。这一本已经失去，而3月17日、3月23日和4月14日3篇日记，是溥仪亲笔摘抄在别的笔记本上才得以保存下来的。这一年的溥仪日记记述颇详，为研究者提供了方便。

2 金源（1926—2002），黑龙江省人。1945年参加革命，1950年调入抚顺战犯管理所，历任日语翻译、管教科副科长、科长，副所长、所长。他是一位与战犯打交道时间最长并为改造他们作出了贡献的公安干部，溥仪把他看作为自己操心最多的人之一。溥仪特赦后他们仍保持联系。1978年金源调任北京社会主义学院副院长。

3 1964年11月下旬至12月上旬，溥仪因尿血第一次住人民医院治疗。1965年2月5日至3月12日，溥仪因尿血趋重再度住进人民医院，其间金源曾到医院探望。1965年3月12日至4月5日，溥仪为切除膀胱内的肿瘤转住协和医院，其间金源又到医院探望。

4 1959年12月14日，周恩来在中南海西花厅接见溥仪等11名首批特赦留京人员时说："你们是标兵，要经得起考验，要给人以好的印象。"1960年、1963年接见溥仪时，周恩来反复说过这层意思。

5 "红心"二字下面的着重点是原有的，下同。

是世界革命人民和被压迫人民与民族唯一仰望和解放的灯塔。以我个人来说，是使我真正从鬼变人、从黑暗向光明、从万恶的无底深渊里把我一手拯救出来的，比父母还亲！

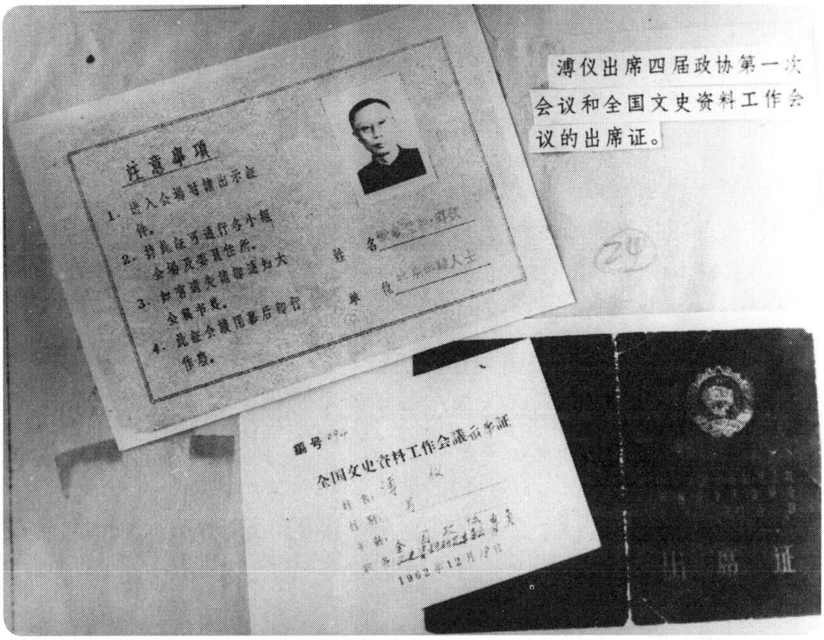

溥仪列席或出席全国政协会议的证件

我的旧社会家庭害了我，党和毛主席救了我，党给我的新生命、新灵魂，祖国是我的大家庭。抚顺战犯管理所是我改造新生的家[1]，北京植物园是我劳动的家[2]，在党和毛主席的关怀照顾下，我又成立了真正平等、自愿的小家庭[3]。

1960年我第一次在植物园得到选民证[4]；1961年在政协文史资料研究委员会当专员[5]；1962年又列席了政协会议、列席在人大听总理政治报告[6]；1963年在政协文史资料［研究］委员会参加普选，还同政协干部二人一同访询被选代表，第二次得［到］选民证[7]；1964年由党的培养教育又被选为政协委员，出席政协［四届一次］会议[8]。

过去所作所为，根本为人民唾骂、抛弃，［是］狗彘不食的为日本帝国［主义］强盗服务的驯顺走狗，当狗强盗帮凶，给祖国人民带来了历史空前灾难，真是百死也赎不过罪来，应该受到明正典刑的人！党和毛主席不仅不杀，对我十年如一日地如〈比〉天还高、比海还深的〈地〉教育、改造，使我这顽石终于点了头，使我终于背叛了旧阶级，坚决的〈地〉走向无产阶级和革命人民光明大道上来。本来对于六亿五千万中国人民，是无脸去见面［的］，今天，在党［的］培养、改造［之下］，认识真理，得到特赦，又［加

1 溥仪自1959年8月1日特赦，在抚顺战犯管理所度过9年半改造生活。

2 溥仪自1960年2月16日至1961年2月下旬，在中国科学院植物研究所北京植物园，度过一年“半日劳动、半日学习”的生活。

3 溥仪和李淑贤经自由恋爱于1962年4月30日结婚成立小家庭。

4 1960年11月26日，溥仪作为中华人民共和国公民，高举选民证，在香山乡南辛村投票站，第一次行使公民权。

5 1961年3月，溥仪被分配到全国政协工作，当上文史资料研究委员会专员。

6 1962年3月23日至4月18日，溥仪列席了中国人民政治协商会议三届三次会议，并在大会上发言，同时还列席了二届全国人民代表大会三次会议，听取周恩来作《政府工作报告》。

7 事载《溥仪日记》1963年3月15日至4月14日。

8 溥仪于1964年11月18日得到通知，经全国政协三届四十四次常委会协商，特邀他为全国政协委员，同年12月20日至1965年1月5日，溥仪出席了全国政协四届一次会议并在12月20日的大会上发言。

以］培养，在劳动锻炼中、在工作生活中、在政治生活中、在党的政策下，使中国人民对我能不究〈咎〉既往，允许我成为六亿五千万伟大中国公民的一员。［我］感到［身］为光荣、伟大的中华人民共和国公民是多么令人〈衍〉骄傲呀！

3 月 23 日　星期二

由于党的关怀，才使我在协和医院、在这个难忘日子里，又医治好了我的几个月尿血日益严重的膀胱瘤[1]。这是党和毛主席又一次地救了我，又给了我的〈衍〉新生命。我应当努力学习、努力工作，珍惜我的新生，好真正地为人民服务！

4 月 14 日　星期三

我读毛主席著作中的《反对自由主义》内容，有许多是自己存在的毛病，现在写出来。凡关于我有的毛病，按主席的话列举出来，实在令我大吃一惊！我还以为经过党的十年改造，自己不错了（这正是自满情绪）。比如说，就是工作有些成积〈绩〉，也绝不可自满。毛主席教［导］党员说："虚心使人进步，骄傲使人落后。"对党员都如此，何况我的出身、历史，完全是剥削［者］、反动统治者出身，又对人民犯过滔天罪行，经党的伟大改造政策，才把我从罪恶［的］黑暗［的］深渊中拯救出来。即或有一点成积〈绩〉，也是为祖国人民服务、理所应当的，又怎能有什么自满情绪？何况我的工作并没有成积〈绩〉。就我的过去罪恶来说，对党［的］事业、对人民［的］利益，就是能够做点好事情，也抵不过我前半生对人民犯的罪恶。如果［说］做些对党对人民有益的事，也是每个公民的本分和义务，而且对我来说，那就是随时赎罪的表现而已。

现在，把主席所指出自由主义所犯的毛病，凡是现在我有的，列举出来对照一下。

"自由主义有各种表现"，其中我没有的就不写了，按照原文加减符合于自己者。

因为是熟人，明知不对，也少作（原则上建议）批评、帮助（初到北京时经常批评和帮助人），怕得罪人，怕报复。或碍面子不肯说，求得和平和亲热。或者轻描淡写地说一顿，不作彻底解决，保持一团和气。结果是害了团体，也有害于个人，这是第一种。工作随便、学习松懈，缺少钻研，［如此下去］，逐步必懒惰。

反自以为改造不错，不检查自己，又产生自满情绪。[2]

周总理十分关心我的改造和进步，告申［伯纯］老让我不可产生自满，不要（［因］写著作、见外宾、有些成积〈绩〉）飘飘然。以〈把〉关［过］好：社会主义关，为人民服务［关］（思想健康），又关心我疾病，告申老负责，一定把我膀胱生瘤的病治好（身体健康），真是比父母还亲。

我一定作好〈到〉思想健康、身体健康双丰收，时时检查思想，读毛主席著作，用毛主席思想，活学活用，巩固党十年对我的教育改造，永远跟着党走，听毛主席话，全

1 溥仪发现尿血是在 1964 年 11 月，到 1965 年 3 月初，经医生会诊发现膀胱内有一个黄豆粒大和一个小桑葚大的两个瘤子，而且怀疑是恶性的。周恩来亲自指示：一定要把溥仪膀胱生瘤的病治好。3 月 23 日，协和医院为溥仪施火疗手术，烧掉了膀胱瘤。但这并不意味着根治，术后仍有轻微尿血现象。

2 以上三段内容系溥仪根据《反对自由主义》一文，"按照原文加减符合于自己者"写出。并非照录原文，特此说明。

心全意为人民服务。为党的事业贡献自己的一切力量[1]。

● **4 月 15 日　星期四**[2]

● **4 月 16 日　星期五**

北洋组第一次开会[3]。

北洋组组长：沈德纯[4]。副组长：于树德[5]、邓哲熙[6]。[组员]：武志平、张述孔、戈宝运[7]、王毓超、吴锡祺[8]、陈曾慈、溥仪、溥杰。

北洋组开会，申伯纯副主任参加。

组长沈[德纯]发言，[北洋组与]西北军组[9]合并起来为一组，军事组[10]11 人，北洋组 12 人。各组，特别北洋组，北洋时代老人多，要抢救。另外，周总理指示讨论，[对]1965[年]二季度[和]下半年工作[计划]提意见修改。请张[述孔]、邓[哲熙]汇报情况。

申老：今天开会，沈[德纯]拉我来。新参加[北洋组的领导]为沈[德纯]、何[干之][11]、于[树德]。我们现在[的]工作都是重新组织（双组），今[天]是四届政届〈协〉，今年 1 月大会闭幕，3 月 18 日开常委会，才决定四届政协工作机构和工作人选[12]。这次，四届政协在人事上有变动。过去有五[个]委[员]会：学习[委员会]、文史[资料研究委员会]、地方工作[委员会]、联络[委员会]、会刊编辑委[员]会；今有二[个]委[员会]，今〈衍〉只有学[习]委[员]会、文[史资料研究]委[员]会。

文[史资料研究]委[员]会是三届[政协]成立[13]，四届[政协]仍存在。人事有变化：

---

1 3 月 17 日、3 月 23 日和 4 月 14 日三篇日记的日期，在原稿上是直接写入文内的，前两篇把日期写在开头，最后一篇把日期写在结尾，现统一提到正文之前。

2 按原文只存日期，无正文。据董益三同日日记载，本日下午专员学习。

3 本日日记实为溥仪参加的 1965 年北洋组第一次业务例会的记录。这次会议反映了北洋组开展文史工作的各方面情况，也可以看出溥仪在业务工作中起到的作用，是一篇难得的关于溥仪的工作环境的实录。

4 沈德纯，当时任全国政协委员、文史资料研究委员会副主任委员兼北洋组组长。他是和溥仪接触较多的一位统战领导干部。平时，溥仪称呼他为"沈老"，在以后的日记中反复出现。已故。

5 于树德（1897—1982），字永滋。天津静海人。参加过辛亥革命并在李大钊辅导下参与主持北京和天津的学生运动，也是我国最早从事合作社理论的教学和著述的学者。1965 年时他是全国政协常委。

6 邓哲熙（1894—1981），河北大城人。原为冯玉祥部将，长期追随左右。曾任西北军参谋长。营救过中共党员和进步人士。1965 年前后他是全国政协委员和民革中央委员。

7 戈宝运，全国政协机关干部。

8 吴锡祺，全国政协机关干部。熟悉北洋军阀历史时期的内情，撰写并发表过《记溥仪出宫》等文史资料。

9 全国政协文史资料研究委员会原来设有西北军组。把曾在西北军内任职熟悉其内情的人员编成一组撰写或审读有关资料。

10 全国政协文史资料研究委员会下设军事组，该组成员都是前国民党的将军如杜聿明等，负责撰写、审读军事方面的文史资料。

11 何干之（1906—1969），原名谭毓均。广东台山人。著名中国近现代史专家，曾任中国人民大学研究部副主任、历史系主任、教授。1961 年调到中国科学院中国近代史研究所。

12 中国人民政治协商会议第四届全国委员会第一次会议，于 1964 年 12 月 20 日召开，1965 年 1 月 5 日闭幕，同年 3 月 18 日召开四届政协第一次常委会，通过了政协第四届全国委员会的工作机构和负责人名单，同时还通过了其他三项决议。

13 文史资料研究委员会是根据周恩来的号召成立的。1959 年 4 月 29 日，在政协第三届全国委员会第一次会议上，周恩来被选举为主席。当天他就举行茶话会，招待 60 岁以上全国政协委员，号召大家把亲身经历和见闻记录下来传之后代。同年 7 月 20 日，文史资料研究委员会举行成立会，通过了全国政协的《文史资料研究委员会组织简则》《文史资料研究委员会工作办法》和《文史资料研究委员会关于资料处理暂行办法》。

主［任］委员原为范［文澜］老[1]，现在范在人大，主［任］委［员］换张友渔[2]。文史［资料研究委员会］原有的副主［任］委［员］李根源[3]、王世英[4]、顾颉刚[5]、杨东莼、申［伯纯］。现在［的］副主［任］委［员］：申［伯纯］、杨东莼、刘大年[6]、沈德纯、米暂沉[7]。委员过去［为］五十一人（［其中一般］委员四十五人），现在［包括］主［任］委［员］、副主［任］委［员］共二十九人（［其中一般］委员二十三人）。

二十三［名］委员［中］有两部分［人］：一为政协委员兼［任］（必须实际参加工作）；二为有协作关系的，可能还要增加几人，委员也有变动。

以前，文［史资料研究］委［员］会有几组。过去［的］组是历史形成的：［19］59年仅有西北军组，以后［到19］61［年、19］62［年］发展成各组。小组只是分工。过去［有］六组，连西北军［组］、敌伪组[8]、社会组[9]，成九个了。这次不同了，我们写一个组成简则，现在规定六组：北洋组、军事组、政治经济组、文教社会组、工商组、东北组。组长、副组长［是］由主［任］委［员和副主任委员］商定、经秘书长批准的。

□□组做何工作？［写稿、］组稿、审稿、核实、整理、处理。（1）评定稿费；（2）好稿报剪〈编〉辑辑〈衍〉室。

半年多，［全国］政协关门搞运动[10]，现在是运动快结束了，搞组织建设。一是四届政协刚开始；还有第一次常委［会］，周［恩来］主席主持开会，周主席讲一个半小时（关于文史［资料工作］）。［我们的工作是］在四青〈清〉运动胜利结束、四届政协开始、周主席指示后开始的。

北洋组开会，二［项］工作，组长［只有］一位，是同西北军组合并为一个组。

1 范文澜（1893—1969），字仲沄。浙江绍兴人。毕业于北京大学，曾任蔡元培秘书，并在北京大学等多所院校任教授。1940年到延安，任马列学院历史研究室主任等职。中华人民共和国成立后曾任中国科学院中国近代史研究所所长，哲学社会科学部常委、中国史学会副会长等职。他还是第三届全国政协常委、中共八届中央候补委员。自1965年年初起为三届全国人大常委。他是我国马克思主义史学奠基人之一。

2 张友渔（1899—1992），山西灵石人。著名宪法学者和日本问题专家。1927年6月入党后，长期在军政界和文化界从事统战工作。1965年前后担任全国人大法案委员会副主任委员、中国政治法律学会副会长、全国政协常委等职。

3 李根源（1879—1965），云南腾越（今腾冲）人。清末秀才，后加入同盟会。辛亥革命后任云南省军政部总长兼参议院院长。参加了反袁护国斗争。嗣后出任陕西省省长。在护法战争中被推为驻粤滇军总司令。1922年以后出任北洋政府航空督办、农商总长，其间曾兼署“国务总理”。他主张抗日，倾向革命。中华人民共和国成立后曾任全国政协委员。

4 王世英（1905—1968），山西洪洞人。毕业于黄埔军校第四期。长期从事党的统一战线工作，解放战争时期曾任中国人民解放军副总参谋长、军委敌工部部长。中华人民共和国成立后曾任山西省委书记、省长。1962年任中共中央监委专职委员。他是政协第三届全国委员会委员、第四届全国委员会常委。

5 顾颉刚（1893—1980），江苏苏州人。他是一位在中国古代史研究方面卓有成就的历史学家。他以“民进”成员身份参加政协，是政协第三届和第四届全国委员会委员。

6 刘大年（1915—2007），湖南华容人。中国近代史专家。

7 米暂沉，原为杨虎城将军部属，曾任杨将军的办公室主任。1965年，他作为特别邀请人士被任为政协第四届全国委员会委员。

8 敌伪组，负责审阅与抗日战争时期各地伪政权有关的文史资料。

9 社会组，负责审阅与社会问题（如黑社会活动、烟馆，妓院等）有关的文史资料。

10 从1964年第四季度起，全国政协机关开展“四清”运动，即“清政治、清经济、清思想、清组织”，亦称“社会主义教育运动”。关于社会主义教育运动，1981年6月27日中国共产党第十一届中央委员会第六次全体会议一致通过的《中国共产党中央委员会关于建国以来党的若干历史问题的决议》指出：“1963年至1965年间，在部分农村和少数城市基层开展的社会主义教育运动，虽然对于解决干部作风和经营管理等方面的问题起了一定的作用，但由于把这些不同性质的问题都认为是阶级斗争或者是阶级斗争在党内的反映，在1964下半年使不少基层干部受到不应有的打击，在1965年年初又错误地提出了运动的重点是整所谓‘党内走资本主义道路的当权派’。”

你们三人[1]主要仍［继］续搞西北军局部组，但也［应抓］全体组。北洋组工作艰巨：一是艰难，二是巨大。主要搞民国三十八年（北洋十六年、国民党二十六〈二〉年）[2]。北洋时期人少，有些八十多岁多〈了〉。时［间］久、人［数］少，组稿对象已老，即〈接〉受我们党影响教育少，接触少，人少，人也落后。国民党是反对我党［的］，但受我影响多、教育多、接触多。今天写材料好坏和政治上、思想上成正比例，是代表思想的。所以［说北洋时期］比国民党［时期］更艰难。国民党军事方面组织［史料］有把握，［组织］北洋［时期史料］是艰难［的］。第二是巨大，北洋是在历史上十六七年，整个一个时期（［或叫］一个阶段吧）！清［朝］垮台，北洋军阀成立，北洋组即在这时〈期〉间组稿。北洋［时期］包括军事、政治、外交、财经。文教工商我们可以不搞，但军事、政治、外交、财经仍归北洋组，范围很大（国民党财经在政治经济组）。因此，北洋组任务艰巨。

北洋组过去只有在皖系□□□□［系统，其他］如冯系、阎系、桂系、新桂系也都［应包括］在内[3]。过去是搞北洋军阀，现在是搞北洋时期，现在北洋组的新任务——政［治］、［军］事、外［交］、财经。

北洋组现为十二人，真开展工作尚觉少，而不［是］多。“北洋”稿［源］基地仍在北京，天津［也］多。上海虽有而少［些］。将来［的］工作有组织工作、协作工作，专靠我们这几个人还不够。

过去，北洋组、西北军组都做［出］了成绩，西北军组还明确些。根据现有基础来搞工作，一边工作，一边研究、解决。如过去［的］组稿对象，过去虽有调查，但有几个堡垒打不开，怎么办？例如叶恭绰[4]、曾毓隽[5]、张难先[6]、李思浩[7]、李书城[8]、章士钊等都有材料，尚未打开。

过去说“抢救任务二年为期”，现在不说重点，只说做了。曾毓隽不愿写，写稿在经章士钊看过后才交出。再者，曾的女婿可以推动他，我们推动〈衍〉通过其女婿推动

1 应指米暂沉、邓哲熙等原西北军干部。

2 民国三十八年指 1912 年至 1949 年，其中 1912 年至 1928 年属北洋军阀时代，共 16 年；1928 年至 1949 年为国民党统治时期，共 22 年。

3 皖系，以段祺瑞为首，在袁世凯死后控制北京政权，以日本为靠山；冯系，指原属直系军阀的冯玉祥将军所部，他反蒋、爱国、抗日，曾与共产党合作；阎系，以阎锡山为首，盘踞在山西省；桂系，以陆荣廷为首，依靠英美，控制两广和湖南；新桂系，以李宗仁、黄绍竑、白崇禧为首，在广西发展壮大。

4 叶恭绰（1881—1968），字誉虎，广东番禺人。早年毕业于京师大学堂，历任北洋军阀政府交通部总长、国学馆馆长和孙中山大元帅府财政部部长。也出任过国民党政府铁道部部长，1965 年他是全国政协委员。中央文史馆副馆长、北京中国国画院院长。

5 曾毓隽（1865—1963），字云霈，福建闽侯人。清末举人，曾任清邮传部参事。民国以后追随段祺瑞，曾参加讨伐张勋复辟之役。其后当过安福国会议员，还曾出任北京政府交通部次长兼国有铁路督办、交通总长等职。

6 张难先（1873—1968），湖北沔阳人。清末即在新军中从事革命活动并参加武昌起义。其后曾参与讨袁起义。出任过国民党政府考试院铨叙部部长、浙江省政府主席、湖北省银行董事长等职。1965 年前后任全国人大常委会委员。

7 李思浩（1882—1968），字赞侯，浙江慈溪人。清末举人，曾任户部主事、度支部税务司司长等职。辛亥以后在段祺瑞内阁中任财政次长兼盐务署署长并代理财长，又兼任中国银行总裁。1936 年出任冀察政务委员会委员长。1944 年任上海《新闻报》社长。

8 李书城（1881—1966），字晓垣，湖北潜江人。清末秀才，1905 年在日本陆军士官学校学习期间与孙中山创建中国同盟会，后参加武昌起义，出任临时大总统府秘书长。1916 年任北京摄政内阁陆军部总长、总统府顾问。1919 年担任湖南护法军总司令。1930 年出任山西冯玉祥、阎锡山讨蒋军顾问。新中国成立后历任国家农业部部长、全国人大常委和全国政协常委。

他。所以，工作方法要注意。

……

张述孔：北洋［时期］组稿［工作自19］60年开始，［到19］61年成立组，由廖华、武［志平］、两溥[1]、王［毓超］，又加张寿崇（西城区［政协副秘书长］）、房天魁（东城区［政协副秘书长］）［组成］。对外组稿为王毓超，张［述孔］、武［志平］有时抽出时间组稿。小组常开组会——［研究］如何组稿和分稿件。东、西城区政协副秘书长［张寿崇、房天魁］不一定每次来，他们只和北洋组起联系工作作用。我们六人看稿、组稿。

北洋组［的］工作［可分为］二部：一审稿，二组稿。范围是北洋政府时期，重点是直、皖系，其他［系］也在整理范围［之内］，很广。北京市一百一十几人，一部［分］政协委员；天津二十几人，三分［之一］以上写过稿。［19］62年［全国政协］文史［资料研究委员会］发通知［让］各省［政协］文史［资料研究委员会］（三十个单位）举各人能写稿的人。只［有］十个单位报了名单，我们也未催。名单外，还经常和老人接触。［许］多老人［已］八十多岁，七十岁已［算］年轻。另外，接［受］党［的］教育很少，学习机会很少。年老，封建意识浓厚，顾虑重重。张东严〈荪〉[2]不急写（王毓超找［过他］）。我找陈文运[3]，表示痛快。次日找唐永梁[4]，一谈起，说都忘了（是顾虑）。如天津杨文恺[5]，一篇［写］孙传芳[6]［的］好稿［也］没有。我在津找杨，谈［及］写《孙传芳联奉反奉始末》，他说仍有百分之五［的］顾虑。如章士钊、朱启钤[7]，前由杨东［莼］老搞。在天津找杨文恺，又找孙其廉——黎元洪[8]［的］外交秘书（天津民革［成员］）。朱示病，我调查并非如此。后［来］写［了］[9]，都是歌功颂德。又找苏锡麟（［其人］怕老婆），［此］事［前后］二年，［请他］写张勋复辟[10]，结果一直不写。二次［再找］，我第二次又说"溥仪问你"，后［才］写出来（当然，袁东衣也催他）[11]。曾毓隽［还有］顾虑，［看他］写的［东西］，尚未拿出真的［来］。

今后如何打开这［项］工作？（书信面大半。另外，写字找代笔人六七人。）［有］

1 "两溥"指溥仪和溥杰。

2 张东荪（1887—1973），原名万田，字圣心。浙江杭县（今杭州）人。毕业于日本东京帝大。1912年曾任南京临时政府大总统府秘书。"五四"运动时依附北洋军阀，与梁启超联合反对中国社会主义运动。中华人民共和国成立后任中央人民政府委员、政务院文化教育委员会委员等职，著有《道德哲学》《认识论》等。

3 陈文运，军人，曾在段祺瑞部下任师长。

4 唐永梁，不详。

5 杨文恺，曾在孙传芳部下任五省联军参谋长。

6 孙传芳（1885—1935），山东历城人。早年留日，曾在清朝北洋陆军近畿第二镇任教官。民国以后在长江流域驻兵。1925年任浙江督办时大肆扩军，在南京成立浙闽苏皖赣五省联军自任总司令。1926年投靠张作霖，任安国军副总司令兼五省联军司令。1928年6月兵败闲居，1935年在天津被仇人刺死。

7 朱启钤（1872—1962），字桂莘，贵州开州（今开阳）人。清末举人，瞿鸿机姻戚，徐世昌义子。曾任清朝东三省蒙务局督办等职。民国初年数度出任交通总长，其间参与拥袁世凯称帝活动。1918年当选参议院副议长，1919年出任南北议和北方总代表，1927年出任安国军政治讨论会委员。中华人民共和国成立后任全国政协委员，中央文史馆馆员，著有《蠖园文存》等。

8 黎元洪（1864—1928），字宋卿。湖北黄陂人。早年在清军中任职。因在武昌起义中被迫出任军政府鄂军大都督，继而出任民国政府副总统，袁世凯死后出任中华民国大总统。

9 这里似指孙其廉写的文史资料。

10 张勋（1864—1923），字绍轩，江西奉新人。1917年5月任安徽督军时，在徐州召集各省督军计议，以调停"府院之争"为名，带兵入京，于7月1日拥戴溥仪复辟，到7月12日败逃，史称"张勋复辟"。

11 苏锡麟所撰《我在复辟之役中的亲身经历》一文，很快即在《文史资料选辑》上刊出了。袁东衣，曾任天津市政协常委。

二［种］方式：一般号召，利用东、西［城］区政协和北京市文史馆开会，我们讲话。［这］只能启〈起〉宣传鼓动［作用］，真作用不大；启〈起〉作用是要多找他们，逐渐打开局面。［19］62年开□□工作会议（［研究］深入组稿、提高质量问题）[1]。但有人能自写，有［的］配人写，有［的］不接受配人写，而愿在［成］稿［方面由］我们帮助写。我们采取［的方法是］：对能写者先谈，问能写什么事？然后拉开提纲再写。溥杰、溥仪组织晚清稿，先看稿，［再］改写［对配人的］，配手写好我们先看，认为有［需要修］改者先交他改，有人不要配手，则我们帮助写。

北洋组很困难，属于抢救。故人已死□［多］人了，人越少，非大力抢救不可。必须打破顾虑。

［北洋组是在19］61年年底成立［的］，从［19］62［年］到［19］64［年］共组稿三百一十七篇，二百六十五万七千字。还有人写的［稿子］不是属于北洋［时期］，也［是］找他写［的］，共87篇，八十九万多字（不属北洋组的）。

另外，申［伯纯］老告［知］方法：人熟了，他谈，但他不让告人，我们［就］自己整理。这是极少的。以上［为］组稿［方面情况］。

审稿方面：属于北洋组［的稿件］至少一千七八百万字。从［19］62年起［到19］65年，审稿约一千万字。现在，整理分类卡片箱，基本上整理出来了。

做得不够［之处］：审稿，开始［在］总会上分［给］每人多少，最后又由我看。□□［继而］吴［群敢］、米［暂沉］让先看，□［并］由自己先做一个平衡。后［因］稿多，我也须稿〈看〉稿，因而分三□［份］：我和溥仪、溥杰和武［志平］、廖［华］和王毓超互看，然后在总会［上］再定。后［来］，米［暂沉］、吴［群敢］不同意，仍让我先做平衡。

未做好工作，本人水平不够，忙于组［稿］、看稿。究竟［哪里有］空白点？未暇看、组稿。初步以为张勋复辟［方面的稿件］够了，直皖战争［方面的稿件］够了。究竟够否？尚心中无数。还有代笔人放松了。最近□□□[2]写徐世昌亲身经历，但将当时政局都写上，便成问题。［应］当注意空白点，［过去］注意不够。

1965［年］如何稿〈搞〉尚未定。天津是散在社会上的［人组］为北洋组，约百八十人，组长［是］由省政协配备的，组长为鹿钟麟[3]，副组长为杨文恺。然后看谁能写，就配人来助写。北京市就不能如此搞，区政协说请他们开会，他们不重视。市政协、全国政协，他们还能注意，零敲琐〈碎〉打。今后如何，再定。

1 指全国政协文史资料研究委员会于1962年7月18日举行的会议。会上听取和讨论了杨东莼副主任委员关于《文史资料工作概况》的报告和申伯纯副主任委员《关于文史资料工作几个问题的意见（草稿）》的报告。

2 这几个难辨字应是人名。

3 鹿钟麟（1886—1966），字瑞伯，河北定县人，早年曾于北洋第二十镇任下级军官，继而在冯玉祥部下由炮兵团长一直升为冯的副手。1924年随冯玉祥发动北京政变，任国民军第一师师长、京畿警备司令兼北京市政督办。其时奉命驱逐溥仪出宫，嗣后两人还有几次谈判。在追随冯将军的戎马岁月中，鹿钟麟历任国民军前敌总指挥、国民联军总参谋长、代理军政部部长、西北军代理总司令、冀察战区总司令兼河北省政府主席等职。中华人民共和国成立后任国防委员会委员。1961年10月在纪念辛亥革命五十周年活动中鹿钟麟与溥仪曾在北京重逢。

沈德纯：今天大家先见见面。小组每礼拜四开会，二三项工作布置好。每星期开一次会、或事少则可不开。

传达周主席报告[1]和1965年［关于文史资料工作］提的意见。

西北［军］组和北洋组□□［存稿］加起来是：（1）八百七十五篇文稿；（2）六百零六十四万［字］。如何□［审］稿法？我谈谈。八百多篇（二组合起来），何干［之］老是研究北洋历史［的］，写了一个提纲，大家传阅一番，让溥仪同志看看，提纲是否合适？提纲分出直、皖系。于［树德］、邓［哲熙］、郭[2]等，哪些人能看的，按何干［之］老提纲看，［尽量］看多点，□□［同时］把稿子质量分一分：（1）如内容充实、丰富，政治观点、阶级分析正确，是第一类稿子；（2）比此[3]差，［然而］有参考价值；（3）更差点，无参考价值，关〈观〉点不明确，影响后代，伪成为真。

一个重点［就是］按何干［之］提纲：（1）写的差不多的，便可不必再写稿；（2）薄弱环节，还要找［知情人写］；（3）空白点，要［多］写稿。

八百多［篇］稿，上半年恐［怕］看不完了，不能等看完再组稿。大家□□［本着］周总理说的“传之后代”［的精神］，组长、副组长、副主［任］委［员］可下去组稿。［撰稿］人名单可［以］提出，大家再想想，谁能写？上半年重点（两个多月）[4]整理内部鉴定，做些工作，看看文稿。

北洋组［有各方面］配合：与市、区政协［是］协作关系，不是领导关系；北京都是中央机关或革［命］元老，都在工作岗位上，这个组织关系还要好好利用起来。

可拟订一个［19］65年下半年计划。

工作要点（未定稿）申［伯纯］老正在搞。

1965年计划（沈说）[5]。

下午3时，到协和医院。吴［德诚］大夫[6]诊治。尿红血球2~3个[7]。吴谓：“二个月后检查，可能还生小瘤，届时再住院六十天，疗治和休养。”[8]

● 4月17日 星期六[9]

● 4月18日 星期日

上午，到张述孔主任和杨伯涛家家〈衍〉看。

上午，张良城、张之兰及其子大陆、雪［明］应贤约吃饭[10]。董益三夫妇来，同

1 “周主席报告”，指周恩来于1965年3月18日在四届政协常委会第一次会议上关于文史资料工作的讲话。因沈德纯传达这个讲话时速度过快，溥仪的记录很乱，无法成篇，故删去，所删文字占日记篇幅两页半。这篇讲话的主要内容大意，溥仪后又摘抄在同年5月6日日记中了。

2 未知“郭”指何人。

3 “此”指前项所列条件。

4 “两个多月”指4月15日至6月30日间。

5 溥仪记录北洋组业务会议情况到此结束，涉及1965年工作计划内容没有再记。

6 吴德诚，当时为北京协和医院泌尿科大夫，是溥仪的主治医生，在此后的日记中经常出现。

7 这是尿常规化验结果。

8 自3月23日施行“火疗”手术烧掉膀胱内的肿瘤以后，医院要求溥仪定期复查，本日日记所载即术后复查的情况。

9 原文只存日期，无内容，据董益三同日记载，下午专员学习。会议由沈德纯主持，申伯纯、米暂沉、于树德都出席了。

10 张良城是李淑贤与溥仪结婚前在北京朝阳门外吉市口居住时的邻居，张之兰是其妻，大陆、雪明是他们的孩子。

餐[1]。

下午，润麒来看。

● 篇后附录：董益三同日日记

上午，到服务站量制伯兰的一件汗衫、我的一件蓝布中山服。之后，两人到溥仪家去看他们夫妇俩。在门口遇老溥，一同进去。李淑贤出来欢迎。他们要留我们吃饭，我不肯，伯兰有意，留下来。一会儿，一个女的带两个孩子来了；一会儿，一个名叫张连〈良〉城的也来了。原来他们一家是预约来吃饭的，我要走，李淑贤坚决不肯，把伯兰的书包藏起来，只好留下来，非常勉强……饭后，我体谅主人的麻烦去帮助他们刷了碗，饭前伯兰帮李做了菜。张夫妇、孩子走了以后，溥、李对我俩谈了张的来历和他这个爱人……14 时 15 分，我俩冒雨回家。

● 4 月 19 日　星期一

上班。[2]

电话告申［伯纯］、张［刃先］，我要谈话。上班后申老来谓，如无他事，只是谈话，他现在有事，什么时候谈话，他来告诉我。

早，见连［以农］老。

● 4 月 20 日　星期二

上班。

上午，军事组开会。申［伯纯］老和我谈话。

下午，学习。沈德纯组长、米赞〈暂〉沉副主［任］委［员］、于益之[3]、［张刃先］文史［办公室］副主委〈任〉[4]以及吴［群敢］主任均参加学习，学习关于越南问题[5]。

产生自满情绪［因］以下几点[6]：

1. 以为十年改造，已认罪恶。痛恨过去崇亲帝国主义思想和痛恨封建思想，这两者解决了，没有其他大的罪恶思想了。

2. 以为未经过改造的起义的民主人士，还不如自己——经过改造的人。

3. 写了《我的前半生》，揭露［了］封建［主义］的、帝国主义［的］罪恶。

4. 常见外宾，宣传党的伟大政策和改造政策。

5. 当了政协委员，得到党和政府的信任。

基于上述诸因素，自以为改造不错了，逐步产生了自满情绪，不仅妨碍改造前进，而且，自满——这正是旧社会个人主义的萌芽又发生。

---

1 关于这次“同餐”，详见篇后附录。

2 溥仪在这个时期的日记中常把“上班”“未上班”写在前面，是泛指一日之内的事，与下文含时间概念的“上班后”显有区别。

3 于益之，当时任全国政协秘书处副处长。

4 张刃先，刚调来文史办公室任第一副主任，本日第一次与专员见面，溥仪未能听清介绍。故没写上名字，且写错职务。

5 据讨论记录，溥仪两次发言。认为美国在南越打的并非局部的有限的战争，而是“蚕食”。在这种情况下，北越和中国有权出兵，越过北纬 17 度线，把美国赶出越南。溥仪说这是必须辩明的“大是大非问题”。

6 此句以下本日日记写在别的本子上，其内容系当天上午申伯纯找溥仪谈话后，溥仪追记谈话内容并抒写心得体会。为便于读者，特移并于此。

为了党和人民需要，任何工作都是为人民服务，既〈即〉或有了成绩，也是党的改造政策的伟大成绩，是属于党和祖国人民的，是自己应做的本分和义务，特别是赎罪的表现。何况确切说来，几年工作并未做出什么成绩来。相反，近来还不如过去改造和初到北京以及在植物园时期。那时没有自满，［只有］认罪和向劳动人民学习，现在又倒退了，不如以前了。工作、学习没有主动性，而且又逐步产生懒散的恶习，学习不认真研究思索，因而很少提出问题……这都是自己的毛病。这样，还有自满，真是妨碍进步，妨碍改造。

周总理即〈及〉时提出来我的自满情绪，来挽救我。我一定改正这些毛病，巩固十年改造，不断自我改造，随时克服缺点、错误，永远跟党走，听毛主席的话，过好社会主义关，不断前进，才不辜负党和毛主席——重生父母之恩情，真正作〈做〉一个对人民有益处的新人。

申［伯纯］老谈话谈到［周总理］三次谈溥仪："又为他出书，又常见外宾，不要飘飘然，飘飘然就要退步了。"总理电话告申老："一定把溥仪疾病治好！""在抚顺，进步。到政协，退步就不行！"

申老说，我揣度，"出书"事实［上有］别人帮助。见外宾，今天对你［用］新奇眼光看。说法拿分寸，要注意。更谦虚谨慎，学习更努力。

总理说：把溥仪交你，不能坏！

申老说，不应出头强出头，不应说话抢说话[1]。

总理对我真是父母般的关怀，和我从抚顺到北京前金源所长送我在沈阳车站说的话"希望你身体健康、思想健康双丰收"的意思是一致的[2]。党是我的主心骨。我有病，及时告申老，为我转院［到］"协和"，治好我的瘤子重疾，又一次挽救我生命，使我身体健康。我有自满，及时告申老，帮助我进步，克服我思想上的毛病——自满情绪，又一次挽救我的灵魂，使我思想健康。

（1965 年 4 月 20 日上午）

● 4 月 21 日　星期三

上班。

下午，到北海［公园］看毓崇，未在。褚同志说，他已搬至德胜门外住，仍发工资三十六元（照顾）。又回政协[3]。

● 4 月 22 日　星期四

上班。

1 申伯纯这两句话有告诫之意，希望溥仪在会见外宾等场合，保持谦虚谨慎的态度。

2 1959 年 12 月 8 日，抚顺战犯管理所所长金源亲自为获得特赦的溥仪送行，从抚顺送到沈阳，并在沈阳车站上说了许多嘱咐的话。

3 溥仪到北海公园园林管理处看望在那里工作的毓崇，未遇，遂返回全国政协机关。

卓意静[1]交来文件，让我和［溥］杰到会发言[2]。

《文史资料研究委员会1965年工作计划（草案）》[3]

四届政协文史［资料研究］委［员］会

1965年4月17日

晚年的文史专员溥仪

正当政协关于"四清"运动即将胜利结束，第四届政协全国委员会工作重新开始和周主席对文史工作有新的指示之际，文史资料研究委员会制定1965年文史工作计划［是］有新的重要意义的。现在，第一季度已过，计划从第二季度开始，分第二季度计划和下半年计划两个部分。

甲：第二季度工作计划（四、五、六月）

一、建立和健全组织机构：1.本届文史资料研究委员会的建立；2.拟定本会组织简则；3.建立各业务组和办公室机构；4.确定领导分工负责和建立各种会议制度；5.加强配备干部。

二、周主席在本届第一次常委会上，对文史资料工作的方向、方法及其前途等方面作了重要指示。本会成立伊始，应尽早结合学习周主席指示，进行一次文史工作业务方针的讨论，以提高认识、明确方向、改进工作。

三、重新开始组织工作：1.各业务组拟据第二季度具体的组稿计划，分别进行组稿；2.组稿工作要贯彻深入组稿、提高质量的精神，要大抓京津两地上层人士的组稿工作；3.各业务组在进行有计划组稿的同时，要对过去的来稿进行适当的清理，做到心中有数，便于下半年进行更有计划的组稿，并为专题整理和对证核实工作打下基础。

四、《文史资料选集〈辑〉》在调整、压缩发行后，根据"精选少印"的原则，第二季度不再编新辑，只将过去初步编成的五辑稿件（52至56）重新加以精选送审，陆续付印。

五、试编《文史工作简讯》，以反映各地工作动态，交流经验，加强联系。

乙：下半年工作计划（七、八、九、十、十一、十二月）

一、各业务组重新拟订下半年的组稿计划，更有计划地、更切合实际需要地开展组稿工作，各期在深入组稿、提高质量方面做出成绩，要继续大抓京、津两地组稿工作，并推动全国各地组稿工作。要有计划地进行稿件的整理核实工作。

1 卓意静，当时在全国政协文史办公室工作，是管事务的机关干部，人称"卓姐"。

2 卓意静交给溥仪的文件即《文史资料研究委员会1965年工作计划（草案）》，该文件当时正广泛征求意见。本日下午学习，详见篇后附录。

3 溥仪在日记里抄录了《文史资料研究委员会1965年工作计划（草案）》要点大意，该计划反映了溥仪及其他文史资料专员当年的工作内容等情况。

溥仪夫妇在寓所卧室门外的廊下读书

二、主委、副主委和各业务组组长分别到重点地区进行一次检查研究工作，吸取各地经验，加强各地联系，并为全面总结工作［做］准备。以一个月为期，在七、八月间完成。

三、全面总结工作，修改《关于文史资料工作若干问题的意见》（简称六十条），为召开第二次全国文史工作会议作准备。

四、《文史资料选辑》下半年在大大提高质量原则下，编印三至五辑。

五、拟订专题整理的具体计划，争取编印一两种专题的丛刊。

六、在各业务组对过去稿件适当清理的基础上，编印1964年年底以前的稿件分类目录（以前分类目录到1962年止）。

七、逐步加强同历史研究、历史教学、战史编写、党史编写等部门及各地方政协文史机构的联系和协作关系。

八、在全面总结工作和修改六十条完成后，筹开第二次全国文史工作会议。

九、为了贯彻机关革命化并做好今后的工作，必须加强本会工作人员的政治思想工作，抓紧学习毛主席著作，不断地提高业务思想水平、改进工作。因此，必须有专人管理这项工作。

● 篇后附录：专员讨论记录[1]

（米［暂沉］、于［树德］参加，沈［德纯］老因有会未来。）

宋［希濂］：今日谈越南局势的发展问题——战争的前途怎样？

二溥［杰］：起初看美帝的进攻，很怕。现在不同了，它是色厉内荏，主要是战争讹诈，希望体面的〈地〉撤退。它从开始到现在都是在试探，一步步地试探，一次得不到北越和我们的反映，再试探。一方面吓唬人，一方面找人说和。如果他达不到目的，就一步一步地扩大战争。离中美全面冲突还远，它还没有决心。

1 本日下午学习，详见篇后附录。

大溥［仪］：美帝反革命两手一个目的——赖在南越不走。战争不是逐步缩小，而是逐步扩大，不是它的强大，而是垂死的挣扎。时局一天天的严重，它绝不会退出南越，而越南人民和我国决不能容，要打朝鲜式的战争。

● 4月23日 星期五

上班。

北洋组开会。沈德纯交录［自］周总理报告［中］关于文史会〈衍〉的一部分[1]。周主席在本会常委会第一次会议上［的］讲话记录稿。

（有关文史资料工作部分）

文史资料，开始是我提议的，到现在已出了51期。开始大家感兴趣，后几期就不好了，质量低了，有的内容有问题，甚至低级、黄色的东西也出来了。机关不革命化，也反映到了刊物上……最典型的是文史资料后几期……

［张］友渔，你要认真地搞文史资料，工作方向要对，要存真，实事求是。

实事求是真是好不容易。在政府工作中，我的经验是：往往一件事，某人来讲如何如何，可另一人来讲却不是那样……

你看，我听了两个报告就不一样，还是第一手资料。调查研究，不是一件容易的事，蹲点也不一定能取得第一手材料，看你怎么蹲法。要走阶级路线，同时要实事求是。如纺织工业，荣［毅仁］部长[2]熟悉……文史资料也如此。不是任何稿子来了，不加分析选择。当然也不主张大改。不合适的可以请他改写，事实有出入的，可请几个有关的人谈谈。如坚持不肯改就保存起来，不给他发表嘛！总之，要研究，要选择，文史资料研究委员会的名称就有“研究”二字嘛！

文史资料要搞好，这对以后研究历史有帮助。不要哗众取宠，故作惊人之笔。最近我看了一篇，很好，讲的是袁世凯挟制熊希龄[3]、解散国民党的经过（详见《文［史资料］选辑》第48期），这可以教育我们的青年认识中国的封建政治……把历代的奴隶、封建政治揭露出来，对教育青年人有好处。我们无产阶级的政治，就是光明磊落、当面批评、治病救人。希望民革的同志把蒋介石的事情写下来，邵力［子］老可写几件事嘛！（邵力子［插话］：记性不好。）要把旧东西揭发出来。不仅要写旧的政治，还有旧的文艺，现在文化部正在批判。

……

我们要收集资料，就是要我们的同辈把遭遇写出来。研究文史资料要有个方向，以

1 当天传达了周恩来的讲话，溥仪在日记上记录了三页多。同年5月6日溥仪又在别的本子上摘抄了这部分讲话内容的大意，并非原文。为便于读者，特删去记录，并将摘抄稿部分内容移并于下。

2 荣毅仁（1916—2005），江苏无锡人，圣约翰大学毕业。曾任无锡茂新面粉公司经理、上海合丰企业公司董事、上海三新银行经理等。中华人民共和国成立后，先后任申新纺织公司总管理处总经理、上海市副市长、全国工商联副主席、纺织工业部副部长、中国国际信托投资公司董事长兼总经理、全国人大常委会副委员长、全国政协副主席、中华人民共和国副主席等职。1965年时正在纺织工业部任职。

3 熊希龄（1870—1937），字秉三，湖南凤凰县人。光绪年间进士，授翰林院庶吉士，曾任奉天盐运使。1913年出任中华民国国务总理兼财政总长，是袁世凯解散国会、解散国民党的执行人。当他完成上述使命后，在1914年就被袁世凯一脚踢开。

教育启发后代。正面、反面要很好分析，不要以为出了选辑就了事。希望新的委员会和办公室的几位有所改革，要对问题进行分析、争论一番。杨东莼委员，希望你在这方面有所改革。

我看许多人看这东西近于消遣，就不利，应对研究历史、教育青年有好处。总之，希望你们革命化。现在出了51期，希望从第52期起大加改革，以利于后代。否则就将作为废纸。一为历史研究的资料，一为废纸——这是文史资料的两种前途、两种命运。因此事是我发起的，所以多说几句。

1965年5月6日抄录

开会。[1]

沈德纯：把指示讨论一下。主委碰头会上要把工作做细，研究总理报告……做好可传之后代，否则废纸一堆，不是出版就解决问题了。总理要［求］从第52期起大有改革。刘大年、卢郁文[2]和沈［德纯］为三人小组，看了52期也不敢说怎样。还有些问题我们［再］让张友渔看看。

1956〈65〉［年工作计划已由］申［伯纯］老起了一稿，让大家讨论。大家可提意见，以便定稿，交下届文史［资料研究］委［员］会通过，成为我［们的］工作计划。

谈谈北洋组工作计划如何搞？我上次提的办法，大家讨论一下，如北洋［组］看稿子分工：［原］西北［军组］：戈［宝运］、邓［哲熙］、吴［锡祺诸］老；北洋组：吴［锡祺］、于［树德诸］老。大家研究。

对组稿、抢救［问题］，李书城、鹿钟麟皆［患］肺癌，皆当抢救。

组稿，什么人可写？分工合作可组稿，大家看行不行？

于［树德］：重点组稿［地区］，京津加上沪□□［宁汉］。

于［树德］：六十条尚未看。

沈［德纯］：六十条即“文史工作若干意见”（大小题目加上印六十条）。［我以为］“工作计划”（［19］65年计划）中之□［第］二条“成立伊始”［用］字不明了。

张述孔：可改为“第四届”。

邓［哲熙］：可以不要这四字。

王毓超：可写“改组完成”。

于［树德］：“建立”［或“成立”］二字也可不用。总之，表示不是创立的（而是改组的）。

沈［德纯］：可否以京津为常〈长〉期抓，上海可列［为］重点，派人去驻那里

1 指北洋组的业务会议，传达周恩来讲话之后开始讨论。

2 卢郁文（1900—1969），又名卢光润，河北昌黎人。毕业于北京师范大学，后留英，就读于伦敦政治学院。回国后先在北京大学等院校任教，继而从政，官至国民政府的资源委员参事和立法委员。1949年因担任南京政府和谈代表团秘书长而留北平。1965年他是全国政协常委兼副秘书长、民革中央常委兼副秘书长。

搞些工作。宁、武汉也可搞些。联席□□［会议］可讨论[1]。北洋组内的文教组〈类〉、社会［类稿件］可交文教组。上半年各组在京、津组稿，下半年重点在别处组稿。

于［树德］：组稿除对老人抢救外，还可找当地专家来写，［找］实际工作者写。

戈［宝运］：［我］主张［第］二条头一句不提“大抓京津”，改［为］“大抓各地上层人士”。［因］后面已有：［在］乙项［第］一条内有“大抓京、津两地组稿工作并推动全国各地组稿工作”［字样］。

沈［德纯］：这次讨论本组工作计划，总之在周主席指示下我们制订工作计划。我谈过减少组稿盲目性，可看一看稿子，一是定它的质量（甲、乙、丙、丁四类）：甲，丰富和观点明确，甲乙各分三类，丙类〈分〉二类，丁分一类。

武［志平］：我看丙也分三类。

沈［德纯］：根据周主席指示和我［们］要求质量高些，可再看看定的如何？何〈干〉之提的系系〈衍〉统的东西，曾让溥仪同志提些意见。他都是大题目，我们写的是小题目。大题目内是否已够？一是比较完全；二是薄弱；三是空白点。大家看文章时可以想想，应还写什么题目？薄弱环节可以充实。

吴［锡祺］、于［树德］、戈［宝运诸］老［及］张［述孔等］其他同志看，邓［哲熙］老能看多少看多少。我们看稿时定质量。还想添什么题目，或找谁能写并介绍有关系的，找线索。（1. 定质量；2. 其他什么；3. 找线索；4?5?）[2]

北洋稿，如直皖战［争］，□□[3]来分主题，免重复。

……[4]

将来各组搞一个总目录。我〈小组〉交谁有登记表，将来一题一题看。有一个简单目录，再［加］往前看的人［的］意见，便有了［眉］目录〈衍〉了。

组稿一是看，抢［救］稿和另外有特殊关系（专题），可去组稿。在北京组稿，一是通过申老找（大部在中央工作），可能找一部［分］，未必多。

我们的重点是看稿、组稿和学习周主席指示精神。下次开会（下礼拜一），主委、副主委即可把初步工作计划提前［拿］下来，下星期我们便可定下来了。

邓［哲熙］：我们也可按照文史下半年计划和第二季度计划一□［起］定。

于［树德］：第二季度快完了，可写出从几月到几月。

武［志平］：看稿，谁熟悉哪方面，即看哪方面。也可以二人看一稿，每稿有一个意见单。例如其中有可取的，也可独［立］的，［则］去粗存精。

张述孔：等级不变按以前。从稿费看［等］级，一年年降低，说明并非稿费降低，而是看稿人业务水平提高了（质量提高）。因此，不要受过去稿费的限界〈制〉。

1 文史资料研究委员会下设各组在组稿问题上采取联合行动。

2 圆括号内的问号系原有，溥仪或以问号代表未能记录下来的内容。

3 似指何干之提供的系统提纲。

4 删去20余字，系看稿分工的具体安排，因溥仪记录支离，故不录。

沈［德纯］：分甲、乙、丙、丁就可，分出标准就可。

张［述孔］：［关于］分工［看稿］同意武［志平的意见］。一方［面］审稿，凭等［级］作核实。二〈另〉［方面］，工作要点，今年后半年还作分类目录。都有“主要内容”，写卡片，分类目录。从［19］62年后看稿都随时写卡片，廖［华］老未写卡片。如果卡片仍有效，则［19］63年后卡片少多少，可在审稿时随手写上卡片。还有如何分工［问题］。

王毓超：一是组稿，二是复审。第一，看质量，不要受过去限制，定质量和评价；［第］二，对同一类稿件，要看某一事件写得够不够，缺少什么；［第］三，发现线索，一是人，二是事件，有什么相连；［第］四，总核同一历史事件，要联系起来，以发现史实。以上是要求，以前处理并没有这［样］要求，我们今天要求恐不适当。又组稿问题，我们已经有了些［经人］介绍［的］名单。但各地送来的，有些已写的外地人行止简单，不须核实。今后组稿，掌握名单按人点题。西北［军］组也可按北洋组所记［录］一起打［印］出来，才可知老人参加什么□□［战役］，做什么活动，［以便确定］“掌握北洋史料的名单”。

沈［德纯］：［一、］按计划，张述孔、王毓超、溥仪、溥杰整理出来一个东西，下星期我组改定出来、打［印］出来看看。二、把审稿意见书搞出来。

张［述孔］：新稿经常由溥仪，还有溥杰、武志平、我实际看，然后交沈［德纯］看[1]。

沈［德纯］：第一类［稿件］要求：观点、立场明确。（1）真实；（2）丰富；（3）历史价值[2]。

● 4月24日　星期六

上午，审稿后交［张述孔］。

下午，继续学习越南问题。

● 4月25日　星期日

偕贤看七叔［载涛］。又看六妹［韫娱］和［王］力民[3]。在同和居吃包子。夜，小便［红色］微深。

● 4月26日　星期一

上班。

上午，审稿六件后交张述孔复审。又新审稿件。

● 4月27日　星期二

上班。

---

1 此句原有圆括号，内列“张述孔、溥仪、武志平、溥杰”4人名，因与前文重复删去。

2 此处原有圆括号，内有10余字，因与前文重复删去。

3 王力民，又名王爱兰，溥仪的六妹夫。他是金代皇帝金世宗27世孙，姓完颜氏（汉译为王）。其11世祖曾协助努尔哈赤得天下，以后代代皆为清朝名宦。他幼承画家父亲之学，以养兰、绘兰闻名，有“兰王”之誉。1945年经载涛介绍与溥仪的六妹韫娱结婚。1947年他们夫妇曾在北京北海公园联合举办画展，他们的作品还与齐白石、张大千的作品一起参加全国美展。1965年王力民在北京聋哑学校任教，嗣后调到北京画院。已故。

审稿。

下午，学习。继续［讨论］“越南问题”。

● 4月28日 星期三

审稿。

下午6时许，李洁兵[1]来。

● 4月29日 星期四

交张［述孔］主任看稿件六件（另一件由［溥］杰转交邓［哲熙］或戈［宝运］）。

上午，北洋组集会讨论北洋组本年5月至12月工作计划（草案）。

沈德纯言：党和毛主席真伟大，即以对特赦而言，这是政策，而不是一种手腕。这是你亲身所受的。过去历史上哪有一个皇帝能生存和改造成新人的？现在是公民了。因此对于学习时，更当无顾虑，有啥说啥，才能进步（以上是大意）。

北洋组1965年5月至12月工作计划[2]

（草案）

政协第四届全国委员会文史资料研究委员会北洋组，是由原北洋组和西北军组合并组成的。它所征集和审阅处理的历史资料，范围比较广泛，任务亦颇难〈艰〉巨。当此北洋组改组伊始，为了适当安排今年的工作，特依照周主席关于文史资料工作的指示和《文史资料研究委员会1965年工作计划》的精神，拟订本组今后八个月的工作计划如下：

一、学习周主席关于文史资料工作的指示。周主席在政协第四届全国委员会常务委员会第一次会议上所作关于文史资料工作的指示，对文史资料工作指出了明确的工作方向和工作方法，凡从事文史资料工作者必须奉为准绳。为此，本组准备在5月间进行一次认真的学习和讨论，为期暂定一周，每周学习两次，务求提高认识，掌握用［周］主席所指示的基本精神，为进一步搞好组稿和审稿工作而努力。

二、重新编印掌握北洋政府时期史料和西北军史料的名单。过去，北洋组曾经编印北京、天津两市掌握北洋政府时期的名单。1962年又通知政协各省、市、自治区委员会文史资料工作单位，征求各个地区掌握北洋政府时期史料的名单，当时报名单的计有十个单位。西北军组亦曾编印掌握西北军史料的名单。以上各项名单，由于人事有代谢，并因不断发现新的史料、线索，而有所损益。现在，本组刚刚改组，重新编印此项名单实有必要。因此，本组拟在五月初将上述各项名单加以整理，重新付印，以备今后组稿之用。

三、复审旧存稿件。本会已经征集北洋政府时期的史料稿件都未复审，西北军方面的史料稿件只复审过一部分。为了明了旧存稿件的全部内容，做到心中有数，本组准备从五月起，对旧存稿件陆续进行清理和复审。复审工作拟按下列几项要求进行：（1）按派系、地区、类别和专题分别复审，要求弄清哪些史料够了，哪些史料还需继续征集，

1 李洁兵，不详。

2 本计划（草案）是在4月23日讨论的基础上搞出来的，溥仪参与了制订，由张述孔拟稿。溥仪将该文记在另一日记本上，为便于读者特移并于此。

哪些史料是空白点，以便于有计划的〈地〉从事组稿工作。（2）重新评定定〈等〉级。复审旧存稿件拟区分为甲、乙、丙、丁四类，而如何区分则以《关于文史资料工作若干问题的意见》所提出的标准为依据。凡是真实、具体、有亲身经历的第一手资料而史料价值较高者应列为甲类；内容真实、具体，有第一手资料，但史料价值不甚高者，或者史料价值较高，但只有一部分第一手资料者应列为乙类；史料价值一般，只有一些第一手资料可供参考者应列为丙类；丁类的则是只有点滴内容可供参考的稿件。（3）补充核实。在复审过程中，如果发现稿件内容有需要补充或者核实之处，应即在复审单上加以注明，随后找有关人士联系解决。（4）注意史料线索。复审旧稿时要注意史料线索，随时登记，以便补充征稿名单，进行组稿。（5）保留点滴资料。丁类稿件中往往有点滴可供参考的资料，复审时要在复审［单］上注明，或者在原稿上标示出来，以免淹没失传。

四、开展组稿工作。组织史料稿件是各业务组的主要工作，而北洋政府时期的史料带有抢救性质，更须积极组稿。现在提出有关本组组稿工作的几项问题如下：（1）征稿范围。根据领导指示，本组征稿的范围是：甲，从清末到北洋政府消灭时期各方面（奉系军阀除外）的史料；乙，国民党统治时期西北军方面的史料；丙，华北和蒙疆敌伪方面的史料。上述史料中又可分为军事、政治、外交、财经等类别。本组征集史料，应分清主次，重点拟放在军事、政治方面。（2）拟订组稿计划。为了深入组稿，提高质量，本组准备以〈从〉各方面调查研究，结合何干之副组长所拟关于征集北洋政府时期历史资料的初步意见，三组准备从各方面调查研究〈衍〉拟订今年的组稿计划，以利于工作。组稿计划打算在五月间完成。（3）组稿方法。组织稿件拟按下列办法进行：甲，直接同掌握史料的人士联系组稿；乙，需要通过组织关系组稿的，拟在领导主持的大抓京津两地组稿的工作中配合进行；丙，代其他业务组组织的稿件，一律交由主管组直接同供稿人联系，本组只起从中介绍的作用。

五、参加调查研究工作。今年下半年主委、副主委到重点地区做调查研究工作时，本组组长、副组长拟分别参加，以便加强对外地的组稿工作。

六、加强政治理论学习。为了做好工作，本组工作同志必须积极参加机关政治理论学习，以提高政治思想水平，改进工作。

（张述孔拟稿）

● 4月30日 星期五

中华全国总工会、妇联、青联、学联、文学艺术界联［合会］、中国人民保卫世界和平委员会、对外文委、科技协会、新闻工作者协会、政法协〈学〉会、外交学会、华侨联合会，为庆祝1965年“五一”国际劳动节，在本日下午七时在人［民］大会堂，［应］邀参加招待会。王［耀武］、杜［聿明］、宋［希濂］、范［汉杰］、廖［耀湘］、［溥］杰、郑［庭笈］、罗［历戎］、杨［伯涛］、［嵯峨］浩均参加。政协副秘［书］长李［金德］[1]同桌。

1 李金德，生于1918年，湖北黄安（今红安）人。当时任全国政协副秘书长兼秘书处处长，与溥仪联系颇多。70年代以后曾主持全国政协机关日常工作，出任中央统战部办公室主任、副秘书长，是政协第五届全国委员会常委。

刘主席、周总理、朱委员长［等］国家领导人出席宴会。国际友人许多参加。

● **5月1日　星期六**

1965年“五一”国际劳动节。

上午，和贤到二妹［韫和］家看看。到北海公园参加游园会[1]。

晚，参加庆祝“五一”国际劳动节晚会，在天安门广场看放焰火[2]。

● **5月2日　星期日**

上午，到［全国］政协和香港《新晚报》记者罗承勋[3]会见，《大公报》记者潘际坰[4]也参加。［全国］政协秘书处张祥参加。

四妹［韫娴］来，同餐。

晚，周振强来。于澍雨[5]大夫来，贤留同餐。

（午后，吴［群敢］主任来，说有日本排球教练欲见。后来吴主任回政协又来电话，说该日人不来了。）

● **5月3日　星期一**

上班。

上午，到人民医院九号门诊看病，［经］缪大夫诊治胃消化和给镇静药。

发工资：183.43［元］（内房租：11.92［元］、电费：2.63［元］、家具租赁：2.03［元］）[6]。

● **5月4日　星期二**

上班。下午，学习越南问题。

晚，毓嵒夫妇[7]来，贤留餐。

● **5月5日　星期三**

溥仪与香港《大公报》记者、《末代皇帝传奇》一书作者潘际坰先生（右一）在政协礼堂门前合影

1 当天上午，北海公园内举行“五一”联欢会，由市内各工厂、学校分别组织文艺节目，多台演出。专员们都领到了全国政协机关发的入场券。

2 焰火晚会的请柬也发给了各位专员，并可偕夫人出席。当晚7时30分在全国政协机关副主席办公室集合一起出发。

3 罗承勋，当时任香港《新晚报》总编辑。

4 潘际坰，当时任香港《大公报》记者。他在1956年秋冬之际曾往抚顺战犯管理所采访溥仪，并就采访资料写出《末代皇帝传奇》一书（1957年6月由通俗文艺出版社出版）。

5 于澍雨，李淑贤的同事朋友，因好奇，特意来看溥仪。

6 溥仪当时的月薪总额为200元，实发183.43元，圆括号内为扣款各项金额。

7 毓嵒的结发妻马静兰早在1948年就在天津病故了，毓嵒1957年从抚顺战犯管理所释放回京后，又在1965年年初与张云访女士结婚。

上班[1]。

● 篇后附录：董益三同日日记

下午4时左右曹秀清来电话给大杜［聿明］，伯兰在她家，要大杜约我到她家晚餐、看电视。我不想去，又因感冒不宜去，推脱不了，6时还是同大杜、大溥［仪］去了。餐罢，没有兴趣看电视，就便到宋［希濂］、郑［庭笈］两家去看了他们的爱人，作礼节性拜访。8时40分左右，我们两对辞出，乘11路电车回。

● 5月6日 星期四

上班。

走路多些，尿色又稍红色。

下午，学习关于越南问题。

● 5月7日 星期五

早，尿色稍红。

在［全国］政协礼堂听九位同志在巴西斗争情况，王唯真报告。[2]史永同志介绍我和两名上海来开会的代表见面闲谈。

● 5月8日 星期六

尿色仍红。上午，到人民医院（本日并没有泌尿科，临时由电话室同志代找孟大夫[3]，何大夫来，开了一方。因四环素为一般不发［放的药品］，今何大夫特别写出“急需”二字，因此才得到药房发给）。

本日9时北洋组开会[4]。先读北洋组工作计划草案（修改［稿］）。

沈德纯说，将来学习周总理讲话（关于文史的部分），学习二次，讨论一个内容——文史工作是否为无级〈产〉阶级政治服务？肯定后□□［回答］有无矛盾［的问题］，从而对审稿意见更当明确。［再］一［项］为讨论对文史资料工作［的］不同意见：有的［认］为［是］写近代史的选择资料，有的谓组稿重要，有核实或整理［的必要］，不然老人［就］没有了。

我们［北洋］组有老人，有新来的同志，对总理的讲话，如思想有问题，即“政治不挂帅”。我们讨论文史［资料工作］应为无［产阶］级政治服务，但写反面材料，我们［应］当有观点，即“暴露旧社会真实情况”，即在〈衍〉反面资料为无［产阶］级政治服务，是要写黑暗面，才有教育意义。

总理说：“存真”，存真也不容易。第一手资料未拿出来，而拿出来的是美［化］他自己。

文史［资料工作］是“研究”。

---

1 本日下午，杜聿明夫人曹秀清分别邀请溥仪及夫人李淑贤、董益三及夫人宋伯兰聚餐，详见篇后附录。

2 这是全国政协举办的报告会，在上午9时至12时进行。听取新华社驻巴西记者王唯真讲述九位中国同志在巴西监狱中斗争的经过。这九人在巴西依法从事贸易展览和新闻工作，于1964年12月22日被巴西第一军区、第二军事法庭，以“进行颠覆活动”的“罪名”判处10年徒刑。他们坚持斗争直到胜利归国。

3 孟大夫，当时是北京医学院附属人民医院泌尿科主治医生，常为溥仪治病，也是溥仪临终时守候在侧的值班医生。

4 原文此句前有小题号，下文亦有一二处题号，查属无规律亦无必要的题号，均删去。

前途问题，是传之后代或作为废纸两个前途。传之后代，[成]为历史研究参考资料，但要站在人民观点上，否则“传之后代”没有什么好处……周总理是讲文史的题目，文史资料是印出来的，这是传之后世……

一是为无[产阶]级政治服务，一是52期选集〈辑〉大有改革[5]。总之，文史资料[工作]成绩是大的，但也有些不好的。我们[一]定要[接受]总理[的]批评和要求，下礼拜五我们[再]讨论。

张述孔：“一贯道”[6]有黄色东西，一方[面]是揭露黑暗面，但有几句是不好，应删去。[另]一[篇]为“广东娼妓”[7]，为〈是〉黄色东西（南京学院对我们批评很严）。

王毓超：比如“广东娼妓”是由广东政协印出，而我[刊]才又转载。

副主委卢郁文、刘大年、申伯纯（审稿）尚未参加工作[8]。

沈[德纯]：周总理说，要存真、分析。

于[树德]：撰稿人是“四不”[9]，我们发表就不能“四不”。

沈[德纯]：组稿是很大[的]斗争，主要揭露黑暗面，则政治觉悟提高。有人隐恶涉及个人和他人，如楚溪春[10]不愿写“三八惨案”[11]是自己下的命令。组稿是“四不”，但对[有]些进步之人，也可先告其[撰]写[应有]的观点。

武[志平]：总理指示的政治观点，大家已讲[过]。关于工作方法，如一个人不一定能写几万字[第]一手资料，如找几个人商量好，则不一定专找一个人。组稿时仍提“四不”，但使用时当非“四不”。

核实问题，武（讲），总理指的[是]“大方向”。

● 5月9日　星期日

和贤到毓嶦家送一暖壶（毓嶦和高金华新结婚）[12]。又到中山公园看牡丹，在粉雨轩便饭后回家。

● 5月10日　星期一

在政协，下午听刘思慕[13]关于“当前国际斗争中两大问题”的报告（文另录）[14]。

● 5月11日　星期二

5 周恩来在关于文史资料工作的讲话中提出要求，要求该项工作要为无产阶级政治服务，要求全国政协编印的《文史资料选辑》从第52辑起要“大有改革”。

6 指发表在《文史资料选辑》第47辑上的一篇文章，题为《一贯道的罪恶内幕》。

7 指发表在《文史资料选辑》第47辑上的一篇文章，题为《清末以后的广东娼妓》。

8 本自然段原文被圈入方框内，该段显与上下文不衔接，是一层独立的意思。

9 “四不”指不偏不倚、不失真、不夸大缩小、不违背原意。

10 楚溪春（1896—1966），字清波，河北蠡县人。毕业于保定陆军军官学校，1928年起任北平宪兵司令，次年又兼任北平警备司令，并在晋军中任师长。1920年后历任军长、集团军副总司令兼晋南行署主任、第二战区北区总司令、沈阳城防司令、河北省政府主席、保定“绥靖”公署主任等职。1949年随傅作义起义。1965年他是全国政协委员、民革中央委员兼秘书长。

11 “三八惨案”指1947年3月8日作为北平督察总监的楚溪春下令开枪镇压游行示威的学生的事件。

12 爱新觉罗·毓嶦自少年起追随溥仪，1945年伪满倒台时尚未完婚，又经12载监狱生活，获释后迟迟未能解决工作问题，直到40多岁生活稍见安定才结婚。

13 刘思慕，当时任中国人民外交学会常务理事。

14 报告会是由全国政协国际问题组举办的，下午3时至6时45分在全国政协礼堂进行。

上午，申［伯纯］老在军事组开会，下午未学习[1]。

● 5月12日　星期三

上班。

（尿仍［见］血。）

晚，头晕。到人民医院急诊室看病。血压高：高压132，低压88。注射卢米拿、捉迷明、溴化钾。

● 5月13日　星期四

（本日仍尿血色）

到人民医院泌尿科看病，孟大夫诊治。红血球（许多），白血球3~2。孟大夫开五天假。内科陆大夫看完后为高压98，低压70。又让徐泽民中医看病。

（听宋希濂讲，今天专员参加在南河沿到天安门游行，表示支持多米尼加共和国和反对美帝国主义侵略。很可惜，我未能参加。）[2]

● 5月14日　［星期五］

早，到人民医院。孟大夫检查（尿带血）。许多红血球，3、4个白血球。孟大夫开五天假日。

下午2时，参加全国政协机关和各民主党派在天安门［前的］游行示威，“反对美帝国主义强盗侵略罪行，支持英勇的多米尼加人民的抗美爱国斗争”[3]。

毛主席支持多米尼加人民的声明，极大地鼓舞了首都人民的战斗意志。首都三天来有九十万人参加示威游行的集会（12日十万人，13日三十万人，14日五十万人）。

这是我第三次参加人民示威游行。1960［年］第一次［参加］反对日美安全条约、支持日本人民的斗争；1964［年］第二次［参加］支持古巴人民抗美爱国斗争；1965［年］第三次［参加］支持多米尼加人民抗美爱国斗争。

本日晚，在家休息。

● 5月15日　星期六

早，听无线电。听到我国又一［颗］原子弹在西部上空爆炸成功，高兴得跳跃起来，为伟大祖国多么自豪！（1964年10月16日［在］西北部爆炸第一颗原子弹，1965年5月14日10时又一［颗］原子弹在西部上空爆炸成功。）

《人民日报》［说］：“中国进行必要而有限制的核试验，发展核武器，是为了对付美国的核讹诈和核威胁，是为了消灭核武器，中国发展核武器，完全是为了防御。中国绝不首先使用核武器。中国人民衷心希望核战争永远不会发生。中国政府和中国人民将一如既往，继续同全世界一切爱好和平的国家和人民一道，坚定不移地为全面禁止和

1 原定下午政治学习，因故临时取消。

2 5月12日下午3时至4时半，专员们集体收听了北京市各界举行盛大集会支持多米尼加人民反美侵略正义斗争的实况转播。本日下午3时至4时半，专员们又随全国政协机关的游行队伍，从南河沿文化俱乐部出发，沿长安街西行，通过天安门，到府右街解散。

3 本日专员并未上街游行，溥仪是单独随全国政协机关队伍上街的。前一日专员游行时，他因病事先未获消息，颇觉遗憾，终于在本日带病参加了游行。

彻底销毁核武器的崇高目标而共同奋斗。”

本日休息。

下午，董益三的爱人来访贤。[1] 溥杰、［嵯峨］浩用的刘妈和赵炳南来，并由杰家带来作料，由赵炳南临时烹调。[2]

刘妈谈，明天“杰二爷”[3] 办六十整寿（事实今年才五十八岁），备二样菜，请二十多客人吃饭。刘临行时对淑贤说，明天能不能去？贤问我，我说，明天看病如何？好些再去。赵炳南临走在院中时也谈什么“二爷、二奶奶问问大爷、大奶奶明天能去否？”贤问计于董妻，董妻说：“刘妈也并没有说溥杰和浩专［门前来邀］请［你们］去，只是由用人临走时口头上问‘能去不能去’，如果是我的话，我一定不去。”贤极［以］为然，并深深［表示］对杰办寿和刘妈口头上只是问问去不去的不满，并说：“我们决不能去，他也没请我！[4]”

晚，二妹［韫和］来。知她在街上遇杰，杰告：本拟去当面请吃饭，并约二妹明天晚［上］到家吃饭。二妹说，三妹［韫颖］尚欲送礼，二妹很为难。

次日，二妹来说已送苹果。[5]

● 篇后附录：董益三日记（5月14日）

下班回家，伯兰告诉我，她今日上午9时到溥仪家去还李淑贤的工业券，他们留她午餐。遇溥杰差遣的保姆和厨师赵炳南送来溥仪爱吃的三样菜，并说溥杰5月16日（星期日）做寿，下午6时宴客，赵为他们做酒席三桌，问溥仪夫妇去不去？李、溥先答复个“活的”。后和伯兰商，伯兰主张不去，他们同意，决定不去。

● 5月16日　星期日

早，我买牛奶时打电话［给］溥杰，告以我和贤有病，不去了。杰不快地答，今我〈天〉他还来见我，并带来食品。我说，不必带食物了。我打完电话告贤，伊愤怒诟厉种种话，并谓要和我分开，后又说“生不如死”等语。又谓我为何不事前和伊商量，经多方解释，长时渐融。伊又卧床、发烧、恶心、未食。直到晚经再三说才少食。中间王力民来。我打电话请张保健[6] 来为伊看病开方。我又给二妹［韫和］打电话，让有时间来看。

下午，杰和王书庭[7] 来。杰［极］力表白，不欲办寿，全系［嵯峨］浩子所主持并做面条，又说大吃大喝不好。临走时杰忽问我，怎么知道他办寿？我说听刘妈说的。[8]

晚，［郑］广元，二妹相继来看。伊□［固］不肯让□［煎］中药。二妹谈杰在今

1 宋伯兰访李淑贤，事在5月14日上午，详见篇后附录。

2 刘妈当时在溥杰家当保姆，赵炳南当时在溥杰家当厨师。他们从溥杰家带来烧菜原料，厨师也跟来当场制作。

3 引号为原有，表示溥仪不赞成保姆这样称呼溥杰。下文同。

4 董益三日记中也谈到这件事情的经过，详见篇后附录。

5 在日记原文中，选最后一句写于正文之外，显系日后补注。实际本日日记也是追记的，所记与溥杰家来往事本发生在5月14日上午，文中“明天”实为“后天”。董益三所记准确。考溥杰生于丁未年（1907年）四月十六日，按公历推算1965年5月16日是虚龄60岁生日（58周岁）。

6 张保健，医生，海军医院中医老先生张荣增之子，与溥仪一家人来往颇多。

7 王书庭，溥仪乳母王连寿（二嬷）的过继子。伪满后期曾随母住在长春“帝宫”，后又随溥仪逃亡。其母死后单身返回北京。他病故在“文革”年代中。

8 本自然段是溥仪补写在日记正文空隙处的，现据内容移入正文。

夕请七叔载涛、二太太［金孝兰］、三太太［王乃文］、达地〈第〉扎雅（内蒙古自治区副主席、七叔女婿）[1]夫妇、溥钟〈仲〉夫妇、二妹、三妹［韫颖］、润麒、四妹［韫娴］、五妹［韫馨］、万嘉熙、六妹［韫娱］、王力民、溥任、罗亨年以及赵荫茂[2]、王书庭来帮忙和同席。赵炳南帮做饭（据赵炳南谈前三日即进行准备）。二妹说，三妹送何物不知，因二妹晚到。四妹、五妹皆送奶油布丁。贤说，国家领导人都不办寿，杰还办寿，这不是翘尾巴是什么？

● 5 月 17 日　星期一

（小便仍红色）

上班。

晚，老万［嘉熙］来。

● 5 月 18 日　星期二

上班。下午 3 时，华侨事务委员会叶同志、另一同志另一同志〈衍〉和华侨（马来西亚华侨、法律工作者、律师）及其子（其回国已十一年）来见。从 3 时至 6 时许，辩论。我说自己有罪，他力辩无罪，经长时［间］辩论。后，一同照相（他回国这是第三次）。［全国］政协秘书处陈其贤[3]参加。

（夜，尿仍红色。）

晚年溥仪

● 5 月 20 日　星期四

上午，到人民医院。徐大夫看，目不适。

下午，看《斯大林格勒［大血战］》电影[4]。

● 5 月 21 日　星期五

下午，见日本记者，我与吴［群敢］主任在［全国］政协第一会议室等，日记者忙，改明日来。

● 5 月 22 日　星期六

上午 8 时，北洋组开会。

上午 10 时，日本记者来［见］我（国际贸易促进会介绍）。

下午，肯尼亚妇女代表团八人，由［全国］妇联招待来见，问我对新、旧中国［的］

1 达第扎雅即达理扎雅，载涛的二女婿，原为内蒙古巴彦淖尔盟王爷，中华人民共和国成立后曾任内蒙古自治区副主席。其妻系载涛的二女儿，嫡配夫人姜婉贞所生，是溥仪的堂妹，故溥仪在日记中称之“二妹”。

2 赵荫茂，1924 年入宫给溥仪当随侍，当时他只有十三四岁。此后在天津、旅顺、长春随侍溥仪多年，曾管理宫中御膳房事宜，蒙溥仪赏赐甚多，曾以赏金在北京盖楼，对其主忠心耿耿。伪满垮台后辗转回到北京，先后在某剧团及国务院某部招待所当厨师，本日特来帮忙助炊。

3 陈其贤，当时为全国政协秘书处干部。

4 这是一部苏联出品的战斗故事片，描写第二次世界大战中斯大林格勒战役的历史。上下两集，从下午 2 时演到 5 时。

感想[1]。后，参加学习。

日本记者千叶俊一访问和谈话[2]。

谈话概况：

［人民政协的］性质：是党领导下的统一战线关系〈组织〉[3]。包括知识分子、各民主党派、人民团体、无党派民主人士、民族宗教团体、各方面有代表性的人物。也是就说〈就阶级来说是〉[4]，有［的］代表工农阶级，有［的］代表民族资［产阶］级，有［的代表］上层小资产阶级，有［的代表］爱国民主人士，［他们］无阶级，［还有的代表］共产党领导的无［产阶］级。

人民政协［的］工作：协商国家事务，譬如人大开会，政协委员可以列席。作为政协本身，参加国家大事。政协本身［的任务是解决］关于统一战线、各党派有关问题，例如学习马列主义、改造思［想］问题。在参加各种运动中，党和各民主党派有互相监督作用[5]。

自己当政协委员，根据学习态度参加：参加学习、各方面活动、文史工作、参观、听报告、开大会。有总理关于大政方针报告，有国家建设报告，和代表一样发言和建议。革命大会、团结大会、民主大会，共同目标，向社［会主］义前进。我看到祖国社［会主］义的飞跃发展的光明前途和全国人民意气奋〈风〉发的精神，我很感动。我参加政协，这是党给我的培养教育，对于自己的教育意义很大。

全国人民都能安居乐业，永无剥削、压迫，有帝国主义［和］国内反动派的压迫、侵略（的）日子一去不复返了。在党［的］领导下，全国人民精诚团结，一致努力，全国人民一致奋斗图强，即要［为］把我国建成为现代工业、现代农业、现代国防、现代科学文化的社［会主］义强国而奋斗！我感到为自己祖国人民服务，是最大的光荣。

听［取］反映各方意见，拿自己来说，参加政协，听报告，参加些学习、各类活动、文史［资料］工作，有意见可以通过讨论提出来……思想上和全国人民一道，信心更加强……[6]

（1）过去天皇对我的利用：日帝侵略〈华〉[7]政策的头子即日本天皇，侵略［我们的］祖国东北，利用我当傀儡，执行它［的］侵略政策，发动战争，天皇是发号施令的关系〈罪魁〉。更在［利用］宗教、迷信［统治］本国人民同时，还想用迷信思想侵略［我国］东北。经学习后对天皇如何认识？认识更清楚了，它是代表封建的垄断资本主

1 本日日记所在册页顶端，溥仪用眉批形式写了两行小字“上午日本记者一人（国际贸易促进会介绍）来见，下午肯尼亚妇女代表团八人来见（妇联介绍）”。显然是溥仪整理日记时写下的外事活动提要。以下若干页每页顶端都有“日本记者千叶俊一访问和谈话”字样。

2 这篇谈话记述混乱。前部内容大多为当场记录，其间杂存增补文字，系追加的遗漏内容；后部内容则基本是追记的。因此，出现了双方问答被分开的情况，还有一次答话分记两处的。这里只按原文顺序整理。

3 此处用词更正是日记原有的。

4 此处句式更正是日记原有的。

5 溥仪曾在本自然段文字上面交叉画了两笔，或示删去。考虑到这是当场记录，是溥仪对日本记者说了的，故照录。

6 因原文难辨。本自然段末句前后各删几个字。

7 此处用字更正是原有的。

义利益的。天皇是日本国家制度，是，由〈衍〉日本人自己的事，我不想多说。

（2）日军对中国侵略，而发号施令却是天皇，故它〈他〉应负最大责任。裕仁为日海陆军大元帅，[发动]侵略大本营所在，日军又侵略中国[使我国]人民[陷于]灾难，给日本人民也带来了灾难。

（3）我个人[成]为它〈关东军的〉[1]利用工具。关东军执行天皇命令，总之天皇代表封建势力与垄断资本利益的〈衍〉。

[（4）]利用宗教迷信……天照大神麻痹日本人民当炮灰，强迫东北迎神——认别人当祖宗是天下奇闻。所以，迷信正是封建统治阶级利用的武器之一。

（5）天皇现在情况我不了解，这是日本[的]国家制度。天皇制度要不要，这是日本人民[的]事，我不能说什么。总之，中日关系[是]应当友好的。

（6）我非常钦佩和同情日本人民的反对美帝和争取民主、和平、自主和中日友好的斗争，日本人民[的]斗争得[到]了中国人民支持，也得到世界正义人民[的]支持，最后胜利一定[是]属于日本人民的。美帝是中日人民共同[的]敌人，中日两国人民应当携手共进，和世界人民一道，打倒我们共同[的]敌人。

今天，美帝是中日共同敌人，我完[全]支持日本人民反美爱国斗争。历史是人民推动的，相信日本人民一定能最终获得胜利的。

过去，战争[2]日本化；今天，日本民族美国化。

核潜艇，冲绳岛，[美国加]紧策动日本恢复军国主义，[使之充]当炮灰。

关于日[本天皇]裕仁[为]战争负责[问题]，现在情况不太了解，但回忆过去历史事实，日帝侵略中国、占领东北，天皇是日陆海军元帅，即侵略大本营所在。所以，对于侵略中国、造成中国人民的空前灾难，裕仁应负最大责任。平等互惠贸易：中日贸易有广大前途，但均为佐藤[荣作][3]所破坏。作为公民，[我]也很注意看中日贸易交流。

日本记者问答[4]：

（1）最近你的心情如何？

（2）社[会主]义建设，特别[是作为]尖端科学的原子武器也有了……

（3）个人思想解放，身体自由，[而]过去生活[如同在]鸟笼一样，[有]三怕，现在[是在]祖国大家庭[中]。

（4）你对中国共产党的看法如何？

共[产党]是中国人民[的]救星，给自己重新改造的新灵魂、新生命。

（5）共产党与政协关系如何？

（6）你对日本天皇有何看法？

1 此处改“它”作“关东军的”4字是原有的。
2 应指伪满年代的军队或战争。
3 佐藤即佐藤荣作，以日本自由民主党总裁身份于1964年11月出任日本首相，任期至1972年。佐藤政府推行敌视中国的政策。
4 以下部分是追记的，有的存问无答，而答案或已见于前文，有的存答无问，同类内容或亦见于前文；还有的有问有答，与前文也有关联。题号也是混乱的。

今［天］不了解如何，唯按过去历史来说，日本军国主义侵略我东北，以及进一步侵略全中国，在东北的殖民统治等。由发动战争给中国人带来空前灾难。

（7）你最近［撰写］的著作内容如何？

日本神户经济友好访华代表团团员：千叶俊一（神户新闻社经济部部长）。接待单位：国际贸易促进委员会。

心情如何？

政协［与］共产［党］、民主党派［的］关系。

提［过］何［种］方案没有？

对日本有何看法？

对日天皇如何［看法］？

现在，天皇根据新的法令，［地位］变了，权力一无所有了，是象征性存在。我想，他应当也有改悔，现在正为建设新日本而努力。日本天皇由神变人，这是很大变化，作为一个科学［工作］者研究生物，还出了一本书[1]。

［全国］妇联介绍，见肯尼亚妇女代表团八人，妇联来三人[2]。

● 5 月 23 日　星期日

同贤赴东安市场。在吉士林和［溥］杰二弟、［嵯峨］浩、五妹［韫馨］夫妇、三妹［韫颖］夫妇便饭。同贤游故宫，观芍药。

● 5 月 24 日　星期一

早，同贤赴中医研究院。贤看病，蒲辅周诊治开方。

上午 10 时许，同冯廷雄同志到［全国］政协。接见记者协会介绍的阿联——阿拉伯记者协会秘书长马格德（亲纳宾利）[3]（是坚决反帝、对我友好［的朋友］，但有些架子）。会谈 2 小时许，问我对新、旧中国感想，谈到我的著作内容和意义。我后来谈到对帝国主义和一切反动派都是纸老虎的亲身体会，从清末、袁世凯、蒋介石到伪满以及日德意三个法西斯的崩溃，也谈到阿联反英法的爱国斗争［的］胜利，来说明帝［国主］义和反动派都是纸老虎。他谈，中国共产党的改造政策，改造我，这是历史所无。党实在伟大。又对我们说表示同意。他说，他十七年访问的人，像你这样坦率的言论，实为第一次遇到的。又说，你们谈帝国主义都是纸老虎等言论，是谁也不能否认的。

一同照相。临行时我说，盼望他重来中国访问。他说他将来来时，盼望中国的台湾已获得解放。

---

1 日本天皇裕仁（1901—1989），1908 年入学习院，1916 年立为皇太子，1921 年因其父大正天皇患脑病而就位摄政，1924 年与皇族出身的良子女王完婚。1925 年 12 月 25 日大正天皇晏驾，裕仁继位为日本第 124 代天皇。1935 年 4 月溥仪以伪满"皇帝"身份首访日本，1940 年 6 月溥仪再访日本，两次访问均与裕仁晤面。1945 年日本战败后，裕仁虽未受到审判，却依法交出了统治实权。裕仁自 1924 年即在离宫院内设立生物研究所并附设动物饲养场和实验苗圃。在海洋微生物及腔肠动物研究方面造诣颇深。自著学术著作 5 本，此外还与其他学者合编了 10 多本书。

2 关于此事的记载与前文重复。

3 应中华全国新闻工作者协会之邀，溥仪会见阿拉伯新闻工作者协会秘书长、开罗《图画周刊》编辑萨布里・阿布・马格律・穆罕默德。"亲纳宾利"或为"萨节里"之音误。

（本日尿中带血）

下午3时许到协和医院，吴德铨〈诚〉大夫诊断，谓尿中红血球又多。他开住院单，告我可以住院再检查（拟住院7~10天）。我拟一二日［后］再到“协和”住几天，检查。

● **5月25日　星期二**

二次住协和医院第1天。

上午到［全国］政协，由财务科借支二百元作入院费。

吴［群敢］主任告诉我，抚顺战犯管理所副所长（新来的）要见我，吴告以将入院，拟出院后再见面。据谈系欲了解我改造［方面的］一些情况（《我的前半生》书中所写系对外的，因此有不足的，可以开座谈会谈一谈，这是管理所为了总结工作而找我谈话的）。

吴主任又告我，［让］转而告群众出版社，要关于《我的前半生》著作、一些外国和各方面所提［出］的感想，还要对于［中国］《建设杂志》社《由皇帝到公民》一文的外界一些感想、信件等送到政协。我当［即］电告群众出版社张（女）同志，总集好，送到政协来。

下午3时到协和医院，办入院手续。钟［守先］大夫（五楼巡回大夫）来看，并谓将给我安排全部检查。黄［金龙］护士端饭［送来］。傅［永昭］护士引侯［金兰］护士来见（傅［福贞］护士长见时，在电话室和走廊遇见时不理睬）。高［耀珠］护士送椅子来（五二房）。（晚，小便有块。）

● **5月26日　星期三**

住院［第］2日。

早，在院散步。

（留大、小便化验。）

早，傅［福贞］护士长取血，试血沉，并试体重，为119.8［斤］（体重）。

早晨，李［聆训］护士怕房子开窗冷，给我盖上［医］院大衣。服V_K、V_C。

● **5月27日　星期四**

二次住“协和”第3天。

上午8时许，钟［守先］大夫伴我到泌尿科，经吴德诚大夫做膀胱镜（“协和”第二次、人民医院三次）[1]并做肾造影，又用电烧前次（膀胱内）的瘤根，只半小时做好。

（服四环素、V_K、V_C。）

晚，到休息室看电视。

● **5月28日　星期五**

（住院［第］4天）

到院散步。上午钟［守先］大夫来，我问他肾照相诊断如何？钟谓自己不是泌尿科，是外科，恐诊断不确，还是等吴德程〈诚〉大夫来再告诉你。10时许吴大夫来，他说

1 溥仪做膀胱镜检查已是第五次了，其中三次是在人民医院做的，另两次是在协和医院做的。

这此〈次〉电烧系对上次膀胱根（有点红）的烧，插管入肾内有红血球，因此，可能肾内有问题。这次插管是在左边（上次是右［边］，没问题），插管二十六厘米（共长四十厘米）。肾相片可能今天洗出，他拟晚上来告我如何。吴谈，即肾内有瘤，亦不难治，现在治，还是早期。又谈，过去［发现］膀胱瘤二个：一如黄豆大、一如小桑葚大。按照这个大小形状看，它不可能早在二年前即有红血球或出血，所以他早顾虑肾内有毛病。前次在"协和"检查出的桑葚大的瘤子，在人民医院检查，他们说仅如黄豆，而这次看如小桑葚。因此，吴大夫也疑可能是从这里出血。另一方面，吴尚怀疑肾脏有病。第一次肾造影时，插管仅插入膀胱右侧，左侧插一点即痉挛，未能深入。因右侧判明无问题，所以这次检查没有插右侧，而专插左侧，似有毛病，等［照片］洗好后再决定告我。

午后，出〈去〉小卖部买烟，中途在外边阶上遇见（在［全国］政协开会一个组的委员）范琪[1]和其姊。我认不清范，经范说："您不认识我啦？她是我姊。我们在政协一同开会……"我才想起，但仍不知其名。

改恶从善，重做新人。

身体健康，思想健康。

为了祖国，为了人民。

为了党的事业，努力前进，前进，前进！

不断自我改造，永不退色。

又为了淑贤，以达成我们的美满幸福家庭。祖国前途、人民前途、自己前途同样光明远大。跟共产党走，听毛主席话，全心全意为人民服务。

［以上］书作座右铭。

下午，贤来电话问。下午，七叔［载涛］来看。6时，三妹［韫颖］来看。［溥］杰来电话问。

● 5月29日　星期六

二次住"协和"第4〈5〉天。

尿血色浅，小便已不疼。

早，散步。在二门诊遇见在［全国］政协一同开会的刘？[2]久未见面，一见时跑过去握手，很亲切。我问她去何科？她说在二门诊见大夫（内科）。

10时后，吴［德诚］大夫说，在左肾有二花生米大的瘤子（联结）[3]，必须治。

李［金德］处长介绍卫生部质大夫，打电话。

我给老万［嘉熙］打电话（10时），据老万谈如下：申伯纯［昨］晚到二弟［溥杰］处，告［之］我病情况。申老已向周［恩来］总理报告，要征求家属同意。夜10时，二弟给万打电话。今早7时，二弟、老万见淑贤，说明此意。又谈到［抚顺战犯］管理所来人：刘长东，还有二三人。拉万［嘉熙］、润［麒］，关于大哥［溥仪］问题，为何改造不错？（总

1 范琪，女，以特别邀请人士身份出任第四届全国政协委员。

2 原有问号，溥仪忘记了这位女政协委员的名字。

3 溥仪按吴德诚介绍在日记上勾画三幅速写：一为"肿大的变形"、一为"首次照影不明"、一为肾内乳头状瘤的示意图。

结工作经验，［系］外部不能了解［的］。）谈三小时。甚至谈及入院、见苏□生等，很感兴趣（公安部写总结）。

也可加麻药睡，半身麻，腹切口，走入肾（腹后壁）。估计二小时（比较大［的］手术）。（1）麻醉后头疼一二日，明显些；（2）第二天还疼，过此一天比一天清〈轻〉；（3）手术后注意别让肚子胀气，预防是手术后在床上多翻几次身，动，一放屁就不胀气了（勉强翻身，避免胀气）。你的体质三四天可下地，七天拆线，即愈。

贤来看。找吴大夫未遇，遇一放射科胡茂华同志，说明照相的情况。照［拍］的同志白［某］不顾天热和劳累，到协和医学院找吴德铨〈诚〉，然后又回来告我，吴大夫下午3时半来。贤在上午到外边吃饭，下午3时又来与吴大夫见面。下午5时许，贤回家吃饭去。

我给田［裕民］主任、张述孔打电话。

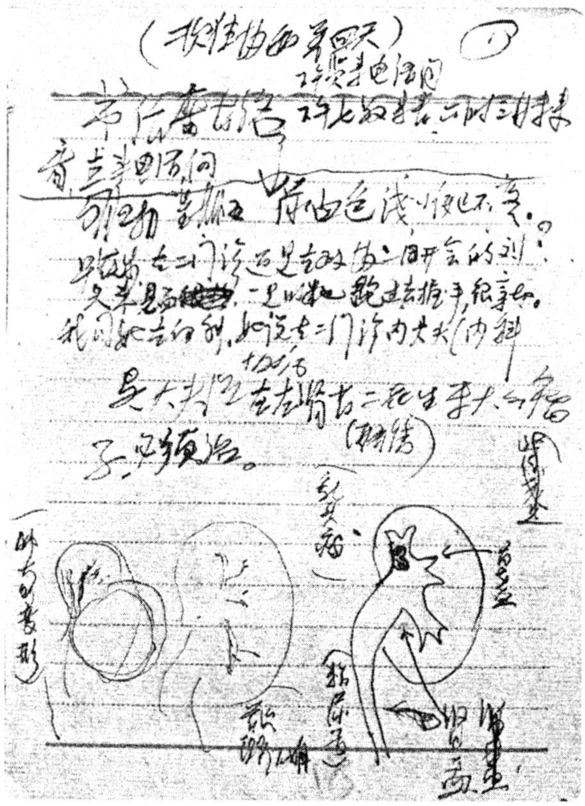

1965年5月28日，溥仪在日记中自画肾内有二颗花生米大小的膀胱瘤

● **5月30日　星期日**

住院［第］5〈6〉天。

便秘在腹，疼。陈大夫为［我］注射二针，未止疼。后来黄大夫注射“杜冷丁”，稍愈。照透视[1]。

七叔［载涛］来看。三妹［韫颖］来看。傅［永昭］护士拿冰激凌来。吴［德诚］大夫来看。

● **5月31日　星期一**

住院［第］6〈7〉天。

早，腹仍疼。傅［福贞］护士长给灌肠，又注射“杜冷丁”，仍未大便。吴［德诚］大夫、钟［守先］大夫来看。

下午，二妹［韫和］携三秀[2]来看（三秀带来橘子水）。申伯纯副秘书长、沈德纯副主委来看。溥杰二弟来看。

今天仅食生萝卜一条。下午仍未大便。

据贤［说，已］打电话约赵大妈来家住些日，帮助做菜和［打扫］卫生等。晚食饼干、

1 溥仪或把透视看作照相的一种。

2 三秀，韫和的三女儿，溥仪的外甥女。

藕粉。

● **6月1日　星期二**

住院［第］7〈8〉天。

昨夜腹疼，打“杜冷丁”。

上午，腹疼，打“杜冷丁”。

下午，溥任四弟、曹宝元[1]来。毓嵒夫妇来。王力民来。贤来看。

晚，吴德诚大夫、钟［守先］大夫来谈。他将要出国。后来，林［钧才］院长[2]来了。我希望等吴大夫［从］国外回来后再动手术。后来，林院长和吴阶平[3]来谈，主张动手术不要迟。谓“别的大夫同样很好”。夜，腹又疼，再三再四催黄［金龙］护士（男），找大夫。后来又催他。10时后，他才给会议室打电话，才知会议已散。黄说，钟大夫还未来，有三病人找他呢！黄护士来等大夫，为我又注射“杜冷丁”，才睡。仍有恶心，睡时有时四肢、腹部各处搐动。

● **6月2日　星期三**

住院［第］8〈9〉天。

二妹［韫和］、三妹［韫颖］来电话。钱大夫（中医）、张实习生来诊，内科张大夫来诊。吴德诚来说，彼将迟赴印尼，因此，可以为我治疗。

● **6月3日　星期四**

住院［第］9〈10〉天。

六妹［韫娱］打电话来（正在鼓楼医院治肠炎）。

下午，贤来看。

能得院方在饮食方面照顾，随我所食，今天肠胃较好，能吃东西了。

看电视：周［恩来］总理上飞机，访［问］巴基斯坦和坦桑尼亚；看廿八届乒乓球国际比赛电视。

● **6月4日　星期五**

住院［第］10〈1〉天。

三妹［韫颖］打电话来。

下午，二弟［溥杰］、李义〈以〉勋夫妇及子来看。二弟送来工资182.28［元］和本月粮票。

今天食欲较好。

听李以勋说明申伯纯讲的周［恩来］总理对国内外形势报告的概况[4]，非常高兴。

● **6月5日　星期六**

---

1 曹宝元，别名曹裕光，1924年即被招进宫中当“殿上”，贴身伺候溥仪，当时他才十三岁。继而跟到天津，被提升为“随侍”，是溥仪的七名亲信随侍之一。嗣后又在伪满10余年，至1946年辗转返乡。

2 林钧才，当时任北京协和医院院长。

3 吴阶平，生于1917年，江苏常州人。我国著名医学科学家、泌尿科专家。曾任全国人大常委会副委员长、九三学社中央主席。

4 6月1日下午，申伯纯向专员们传达了周恩来在人大第10次常委会与国务院第156次全体会的联席会议上所作关于国际、国内形势的报告。传达后，专员们连续座谈多次。

住院第11〈2〉天。

上午，贤来看。吴［德诚］大夫来看，说明治疗方法[1]。

下午，文史资料研究委员会张刃先来慰问。

● 6月6日　星期日

住院［第］12〈3〉天。

董［英奇］麻醉师[2]来看。送云南副省长史怀壁[3]出院。

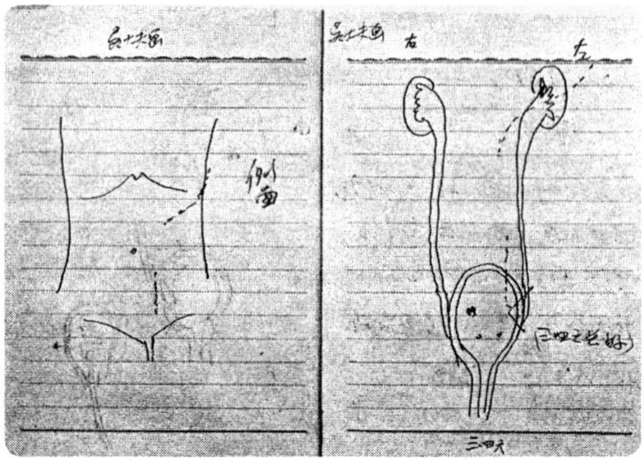

1965年6月7日，吴德诚医生在溥仪的日记本上画的左肾及左肾输尿管切除术手术示意图

下午，毓崇妹夫某［冀丕先］[4]、王佩英、［溥］任四弟、二妹［韫和］、广元、三妹［韫颖］、润麒、五妹［韫馨］、万嘉熙、［溥］杰二弟、［嵯峨］浩、罗亨年、周小奇、杜聿明夫妇、罗历戎、杜建时夫妇[5]［等］先后来看。

孟广泰为洗身上汗毛[6]。

晚，洗澡，灌肠。

● 6月7日　星期一

手术日（住院［第］13〈4〉天）。

本日上午动手术，由吴德铨〈诚〉大夫以及邵大夫、钟［守先］大夫（助手）、一个手术护士［操作］。想切除左肾和左肾输尿管（膀胱一小部）。[7]罗［来葵］大夫注［射］麻药，董［英奇］辅助。取肾手术一小时，切膀胱旁尿管半小时，共一时半。林［钧才］院长、董［炳琨］院长[8]来看。老万［嘉熙］来看。外科党支部书记潘大夫来看。

下午，贤来看。注射葡萄糖，打链霉素、青霉素。不思食。

● 6月8日　星期二

手术后一日（住院［第］14〈5〉日）。

徐荫祥[9]（同仁医院副院长）来看。腹闷，痰碍出，注射同前，打药同前。下午，贤来看。

1 吴德诚在溥仪的日记本上连画四幅切除左肾及左肾输尿管一小部的手术示意图，每幅左上角都有溥仪亲笔所标“吴大夫画”字样。

2 董英奇，溥仪手术时担任麻醉辅助工作，而在麻醉方面负主要责任的是罗来葵大夫，还有罗爱论（女）大夫也参与麻醉工作。

3 史怀璧，溥仪的病友，当时任云南省副省长。

4 冀丕先，毓崇的妹夫，历史上曾追随溥仪，当时住在北京天桥市场后街。

5 杜建时（1906—1990），天津杨村人。1935年毕业于南京陆军大学，遂被蒋介石召见留在侍从室工作。次年奉派往美国军事学院和加州大学学习军事指挥和国际关系。1939年回国后晋升中将，历任中央军官学校长沙分校主任、陆军大学教务长、国防研究院主任兼蒋介石侍从室高参，曾随蒋出席开罗会议。1949年任北宁路护路司令兼天津市市长时被俘。经12年改造，于1961年12月25日特赦。1963年任全国政协文史资料研究委员会专员，1981年增补为全国政协委员。夫人李念淑是位画家，他们是在1964年3月1日结婚的。

6 孟广泰，五楼病房卫生员，为溥仪做手术准备工作，刮掉手术部位汗毛。

7 本日日记的以上部分写在手术前，以下部分写在手术后。从后部字迹可以看出，执笔的手是抖动的。

8 董炳琨，当时任协和医院副院长。

9 徐荫祥，溥仪的病友。当时任北京同仁医院副院长，同时在北京医院和协和医院的眼、耳、鼻、喉科兼职。他是山西省人大代表。

贺云卿（长春医科大学支书）[1]来看。林［钧］院长、董［炳琨］代院长、吴［德诚］大夫、张［芬兰］书记[2]来，张庆松副院长[3]来看。

王菡[4]服务照顾极周到。

● **6月9日　星期三**

手术后二日（住院［第］15〈6〉天）。

上午，贤来视。

注射葡萄糖、链霉素、青霉素，服甘草合剂。傅［福贞］护士长照顾很好。

二弟［溥杰］、［溥］佳二弟[5]、五妹［韫馨］、四妹［韫娴］来看。徐荫祥来看。江苏代省长陈书同[6]来看。张青〈庆〉松副院长（耳鼻喉科主任大夫、［主管］医务）来看。

服安药〈眠〉药。

● **6月10日　星期四**

手术后三日（住院［第］16〈7〉天）。

下午，七叔［载涛］、［嵯峨］浩来看。张庆松大夫来看。吴［德诚］、钟［守先］大夫来看。

本［日］早，撤粘条，撤尿道安管后，小便开始感到刺激膀胱伤口不舒服，尿色转红（插尿管时尿色正常），食欲较昨稍见好，体温37度左右，夜37度。服安眠药。

夜醒，小便仍深色，膀胱伤口感［到］时［有］微痛（过去不动时不痛，现在不动时也感微痛）。夜，37.2［度］体温。仍注射青、链霉素。

● **6月11日　星期五**

手术后四日（住院［第］17〈8〉日）。

老万［嘉熙］来电话问需［要］什么？侯［金兰］护士转达——答需平〈苹〉果。

上午，贤来看。

下午，贤又来看，带来平〈苹〉果和菠萝。王佩英来看（佩英为买菠萝、杏）。毓嵒之妻［张云访］来见。

钟［守先］大夫说，我的肿瘤名为“移行上皮细胞癌”（恶性）。

下午二次痰［不］上不下，姚［锦芳］护士为按伤口［才］得吐出来。

● **6月12日　星期六**

手术后五日（住院［第］18〈9〉日）。

早，灌肠。

下午，三妹［韫颖］来看。林［钧才］院长来看。今下午停止打青、链［霉］素。

---

1 贺云卿，吉林医科大学党委书记，当时因病住在协和医院。他与在某军事学校工作的爱人宋某一起看望了溥仪。

2 张芬兰，当时任北京协和医院党委书记。

3 张庆松（1908—1982），安徽滁县人。曾获纽约州大学博士学位，是我国耳鼻喉科的前辈、变态反应科的创始人和奠基人。当时任北京协和医院副院长、耳鼻喉科主任、教授。

4 王菡，护士。这句话系溥仪补添在日记空白处的，据内容移此。

5 溥佳系载涛次子，且比溥仪小两岁，故有“佳二弟”之称。

6 陈书同，溥仪的病友。当时任江苏省副省长。

● 6月13日 星期日

手术后六日（住院［第］19〈20〉天）。

早，夜一时醒，向姚［锦芳护士］要果子水。侯［金兰］护士扶上便所，小便后膀胱内缝口感不适。

开始卓〈桌〉前坐食。

上午，贤来看。唐蔼士来看。

下午，贤又来，为买平〈苹〉果。毓崇妹夫某（冀丕先）又来喋喋不休。［溥］任四弟来看。吴［群敢］主任来看。老万［嘉熙］、四妹［韫娴］、溥俭夫妇[1]来看。润麒来看，带饼干来。老万说，大夫讲如果是恶性，要做几个“疗程”[2]。老万［又］说，［全国］政协组织[3]本日去昆明湖游泳，［溥］杰二弟、［嵯峨］浩均去游泳，是以今天不来。

● 6月14日 星期一

手术后七日（住院［第］20〈1〉日）。

傅［福贞］护士长扶下地到便所。钟［守先］大夫来撤［绷带］布。

下午2时，正睡时无味纠缠的王敏毫[4]直入欲见（前几日就在院中突来见，我正和陈书同谈话）。姚［锦芳］护士随来，告以睡午觉，彼也不顾，用手推门。姚护士先入，见我睡，才欲退。我不知谁来，问：“谁呀？”这样，彼乘入。问询病况如何？告以医嘱静养，不让多见人，以后不必来。彼又谓，其母惦念，欲来看。我仍告以前文。彼坐不走，我告：“你可休息，我还［要］歇会呢！”彼才走，殊为麻烦扰人。

下午，溥杰二弟来，带来报纸，并谓拾得（在沙发［处］）自来水笔一支，又抚顺照相一帧（置我的办公处）。又谓，以前我用的卓〈桌〉子，现为廖［耀湘］用，几个抽屉尚未开锁。我告以等我自己去时再开。

看钟大夫拿来割下来的左肾相片。

● 6月15日 星期二

手术后八日（住院［第］21〈2〉日）。

头一天到外间打电话。本日拆线。

李［聆训］护士扶上便所。

本［日］早，吴［德诚］大夫来看。钟［守先］大夫拆线。化验室王同志来取耳血（血常规试验）。

下午，平杰三部长、李金德副秘［书］长来看。

手术后头一天走出卧室，到电话室给贤打电话。（上午去一次，告服务站小刘给我

1 爱新觉罗·溥俭，溥仪的族弟。出自道光帝第五子奕誴支，系奕誴第三子载澜的第六子。伪满初年到长春投奔溥仪，先在军事教练班学习一年，继当护军，曾任班长。不久，奉溥仪命在“内廷”读书。1945年8月随溥仪逃往通化，辗转返北平。五六十年代在北京义利食品商店当工人，现已故。其妻叶乃勤，出自满族叶赫那拉氏，伪满年代常奉“旨”进“宫”陪伴“贵人”。

2 “疗程”原有引号，似溥仪刚刚接触这一惯用医疗术语。

3 “组织”在此为“统一安排”“集体活动”的意思。

4 王敏毫，出身满族贵族，婉容的表妹。溥仪刚特赦时她年在50岁左右，未出嫁。一度表示愿与溥仪结婚。然而溥仪不喜欢她守旧的思想做派，不接受她的求婚要求。

回信，她说下午 2 时来电。她一直没有回电。下午我又打电话，贤来接。周振强妻［楼亚隽］、李义〈以〉劻妻［邱文升］正访贤，贤携邱荣〈文〉升一起和我通电话，说一起来看我。）

下午，贤携周振强妻、李义〈以〉劻妻同来看。吴大夫来。王晴雪、王响逸、王欣[1]来看。

给蒲辅周打电话，约为贤诊。蒲又有病，［中医研究］院工作人员告，过几日再打电话联系。

晚 7 时，毓喦夫妇来看。喦在休息空隙由天堂河农场来看我的，夜 4 时许还得赶回农场[2]。

晚，傅［永昭］护士取温水为我洗脚。夜服密尔痰二片，后半夜又服一片。

● 6 月 16 日　星期三

手术后九日（住院［第］22〈3〉日）。

早，下床，到电视室憩息［一］会［儿］，回早餐。

下午，又到电话室打电话。下午赵华堂来看。下午溥杰二弟、宋希濂夫妇、杨伯涛来看。溥杰带来《政协会刊》。

晚，傅［永昭］护士取温水为我洗脚。

夜眠不好，服“塞克诺”安眠药。

● 6 月 17 日　星期四

手术后十日（住院［第］23〈4〉日）。

上午，初到五楼廊门外走路，在电视室休息。

下午，毓灵筠和小兰[3]来看。贤来看，带来可可糖、鸡蛋、核桃等。蔡老太太[4]来看。张述孔主任来看。

晚，傅［永昭］护士又拿温水为我洗脚。

● 6 月 18 日　星期五

手术后十一日（住院［第］24〈5〉日）。

早，量体重：一百一十三斤（上次——5 月 26 日［量］为一百一九点八斤）。欲食不香。钟［守先］大夫来闲谈。吴［德诚］大夫来问候。

下午，初次到五楼前门散步。

下午，钟大夫来。杜聿明、郑庭笈来看，杜带来香蕉。

晚，侯［金兰］护士打洗脚水。在五楼门前少坐。

晚，风雨。

● 6 月 19 日　星期六

---

1 都是溥仪的外甥女，韫娱的孩子：大女儿王晴雪，当年 19 岁，北京女六中高三学生；二女儿王响逸，当年 18 岁，北京女十中高二学生；四女儿王欣，当年 9 岁，北京大翔凤小学二年级学生。

2 天堂河农场是公安部主办的，其职工主要是刑满释放后就业的人员，平时集体食宿，半月一次假日，准许进城回家团聚，管理很严格。

3 小兰，姓崔，毓灵筠的女儿。

4 蔡老太太，街道干部，溥仪的邻居。

手术后十二日（住院［第］24〈6〉日）。上午，贤来。又到外买三辣子来，带来香蕉、枇杷等。

下午，王治国[1]来看。

下午，到五楼门外少散步。

● 6月20日 星期日

手术后十三日（住院［第］25〈7〉日）。

上午，到五楼外稍散步。

上午，周振强来看。

下午，冀丕先来看。三妹［韫颖］来看，［溥］杰二弟、［嵯峨］浩、罗亨年来看，浩带来点心和金鱼、苏子叶。沈醉和其未婚妻[2]来看。沙国兴[3]来看。孟昭楹[4]来看。赵荫茂和其女婉贞来看。四妹［韫娴］和鼎昌[5]来看。

● 6月21日 星期一

手术后十四日（住院［第］26〈8〉日）。

早，吴［德诚］大夫来说，星期四、五可以出院。（又谓，此间病人来，有不够住之虞，意系让我早出院。）

下午，贤来看。老万［嘉熙］、润麒、三妹［韫颖］来看。

夜，恶心，胃不舒服。

● 6月22日 星期一〈二〉

手术后十五日（住院［第］27〈9〉日）。

恶心，胃不舒服，未用早点。告护士找钟［守先］大夫可转请内科大夫看看。钟未来，我到护士值班室见钟坐写字，当告以病情，钟亦骀首听旨漠然不甚注意。钟旋谓他将告内科大夫来诊。我告诉他可改半流食。内科张［孝骞］大夫[6]和小张［春芳］大夫、周［玉淑］大夫都忙于看一重病号室病［人］，张［孝骞］大夫出来，我问他何时为我诊？张说等少时就来。后来张到，又说，这时有一病号约好见面，打算下午给我看。我告以病况，希望他早看看。他说，先给点药试试，我说，□□［腹空］不食，很难过。这时，张才为我判诊，也未查出什么结果，只说给些药。我问他可以照相［否］？张答：容他排好日子。周护士长[7]特为拿来果子水，加上几块平〈苹〉果，我都喝了。大便色黄、体轻，告周护士。周来看，并取出交某转交化验室，很负责任。

中午也未食。舌白腻，干哑还稍好一点。今天，大便已三次，头次干，二、三次均

1 王治国，王耀武之侄，他们当时生活在一起。

2 当时，沈醉与北京厂桥医院护士杜雪洁正在热恋中。

3 沙国兴，全国政协机关内的清扫工人。

4 孟昭楹，原国民党北平警备司令部少将参议，1959年12月4日与溥仪同时获特赦，同时返京。其后，家庭不睦，溥仪常常帮助调解。

5 鼎昌，即赵鼎昌，溥仪的外甥，四妹韫娴之子。

6 张孝骞，当时任北京协和医院内科主任。

7 周护士长，不知名。下文“周护士”亦指其人。

为黄色，浮于上面。体温：早和午后均为 37 度。下午 5 时半，食藕粉、饼干。

晚，钟大夫来说，明天抽血试验，星期四照胃部相。我早晨告钟改半流食，他竟忘了，没有在本上写。（后，我告小张［春芳］大夫给写上；小张大夫证明本上还没写，小张大夫才写上。）老宋［传］[1]告我，晚上吃米汤、藕粉都有，并拿出黄油说也有。晚问李聆训、刘护士，李谓老宋仅备米汤，并且本上还没有改半流食，并谓其他没有，没有藕粉。

● 6 月 23 日　星期三

手术后十六日（住院［第］28〈30〉日）。

仍微恶心，不思食，大便稀。

上午，吴［德诚］大夫、钟［守先］大夫来，管食堂的人来。经我告钟大夫，因食少，希在流食下，还可食饼干等。望告诉护士，以便［减少］临时麻烦。经钟代宋［传］临时告食堂的孟广泰。

淑贤来看，与吴大夫、钟大夫定好：星期六出院。

今早钟大夫为抽血做肾功能和肝的试验。在星期四还准备照肠胃相。

早食：藕粉、果水合〈和〉二香蕉；午食：米汤、饼干六块、黄油、汤少许；晚食：粥、藕粉、果水。

服药：胃舒平、酵母片、胰酶。

中医［诊治］：张实习生［断为］湿热交结，补湿清热。

清半夏三钱　云苓五钱　陈皮三钱　生姜二钱　枳穀三钱　竹茹三钱　川连一钱五　龙胆草二钱　焦神曲五钱　炒麦芽五钱　甘草二钱

● 6 月 24 日　星期四

手术后十七日（住院［第］29〈31〉日）。

早 8 时许，到放射科，由胡茂华主任照透视和拍照——肠胃检查。10 时又照一次。

10 时后才饮食。早：大米粥、黄油、饼干几块；午：小米粥、果子水；晚：小米粥。

午后服中药。化验小便：白血球（6 ～ 7）、红血球（2 ～ 4）。

下午，五楼三层周来谈，钟［守先］大夫加入巡回医疗队（几个月），张大夫复回五楼。晚五时，在放射科又照一次大肠透视[2]。

晚，刘澜涛[3]和其汽车夫来看。

● 6 月 25 日　星期五

手术后十八日（住院［第］30〈2〉日）。

早，试体重：一百〇六斤。

---

1 宋传，给住院病号安排伙食的管理员。

2 本句是溥仪后添在日记空白处的，现据内容移此。

3 刘澜涛（1910—1997），陕西米脂人。民主革命时期长期从事党的统战工作，1931 年曾被国民党反动派逮捕，监禁在北平“军人反省院”，至 1936 年出狱。“文革”期间曾因所谓“六十一人叛徒集团案”遭残酷批斗。1965 年出任中共中央书记处候补书记、中央监察委员会委员、1983 年 6 月出任第六届全国政协副主席。

早饭：大米粥、藕粉；午食：小米粥两小碗。

下午，钱大夫开方如下面：

沙参三钱 竹叶五钱 生石膏三钱 寸冬五钱 粳米五钱 花粉三钱 栀子三钱 滑石五钱 焦麯五钱 甘草五钱 菊花五钱

□□六袋。□□□□过凉，未用。

夜乘凉，有胜利煤矿苗春庭者大谈，东拉西扯，一再问到党领导人接见过我否？我未注意，顺便答："见过。"他问："见过总理、毛主席、朱委员长？"我点头。后来我告诉："只是在天安门观礼时［在］远处见过。"彼不信，说一定都直接见过。不知道〈熟悉〉的人问话，应警惕，不应随便回答他。

6月26日 星期六

手术后十九天（住院［第］31〈3日〉）。

本日出院。

早，张［春芳］大夫在我膀胱注射防痛药（这是第三次）。

本日下午3时，贤来，并带包秀云[1]来，帮助我出院。老万［嘉熙］曾打电话来，问何时出院？有何需要？后，我告他来。老万代办出院手续。下午4时，［全国］政协来车接我出院，回家。

晚食〈饭〉：包饺子。

晚，［嵯峨］浩、润麒来看。

晚，张保健来（早约好），为我和贤诊脉开方。

6月27日 星期日

（出院第2日）

早，戴文山夫妇做的扈蹋子〈糊塌子〉，约我和贤在院［内］同餐。老万［嘉熙］来，送三辣子来，旋去。

下午，沈德纯、张述孔来看。二妹［韫和］、广元来看。五妹［韫馨］送来杏子；马［竣和］大夫［之］父来看。冀丕先又来。

晚，食鱼。胃口仍不好。

晚，小便又红色。

淑贤感冒好几天。

6月28日 星期一

（出院第3日）

小便［颜色］仍深。

早，给"协和"打电话，又给全国政协秘书处打电话，张延同志允派车。

下午2时，和贤到"协和"验尿。吴［德诚］大夫说，防癌药水力强，可能刺激而出血。又说："下星期二上午到'协和'诊察。"

1 包秀云，溥仪家邻居的女孩，曾在溥仪家帮忙。

检查尿为红血球五六个。回寓后少休息，再小便时"尿全成血色"。贤打电话问吴大夫，吴让休息，如仍不止，可以再告他。又重［复］说，这是由于防癌水力量大，刺激出血。又说，防癌水一次比一次厉害。他说："不要紧，让他少动。"吴又说，可不服药。

我食四环素一个，Vk二片。

2时许，尿仍□［呈］红色。口味转好。

● 6月29日　星期二

（出院第4日）

口味转好。一上午，［溥］杰二弟来，留餐，吃面。

尿色如常。

下午，贤所找帮忙人包淑〈秀〉云来，称身体不好，辞退。贤打电话问李大妈，李答胃疼，并拟明日和张大妈同来看我。

● 6月30日　星期三

（出院［第］5日）

张大妈、李大妈访贤。

● 7月1日　星期四 [1]

● 7月2日　星期五

（出院［第］6〈7〉日）

［溥］杰二弟送报来[2]。谈到沈［德纯］老说，老溥［仪］可安心休养，不要急于上班，他有权（北洋组长，又是学习组长），可以让我休养。杰二弟说，过些日［子］，专员将参加"四青〈清〉"学习。沈老说，溥仪、杜建时、王耀武、康泽[3]、董益三五人有病，可以不参加。

● 7月3日　星期六

（出院［第］7〈8〉日）

上午，李大妈带来张大妈的嫂李月来，暂约定为帮忙做菜，打扫卫生等。

溥俭夫妇来看。

● 7月4日　星期日

（出院［第］8〈9〉日）

上午，老万［嘉熙］、润麒相继从［溥］杰处来。万言，日本东京嵯峨家适打电话给杰、浩，说嫮生已经同北白川宫之子（在某公司）订婚，杰、浩同意了[4]。（应读作前伪满

1 原文只存日期，无内容。

2 溥仪病休期间，由溥杰收存他在机关订的报纸并随时送来。

3 康泽（1906—1967），字兆民，四川安岳人，原国民党特务头目。曾任"复兴社"书记长、国民党军委会别动队总队长、三青团中央团部组织处处长等职。1947年在鄂西北出任国民党第十五"绥靖区"中将司令。1948年7月在襄樊战役中被我军俘虏。从此度过15年改造生活。1961年12月因病监外就医。1963年4月9日获特赦。不久，就任全国政协文史资料研究委员会专员职务。

4 嫮生的订婚对象即所谓北白川宫之子，就是神户福永家的次子健司。福永家亦日本天皇的亲属，是嵯峨浩的二妹的婆家。对于这桩亲上加亲的婚事，溥杰夫妇双手赞成。

战犯溥杰汉奸之女，又和日本帝国主义头号大战犯、天皇裕仁的亲族北白川宫之子订婚了。）[1]沙国兴来看，留其餐。吃饼。

晚，毓嵒之妻来看。于澍雨大夫来看。胡维鲁同志（从沪养病返京）来看。胡老言，上星期五他和田裕民主任曾到协和医院看我，适我已出院。

晚，二妹［韫和］来。六妹［韫娱］、晴雪、王阳[2]、王欣来看。

溥杰的次女嫮生与日本天皇的亲属北白川宫之子结婚照

● **7月5日　星期一**

（出院［第］9〈10〉日）

雨。

● **7月6日　星期二**

（出院［第］10〈1〉日）

晚，雨。

上午，赵华堂来看。田裕民主任来看。与贤留田主任和赵华堂吃饺子。

午，溥杰送报和粮票来[3]。

下午，贤找戴文山谈话，关于戴大嫂向李［月来］保姆谈话事。（谓此间事多，以前即有人不能干，留你也不能干等。）

我和贤往看俞廷〈德〉浚主任。

● **7月7日　星期三**

（出院［第］10〈2〉日）。

● **7月8日　星期四**

（出院［第］11〈3〉日）

贤打电话给吴［群敢］主任，吴在晚间来。贤告以昨日对戴［文山］谈话经过。戴大嫂［有］一次问小包［秀云］：“她[4]对你说什么？她一天竟关门不出做什么？她和你吃一样饭吗？”又向［第］二次来的保姆[5]讲：“你累不累？她的事可多啦，你做也做不完。上几次［来的保姆］，谁在她那里也待不长。”又谈及戴［文山］表示戴妻“是好说”，

1 圆括号内文字表明了溥仪对嫮生与健司联姻的反对态度。从溥杰与嵯峨浩政略婚姻的历史来看，从溥仪对嵯峨浩以至日本天皇一直怀有戒心来看，溥仪的态度是容易理解的。

2 王阳，溥仪的外甥女，韫娱的三女儿。

3 本句是溥仪后添在日记空白处的，现据内容移此。

4 她，指李淑贤，下文同。

5 第二次来的保姆，在包秀云前。

他为此常和她打架。又说，上次……[1]

● 7月9日 星期五

（出院［第］12〈4〉日）

● 7月10日 星期六

（出院［第］13〈5〉日）晚，李义〈以〉励夫妇［及］子来看。

● 7月11日 星期日

（出院［第］14〈6〉日）

下午，冀丕先来看。四妹［韫娴］来看，连［以农］老、冯廷雄同志来看。贤引冯至卧室，告以（和对吴［群敢］主任谈话一样）老戴［文山］的事。冯要看，并〈遂〉引至厨房看。（在院中引出戴淑英答“厨房是两家用”的话，伊[2]极不为然。）连老说，老戴可以在〈把〉院中小屋当厨房。连、冯临行时，冯答我：“你们两家有小纠纷。”我答，当以团结愿望出发。冯说，这是人民内部矛盾。冯在院对老戴说，两家应互相帮助、团结等语。伊对我又说，对冯要求移他处：一、不愿与戴一起；二、冬天冷、干活忙、身体不好等语。又谓老戴对来人态度不好，使伊医院小护士等以为老戴系监视的人，这是影响不好等语。（这真是胡说八道！）

下午，老万［嘉熙］、五妹［韫馨］来看。沙国兴来看。

晚，李义〈以〉励夫妇和其子来看。

［戴］文山与炸麻花，受之。[3]伊大［不以］为然，取出至院，还之不要。文山夫妇主动向伊说话、点头，伊一二语还之。

夜，贤下肢抽搐，服安眠药，长时才好。

晚，张良城、张之兰来看贤。

● 7月12日 星期一

（出院［第］15〈7〉日）

早，携贤到中医研究院，将贤病况向蒲［辅周］老说明（护士办公室、高干办公室）。

红、白血球少，［血压］最高八十、低压五十。头晕、恶心，全身酸疼、乏、无力，有时上气接不上下气。昨夜抽搦〈搐〉、发烧37.23［度］，胸疼（着急），今天好些，食少，睡不好。

携李淑贤到中医研究院看疾，蒲老看病。

午，张维汉〈翰〉[4]来，并约打电话定好日子组织部部长安子文[5]见面。

---

1 原文至此中断，但留有空位。

2 溥仪日记中批评妻子的地方常用代词而不用“贤”字。

3 这里指溥仪本人接受了戴文山的赠与。

4 张维翰（1906—1979），河北馆陶人。参与创建并领导了我国鲁西北的抗日根据地。中华人民共和国成立后历任中国人民解放军邯郸军分区司令员、军事体育学校副校长、国家体委陆上运动司司长。因与载涛是朋友而与溥仪相识。

5 安子文（1909—1980），陕西子洲人。民主革命时期长期从事地下工作和抗日救亡工作，并参加晋冀豫及太岳抗日根据地的开创工作。中华人民共和国成立后历任中共中央组织部副部长、部长，中央党校副校长，人大常委会法制委员会副主任、全国政协常委及中共中央委员等职。“文革”期间他受到残酷迫害。

晚，溥任、毓鉴来看。

昨夜贤仍有时抽搐，服安眠药才好。

● **7月13日　星期二**

（出院［第］16〈8〉日）

红色球二三个。吴［德诚］大夫续开假条两星期（以前［亦］为两星期）。

早，和贤到协和医院。吴大夫检查，尿中红血球仍有二三个。第三次打入膀胱防痛药水。

下午约2时才返寓，正值刘宝善从植物园来，带来植物园［的］桃（上午9时即来）。毓嵒夫妇亦来。留吃午饭，饼。4时许，刘辞去。

晚，毓嶦来，贤留晚餐。

● **7月14日　星期三**

（出院［第］17〈9〉日）

早，张振汉〈维翰〉来接我和贤到他家，与安子文组织部部长见面。［见后］安派车送我们。

“你三岁登基？”[1]

上午，赵公勤[2]来看。伊告以欲移到和平里的希望，将告[3]冯［廷雄］科长。

午后，［溥］杰二弟送报来。

● **7月15日　星期四**

（出院［第］18〈20〉日）

尿又有血色。到人民医院泌尿科，经孟大夫开四环素和V_K带回服。

下午，张景荣来看贤。张刃先主任来看，伊谈及戴［文山］夫妇事和欲移住和平里事，经张开导许久。贤留景荣住。

● **7月16日　星期五**

（出院［第］19〈21〉日）

上午9时，杜聿明爱人曹秀清和王大姐（过去［在］科技研究院）来访贤。留午饭。晚5时方去。景荣吃饭后回去。

午后，尿仍红色。晚转好。

● **7月17日　星期六**

（出院［第］20〈22〉日）

晚，二妹［韫和］来。

● **7月18日　星期日**

（出院［第］21〈23〉日）

和贤到景山公园，又到二妹［韫和］家看看。到吉士林午餐，午餐后回寓。天气炽热。

1 溥仪似欲追记与安子文谈话情况，却只以此句开头即止。
2 赵公勤，全国政协机关内处理行政事务的干部。
3 意谓赵公勤表示将把李淑贤的意见转达给冯廷雄。

上午，老万［嘉熙］、老润［麒］来。未遇。周振强来，未遇。

沙国兴来，留用晚饭。俞廷〈德〉浚主任和其女（无夫）来访。

● 7月19日　星期一

（出院［第］22〈4〉日）

到官园公园，［全国］政协来车接我到政协。李金德处长接见宋［希濂］、杜［聿明］、廖［耀湘］、范［汉杰］和我。告以明天李宗仁[1]由美经瑞士、巴基斯坦飞来，大家到机场迎迎他。

李金德处长谈话大意：李宗仁回来到沪，我们表示，他或去欧，或［在］美，或回来长住，都欢迎。［长］住要通过这五关，要“过五关”：政治、思想、生活、社会、家属［等］五关。爱国不分先后，来去自由。如不愿住北京，仍反对我，可自愿居外国。等认识［到］不对，仍要回时再回来也可以。但“四不要”：一、对美国要认清，［不要存幻想］；［二］、不［要］插手台湾问题；三、不要搞第三条势力；四、不要插手中美关系。李发表一个声明，认罪。又说，过去反共是反中国。

明天到北京。明（20日）上午上午〈衍〉同贤去看，［在］飞机厂〈场〉迎他。中午，溥杰来送报[2]。午后，杰二弟送报来，谈吴［德诚］大夫来电话，他将去印尼，不久可以回来。并告以等他回来再去检查。

晚，和贤看七叔［载涛］并看四弟［溥任］。

● 7月20日　星期二

（出院［第］23〈5〉日）

［全国］政协来车，接我和贤同申［伯纯］老到飞机场。周总理，贺龙、罗瑞卿副总理，彭真、郭沫若人大常委会副委员长［等］国家领导人，各民主党派、无党无派人士百余人，在机场迎李宗仁及其夫人［郭德洁］[3]以及程思远[4]，由美幡然回到祖国怀抱。

晚，周总理在人［民］大会堂招待李宗仁夫妇，我和贤也蒙［邀］参加。过去各种“牛鬼蛇神”在党伟大政策下，今天都成为新人。在新人的关系上，今天一同团结［在］党的周围，一同反美爱国，参加社［会主］义建设。这是史无前例之举。

● 7月21日　星期三

（出院［第］24〈6〉日）

上午，老万［嘉熙］又来（他说曾来三次未遇），刚从劳动［场所］来。在此午饭。

● 7月22日　星期四

1 李宗仁（1891—1969），字德邻，广西桂林人。新桂系军阀首脑，国民党高级军政人员。日本侵华期间提出“焦土抗战”的口号，并指挥了台儿庄战役，取得对日作战的重大胜利。1948年4月出任国民党政府副总统。1949年1月出任代总统。同年12月国民党政府迁台后他赴美国定居。1965年7月20日海外归来，并在北京度过了生命的最后年代。

2 此句以下本日日记是溥仪后来在日记空白处补写的。现据内容调整了顺序。

3 郭德洁女士是在身患绝症的情况下，支持并跟随丈夫回国的，1966年3月29日因乳腺癌病逝。

4 程思远（1908—2005），广西滨阳人。1930年起任李宗仁秘书。1934年赴意大利罗马大学攻读政治学并获博士学位。曾任国民党广西“绥靖公署”政治部主任、国防艺术社社长等职。1949年起闲居香港。1956年4月至1965年6月先后五次北上，赴京晋谒周恩来，为李宗仁回国做准备，获得成功。曾任全国政协常委兼副秘书长、全国政协副主席。著有《李宗仁先生晚年》《政坛回忆》等。

（出院［第］25〈7〉日）

官园公园散步。

上午，董益三夫妇来，贤留午餐[1]。

● **篇后附录：董益三同日日记**

打针回来较早，因和伯兰约定一道去看溥仪夫妇。因为李淑贤来过几次，他们夫妇也来看过我一次。10时许到他们那里，李淑贤一定要我们在那里吃饭，无论如何不让走。吃饭回来已是14时了。

末代皇帝溥仪与末代总统李宗仁握手

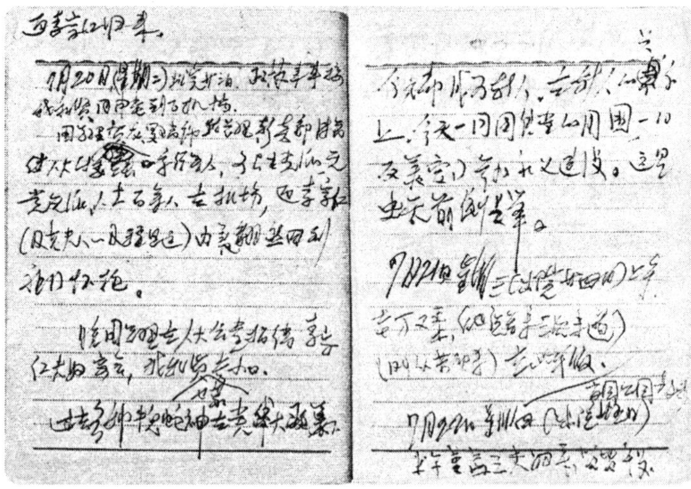

1965年7月20日，溥仪日记载有迎接李宗仁先生的实况

● **7月23日　星期五**

（出院［第］26〈8〉日）

上午，到官园公园散步。

下午，偕贤到妇产医院检查。到院部办公室找霍同志（前天打电话联系的），经王副院长检查结果：过去［已发现的］子宫肌瘤发展了，已比大的平〈苹〉果还大些，主张割除。贤疑虑。后看胡［维鲁］老，胡到植物园未遇。胡大嫂和其第四子招待西瓜。

晚饭后，同贤到俞廷〈德〉浚主任家，看俞主任爱人，［她的］脚跌伤（已出院，正休养中）。

● **7月24日　星期六**

（出院［第］27〈9〉日）

偕贤到平安医院，经马［竣和］大夫诊治检查。马说，检查结果为：（1）血压，高压88（上次90）、低压60（［上次］60）；（2）肝大，一个半公分（1.5公分）；（3）胆囊区，压疼（胆近感染）?（4）泌尿系［统］感染。心脏无病，肝大，慢性肾盂肾炎。马谈，如可能，可延长到秋天动手术。

肾功能化验：上次12克，血红素1.4克，红血球394，血红素少，白血球4950，尿红［血］

1 关于董益三夫妇这次来，详见篇后附录。

球 3 ~ 5 个。

● **7 月 25 日　星期日**

（出院［第］28〈30〉日）四妹［韫娴］携其女和女婿［来］。下午，赵丽瑛[1]来。于澍雨来。留晚餐。三妹［韫颖］、老润［麒］来看。

● **7 月 26 日　星期一**

上午，和贤到蒲辅周处和妇产医院看病。我又到人民医院看足趾微破［之疾］。

晚，和贤到红楼看电影：［纪录］李宗仁归来［的］影片。

● **7 月 27 日　星期二**

上班。

张刃先、沈德纯都关心，让休息或休息半日。申［伯纯］老说，你也上班？在家也闷。上班也不会给你限期的任务。张刃先主任说，可以半日上班、半日休息，不要累着。又嘱张述孔和溥杰，随时注意不要让我累着。沈德纯也关心，让休息半日。又谈，你［的］身体不是属于你个人的。应当保重身体，我是属于党和祖国人民的。

专员写上□［月］学习体会。宋［希濂］告［溥］杰（转［达］领导之意），因我未参加学习，写不写体会，随便。

未学习。专员写学习体会。

● **7 月 28 日　星期三**

上班。

早，到赵华堂家看了赵，谈贤心小，连锁事，弄得那么瘦。

遇连［以农］处长夫人，问我好后［又谈及］应注意休息等语。

贤经妇产医院检查，子宫有肌瘤，发展很快，拟动手术。贤打算八月、九月后去检查和动手术。

［张］景荣来看贤，留餐、宿，次早景荣上火车去学校。

● **7 月 29 日　星期四**

（未学习，写体会。）[2]

我看书，我要求参加写卡片。张［刃先］主任说，从下星期一开始。

统战部送来［观看］演剧［的请］帖，在民族文化宫。因贤不适，未去。

伊欲书信与张刃先、沈［德纯］催其为我们早搬家事。伊谈如不可能搬家，则要求老戴［文山］搬出去。我不以为然，并未答。

● **7 月 30 日　星期五**

上班。

见张刃先，沈德纯在座。告以贤写信欲搬家事，并谈到上次张帮助伊的话。关于戴大嫂事，张谓即是劳动人民[3]。沈谓，如在此处和邻居有矛盾，即移交和平里，那里人更多，

1 赵丽瑛，溥仪的外甥女，韫娴的女儿。她当时在北医三院工作。

2 周四下午依例为委员们的政治学习时间，本周因写学习小结而停止讨论，故溥仪有括号内的文字说明。

3 在这里，张刃先显然是对邻居纠纷问题作了严肃的“上纲”批评。溥仪没有记下全话，却在“劳动人民”4 字下加了着重号。

矛盾更多。如这里麻烦，移到他处仍是麻烦，如何好？

我切盼沈、张常到家对伊帮助。沈、张谓，我应负主要帮助作用，并说，我的自我检讨是对的。沈、张仍希在原房住，谓不易〈宜〉另找房。沈谓，他自己仅二三间房。沈谓，我的房并不算大，因为有需要，有时有国际朋友来访问的。张谓，为了需要，即用一个保姆，多生些火，也不是浪费而是需要。

● 7月31日　星期六

上班。北洋组开会。

北洋组开会，［有］一个〈篇〉写币制［的文］稿（□□□□□）[1]，非本会所需要，除付十元外，开会决定转交经济研究所。

沈德纯汇报出外工作情况。张述孔［介］绍北洋［组］写卡片问题。

一方［面］复审，一方［面］搞目录。我和溥杰二人搞卡片，［以此为］主，［还有］三［个］下午［政治］学习，还有劳动，也不能整天写，还写学习小结。申［伯纯］老出［门］十九天。二十二三天我们整理的辛亥革命稿一部分。

晚清分宫廷类（有帝系……皇帝一项、后妃项、宫仪项、太监……[2]）一类；二类，王公贵族类；三类，八旗类（十几篇）；四［类］，太平天国和稔〈捻〉军、义和团类；五［类］，义和团起义，光绪、慈禧逃亡类[3]；六［类］，政治类，戊戌政变、宗教制度等，筹备立宪、借款皆［是］[4]；七［类］，地方政情类；八［类］，外交类；九［类］，军事类（中法战、日俄战、甲午战、军事设施、军事教育、禁卫军、毅军、新军、□□兵变等[5]；九〈十〉［类］，帝［国主义入］侵类……保路运动（也可在“辛亥”内）……[6]［十一类］，清室遗老类；［十二类］，晚清人物类；［十三类］，其他类。［以上各类］共五百三十九篇。

要确定几个人看稿。西北军［的稿子］也可以看（于［树德］、邓［哲熙］、吴［锡祺］、高［兴亚］[7]、武［志平］、沈［德纯］、戈［宝运］）。太平天国［的稿子］武［志平］看。宫廷类，于［树德］看（我、溥杰二人［亦］看宫廷［稿子］）。义和团［的稿子］邓［哲熙］老［看］。帝［国主义入］侵［的稿子］于［树德看］。军事类［的稿子］吴［群敢看］、戈［宝运看］。沈［德纯说］：“没人看的我就看。”

一本：五百四十二篇；二本：四百二十三篇；三本：北洋稿。

● 8月1日　星期日

1 圆括号内文字难辨，应是写币制那篇文稿的题目。

2 圆括号内加删节号的两处，系因读不成句删除9字。

3 本类“义和团起义”是作为光绪和慈禧逃亡的缘起而提出的，与前类从农民革命的角度提及“义和团”有所区别。

4 “筹备立宪”指1905年以后清政府推出的“预备立宪”欺骗政策以及立宪派的活动；“借款”指清政府不惜出卖广东、四川、湖南、湖北境内铁路路权，向帝国主义国家借债，引起人民不满。

5 “禁卫军”系宫禁和帝王的卫兵；“毅军”，原为清军将领宋庆所部，宋庆号毅勇巴图鲁，故名，到清末改编加入武卫军；“新军”指袁世凯奉清廷之命在天津小站按西式训练的新陆军。

6 本句加删节号的两处，系因读不成句删除10余字。

7 高兴亚，全国政协机关干部。

早8时许，携贤赴沈醉家，参加其结婚式[1]。

杜建时［的］爱人随到家[2]，贤留吃饭。

我到［全国］政协［机关］理发。

本日早时和午后有二次尿中带血，服四环素。下午尿色红色转淡。晚尿色转正常。

● 8月2日 星期一

上班。

本［日］午，老万［嘉熙］来，先告［嵯峨］浩弟宫原[3]即来。万并谈嫮生送我广柑[4]一匣、小豆糖二匣、压缩面二包、内衣紧身二个，后就突然地说："实际上是宫原送的，托嫮生之名而已。"又劝一定收下，不要拒绝。又说，宫原还送［周恩来］总理酒和送廖承志食物等。又说，大哥［也］一样，这是对日外交（也不分各自分工之不同，也不分阶级，统谓之为"外交"）。[5]又说："你应向宫原表［示］感谢和表示早想到［溥］杰家回访他。"[6]少时，杰、浩、三妹［韫颖］伴宫原来见。宫原和浩又约我星期三吃晚饭，宫原说，总想让我吃［从］日本带来的食物。［问我］鳝鱼如何？牛肉带血与不带血的爱吃哪种？我说，中医不让吃鳝鱼。老万插嘴说："大哥喜喝酱汤。"浩点头表示赞同。少时即去。

● 8月3日 星期二

我告史永昨日情况，表示不欲赴［嵯峨］浩家吃饭，以及他们送礼等事。又问张刃先和沈德纯，张主张可以赴浩弟之宴，只［要］分［清］界限而已。又谓应随时对宫原帮助，例如上次在"协和"他称"皇帝"，应驳之。

午后，史［永］告，［已］与李金德商量，同意我不去［赴宫原之宴］，不要和那些人拉扯。

下班后我又访史永，史告我如下：史永同志勉励我说，不必去，不必和日本商人来往。"随时你应是中国人民的态度"，我坚决答："是！"这是何等庄严神圣的字句！党是如何期待我，教育我，我一想到"中国人民的态度"几字，全身立刻感到充满力量和庄严。当时时记此语，永远跟党走，不断前进，为祖国、为人民、为共产主义事［业］贡献一切。随时听党的号召，需要我走［到］哪里，我［就］去哪里。做一个有益于人民的全心全意为人民服务的勤务员。

1 沈醉的原配妻子粟燕萍是沈在湖南临澧特训班任教官时的学生，他们相爱并于30年代晚期在常德结婚。婚后两情依依，生有6个子女。全国解放前夕，粟燕萍上奉婆母、下携子女，避战乱而赴香港定居。后因听到丈夫已死的误传，在难堪的处境中被迫改嫁。沈醉特赦后一度力争重温旧梦，直到1965年才决心割舍旧情，重建新家。他的新婚妻子杜雪洁是经同事杜建时夫妇介绍相识并恋爱结婚的。杜雪洁，北京厂桥医院护士，东北人，原为信奉天主教的修女，当年40岁。他们婚后与女儿沈美娟一起生活。

2 出席沈醉婚礼后，杜建时夫人李念淑即随溥仪和李淑贤到他们家来了。

3 宫原，即嵯峨宫原，溥杰的内弟。此人当时40多岁，是日本冷冻船公司的经理，因与我国外贸部门有业务往来，常到中国。

4 "广柑"二字系据李淑贤回忆宫原所携物品而确定的，日记原文不清。

5 圆括号内文字系溥仪批驳万嘉熙的话。

6 宫原来访之前让万嘉熙先做说客，因此时溥仪是不正常心理，他们很了解溥仪，溥仪对日本人一直存有戒心，是有历史根源的。据李淑贤回忆，那次宫原来，带了广柑和背心等物品。她也买了颇有名气的天园酱菜和北京蜜枣，但溥仪反对回赠，还对妻子说："别的事都能依你，唯独这件事我不听你的。"当时宫原还带了照相机来，也是准备送给溥仪的，但终于没敢说出，后来转送给载涛了。

本日下午学习，关于第一阶段学习小结和第二阶段学习计划等[1]。

本日交出工作填表（我和贤一起填的表）。

● 8月4日　星期三

张刃先告我："昨天你说得对，可以不去［赴嵯峨］浩弟［宫原］之约。"我又谈到浩母［嵯峨尚子］[2]九月将到，届时又将代裕仁家中（兄弟等）[3]送礼等事，应事先考虑方法。张首肯，答将考虑。

我又问张，接贤信要求搬家事。张答："贤已和连［以农］老、冯廷雄谈过，我们都考虑仍以不搬为好。可代我告贤：应作两种准备，一搬，一不搬（最好思想上准备不搬）。关于搬不搬，我们［正在］研究中。"[4]并令我告贤好好养病，过些时他会来看。我告溥杰，今早又尿血[5]（托辞说，也不敢食发物，今天不去他家吃饭。转告宫原，谢谢他，对不起，不上他家吃饭了）。贤听老万［嘉熙］的建议，买了蜜枣一匣（五元），拟送还宫原，经我阻止并告贤详情[6]。

● 篇后附录：董益三同日日记

下午，在家休息。李淑贤上午来说，大溥［仪］的尿的颜色又有点不对，可能又有血。还谈了李念淑说老罗［历戎］的事，以及李［淑贤］和大溥的生活事，并约我们一道到廖［耀湘］处贺喜（8月8日），假如那天大溥有病不去的话。

● 8月5日　星期四

上班。

给妇产医院打电话，连〈联〉络贤看病事。9时打电话，杨同志说，王院长不在，等一会儿他回来告诉他，再给我打电话来。

今将示贤的情况：卫生　少花钱而能治好病　x x x x　［重］要　必获胜利　祝贺成就　共同胜利　保卫共同目标胜利实现［长］远计划　正确立场　服务　治好病[7]。

10时半再打电话［给］妇产医院问霍同志明天贤往诊事，霍答王院长下午来时告他，后再给我打电话。又说，明天王院长系门诊，杨大夫看病，她说可以问一问王院长。

下午，和杜［聿明］夫妇、宋［希濂］、廖［耀湘］、范［汉杰］、杜（建时）同往访李宗仁，谈一小时许辞去[8]。

---

1 据董益三日记载，这次学习是阶段总结。由沈德纯主持，传达了全国政协秘书长平杰三和学委会副主委曾一凡的讲话，讨论了学习方法问题。

2 嵯峨尚子，出身于日本纪州名门世家，其父容所是一位政治活动家、大实业家和诗人，还是绘画收藏家；其夫嵯峨实胜是位侯爵，他的大祖母南加是明治天皇的生母中山一位局的侄女，与皇室血缘很近。

3 裕仁的兄弟主要指秩父宫雍仁、高松官宣仁、闲院宫春仁等家属，伪满年代他们与溥仪都有往来。

4 搬家问题系由邻里关系引起，全国政协机关的领导确实考虑过这件事的解决办法。董益三日记（8月5日）中有一段相关的记载："17点我回家时，老沈［醉］陪我走到院子中心，告诉我：'溥仪那里的老戴要搬到我们那里去，两间房，很久没有住人，潮湿得很……'我作为不知道的回答了他。"此事实际没办。

5 溥仪又尿血了，这是事实，详见篇后附录。所谓"托辞"仅指下文圆括号之内的话。

6 本自然段是溥仪后来添加在日记边沿处的，现据内容移入正文。

7 这段文字及四框均依日记原样，显然是溥仪的思考提纲，因为妻子有病，溥仪要劝慰她，并以真情拟了谈话要点。有四个字原文不可辨。

8 董益三记载了溥仪等人去看李宗仁之前在专员办公室的情形，参见篇后附录。

1965年8月5日，溥仪（左一）、杜聿明（右一）和夫人曹秀清（左二）拜访李宗仁先生和郭德洁女士

● **篇后附录：董益三同日日记**

下午赶去参加学习，一进办公室，老宋［希濂］告诉我："我们有几个人看李宗仁去，今日下午的学习停止了。"于是我问是哪几个人去？他答："老杜［聿明］、范［汉杰］、廖［耀湘］、二杜［建时］、大杜的爱人［曾秀清］，还有大溥［仪］和我七个人。"

● **8月6日　星期五**

早，打电话［给］妇产医院，说贤今日有事（下午我和贤以及杜［聿明］等赴人［民］大［会堂］参加［全国］政协招待李宗仁［的］茶会），今天不能上医院，经霍同志商诸王院长，星期一我再打电话订〈定〉日子。王院长欲过两星期再带贤来治。我告以贤病发展情况，王院长说今天可来，王院长今天下午五时有工夫。但以〈因〉贤今晚参加茶会，霍同志说下星期一打电话再决定王院长何时能看（刘主任下乡，未在。霍同志说，发烧不能动手术）。

闻宋希濂谈老戴［文山］来沈醉院中找房，有间房又黑又湿，而戴说宁愿住此房，也不愿去观音寺和我们同住。宋问是否和贤有矛盾？我答，我和戴没有什么矛盾。至于妇女间，也不过是一些油盐酱醋之事。宋说，你应注意，上次蔡瑞[1]岳母和邻居不和之事，蔡瑞还受批评。

我找冯廷雄来谈，我告张刃先主任家庭事。张谈，戴在组织，可以告诉他，并告我告贤：（1）搬房事组织上还在研究，也可能搬，也可能不搬，还未决定；（2）嘱贤安心养病，早早治疗，不要紧，他很惦念等语，关于戴事，我告张主任，等有时间到我家和伊谈[2]。

1 蔡瑞，爱国名将蔡锷之子，当时在全国政协文史办公室任编辑。
2 溥仪希望张刃先能直接跟李淑贤谈谈，以解决她和戴家的邻里矛盾问题。

下午3时，参加全国政协招待李宗仁茶会。周[恩来]主席、彭真副主席致词，李答词。看文艺节目，晚九时许返。

毓嵒夫妇来。

● 8月7日 星期六

下午，学习[1]。

7时，参加（[应]民革邀）欢迎李宗仁[的]宴会（在北京饭店）。

● 8月8日 星期日

下午，和贤到和平里为廖耀湘结婚祝贺。[2][又]到李[以劻]、罗[历戎]、王[耀武]、康[泽]、杜[建时]，以及万枚子[3]宿舍看看。

回[途]，看三妹[韫颖]，又到莫斯科餐厅吃饭，9时许返寓。

● 篇后附录：董益三同日日记

今日老廖[耀湘]结婚，下午4～6时接待亲友。下午3时许，我和伯兰由家出发，4时20分到达。在和平里下车时遇大溥[仪]夫妇，一同到11区20号楼三单元去。先看了老王[耀武]，再到廖[耀湘]那里去，坐了10多分钟，又下楼到各家[4]。

● 8月9日 星期一

上班。给妇产医院打电话，关于贤入院和王院长检查问题。霍同志让贤[于]星期五两点半到院检查和商量[5]。

● 8月10日 星期二

下午，学习。读周总理报告第一部分和农村社[会主]义教育运动中目前提出的一些问题[6]。

● 8月11日 星期三

上班。

午，贤打电话招我回家，因为沙曾熙来了，留午餐。沙将去参加“四清”，找旧衣服。贤赠与我的旧蓝上衣一件、黑裤（补）一件、黑便帽一件。

夕，同贤访俞廷〈德〉浚主任。

● 8月12日 星期四

会见几内亚总检查〈察〉长凯塔·法迪亚拉和夫人山[7]。

贤赴“协和”妇产室诊查。

---

1 据董益三同日日记载：“下午，第二次谈学习的方式、方法问题——上一阶段的小结……”

2 廖耀湘的原配即黄兴之女黄伯溶，他们是留学德国时的同学。廖出狱后千方百计欲与海外亲人取得联系，竟不果，乃延至此时才重组家庭。新婚夫人张瀛境，又名张英玉，毕业于辅仁大学，当时在北京女二中教数学。董益三记述了婚礼简况，参见篇后附录。

3 万枚子，原为张治中的秘书，当时在全国政协文史办公室做编辑工作。

4 当时住在20号楼的还有杨伯涛、李以劻、杜建时、罗历戎等。走了一走，17时45分离开。

5 在日记原件上，溥仪特意把“星期五两点半到院检查和商量”几个字描黑了，显然是提醒自己不要忘记时间。

6 据董益三日记载，这次学习原定集体阅读，因杜聿明、宋希濂、廖耀湘、范汉杰等人接受临时任务，要写一篇关于人民海军击沉两艘台湾军舰的文章，遂改为个人阅读。

7 凯塔·法迪亚拉为几内亚共和国总检察长、亚非法律工作者会议执行委员会常设书记处总书记。本自然段原写在日记本上端格外，是溥仪自己整理日记时为了醒目而添加的。

张刃先主任通知，上午9时半乘车到北京饭店，[中国]政法协〈学〉会介绍我和几内亚外宾会谈（曾[繁茂]同志接待）。

几内亚律师、法官、总检查〈察〉长凯塔·法迪亚拉，夫人[是]法国人（第一次来我国，凯1960年来过中国）。

杨化南、马荫楷。[1]

他[2]说：1960年来中国，全中国人民正在建设，[用]劳动[使]自己国家[取]得光辉成就。上次曾见过毛主席，会见人大常委高级人士等，[以及]知识分子、干部[等，]安排和毛主席等领导人会见，在会见时谈到溥仪。虽然没见面，却谈到您的情况，[谈到您]在革命[中]所起[的]作用，很想见见你。今天，梦想实现，[非常]愉快。[我们带着]几中人民友好关系来访问，请你许可我提几个问题：

年龄？家族？家族生活？

人是宝贵的。党的改造政策，[使您]改造成为新人、对人民当有贡献的人[吗]？听到您的经历和改造情况，相信您[的]思想变化是诚恳的，[但]为何还有许多人跑到国外？

祝[贺]你个人[取得]的为祖国、人民的贡献！

共产党领导[的]反帝力量不断扩大，中国人民[的]胜利即亚非各国人民的胜利！

中国[的]胜利即几内亚[的]胜利！

祝为中国和几[内亚]友好、更好团结，为反对帝[国主]义、殖[民主]义，为人类进步、创造新的世界[而]努力！

祝我健康[3]。

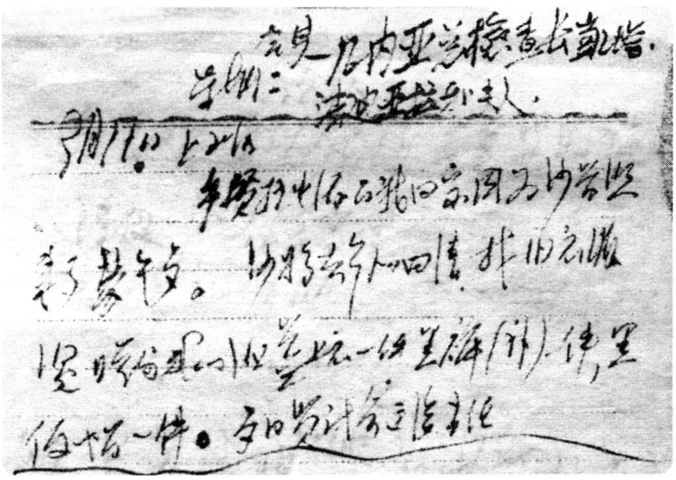

1965年8月11日，溥仪日记关于沙曾熙来访情况的记载

今天因行路稍多，尿中又微有血色。

下午，请假休息。

● 8月13日　星期五

上班。

● 8月14日　星期六

1 这两个人或为中国政法学会陪同会见的工作人员。

2 “他”指凯塔·法迪亚拉。

3 临别时凯塔·法迫亚拉向溥仪表示祝福。

下午，学习。讨论如何学习周总理第一、二部分报告［内容］和“二十三条”[1]，阶级斗争［理论］和联系思想的学习。经长时［间］议论，沈［德纯］终［于］牵〈迁〉就杜聿明的“自己方便”的提议，众口无反对因而通过。李义〈以〉劻只说：“这不是比沈老所提的更紧张了吗？”[2]

● 8月15日 星期日

上午，周振强来，贤留餐。

下午，老万［嘉熙］经小罗［亨年］介绍的王先明（能治癌，有秘方。系工业联校高中语文组［的］小罗和王先明）［来］。

王谈：食道癌，五十岁以上得。肠癌非一个。肾痛，男子一般左肾多。

左肾有时□痛、腰酸、微烧三十八度，最厉害时不发烧。肾脏常有尿，故不烧，大便最频时才烧，与服中药补气苏〈疏〉便，才引起烧。

协和［医院］和〈何〉公安[3]切除一个肾［的］癌，右肾一年半又长出来了。左肾除，右肾又生癌。肿瘤医院不能治，经中医院老大夫［诊断］，也无法治。经李烛尘[4]听说我们有经验，我出方中医院袁大夫鉴定。刚治时，药不达肾盂，药不易入。于是，吃一口药，喝一口盐［水］，引入肾脏（他小便出血）。

排血块血积，正气一足，积血才排出。正气足则和好人一样……[5]

王开方，袁大夫签字，治好了（尚未全好）。

吴玉章[6]介绍一人病，党委不同意去［找王］……原来尚有望……［经］卫生局［安排治疗］，说治好了，但［实际］有问题。……［后来］各处都推辞了，各处都未去。吴又告李烛尘请王去，疑成癌（已泻肚，不行了），［结果］扩散了[7]。

有脚气不要治，有肾癌总有脚气，不治它更好。（1）肾癌是湿热，以后可用凉水洗（不刺激它）；（2）少饮茶，常吃藕，放水内三片（一天二三次水），少加糖。无藕时可吃枸杞子，玻功〈璃〉杯［内］放五六个，一刻多钟可服，一天一次（大便干时枸杞子停止）。

肾盂长癌主要是湿热。不吃辣椒、葱、蒜。晚间少喝水。脾脏好，则对肾脏好。饮食注意不食鸡、羊肉、虾。多吃鱼（采血）。莲子、桂圆肉、江米，一星期喝一、二次（［用］干莲子去青心，干桂圆治［疗］，用江米熬粥）。

1 “二十三条”是在1964年年底由毛泽东主持召开的中央工作会议上通过的文件，题为《农村社会主义教育运动中目前提出的一些问题》，作为当时在全国开展的社会主义教育运动中的指导性文件，它首次明确提出“这次运动的重点，是整党内那些走资本主义道路的当权派”。

2 专员们在讨论中有争议，溥仪在学习方法上似有不同意见。

3 何公安，或为协和医院的公安干部，或为一人名，但其人肯定是肾癌患者。

4 李烛尘（1881—1968），湖南永顺人。早年留学日本学工，回国后致力于办厂，在天津建立了我国北方的盐碱工业，日军占领期间，因拒绝合作而赴蜀，对川盐的复兴作出贡献。抗日战争胜利后重返天津办厂。新中国成立后曾任轻工业部部长、第一轻工业部部长等职。1965年前后，他担任全国政协副主席、中国民主建国会副主委。

5 难以辨认，删除10余字，讲排血块症状。

6 吴玉章（1878—1966）。四川荣县人。早年参加同盟会，追随孙中山革命。1925年加入中国共产党，曾参加南昌起义，后赴苏出任莫斯科东方大学中国部主任。全国解放后长期担任中国人民大学校长。1965年时，他是中共中央委员，全国人大常委会委员。

7 本自然段内数处删节共10余字，或为字迹不清，或因记载简略，以至语意难明。

李［淑贤］：（1）烦闷、急躁……（2）右腹不好——有肿瘤，尚未成熟……[1]

问：想吃酸否？不想。鼻出汗，平心热，多梦。胫有血块。忌吃酸物（防止）。

王先明，工业联校高中语文组，［家住］西单商场后李阁老胡同三号，［传呼站电话］66，4440

小土地庙大夫［李润峰］[2]。

除小罗和王先明外，润麒来。五时许，老万［嘉熙］和五妹［韫馨］也来。

王先明说让我服藕等以及禁食辣物，只专谈让我到中医院由袁大夫诊治和通过王的看〈开〉方，而是对李淑贤之病主张不动手术，可找中医看。先可找东单小土地庙李［润峰］看，又言让中医院袁大夫看。

王去后，可是〈衍〉老万意说王先明系让我到中医院看病。我说他不是那个意思。小罗也证明老万的话为确实……[3]伊与戴［文山］有味的肉，告或肉有味，自己有病不能食，问戴能食否？戴答：不要紧。留下。

● 8月16日 星期一

上班。

在办公室院［内］跌倒（雨后青苔），只将口部微伤。后到西四配眼镜，回来后又尿血，不似以前之深。

下午，到人民医院外科诊治，注射仙貂草素。

晚，贤为买来藕和桂圆肉、江米和莲子。

● 8月17日 星期二

早，上班。小便颜色又好了。

同沈德纯副主委和张述孔主任往看溥杰病（食日本生鱼片中毒），已好多了。又看沈醉（病，已出院，在家养病）。

沈德［纯］老介绍一个大夫——中医研究院王鹤言大夫[4]，曾经给湖南省法院院长梁湘农治肺癌。梁在肿瘤医院治癌，无效，已宣告无法治疗，卧病不起，后经王大夫治后已能起床，后能增饮食，已随便在公园走路。现已三年未犯病，据说还很好。因此，沈老介绍与我，沈老告我“再为我打听一下”。

● 8月18日 星期三

上班。

同贤赴中医研究院，经蒲辅周为贤诊治。后又到肿瘤科，让王赫焉大夫为我和贤诊脉，为我开一个方。王告贤：先服蒲老药3服后再来看，开方。王主［张］先服中药，看如何，再决定是否入医院动手术。[5]

---

1 难以辨认，本自然段删节两处共10余字。又本段及下段均为王先明对李淑贤问诊的情况。

2 据溥仪通信录载，王先明和李润峰均为专治癌症的“住户大夫”，李家住东单小土地庙21号。

3 难以辨认，删去7个字。

4 王鹤言即王赫焉，中医研究院肿瘤科老大夫，临床经验丰富，颇有名气。此后，他经常为溥仪和李淑贤诊治处方。

5 当时李淑贤患子宫肌瘤，对于是否接受手术治疗，溥仪夫妇尚在犹豫中。

● **8月19日　星期四**

到人民医院妇产科，为贤挂号、检查。

● **8月20日　星期五**

上班。

● **8月21日　星期六**

上班。

下午，［全国］政协组织赴军事博物馆参观。这次参观中国人民革命军事博物馆是全国政协机关干部的统一活动，参观者是乘机关的大客车和卡车去的，下午2时半入馆，至4时半出馆。其中“抗日战争馆”是为纪念抗日战争胜利20周年而刚刚经过充实和调整后才开放的。宋希濂、杜聿明、范汉杰等都来参观了。

● **8月22日　星期日**

上午，马龙光（马大夫之父……）圆括号内还有几个难辨的字。大约说请保姆是李淑贤的主意。偕一保姆杨大妈来。留餐。

下午，于澍雨大夫来，留餐。

晚，同贤贺钮韵铎（中医院大夫）和胡益萍（初毕业医师）结婚并送一电灯。

夜，尿色微深。

● **8月23日　星期一**

上班。

审旧稿，约溥雪斋[1]来办公室，质疑关于审稿事（关于商衍瀛遗稿所写珍妃[2]事项）。

晚，同贤看七叔［载涛］，恙。

● **8月24日　星期二**

上班。

沈［德纯］老告小组，每人［要］看《文史［资料］选辑》，提意见以备参考。

上午，学习。关于“二十三条”和周总理政治报告的一、二部分内的质疑与问题。[3]

晚，同贤赴于主任家访于大嫂。[4]

钮韵铎、胡益萍大夫访贤，适出门，未遇。

● **8月25日　星期三**

早，征［得］戴文山同意，可以伴我住我们房间。[5]

早，伴贤赴协和医院，研究是否连卵巢一并手术。王大夫主张：如果卵巢无恙，尽

1 溥雪斋即溥忻，与溥仪同出道光皇帝的一支。道光第五子和硕惇勤亲王奕誴的第四子多罗贝勒载瀛是其生身父，他后来过继给道光第九子亲王衔多罗孚敬郡王奕譓为承继孙，受封固山贝子。他是我国著名画家，工山水花鸟。中华人民共和国成立后任政协委员，“文革”中受迫害自杀而死。

2 珍妃（1876—1900），满族，他他拉氏，隶属镶红旗。她是清朝光绪皇帝最宠爱的妃子，因支持光绪掌握政权引起慈禧太后的仇恨，终被打入冷宫，以致被害。

3 专员学习一般在下午，本日因主持人沈德纯下午另有会议，遂临时改在上午进行。溥仪首先发言就“社会主义教育运动”提出质疑。

4 “于主任”何指不详。或误俞为于，指北京植物园主任俞德浚。

5 李淑贤将要住院手术，溥仪请戴文山相伴同住。

可能毋割去，但仍须检查时决定。拟礼拜五六上午手术。贤住第八楼地荫〈窖〉子妇产科病房37床。

我托张芬兰同志代向医务部要求是否可以晚间随时能看贤（因有时学习，不能去，所以提出这个要求）。下午打电话询问医务部，答：得领导上许可。我晚间去，星期一上、下午［去］均可。

在全聚德[1]午餐。

中午，返［全国］政协。［溥］杰悉我商戴伴居，才说听沈［醉］言，戴曾在其院中寻房，［有］室虽潮湿如犬窝也好之语，谓伊与戴家的矛盾；说伊任性，吾未能管。彼将俟［伊］愈后将面劝，我止之，谓："不要将你卷入，我可语之。"杰谓，早些日曾将此事告张刃先，张答："先不须告［溥］仪。"（事实上我已早告张老）

老万［嘉熙］来电话问他和五妹［韫馨］（以前定好）可以搬来暂伴我［之］事，我告以已征［得］戴同意暂伴。万赞成，又谓二宝[2]暂不居家，言我今天可住他家。我告以已与戴商好。万询吃药好些否？答：已服两服。彼谓宜续服，并言晚间尚要看我。

下午，看《关于文史资料工作若干问题的意见（草案）》（征［求］小组、各人意见），备将来提出修改。

本日，戴文山暂居我的小屋子。

● 8月26日　星期四

下午，学习（［集中］各人提的问题）。学习二十三条和总理政治报告。

晚，到人民〈协和〉医院看淑贤。明日贤手术。

● 8月27日　星期五

上、下午，北洋组大家看《关于文史资料工作若干问题的意见》（张述孔执笔），讨论修正。

下午1时半到站[3]，近2时坐车赴协和医院看贤。见王大夫，王大夫说，今早7时到11时手术，实际上只用一小时半。宋大夫为主治医，王大夫（王大夫为住院病房大夫）和包大夫［当］助手。经过良好，将〈衍〉出血少，未输血，用半身麻醉和静脉注射葡萄糖加安眠剂。

当看贤时尚睡，［乃］和同室四病号［床］与〈衍〉新来的一个病号谈话。李姓病号把床位（较适的）让与贤，她明天出院。昨晚我曾对护士长谈到，希望李出院后将贤移住该床，不意今天即移居，说明医院大夫、护士对病号的重视，与李也愿意移开，说明新社会人与〈对〉人的关心。据李言，宋大夫技术高明，仅次于林巧稚。

晚，到"协和"看贤。

● 8月28日　星期六

上班。

---

1 "全聚德"系北京著名的烤鸭店。

2 二宝，溥仪的外甥，韫馨之子。

3 指公共汽车站或无轨电车站。

早，赴“协和”看贤。

下午，学习几道题。[1]

晚，到“协和”看贤。

晚，和戴文山畅谈。

● 8月29日　星期日

早，同郑洞国[2]、黄雍[3]、张维汉〈翰〉同车赴中山公园，参加［全国］政协公祭李书城灵[4]。

本日又尿血。

保姆来，买菜［用］六毛一［分］，交保姆一元五［毛］。

小罗［亨年］来接我，［溥］杰和［嵯峨］浩约我吃饭。

浩叫车同赴“协和”看贤。杰、浩先去。[5]老万［嘉熙］来，老润［麒］来，代买果品。广元、二妹［韫和］来“协和”。

本日贤发烧，仍未食。连日均注射葡萄糖。

晚7时，到全聚德吃饭。又到“协和”看贤。

8月29日贤的体温和脉搏：上午，三十七度，脉一百〇七；下午，三十八度二，注射红、青霉素，不喜吃。3时半，［脉］一百七。血压，高一百一十，低六十五。

● 8月30日　星期一

早，5时起，6时许到“协和”看贤。

早，［贤］体温37.5度。

下午，学习。

晚饭后6时许，赴“协和”看贤。六妹［韫娱］看贤。[6]

［贤］本日早，食粥一小碗；午，一碗鸡汤；晚，一小碗蛋羹。晚又发烧，38度。（换打止烧药，不用青霉素。）

---

1 这里指宋希濂根据专员们在前两次讨论中摆出的疑难点，归纳为5个问题：（1）社会主义与资本主义之间的斗争谁胜谁负的问题还没有最后解决，这是否与社会发展规律相矛盾？是否能引起资产阶级复辟的幻想？是否和“不怕民族资产阶级造反”的提法相矛盾？（2）民族资产阶级有两面性，我们也有两面性，表现在哪里？（3）我们应如何结合阶级斗争和两条道路的斗争的学习改造思想，改进工作？（4）新的资产阶级分子、新的资产阶级知识分子和新的剥削分子是怎样划分和确定的？（5）为什么说“民族斗争说到底是个阶级斗争问题”？据讨论记录，溥杰、杜聿明、廖耀湘、沈醉、杜建时、溥仪、郑庭笈和杨伯涛先后就第一个问题发了言。溥仪在发言中强调社会发展规律的客观性和必然性。强调新生力量最终一定战胜腐朽力量，同时资产阶级也要按照自己的世界观改造世界，所以对我们来说改造也将是终身的。

2 郑洞国（1903—1991）字桂庭，湖南石门人。毕业于黄埔军校，参加过北伐等革命战争。抗日战争中率部参加长城抗战、台儿庄会战及缅北反攻战等重大战役。其间历任国民党军长、兵团司令、中国远征军驻印军副总指挥等职。辽沈战役期间出任东北保安副司令长官，驻守长春，在解放军兵临城下之际，于1948年10月19日率部投诚。中华人民共和国成立后历任水利部参事、国防委员会委员、全国政协委员、全国政协常委、民革中央副主席兼黄埔同学会副会长等职。

3 黄雍（1900—1970），湖南平江人。早年毕业于黄埔军校。曾任国民党中央军官学校调查处副处长、黄埔同学会负责人等。1949年春与中共地下组织联系，为和平解放湖南作出贡献。1965年前后，他是全国政协委员、民革候补中央委员。

4 李书城（1882—1965），湖北潜江县袁桥村人。年轻时追随孙中山参加辛亥革命，拥护中国共产党，是解放武汉时功臣。1949年出席开国大典，历任新中国第一任农业部部长、全国政协常委和全国人大常委。1965年8月23日，病逝于北京。

5 溥杰夫妇探望李淑贤后先行离去。

6 “六妹看贤”4字是溥仪补添在日记空白处的，现据内容移此。

明日（31日）劳动[1]，经［溥］杰告：我在家劳动尚便血，因此沈德［纯］老、张刃先告，明天不必参加劳动。

● 8月31日　星期二

劳动，未参加。

早，赴协和医院看贤。早6时半，37.2度，10时，37.5度。由昨日［开始］注射Kanamyim（喀那民），一天一针二次。

11时，回政协［机关］理发。

下午2时许，又到“协和”看贤。下午2时［贤体温］37.6度。

晚，在“吉士林”吃饭。在东安市场购物。回寓，感到疲乏心跳，服西洋参。

（董益三、杜聿明的爱人［宋伯兰、曹秀清］，三太太［王乃文］看贤）。[2]

● 篇后附录：董益三同日日记

伯兰今日下午到“协和”去看李淑贤，6时20分才回。

据她说，在那儿遇曹秀清，以后同游了市场。

● 9月1日　星期三

上班。

上午，北洋组讨论《关于文史资料若干问题的意见》中征稿、征集史料的范围、重点和类型，组稿的〈及〉修改。张述孔同沈德［纯］老的说明。

打电话［给］“协和”，向黄大夫问贤近况，其言今日已拆线，吃东西也好，［体］温37.1度。

9月1日下午，学习。[3]

晚，雨，到“协和”看贤。今日［已能］上厕所下地。

买桃、葡萄、香果。

［体温］6时，37.1［度］；10时，37.4［度］；晚2时，37.5［度］；6时半，37.6［度］。[4]

大扫除，枕头等放开。[5]

夜，和老戴［文山］交心谈。

● 9月2日　星期四

上午9时，会见阿联友人、会见阿联记者：《消息报》编辑、《共和国报》主编、中东通信〈讯〉社主任。[6]新闻工作者协会介绍，张刃先在座。

---

1 据董益三日记载，沈德纯在8月26日即告知专员们，从下周起不分年龄都要参加劳动，年龄大的可以分配轻活儿。目前机关正与工厂挂钩，尚未联系好时，可在机关或礼堂劳动。如背煤、运砖等。这次劳动即清理礼堂，打扫卫生。

2 关于宋伯兰和曹秀清探望李淑贤，详见篇后附录。

3 据当时会议记录，专员讨论了郑庭笈和宋希濂提出的问题：民族资产阶级有两面性，我们这些人——经过改造的前战犯有没有两面性？廖耀湘认为，首先要明确概念，两面性是指民族资产阶级，官僚买办阶级只有一面性，而没有两面性。直到下班时争论还在热烈进行。

4 这里系补记李淑贤从早6时至晚6时半的体温变化情况。

5 意谓拆洗枕头外罩、被罩等物品。

6 溥仪当时会见了四位阿联友人：阿联消息出版社主编萨德丁•马哈茂德、中东通讯社主编卡迈勒•阿密尔、阿联《共和国报》外事部主任穆罕默德•埃札比、阿联《消息报》编辑阿特夫•加姆里。

［问］：如何从过去［的］生活改造成为社［会主］义分子？思想如何变化？

阿联主编谈：谢谢［你的］讲话，这些话满足了［我］了解问题［的要求］；一生不会忘。希望［能介绍给］我国人民，为人［民］尽最大努力、尽最大力量。我们对中国的好客、大方，［留有深刻印象］。访问期［间］看见［了］革命对人民带来〈衍〉［的］含意〈义〉。

午饭时，冯［廷雄］科长告：昨日我要求的事（因老戴［文山］搬家，我欲移住平安里）[1]，组织上已决定：老戴不搬走。我答：那样，我也就不搬家了。并向冯科长表示谢意。

下午3时，在［全国］政协听唐明照[2]报告参加赫尔辛基世界和平大会和第十一届禁止原子弹、氢弹世界大会的情况。[3]

晚，看贤。37.1［度］、37.3［度］，体温。

● 9月3日　星期五

请假。

早，又尿中有血。

晚，到“协和”看贤。［体温］37.2［度］、37.1［度］，已见好。

白同志说，吴［德诚］大夫昨天已回来，我告她向吴联系，定日检查。[4]

在吉士林吃饭。

晚，归途中钱包、粮票遗失在三轮车上，赵某（原三轮车夫）同志特地在深夜来二次送回钱包，令人非常感动。

● 9月4日　星期六

请假。尿中有血。

早，万嘉熙来看。

上午，恒镇来，毓灵筠、小兰、恒铠[5]来，毓嵒夫妇来。毓嵒买菜，留大家同吃面，毓嵒之妻离去未在。

下午，五妹［韫馨］送面包、牛［肉］干来。溥杰来送工资，告我沈［德纯］老说：如不来［上班］不必请假，并说将学习……让我准备，看报。

晚，和老戴［文山］同吃饭。

● 9月5日　星期日

陈保姆来帮助洗衣、打扫。[6]

六妹［韫娱］、力民、王昭[7]来（今天恰遇王昭生日）。

下午，到“协和”看贤。愈。

1 溥仪听说戴文山为避开邻里矛盾欲搬往沈醉院内又湿又潮的空房，心里很不安，遂要求自家迁居。

2 唐明照，当时任中国人民保卫世界和平委员会副主席，中国亚非团结委员会副主席，后曾出任联合国副秘书长。

3 报告会是由全国政协国际问题组举办的，从下午3时进行到5时40分，所记报告内容略。

4 本自然段系讲溥仪自己的事，与吴德诚商量自身检查问题。

5 爱新觉罗・恒铠，毓嵒的次子，曾在河北省黄华县农场医院当电工，并曾被特邀为该县政协委员。

6 当时溥仪家雇用的保姆只在周日才来做一天。

7 王昭，溥仪的外甥，韫娱之子。因家学，10岁时已有美术作品在巴黎参展，成年后在北京画院当画师。

9月6日　星期一

上班。

下午，学习……

晚，到协和医院看贤。愈。

9月7日　星期二

上班。

到人民医院［请］缪大夫诊病，给白松糖浆、嗅〈溴〉化钾、米尔疼〈痛〉。

拟于星期四上午10时到人民医院，［请］徐泽民大夫诊治。[1]

下午，在［全国］政协三楼听范长江[2]［讲述］关于参加农村“四清”运动的体会。

毛主席著作易懂，搞“四清”才知自己懂得肤浅，一到实际斗争［中］，才知对毛主席著作有些还没懂。[3]

［演］讲休息时，政协文史委员会张靳一〈源〉同志[4]告，吴［德诚］大夫来电话约我明天上午8时到“协和”做膀胱镜检查，并说希望有家人陪去。我告陈曾慈，陈打电话［向］车房要汽车明天接我。

晚，看淑贤。

9月8日　星期三

手术后第一次（“协和”）膀胱镜与逆行造影（第三次）。[5]

早，到［全国］政协。张刃先主任百忙中陪我到协和医院，经吴［德诚］大夫检查膀胱镜（未长瘤），又做右肾照影二次（也好）。

经检查系后尿道（前列腺）充血，给土霉素、止痛药和芦丁，张主任暂垫五元。照相五元（张的）。药四元九毛二，检查费五元（看病），共十四元九毛二。欠张主任五元。

张问伊时，伊又言：文山妇弗理人，在此后，妇更不理。又道妇对姆离间事，希移寓。张弗赞成，伊又希勿邻处。[6]

11时许，张主任送我乘汽车回寓，保姆来做饭。

9月9日　星期四

休息。

下午，看贤。

9月10日　星期五

休息。

---

1 自然段与后段在原件上的位置调换了，这是根据内容确定的。

2 范长江（1909—1970），名希天，四川内江人。曾参加南昌起义，中华人民共和国成立后，历任新华社总编辑，《人民日报》社社长等职。1965年时任国家科委副主任、全国科协副主席、全国政协科学技术组副组长，他是全国政协委员。

3 由此开始下文是溥仪的记录，内容略。

4 张靳源，当时在全国政协文史办公室工作。

5 本句写在当天日记页顶部空白处，是溥仪后来整理日记时，为了提醒自己而摘记的。

6 本自然段内容是溥仪听张刃先讲的，张谈及他与李淑贤谈话的情况。其中张指张刃先，伊指李淑贤，妇指戴文山的爱人，姆指溥仪家的保姆。

下午，到［全国］政协。接见墨西哥客人，张刃先主任作陪。

墨西哥前卫生部部长［等］三人。另一人［系］纺织厂资本家，是其弟；一为外科医生，是其侄。[1] 二翻译，二陪的，一个记者。外交协〈学〉会介绍。

● 9月11日 星期六

上班。

到人民医院，徐泽民开方：

藿香二钱 焦神曲二钱 焦麦芽五钱 苍术一钱 陈皮三钱 砂仁五钱 茯苓四钱 远志一钱 二付

下午3时，到协和医院。戴大嫂同去，接贤出院。

晚，老万［嘉熙］来看。

［全国］政协为我安电话（用公费），今日安好。电话［号码］为66.6030号。

● 9月14日 星期二

下午3时，在［全国］政协听科学院地质研究所研究员谷德振和科学院地理研究所研究员江爱良关于参加农村"四清"运动的体会报告。[2]

谷在［河南］许昌参加运动约八个月时间，体会公社优越性，参加秋收和年终决分问题与今年整个公社部署问题。深［深］体会到公社这个组织形式确是广大人民拥护的，贯彻党的阶级路线，广大人民走集体道路，公社有很大潜力。公社有伟大生命力、优越性，这次亲自参观才有真正体会。在农村，对阶级斗争也有了认识。长期存在的问题澄清了，通过这段工作对于人生观方面也有体会。感到在农村八个月时间尚短，如果能参加秋收最忙［的］生活（一周年），则更可全面地认识。农村确是社［会主］义建设的基地。［有了］农业建设，方可以发展工业，保卫国防。（工作）小失而有大得。

谈谈阶级斗争问题。我在机关也学习，社［会主］义还存在阶级和阶级斗争，究竟如何，还不明确，只是因为党提出的，所以认为一定有阶级斗争。另外想，在农村一系列运动，好像阶级斗争不像是什么问题。后学"双十条"，逐条看，思想究竟仍体会不深。下去后，工作队有一度〈段〉训练时间，在思想中认为快开始工作，看看去？一到农村，对阶级、阶级斗争听了许多情况，一直［到］自己参加工作队，才逐步有了认识和转变。河南许昌县一个公社，有11个生产队，我参加第十生产队，后一个月又参加护队工作。

三同问题是与群众连〈联〉系感情［的］最好方法。但是，我们这样出身，知识分子生活，与农民有大差距。吃东西怕脏，一个多月住炕，不论如何还［算］干净。看起来生活还是艰苦的，无吃的东西，一半红薯、一半叶子，拼命咽。自念半年吃这个如何受得了？后来才逐步习惯。春节青黄不接，农民吃八成饱，我们工作又紧，瘦了不少。我买点咸菜吃。［我住那家］节省三元［钱］买了羊，到八月底可长一二十斤，再卖了，年过得很好。农民贫苦，不向国家伸手，真是勤俭持家。自己以后吃不饱，也同农民共呼吸、同患难，不是在形式上一致，而是在思想上一致。我体会城乡、工农、体脑劳动

1 溥仪会见的墨西哥客人是墨西哥前卫生部部长、前墨西哥州州长、前墨西哥大学校长古斯塔沃·巴斯，以及他的弟弟和侄子。

2 溥仪记的报告内容有了删节。

差别还是很有的。给我的收入有十五个强劳力的收入，［但］农民安心于公社，对党和毛主席拥护。这次参加运动对我是个很好的改造机会，革命光荣，［愿］作〈做〉一个艰苦努力［的人］，更好地为人民服务。

9月15日 星期三

张刃先主任交来菲［律宾华］侨施维雄要我写字［的条子］，写了四张字。

9月16日 星期四

我国对印度政府提出严正要求，它须在三天之内拆除中锡[1]边界印军入侵工事，立即停止印军一切入侵活动，并保证不再骚扰。这是多么兴〈振〉奋人心的事！这是保卫领土主权的名正言顺的要求，也是对巴基斯坦反侵略战争的极大支持，也是对亚非各国反帝斗争运动［的］极大鼓舞。［因为］这样，印度不可专兵侵略巴基斯坦，［这］对于亚洲世界革命意义〈形势〉有重大影响。[2]

9月17日 星期五

下午，学习。［关于］印巴冲突问题。[3]

晚，约张保健为贤看病。小便时腹仍疼，胃肠胀满，不思食。

9月18日 星期六

上班。

9月19日 星期日[4]

9月20日 星期一

下午，学习。关于我［国］对印度的照会。[5]

9月21日 星期二

上午9时，在［全国］政协礼堂听［中国］科学院动物研究所副所长张致一和力学研究所副研究员程世佑关于参加农村“四清”运动的体会。[6]

工作人员大会，任龙春报告。[7]

9月23日 星期四

上午，在办公室打扫。

下午，文史资料［研究委员会］办公室人员在礼堂打扫楼梯。晚，张保健来为贤诊治。

---

1 指锡金。

2 9月8日，中国外交部照会印度驻华大使馆，要求印度政府停止入侵中锡边界和中印边界西段中国领土的活动，拆除非法修筑的侵略工事。专员在9月10日、13日和15日三天下午，连续讨论了印巴战争问题。溥仪在13日发言说，印度国内混乱、贫富分化，欲向巴基斯坦找出路。溥仪本日日记实际写在17日早晨，是听到广播新照会内容后即兴写下的。

3 专员讨论中国致印度政府的新照会。沈醉、溥杰、康泽、廖耀湘、范汉杰、溥仪、郑庭笈、杜聿明、杜建时、杨伯涛、董益三、宋希濂等人先后发言。据当时记录，溥仪发言说，新照会是一项英明而及时的措施，是支援巴基斯坦最实际的行动。

4 原文只存日期，无内容。

5 9月16日，中国的照会发表后，印度也公布了9月17日致中国的照会，继而中国又有9月19日答复印方的新照会。专员即围绕双方照会展开讨论。据当时的记录，溥仪发言内容如下：他说自己过去想得简单了，印度使用缓兵计，很狡猾。如果它继续狡赖，我们就要出兵惩罚它，因此说新照会是及时的、英明的。

6 这次报告会不是面对全体机关干部的，专员中多数亦未出席。溥仪出席了会议，并做了记录，内容略。

7 任龙春，当时为全国政协机关干部。1965年9月21日晚7时至9时，他在机关职工大会上作了关于国庆节期间注意事项的报告。内容略。

● 9月24日　星期五

上午，学习。讨论中印、中巴问题。[1]

晚，平杰三秘书长召开李宗仁招待中外记者的有关问题的座谈。晚7时半，平杰三秘［书］长来，开始座谈。

● 9月26日　星期日

上午，到王耀武家贺其新婚。[2]

9时到办公室。沈［德纯］老、张刃先主任和我、溥杰夫妇、杜［聿明］、宋［希濂］、范［汉杰］、廖［耀湘］座谈。下午5时半到政协。[3]

下午5时半参加李宗仁招待中外记者二百七十多人，连我方人士约四五百人的冷餐会。

有英国三个记者陆续谈话。一个路透社记者说，听说我著书，英文第二本尚未翻［译］出［来］，希望我写出该部的择〈摘〉要交他发表。我说，外文出版社正在译中，我没有英文提要。一个英记者说，你与兄弟离［开］多少年？我说，没有！现在还一同工作。又一英人（路透社）谈，初次到中国，极感兴趣。在中国驻一年多，会中国话，愿到……[4]

有一阿联记者，曾见过我，向〈跟〉我握手致意，谓明日即返国。

又一美（英？）妇人握手，只谈些闲话。

又印尼大使馆文化参赞来见，我跟他握手说，我见到印度尼［西］亚朋友很高兴。

旋又为香港、澳门记者包围，有过去见过的记者，也有新的记者，人越来越多。有人问我工作、家属情况。

匈牙利记者告我，本欲约日见我，今趁这机会和我谈话，很高兴。他问我，清朝时代与匈牙利是否已建交？我答，我才三岁，到六岁时改中华民国，因此我不知道。他问：在伪满洲国有无和匈牙利建交？我说：有。他说（大意）：这样，我们今天见面很高兴。我说：当时是在日、德、意三法西斯匪帮支配下，我正当日帝走狗，当日傀儡政权和匈建交。当时，匈牙利也是反人民的法西斯走卒，那种关系是可耻的，危害人民的。[5]而今天，我是［以］中华人民共和［国］公民的资格与你——匈牙利公民身份——见面。我们都是社会主义国家，所以我们今天见面很高兴。我又说，过去的溥仪是今天溥仪的敌人。

话未完，又有港澳记者要求一同照相。有人提议可以到二会议室里去坐〈座〉谈，

1 当时的记录，杜聿明和溥仪在会议开始时先后介绍了他们参加全国政协国际问题组讨论时了解到的情况。溥仪还提到国际问题组正在争论的两个问题。

2 王耀武被俘后，在很长一段时间内其原配夫人随行，生活上由政府按照人民解放军军属的待遇供给。直到1957年，当政府陆续介绍这些随行家属参加社会工作或遣返原籍就业之际，王耀武原配夫人借返籍之机跑到香港，继而转赴他地，携金条一去不归。王特赦后因脑血管硬化，长期病休，其新婚夫人名叫吴伯伦，48岁，毕业于天津师院，在北京第八十二中学任教。王耀武很感激她，去世前曾给海外的女儿留下遗嘱："我是一个病人，她肯来照顾我，你要感谢她。"由此，王的女儿每年都向国内汇款接济继母。

3 在原文中，这句话写在本篇日记之首，现据内容移此。

4 原缺。显然是溥仪追记时对具体情况忆不起来了。

5 匈牙利于1919年8月恢复君主立宪的政治体制，法西斯独裁者霍尔蒂开始统治这个国家，并于1940年成为希特勒德国的仆从国。同年，匈宣布承认伪满洲国。其派出的"驻满特命全权公使"乔治吉卡，于1940年6月17日入宫觐见溥仪，"捧呈"匈牙利国信任状（即国书）。1941年9月24日，第二任匈牙利国特命全权公使魏库也曾进宫觐见溥仪，并"捧呈信任状"。

于是，匈牙利记者以及港澳记者，还有许多其他记者陆续集中、包围起来。

匈记者问我给斯大林写信愿留住苏联［的］缘故，我述说为什么愿留住苏联之原因以及 1950 年回国的恐惧，和经学习、改造和参观，因新旧对比，逐步认识真理、认识社会发展规律［的历程］。我是中国人，在新旧对比下，使我认识自己的反人民的封建罪恶本质与帝［国主］义的本质，以及认识中国过去由殖民地半殖民地被三座大山压迫下〈衍〉，在党和毛主席领导下才解放了中国人民，由被屠杀、奴役成为国家真正主人，中国成为伟大的独立与统一的社［会主］义国家。这是真理，不能不使我在真理面前低头。又说，过去［的］前半生是可耻的罪恶的为帝［国主］义服务的走狗，今天才真正为祖国人民服务，这是我最光荣、最愉快的新生。党的改造政策伟大，才使一个剥削者、皇帝改造成为新人。[1]

过去自己是危害人民［的］，同时当帝［国主］义走狗，个人也无自由。我譬喻：美帝侵略越南，利用傀儡政权，以越人打越人，正如日帝用我一样。帝［国主］义利用走狗，到它看到走狗不起作用时便杀掉它。如对吴庭艳[2]那样，一年中，南越傀儡政权换了十几个。所以，帝国主义的真走狗，是绝无好下场的，只有走人民道路，才是光明前途。

香港记者［中］有人问：是否再续写后半生？我说，后半生当是全心全意为祖国人民服务，［我将］以实际行动来写后半生。

我又对匈记者谈我写书的意义，现身说法，让帝国主义及走狗知道没有好下场，只有走人民道路才是光明前程。

又问我在植物园工作和现在担任何工作等。匈记者要求我写字，我写："为反对帝［国主］义和殖民主义、支持世界各被压迫人民与民族，为实现社会主义与共产主义伟大事业而共同奋斗！"

香港、澳门记者让我写字，告港澳人民［的］话："让我们心连心，携手[3]在中国共产党和毛主席领导下，为把我国建成为一个伟大社［会主］义强国而奋斗！"

又有一香港记者求我签字。

又，溥杰拿来一本，说日本记者要求签字，溥杰已签过字。

以上［为］大致情况。[4]

● 9 月 28 日　星期二

1 本自然段尾句是溥仪补写在日记空白处的，现据内容移添于此。

2 吴庭艳于 1955 年 10 月，在美国扶植下废除法国支持的保大皇帝，拼凑伪越南共和国政权，并出任内阁总理。这个控制越南南方的西贡傀儡政权存在了 8 年，吴本人于 1963 年 11 月 1 日在美国策动的政变中被杀。此后，西贡政局动荡，短时期内发生了十几次政变和伪政权改组，直到 1967 年阮文绍上台，才稍见稳定。

3 按原件，溥仪曾在"携手"二字上画了一下，或有删掉之意。

4 在 9 月 27 日下午的专员小组讨论会上，溥仪介绍了冷餐会上的见闻。据会议记录，他不但介绍了这篇日记涉及的路透社记者、匈牙利记者与之谈话的情况，还述说了阿联记者，印尼记者与之问答内容。杜聿明、溥杰、廖耀湘、范汉杰、宋希濂等也分别介绍了李宗仁招待中外记者的情况。专员们还在讨论中对招待会的影响发表了看法。

1965 年 9 月 26 日，溥仪在李宗仁为招待中外记者举行的冷餐会上与中外来宾交谈

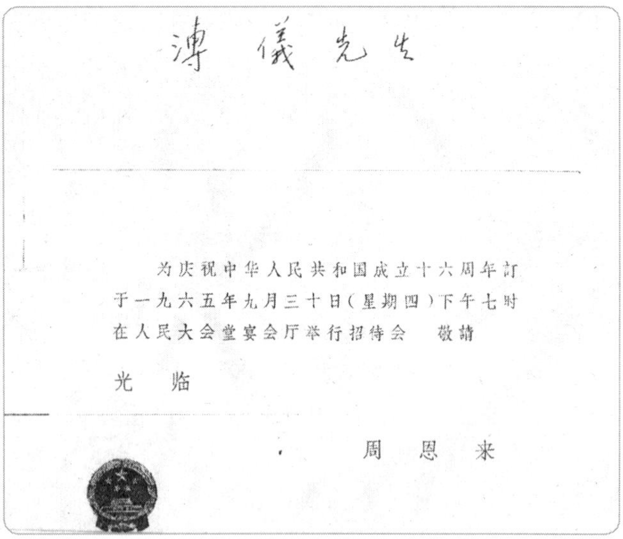

溥儀先生

为庆祝中华人民共和国成立十六周年訂于一九六五年九月三十日（星期四）下午七时在人民大会堂宴会厅举行招待会 敬請

光 临

周 恩 来

周恩来总理邀请溥仪出席 1965 年 9 月 30 日国庆十六周年招待会的请柬

下午，到全国第二届运动会［会场］，看闭幕式。[1]

刘主席、周总理及其他副总理授各运动员冠军和打破世界纪录的运动员以体育运动荣誉奖章。西哈努克亲王还赠送部分优秀运动员柬埔寨王国纪念章。[2]以后，领导人和运动员照相。

毛主席像。[3]

毛主席万岁！

共产党万岁！

中华人民共和国万岁！

● 9月29日 星期三

上班。

腹胀。上午，到人民医院，［经］缪大夫检查。尿常规：8 ~ 10 个白血球、6 ~ 8 个红血球；血红蛋白：10.4 克；大便：1.2 白血球。［处方］：绵龙胆合剂、酵母片、肝精片、VB 等。

9 月 29 日上班。下午学习。[4]

● 9月30日 星期四

上班。

下午，田［裕民］主任［的］爱人来看贤。

晚 7 时，赴人民大会堂，［出席］周总理招待宴会（庆祝中华人民共和国十六周年国庆）。[5]我们毛主席、刘主席祝酒，周总理讲话。

● 10月1日 星期五

中华人民共和国十六年国庆佳节。

1 第二届全国运动会于 1965 年 9 月 11 日至 28 日在北京举行，毛泽东出席了开幕式。这次运动会是 16 年来体育运动成就的大检阅，其间，有 24 名举重、射箭、射击、跳伞运动员 10 次打破 9 项世界纪录。据董益三同日日记载，专员们都出席了闭幕式，下午 1 时半由全国政协机关出发，2 时 15 分进场，3 时闭幕式开始，4 时 50 分结束。

2 柬埔寨国家元首诺罗敦・西哈努克亲王，于 1965 年 9 月 22 日至 10 月 4 日及 10 月 10 日至 16 日访问中国，并出席了第二届全国运动会闭幕式。

3 以下为溥仪当场记录的闭幕式大型体操表演过程及出现的标语、口号、图案等。

4 据当时记录，学习时辩论很激烈，溥仪参加了辩论。

5 溥仪提前收到了周恩来署名的大红请柬，他在招待会上的席位为第 4 区，第 397 桌。

早，光荣地参加在天安门的国庆典礼。毛主席、刘主席［等］国家领导人，［以及］柬埔寨［诺罗敦·］西哈努克亲王，临主席台上。12时许，典礼结束。

张景荣来。

晚，宋希濂夫妇来看。

晚，到天安门看国庆的〈衍〉放灯〈焰〉火。戴淑英随行。［下午］4时，［曾］见戴文山弗悦。[1]

● 10月2日　星期六

晚，老万［嘉熙］、五妹［韫馨］来，同晚饭。约戴文山同餐。

● 10月3日　星期日

上午，六妹［韫娱］、王晴雪、王欣来。

下午，马朝阳医院[2]主任和其二媳来看贤。

接见智利客人。

张刃先来电话说，今晚7时在前门饭店的问询处找李德明（中阿友协）。[3]房［间］417号。（7时半到前门饭店）有智利文化方面罗哈斯夫妇［等］五人（代表文化界）和我见面。[4]

（中阿友协）：张学产、李德明、崔志泉、刘真理。

［智利客人］：大学系主任罗哈斯夫妇（二次来中国），智利政府驻大学代表奥达义萨夫妇、国立技术大学校长阿拉温那。

一、问“前半生”著作内容。谈经历［的］几个阶段。

二、今天所谈很好，过去学习［些］什么？

三、问对日本天皇［的］看法。

谈我的“前半生”著作的目的和意义；谈改造、学习、参观；抚顺露天矿、关于平顶山惨案、哈尔滨金星蔬菜合作社；谈现在做什么。

智利政府驻大学代表奥达义萨夫人，送铜制智利国旗小模型一个、钢制烟碟一个。

● 10月4日　星期一

上班。

下午，在人［民］大会堂参加［全国］政协招待港澳归国〈来〉同胞和亚、拉、非各地华侨的酒会。看文娱节目。同座是从秘鲁回来的华侨。

● 10月5日　星期二

---

1 溥仪心细，随时都能注意主动改善邻里关系。

2 原文这4个字写得小，显系说明性文字。

3 当年未设中智友协。此处的“阿”是指“阿”字冠头的哪个国家，不明。或因“阿”“拉”两字语音相近，而把“中拉友协（中国拉丁美洲友好协会）”误听作“中阿友协”。

4 溥仪这次会见的外宾，是以智利著名诗人、公塞普森大学西班牙语系主任贡萨洛·罗哈斯·皮萨罗为首的智利文化代表团一行五人。

1964年10月4日，全国政协在人民大会堂宴请归国华侨和港澳同胞，溥仪应邀与席

上午，参加［全国］政协祭严□□先生的追悼会。[1]

下午2时半，和溥杰在政协一同接见由政法学会招待的日本人山田清三郎。[2]

谈［话］的主要内容：我的改造、劳动等方面；日本战犯改造方面；在远东军事法庭出席作证问题；由劳动谈到糊纸盒、无能、不平等以及愚昧落后、迷信思想，清朝的长白山天池的神话［并］连〈联〉［系］到日本天照大神的迷信问题；谈到日本军国主义和我互［相］勾结，对人民犯［下］的罪行，谈到中日人民必须团结起来，爱国必须反对帝国主义，特别是美帝国主义，反帝必须反现代修正主义。实现中日人民、世界人民大团结。美帝走日德意帝国主义老路，连同修正主义一定被人民的力量所埋葬，决定历史前进［的］是人民，相信日本人民［的］斗争必然取得最后胜利。中日两国人民为反美帝、苏修，为中日友好，为日本民族独立、民主，世界和平，携手共同奋斗。

补充：

首先，他说从皇帝到人〈公〉民，是史无前例［的］奇迹。[3]

他还谈到读过我的书，又谈书的一些内容（劳动方面居多）。谈他曾在伪满协和会[4]远处见过我。我说，那是“蝎虎会”。

［山田］又对溥杰说，他和溥杰都一同在苏联第二收容所，看到溥杰参加扫室擦桌。溥杰表示，当时不如他，他和日本兵搞民主运动[5]，自己当时还是原封未动。

日人表示，他的亲戚什么人认识嵯峨浩，浩回国时[6]，他也参加过开会等。杰表示，浩曾著《流浪的王妃》，过去浩以为好，现在立场转变了，说将来还要写一本书，杰说她跟以前不同了。

---

1 是日，全国政协为严希纯先生开追悼会，溥仪却误记为别人了。严希纯逝世前任全国政协常委和中国政公党中央常委、副秘书长、办公厅主任、学委会主委等职。

2 山田清三郎，日本记者兼作家、伪满时即采访过博仪，出版过《溥仪皇帝》等著作（修订版于1973年由日本东邦出版社出版）。

3 此句是溥仪补写在日记正文之外的，现据内容插入正文。

4 伪满“协和会”是法西斯政党，因迫害人民而被称之为“蝎虎会”。它成立于1932年7月25日，随着伪满的垮台而解体。其间溥仪为名誉总裁。

5 1948年夏天以后，溥杰一度离开溥仪所在的苏联伯力第45收容所。在关押级别较低的战俘的地方（如第二收容所内），溥杰看到一些日本士兵和下级军官组织“民主委员会”等组织，揭露并批判原日军和伪满高级官员，山田也参与了这类活动。

6 这里指嵯峨浩战后度过1年又4个月流浪生活后，于1946年年底返回日本时的情景。

我们先后谈了二小时半，5时许山田辞去。山田是［写］“间岛事件”[1]的作家，还写过《皇帝溥仪》，说如找到将为〈给〉杰寄来。

● 10月6日　星期三[2]

● 10月8日　星期五

上午，陈曾慈、吴锡祺、王境超、溥杰商讨各人组稿问题。

星期六各人想组稿计划、题目和写稿对象，争取时间。我和杰担任清末材料整理。下星期四写条子交沈［德纯］，下星期五讨论。

下午，学习印尼问题。

● 10月11日　星期一

到群众出版社买书二本（为沈［德纯］老代买一本）。

● 10月12日　星期二

上午，到溥雪斋家见溥，组稿。

● 10月13日　星期三

下午，学习。

关于文史资料若干问题的讨论（专员室）。[3]

● 10月14日　星期四

早7时13分到低压电器厂劳动[4]，11时45分休息，到［全国］政协午餐，12时45分又到工厂劳动，4时半下工。

本日由于师傅教做7-2配线，线条上为4.2.3，下为4.4.1，有平垫、弹簧、罗姆（螺母）。上午做了三个配线，下午做了五个配线。李金德、张刃先、宋希濂、沈醉和我做配线。[5]

● 10月15日　星期五

吴［德诚］大夫打电话［给］张主任（刃先），后给我打电话，邀我到协和［医院］检查。

下午，我到协和［医院］检查尿，红血球仅为0，1个（0.1亿血球），吴坚欲明天为我试膀胱镜和逆行造影，我因情况好，不欲做检查。经吴大夫坚持，允明天做，试膀胱镜与逆行造影。

● 10月17日　星期日

早7时半到协和［医院］（李［月来］保姆伴往），8时许经吴［德诚］大夫做膀

1 “间岛事件”发生在1920年，月本内阁以“间岛”（今吉林省延边地区）朝鲜族人袭击日本领事馆为借口，决定出兵并强行设置警察分署，这是日本军国主义侵犯中国领土主权的挑衅事件，又称“江心岛事件”。

2 6～8日所记的大部分为溥仪就印度尼西亚发生政治动荡而摘录报纸报道或予以评论的一些内容，因字迹潦草难辨，除8日日记留下部分内容外，其余略。

3 这是一次业务学习，讨论由申伯纯、沈德纯和米暂沉等文史工作领导同志提出的《关于文史资料工作若干问题的意见》修正稿。杜聿明等人在某些原则问题和具体问题以至措词上提了意见，溥仪没有发言。

4 低压电器厂为全国政协机关干部定点劳动的基地之一，上午7时半开工。

5 全国政协机关干部分别参加低压电器厂不同工种的劳动，据董益三日记载，他和杜建时等做穿螺丝的工作，主要穿两种螺丝：一种带弹簧垫，一种不带弹簧垫。

胱镜和逆行造影（照相约五次），到 11 时，非常疲乏。11 时半返家。

午时，服四环素。

下午 4 时发烧，37.5［度］，又服四环素一个〈片〉。

白天小便六七次。[1]

据吴大夫谈，检查膀胱尚无新生瘤。

吴大夫开假条，从 17 日到 20 日。

● 10 月 18 日　星期一

感冒。

● 10 月 19 日　星期二

感冒，喉痛。赴人民医院，马大夫开四环素、碘片，漱口药水。

● 10 月 20 日　星期三

感冒，流啼〈涕〉。赴人民医院，马大夫开羚翘解毒丸、橘红丸。

● 10 月 21 日　星期四

上午，仍在家休息。

早到人民医院，徐泽民大夫诊治，服药，少愈。

菊花二钱　苏叶七钱半　桑叶三钱　前胡二钱　连翘二钱　银花二钱　（干）芦根五钱　杏仁三钱　薄荷（梗）五钱

开了二剂，21 日服一剂。

下午，通过张［刃先］主任告，最高［人民］法庭〈院〉介绍，古巴最高法庭庭长恩利盖·哈特和其子与媳三人［来见］。[2] 最高［人民］法院王德茂主任、办公厅张敏、翻译于［在座］。

谈话主要内容为我改造过程。

其子问我是否愿意为马列主义者，我答愿意，因为马列主义是唯一真理。

他们临行前，我说：我们应团结起来，共同反对美帝国主义和修正主义……

● 10 月 22 日　星期五

下午，学习董［必武］老[3]的讲话，关于备战等问题。申伯纯参加并发言。[4]

● 10 月 23 日　星期六

下午，参观农业展览馆。[5]

● 10 月 24 日　星期日

1 在日记原文中，此句最末两字颠倒。

2 溥仪这次会见的客人是古巴最高法院院长恩利盖·阿特·拉米雷兹及其儿子和儿媳等三人。

3 董必武（1886—1975），字洁畲。湖北黄安（今红安）人。参加了辛亥革命。1921 年 7 月出席了中国共产党第一次全国代表大会，参与创建中国共产党的工作。1965 年任中华人民共和国副主席。

4 10 月 15 日和 16 日，在例行的各民主党派和无党派人士双周座谈会上，国家副主席董必武就国内外形势和“备战、备荒，为人民”问题作了讲话。10 月 20 日，申伯纯向专员们传达了董必武的讲话内容。本日讨论这个讲话，杜聿明、沈德纯、溥杰、杜建时、沈醉、廖耀湘和申伯纯等人先后在讨论中发言。

5 据董益三当日日记载，专员们参观的是由第二轻工业部和农业部主办的“全国农具设备新技术展览会”，主要由农具馆，展出各种半机械化的改良农具，并在水上或广场表演。还有一个设备、新技术馆。

上午，张景荣和其同校张教师来看贤，留午饭。

张宝〈保〉健来为贤诊病（感冒）。

晚，郑广元来。

● 10月25日　星期一

上班。

下午，在中直礼堂听周培源关于世界科技第八届代表大会的情况报告。[1]

● 10月26日　星期二

到低压电器厂劳动。上午做电器机上大线，十七个。下午做配线（7–2配线）四个。大家上错线，又改做。

● 10月27日　星期三

上午，北洋组开会，关于召集参加〈担任〉过中国国会议员的人们开会（定五会议室、星期六）。

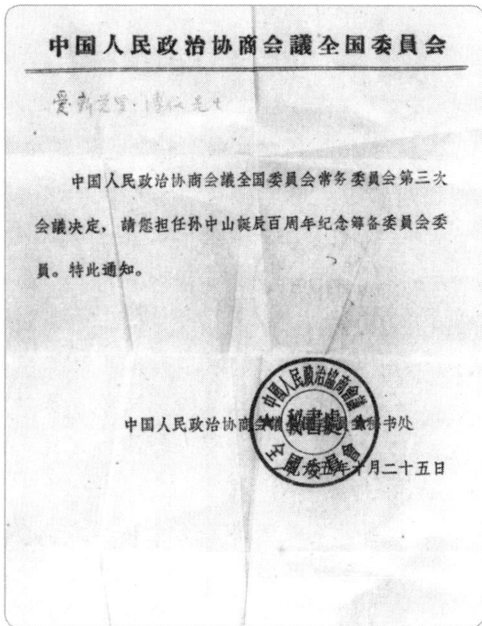
中国人民政治协商会議全国委員会

爱新觉罗·溥仪先生

中国人民政治协商会議全国委員会常务委員会第三次会議决定，請您担任孙中山誕辰百周年紀念筹备委員会委員。特此通知。

中国人民政治协商会議全国委員会秘书处

一九六五年十月二十五日

溥仪被聘为孙中山诞辰一百周年纪念筹备委员会委员的通知函

本日接到［全国］政协通知[2]：

中国人民政治协商会议全国委员会常务委员会第三次会议决定，请您担任孙中山诞辰百周年纪念筹备委员会委员。特此通知。

全国政协秘书处

1965年10月25日

今早北洋组开会。

沈［德纯］老、张［刃先］主任、吴锡祺、王毓超、于树德、王式玖[3]、陈曾慈、高兴亚和我在北洋组开会。

三民主义民权问题。新三民主义［的］民权、民生，不同于旧的三民主义，［国民党］第一次代表大会确定了“联共、联苏、扶助农工……”[4]

讨论审议何干之拟的关于对旧议员〈会〉参加者的写稿名单问题。

● 10月28日　星期四

大约是这天？溥杰的亲戚、日本嵯峨实胜的妻［嵯峨尚子］与［嵯峨］浩之弟［嵯峨宫原］以及嫮生来。杰告润麒往迎，并告三妹［韫颖］与五妹［韫馨］。

● 10月29日　星期五

---

1 周培源的报告主要讲出席世界科技第八次代表大会的见闻。

2 溥仪把该通知全文抄在当日日记记事中间，证明他刚刚收到即录入日记，反映出那种喜悦的心情。

3 王式玖，当时为全国政协机关干部，在《文史资料选辑》编辑室工作，民主革命时期曾给宋哲元当过秘书。

4 原文缺。

下午，学习。关于董［必武］老谈“备战、备荒、为人民”的问题。[1]

● 10月31日　星期日

上午，同贤到北海访毓崇［之］子金恒铭[2]，适出未遇，留字与工会主席刘。夕，金来，交十元与之，［令］转交崇。崇近贫病求告，我曾告［溥］杰，杰定要转告老万［嘉熙］和溥俭，共凑款助济之，但至今未实现。[3]

下午，参加孙中山百年诞辰筹备委员会第一次会议。

刘［少奇］主席发言（见《人民日报》11月1日报［道］）[4]：

孙。反帝反封建斗争。推翻封建皇帝，建［立］中华民国。孙与康［有为］、梁［启超］[5]针锋相对斗争。旧民主主义发展成为新民主主义。十月革命胜利后，在共产党帮助下改组国民党，提出联共、联苏、扶助农工三大政策。敢于提出打倒帝［国主］义，敢于和无［产阶］级先锋队合作。这就是他能［顺］应世界潮流，根［据］人民需要，是伟大革命家。

孙不是鲁迅，不是马列主义者，但他敢于反帝……蒋介石背叛孙中山。中国人民在党和毛主席领导下……现在我们比孙中山先生时好多了。但各方面取得很大成绩，还有不少困难要克服。帝［国主］义还在世界横行霸道，霸占台湾。海外人士还应进一步团结起来，［为］实现孙中山革命理想而奋斗。孙中山那时说，联合世界平等待我的民族，团结一切可团结的世界民族。被压迫民族奋斗，把革命和……对反动派［的］斗争进行到底。

明年纪念孙百年［诞辰］纪念时……

让大家跟〈在〉党和毛主席领导下，更团结起来，在社［会主］义建设、社［会主］义革命中取得更大成就，为世界和平、人民民主、社［会主］义事业而奋斗。

● 11月1日　星期一[6]

● 11月2日　星期二

参加劳动。在低压电器厂搞配螺丝，安螺母、平垫和弹簧垫。

2时许休工后，到人民医院马大夫处看病（□痛）。

晚，万嘉熙从在颐和园附近劳动（挖河）［处］归，来见。同餐。

赵华堂来看。

1 专员在10月22日～29日连续三次讨论董必武的讲话。第二次讨论时，溥仪发言从“帝国主义的本质”谈起，认为美国“正走一条与德、意、日相同的道路，必然导致相同的结果”。他列举英国蒙哥马利元帅对中国民兵的估计，谈到中国的人民战争不可战胜。当沈醉说到“不服老，还要做事，重如泰山的死值得”时，溥仪深有同感，再次发言，说沈醉的话引起了他的“共鸣”。

2 20世纪30年代以前，毓崇与前妻共同生活未生育，40年代以后与后妻在一起，直到1956年离异，他们生育三子一女，恒铭为长子，生于1945年，曾任北京市园林局绿化三大队养护三中队副队长。

3 该自然段是溥仪写完本日日记后，又在前面插空补写的。

4 括号内文字是溥仪补写的。刘少奇作为“孙中山百年诞辰筹备委员会”主任委员主持会议并讲了话。以下为讲话要点的记录。因讲话快，加之语音隔阂，溥仪未能把全文记录下来，日记原文不连贯。

5 梁启超（1873—1929），字卓如，号任公，广东新会人。从“公车上书”到戊戌维新，他作为康有为的学生和助手，成为变法运动的重要活动家和宣传家。辛亥革命以后，他组织“进步党”，反对在中国宣传社会主义，主张开发实业，发展资本主义。他先后出任过袁世凯政府的司法总长和段祺瑞政府的财政总长。学识渊博，有《饮冰室合集》行世。

6 原文只存日期。

● **11月3日　星期三**

早，到人民医院检查血和尿。今日血常规为9.5克（前次查为9.4克）；尿中白血球为7.8，红血球为0～2。又试□心电图，尚正常。又经徐泽民诊治开方如［下］：

芜芪二钱　党参三钱　当归二钱　枸杞子三钱　五味子一钱　生熟地各二钱

远志一钱　元肉三钱　砂仁后下一两五钱

［溥］杰给沈［德纯］老写信，先告张［刃先］主任。张主任谈，我才知道。廖承志主任经外贸部做东，请杰、［嵯峨］浩等在北京饭店［吃饭］，廖承志主任说，溥杰夫妇、嫮生、杰的岳母［嵯峨尚子］、浩之弟［嵯峨宫原］，可延期到11月末归国，届时可游历南京、杭州、上海、苏州、无锡等处。

● **11月4日　星期四**[1]

上午，又尿血。到人民医院经泌尿科何大夫诊治，开［药］：注射肝精、凝血脂、四环素；内科马大夫给Vc、铁制剂、叶酸。

晚，仍未愈。马大夫开［诊断书］，请假五日。

● **11月5日　星期五**

休假。

仍尿血。给张刃先主任打电话，说今［天］午后到协和［医院］诊察，要汽车。

上午，到人民医院注射肝精、凝血脂。

下午，到"协和"，吴［德诚］未在。医［生］让留三日尿化验。

● **11月6日　星期六**

休假。

早，贤送我［的］尿到协和［医院］化验。

下午，尿血见好。到人民医院注射，取回药针在家中注射。

贤在小院除草和树根，用镐过力，致手术伤口痛。

下午，［毓］嵒夫妇来看，留餐。

给沈德［纯］老通电，告以星期之约赴彼家，未能去。

● **11月7日　星期日**

张［某］来看贤。

下午3时，（通告〈过〉［溥］杰告：外贸转告［全国］政协，［嵯峨］浩［之］母［嵯峨尚子］及弟［嵯峨宫原］和嫮生来见。申［伯纯］老说，已接［到］外贸通知，你们亲戚可以往来吗〈嘛〉！我问杰，何以未告我？彼谓已告张刃先，杰意等外贸再通知，狡辩）[2]溥杰、浩、浩母、浩弟和嫮生来见。万嘉熙先来（为我约来的）。还有个张姓华侨和杰相识——在日［本］留学者，现在中国新闻社工作，一同来。坐少时，杰谓尚

1 溥仪从本日起换用新日记本，并自题"日记本第二十五本"字样。

2 圆括号内文字系溥仪为溥杰的日本亲属"来见"交代背景。溥仪对二弟这件"政略婚姻"始终怀有疑虑，直到特赦后还不愿与嵯峨家往来。以至浩母等来见要通过外贸、政协组织中介，溥仪还要找来妹夫等做见证人，而且绝不出席弟妹宴请日本亲属的聚餐。

要到天桥看驴皮影。[1] 万［嘉熙］告，今早和润麒、溥任、三妹［韫颖］、五妹［韫馨］，在文化俱乐部请溥杰亲戚（外国人）吃饭。

● 11 月 8 日　星期一

尿血好了。

贤到协和［医院］送［第二日化验用］尿［样］。

和贤到中药〈医〉研究院找蒲辅周诊治，为贤开方：

党参二钱　茯神二钱　枣仁打·三钱　远志一钱　麦冬二钱　五味子打·一钱

炒小麦三钱　当归二钱　白芍三钱　肉苁蓉四钱　牛膝二钱　大枣劈·三钱

蜂蜜为引

蒲辅周（陈鼎祺代写）

在中［医］研［究］院遇廖梦醒[2] 大姊。

晚，徐冰部长约［溥］杰、［嵯峨］浩、嫮生、浩母［嵯峨尚子］、浩弟［嵯峨宫原］吃饭，并约我和贤同赴餐（前几日张刃先主任通知的）。

● 11 月 10 日　星期三

下午，学习专员上次参观农业展览馆大寨式各单位。[3]

● 11 月 11 日　星期四

早，又尿血，午前又止。

下午，到协和医院经吴［德诚］大夫检查，吴约好，如再有尿血时即时告吴，届时做膀胱镜检查。检查后上班。

● 11 月 12 日　星期五

上班。

在［全国］政协礼堂听南韩继人民公社党支书徐广〈庆〉文关于公社情况报告。[4] 市人委秘书长郭斐然等参加，李金德主持开座谈会。

● 11 月 13 日　星期六

上午 9 时由［全国］政协出发，往南韩继公社参观，市人委贺、平部长，郭秘书长，李副局长等同行。[5]

---

1 驴皮影即皮影戏，以驴皮为主要剪影材料，因而得名。系为一种传统的民间艺术，流行于河北滦县一带。在北京天桥也有驴皮影艺人。演出时，利用投影原理，以灯光照射兽皮或纸板刻成的人物、动物，使投影呈现于布幕上，艺人在幕后边操纵边说唱，并配以音乐，观众在幕前观看。

2 廖梦醒（1906—1989），广东惠阳人。其父廖仲恺、其母何香凝终生追随孙中山先生，都是中国民主革命的先驱、中国国民党左派的光辉旗帜，中国共产党的党外亲密战友。她与弟弟廖承志从小受到革命家庭的熏陶，在漫长的人生道路上为中国革命做出重要贡献。溥仪怀着对廖家的景仰之情，请廖大姊在本册日记的封底页上，留下了姓名、地址和电话号码。

3 11 月 4 日，专员们集体参观了农业展览馆，内容系以图片和实物等展品介绍了全国各地的 52 个大寨式单位。其后，于 8 日和 10 日，专员们两次座谈参观体会。溥仪因病未能参观，讨论时亦未发言。

4 南韩继是位于北京市房山县周口店的一个普通村落，该村生产条件恶劣，有段顺口溜说："南韩继，旱高台，缺粮又缺柴，场了地光衣裳破，盼到秋后还挨饿。"从 1957 年起打了 7 眼机井，粮食生产直线上升：1958 年"上纲要"，1960 年"过黄河"，1963 年"跨长江"，到 1965 年单产超千斤，竖起粮食高产大旗。据董益三日记载，下午 5 时专员们还观看了彩色纪录片《北京市农业大跃进》，都是为次日实地参观做准备。

5 "市人委"系北京市人民委员会的简称，即北京市人民政府。下列几位均为政府内有关部门的领导干部。

领导照顾我初愈，命坐紫骄〈轿〉汽车（七八人）。其他［人］分［乘］三大车。9时半［已］过到公社。到小学校休息，受社员等接待，极为殷切。

10时20分出发，参观公社麦地和打的井。[1]

午，在小学校吃饭，社里招待。食窝头、盐〈咸〉菜，熬白菜、红薯、小米粥，很香甜。

午后，访问农民住宅。

由社员葛玉玲引导，到杨秀玲家访问（于益之、郑庭笈、董益三、溥杰同组，李继中同行，还有一县里的人）。杨宅中悬毛主席像，屋中布置很好。杨大妈说：这都是毛主席给带来的幸福，在旧社会是盖不起房子的。现在的房子是去年（1964年）盖的，把老房翻盖的。又说，现在这个村一百多户，集体养猪，每户也养猪。我们三人三个月收入六百斤麦子，成了超产户，余粮都储存起来。杨家还买了一百一十多元的无线电。[2]

其次访问葛姓农民家；葛家四口人，有一男在高中，父七十三岁。［屋］中悬毛主席像，对联是"毛主席万寿无疆；共产党千秋歌颂"，［横批］写"抬头见党"（过去［是］抬头见喜）。他住的房是解放后用几百元盖的，材料为百余元。葛玉玲说，过去我们这里［每亩］产粮几十斤，现在一千多斤了。［继而］谦逊地说："我们这里赶不上大寨，差得还远啦。"

后来到葛玉玲家，她有一弟弟、一妹妹，妹在北京上学，第二医学院。母病，靠葛劳动，葛在中学毕业后到公社服务。她说，我们这里1957年每亩地产粮二三百斤，1964年每亩产九百三十八斤。（［19］65年约七百四十一斤？）[3]葛说每家养一头到二头猪。葛家对联："翻身不忘共产党；永远跟着毛主席。"这是葛玉玲一家人的心里话，也是代表南韩继公社全体农民［的］心里话，也是代表五亿农民的心里［话］。[4]

农民遇见共产党和毛主席，才能由奴隶翻身成主人。

我自己遇见共产党和毛主席，才能由魔鬼变成新人。

参观访问回来后，大家到周口店古脊椎研究所，在大厅里集会。由房山县县长报告；张芝风（女）报告——种田为革命；社员孙何报告——学毛主席著作；社员谢利祥报告——学习毛主席著作，根［据］学习心得解决了什么问题，许振宇报告——勤俭工作，房山县委书记张林德作总结报告。[5]

后来由李金德秘书长告我发言[6]，大意：这次参观南韩继公社，先在政协听了徐庆文支书的介绍，今天又听各位报告，对自己［有］很大教育和鼓舞，这是学习革命。回忆打倒旧中国三座大山压迫，只有［在］毛主席、共产党领导下，人民才翻了身。自己过去［的］前半生是封建统治阶级，是反人民的。只有在党的改造教育下成为新人，过

1 据当时的接待人员讲解，南韩继主要成就是解决了水利问题，出现了三兄弟打了一眼七丈深的机井等故事。过去是"十年九旱八不收"，亩产几十斤，到1965年已达到1030斤，以至1100斤。

2 无线电"即指收音机。

3 南韩继1965年亩产超千斤，这里可能仅指夏麦产量。溥仪亦存疑，乃留下一个问号。

4 关于参观农家的见闻，溥仪所记与董益三所记略有出入，请参照篇后附录。

5 参观活动在下午2时结束，继而在周口店座谈，县长和南韩继的几位典型人物讲话后，县委书记作了精彩的总结。

6 溥仪发言是全国政协总领队李金德应南韩继大队强烈要求而临时安排的，是一次即席讲话。

去的我正是今天［的］我的敌人；今天，能和大家——劳动模范、英雄同聚一堂，共同讨论，这一切都是党和毛主席给的。祖国面貌真是天翻地覆变化，不仅建设方面天翻地覆，就是改造人类、改造社会，也是天翻地覆变化；我在访问葛家［时］，看对联上有“翻身不忘共产党；永远跟着毛主席”，非常感动，感动得掉下泪。今天自己也是中华人民共和国的公民，能和大家共聚一堂，非常高兴。［让我们］彼此在不同工作岗位上，为建设社［会主］义祖国［而］共同努力，等语。

之后参观古代脊椎展览馆，看看猿人洞（洞外）。[1]

5 时许乘车，6 时半到政协。李［金德］秘书长令［轿］车送郭斐然市人委秘书长回海甸〈淀〉，同时送我回家。

恒铭 3 时即来见贤。我回寓后恒铭说，其父毓崇今早病故。恒［铭］问用何［方］式葬毓崇？我说，可用火葬。恒铭［即］打电话告北海［公园］工会刘主席。

留恒［铭］吃饭，与贤商，给恒［铭］20 元。

● **篇后附录：董益三同日日记**

今日到南韩继大队参观学习。7 时 15 分由家出发，8 时由［全国政协］机关乘专车出，10 时左右到达。我编在第三队第三组，三队领队是张［刃先］主任，三组组长是于益之。张主任在第一组，沈［德纯］老在第二组。李金德副秘书长是总领队。

10 时至 11 时 30 分参观，主要是看他们自力更生搞的水利。农业的关键问题就是水，南韩继是有名的旱高台，水的问题更为突出。过去“十年九旱八不收”，过去亩产几十斤，百把斤，变为现在的 1030 斤，可能 1060 斤、1080 斤、1100 斤，这是十倍、甚至十几倍的增产，这确是奇迹，确是翻天覆地的变化。

午餐吃的是典型的农民饭，窝窝头、红薯、小米粥。

餐后到社员家访问，先到郭家[2]，经济情况比较好的一户。

夫妇俩：男的 44 岁，是个强劳力；女的身体不太好，搞家务，养猪。一个女儿初中毕业，已在公社工作。收入较多，家有钟表、收音机，居住条件也很好。其次，访问杨家，是老弱妇女。公公 73 岁，养驴，媳妇一个劳动力；孩子上学。生活过得也很好，自己盖的房。第三是引领我们的一个女青年的家，她也姓郭，有一个有病的母亲，一个姐姐住北京第二医学院，还有一个弟弟，年仅七岁，就是她一个劳动力。她没有准备参观，清洁稍次一点，其余都好；这个青年能干能说，比城市同龄的学生能力强、知识广，这是由于她在斗争中受到了锻炼，所以格外坚强。

● **11 月 14 日 星期日**

到［全国］政协洗澡。

回来闻贤云：万嘉熙夫妇来访（10 时来，11 时走），应溥杰岳母嵯峨［尚子］及其弟［嵯峨宫原］以及溥杰、［嵯峨］浩招［待］宴［会］（［溥］任、万［嘉熙］、润［麒］

1 古代脊椎展览馆即周口店猿人（北京人）的陈列馆。参观者还从远处看了看龙骨山发掘“北京人”的山洞，因时间有限，未能进入洞内细致观察。

2 董益三所记的“郭”姓即溥仪笔下的“葛”姓，或由讲述者的口音导致歧义。

曾请浩母等在文化俱乐部吃饭）。万［嘉熙］谓我不愿见浩母、其弟不好，徐［冰］部长宴会时不是当我面对浩等［表］示，是我不愿见他［们］，是徐让见的吗？又说他们也不是愿意和浩母等往来，都是为了工作，并皆对领导报告。又说，浩母曾赠万［嘉熙］与润［麒］衣物、照相机，这次带来照相机欲赠我，又不敢，很为难。又说；我不愿见他们，可能让他们想我［是因为］有了地位，有了架子。他又追问贤：谁告溥杰［让］转告对外贸易部通知政协，才许浩母等见溥仪的？又言，今天杰、浩等在家招待他［们］夫妇和润［麒］等吃饭。

● 11 月 15 日　星期一

下午，学习。［座谈］关于南韩继大队参观的感想。我发言。[1] 申［伯纯］老发言。

● 11 月 16 日　星期二

见挪威客人。

上午，在［全国］政协接见挪威客人盖奥尔·罗赛夫（接见挪威对社［会主］义国家文化友好协会秘书长、法学博士盖奥尔·罗赛夫）。[2]

他问这［些］问题：

问是过去［的］末代皇帝［吗］？

名［字］是否前后不同？

目前［的］职业［是］什么？

对目前中国［的］看法？

家庭情况？

照电影并全部谈话录言〈音〉。

● 11 月 17 日　星期三

下午，学习。继续漫谈参观南韩继大队［的］感想。沈［德纯］老、米暂沉发言。

李金德约我谈话，还有统战部民族［处韩］戈鲁[3]在座。李谓：下星期二三，招约班禅［额尔德尼·确吉坚赞］和其父母与我及淑贤会见、谈话。[4]

又谈到［溥］杰的亲戚［嵯峨］浩［之］母［嵯峨尚子］、浩［之］弟［嵯峨宫原］、浩［之］女［嫮生］事，我可看看他们，因为［他们］曾来访我。

星期六，杰、浩伴浩［之］母、弟、女到南方参观，回京后其亲戚即赴日［本］。

● 11 月 18 日　星期四

工作就是斗争，向最艰苦的工作中去，向火热的阶级斗争中去。

---

1 溥仪是继宋希濂之后第二个在座谈会上发言的人。据当时的记录，溥仪谈到南韩继干部的决心、群众的干劲以及访问三个农民家庭给他留下的深刻印象。

2 括号内的文字是溥仪补写在日记本天头上的，显系溥仪整理日记时所加的说明，故以括号插入正文。

3 韩戈鲁，当时任中共中央统战部民族处副处长，分管西藏方面事务。

4 班禅额尔德尼·确吉坚赞（1938—1989），俗名贡布慈丹，藏族，青海循化人。1941 年被班禅堪布会议厅确认为第九世班禅的转世灵童，1944 年接往青海塔尔寺供养，1949 年经当时的国民政府批准为第十世班禅额尔德尼。中华人民共和国成立时，他致电毛泽东和朱德，表示拥护中国共产党和人民政府。嗣后出任全国人大常委会副委员长、全国政协副主席、西藏自治区筹委会第一副主委等职。后到北京，并得到优厚的生活照顾。这次让溥仪夫妇与年仅 27 岁的班禅及其父母见面，是周恩来精心安排的。

一切工作是为了革命，是为了党的事业，是为了祖国。因此，要不避困难，而是战胜不是躲困难。为了革命，按照党和人民最需要中〈的〉去［做］，才是党的忠实儿女，是毛主席的好学生，才不辜负党对我重生再造父母［般］的恩情。

随时随处都是立功赎罪，随时随地都是为人民服务。

● **11 月 19 日　星期五**

上午，和张［刃先］主任整理分类编目事。

下午，学习。继续讨论参观南韩继公社，又学习《人民日报》《红旗》社论，批判苏修文件。

● **11 月 20 日　星期六**

上午，同张述孔整理北洋［组］分类编目事。

［溥］杰，［嵯峨］浩，浩之母［嵯峨尚子］、弟［嵯峨宫原］、女［嫮生］，由外贸［部］陪同，赴南京、苏州、无锡、上海、杭州参观。两个礼拜回来，浩［之］母、弟、女再回北京返日本。

● **11 月 21 日　星期日**

偕贤看二妹［韫和］、游景山，在西四小吃部午饭。

下午，到人民医院看郑庭笈和陈天佐[1]疾。

● **11 月 22 日　星期一**

上午，和张［刃先］主任整理北洋［组］文件。

下午，学习。继续漫谈驳苏修文章。

明天拟订参观。

● **11 月 23 日　星期二**

上午8时半，由［全国］政协出发赴焦庄户村（龙湾屯人民公社的一个生产大队）。政协委员、专员［参加］。张述孔、吴群敢等，［分乘］六辆大汽车（有政协的大汽车等），10时半到达焦庄户。[2]由［北京］卫戍副司令员李钟奇等出迎，马福出迎。首先看民兵练武。在土坡旁站十几名男女民兵；真是雄赳赳、气昂昂，看到保卫祖国的英雄民兵衷心起敬！大家围绕观看射击。在我［身］旁坐的一老人，手持汉〈旱〉油〈烟〉袋，询之才知是焦庄户民兵老英雄，在该处成立民兵［时的］第一个党员马福同志（七十岁）。我说，真是没想到今天见到你老人家，互相热烈握手。

民兵表演开始。首先，五个男民兵卧倒射击（一百公尺），每一人打三个〈发〉（步枪）。又，五个女民兵打老式步枪，一个女民兵叫马环勤（十九岁），用四种武器（冲锋枪、轻机枪、旧步枪、步枪）打，极准确。又看一百公尺六男民兵射击，又看六人用迫击炮打击一千多公尺外半山腰上的标记，都很准确。以后参观地道。

午饭后开座谈会，由马福报告打日本鬼子和国民党反动派时情况，地雷大王焦官富

---

1 陈天佐，全国政协机关干部，当时在文史办公室工作。

2 这次活动是由全国政协学习委员会主办的，各民主党派中央、全国工商联和全国政协直属学习组的成员以及文史资料研究委员会专员参加。内容是参观顺义县焦庄户抗日战争时期的地道和民兵展览室，并观看民兵表演。

讲安地雷、打敌人事，迫击炮小炮手马禄（十一岁）讲新接班人等事。还有李姓复员军人、队长讲话，［讲］生产及对帝［国主］义斗争等。

李金德让大家讲话，王芸生[1]说，可找一懂军事的人讲讲。李让杜聿明说了几句话，又让我说几句话，政协一个委员说了些话。李司令员说几句话，最后李金德说了几句话。大家又写字题目〈词〉。我写："向焦庄户民兵同志致敬！坚决向你们学习！"

［返程，］4 时开车，5 时半（近 6 时）到政协。

溥仪在文稿中多次表达希望参加民兵训练

● 11 月 24 日　星期三

上午，李金德秘书长、［中共中央统战部］民族处韩［戈鲁］处长，还有一个民族处？同志[2]，和我、淑贤［一起］和班禅［额尔德尼·确吉坚赞］，班禅［之］父［古公才旦］[3]、母［索南卓玛］[4]、弟［温都·公布甲］[5]、弟妇会见谈话，帮助他〈我〉的思想改造。

我首先介绍自己罪恶和改造简要过程，李秘书长又谈些话。

……

韩处长希望有机会我再和他见面，关于我的检举认罪方面向他介绍，进行帮助。

午餐后班禅等辞去。

下午 3 时，在［全国］政协接见日本青年代表团三十人[6]，谈我的经历和改造过程。从 3 时到 6 时。沈德纯、张刃先陪见。张刃先让我明天休息一天。

晚餐，张良辰〈诚〉访贤，同餐。

● 11 月 25 日　星期四

下午，到［全国］政协礼堂洗澡。到人民医院取药（治过敏，一止痰药和酵母片）。

1 王芸生（1901—1980），著名新闻工作者，新中国成立前历任天津《商报》和上海《大公报》编辑。1965 年任全国政协常委、全国人大代表、中华全国新闻工作者协会副主席等职。主要著作有《六十年来中国与日本》等。

2 溥仪不确知该同志的工作单位，故而加了一个问号。

3 公谷才旦，曾任全国政协委员，西藏自治区政协副主席。

4 索南卓玛，曾任西藏自治区政协副主席。

5 温都·公布甲，聋哑人。

6 溥仪自己整理日记时曾在同页天头处补充了一段说明文字："接见日本青年代表团三十人：西日本武术联盟会长、团长、保彪〈镖〉（青年团中央介绍）。"这天下午，专员们学习，座谈参观焦庄户民兵的感想，会议记录本上写着："沈老和溥仪与日本人谈话，缺席。"

● 11 月 26 日 星期五[1]

晚，老万［嘉熙］忽来电话，问我［犯］未犯病，到协和［医院］检查［的］情况。我问他何［以］久未来，答：太忙。

● 11 月 27 日 星期六

领导让我暂时不做北洋组工作，专［门］准备写为各国专家讲话稿。

● 11 月 28 日 星期日

和贤到马达轩大夫[2]处，马为贤按［摩胳］臂（臂疼）。后来同贤游故宫。

溥仪的遗稿

● 11 月 29 日 星期一

写讲话稿。

● 11 月 30 日 星期二

早，和贤到中医研究院蒲辅周［处］看病。

劳动日，领导未［让］全参加，写为各国专家讲话稿。[3]

● 12 月 1 日 星期三

上午，在［全国］政协听石景山钢铁公司政治部主任石玉琪介绍石钢情况，并与党支部书记刘尚梧答各委员的几个问题。[4]

下午，学习。漫谈米赞〈暂〉沉提出的“在一国内可否实行共产主义问题”。大家［的］结论是：有国内外阶级存在，有帝［国主］义存在，有国家存在，不可能实行共产主义。

预定明天上午 8 时半由政协出发参观石钢。上午：（1）由炼铁厂厂长丁书慎和铸造厂［厂］长沈瀛洲介绍情况；（2）参观高炉、铸造厂、电焊管车间转炉。下午座谈：（1）刘瑞田讲白云石［车间］情况；（2）由老工人李护国讲厂史“万人坑”。

● 12 月 2 日 星期四

上午 8 时半由［全国］政协出发，9 时半抵石钢办公室。

1 本日上午专员们第二次座谈参观焦庄户民兵的感想。据座谈记录，溥仪继杨伯涛和廖耀湘之后发言。他说：“我第一次亲眼目睹民兵射击场面，并和老英雄马福握手，这是党给我的荣誉。马福的侄女能打四种枪，真了不起。他们爱憎分明，听、跟、走这‘三字经’焦庄户民兵都做到了。我过去也有个听、跟、走：听‘祖训’、听帝国主义的话，唯帝国主义之命是听；跟人民的敌人走；走反动的道路，走日本人所要走的道路。”

2 马达轩，原为清宫御医，后来在长安街设诊所独立开业，专攻骨科。溥仪特赦后遇有伤筋动骨之时找他诊治。

3 工作脱不开身的可不参加劳动。据董益三日记记载，他那天因突击编目工作亦未参加劳动。

4 这次活动是 9 时至 11 时半在全国政协礼堂第二会议室进行的。据董益三日记，刘尚梧为石钢党委办公室主任。从本日到 14 日政协学习委员会组织各民主党派中央、全国工商联和政协直属学习组的成员参观了北京的石钢、维尼纶厂、第一机床厂和电子管厂。

炼铁厂厂长丁书慎介绍情况，而后参观二号高炉、铸造厂——铸管车间、炼钢车间、焊管车间。

午餐后开座谈会。5时开车，6时抵家。

座谈会：刘瑞田讲白云石情况，[如何带好]工人阶级队伍，干部参加劳动，阶级教育，关心群众生活，改变白云石面貌。

一、白云石情况

白云石[的]工作是转炉炼钢，主要为炼钢……

[19]58[年]建厂，[人员]来自三方：（一）各厂老工人为骨干，[占]工人中[的]5%；（二）农村青年农民[占]85%；（三）商业[人员占]10%。人员来的〈历〉不同，想法不同。小青年一部分想法不全面；认识不清楚，认识不了个人在党需要时[应]从工业现代化[考虑]，个人献给国家。他们想，当工人比农民好，来北京可以逛逛，吃穿好，等等。从商业看，情形复杂：一部[分]店员、小商贩、小业主，认为当售货员没出息。总之，确有一部[分]人模糊不清的，不知为什么。响应党[的]号召，[缺乏]建设社[会主]义[的]事业[心]。

……

党对白云石[很]关怀，困难时[期]有保健药[品]。一进厂，二级工，四十一元六[角]。高温环境，工作忙，有肥皂、香皂、手套、皮鞋，党无微不至关怀。老工人非常感动……

二、干部参加劳动

讨论后如何开始？以身作则，关心群众，结成兄弟感情，了解队伍情况，最后才能带好。

……

党支[部]和工人同甘共苦，参加劳动。通过劳动发现一部[分]青年思想不高，劳动态度不好，同时发现旧、新工人不一样。老工人从自己亲身体会，吃饭不能忘共产党，饮水不忘打井人。今天[的]好日子是毛主席[和]党给的，三座大山是党和毛主席扳倒的……老人回忆日本和国民党[统治时期]流血[史实]，不能忘[记]党、忘[记]毛主席，立场稳〈坚〉定。

干部参加劳动，对于青年应补课。[让他们知道，]旧社会[苦]是帝[国主]义反动派、蒋介石卖国带来的，还有资本家压迫工人、地富分子……使年轻人知道爱憎。

三、阶级教育方面

组织老工人诉苦：[讲]旧社会山头沟[的]人间地狱生活（自己从八岁至十三岁），对年轻工人有大教育。

……[青年工人]刘健民……

诉苦时他也有苦诉。刘谈，幼时父母逃荒，母领我和姊姊逃荒。我父被地主打骂干活，母和我挖野菜吃，我和姊要饭，唱着要钱。有时让狗咬了，姊弟哭走，吃什么？口袋空空，还得擦〈讨〉饭要钱。最后姊弟在地主家干活，地主赖他父，不给钱，父领他们出来。父入解放军，姊［在19］47年参加解放军文工团。分得地主田，刘健民才上了学。［他说：］党救了我，没有党［就］没有我刘健民。

……

在党［的］关怀［下］他转变了，学毛主席著作。现在他表现［得］劳动好，团结好，学习毛主席著作，思想进步，工作好。他成为文娱活动积极分子、工会宣传委员，［会］说山东快书。高小毕业，每月写好人好事演出，开会后他说快书，立时……又成［为］生产组组长，［19］64年入党。他的转变［在］于先从阶级教育［入手，加之］党的帮助，［使他］认识［了］错误。阶级教育，首先［是］思想革命，好好学习毛主席著作……

四、关心生活方面

首先是提高政治觉悟，讲政治，也讲实际。专讲实际，不讲政治也不行。解决群众实际问题，群众生活方面，主要二件事：（一）把食堂抓好（吃好）；（二）搞好宿舍（睡好）。同时抓五件事：（一）结婚；（二）丧事；（三）家务事；（四）漏房；（五）生病……

五、大学解放军，发扬解放军艰苦奋斗精神……

通过教育，来讲故事。小青年搞对象，一脸黑，二脸黑，三脸黑，动摇了。回家后，父兄表面黑，他心情苦，但通过受教育，［懂得了搞对象要］搞品质，搞思想。你脸黑，心是红的：白云石熏黑了我脸，熏不黑我的心！对象可以不找，工作不能不做。沥青把脸熏黑，用自己双手改进白云石，在党［的］政策下改造环境。二十一天大战，减少十八个工，回料管做好，白云石大大改善。改进拌料，改进拌料机，减少了十五人，特别［是］环境好了。拆除各大厂矿，扩大厂房、流通。打砖进行了用模子打砖，机器打砖。过去少活二十年，今天多活二十年，白云石就是我们家。

……

● 12月3日 星期五

上午，写稿。

下午，学习。［座谈］参观石钢感想（我发言）。[1]

● 12月4日 星期六

上午，写稿好〈稿写好〉。

下午，工作人员听张刃先报告。我早下班。

● 12月5日 星期日

1 座谈记录，溥仪发言说：“工人当了家，做了主人，新旧对比非常明显，主要是毛主席的思想。东北也有万人坑，还不只一处。说是有病，活的都拉去埋了。日帝残暴，像野兽一样。”

上午，王简斋来访。[1]毓嵒夫妇来，毓［嵒］告：万［嘉熙］代问好，说因忙未来。

晚，和贤访田裕民主任夫妇，又访杜聿明夫妇，到宋［希濂］家和郑［庭笈］家。

在吉士林吃饭。

吴德诚大夫来电话，让我住院检查，谓检尿可疑，又谓彼此打电话联系常不方便，因此可住几天，方便。我答以近况很好，工作忙，家人又有疾，如住院心里反［而］不安，可以随时到［医］院检查。后来决定，俟以后再电商。

● 12月6日 星期一

交稿[2]与张刃先。

下午，听韩戈鲁（中共［中央］统战部民族处副处长）介绍有关西藏自治区成立的一些情况。[3]

● 12月7日 星期二

劳动。

● 12月8日 星期三

住协和［医院］第1日。[4]

吴［德诚］大夫通过张刃先主任，电告沈［德纯］老让我今天到"协和"再检查。领导对我的关心与吴大夫的负责为我检查，［令人］非常感动。一定把身体养好，早日出院努力工作和学习，为人民服务。

上午，［全国］政协派车送我到"协和"，贤同来，和吴大夫、黄［公怡］大夫谈话。吴大夫谓，约住两星期，每晨检查小便，过几天试膀胱镜和逆行造影。

下午，理发。吴大夫来检查，给酵母片和饭前消化药水——氮〈蛋〉白酶。

晚，看电视。

● 12月9日 星期四

住协和［医院］第2日。

早，留小便检查。早，试非蛋白氮〈酶〉。出〈抽〉血3cc。二氧化碳。NPN。

又试血常规（血色素，白血球、红血球分类；出〈抽〉血、凝血）。

黄大夫来看、闲谈。黄大夫告血［色素］长到10.8。

上午，吴［德诚］大夫来看。

下午，散步（［在］小卖部购物：香蕉、小刀）。服氮〈蛋〉白酶、酵母片、肝精片、

---

1 王简斋，生于1898年，京东蓟县人。从溥仪在紫禁城当关门皇帝时即入宫相随，历经北京、天津、长春三个时期，任过御膳房会计、"御前随侍"和代理奏事官等职，直到1944年因母病返籍，从此脱离溥仪。据王简斋回忆，他与溥仪20年后重逢，也是两人的"最后一面"。他说："此时溥仪已和当年判若两人，身体胖了很多，精神也焕然一新。"在溥仪看来"往事真如一场噩梦"，他大谈党对他的改造和教育，谈今天的幸福生活，表达对毛主席和周总理的感激之情。溥仪还亲自下厨，为昔日的仆人烧饭，向王简斋表示道歉。

2 指溥仪起草的给各国专家讲话稿。

3 这次报告会是由全国政协民族组主办的，于本日下午3时至6时在政协礼堂三楼举行。报告人韩戈鲁兼任全国政协民族组组长，他介绍了中央代表团参加西藏自治区第一届人民代表大会第一次会议和庆祝西藏自治区成立活动的情况。本日日记有详细记录，略。

4 溥仪在本日日记天头处补写了一行说明文字："协和医院第三次住院，这次是检查住院。"

铁制剂、甘草合剂。

● 12月10日　星期五

住协和［医院］第3日。

早，留小便化验，注［射］PSP，试肾功能，化验大便。

早，6时起，散步。

黄［公怡］大夫来看。

下午，老万［嘉熙］来电话慰问。购小橘。看《毛［泽东］选［集］》。贤来看。

晚，看电视。

● 12月11日　星期六

住院第4日。

早，留小便（又留小便化验）。

上午，黄［公怡］大夫来谈。吴［德诚］大夫、黄大夫来看。

张述孔来电话谓，王秀峰（晋政协，现转工厂）来信要买《我的前半生》著作，已电告群众出版社联系好。

晚，看电视。

● 12月12日　星期日

住院第5日。

早，5时半起，6时散步。

留小便，并留昼夜小便计量。

下午，万嘉熙来看，谈昨夜［嵯峨］浩［之］弟［嵯峨］宫原（［溥］杰、浩作陪）约七叔［载涛和］二、三太太［金孝兰、王乃文］，万［嘉熙］夫妇，润［麒］夫妇，六妹［韫娱］夫妇，四妹［韫娴］，李以劻夫妇，杜聿明夫妇在同台〈和〉居吃饭。三桌（二百多元）。

宫原说什么“日本50%是糊涂的，50%是聪明的”。又谓“中国亦如此”。杜聿明说有不同意见，杜说“我国百分之七十是进步的，百分之二十几是中间的，百分之十几是落后的”。宫［原］否定，谓下次来时再辩。

宫原送七叔［载涛］照相机，七叔还以在德国购的玻璃杯二［只］。[1]

宫原对［溥］任四弟言：“溥杰、浩子不充裕，你可替设法解决。”藉醉意又向［溥］任跪，向七叔跪，来学满族礼。

溥杰、浩来看，带来杭州藕粉。杰初来，色不愉，谈后少霁。杰谓昨天［全国］政协组织参观尼龙工厂，参观半天。[2] 杰对找人宴会等事向来只字不提。

● 12月13日　星期一

1 1910年春天，载涛以清政军咨大臣、皇叔、摄政王之弟的身份，奉命赴欧洲各国考察陆军，曾到过德国，这两只玻璃杯便是当时所购。

2 12月11日，文史资料专员等乘全国政协机关汽车赴东郊北京市国营维尼纶厂参观。上午8时出发，9时15分到达，在两个小时之内参观了从原料聚乙烯醇加工到纺成纱的几个车间。12时半返抵机关。

住院第6日。

早，又抽血做试验和试肾功能。

三妹［韫颖］来电话问。

下午，贤来看。

● **12月14日　星期二**

住院第7日。

留小便化验。

吴［德诚］大夫、黄［公怡］大夫来看。吴大夫说星期六试验膀胱镜和逆行造影。吴阶平大夫一同来检查。

● **12月15日　星期三**

住院第8日。

留小便化验。

黄［公怡］大夫来看，闲谈。

给张刃先主任打电话，告以检查情况。张主任嘱安心在［医］院检查，并说吴［德诚］大夫也曾告以会同检查事。

给六妹［韫娱］打电话，六妹谓在同和居吃饭曾问，二弟［溥杰］言我住院。本拟上星期日来，因感冒未来。

● **12月16日　星期四**

住院第9日。

留小便。

晚，看电视《霓虹灯下的哨兵》。

● **12月17日　星期五**

住院［第］10日。

贤电话说，昨天一夜失眠。

［贤］中午来电话说，金源所长和一名所工作人员来家看，贤告以我住院检查，金［源］打算到［医］院看我。

夜，失眠，服米尔痛，后半夜才睡。

● **12月18日　星期六**

住院第11日。

本日早8时，吴德诚大夫约吴阶平大夫一同检查膀胱镜和逆行造影。8时半，吴阶平亲自检查尿道镜、膀胱镜和逆行造影，10时半检查好。在泌尿科照相数张，又到二楼放射科照断层照相数张。还从肾脏直接通过管子接尿，检查。

吴德诚大夫、放射科张大夫、张［春芳］大夫（女）、黄［公怡］大夫均在旁。

吴大夫谈照相有阴影（前次也有）后，再决定结果如何。

下午，贤来看，二妹［韫和］来看。

● 12月19日 星期日

住院［第］12日。

上午，金源所长和管理所工作人员四人来访。看我同时，问问关于改造思想过程，说这对于［正在］改造的人有很大教育意义，勖我是“榜〈标〉兵”。为了总结一下我的改造过程，同时还拿些照相〈片〉，问我人名等。

上午9时许来，中午休息，下午1时许到2时许，所长辞去，明天两个工作人员来续谈。

润麒来。王力民来看。万嘉熙夫妇、［郑］广元来看。［韫娴］来看。二弟溥杰、［嵯峨］浩来看。

盲肠部分痛，夜尤甚。（尿中微红色。）

［金源］所长来谈学习改造过程：

一、强迫改造阶段

二、半自觉改造阶段

三、自觉改造阶段

1. 恐惧

2. 隐瞒

3. 认罪

4. 悔罪

● 12月20日 星期一

住院［第］13日。

上午、下午，所方崔立志、于雷两同志来，继续谈改造过程和鉴别相片。[1]

下午，贤来看。赵荫茂来。大格格母女[2]来，坐于客厅，贤闻即招之，不理。我急通知傅［福贞］护士长，告以医生不让见，须静养，才去。

不思食，呕吐。体温从35度8升到36度许，盲肠部位仍痛。阿托平，青霉素、链霉素针注射。□大夫说是轻微盲肠炎。[3]□大夫约外科曾［宪九］主任来检查。林［钧才］院长、张［芬兰］书记来看。吴德诚来诊。外科费［立民］大夫也来诊（冯廷雄同志夜来看）。

吴大夫来后决定动手术，去阑尾炎。从10时半到11时半以后动完手续〈术〉。曾主任主治〈刀〉，吴大夫［当］助手。

张刃先来看。

● 12月21日 星期二

住院［第］14日。

1 这天上午10时半至11时半溥仪动阑尾手术，抚顺战犯管理所的两位干部是在溥仪术前和术后陆续交谈的。

2 大格格是满族人，婉容的亲属，称姨。此人后改用汉姓“王”，即王老太太。她的女儿就是前面提到的王敏毫。

3 原文本句以下字迹潦草，显然是在手术前后的剧痛情况下坚持执笔的。

输葡萄糖。带小便器，小便不适。大便不通，腹疼。呕吐二次，不思饮食。

贤来看。三妹［韫颖］来看。

● **12 月 22 日　星期三**

住院［第］15 日。

解放军大夫[1]和［医］院大夫会诊。

呕［吐］一次。大便不通，小便不适，腹疼，不思饮食。

早，抽血化验。做理疗。注射丙酸睾酮。

张刃先来看。

中医研究院宋大夫来针〈诊〉。吴德诚为我试同位素。蒲辅周来诊。

动手术，术后自觉仍有腹疼，小便不利〈适〉近二日。口不知味，食则恶心，口舌发木，起则头晕，舌苔滑腻少津，小腹指痛。根据脉象，症［在］三焦失调，清浊紊乱，气化失常，以致二便释调。[2]治宜调和口中下三焦，利水解毒。

利水解毒［之方］（解决小便问题）：

茯苓三钱　半夏二钱　白蔻打·八钱　藿香梗一钱五　泽泻一钱　猪苓一钱　通草一钱　草□五分　川连五分　红花二钱

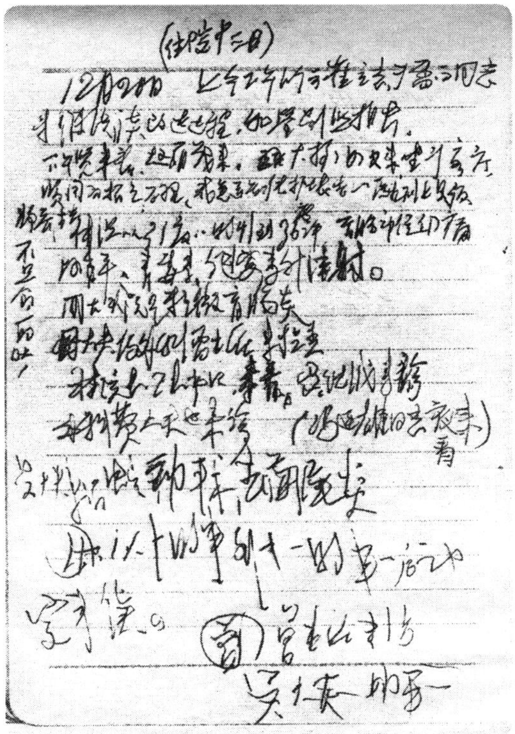

1965 年 12 月 20 日溥仪日记

□□[3]治好不能小便，阴茎上带上管出尿，仍不通顺。夜，吴德诚决定用膀胱镜和肾管直接接尿。经打电话［给全国］政协告领导后，即到楼下做膀胱镜和接肾管，尿才开始接出来。

● **12 月 23 日　星期四**[4]

住院［第］16 日。

卫［生］部史［书翰］部长、吴部长，卫生处郑处长[5]，本院林［钧才院长］，吴阶平，许殿乙（三〇一部队医院主院〈任〉）［来看］。

曾［宪九］主任曾来诊。

打喀〈嗝〉终日，夜仍打喀〈嗝〉。[6]

---

1 溥仪在本册日记尾页记下一个名字：解放军 301 医院泌尿外科主任许殿乙，即此处提到的“解放军大夫”。

2 “二便释调”意为大、小便均不畅。

3 原文难辨。应指阑尾术后腹疼转好。

4 本日日记原文模糊，笔画弯曲，难辨处及缺字等甚多，可以想见溥仪在病痛中以发颤之手勉强执笔的情形。

5 史书翰（1909—1966），山西沁源人。1935 年入日本东京帝国大学医科学习，两年后回国参加抗日战争。中华人民共和国成立后历任卫生部保健局局长、副部长等职。吴、郑均为卫生部领导干部。

6 溥仪在本日日记天头处补加一句：“终日打喀〈嗝〉很利〈厉〉害”。

沈德纯来看。[1]［王］耀武来看。

旋复花　川厚朴二钱　柿蒂二钱　木香一钱　川香朴　甘草二钱　生姜一钱　蛇胆陈皮四管

［共］三剂　赵锡武[2]［开方］（此方未服）。

平杰三部长传达：周总理、彭真惦念。医院院长报告已［见］。尿如常，导尿。

● 12 月 24 日　星期五

住院［第］17 日。

李金德、申［伯纯］老来看。

打喀〈嗝〉厉害。

● 12 月 25 日　星期六

住院［第］18 日。

平［杰三］部长来看。李义〈以〉劻夫妇来看。

夜，输血 200cc。

大便九次。

● 12 月 26 日　星期日

住院［第］19 日。

腹泻七次。灌液。

万［嘉熙］、润［麒］夫妇，［溥］杰、［嵯峨］浩来。贤来。

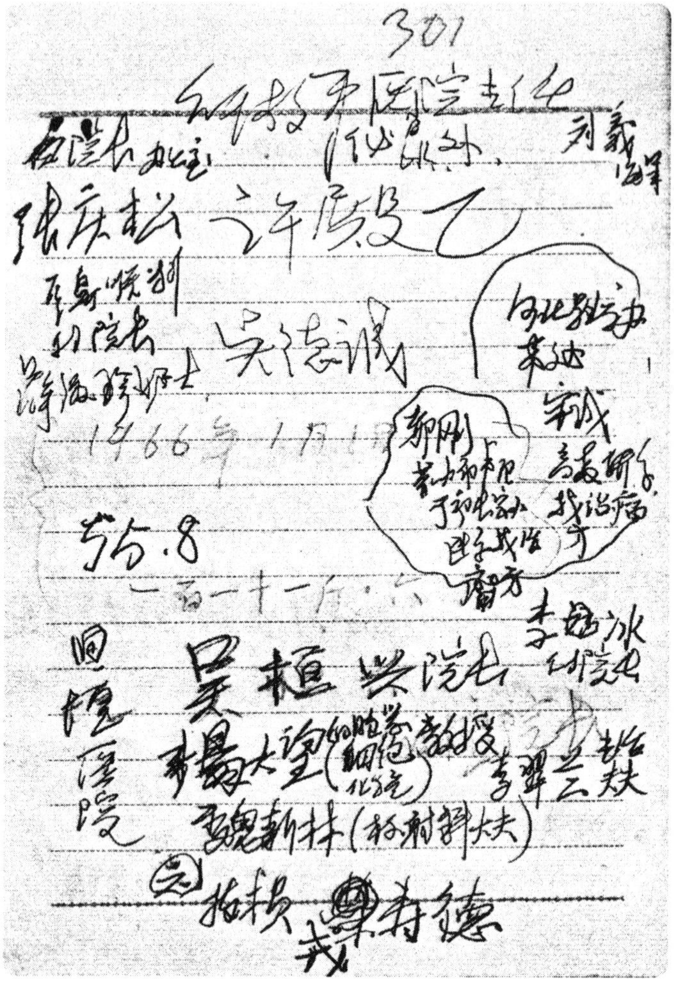

在 1965 年的日记本上，溥仪记下了与治病相关人员的姓名

● 12 月 27 日　星期一

住院［第］20 日。

早，泻一次。腹尚微疼。

六妹［韫娱］夫妇、陈天佐来看。贤来。

抽血。初思饮食。

● 12 月 28 日　星期二

住院［第］21 日。

抽血。

六妹［韫娱］夫妇、力民来。贤来看。四妹［韫娴］、三妹［韫颖］来看。

---

1 溥仪在本日日记天头处补加一句：“沈德［纯］老一次看。”

2 赵锡武，著名老中医。

下午，大夫来诊。谢大夫、吴［德诚］大夫来。

● **12 月 29 日　星期三**

住院［第］22 日。

下午，贤来。王晴雪来看。

腹较〈稍〉愈。食欲少好。

● **12 月 30 日　星期四**

住院［第］23 日。

初到［盥］洗室洗面。食欲少好。

下午，张刃先、赵增寿[1]两主任来看，并代徐冰、平杰三部长问好，带来水果等。杜聿明、罗历戎来看，杜带来水果。二妹［韫和］来看。赵丽瑛来看。

● **12 月 31 日　星期五**

住院［第］24 日。

林［钧才］院长、张［芬兰］书记来看。

上午，毓嵒夫妇来看。买烟一盒。

下午，老万［嘉熙］、老润［麒］来看。贤来看。

1966 年[2]

● **1 月 1 日　星期六**

新年。

住院［第］25 日。

张［芬兰］书记来看。

早，溥杰、［嵯峨］浩来看，贺年。下午，冀丕先来看。贤来看。

晚，心跳，呼吸不利。服地巴□，愈。

（夜，施［政］大夫[3]来诊。）

● **1 月 2 日　星期日**

住院［第］26 日。

吴［德诚］大夫、黄［公怡］大夫、施［政］大夫来。刘大夫、陈主任来看。

上午，［溥］任四弟来贺年。

1 赵增寿，全国政协机关联络组办公室主任。

2 溥仪 1966 年的全部日记写在三个大小相同的黄皮《工作日记》本上。按他自己的编号，第二十五本的后一半篇幅记载着前四个月（1 月至 4 月）的日记，第二十七本的前一半篇幅记载着后四个月（9 月至 12 月）的日记，很明显，中间四个月（5 月至 8 月）的日记占据了第二十六本的全部篇幅。众所周知，这几个月正是“十年动乱”的开端，社会经历着出人意料的急剧变化。处在那样的环境里，溥仪感想万千，所写日记超出平时一倍，这是可以理解的。遗憾的是，具有重要价值的“第二十六本”日记，已经无可挽回地失掉了。

3 施政，当时为协和医院外科医生。

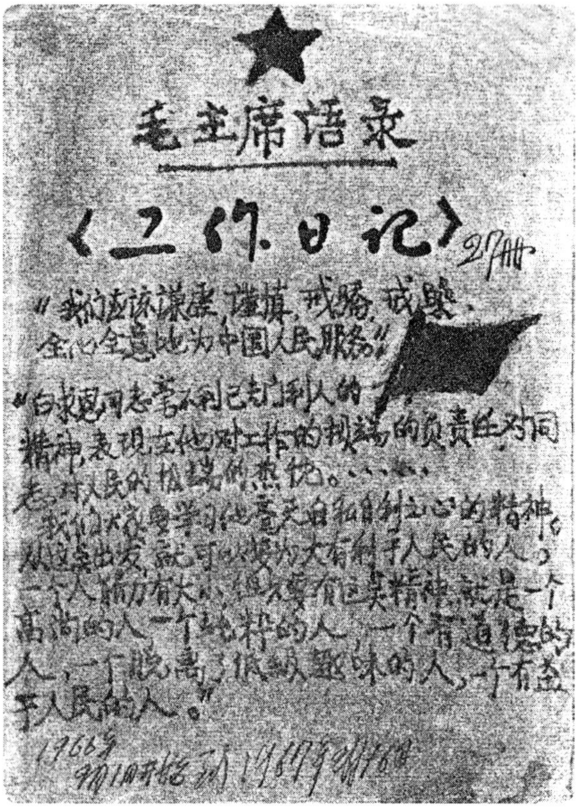

1966 年 9 月的溥仪日记第 27 册封面

下午，沈德纯组长[1]、郑庭笈、赵华堂来看，沈带来水果。王佩华、王佩兴来看，王带烟来。贤来看。张□□[2]来看。

● **1 月 3 日　星期一**

住院［第］27 日。

下午，王治国来看。

吴［德诚］大夫、施［政］大夫来看。照心电图，吴谓，俟稍好即准备行下一次治疗（防治瘤）。

● **1 月 4 日　星期二**

住院［第］28 日。

下午，康欣〈心〉之爱人来看，送果品。贤和小□[3]来看。

吴［德诚］大夫来谈，拟明日会诊。

微烧已退，但晚间又［达］37.4［度］。血常规涨到 12.7（9.4、9.5、10.4、10.7、12.7）。

● **1 月 5 日　星期三**

住院［第］29 日。

上午，大夫会诊。吴德诚大夫后告，将来做预防性治疗服药和烤电。

下午，贤来。七叔［载涛］的三太太［王乃文］来看。贤邀三太太在吉士林吃餐。

● **1 月 6 日　星期四**

住院［第］30 日。

下午，吴［德诚］大夫来谈。

劳动部党委副书记、办公厅副主任郝刚来院治疗，住 117 室。（前年患胃溃疡曾在北京医院割治，现又患糖尿病，体［重］原［为］170［斤］，减至 120［斤］，减 50 斤，来协和医［院］查治。）郝与劳动学院［院］长王铭极熟，王曾告我在他家吃饭。胡［维鲁］老介绍的。

体重：56［公］斤，112 斤。

● **1 月 7 日　星期五**

住院［第］31 日。

施［政］大夫来看。

1 当时沈德纯兼任全国政协文史资料研究委员会下设的北洋组组长。

2 原文缺二字。

3 原文缺一字。

上午，在廊子散步。昨约王佩英来，带来点心。9时半来，12时许辞去。

下午，赵丽瑛来看，带来温度［计］。贤来看。童小鹏主任[1]来看。

吴［德诚］大夫来看。内科侯［虞华］大夫来看。同时心跳、虚极，让我服Lubirwn力百能（镇静）。脉，数日来［都］快，晚间约一百，体温几日来到晚均为37.1［度］。

晚，徐淡庐[2]来看。

● 1月8日　星期六

住院［第］32日。

上午，二妹［韫和］来，因上午非规定［接］见［的］时候，傅［福贞］护士长未让见。

下午，张刃先主任、沈德纯组长来看。[3]郑广元来看。

● 1月9日　星期日

住院［第］33日。

上午，［溥］杰、［嵯峨］浩、小罗［亨年］来看，浩带来盐〈咸〉手巾和牙刷。下午，老万［嘉熙］、老润［麒］来看。

● 1月11日　星期二

住院［第］34〈5〉日。

应永记廖［梦醒］大姐的最恳切的期待。[4]

下午，遇廖梦醒，勉励要不断努力上进，争取如果能入党，更是惊人的创举。过去改造虽已有些好作用，主要更在于现在和将来的不断努力。祝你努力。

贤来看。

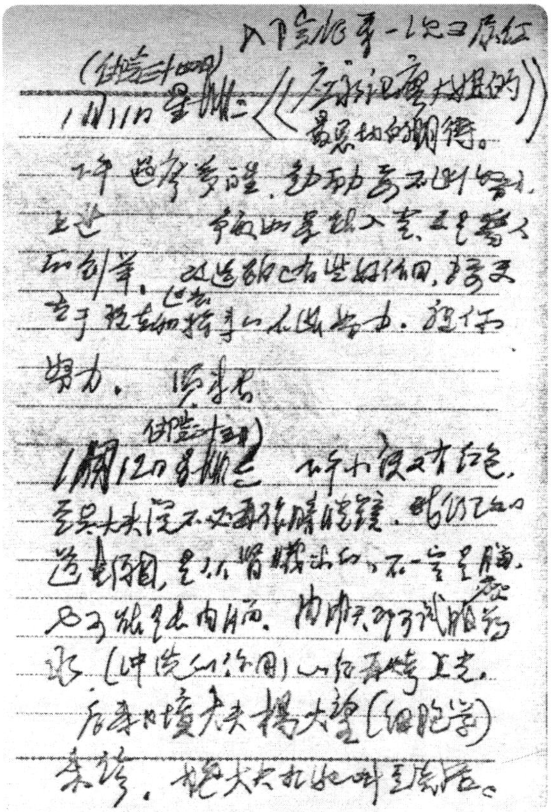

1966年1月11日，溥仪日记：《应永记廖大姐的最恳切的期待》

● 1月12日　星期三

住院［第］35〈6〉日。

下午，小便又有红色。[5]经吴［德诚］大夫说，不必再做膀胱镜，我们已知道其原因，是从肾脏出［来］的。不一定是癌，也可能是长肉瘤。由明天即可试服癌药水（冲洗的

1 童小鹏（1914—2007），福建长汀人。1930年参加中国工农红军，并参加长征等。1965年时任周恩来总理办公室主任、国务院副秘书长。他自1962年起即直接受周恩来委派与溥仪有过种种接触。他还有《长征日记》和影集《第二次国共合作》等著作问世。

2 徐淡庐，溥仪的病友，曾任中国驻瑞士参赞，当时在对外友协工作。

3 溥仪在本日日记天头处补充说明："张刃先来看（三次），沈德老三次看。"

4 这句话是溥仪写完本日日记后又郑重补记在日期右侧的，还加了特殊符号以示强调，可以想见他当时的激动心情。

5 溥仪在本日日记天头处补写说明："入院后第一次又尿红。"

作用），以后再烤X光。后来日坛［医院］大夫杨大望（细胞学）[1]来诊，施［政］大夫把她叫走谈话。施大夫谈，现在服药是Vco、酵母片、力百能、胃舒平（第一天服K.T.S），将来烤电系往日坛医院去治。

● 1月13日　星期四

住院［第］36〈7〉日。

早，杨大望大夫在医务部遇我询问小便，护士拿取二瓶，一瓶未注明哪天，杨大夫恐系昨天的，因而又急找一瓶，让我小便，才将瓶持去，真是负责。临走时还一再告我放心，病一定治好，等语。

今天开始食K.T.S药二片（治洗肾癌药）。

施［政］大夫谈，杨大望下午还要同日坛医院长〈衍〉吴［桓兴］院长[2]同来此，为我定放射X光的肾部位置。

下午4时，日坛医院（肿瘤放射）吴桓兴院长和协和［医院］放射科张大夫来量放送〈射〉位置，并到放射科由张春芳（女）同志照X光（一背卧、一立式）。约好由明天开起，每［天］上午9时半到10时，到日坛肿瘤医院照射（钴$_{60}$）。吴［桓兴］院长定量时［表现出］极端负责态度。张春芳送我返五楼1病房。

［察］存耆来看。贤来看，我伴贤到内科让罗大夫看病，给“力百能”。约明日午来抽血试肝功能。

日坛肿瘤医院[3]

吴桓兴院长

杨大望女细胞［化验］

魏新林放射科大夫

［电话］55，6566－39（分机）

● 1月14日　星期五

住院［第］37〈8〉日。

早，抽血。二次服K.T.S二个。

上午10时半，施政大夫伴我乘［全国］政协汽车（张芬兰早和秘书处连〈联〉系好，我又给张刃先主任打电话联系），到日坛肿瘤医院。[4]先到客厅由魏新林大夫、杨大望大夫出来接待，吴桓兴院长也赶到，先和施大夫谈话后，即同我到钴$_{60}$室，进行同

1 杨大望是日坛医院细胞学教授，一位细胞化验专家。

2 吴桓兴（1912—1986），广东梅县人。1936年毕业于震旦大学医学院，获博士学位。继而在比利时医学院、英国皇家肿瘤医院、英国伦敦大学医学院进修，并从事肿瘤放射医学研究长达10年。中华人民共和国成立后历任解放军军事医学科学院放射生物研究所所长、中国医学科学院肿瘤研究所所长、日坛肿瘤医院院长等职。他创建了我国第一个放射生物学系，并倡导了我国的肿瘤化学治疗，建立了国内第一个肿瘤内科专业和第一所现代化肿瘤医院——中国医学科学院日坛医院。他是我国肿瘤学奠基人之一。著作有《肿瘤学进展——化学治疗》《实用肿瘤学》等。他先后获得英国皇家放射学院、美国放射学院授予的荣誉院士称号、法国总统密特朗授予的“骑士勋章”和比利时国王博杜安一世颁发的“王冠勋章”。

3 吴桓兴给溥仪留下了联系人姓名和电话。

4 溥仪在本日日记边缘处补写说明：“用了政协［汽］车一次。”

位素放射，九分钟。[1] 约 11 时还协和医院，大夫、护士均送到室内门，魏大夫直送到上车，非常诚恳，可感。

这都是党对我们关心，对我救护，真是没有话可表达自己的感激。唯有养好疾病，永远忠诚于党，永远全心全意为祖国人民服务，为社会主义、共产主义事业而奋斗到底，贡献一切力量。

午后，沈德［纯］老夫妇来看。[2]

第一天用钴$_{60}$放射，第二天服 K.T.S。[3]

● 1 月 15 日　星期六

住院［第］38〈9〉日。

早，胸膈两侧呼吸时觉痛，施［政］大夫未说出什么来。

化验员告我血为 9.4，我才知道，才告施大夫要肝精，施说血也不算少，以前食肝精恶心，后终给肝精，每［次］服二个。

上午 10 时半，施大夫陪同到日坛医院，［由］魏［新林］大夫做钴$_{60}$治疗。[4]［全国］政协来车接（2 次）。

施大夫陪到放射科照 X 光。

下午，找焦溥惠大夫 [5] 看，给□□□ [6] 药服。

午后，沈德［纯］老和卫生部一女同志来看。贤来，带来点心、果品、巧克力以及仁丹糖等。

晚，侯虞华大夫、焦溥惠大夫又来看诊，极细心。说明天如还疼，可再照透视片。饭后施大夫来看。

● 1 月 16 日　星期日

住院［第］39〈40〉日。

第四天服 K.T.S（今天改三片）。

两腿上前部感痛，胸腔仍觉痛，大便干燥，不思食。

早，牛奶一碗、粥半碗；午，粥半碗，汤一碗。

上午，焦［溥惠］大夫来看诊，给麻仁滋脾丸，又说以后再看。施［政］大夫来看。

晚，找大夫，章斌乐 [7] 大夫来诊。日坛医院杨大望来送玻璃器，以备明日送尿化验。

大便结胶不适。

浩、小罗［亨年］来看，四时来。［郑］广元来看。

晚食面包一块，向护士要润肠片。

---

1 溥仪在本日日记边缘处补写说明：“第一次放射钴$_{60}$。”

2 溥仪在本日日记天头处补写说明：“沈老四次看。”

3 这行字是溥仪写在日记本天头处的，或为记录医嘱。

4 溥仪在本日日记上方补写说明：“二次做钴$_{60}$。”

5 焦溥惠，协和医院内科女医生。

6 此三字原文难辨。但在本日日记上方可见溥仪补写的一行字，系当天用药说明：“三次用 K.T.S。”

7 章斌乐，协和医院内科医生。

● **1月17日　星期一**

住院［第］40〈1〉日。

上午、中午胸闷痛、腹闷痛，两腿皆痛连及脚。吴［德诚］大夫、施［政］大夫来，吴大夫说，身痛是服 K.T.S 的反映，今早已服二片[1]吴大夫让食一片。明天暂停止服用，我主张即一片也不必吃。吴大夫同意。吴仍主［张］继［续］烤电。

薛淑珍护士用小车从卧室推我到地荫大门，乘［全国］政协汽车往日坛医院做钴60放射。薛护士和王司机扶我上台阶，薛又推我坐车上走，由一日坛护士接过来。魏［新林］大夫为我放射九分钟[2]后，魏大夫自己推车送我出房门，直送上车，薛护士、王司机扶上汽车。薛护士把自己棉外衣给我盖上，我让她穿，坚不肯，仍给我盖上。到协和［医院］仍由薛护士推车，送我入室。

不思食，仅服稀米汤一碗。

下午，贤来看。张良城来。食橘子。

黄金龙护士一再让饮啤酒，喝了一杯。睡了一会［儿］。

夜9时半，侯护士拿来各种食物，我仅用酸牛奶和贤带来点心半个。腿疼身痛稍愈(仍微恶心)。

● **1月18日　星期二**

住院［第］41〈2〉日

口苦，本日恶心，不思食，身痛，大便不顺，比昨日轻，但仍痛。

早，服藕粉。老孟陪赴日坛肿瘤医院用钴放射。[3]

中午未食，恶心。杨秀珍护士为［端］热茶和剥橘子，很热心，对〈为〉［病］人服务。

早，施［政］大夫来，我告欲约蒲［辅周］老来诊，施说中医也没什么用，现在不是正吃酵母片、胃舒平吗？后，施允研究去。

少时，张芬兰书记来问我病况，我告以欲约中医看，如蒲老来最好。张说蒲老病，恐不宜来。本院史大夫治肠胃等病很好，且也为自己治好过胃溃疡。因此，我同意史大夫来。后来史有事未来，钱大夫来。开方：

藿香三钱　枳壳三钱　半夏三钱　陈皮三钱　云苓三钱　竹茹三钱　生姜一钱　黄连二钱　麦芽三钱

晚，吴［德诚］大夫来看。

贤来。二妹［韫和］来。

本［日］下午，输葡萄糖液1000cc。

● **1月19日　星期三**

住院［第］42〈3〉日。

腿脚病较重，恶心，不思食。食藕粉一碗。史大夫来诊，谓系气虚等。

1 溥仪在本日记上方补写说明：“第五天服 K.T.S 二片。”
2 溥仪在本日日记上方补写说明：“三次钴放射。”
3 溥仪在本日日记上方补写说明：“第四次用钴放射，日坛肿瘤研究所孟同往。”

上午，薛淑珍陪我赴日坛医院烤电。[1]

制香附$_{\text{三钱}}$ 枳壳$_{\text{三钱}}$ 茯苓$_{\text{三钱}}$ 苍术$_{\text{三钱}}$ 厚朴$_{\text{三钱}}$ 藿香$_{\text{二钱}}$ 佩兰$_{\text{二钱}}$ 陈皮$_{\text{二钱}}$ 法［清］夏$_{\text{二钱}}$ 当归$_{\text{二钱}}$ 川芎$_{\text{一钱}}$ （减掉红花$_{\text{二钱}}$）

（服一剂）

下午，贤来，和戴淑桂[2]同来。周小奇和其刘姓工友来看。冀丕先来看。

下午，两腿、脚痛逐渐轻松。

郝刚回家过春节，［二月］二、三日再来［住］院［时］，偕劳动部侯部长和一个女同志以及自己妻子看我。[3]

晚，睡时觉呼吸不适，服糖和蜂皇精才愈。

● 1月20日　星期四（［农历］十二月二十九日，除夕）

住院［第］43〈4〉日。

上午，薛［淑珍］护士陪赴日坛肿瘤医院，［第］六次烤钴$_{60}$。

仍不思饮食，服中药，腿、脚痛更见轻。

早，服藕粉。

吴［德诚］大夫、施［政］大夫来看。

下午，仍注射葡萄糖液1000cc。

万嘉熙来看。毓喦夫妇来看。张刃先主任偕赵公勤带来领导送的水果来慰问。[4]宗弇[5]来。王响逸、王阳、王欣来看。马魁元（曾来过信几回）初次［来］，自我介绍，来看［我］并带来自制玻璃丝做的孔雀和花朵等。

夜，服中药。半夜感呼吸不畅，服蜂皇精二片、水果糖一、巧克力糖一，始愈（药物，辛以散之，甘以缓之补之）。

● 1月21日　星期五（［农历］正月初一日，春节）

住院［第］42〈5〉日。

早起，身体极清〈轻〉快，早起很好。食饼干数块、藕粉一杯。

上午，与大夫、护士互道“春节好”，到别病室向几个病友贺春节。

上午，林选〈钧〉才院长、白院长、林巧稚等，带来协和［医院］护［士学］校女［学］生十余人，来客厅为病号演唱。看《地道战》电视。

本日早，史大夫来，我告不服中药了，因已见愈，且中西药太多。（［此事已］先告傅［福贞］护士长）后遇张芬兰书记也告之。

午后，［溥］任四弟来看。［溥］杰二弟夫妇来看。贤来看。三妹［韫颖］、润麒来看。六妹［韫娱］、王力民来。

1 溥仪在本日日记上方补写说明：“第五次用钴$_{60}$，薛同往日坛肿瘤医院。”

2 戴淑桂，戴文山的四女儿，戴淑英的胞姐。

3 溥仪在1月6日日记中曾谈及郝刚其人的基本情况，在这里，郝刚预先告诉溥仪等春节后返回医院时，将介绍几位想见见“皇帝”的亲友和同志，希望溥仪满足他们的愿望。这类情况颇多。

4 溥仪在本日日记天头处补写说明：“张刃先两次来看。”

5 宗弇，三妹韫颖的长子，当时为小学教师。

晚，食面包、汤等，口味很好，食欲渐好。

● 1月22日　星期六（［农历］正月初二日）

住院［第］43〈6〉日。

早10时许，沈醉夫妇来看。谈到我这次得病，沈［德纯］老向周总理报告，我们总理、彭市长立告平杰三三〈衍〉部长，召集有名医生群起抢救我。谈到这里，使我不禁［眼泪］夺泪〈眶〉而出。毛主席、周总理、党救了我几次生命，有生之日，全是为党［的］事业，全心全意为人民服务之日。[1]

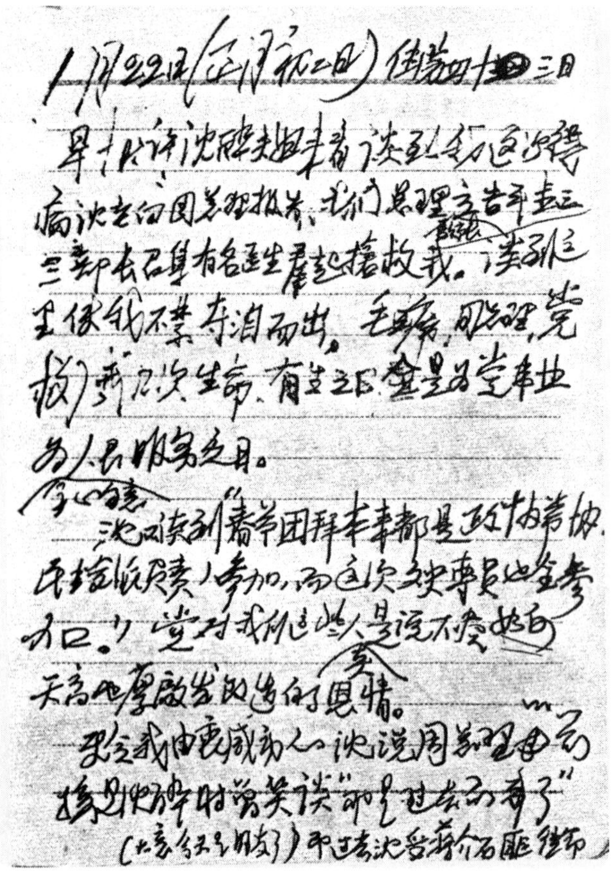

1966年1月22日溥仪日记第1页

沈又谈到“春节团拜本来都是［全国］政协常协〈委〉、民主党派负责人参加，而这次文史专员也全参加”。党对我们这些人真是说不尽如何天高地厚、启发改造的恩情。更令我由衷感动的［是］，沈说周总理以前接见沈醉时曾笑谈“那是过去的事了”（大意今天是朋友了）。即过去沈受蒋介石匪徒命，屡次欲谋害总理。

我对沈说，党太伟大了，要是共产党人落在国民党手里，一个活不了。像我过去当日寇走狗，你当国民党特务，都是不死不足蔽辜的罪人。党、毛主席对待我们是这样［好］，彻底救了我们，真是［让人感动］！将来应如何努力为人民服务［来报答呢］？看看你们夫妇二人多幸福！到了晚年，你也结婚了，我也结婚了，都有了晚年幸福生活。王耀武有病三四年不上班，同样拿人民血汗的工资。真是［感恩不尽］，我们怎样才对得起党和人民呢？

沈又提到，他在《文史［资料］选辑》内曾写过，蒋［介石］临崩溃前曾命沈准备两架飞机，上［面安设］黑机枪，为的是乘李宗仁上机时杀掉他。可是，李未上飞机，幸免于难；其次，李妻郭德洁在重庆乘飞机欲逃时，蒋问沈：“郭曾何语？”沈答：

1 据沈醉回忆，他在这次探视溥仪前不久，还曾到过医院，感到溥仪病势沉重，必须及早抢救，遂于1月21日下午找到沈德纯，希望他能向上级报告溥仪的病情。沈德纯即与沈醉一道去找时任中共中央统战部第一副部长兼全国政协秘书长的平杰三。平打电话给周总理，打了半个多钟头才打通，因那时周总理特别忙，电话老占线。打通之后，是周总理指示平杰三，要立刻召集北京有名的几个医生，一定要设法抢救溥仪，不是他日记中所记的“沈老向周总理报告”。（参阅沈醉：《皇帝特赦以后》）

溥仪与鹿钟麟、熊秉坤（右一）合影

"她说'逃难'。"这真是"一言兴邦、一言丧邦"，由此才解除了蒋介石匪徒的猜忌而未对郭动手。李宗仁看《选辑》，见沈醉稿（曾揭露蒋假沈手欲杀李事），特邀沈到家，由李夫妇陪同吃饭、话旧。李说，想［不］到蒋介石竟对我要下这毒手！

我想起来沈所说［的话］：过去是反对的人，今天在一起谈［心］，这只有在伟大［的］毛泽东时代才能成为现实。我在［19］62〈1〉年和鹿钟麟、熊秉坤[1]等吃饭、谈话，不也是一样吗！过去的敌对者，今天在党教育培养下，都同在革命队伍中了。这是历史空前的奇迹，只有在伟大共产党领导的人民［的］伟大［的］中国，才能成为现这〈实〉。

沈谈到，春节团拜，看文娱［节目］，彭真市长曾语申老［伯纯］：（大意）专员们的学习太紧张了，对老年人也得注意身体。申说，使你们太紧张，身体坏了，我们可有责任。我看沈醉确是对党感激。我当他临走时，我们相识四年来头一次对他说："沈醉同志，努力吧！"沈答："彼此努力！"

附记：我尿中毒时，平［杰三］部长、政协申［伯纯］老等，还召集各专门医生到政协汇报情况和［出席］慰劳宴。党对我是多么关心，多么爱护！自己对党、对人民做了什么贡献？太阳照地生万物，党的恩情说不完。毛主席万岁！中国共产党万岁！溥仪永远听党话，永远跟毛主席走！

下午，贤和沙曾熙长女沙丽（印刷厂工人）来看。沙曾熙约贤今晚赴家吃饭，沙丽还要陪贤返寓伴宿。［我］向她表示谢意。沙国熙〈兴〉来看。老万［嘉熙］、五妹［韫馨］来看。李义〈以〉劻夫妇和子来看。

贤闲谈表示对戴文山夫妇不满，谓戴从未问过我疾，不关心，而其妻曾将送木柴人拒二次，未允入［院子］。贤曾告［戴］淑英，应团结。也曾当面问戴大嫂，戴［开］始不［承］认，谓未曾来家。后贤谓要问送煤人，伊始［承］认是未让进来……说了些不满的话。又说，我们还是以团结以〈为〉重。我说，对了！不管别人如何，自己总是

1 熊秉坤（1885—1969），字载乾，湖北江夏人。早年参加湖北新军，在反清革命思想影响下，于1911年10月10日率领工程营士兵起义，打响了武昌起义第一枪，嗣后一直追随孙中山先生。1929年后一度出任武昌市市长，新中国成立后历任湖北省人民委员会委员、湖北省政协常委，全国政协委员等职。1961年10月，他和鹿钟麟赴京参加纪念辛亥革命50周年活动时，曾与溥仪见面，三人握手拥抱，亲密无间。

团结就好了。但尚未谈通。

沙丽陪贤赴沙家吃饭去，再陪贤回寓陪伴［过夜］。

我今天精神较昨［天］更好些，饮食也好些。午后小便红些。

上午，吴［德诚］大夫来看，施［政］大夫也来看。

● 1月23日　星期日

住院［第］44〈7〉日。

上午，食欲更好些。散会［儿］步。

下午，［溥］任四弟来看，带来青果、柠檬等。王书庭、王佩兴来。王［书庭］说王佩英明天结婚。二妹［韫和］、广元、郑英才、郑三秀来看。沈德［纯］老又来看。[1]贤来看（早赴任大夫处午餐）。毓嶦来看。

晚，食欲转好。

● 1月24日　星期一

住院［第］45〈8〉日。

上午，学习《迎接第三个五年计划的第一年》和《政治是统帅，是灵魂》（社论）。[2]

上午，在室［内、走］廊散步。

下午，赵丽瑛和同院护士田惠仪[3]来看，我领她们看了协和［医院］一楼和地下室等。贤来，谈少顷，丽瑛和田辞去。田送人造苹果、橘子模型各二。赵鼎昌来看，［溥］杰二弟、［嵯峨］浩、小罗［亨年］来看，［拿来］代买的书和送来花瓶等，谈一会［儿］辞去。

贤到外购物，到王书庭家送王佩英结婚之礼（贤带来存耆送的历书。贤在家早约李文倩夫妇、子等吃饭）。

● 1月25日　星期二

住院［第］46〈9〉日。

10时半［全国］政协来车。由薛淑珍护士陪赴日坛肿瘤研究所，继续放射钴60[4]。

下午，溥俭六弟夫妇来看。毓嵒夫妇来看。王书庭带王佩英及其新夫白和平来见（白和平，22岁，和佩英同工厂工作）。带来香蕉和二苹果、青果等。

晚，吴［德诚］大夫、施［政］大夫来谈。

● 1月26日　星期三[5]

住院［第］47〈50〉日。

下午，贤来。王晴雪、王昭、王欣来看。

（［贤］从康［心之］家来。伊到四条，夜10时返）。

1 溥仪在本日日记天头处补写说明：“沈德老第五次看。”据董益三日记记载，这两天沈德纯挨家给文史专员拜年，亦不忘来到溥仪的病床前。

2 这不是医院安排的学习，更不是全国政协布置的任务，而是溥仪自己选定的阅读文章。

3 田惠仪，北京医学院附属第三临床医院外科护士。

4 溥仪在本日日记上方补写说明：“七次钴［放射］。”日坛肿瘤研究所即设于日坛肿瘤医院内。

5 溥仪在本日日记日期右侧补写说明：“八次钴［放射］。”但在日记正文中未记此项内容。

吴［德诚］大夫、施［政］大夫来看。

● 1 月 27 日　星期四

住院［第］48〈51〉日。

上午到日坛肿瘤医院烤电（护士黄金龙从）。吴［桓兴］院长、魏［新林］大夫又把放射点范围扩大一公寸（外围射三分，内围——原来的范围五分许）[1]我问魏大夫，魏谈系二小瘤，似小黄豆。他说，烤电可以制〈治〉好，不算晚。杨［大望］大夫谈，检［验］尿中细胞不能着［注］重其多少，有时候放射多，把瘤细胞反［而弄］落下了更多些。总之，放射到没有［瘤］细胞，就是治好。

下午，浩偕小罗［亨年］来看。贤偕张之兰来看，返张家吃饭。

● 1 月 28 日　星期五

住院［第］49〈52〉日。

上午，到日坛医院烤电[2]

下午，贤来看。胡维鲁来看。

晚餐时徐淡庐来谈。晚食多些，消化差。

● 1 月 29 日　星期六

住院［第］50〈3〉日。

早，试耳血。量体重：111 斤。

自己太不小心，又把烟头放在烟碟内掉下，烧了小桌上布一长条，连木头也烧坏一点［儿］。这不是第一次，一月里曾二次把〈用〉烟头在〈把〉书桌上布烧了两次小洞。头一次告侯［金兰］护士，她说以后小心些。二次傅［永昭］护士说，可以补上，不要紧。这是第三次，我说应赔。傅护士说："不必赔，补上就成了。要注意防火灾，要烧起来不得了！"我实在是粗心大意，以后一定切记不要再犯这类的错误。真应该忌吸烟！[3]

吴［桓兴］院长说，从下星期一开始改为每星期一、三、五去烤电。[4]

● 1 月 30 日　星期日

住院［第］51〈4〉日。

上午，《光明日报》张西洛看徐淡庐，又来看我。上午散步一会［儿］。

下午，万嘉熙来。宗弇和其同校教员沙姓（女）来看，坐一会［儿］。溥杰、［嵯峨］浩来。贤来看。郑广元来看。俞廷〈德〉浚主任来看。于澍雨大夫来看。杜建时来看。

● 1 月 31 日　星期一

住院［第］52〈5〉日。

早，散步。

---

1 溥仪在本日日记上方补写说明："九次钴［放射］。"

2 溥仪在本日日记上方补写说明："十次钴［放射］。"

3 溥仪特意在这最后一句话下加双杠表示强调，同时还在本页天头处补写"错误"二字，提醒自己。

4 溥仪在本日日记上方补写说明："11 次钴［放射］。"

上午，9时半出发，到日坛医院，做钴$_{60}$放射。[1]

下午，贤从和平里[2]来看。溥佳[3]从内蒙古乘假从而回来看。吴［德诚］大夫来看。在放射室照胸透视。

● **2月1日　星期二**

住院［第］53〈6〉日。

早，散步。

上午，食欲不很好。吴［德诚］大夫来看。

● **2月2日　星期三（黄霾）**[4]

住院［第］54〈7〉日。

薛护士陪赴日坛医院照钴，吴［桓兴］院长作〈做〉的。[5]

食欲不好，午食菜粥少许，晚仍食卤酱面。

吴［德诚］大夫来看，施［政］大夫追来。

● **2月3日　星期四　晴**

住院［第］55〈8〉日。

食欲不好，早食藕粉一碗，三四块小饼干，午食两块面包，晚食一碗粥（白菜粉汤）。

下午，贤来看，带水果。浩来看，带来酱汤。马魁元又来看，带来元宵几个，装在白饭盒内。吴［德诚］大夫来谈（贤交吴二本《文史［资料］选辑》，尚有二本未还）。

● **2月4日　星期五**

住院［第］56〈9〉日。

上午，散步。到日坛医院烤电[6]（魏大夫谈，癌细胞许多破碎了）。

下午，二妹［韫和］来看；贤来看。吴［德诚］大夫带施［政］大夫来看。吴大夫谈，在日坛放射尚需三个星期，三星期后还要休息一些时，大约一个月后才能再到协和［医院］复查。因此，在烤电期间不如回家住更方便。经我与贤同意，拟星期日出院。明早当电告［全国］政协组织，和问住院处的住［院］费［用］数［目］。

● **2月5日　星期六**

住院［第］57〈60〉日。

和［全国］政协张刃先通电话，接洽借款详数，张告与张靳源连〈联〉系。

与五楼［办公室］和住院处连〈联〉系出院费用，记［账］：除上次住院交二百元外，还须交五百二十五元二毛八（其中八十三元八毛一为伙食等，自费）。

午后，赵华堂来看。

---

1 溥仪在本日日记上方补写说明："钴放射第12次。"

2 在北京市和平里11区有几栋全国政协机关的家属宿舍，有些文史资料专员的家在那里。李淑贤去看望丈夫的同事及家属。

3 在内蒙古自治区政协任职。

4 据气象资料，本日北京市区风大，从早到晚黄沙漫天，空气混浊，溥仪称之为"黄霾"。次日开晴，溥仪以"晴"字记之。溥仪一般不在日记中记载气象情况，对本日天气却很敏感。

5 溥仪在本日日记上方补写说明："钴放射13次。"

6 溥仪在本日日记上方补写说明："钴放射14次。"

晚，打电话告溥杰：明日出院。彼正准备2月10日全国文史开会时作记录的准备。[1]又说，俟我回家后再来看。我告以“既忙，便不必来”。老万［嘉熙］正在杰家，因而我告杰转告万：明日下午来协和［医院］，帮助我们出院。

同病室的郝刚（劳动部党委副书记）经我问，向我介绍：李德（河北省监委书记）[2]曾患肾癌，在北京医院割去一肾。而后又尿血，经检查，膀胱又生一瘤，又将膀胱割去一半。后来又尿血，经吴阶平等各大夫会诊，认为仍是膀胱又生瘤，拟全部割去膀胱。李德不肯。后经北京医院为在膀胱中洗药水，一面李在宽街中医院服中药，又由其妻找一秘方服之。后来全〈痊〉愈，到医院照相检查，瘤已全失。医惊询之，李才告以此方。

郝刚特地向李打电话，李本要来医院当面向我谈，因明日即出院，所以郝今晚即通电话与之连〈联〉系好，告我李的住址、电话，并说我自己去到他家或派人去连〈联〉系均可以。郝的热心深可感人。

再，同郝同屋的高教部的患者宋诚，也在向我闲谈中知我之病，因而也介绍有〈说〉河北省招待所有人有秘方能治瘤。[3]宋便托一来看［者］（张姓，同是高教部之机关来的人），告以打听这个方子［再］告我。宋还说，另有人患肠等他处癌，经服山西秘方，内有巴豆，连脓血全打下，因而全〈痊〉愈（郝说，后来有人把巴豆用醋泡过，以减其力）。

● **2月6日　星期日**

住院［第］58〈61〉日。

下午3时，贤乘［全国］政协车来接出院。万嘉熙（经昨天我与溥杰打电话叫他来帮忙）也来了，帮助办理出院手续后才回家。我和贤抵家后，杰、［嵯峨］浩、小罗［恒年］、毓𡺾夫妇来。

下午，新用的保姆董姓来。每日半天工作。

● **2月7日　星期一**

上午，偕贤赴协和［医院］，贤取昨天“协和”李聆训遗忘给我的药瓶取药，我到日坛医院做钴放射。[4]

溥仪与侄儿恒年在自家门前

下午，王子衡来看。周振强来看，李义〈以〉劻、康泽来看。贤留周吃晚饭。戴文山来看。戴淑桂晚来看。

1 全国第二次文史资料工作会议于1966年2月10日至2月25日在京召开，溥杰、董益三等几位专员参与大会会务，以按地区划分的各组秘书身份，担任记录、摘编简报，参加会议全过程。

2 溥仪在本日日记上方记下地址：“李德住河北省招待所黄化门大街推把胡同1号。”

3 溥仪在本册日记尾页的两处补记了有关情况：一处为“宋诚（高教）。介绍河北［省］办事处秘方”。另一处为“河北［省］驻京办事处，宋诚（高教），联系找治瘤方”。

4 溥仪在本日日记上方补写说明：“钴放射15次。”

● **2月8日　星期二**

上午，偕贤到人民医院取药。浩派保姆送馔来。

下午，赵丽瑛来看，留同餐。

● **2月9日　星期三**

上午，同贤乘［全国］政协车，赴日坛医院钴放射。[1] 吴［桓兴］院长为贤检查，开缓下剂。

下午，房管局来人查电灯、电线。

晚，赵丽瑛来，留餐。

● **2月10日　星期四**

本日，［全国］政协开始开政协文史资料研究委员会全国会议。[2]

贤感冒，我打电话约张保健来为诊治开方。

晚，万嘉熙来。

● **2月11日　星期五**

早，给张刃先打电话，接头郝刚介绍李德秘方事。

上午，到日坛医院做钴放射。[3] 又到协和［医院］见吴［德诚］大夫访郝刚。上次郝介绍的李德，已从河北省招待所返津，因此郝建议我向统战部说明，［要］找他的偏方。

下午，五妹［韫馨］来，带来天巨隆饭铺的酥鱼、春卷和炸豆腐。[4]

● **2月12日　星期六**

午，孙耀荣[5]来访贤，留吃午餐、午睡。

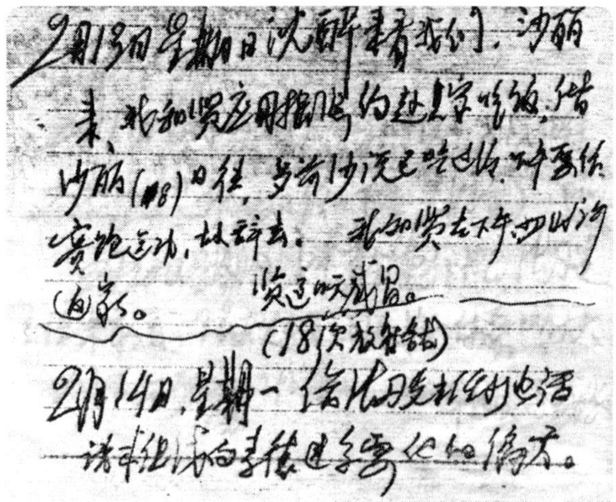

1966年2月13日，溥仪日记载有沈醉、沙丽来看望的情形

● **2月13日　星期日**

沈醉来看我们。

沙丽来。我和贤应周振强约赴其家吃饭，偕沙丽（18［岁］）同往。餐前，沙说已吃过饭，下午要做赛跑运动，故辞去。我和贤在下午4时许返家。

贤这几天感冒。

● **2月14日　星期一**

给张刃先主任打电话，请求组织向李德连〈联〉系，要他的偏方。

1 溥仪在本日日记天头处补写说明："钴放射16次。"

2 即由全国政协召开的第二次全国文史资料工作会议，通过了《关于文史资料工作若干问题的意见》等文件。

3 溥仪在本日日记上方补写说明："钴放射17次。"

4 当时韫馨在天巨隆饭铺当会计。

5 孙耀荣，护士，李淑贤的同事。

8时半，同贤赴日坛医院做钴放射。[1]魏新林大夫检查我身体，又照X光，又让留小便，从明早8时到后天8时的尿，留作检验。

后到人民医院，许大夫给药V_{BCO}、胃舒平、利百能、酵母片等。到化验室化验：白血球［为］6500，血色素［为］9.6克，试血压为100/60。

晚7时许，恒铭和其妹恒娟[2]来看。

［嵯峨］浩命罗亨年来电话问候，问上次送菜喜食何种，谓仍要送菜来。

贤感冒未愈，买感冒丹。

● 2月15日　星期二[3]

● 2月16日　星期三

偕贤到日坛医院放射钴。[4]

● 2月17日　星期四

上午，近12时，冀丕先来看。

贤到孙耀荣家，和她同到土地庙看李［润峰］大夫为孙等治病。一齐回来，留孙在家吃饭。午睡后到晚，孙辞去。

● 2月18日　星期五

早，偕贤到日坛医院做钴放射。[5]本日，医院的放射线放在小圈内（专照肿瘤处），不射大圈（全肾脏）。

● 2月19日　星期六

我偕贤赴中医研究院，由徐大夫诊治开方。

下午，福绥境［派出所］民警李志义来问户口本情况，为做普选时的准备。

● 2月20日　星期日

本日终日下雪（好雪）。

上午，李金德秘书长、张刃先主任来家看，张刃先主任一再说：好好休养，听大夫的话，不要急想上班等。[6]

早，和贤与戴淑桂与董保姆一同吃饼。

下午，润麒来。

戴淑桂帮助为贤臂做拔贯〈罐〉子。

下午，孟昭楹来看。郑广元来看。留孟吃饭。

● 2月21日　星期一

雪（对小麦返青和对早春作物有好处），晚雪止。

1 溥仪在本日日记上方补写说明：“18次放射钴。”
2 恒娟，毓崇的女儿，曾为北京市劳动局行政处干部。
3 原文只存日期。
4 溥仪在本日日记上方补写说明：“19次放射钴。”
5 溥仪在本日日记上方补写说明：“钴放射20次。”
6 溥仪在本日日记天头处补写说明：“李金德二次、张刃先五次来看。”

上午，偕贤同到日坛医院做钴放射。[1] 吴［桓兴］院长说，还要放射两星期左右，并把王德昌大夫找来，告以准备让我服 N. 甲。我问吴："今天带回去吗？"吴答："尚要向上级报告后再说。"说明组织对自己是如何关心和慎重，真使人衷心感谢。

本日，邻戴大嫂、保姆董大妈，都参加了街道关于普选的工作会议。

● 2 月 22 日　星期二

下午，冯廷雄（［全国］政协办公室副主任）来接我，一同乘车到河北省招待所与李德同志会见（这是让我和上次郝刚所介绍的李德见面，李后赴津，因而不能见。我告张刃先主任寻找李的偏方，想不到组织上百忙中竟这样快地在天津和李德接上头，得以在今天会见）。冯廷雄同志又亲［自］来接，送我回寓。冯谈起当我在协和［医院］病（尿中毒）严重时，党对我的至深关怀。周总理告平［杰三］部长，召集各处名医抢救我（平部长也曾告诉过我［关于］总理和彭真市长的关怀，当时我正有时昏迷）。说明［是］党几次给〈挽救〉我的生命，真是应当如何努力为党为人民尽自己的一切。冯还劝导我要乐观、有信心等，［他说］每次处方，［医］院方［面］都向我们组织上汇报情况。

以下是李德（河北［省］监察委员）的偏方，据说这是治膀胱出血祖传单。

第一方：六剂。

广木香二钱　丁香三钱　沉香二钱　芽皂一钱　姜〈僵〉蚕三钱　川芎一钱

大枣为引，日服二次。

第二方：五剂。

远志三钱　六路通三钱　广木香二钱　丁香四钱　沉香二钱　当归三钱　木通一钱半

大枣为引，日服二次。

第三方：

槟榔二钱　沙仁（约是砂仁）一钱五　豆蔻二钱　广木香一钱　川芎二钱　芽皂一钱

共为细末枣泥为丸，如小豆大小，每日两次，每次七至十粒。

李说，他是经服这偏方，与服王赫焉大夫药方，以及［在］北京医院冲洗膀胱结合治愈的。现［在］还服王的药。

晚，金源所长忽来电话，［他已］到了北京，对我问候，并问淑贤身体。我告以病的情况，所长说明日拟来看我。

● 2 月 23 日　星期三

上午，到日坛医院。魏［新林］大夫说，吴［桓兴］院长告：今天不烤电，星期五 10 时半来，将在前腹另画放射线，改［为］放射前面。

今早取耳血化验。

到商场站西城区钟表社西单修理门市部修表（28 日取表）。又在西四修金笔（四毛九）。

晚，金源所长来家看，并谓先不要考虑工作、学习问题，应以治病为任务，病好才

1 溥仪在本日日记上方补写说明："21 次钴放射。"

能工作等语（所长谈，上次他回所，所里工作人员知我病，都很不放心等语）。

润麒来（第三次为贤拔罐子）。

● 2 月 24 日　星期四

晚，万嘉熙来。万与贤悉主张看西医结合中医诊治为宜。[1]

● 2 月 25 日　星期五

本日，［全国］政协文史资料委员会全国会议闭幕。[2]

午，到日坛医院。李［翠兰］大夫[3]、魏［新林］大夫先后见面，说让我休息两个星期，暂停止用钴放射（白血球前几日为 6500，而现在减为 4800。李大夫谈，休息一时再烤电是最好，如放射过多，可能减少白血球，甚至发生急性肾炎等等）。魏大夫为我检查，并留小便检查。

● 2 月 26 日　星期六

下午，杜聿明的妻［曹秀清］偕唐生明[4]夫妇来访问。

睡时觉右肾微感不适。

早，给张刃先主任打电话，商量请中医结合治疗事，打算请东单小土地庙李［润峰］大夫看看。张主任说，容再告卫生局调查调查。张主任让我告诉吴德诚，关于日坛医院两星期停［烤］电。晚，王述曾夫妇来访问。

● 2 月 27 日　星期日

房管局二局丁同志、刘同志（女）来修理电灯和电线。

上午，董益三来看。沈德纯副主委偕一同志（女、老八路、四十多岁）来看。[5]

下午，房管局继续修电灯、电线。

杨伯涛夫妇[6]来看。康欣〈心〉之爱人□□□[7]来看，溥杰、［嵯峨］浩、罗亨年来看。宋希濂来看。

晚，万嘉熙和五妹［韫馨］来看，送鱼来。

闻加纳政变，总统恩克鲁玛现正在我国受国宾接待。还要赴越南。加纳政变逮捕几个部长，恩克鲁玛还不知道，是刘主席、周总理［在］招宴（待）他［的］宴会前告他的……这次给他很好教训，让他知道帝国主义也颠覆他，不反帝是不行的。

● 2 月 28 日　星期一

早，偕贤到协和医院，我寻吴德诚未遇。贤到外科、挂骨科。

---

1 万嘉熙和李淑贤实际是主张西医为主、中医为辅的治疗原则。

2 第二次全国文史资料工作会议于本日闭幕，历时半月。

3 李翠兰，日坛肿瘤医院具体负责溥仪治疗的主治大夫。

4 唐生明（1906—1987），唐生智的胞弟，湖南东安人。毕业于黄埔军校第四期。历任国民政府军事参议院中将参议、军委会高级参谋、长沙警备代司令、总统府参军、第一兵团副司令官等国民党高级军职。1949 年参加湖南起义，嗣后任解放军第二十一兵团副司令员，一度定居香港，1965 年时为全国政协委员。

5 此事在董益三同日日记中有载："9 点多钟，到溥仪家去看溥仪，自从他这次检查住院以后，我还没有去看过他，到他那里不久，沈德老和一位女同志去了。坐谈了半小时，沈老等走，我又坐了约 10 分钟，辞出。"

6 杨伯涛之妻罗启芝，于丈夫在押期间当缝纫工抚养子女。杨被特赦后把她从南芷老家迁来北京，她是一位贤妻良母。

7 原文空字。

3月1日　星期二

贤因往协和［医院］太远，拟到人民医院骨科挂号看臂痛。

晚，三妹［韫颖］来看。

3月2日　星期三

早，偕贤赴中医研究院肿瘤科，让王赫焉诊治。王谈，李德书记曾来此，询及我到此诊否？王开方如下：

生耆〈芪〉五钱　当归三钱　鹿胶一钱五　败酱五钱　薏米五钱　小蓟二钱

草薢三钱　生地三钱　桑蛸五钱　甘草一钱五　蒲公英五钱

［共］6剂

到表铺取表。回来看，表未修好，改天还要拿去修理。

给人民医院九门诊打电话，订好：徐［泽民］大夫在星期六上午10时半诊。董保姆辞去，王保姆来。

3月3日　星期四

下午，同贤到人民医院。贤看骨科，做腊〈蜡〉疗。我在九门诊许大夫诊后和〈又〉在化验室检查。尿中白血球15～20，红血球6～10，血色素8.68，白血球4400个（前几天为4800，在日坛医院时为6500），血压110/70。许大夫说让我再来，让孙大夫检查检查。（定好：3月8日，星期二，上午11时半去看。）

同贤到同和居吃便饭，返寓。

3月4日　星期五

上午，到官园公园[1]散步，看民兵训练。

下午，［嵯峨］浩派保姆送来［溥］杰［转］交的［我的］三月份工资181.06［元］。收到《参考消息》二月份的（借军事组[2]的），王保姆带来。

选民证

姓名 爱新觉罗·溥仪

性别 男 年龄 60 岁

注意：一、凭证参加选举

二、只准本人使用

北京市 区(县)乡(镇)选举委员会发

1966年2月28日

北京市西城区选举委员会

溥仪特赦后曾三次参加选举，这是他最后一次参加选举的选民证

3月5日　星期六

大雪终日。

上午，同贤到人民医院［请］徐泽民诊，代将王赫焉所开方[3]，到后院买药。

---

1 官园公园，离溥仪当时居住的地方很近，是个很小的公园。

2 指全国政协文史资料研究委员会下设的军事组。

3 指王赫焉3月2日给溥仪开的药方。

3月6日　星期日

初次参加基层街道选举。

宣布开会，念原［始］材料。

西城区第二次选举。选区已做选民登记、选民资格审查，选民登记、选民公布等都做完了，充分发扬［了］民主。

人民代表[1]，代表人民办事，反映人民意见，再传达回来，代表责任大。讨论全区各个大事，有何要求，经代表反映上去。

特别在今年，第三个五年计划的初年，更为重要。要搞三大革命运动，并治〈做〉好战备工作，美帝矛头指向我国，因此选代表更当认真负责，选出精明强干的代表。代表的任务也更加重要，选民应当慎重考虑。

选择坚持社会主义原则……忠于社会主义革命和建设的有所贡献的人。因名额有限，更当慎重考虑，从好的里面再选好的，经过认真讨论，选出最合适的代表。

候选人中工人是领导，应摆在最前列，首先考虑工人代表；另外，代表财贸服务、医药卫生、机关团体及公社各方面；另外，还要考虑各民族和妇女等。要充分发扬民主权利，使代表来自各个不同工作岗位，才能代表全区人民的利益。不能专从一个选区来看，应从全区（包括六十多个选区）的范围来看，就是要照顾全局。

上次选的代表，多数人积极，也能代表反映情况，为人民办了好事，大家也把他当作本届代表的候选人。对有缺点的，当以治病救人的态度予以帮助。至于有严重错误的，已不能代表人民，当然就不能再选他了。

怎样提出候选人？

集体提名与个人提名相结合。

个人或几个人提名可在选区填表。从现在起到12日为止提出来，交选区委员会或工作组。选举委员会确定正式名单以后，在选举前五天宣布，大家再讨论。由下而上，由上而下，这是符合民主集中制原则的。党派联合提名或个人提名都可以充分发表自己的意见，投票时如对某人不满［意］，仍可选自己满意的人。这是社会主义的民主方式，它与资本主义不同，它们通过金钱收买和贿赂等。我国各阶层本身即代表劳动人民利益，提名前还要搜集各方意见，又经协商，对代表能否胜任职务已经考虑到了。但我们还要尽自己应尽的责任，为选举打好基础。以后还要开两三次会议。

候选人初步名单，经联合提名，本区选出七人：四男三女。是由中共西城区委员会、西城区共青团委员会、区工会、区妇女联合会、区政协和区修理服务合作社等单位联合提名的。

王文清，三十四岁，轧钢厂副厂长，总工程师。读二年书，解放前贫苦。走群众路线，三天三夜劳动，不怕苦、累。

王琢玉，二十二岁，派出所对面仪器厂，公社技术员。1964年航校毕业，分配到

1 此句往下的会议记录部分系摘要，因记录不全，而原文意义不明的均不录，订正补缺处亦不再另行注出。

公社工厂，最初不满意，以后学《毛选》、学白求恩、学雷锋，决心在公社干一辈子。艰苦朴素。

关琦，女，满族，五十三岁，南草场小学教师。

孙高元，女，五十几岁，夜校业余语文教员，组长。学《毛选》风雨无阻，关心群众思想、工作，活用主席著作，为人补课。

徐雪雯，女，二十年的幼儿园保育员。星期天常常不休息，为幼儿缝补。

朱学斌，二十七岁，景泰蓝工厂的生产技术员。学《毛选》组组长，与坏人坏事作斗争，出差到上海，母亲病，坚持不归，直到完成任务才回家。

陈保信，四十八岁，炼钢厂工人，生产组组长。“四清”有成绩，处处谈毛［泽东］主席著作。

大家选出正副组长处理选举事务。组长王玉华，工人，汽车公司，当召集人；副组长李忠。

发选民证，每家派一名代表领证。

4 月 3 日投票。[1]

这是我第三次参加基层选举。1960 年在植物园，1962 年在［全国］政协。[2] 这是第三次（1966 年），这在街道参加选举是第一次，特记之，以志愉快和无上光荣。

上午 11 时半，［溥］杰二弟，［嵯峨］浩带罗亨年来，约我和贤到莫斯科餐厅午饭。

● **3 月 7 日　星期一**

晚，二妹［韫和］来看。

● **3 月 8 日　星期二**

上午，到人民医院由孙大夫看病（很详细），又给中药。现在，血［色素］为 9.6，白血球增到 5300。3 月 3 日血色素为 8.08，白血球为 4400。孙大夫开 Vbco、Vc 和葡萄糖铁，说以后再来看。

下午，到［全国］政协理发。遇申［伯纯］老，问好些［吗］? 我告以近况。

● **3 月 9 日　星期三**

上午，于树德、王毓超来看我。张刃先来电话，让来汽车晚 7 时接我看电影（关于我的电影和参观［各地］电影）。

［电影］内容：从住处出，又在室［内］对记者谈话，从明清宫，讲明清封建统治者情况，讲起［直］到参观（二次）。

晚，在［全国］政协［礼堂］，有领导，有政协常务委员，有家属等，看了《清朝末代皇帝溥仪》的电影。

开始由我和贤出家室，到政协，以及和记者谈话中涉及清朝统治时期的丧权辱国，以及慈禧太后等行为，幼时照相，辛亥起义，推倒清朝，袁世凯、张勋复辟等，以及在

1 会议记录部分到此结束。

2 溥仪误记了第二次参加公民选举的时间，应为 1963 年 4 月 14 日。

天津和帝国主义者、反动军阀政客等照相，日本侵略东北，土肥原［贤二］[1]要我到东北，东北的祭祖，访日、向富士山行礼、迎伪神种种丑剧，解放战争，驱逐美帝及蒋介石走狗，我归国改造、参观、劳动、学习、缝补、洗衣、铲土、在医务室学习和工作等，特赦当时情况，回北京，和家人团结〈聚〉、在植物园劳动，到［全国］政协，参观西安、延安、洛阳，访问溥杰家庭，参观祖国社会主义建设的发展、洛阳拖拉机厂、洛阳滚珠轴承厂……

● **3 月 10 日　星期四**

早，偕贤到中医研究院二次让王赫焉诊，开方：

生耆〈芪〉五钱　当归三钱　鹿胶包五钱　败酱五钱　薏仁米五钱　小蓟三钱

草薢三钱　生地三钱　桑蛸五钱　蒲公英五钱　茯苓三钱　生山药五钱

甘草一钱五

贤本让徐大夫诊，幸遇蒲辅周，徐即让蒲老诊，徐开方。

● **3 月 11 日　星期五**

早，到日坛医院。魏［新林］大夫为查身体、验尿、照透视（有肺气肿）。杨大望细胞学主任领参观，并看到细胞标本。魏大夫谈，吴［桓兴］院长现到上海，过几天回来。他来电话说，等他回来再决定治［疗方］法。魏谈，放射[2]已有三四千了（总为六千），大概可不放射了。

我和吴德诚联系，吴说等肿瘤医院放射完了，再到协和［医院］检查。

● **3 月 12 日　星期六**

早，偕贤到人民医院，让徐衡之大夫抄写王赫焉大夫方，抓药。

偕贤到莫斯科餐厅吃饭。

本日，街道开会，举出候选人（未参加）。贤代参加会。

● **3 月 13 日　星期日**

上午，俞廷〈德〉浚主任来访。四弟溥任来。

下午，毓嵣来。于澍雨大夫来。贤留于大夫吃饭。

● **3 月 14 日　星期一**

早，到官园公园散步，看幼儿园儿童在体育场游戏。

贤谓日坛医院魏［新林］大夫来电话，说吴［桓

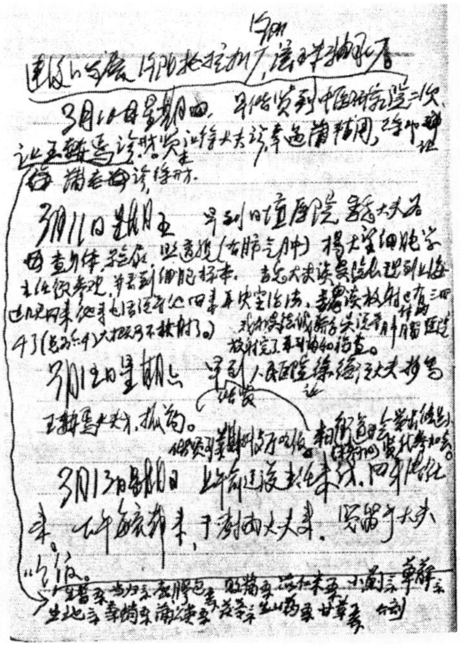

溥仪日记（1966 年 3 月 10 日至 13 日）

1 土肥原贤二（1883—1948），日本冈山县人。曾参加日俄战争，继而在北洋军阀政府进行特务活动。参与制造“九一八”事变，其间曾赴天津劝诱溥仪出关，密谋策划成立伪满洲国。日本投降后，定为甲级战犯，1948 年被远东国际军事法庭判处绞刑。

2 原文在本句下方补写“体内”二字，或指体内放射量。

兴］院长已由上海归来。告我星期三上午8时半到日坛医院诊治。

［嵯峨］浩派人送来酱汤，并面包、牛肉、洋葱和虾两盒。

● 3月15日　星期二

早，偕贤到人民医院［经］孙大夫看病，又查尿和血。

下午，钮传〈韵〉铎、胡益萍来看贤，适贤外出，坐闲谈。在等贤回来［后］又谈一会［儿］才去。

● 3月16日　星期三

上午，偕贤到日坛医院，经吴［桓兴］院长、魏［新林］大夫为［我］画放射圈。吴院长说，俟研究好，再打电话给我，［再］来诊治。

旋到中医研究院，贤由徐大夫诊病，我找王赫焉诊治，照前方加茯苓二钱。

● 3月17日　星期四

早，偕贤到人民医院抽血（日坛医院要）。由徐衡之大夫诊病，抄王赫焉方，黄耆〈芪〉五钱改为六钱，其余照旧。

● 3月18日　星期五

到官园公园散步。

● 3月19日　星期六[1]

● 3月20日　星期日

同贤访阎〈袁〉圆和任［开云］大夫[2]，不在。

在吉士林［餐馆］午饭。

下午，郑庭笈来。

● 3月21日　星期一

打电话［给］日坛医院，询问吴［桓兴］院长说，对我放射研究到底怎么样？李［翠兰］大夫接电，谓吴院长又外出，不知何往。问何日返，答：可不久即回。又谓，魏大夫休假一个月。李大夫说，不要总继续放射，应休息。可以两个星期来一次，检尿等。

我和张刃先主任通电话，告以李大夫所言，并望领导上询明吴院长何时可返，好继续治疗。张劝我勿着急。我说，老不检查，何时才工作？张答，现谈不到工作，只好好养病。张答，应代问医院吴院长返回日期。

和贤外出抓药。

午，何干之、邓哲熙两副组长和［溥］杰来看，旋去，杰留，一同吃饭。

● 3月22日　星期二

上午，周振强来，留吃饭。

下午4时许，地震（轻微）二次。邻戴大嫂和淑英在院中呼我和贤出来。

［据报载，］上次（3月8日）地震，早5时许，正是邢台发生较大地震。3月8日，

1 原文只存日期。

2 袁圆，当时在中国科学院考古研究所工作。其妻任开云，是位儿科医生，李淑贤的同事。

邢台强烈地震（有伤亡）九度；3月20日0时59分和1时40分又两次地震（这次有预防，无伤亡）；3月22日下午4时11分32秒和4时19分32秒，邢台、衡水、石家庄又两次地震，震级分别为六点七级和七级，震中裂度分别为九度和十度。[1]这两次强烈地震以邢台地区为中心，比3月8日地震波及范围要广，河北省中南部一些地区、北京市部分郊区，以及河北省同山东、山西省交界的部分地区，都不同程度地受到地震灾害的影响。震中地区房屋倒塌较多，［因］当地群众的预防和正在田间劳动，人畜伤亡比3月8日地震为轻。中共中央和政府［已］派慰问团并指导救灾工作。

《人民日报》3月22日报上录："毛泽东思想挂帅最重要。"［文摘］："制度、办法都是人制定出来的，要靠人来执行。人是有思想的，有思想就得做思想工作……"［摘自］《符合六亿人民利益的事就要坚决干》。

晚饭后，老万［嘉熙］来电话，告须做思想准备，今晚有地震。夜，［全国］政协秘书处给戴文山来电，告以可能有地震，要对火炉注意。

与贤准备衣物等，一夜却无事。

● 3月23日　星期三

早，给张刃先打电话，问与日坛医院接洽吴［桓兴］院长何日返事，张［答］以太忙，尚未问，容问后再告我。

上午，同贤赴中医研究院。王赫焉大夫继续开方，照前方减。计为：

生耆〈芪〉五钱　当归三钱　鹿胶一钱五　薏米五钱　沙参四钱　小蓟三钱

草薢三钱　生地三钱　桑蛸五钱　甘草一钱五　蒲公英五钱　茯苓三钱

生山药五钱　黄芩二钱

（这次去败酱，添沙参）

回途，又同贤到西单食品商场购食物。

三妹［韫颖］来电话，谓老舍爱人[2]说，药铺有败毒汤，可治疮等，拟推荐作我参考。

● 3月24日　星期四

早，向日坛医院通电询问吴［桓兴］院长返回日期，并约回时来电。据答，吴不久可回，来时当代告吴院长对我联系。

宋希濂来电话谓，可订四月份《参考消息》[3]，向机关党委登记。谓专员已有数人（杜［聿明］、范［汉杰］、廖［耀湘］、王［耀武］等）订购。我答应参加。

同贤到人民医院，让徐［衡之］大夫看王赫焉方，照方加党参，生耆〈芪〉改为六钱，其他照旧。又找许大夫看，要来Vc、Vco、酵母片、胃舒平。

晚，戴文山由［全国］政协（溥杰转）带来"大字《参考消息》订阅证"。[4]

● 3月25日　星期五

1 关于3月22日两次地震的时间，地区和震级，在日记中分两处重复记载，这里仅取一处能与上下文衔接的记载。

2 即胡絜青，满族，当代知名画家。

3 即后文提到的大字《参考消息》，系由新华社编印，在较小范围内发行、仅供内部参阅的关于国内外动态的册装读物。

4 以下抄录了"订阅证"及"使用说明"全文，从略。

到官园公园散步。

晚，老万［嘉熙］来。

● 3月26日 星期六

到官园公园散步。

晚，偕贤和万嘉熙到［全国］政协看电影《三下〈进〉山城》。

宋希濂言，［全国］政协委员五十余人，宋［希濂］、杜［聿明］、范［汉杰］、廖［耀湘］在内，申［伯纯］老当队长，赴连［以农］老等蹲点处［河北省香河县］学习“四清”三个星期。[1]

● 3月27日 星期日

下午1时半，第三次开选民会，在马家开。王玉华宣布：

（1）候选人正式名单：王文清、王琢玉、关琦（女）、孙高元（女）、徐雪雯（女）、朱学斌、陈保信（七个候选人）。

（2）投票注意事项。

（3）选监选人。

六届人民代表候选人：正式候选人名单七名（名见前）。4月3日正式选举时［获得通过］才是代表。投票可选这几个人，也可选别人。4月3日6时到12时止选举（投票站在草厂）。

投票注意事项：（1）带证投票，写好投入，每人投一张票；不能代；（2）［填］选票［要］慎重，都有候选人名单，赞成谁在左边画○，不赞成画 ×，如另选人可在 × 字边填别人；（3）按规定，选民最多只能选七名代表，不能多选，可以少选，这是按选区人口确定的；（4）投票站有代书处，也可找自己信任［的］选民代替；（5）有流动箱，为病人、产妇或住院［者］等准备用（事先在工作组登记）。

光荣权利，［是］选民［自己的］，别人不能干涉。如有任何人破坏或强迫命令［等］不正当行为，不论谁［均］可到法院或选举委员会控告。

［在］旧社会，人民没有选举权利，只有［在］党和毛主席领导下，经长期斗争，人民才得此权利，应认真对待投票。个别人不想去［投票］那是不对的。

选监选人：王玉华。

● 3月28日 星期一

上午，日坛医院吴［桓兴］院长来电话，说3月25日检查尿，已无癌细胞。他主张可上半天班。我和他约好：3日上午8时半到日坛医院和他见面。他说，不须做逆行造影，以免刺激。晚，我打电话与吴德诚联系，吴主张住院，再详细检查一下才好。

在［住］院时遇选举日，再请假。[2]

---

1 这次活动是全国政协学习委员会组织的，部分民主人士参加，在3月28日上午动身，前往河北香河县参观“社会主义教育运动”，溥仪因病未去。

2 此句是溥仪考虑问题的记事。当他又面临住院时首先想到不能耽误选举。此句以下还有两条记事，因用语简略，其意难明、故删而不录。另在本页日记上还有一幅生病部位示意图。

3月29日 星期二

早，与〈给〉张刃先打电话，告以与吴［桓兴］院长、吴［德诚］大夫接洽之事。

下午，同贤到协和医院见吴德诚，吴开条让住院检查。拟星期四住院。

同贤返［家］途中，遇廖耀湘的爱人［张瀛毓］，同赴美术馆参观上海美术。

回来打电话［给］张刃先，报告与吴德诚接洽住院经过，张说向［全国］政协借二百元住院费，明天由溥杰带来。

3月30日 星期三

上午，偕贤到日坛医院和吴［桓兴］院长见面。吴谈，过去尿中［有］许多癌细胞，后逐渐少和［被］破坏，乃至很少，在25日尿中已无癌细胞。吴又说，到了4月末5月初，还可到医院做些轻烤电，好巩固。

今天又检查尿和试耳血。又到中医研究院，王赫焉开方如下：

生耆〈芪〉五钱　当归二钱　党参二钱　鹿胶一钱五　草薢三钱　茯苓三钱

苡米五钱　黄芩二钱　泽泻三钱　桑蛸五钱　山药五钱　甘草一钱五

蒲公英五钱

［共］14剂。

溥杰交来借住医院费二百元。留餐。

格言一束：

要革命到底，改造到老为革命献出一切。定要在后半辈子为人民服务得更好，为革命献出一切。

一个共产党员，应该以革命利益为第一生命，应该以个人利益服从革命利益。我今天这样的荣誉，全是党给的，人民给的，全是革命带来的。我自己并没有啥了不起，我应该一心一意为革命工作，为人民服务。

学习焦裕禄[1]一心为革命、一心为人民的光辉事迹，使我受到很深的感动。他头脑里装的是革命，想的是人民，一直到临死的时候，还不忘灾区人民翻身的事，我跟他比起来差得很远。我决心以焦裕禄同志当镜子，经常对照检查自己，我决心以焦裕禄同志为榜样，永远向他学习。我决心活到哪一天，就革命到哪一天。

我决心在我的后半辈子，要在党的领导下，跟科学家和群众一道，要为革命做好两件事。一件事是：逐步创造出一套最先进的、产量最高的水稻高产经验；还有一件事：把自己所懂得的一切，全部交给青年一代，为革命培养接班人。

只有做老实人，办老实事，才能真心真意地为人民服务。

毛主席的话给我很大的鼓舞，他说："我们的责任，是向人民负责。每句话，每个行动，每项政策，都要适合人民的利益……"

有人曾经问我：你的种稻怎样才能用得好？我说，第一要认真，第二靠苦干，第三

1 焦裕禄（1922—1964）山东博山人。伪满时曾在抚顺当苦力，后参加革命。1962年12月出任中共兰考县委书记。不顾肝癌病痛，为改变兰考落后面貌而忘我工作，直至生命最后一息。

要总结。想高产，没有偷偷的办法。当然，苦干不是蛮干，还要讲究巧干，讲究实效。

［摘自］《农民水稻专家、中国农业科学院江苏分院研究员陈水康的发言》，1960年3月。

● 3月31日　星期四

住院第一日。

下午4时，到协和医院，又住院检查（第四次住“协和”）。贤陪往办理住院手续，约住两星期。

施［政］大夫检查。

● 4月1日　星期五

住院第二日。

早，做肾功能试验，故留尿和抽血。

上午，散步和抽耳血。量体重为一百十六斤。

昨天向施［政］大夫要的V_{CO}、V_C、酵母片和肝精片以及晚间［给］的利百能，全照服。

（记事）上午到配膳室，侯护士第一次让出去，第二次指门上写的“非公莫入”。

● 4月2日　星期六

住院第三天。

留小便，检查癌细胞。

上午，施［政］大夫来看。吴德诚大夫来看，他说日坛医院吴［桓兴］院长对（给）他打电话说，我可以上半天班，无须再检查。吴德诚说：“他上上海去吧！”意思是仍要检查检查。吴说，这次也不打算做逆行造影，顾虑肾受刺激。

下午，均散步。

本日把王赫焉药方交吴、施大夫看。拟服用。

● 4月3日　星期日

住院第四天。

上午9时许，出发先回家中，再到附近小学校参加东冠英胡同市民的投票选举（选七人）。[1]

在家午餐、休息，下午3时许回协和医院。

郑庭笈、冯莉娟来协和［医院］，并送来水果，未遇。

毓嵒给家电话，贤告以我正休息，即回“协和”。

贤本日大便有白色似脓物和小硬块，拟明日到“协和”检查。早［上］我先为挂内科号。[2]

● 4月4日　星期一

住院第五日。

1 溥仪在本页日记天头处补写说明：“第三次参加选举。”

2 日记原有着重点。

留尿查癌细胞。为贤在内科挂号。

上午，散步。施［政］大夫来看。

下午，散步。买荸〈荸〉荠（消化不好）。

贤来看，并赴内科诊病取药。毓嵒夫妇来。

吴［德诚］大夫来谈。服中药。

● **4月5日　星期二**

住院第六日。

上午，散步。留尿查细胞（施［政］大夫昨天忘写标记，今天补写上）。服中药。

戴［文山］交家［我的］工资一百七十元（除扣三十元外）。

晚，看电视。

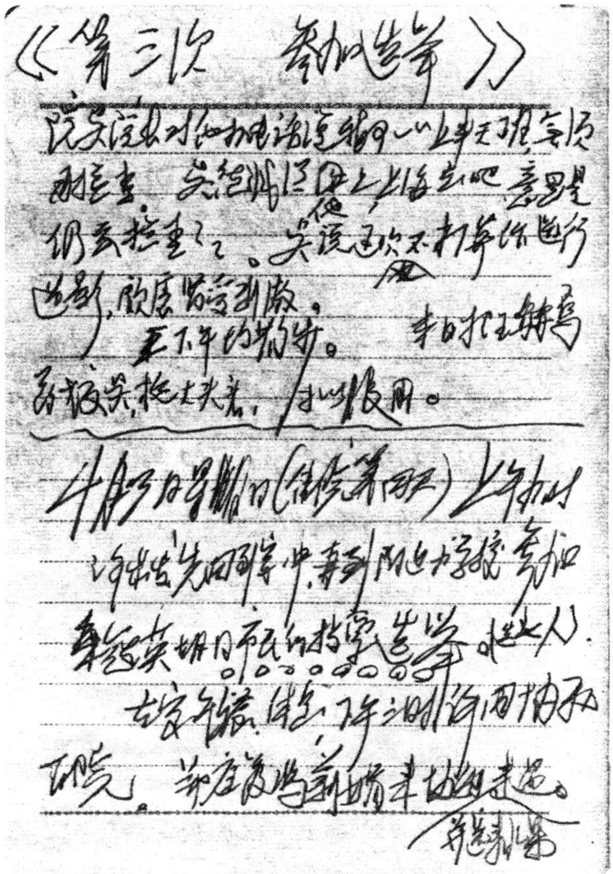

1966年4月3日溥仪日记

● **4月6日　星期三　雨**

住院第七日。

留尿检查。

早，散步。

下午，晴，散步。服中药。看《毛［泽东］选［集］》。

晚，看电视。

● **4月7日　星期四**

住院第八日。

留尿检查。

早，散步。体操。饭后看《毛［泽东］选［集］》。服中药。李聆训说，从今天起每天不要试身温和看脉[1]，因为都不多（除有体温脉搏变动者之外）。

下午，贤来看。周小奇来。

贤后腰又患痛。

陶大夫为我洗眼，眼觉不适。

● **4月8日　星期五**

住院［第］9日。

早，散步、体操、看书。

下午，散步、看报。

1 日记原有着重点。

本［日］早，贤到骨科俞大夫处诊治。俞说，是由于运动不知不觉造成肌肉的某部伤裂，让静养多卧，给敷药（合〈和〉酒）。

施［政］大夫来说，几日尿检查，都是阴性的，没有癌细胞。[1]

上午［由］施大夫，下午［由］吕临恩护士，用眼药为我洗眼。

晚，看电视《人民战争》。

● 4月9日 星期六

住院［第］10日。

尿检查。据施［政］大夫谈，几次检查均无癌细胞。

上午，散步。吴［德诚］大夫来，谓下星期四将对我会诊。星期六即可出院。如果日坛医院在5月初烤电的话，届时也可再住协和［医院］几天，先做逆行造影，然后再去烤电。又说，5月即可上班（半天班）。

● 4月10日 星期日

住院［第］11日。

散步。

下午，万嘉熙来。冀丕先来。

目不适，上眼药。

● 4月11日 星期一

住院［第］12日。

散步、练拳。

上午，欲找眼科大夫，适施［政］大夫在外科门诊，经问傅［福贞］护士长，我给他打电话请眼科大夫，彼谓上午他门诊，须等下午联系。到下午，施来，询之，答：正向眼科大夫（专门给五楼看的）联系会诊，何时他来不知道，今天也不知道来否。

下午，贤来。带来水果等。蔡老太太同来。［嵯峨］浩和小罗［亨年］来，带来小点心。小罗出去为我买来“明目地黄丸”，服之，感到眼干稍好。

● 4月12日 星期二

住院［第］13日。

早，散步、练拳。

向施［政］大夫约眼科大夫来看，隔了二天才来（说是又值眼科手术）。给硫酸锌眼药水。

● 4月13日 星期三

住院［第］14日。

散步、练拳。

下午，贤来看。

● 4月14日 星期四

1 按日记原文在“没有癌细胞”5字下都加了小圆圈，表现了溥仪的欣喜之情。

住院［第］15日。

散步、打拳。

上午，理发。

协和［医院］约日坛医院吴桓兴院长来会诊。吴院长谈，现在十数次检查尿均无癌细胞，他的意见：可以上半天班，小量活动不要吃太多，不要饮酒，少吃药（主要指中药）。今后出院两个月内，在每星期四做一次尿检查，如果没有问题，在两个月后可以考虑再住院几天，做膀胱镜和肾脏造影，以及结合定位，再做是否烤电的决定。

下午，微雨，一会［儿］即止，黄霾。夕，大风，约六七级。

吴桓兴院长谈（记录）[1]：

每星期一次尿检。可出院半天工作，小量活动吃不太多，酒不饮。今后出院两个月内，一星期一次到院查尿细胞，如无问题二月后可考虑住院几天，为的是逆行造影和膀胱检查和结合定位。烤电否？再决定。

● 4月15日 星期五

住院［第］16日。

上午，目标暂小，但仍未止，稍运动。[2]

下午，吴阶平第二医学院［院］长来会诊，吴德诚大夫和施政大夫陪同来。

经和大夫商好：明天下午3时许出院。在家休息半个月，每星期来一次，到二门诊留尿检查。在家休息半月，“五一”后再检查上班（半日班）。

向张刃先主任报告出院事。

● 4月16日 星期六

下午出院。

下午［全国］政协来车，接贤同来［医］院。3时许我出院，刘义[3]、王一平[4]、王中[5]送到五楼门口。

万嘉熙、润麒来寓看。

● 4月17日 星期日

上午，杜聿明夫妇来看。杜谈学习“四清”［体会］。

下午，［溥］杰偕小罗［亨年］来看。杰带来沈［德纯］老送来的书《大别山上红旗飘》。晚，二妹［韫和］来看。

● 4月18日 星期一

上午，偕贤到中医研究院，让王赫焉开方。方如下：

生耆〈芪〉五钱　当归二钱　鹿胶一钱五　草薢三钱　茯苓三钱　薏米五钱

1 此系吴桓兴跟溥仪对谈时的当场记录。
2 此句谓因眼疾而出现视力障碍，仍坚持运动。
3 刘义，海军干部，溥仪的病友。
4 王一平，军委干部，溥仪的病友。
5 王中，安徽省人委干部，溥仪的病友。

泽泻三钱 桑蛸五钱 山药五钱 枸杞果三钱 菟丝子三钱 石斛三钱
甘草一钱五
［共］7 剂

晚，保姆麻秀贤小女［史］大文来，代买杂合〈和〉面［儿］等。大文又未走，在此餐。伊弗悦，谓已疾，尚为一老一少服务，彼何不近我而近汝？汝识不如小儿，何必与伊缠？

上午还同贤到东四骨科于大夫处看病，腰下又痛，还取窗帘和做上衣。

● 4 月 19 日　星期二

修理室［内］刷浆。

麻秀贤和［史］大文［来］，留餐。

● 4 月 20 日　星期三

房管局修理屋子、刷浆。

上午，同贤到协和医院送尿检查。

游览美术馆。

● 4 月 21 日　星期四

修理屋子，刷浆。卧室修好，今天修客室。

晚，麻秀贤和［史］大文同餐。

街道邢、马两大妈通知：从昨天起到“五一”节，此数日内凡每天来访的人，不论有无来人均须告知她们登记（这是在节内必须要注意和警惕的）。

● 4 月 22 日　星期五

上午，在官园公园附近散步。

房管局在室内刷浆好了，室中［正在］清洁〈扫〉中。

● 4 月 23 日　星期六

上午，到人民医院取中药。到白塔寺药材公司代贤为麻秀贤买膏药。

街道李忠、邢大妈、马大妈来通知预防煤气。

晚，李义〈以〉勋来看（贤向街道报告）。

贤和戴大嫂、戴淑桂、津生[1]的妈到［全国］政协看电影。

万［嘉熙］、［溥］杰来电话问好。杰谓，申［伯纯］老悉我瘤细胞已然治好，甚高兴。又谓遇冯廷雄，杰谓累服中药好的，冯谓还有烤电的结合才好的。处处说明领导上对我的处处关怀，真是使自己深深感动。

晚，李以勋来，留餐。

● 4 月 24 日　星期日

上午，在官园公园散步。

连日看沈［德纯］老给的《大别山上红旗飘》的〈一〉书。

● 4 月 25 日　星期一

1 津生是戴文山的三女儿之子，当时只有两三岁，住在戴家。

到公园散步。

● **4月26日 星期二**

早，偕贤到中医研究院王赫焉［处］诊。贤就蒲辅周诊，蒲弗悦。

孙耀荣护士来，贤留同餐。

● **4月27日 星期三**

上午，到人民医院就许大夫诊，给甘草合剂。徐衡之大夫开方，治胸间有痰［病］，并为王赫焉方开方。

伊和麻秀贤矛盾事。

打电话问杨伯涛病，杨谈到沈［德纯］老看他病，并道，我如在“五一”后上班，为了照顾我身体，不分配何任务。如愿上班，随便玩一玩也可，不必工作，等语。

● **4月28日 星期四**[1]

● **4月29日 星期五**

下午，到协和医院和吴德诚见面。我要求上班，吴写一证明，写如（后张另纸）[2]：

1966年4月29日

证明书

肾盂癌，膀胱乳突瘤。

曾在本院手术、治疗，最近经过一段过程的新的放射，目前情况尚好。唯体质较弱，仍应注意休息，可参加一些活动，至于工作，可根据体力情况灵活掌握。

吴德诚

● **4月30日 星期六**

到［全国］政协见沈［德纯］老，申［伯纯］老适来。遇李金德秘书长，约到党委办公室谈话，张刃先亦来。

组织上让我暂不上班，在可能［情况］下，参加学习。沈老说，可以不发言，听听，又说，你应保养身体，我们如对你身体、休息照顾不好，总理很惦念你，我们会受批评。

身患重病的溥仪，步入生命的最后途程

我要求上班。张刃先言，现在应听大夫话，暂不工作。你［如］好了，［想］不工作，我们还［要］叫你工作呢。

杜聿明爱人［曹秀清］、李以劻爱人［邱文升］到家，贤留餐。麻〈史〉大文也在座。

1 原文在日期之下曾记载溥仪偕贤赴人民医院看病事，后来用笔勾掉，只存日期。

2 “证明书”被誊抄在后页上，单占两面。

溥仪治病期间与海军医院张荣增老医师（左二）等合影

全国政协文史委副主任沈德纯（中）、文史办公室副主任张述孔（左）探望病中的溥仪

下午，和贤到［全国］政协看电影（受批判的《兵临城下》）。[1]

接政协明天游园和夜间观［看］焰火通知，又接到5月5日在北京饭店参加政协招待归国〈来〉港澳［同胞及各地］华侨酒会的通知。

9月

毛主席语录[2]：

我们应该谦虚、谨慎、戒骄、戒躁，全心全意地为中国人民服务。

白求恩同志毫不利己专门利人的精神，表现在他对工作的极端的负责任，对同志、对人民的极端的热忱。

我们大家要学习他毫无自私自利之心的精神。从这点出发，就可以变为大有利于人民的人。一个人能力有大小，但只要有这点精神，就是一个高尚的人，一个纯粹的人，一个有道德的人，一个脱离了低级趣味的人，一个有益于人民的人。

● 9月1日　星期四[3]

到中医研究院，王赫焉开方。

晚，来怪电话，说是［全国］政协来的，问他是政协何处科？不能答，挂上。向派出所反映。

● 9月2日　星期五

未上班第4日[4]，在家中。

早，到人民医院[5]，唐大夫抄王赫焉药方。

晚，又来怪电话，同上〈前〉。向派出所反映。

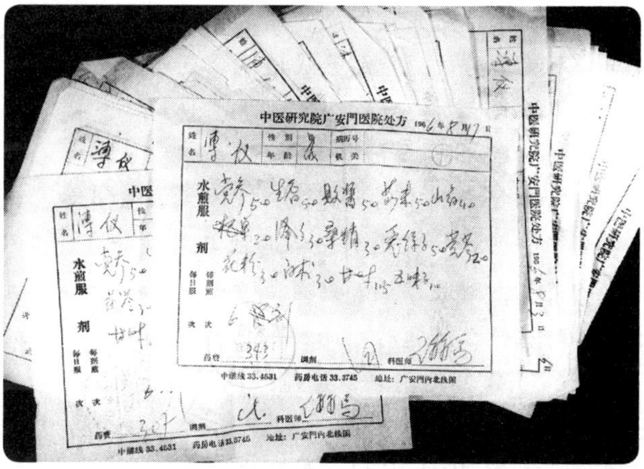

王赫焉大夫给溥仪所开的中药方

1《兵临城下》系以解放战争为背景，选取解放军围困长春，争取国民党守城部队起义一段史实为题材而拍摄的故事片，当时被称作“美化敌人、丑化自己，宣扬阶级调和论”的作品而受到批判。

2 从本日起溥仪换用新的日记本，并在淡黄色的封面上标明“27册”字样，说明从特赦到此前他已记下26本日记。他还标明了该册日记的起讫时间：“1966年9月1日开始到1967年2月16日”，正是“十年动乱”的最初年月，这一阶段的溥仪日记也不能不被抹上特定环境的色彩。封面既有溥仪亲笔画的一颗五角星和一面红旗，还摘抄了三段“毛主席语录”和一些口号，“口号”略。

3 此为留存至今的溥仪在“文化大革命”期间所写日记的第一篇。

4 此后连续许多天，溥仪日记的第一句话都是“未上班第某日”。全国政协机关从8月30日零点起暂停办公，这一天即成为溥仪的“未上班第一日”了。一般说来，由于其他原因不能上班，溥仪都具体加以注明，如写“住院第某日”“病假第某日”等，这里的“未上班”不说明原因，反映了浩劫席卷无班可上的形势给溥仪带来的精神苦闷。事实上专员们比机关干部早一天就停止上班了，决定是在8月27日（星期六）下午宣布的，当时由沈德纯向专员传达了机关党委的决定：暂时停止劳动，指定《中共八届十一中全会公报》《中国共产党中央委员会关于无产阶级文化大革命的决定》和毛主席《湖南农民运动考察报告》为学习文件，让专员回家学习，同时也帮助爱人学习。

5 关于溥仪在人民医院的遭遇，详见篇后附录。

● **篇后附录：董益三同日日记**

约9时，大溥［仪］走来，坐谈了约一个小时。他说，人民医院挂号要问成分，不知如何回答为好，并说［全国政协］机关东门已经自己封闭，并相约明日8时左右去找领导请示。

● **9月3日 星期六**

未上班第5日，在家中。

到［全国］政协见张刃先、沈德［纯］老。到人民医院取药。[1]

● **篇后附录：董益三同日日记**

上午8时到［全国］政协机关，先至东门，绕到南门，均不能进，后到西门进去，先到食堂找到马大姐，换了内部粮票（内换外）……之后到财务科，问工资的问题，据端木和说，这月工资怎样发放还在研究，没有决定，等几天再说。从财务科转到沈德［纯］老、张［刃先］主任室，大溥［仪］已经到那里了。我将最近几天家里的情况向领导汇报以后，张主任指示：你们就在家里等着，听候组织安排，现在机关已经停止办公，家里有什么事，可直接和派出所或街道联系。你们的家，“红卫兵”去过几次了，再有什么问题，可直接和派出所联系。出机关，和大溥一道到锦什坊街北口一家理发店理发，和大溥分手，他到人民医院取药……

● **9月4日**[2]

● **9月9日 星期五**

早，到中医研究院，王赫焉大夫开方，又定20日再去诊，预约挂号。

归途，在西直门，看红卫军革命群众多人抄写［在］我们毛主席语录中找答案“32条”，解放军编。这是多么好的活学活用毛主席［著作］的方法！我也抄了一份。当随时有什么问题时，向我们伟大领袖毛主席请教。这真使我太高兴、太兴奋了。[3]

● **篇后附录：董益三同日日记**

上午8时左右，李淑贤来坐了一会，据说粮店不卖她面粉，不多一会儿就走了。

● **9月10日 星期六**

未上班第12日。

到［全国］政协领工资（这次基于“文革”运动，自己要求与群众鉴定），改为100元。[4]

见沈［德纯］老、张［刃先］主任，勉力〈励〉戒骄满，［还］应时［时］帮助［别］人，并谓应不忘改造时的劳动优点等。

● **篇后附录：董益三日记（1966年8月25日）**

上午，小组讨论降低工资问题。［全国政协］委员降50%，大溥［仪］要求保留150元，专员降［低］30%，李［以劻］要求［保留］90元，郑［庭笈］要求［保留］100元不降，

---

1 本日溥仪是跟董益三约会活动的，详见篇后附录。

2 从此日起至8日均记“未上班第几日”，7日又抄了一段《人民日报》社论，内容略。

3 关于溥仪当时的处境，详见篇后附录。

4 1966年8月25日上午，专员们专门讨论了降低工资问题，详见篇后附录。

后改为90元。最后写大字报时，大溥改130元，专员一律70元。

● **9月11日 星期日**

未上班第13日。

本日报载武兵文章《工农兵是哲学的主人》中，引用毛主席的教导：马克思主义的哲学有两个最显著的特点：一个是它的阶级性，再一个是它的实践性。文章说，具有这样的特点的哲学，只有工农兵最能领会，最能运用。这几句话教育意义极深远，应经常用来对照自己的思想，不断改造自己。

应当为人民服务，为祖国出力，永远跟着毛主席，在革命的大风大浪中前进！前进！永远前进！

和贤学习"老三篇"[1]的《纪念白求恩》和《为人民服务》。

贤说，学［到］白求恩这样是不容易的。我说，学习毛主席纪念白求恩的著作，当对照自己思想……

● **9月12日 星期一**

未上班第14日。

"资产阶级思想就是我们头脑中的敌人，不解决对资产阶级思想恨的问题，就改造不好思想。"

——解放军南京部队团以上干部学习刘英俊[2]座谈纪要。

● **9月13日 星期二**

未上班第15日。

到人民医院抓中药，并到内科门诊，［经］许大夫看，贤感冒，服感冒丸。毛主席说：一个人做点好事并不难，难的是一辈子做好事，不做坏事，一贯的有益于广大群众，一贯的有益于青年，一贯的有益于革命，艰苦奋斗几十年如一日，这才是最难、最难得〈衍〉的啊[3]!

何谓思想改造？真不简单。

● **9月14日 星期三**

未上班第16日。

贤感冒，37.1度。早，服感冒丸；午，服羚翘一丸，芦根水。

● **9月15日 星期四**

［未上班］第17日。

上午接到孙博盛同志[4]从长春市政工程处文化革命战斗队来的信，批判我写的《我

---

1 "老三篇"指毛泽东的三篇文章，除下文提到的两篇外，还有《愚公移山》。

2 刘英俊（1945—1966），吉林长春人，解放军战士。为抢救6名儿童的生命而勇拦惊马，壮烈牺牲，是一位爱民模范。

3 这段话摘自《吴玉章同志六十寿辰祝词》（1940年1月15日）。

4 孙博盛，长春市建设局市政工程处职工。20世纪40年代前期，他作为孤儿被送进伪满皇宫，编入"勤务班"伺候溥仪，屡遭毒打，他堂弟孙博元则被打死了。"文化大革命"初期，孙博盛连续给溥仪写信，批判《我的前半生》一书。他的做法虽有不妥之处，却是可以理解的。

的前半生》是有许多错处。我完全承认他的话很对，对我帮助和启发很大。[1]我给孙博盛同志写回信。[2]

给李文达打电话，张[3]谓忙，未接。

我到［全国］政协见张［刃先］主任、沈［德纯］老。

下午，又欲找［溥］杰二［弟］来。后拟明日来。到16日电告杰不必来了。[4]

● 9月16日　星期五

［未上班］第18日。

上午，到邮电局发信，复孙博盛同志。[5]

到［全国］政协交机关张［刃先］主任四千元稿费，另一千元［中］，对于帮助提供材料人的酬谢六百元[6]，余四百［元］为贤治病用。现实存为四千元，交机关，奉还国家。

贤已愈。

● 篇后附录：溥仪复孙博盛（1966年9月16日）

孙博盛同志：

9月15日上午，我接到你来信，对我的批判意见，衷心表示接受。说老实话，这对我才真正是帮助。

我虽然蒙到特赦，但是我过去的对祖国对人民所犯的罪恶是历史铁的事实，应当时时不忘过去的罪恶，好对人民赎罪才对，但是我所写的《我的前半生》经你的正确分析和严正指责，经自己深刻反省，书中内容确是有不少美化旧事物，是不少有毒的，起坏作用的，应当打倒的。

点头、吭气都有阶级性，这是一点不错的。我的书中尽管也有些暴露，但是词句中却露出为自己做坏事的辩护，正如你来信指出的，仅仅几项即说明问题。

……[7]

总之，我诚恳地接受你的批判。

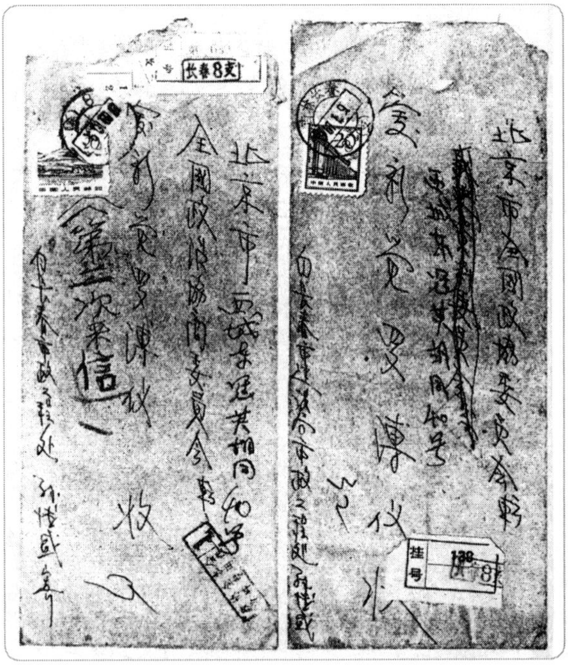

孙博盛致溥仪信封面

1 孙博盛给溥仪的第一封信长达一千余字，内容略。

2 溥仪当天下午开始拟写给孙博盛的回信，写得很长，当天未完。

3 张系群众出版社工作人员，代李文达回话。

4 末句显然是次日补写的。

5 关于“溥仪复孙博盛的信”，详见篇后附录。

6 溥仪在一封信稿中对酬谢提供材料人的情况做过具体说明：溥杰一百元、万嘉熙一百元、毓嵒二百元、察存耆五十元、郭布罗·润麒五十元、恽宝惠五十元、王子衡五十元。

7 此处删掉的部分包括许多自然段，内容系溥仪对孙博盛来信中列举的书中情节逐项加以自我批评。

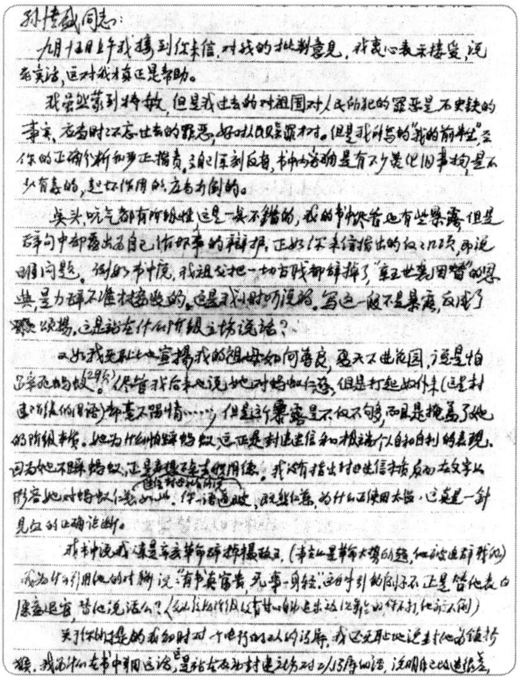

1966年9月16日溥仪致孙博盛的信第1页

我愿意把稿费奉还国家和人民。现在我认识到，起初我就不应当领稿费，因为我和一般人写作性质根本不同，我是过去危害中国人民的罪人，怎能还忍心向人民领取稿费，真是太不自知了，太无耻了，何况《我的前半生》著作并没有写好，相反，放出不少毒草，这更是罪上加罪。

至于我在伪满的罪恶，不仅在伪宫用各种刑具来虐待我脚下的人，十四年的当日寇走狗，牺牲了多少同胞，哪一件都［是］与自己［的］罪恶分不开的。

我决心真正不断改造自己，在劳动中、学习中改造自己，永远跟中国共产党走，永远听毛主席的话，念念不忘自己过去［的］罪恶，向人民低头认罪和立功赎罪，重新做真正的人。

我今天把稿费交机关，应当奉还人民。我的稿费为五千元，但事实上现只有四千元，余一千元，除分与帮助我写稿提供材料的人六百元外，今余四百元为我的爱人看病之用。你看怎么样好？请回信。欢迎你来信对我帮助。

● 9月17日　星期六[1]

● 9月19日　星期一

［未上班］第21日。

检查《我的前半生》书。

● 9月20日　星期二

［未上班］第22日。

早，到中医研究院，王赫焉大夫开方：12剂。

在中医研究院发现工作证丢了，急与医院联系，又到牛街派出所和19路右安门站联系，又和19路西直门站联系。

下午，打电话与11［路］、5［路］无轨车站（西直门）联系。5路车站同志告诉，可以问问阜外西口失物招领处。联系结果，得知工作证正在失物招待所〈领处〉。

● 9月21日　星期三

［未上班］第23日。

对《我的前半生》书做检查，发现缺点、错误许多处。

● 9月22日　星期日

1 17、18日均记“未上班第几日”，略。

［未上班］第 24 日。

下午，到［全国］政协人事科领“介绍”证明书，［然后］到阜外西口失物招领处，领回工作证。据失物招领处同志（女）谈，系五路车 652 车售票员李淑华拾得，交与失物招领处的。[1]

● **篇后附录：溥仪写给李淑华的表扬信**

五路无轨 652 车售票员李淑华同志：

在 9 月 21 日李淑华同志在车中拾得全国政协文史资料研究委员会专员溥仪的工作证，毫不迟疑地立即交与阜外西口失物招领处，这才能让我重新获得这个工作证。为此，衷心向你表示感谢和表扬你全心全意为人民服务与对乘客负责的精神。一定向你学习，大家都应向你学习。此致

革命的敬礼！

溥仪 1966 年 9 月 25 日

● **9 月 23 日　星期五**

［未上班］第 25 日。

到人民医院抓药。

● **9 月 24 日　星期六**

［未上班］第 26 日。

到派出所[2]，史所长接见。接洽关于在粮店购粮事。[3]

史所长谈（大概）……你的名人人都知道，公安机关对“文革”已做了工作，而对你家未抄未斗，你知道，这是做了多少工作！至于购粮，是按特赦后工作人员［对待］，当然不属“黑五类”，并表示与粮店接头，旋告已接头好。

自己过去对祖国对人民犯了不可容恕［的］罪恶，经过党和毛主席伟大改造政策与（对）我改造和特赦，［这］是史无前例的。

今天，在“文化大革命”中，又未动自己丝毫，自己太感动了！一切都是党和毛主席给我的，唯有加强地不断自我改造不断改正缺点错误，永远忠于党，忠于毛泽东思想，忠于毛主席，忠于人民，为社会主义、共产主义事业，竭尽一切力量！党让做啥就做啥，一定保证红心永向党，在我这新生［的］后半生，全心全意为人民服务，才能对得起党和毛主席（要身体力行）。

● **9 月 25 日　星期日**

［未上班第］27 日。

● **9 月 26 日　星期一**

［未上班第］28 日。

1 两天后溥仪给李淑华写了一封表扬信，详见篇后附录。

2 指溥仪家所属的福绥境派出所。

3 指溥仪家已被告知拒售细粮，详见 9 月 9 日篇后附录。

到反帝医院（旧“协和”）[1]检查尿。

● **9月29日　星期四**

［未上班第］29〈31〉日。

溥杰打电话通知，明天领工资，仍照原数。[2]

● **篇后附录：董益三同日日记**

……老沈［醉］来过，代我预领10月份工资送来，并说10月份起工资仍恢复100元，这是出乎我意料的大喜事，因为这不仅是生活增加30元的收入问题，并说明了党和政府对我们的政治待遇的问题。我们除了衷心感谢毛主席、党中央对我们的宽大以外，对所有的同事，对全国人民要特别谦虚谨慎。

● **9月30日　星期五**

［未上班第］30〈2〉日。

通过［全国］政协接国庆筹备委员会通知：周总理今晚6时在人［民］大［会堂］宴会厅举行我国成立十七周年的庆祝国庆招待会，我、宋［希濂］、杜［聿明］参加。

……

宴会时，我、宋、杜到另桌向32111［钻井］队（大庆工人，赤卫队，曾参加扑灭大火）几位英雄面前敬酒，又到王进喜（王铁人）处敬酒。外国友人很多向32111队和王进喜敬酒，特别是越南人民军向英雄敬酒非常感人。我想，这真是英雄对手，我跳跃起来，

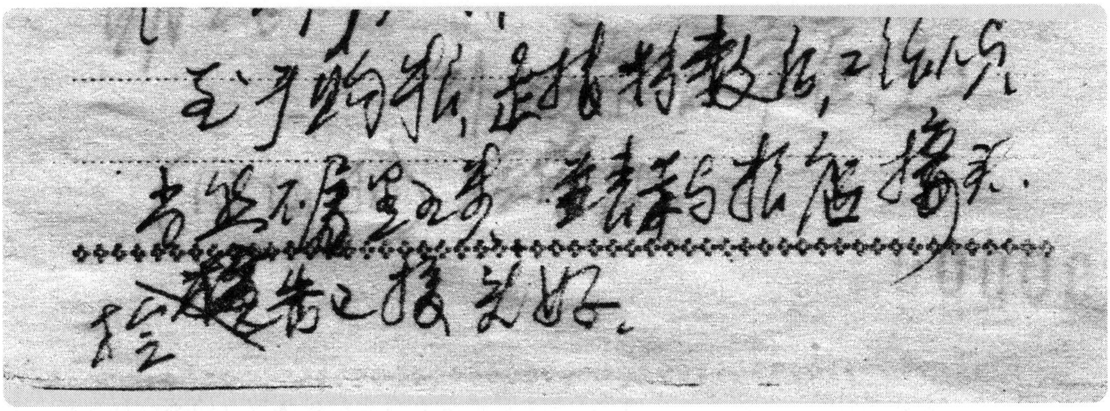

1966年9月24日，溥仪日记载有细粮供应问题的记录

连呼“伟大［的］毛主席万岁！”“毛主席万寿无疆！”7时许退出。

今天下午又接我国成立十七周年筹备委员会通知：明天上午10时（10月1日国庆节）参加观礼，我、宋、杜参加。[3]［在］西三台，开会前一小时入席，晚，参加晚会。

1“文化大革命”初期，协和医院改名为“反帝医院”。

2不许降低专员们的工资，这是周恩来的决定。董益三在日记中表达的喜悦之情颇具代表性，详见篇后附录。

3董益三在10月3日日记中评论说：“今年国宴和国庆观礼，我们专员仍有大溥、大杜和老宋三个人参加，这说明党和政府对我们的政治待遇还是十分宽大的。”在当时特定历史环境中，这类活动不仅是政治待遇，也是政治保护。

这是在我国无产阶级“文化大革命”运动中［迎来的］伟大的国庆节！我跳跃起来，连呼伟大［的］毛主席万岁！毛主席万寿无疆！

● 10月1日　星期六[1]

今日参加游行［的］革命群众二百五十万人……直到11时开始游行，直到下午4时才告礼成。4时半回寓。

毛主席身体极为健康，真是全中国人民［的］幸福，我的幸福，也是全世界革命人民的幸福。

今天，我和宋希濂、杜聿明都参加［了］。我和阎宝航、卢郁文同车。去来途中，群众皆手举毛主席语录，喊“毛主席万岁”，我在车中也拿出毛主席语录，喊“毛主席万岁”。车内车外响成一片，对毛主席的无比敬爱、无比崇拜、一片革命欢腾景象，写之永志不忘。

中华人民共和国万岁！

中华人民共和国万岁！[2]

伟大［的］中国共产党万岁！

战无不胜的毛泽东思想万岁！

我们最敬爱的伟大领袖毛主席万岁！万岁！万万岁！

● 10月2日　星期日

［未上班第］32〈4〉日。

● 10月3日　星期一[3]

［前天］晚8时和阎宝航到天安门参加晚会，看灯〈焰〉火。阎宝航和我回寓较早些（9时许），后来看报才知道：我们最敬爱最伟大的伟大领袖毛主席在9时30分乘车来到天安门前。我们主席身穿草绿色军装，精神焕发、健步走出金水桥，来到群众中间。

太可惜！我为什么和阎宝航回去那么早？在那天晚间没有看见我心中的红太阳，没有看见我日日夜夜想念的毛主席，没有看见毛主席他老人家和群众会见，同坐在地上看灯〈焰〉火的情况。

当〈衍〉我看见10月2日《人民日报》登载我们主席和群众见面，席地而坐，和群众在一起。他们说：

“看看我们的毛主席是多么健康！毛主席在今天白天和庆祝节日的革命群众在一起六个多小时，现在毛主席又来到我们中间。毛主席的身体这样好，这是全国人民的最大幸福，是全世界革命人民的最大幸福！”

“毛主席来到我们中间，同我们坐在一起。毛主席特别伟大也特别平凡。我们有这样的领袖，感到无上光荣，无限幸福！”

“毛主席最相信群众，最深入群众，最愿意和群众见面，最支持群众的革命行动。

1 原文未写日期，从上下文看，溥仪是在10月1日追记前日和当日的日记，遂自然连写下来。
2 该口号重复书写，原文如此。
3 日期原文漏记，但在文尾有时间标记。此处依惯例补入日期。

毛主席给了我们鼓舞，给了我们力量，我们要永远跟着毛主席干革命。”

我看到这一切，我太想念毛主席了。我还想念他老人家 1962 年对我的接见和一同照相吃饭，对我的种种关怀和勉励。我永远忘不了这个最幸福的时刻！[1]

毛主席啊，您是中国人民大救星、是全世界革命人民的红太阳！

毛主席啊，我是在您伟大改造教导下，彻底把我从鬼变成人的重生父母。

毛主席啊，我真想念您！

毛主席啊，我老没有看见您老人家啦，恨不能长了翅膀，立刻飞到您的身旁。但是，我的床旁悬挂着毛主席的相片[2]，我看见您的相片那样慈祥，好像向我微笑，这对我就是最大的安慰，最大的鼓励，最大的幸福！

毛主席啊，您知道吗？您的溥仪是如何想念您老人家啊！我每天喊千声万声“我们最最敬爱的伟大领袖毛主席万岁！万岁！万万岁！”也说不尽我对毛主席无限热爱、无限信仰、无限崇拜的心情呀！

毛主席啊，我唯有以实际行动，永远跟着您，一辈子干革命！永远跟着您，在革命大风大浪中，冲破一切旧世界，建立新世界，胜利前进，胜利前进！永远做毛主席的好战士、好学生，做人民的好儿子！

毛主席啊，您放心吧！我绝不辜负您的教养和期待。您改造教育的小溥仪，终身跟着您走！党指向哪里，我到哪里，以党的利益、人民的利益为第一位，永远跟着毛主席走，全心全意为中国人民服务。

为反对帝国主义、反对现代修正主义，为支持世界被压迫民族和被压迫人民，为社会主义、共产主义伟大事业，在您——伟大［的］毛主席领导下，和七亿中国人民一道，奋斗到底，奋斗到底！永远前进，永远前进！

爱新觉罗·溥仪

1966 年 10 月 3 日记

溥仪出席 1966 年观礼红绸条

---

1 1962 年 1 月 31 日，毛泽东邀请溥仪和章士钊、程潜、仇鳌、王季范 5 人在中南海家中小酌，溥仪是这次毛泽东家宴的主宾。毛泽东关心地问到溥仪特赦后的工作和生活情况，表示希望他重新组织家庭。宴罢，毛泽东与溥仪及章士钊等人分别合影留念。

2 自 1962 年 1 月 31 日毛泽东接见溥仪以后，毛泽东与溥仪以及毛泽东与溥仪、章士钊等“五老”的合影就一直摆在溥仪卧室内床头几上，直到 1966 年 9 月 16 日被迫上缴全国政协机关“红卫兵”，至今无下落。

● **10月9日　星期日**

［未上班第］38〈41〉日。

上午，溥任到溥杰家，忽来电话问好！下午，植物园俞［德浚］主任来看，交来国外的来信。

● **10月10日　星期一**

［未上班第］39〈42〉日。

到［全国］政协取日记（陈曾慈开的门），交陈转交张［刃先］主任昨天来的信。[1]

● **10月11日　星期二**

［未上班第］40〈3〉日。

上午同贤到积水潭医院门诊部。

孙博盛第二次来信作复（信另存）。[2]

● **篇后附录：溥仪致孙博盛（1966年9月23日）**

孙博盛同志：

蒙你上次对我的指责、批判，确实给我启发和帮助很大。我回你的信想已经接到了吧？

我现在正逐篇检查《我的前半生》著作。现在，1页到104页初步看完，仅仅这几页已经发现错误和放毒处有14项，现在继续检查中。上述这些检查出来的［问题］，不是站在无产阶级立场说话，而是站在封建统治阶级立场说话，这是我自己也不能容忍的。

照我前半生的万恶事实，是根本不配称呼你“同志”，但我有决心、有勇气、有信心称你“同志”。我认为过去的溥仪正是今天溥仪的仇敌，我痛恨自己［的］过去，坚决跟中国共产党走，坚决永远听毛主席话，好好学习毛主席著作；另一方面向人民诚恳低头认罪，包括诚恳向你认罪，在赎罪的基础上，要时时改正错误和缺点，向工农兵学习，不断改造自己成为新人。[3]

● **10月12日　星期三**

［未上班第］41〈4〉日。

早，到［全国］政协见张刃先主任，张正病中，谓可与沈［德纯］老商谈。旋同沈谈，主要谓等张愈后，一二日再来商量。

又到人民医院抓药。

● **10月13日　星期四**

［未上班第］41〈5〉日。

检查著作。

1 溥仪把一封他认为应由领导过目的私人信件，托陈曾慈转交张刃先主任。

2 溥仪自9月16日给孙博盛复信后，9月23日再次给他写信。接到溥仪的两封信以后，孙博盛于10月9日作复，此即孙博盛致溥仪的第二次信。详见篇后附录。

3 孙博盛收到此信后，又于10月9日给溥仪写第二封信，内容表示不满意，从略。

溥任从溥杰家来电话问好（前几天万嘉熙还打电话问好）。

● 10月14日 星期五

［未上班第］42〈6〉日。

检查著作。

● 10月15日 星期六

［未上班第］43〈7〉日。

续检查我的著作。

晚，哈尔滨一中“红卫兵”和同学五人来访。闲谈。先通知派出所，李志义、陈银生[1]和“纠察队”（女）“红卫兵”三五人[2]来。李找问领队到外问询：何人介绍，有介绍信否等。旋李和领队入室，领队即说：“溥仪先生，我们走了！”我送派出所等同志出大门。

● 10月16日 星期日

［未上班第］44〈8〉日。

续检查我的著作。

六妹［韫娱］来电话问好。

● 10月17日 星期一

［未上班第］45〈9〉日。

到中医研究院［经］王赫焉看病，检查血色素为7.7；尿［中］白血球0.1，红血球0.2；血压为138/80。

感头痛，不适。

下午，到人民医院［经］许大夫看，血压为150/90，许大夫给降压灵（萝芙木）、卢丁（Vc，Vp）、肝精片和复合维生素乙。

下午之［血］压：150/90。[3]

● 10月18日 星期三

［未上班第］46〈50〉。

到人民医院，［经］徐［衡之］大夫看，开方：

草决明四钱　钩藤三钱　冬青子三钱　（女贞子）青箱子（包）三钱（旰）

稀莶草（防风）八钱　旱莲草三钱（旰）　茺蔚予三钱　菊花一钱　橘红二钱

（三付）另开：首乌延寿片（自费）

同时，把王赫焉方也抓来。

● 10月19日 星期三

［未上班第］46〈51〉日。

1 李志义、陈银生，当时均为北京市西城区公安局福绥境派出所民警。

2 这里所谓的“纠察队”“红卫兵”，都是学生中造反派组织的自我称呼。以“红卫兵”的名义干预外地红卫兵的行动，以达到保护溥仪的目的，这是派出所的策略。

3 溥仪重复记下血压情况，意在强调，他对这次血压升高颇感担心。

又让西医许大夫诊。血压：左130/70；右190/80。又开萝芙木（降压灵）一包。

给张[刃先]主任打电话，因看病，本日不到[全国]政协，拟明天到政协，商议信事。[1]

● 篇后附录：溥仪致孙博盛（1966年10月24日发出）

孙博盛同志：

我很高兴地接到你的来信。我近来因病，医嘱休养，所以写信迟了，请原谅。首先，你来信说："信内有孙博元的名字，孙博元是被虐待的死者，而信内不盖章，这是不够负责的表现。"我完全同意你的看法。这也是由于我平日很少写信，即便有时写信也常[常]是签个名字，没有盖章，以致这次对待这个有孙博元名字（他是被虐待的死者）的回信上也没有盖章，确是疏忽。而且[是]对（在）这一严重原则的问题上不够负责的表现。我承认这是我的错误，要不是由你的帮助我还一点没有想到呢！以后一定改正。

关于你来信问我把稿费交何机关？我的稿费是在9月10日上午当面交给政治协商会议全国委员会——我的直接上级机关了。

关于这本书如何解决？要它存在还是不存在？关于这本书——《我的前半生》，我认为以后不应当再出版，不让它继续存在。因为其中虽然有揭露的地方，也有美化旧事物、放毒的地方。但是，这不是我个人能决定的，因此我已向群众出版社同志提出了我的意见，即以后不要出版，因为其中有许多美化旧事物、有毒素的东西。出版社同志回复我，当把我的意见向领导反映。

你来信问我是否打算写"我的后半生"？我还没有这个打算，我将在实际行动上表现我的后半生——新生。

我写《我的前半生》，是为了揭露封建主义、帝国主义的罪恶本质，更重要的是宣扬党和毛主席改造政策的伟大，史无前例地改造罪犯，能使我们这些罪犯从鬼变人，说明党和毛主席的伟大。但是，由于自己政治水平低，认识不够，改造还很差，特别是封建思想残余还没去净，以致不仅没有做好这一工作，反而有许多美化旧事物的毒素。

我愿意自我检查：因为只有检查，才是自己思想提高的过程，也才是自我改造的过程。但检查限于水平，不一定深刻，不一定恰当。我衷心盼望孙博盛同志继续帮助我。同时我更盼望你[把]对于我这本书的批判意见给我寄来，这对我才是最大的帮助，是我提高思想所必需的。

关于孙博元是谁打死的……我在《我的前半生》书中已说明孙博元被打死的经过，现在不重复了：我在《我的前半生》书中，有许多没有写出别人姓名来；表示一切我当负全责。因此，关于孙博元被打死事，我也没有写出别人姓名来。此外，因为我在当时定的所谓"家规"，认为谁不对，管人的人就必须管，就要打。不然，打〈管〉人的人便有罪（我定的所谓"家规"内容在《我的前半生》书中的370页里有）。所以，我想孙博元虽然不是我打的，可是他死在我所定的"家规"下，我应负全责。我现在对于我

1 这里的"信"指溥仪第三次给孙博盛回信的信稿和一部自我检查的底稿，溥仪收到孙博盛的第二封来信即动手回复和检查《我的前半生》书中的错误。至此已有初稿，拟再与领导同志商议后发出。关于信稿内容，详见篇后附录。

的书还要继续自我检查，以后继续告诉你。你来信对我的批判，是真触及我的灵魂深处……

我的灵魂深处，我体会到只有这种触及灵魂的批判，才真是治病救人彻底的帮助，才是对我破“四旧”立“四新”的帮助。我衷心感谢你的帮助，盼望继续的帮助。此致

革命的敬礼！

爱新觉罗・溥仪

（附寄去自我检查一部，以后当继续检查。）

伪满时期随侍总管严桐江

● **10月20日 星期四**

［未上班第］47〈52〉日。

早，到人民医院抓药。

到［全国政协见张刃先］主任，商议写信和交张检查《我的前半生》书的几篇，并同张谈［嵯峨］浩对贤所说家中几人的事。

下午，到福绥境公社医院第一门诊部诊察，血压为：左152/84，右158/88。服海带、草决明水。[1]

● **篇后附录：董益三同日日记**

李淑贤下午3时左右来，和伯兰谈了一个多钟头才走。据李谈，溥仪最近患高血压170/90，有时下降到常态。又说，长春又有信来，说他的检讨不深刻，要他进一步作检查，还在追问稿费的下落等。据李的判断是李××从中作祟，出名的是一个曾在伪宫做过清洁工的工人。

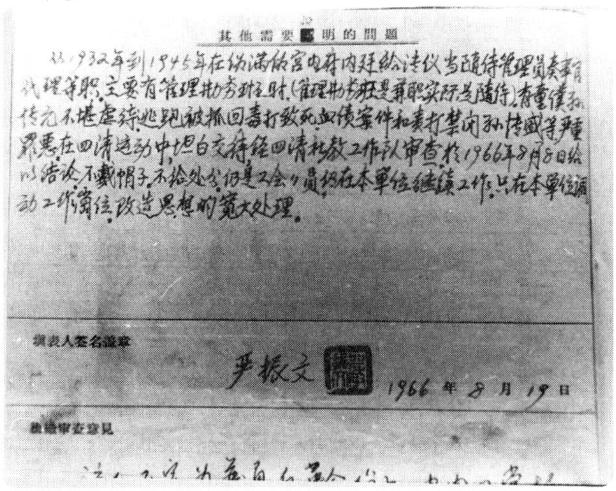

其他需要■明的問題

从1932年到1945年在伪满的宫内府内廷给溥仪当随侍管理员奏事官代理等职，主要有管理勤务班任职（管理勤务班是兼职实际是随侍），有童仆孙传元不堪虐待逃跑被抓回毒打致死血债案件和毒打禁闭孙博盛等严重罪恶，在四清运动中坦白交待，经四清社教工作队审查，于1966年8月8日给以结论：不戴帽子，不给处分，仍是工会会员，留在本单位继续工作，只在本单位劳动工作，留作改造思想的宽大处理。

填表人签名盖章 尹振文 1966年8月19日

严桐江管理勤务班证言

● **10月21日 星期五**

［未上班第］48〈53〉日。

血压为150/85。福绥境公社门诊部大夫让服Vc、V_{B1}，配合降压灵和芦丁一同吃。

本日，给群众出版社王兰升[2]打电话，告以接孙博盛信，对我批判，我认为书中是有美化旧事物的毒素，我个人

1 董益三同日日记中有一段关于李淑贤的记载，可以印证并补充本日日记内容详见篇后附录。

2 王兰升，当时为群众出版社文艺部编辑，《我的前半生》一书责任编辑。

希望以后出版社不再印该书。王兰升回答“俟与〈衍〉他向领导反映”。[1]

● **篇后附录：董益三同日日记**

……就买菜之便到老溥［仪］家走了一趟，去时老溥到公社医院门诊部去查血压去了，仅李淑贤一人在家。坐了一会儿，老溥回来了。据他说血压为150/84，这血压不算高，应没什么问题，但老溥为此背了包袱：是以服血压药为主，还是服肿瘤药为主呢？俩〈两〉口子的意见不统一，结果打电话问大夫，回答说可以兼服。老溥的血压据我看没有问题，这些时血压升高，是因为东北来信引起了烦恼。再加上不爱活动，以致睡眠不好的缘故，关于东北来信的问题，我对他们提了一点建议，主要是要他和群众出版社联系。

● **10 月 22 日 星期六**

［未上班第］49〈54〉日。

早、夜服王赫焉药（补药）。

到诊所试血压，为 162/90。

（海带、草决明水）

● **10 月 23 日 星期日**

［未上班第］56〈5〉日。

［在］诊所试血压，为 150/83。微好，仍服海带和草决明水。服 V_B、Vc。给孙博盛复信（第三次）写成。[2]

● **10 月 24 日 星期一**

［未上班第］57〈6〉日。

早，到［全国］政协见张［刃先］主任和沈［德纯］老，谈到，至于孙博盛提的我的著作“还存在不存在”［的］问题，我已向群众出版社王兰升告诉［了］我的意见，孙博盛对我的正确批判和我检查“虽有些揭露，仍也有美化旧事物的毒素”［等情况］。群众出版社同志说，当反映于他们领导。对此，我向政协张主任、沈老反映。沈老说，已告与〈予〉出版社自己意见便可以了，至于如何决定是领导的事，即由党决定，你不应顾虑。张主任批判（评）我，对孙博盛信起初只为保护个人，顾虑多。应当相信党，党对于该书如何自有处理。张主任用“一分为二”的［方法］分析了我，对我启发帮助是很大的。张［说］：“但你也有好处，对党对社［会主］义好，无他心。依靠组织好。”沈［说］：“学习上原则都对，只是不深刻，宋［希濂］、廖［耀湘］发言多，虽有时错误，可是通过思想［的］。相［信］党、相［信］社［会主］义，对领导依靠对，但不要依赖。”我这是由于过去旧阶级影响，一切都不用自己想，都有别人代办了。

张主任特别提醒我，过去总理所说我“飘飘然”的话，应永远记住，当以此为戒，“这不仅对你，对我们也是教育”。

我说，有成绩就自满，反之，有失败就气馁，这都说明是封建的资本主义、个人主

1 本自然段系溥仪补写在 10 月 20 日和 21 日日记中间的空白处的，经与董益三的 10 月 21 日的日记印证，可以确定所记内容为 10 月 21 日事，详见篇后附录。

2 这封复信是经领导商量后于本日定稿并于次日寄出的。

义思想存在的缘故。

到人民医院［经］许大夫试血压，为130/90。

● **10月25日　星期二**

［未上班第］58〈7〉日。

早，和贤到白求恩医院（前积水潭医院）。

柳大夫检查：血压140/90；血色素7.3，赤血球231万；（尿常规）红血球0～1，白血球2～3，上皮细胞0～2，颗粒0～2。

贤：血色素12.8，赤血球415万，血压100/60，白血球0.1，上皮细胞1～2。

● **10月26日　星期三**

［未上班第］59〈8〉日。

早，到协和医院（反帝医院），吴［德诚］大夫诊察血压148/78，检查癌细胞（可疑）。吴大夫让两个星期查一次尿。

晚，孙博盛第三次来信质问事。[1]

本日服王赫焉的开方。仍继续服海带水和草决明水。

● **10月27日　星期四**

［未上班第］60〈9〉日。

早，到［全国］政协见沈［德纯］老和张［刃先］主任，交信。[2]到前办公室取书。

晚，又写了信复孙博盛（第四次信）。[3]

晚，史所长、唐所长、陈同志[4]来看，关心地问生活好，问有人来否？我并谈及孙博盛的信。史所长等坐一会［儿］辞去，临走时关怀地说："如有什么事可告诉我们（即如果有不相当人来时，可电话通知派出所）。"

在门诊所，杨大夫试血压为149/82。

● **篇后附录：溥仪致孙博盛（1966年10月27日）**

孙博盛同志：

你的10月23日的信，昨天（26日）我已经接到。我回你的信已经在这以前给你寄去了，想你现在已经看过我的信了。

确是对不起，我给你回信太慢了。但也有原因：第一是我这些天闹病，现在还在服药医疗中；第二是我一面看《我的前半生》书，一面写检查，还要思考一下，因之把时间耽搁多了，请你多加原谅。

你问的几个问题，前信已作答复，如果有什么没看清楚的地方，请告我，我再向你说明。

孙博盛同志：我确是出于真诚，愿意自我检查我的书。我的水平不高，如果检查有

---

1 是指10月23日孙博盛致溥仪的信，内容略。

2 把孙博盛10月23日来信交给领导请求帮助。

3 复信全文见篇后附录。

4 史、唐、陈都是福绥境派出所的干部，在"文革"年代，他们负有保护溥仪的直接责任。

不深刻，认识有不足，请你千万帮助和指正出来，这是我最大的希望。只有这样，才能让我思想提高，对我改造思想是有实际好处的。

我随时检查，随时给你寄去。请继续多加指正帮助。

此致革命敬礼！

爱新觉罗·溥仪

1966年10月27日

● 10月28日　星期五

［未上班第］61〈0〉日。

上、下午，街道组织儿童到各户读毛主席语录，每天上、下午到我家来。这是一件极好的事！我有时跟小朋友们一齐唱歌、一齐欢呼“伟大［的］毛主席万岁！万岁！万万岁！”“中国共产党万岁！”和祖国第二代一齐歌唱党和我们红太阳——敬爱的毛主席万岁！这是多么愉快、兴奋的呀！

● 10月29日　星期六

［未上班第］62〈1〉日。

又寄孙博盛信一件（五次）。[1]

● 篇后附录：溥仪致孙博盛（1966年10月29日）

孙博盛同志：

你问我的书中480页关于我在改造期间对于“除四害”运动是怎样认识的？在改造中，迷信思想是很顽固的，不是一下子去掉的，而是逐步地学习、认识和转变的。在改造初期，迷信思想没有去掉。在管理所长期教育下，在小组的批判下，特别是老李（李国雄）对我的尖锐批评，揭露我的底，这一切一切都对我有好处。由不打苍蝇而不得已打苍蝇，更逐步认识迷信的害处，自动地打起苍蝇和老鼠来了。

我为什么迷信？这正是反动封建阶级意识形态所决定的。我生在最反动的清朝统治家庭，从小就在我的灵魂深处天天注射迷信剂和其他毒素。我念的书都是为最大地主阶级——皇帝统治利益服务的孔孟学说。我读的历史更是糟糕，那都是为清朝剥削统治者捏造的骗人历史，可是，我当时是看成“金科玉律”的“祖教”。这个历史记载清朝皇帝的祖先不是一般人，而是天上神女所生的。它愣说在长白山顶上天池，有三个天女洗澡，忽然有一个飞鸟，口中衔着朱色的水果，坠落到了一个天女佛库伦的嘴里，她咽了下去，于是就怀孕，飞不起来，不能上天了。这样就生了一个儿子，名字叫布库里雍顺，愣造谣说他是天女所生，是奉天命来统治人民的。这就是所谓清朝第一代祖先。大家听听！这是多么荒唐可笑。可是，清朝历代统治者都把这虚构的神话当作千真万确的历史！也就是利用这种迷信来骗人民，好达成它的剥削、压迫统治。就这样世世代代相传。原来我的祖先［是］用来欺骗人民的，可是结果，他的子孙都相信了这些神话，都被蒙在鼓里也不知道。这就是我迷信最开始的根子，以后迷信种类更多，就不在这里写了。

1 详见篇后附录。

总之，封建统治阶级的本质是一切为自己，是极其自私自利的。它具有几种特性和观念。顺便说一说：它有一财产私有性，一迷信观念（如念佛、放生等），一虚伪性，一脆弱性（如贪生怕死），一骄慢性，一猜疑性，一残暴性（如打人、骂人、害人、杀人），还有谄媚性等（以上仅是举其大概）。上述种种，归根到底就是极度的自私自利、"个人第一"的主义。旧社会所谓"人不为己、天诛地灭"，正是描写封建社会、资本主义社会人吃人、人剥削人的丑恶面目，而我的过去不只是完全继承了封建的丑恶毒素，而且由我个人是大大发展了这种毒素。我三岁当皇帝还可以说人小不懂事，可是和日寇相互勾结，成立了伪满，当了民族汉奸，这就完全是自己的罪恶和责任了。

总而言之，我的前半生的一举一动，都是围绕着（在）这个"私"字的圈子转。因此，我过去所作所为，例如一方面对属下的人则是打骂、虐待，凶相好像恶狼一样，这就是我的固有的残暴性的表现；又一方面崇帝国主义、怕帝国主义，日本鬼子说什么，乖乖地听什么，好象〈像〉驯顺的羊一样，这正是我的脆弱性、谄媚性，而且［是］个人主义发展到顶点的表现。又如我念经、放生，不踩蚂蚁，不打苍蝇等，这又是我的迷信现念［和］脆弱性的结合，也是个人主义发展的结果。脆弱性是怕死贪生，迷信是怕因果报应，是妄想下辈子还享福（应读为损人利己的造孽），因此要积阴德，所以"放生"等，这都是自私自利的本质的体现。所以，打人、骂人、害人和放生，表面上似乎有点矛盾，其实都是一脉相承，它的老根只是一个，就是极度自私自利、封建"个人第一"的主义，这就是我前半生的形象。

所以，我的前半生是最可耻的、最肮脏的前半生，我的罪恶滔天，对祖国人民，真是无地自容。要不是有伟大的中国共产党和最伟大的领袖毛主席，要不是我赶上了伟大的毛泽东时代和党的史无前例的伟大改造政策，我死在棺材里也永远脱不掉万古骂名的汉奸皮！由于党和毛主席的改造人类、改造社会伟大理想，才能改造罪犯，使我从魔鬼变成了人。

我认为神佛救不了人民，也救不了自己，那只是自欺欺人害了自己，只有伟大的毛泽东思想，伟大的中国共产党和毛主席才解放了中国人民，才真正救了我，使我得到新生。

虽然经过在抚顺［战犯］管理所的改造，得到新生，可是，几十年在旧社会，因此封建思想残余还存在，所以《我的前半生》书中又发现许多美化旧事物的毒草，这充分说明自己改造还很差，离党的要求还很远，真是对不起党和毛主席。这次孙博盛同志批判我的书，这确是对我极大的帮助，我一定好好地检查我的书，这对自己改造和思想提高有极大的好处。再一次向孙博盛同志表示衷心谢意，诚恳地希望你继续帮助和批判。此致

革命的敬礼！

（我［的］检查材料随时寄去。）

爱新觉罗・溥仪

1966年10月29日

● **10月30日　星期日**

［未上班第］63〈2〉日。

● **10月31日　星期一**

［未上班第］64〈3〉日。

到中医研究院，王赫焉开方。试血压比较好，为138/76。

● **11月1日　星期二**

［未上班第］65〈4〉日。

散步。

晚，给孙博盛写信（第五〈六〉次）。[1] 系告诉我的书的自我检查的几段。[2]

到门诊部看（试）血压。

● **篇后附录：溥仪致孙博盛（1966年11月1日）**

孙博盛同志：

现在再寄去关于《我的前半生》一书的自我检查，请你看看，以后继续寄去。诚恳地希望帮助和批判。

此致

敬礼！

爱新觉罗·溥仪

1966年11月1日

● **11月2日　星期三**

［未上班第］66〈5〉日。

上午，到［全国］政协领工资。

● **11月3日　星期四**

［未上班第］67〈6〉日。

到人民医院检查，李大夫（女）看，给 V_C、V_{B1}、□酸、利眼宁、三嗅剂。

● **11月4日　星期五**

［未上班第］68〈7〉日。

到［福绥境公社医院第一］门诊部看病，高大夫给三嗅剂。

晚，呼吸不利。血压140/70。

● **11月5日　星期六**

［未上班第］69〈8〉日。

［到福绥境公社医院第一）门诊［部］试血压：150/80。

遇小学生赵［某］送毛主席纪念章一枚。

1 这应是溥仪给孙博盛的第六封信，详见篇后附录。

2 溥仪对《我的前半生》一书的“自我检查”，从第7页直到第325页共检查了25条，每条之下先引录原文，继而检查批判，全文长达9页，结尾处还有一句话：“以后继续检查，先寄这几条。”

● **11月6日　星期日**

［未上班第］70〈69〉日。

理发。

到人民医院，韩大夫看，给硝酸甘油、味〈胃〉淡〈蛋〉白酶和葡萄糖佚〈液〉。韩大夫（女）看的，贫血、心率失调。血色素为7.1、血压138/80。

● **11月7日　星期一**

［未上班第］71〈0〉日。

到人民医院，孙大夫诊治。试心电图，孙大夫告：左心尖微损失（因血管硬化）。［血压］130/70。

午时，哈尔滨气象台的周洪武、周乃胜二人，由统战部介绍全国政协，再由政协开介绍信与我（周带来）。

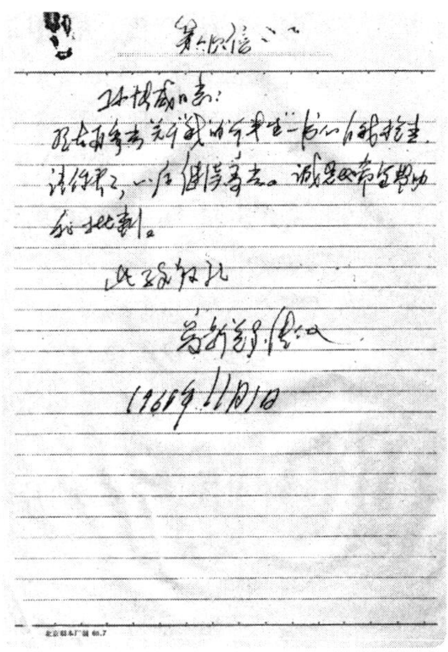

1966年11月1日溥仪第六次致孙博盛信

问伪满属官马振寰的事，我知二点，因而说［察］存耆可能知道（事先打电话，［察］存［耆］家现为“纠察队”驻）。于是，12时许，和周洪武、周乃胜一道往三妹［韫颖］处找［察］存耆。周乃胜没有赶上车，我和周洪武见了三妹后，找街道主任、“红卫兵”（［因察］存［耆］被抄家，属“黑五类”），再把［察］存耆找来。询问明白，［察］存［耆］写一纸，我也签名。然后，又到派出所（当由［察］存耆所住地［段］内派出所签字），派出所不肯签字，因事先周未持介绍信交派出所。等好久，未解决。周洪武和两个“红卫兵”……雇一［辆］三轮车，一直送我回家，7时多才回［到］家，非常热心可感。在家坐一会［儿］，我们送他们回去。

周洪武、周乃胜：哈尔滨气象台[1]

原名马振寰（华严）

三妹金蕊秀（即韫颖）：星火二路34号

● **11月8日　星期二**

［未上班第］72〈71〉日。

上午，周洪武、周乃胜来，说可以不去派出所签名了，因为已有全国政协的介绍信即可。旋将政协给我的介绍信带去。

● **11月9日　星期三**

［未上班第］73〈72〉日。

到中医研究院，王赫焉开方。

1 经查证，周洪武和周乃胜当时在黑龙江省气象台工作，现已调离。周洪武在浙江省舟山市气象台，周乃胜在黑龙江省黑河地区爱辉气象局。他们从哈尔滨来到北京外调，溥仪在日记中误把两人记为哈尔滨气象台的人了。

● **11 月 10 日　星期四**[1]

［未上班第］74〈3〉日。

● **11 月 11 日　星期五**

［未上班第］75〈4〉日。

● **11 月 12 日　星期六**

［未上班第］76〈5〉日。

下午，应孙中山诞生一百周年纪念筹备委员会约，到人民大礼〈会〉堂，参加举行孙中山先生一百周年纪念大会。[2] 董［必武］副主席致开幕词，周总理［作］报告，宋庆龄[3]、何香龄〈凝〉[4] 作报告。（何［的报告］系［由］别人代读），还有一个日本人报告。[5]

● **11 月 13 日　星期日**

［未上班第］77〈6〉日。

到［福绥境公社医院第一］门诊部试血压，为 158/80。

● **11 月 14 日　星期一**

［未上班第］78〈7〉日。

到人民医院口腔科，陈毓芝大夫上舌上药。

到内科，韩大夫看病，［给］V_B、V_C、葡萄糖酸铁、肝精片。血压 130/74，（血常规）血色素 7.1，（尿常规）白血球 2 ～ 4，颗粒管形 2 ～ 3。

中医徐衡之照王赫焉大夫方开方。

● **11 月 15 日　星期二**

［未上班第］79〈8〉日。

到协和医院，［与］吴德诚大夫见面。“协和”张大夫续开人民医院转院条。

● **11 月 16 日　星期三**

［未上班第］80〈9〉日。

● **11 月 17 日　星期四**

［未上班第］81〈0〉日。

到人民医院取中药三付。

晚，马竣和大夫来看，并说应服何药如下。马大夫说，补后应服：（1）还原铁丸；（2）睾酮制品（荷兰进口药）Yurdfolin（针剂），又名蛋白合成剂（把司保命去掉，睾丸素［即］司保命）。蛋白足了，血色素能长。有的大夫顾虑这能长血，也能长癌细胞，但马大夫认为对癌无妨碍。

---

1 10 日和 11 日只记未上班第几日，无其他内容。

2 这次会议的正式名称为“孙中山先生诞辰一百周年纪念大会”，溥仪是以大会筹备委员会委员身份出席的。

3 宋庆龄（1893—1981），孙中山夫人，当时任中华人民共和国副主席。

4 何香凝（1879—1972），广东南海人，孙中山的亲密战友、廖仲恺的夫人。当时任全国人常委会副委员长、全国政协副主席。

5 这位日本人士即中日友协理事长宫崎世民。

一般正常血、红血球 500 万，白血球 4000 ~ 6000，血色素 14 ~ 15（正常）。

马大夫说，可以吃蛋白多的物品：各种鱼、瘦肉、鸡蛋、牛奶。

（□一天不可超二个）

本日给孙博盛发第六〈七〉次信。[1]

● 篇后附录：溥仪致孙博盛（1966 年 11 月 16 日）

孙博盛同志：

我继续检查我的书，请加以指正。

……

我在伪满当时对日本帝国主义强盗们则如羔羊的驯顺，百依百顺，唯恐失掉“主子”的欢心；对于属下的人则凶狠如恶狼，我当时对属下的人残忍暴虐已极，除了自己亲自动手打人之外，还有命人用竹板打手心，用手打耳光，用板子打屁股等的事情，此外甚至还用了惨无人道的狠毒办法，用来对待穷苦无依的孤儿。例如“灌凉水”“跪铁链”“过电”“站木笼”等，这都是我在伪宫中制定出来并经常实施的血腥罪恶勾当。

……

在日寇侵占东北十四年的漫长的悲惨岁月中，随之而来的由于我一手所签订的卖国密约、各种卖国协定，以及由我签名盖章公布、颁布的伪诏书和经过我的所谓“裁可”、签名盖章而实施的各种伪敕令、伪法令和随之而来的各种残害人民的政策等，哪一样不是帮助日寇法西斯侵略战争和对东北人民的殖民地奴役统治？哪一样没有给东北以及全祖国人民带来了不可估计的大灾祸？所有这一切极严重的后果，完全是由我一手所造成的。

日寇之所以能够侵略祖国，不都是由于我的叛国投敌，由于有了伪满给它当了经济的、军事的……基地的缘故吗？祖国人民牺牲了一千多万宝贵生命：损失五百亿美元的人民财富，不都是由于我甘心给日寇当忠实走狗，出卖东北一切民族利益，支援日寇侵略战争的缘故吗？

……

总之，我对祖国和人民是犯了百死莫赎的滔天大罪。伟大的中国共产党和人民不但没有办〈判〉我以严刑，而且在共产党和毛主席伟大改造政策下，极耐心教育我、改造我，使我在史无前例的破格恩遇中，得到特赦，重新做人。蒙党和人民的宽大特赦，自己应当如何立功赎罪，全心全意为人民服务、做好党给的任何工作才对。可是自己改造确是很差；旧思想残余也还存在、特别是在写《我的前半生》一书，竟有美化旧事物、美化自己和污辱劳动人民等的毒素存在，这真是绝不允许的事，幸亏孙博盛同志及时地指出来加以批判与帮助，这才使我认识到错误，提高了思想。这确实对我是很大的帮助。更盼望把你写的关于我的书的批判寄来。我一定不断学习毛主席著作，不断改造自己，做一个真正的新人，向人民赎罪，也包括向你赎罪。

1 全信充满痛苦的自责，约三千字。详见篇后附录所摘内容。

● **11 月 18 日 星期五**

［未上班第］82〈1〉日。

晚，李义〈以〉劻忽来电话，谓沈［德纯］、张［刃先］访［住在］和平里［的专员］，告廖［耀湘］、范［汉杰］、康［泽］、王［耀武］将移住黄绍竑家（已住）[1]。又谓曾到北大、清华、国务院接待站看大字报；又说已抄下，让邱文升把大字报给送来传达。

● **篇后附录：董益三日记（1966 年 11 月 23 日）**

上午，李淑贤来，说她同戴家的矛盾又到了水火难容的程度，因此想迁居。据她说，黄绍竑自杀后，和平里的王、廖、范、康已迁居黄的住处（说是李以劻电话告诉溥仪的）。淑贤又想搬到和平里去，并说张述孔已经搬去了。

● **11 月 19 日 星期六**

［未上班第］83〈2〉日。

我打电话告沈［德纯］老、张［刃先］主任［关于］李义〈以〉劻昨天打电话事。

到人民医院口腔科检查，给涂舌上药。

● **11 月 20 日 星期日**

［未上班第］84〈3〉日。

● **11 月 21 日 星期一**

［未上班第］85〈4〉日。

到人民医院外科，侯大夫看痔疮，给甘油三介、V_C、V_{B1} 少许。又看眼科杨大夫，给氯霉素。

● **11 月 22 日 星期二**

［未上班第］86〈5〉日。

到中医研究院，王赫焉开方。化验室检查，尿中：红血球 3 ~ 5，白血球 2 ~ 4，上皮细胞 0 ~ 2，蛋白（+）+（−），血压 128/78，血色素 7.7（以前为 7.4、7.1），白血球 6150。

● **11 月 23 日 星期三**

［未上班第］87〈6〉日。

到人民医院内科，方大夫诊察，血压为 130/70，给 V_C、V_{B1}、味（胃）氮（蛋）白酶、葡萄糖酸铁、肝精片各二瓶。又到中医［科］，让徐［衡之］大夫录王赫焉方。

● **11 月 24 日 星期四**

［未上班第］88〈7〉日。

到人民医院取药。

1 黄绍竑（1895—1966），字季宽，广西容县人。与李宗仁同为新桂系军阀首领，曾任国民党政府内政部部长，浙江省主席、湖南省主席、第二战区副司令长官、监察院副院长等职。1949 年担任和平谈判代表团成员期间声明脱离国民党政府。中华人民共和国成立后，历任政务院政务委员、全国人大常委、全国政协委员、“民革”中央常委等职。详见篇后附录。

午时，邱文升来，李义〈以〉勗让拿来大字报给我看。我抄一些，后由邱文升代抄一些。

● **11 月 25 日　星期五**

［未上班第］89〈8〉日。[1]

● **篇后附录：董益三同日日记**

上午，我上街时，溥仪夫妇来我家。我回时，伯兰说他们刚走。

● **11 月 26 日　星期六**

［未上班第］90〈89〉日。

● **11 月 27 日　星期日**

［未上班第］92〈0〉日。

万嘉熙来看。万嘉熙来说李玉琴今早到他家去[2]，小虎[3]问是谁，李答“姓李，要找溥俭”。[4]溥俭适出见之，李问溥俭：“溥仪的《我的前半生》书你看是怎样？”溥俭说：“没看见过。”李又欲见万（并带来点心），溥俭说：“在'文化大革命'时，你还串什么联！[5]”李临行时说，溥俭还是老脾气。

万又问和戴［文山］家关系如何？

万又言，［嵯峨］浩［之］弟公元〈宫原〉又来了，在溥杰家。溥［杰］曾问［全国］政协领导，张刃先告，万嘉熙、润麒可以去看他。万又言，张刃先不是自己直接领导，因此他还未去。[6]我又问他，究竟你还到杰家去否？［万］又说，领导（本单位）让去就去。

万屡次问郑广元和二妹［韫和］到过我家否，又问［来过］多久了。

万乍来时尚平常，后来［表］面上越［来越］不像样，万还说〈问〉：知道大力[7]引“红卫兵”到二弟［溥杰］和［四弟］溥任家去吗？答：不知。［万］又说，大力打了溥任了。又说，大力在学校过去并不好，等语。

万并〈还〉带来许多文件［都是］关于“文革”［的］。下次来时将把他那份给我看。

老万问二妹［韫和］、广元［事］不得要领，不悦而去。

晚，到［福绥境］派出所见方所长。谈李玉琴来京之事。

● **11 月 28 日　星期一**

［未上班第］93〈1〉日。

---

1 本日溥仪的活动，详见篇后附录。

2 据李玉琴自述，“文化大革命”袭来，她和她的亲属再也无法承受“皇亲”这顶帽子的压力，先找吉林省委反映情况，省委给开了进京介绍信，又给签了三张代用火车票，她便与兄嫂一起赴京。

3 虎，溥仪的外甥，五妹韫馨的儿子。

4 李玉琴进宫后，溥俭之妻叶乃勤常常“奉旨入宫”，陪伴“贵人”。溃逃通化期间，在大栗子沟、临江和通化，李玉琴不但与叶乃勤在一起，也和溥俭多有接触。后来李玉琴到天津溥修家为溥仪守节，也是由溥俭夫妇给送过去的，嗣后亦有往来。因这种种历史关系，李玉琴乃提出找溥俭。当时溥仪的五妹韫馨同院，李玉琴实际要通过五妹了解溥仪的近况，并接触他。

5“串联”是“文化大革命”期间使用频率较高的一个词儿，当时用它的正面意义是各学校、各城市、各省区的革命师生沟通来往，互相学习，“传经送宝”；把革命火焰扇得更高。这里是反其意而用之。

6 万嘉熙和润麒当时都在北京编译社当日文翻译。

7 大力系溥仪的外甥，“文化大革命”期间是名中学生，还是个未成年的孩子，受极左思潮影响，曾带着“红卫兵”在家族内“造反”，抄了某些亲属的家。这种现象在当时不足为怪。

早，出，散步。

理发。向［全国］政协张［刃先］主任通电话。

● **11月29日 星期二**

［未上班第］94〈2〉日。

上午，到人民医院看鼻科。

沈［德纯］老介绍广东财贸学校四人来。上午未在家，因而未见，下午又来，知询问伪满一个军人韩旋岩，我不知道。拟明日偕他们往问王之佑。[1]

上午，溥杰来电话，说李玉琴到他家，适杰、［嵯峨］浩正送浩［之］弟公元（宫原）（上飞机），李亦同出来。李告杰，要和浩谈谈，问问过去，有［些］事忘了。

晚，溥杰又来电话说："李玉琴又到他家（住毓㦂家）。"她谈起孙博盛对我很愤慨，问我打死过几个人。杰说只知打孙博元一个人，李也说只知打孙一人。李又说我得稿费，别人说应把稿费分给她点，可是她并没想要。还说，别人（孙博盛）告诉她，到北京应带红卫兵到溥仪家造反，说我的书是毒草，等语。

杰说，经他和浩告诉李，我已经检查批判自己的书，稿费已交还政协。说我生活很朴素等语。又说，李借皮包用，浩送之，又送她烟卷，又送衣料，还留吃饭。杰说，李初来很愤慨，走时已和缓了，等语。[2]

● **篇后附录一：李玉琴回忆** [3]

溥杰在那种时候总算能理解我，嵯峨浩也很热情。我告辞，她拉住我不放，一定留我吃饭，还真诚地问我有何困难。我说，借一个能临时装装东西的家伙吧，住所人多手杂，有些零碎东西没处放。她慷慨地赠送我一只旧人造革旅行袋，还说我穿得太少，送我一件薄毛线衣。我说不冷，大衣也带来了。浩子非让我穿上。却之不恭，我带回去了，谁知我天天出去办事，毛衣没穿就丢了，还丢了30来元钱。浩子见我会吸烟，又送了烟卷等。

李玉琴"文革"年代插队到敦化县大桥公社兴发大队

● **篇后附录二：董益三同日日记**

……回家时遇李淑贤从我家出去，据伯兰说，我出门时她来，我进门时她走。她此次来，是为告诉伯兰，李玉琴来京了，和伯兰研究了

1 王之佑，生于1892年，字立三，辽宁兴城人。东三省陆军讲武堂毕业，曾任安国军军团参谋长、察哈尔政务厅厅长等职。"九一八"事变当时任吉林省政府委员兼全省公安管理处处长，一度反对熙洽，不久投敌，在伪满官至第一军管区（奉天）司令官（陆军上将）。伪满垮台后先后在苏联伯力和抚顺关押改造，获赦后回北京定居。其间与溥仪有来往。

2 关于李玉琴到溥杰家的情况等，详见篇后附录。

3 摘自《中国最后一个"皇妃"》（李玉琴记述、王庆祥整理），第443页。

如果李玉琴来找溥仪时怎样对付的问题。

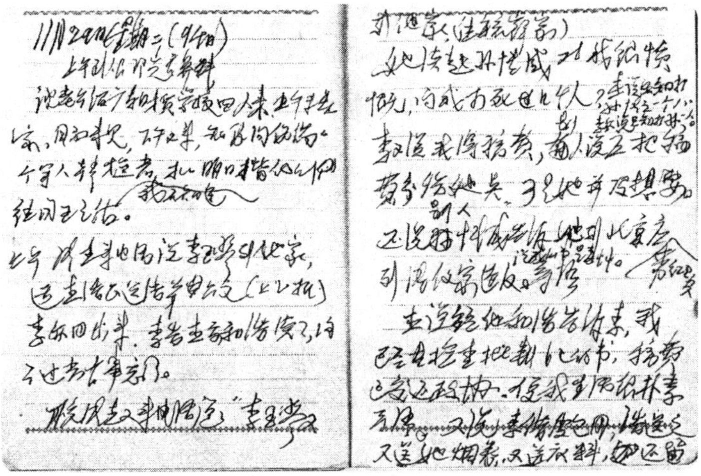

1966 年 11 月 29 日溥仪日记

● **11 月 30 日　星期三**

［未上班第］95〈3〉日。

● **12 月 1 日　星期四**

［未上班第］96〈4〉日。

到人民医院，韩大夫诊。胸穿痛；鼻炎未愈。化验室化验物：（血）血压 134/70，血色素 6.4g,（尿）白血球 5 ~ 6 个，红血球 2 ~ 3 个，颗粒管型 1 ~ 2 个。

晚，接孙博盛第四次来信，说不应关门，要详细、一页一页再检查。[1]

晚，访董［益三］。

晚饭后携贤到董家看。[2]

● **篇后附录：董益三同日日记**

晚上，溥仪夫妇来，坐到 9 时 15 分才走。谈的是孙博盛来信的问题。我对他们建议：应该要求群众出版社帮助解决这个问题。

● **12 月 2 日　星期五**

［未上班第］97〈5〉日。

早，到中医研究院，段大夫看病（段凤午大夫），血色素为 7.6，以前 7.4（昨天［在］人民医院［测］，减为 6.4）。白血球 1 ~ 2，红血球（没有）。

肿瘤科：王赫焉、段凤午、李大夫，护士（童护士）。

化验室：马堪净（小马）、韩文玲化验师。

将孙博盛信录出，寄［全国］政协沈［德纯］高〈老〉、张［刃先］主任。

打电话［给］群众出版社，王兰升接电话，告以孙博盛事本不想麻烦出版社，自己解决这事，无奈孙博盛仍要求检查，限于水平，检查不出什么来，拟与李文达商量商量。王答：当报告领导。以后我到中医研究院看病，王来电话，贤接。王谈，李文达到外边工作去啦！贤诘问那么怎么办？王未答，电话即挂上。

晚，我打电话给群众出版社和王兰升谈话，王说李文达外出工作，不在家。王［又］说别人不知道书的内容。

我说，我不是依靠李文达个人，而是依靠组织。因为孙博盛要求对书的检查，我已做了检查，我本不愿给出版社添麻烦，自己能解决就自己解决，但是孙博盛不满意，仍

1 指孙博盛 11 月 23 日来信，内容略。
2 关于溥仪在董家谈话的内容，详见篇后附录。

要求我详细地全面检查。自己限于水平，再检查，检查不出什么来。所以，愿意和出版社商量一下：我怎样回复他。

王：可以向政协领导反映。

我：都反映过。因为政协领导对于书的来源不接头，所以我还要向出版社领导反映。

王：对出版社联系，政协领导是否知道？

我：我也告诉过了。

王：告诉谁？

我：告诉过沈德［纯］老，他知道我打电话的。

王：究竟孙博盛要求什么内容？

我：这不是一两句话在电话中［能］说完的，他要求我详细检查，也并未说出具体什么来。

王：那么我向领导反映一下。

我：那好，你向领导反映后我们再联系。

以上是今天我和王兰升打（通）电话概况记录。

晚，携贤到董［益三］家看。[1]

● 篇后附录：董益三同日日记

上午，我上街买副食时，李淑贤又来了，说群众出版社回电话说，李文达不在家，出门去了……晚饭后溥仪夫妇又来了，他把那一堆东西又抱来了，告诉我了和群众出版社通电话的经过。我把上午对淑贤谈的意见，更具体地跟他讲了。他问怎样对付这封信。我建议他怎样复，他郑重其事地记录下来，在这信上我建议他把自己重病详细地告诉对方，并突出这一点，这对以后的事情发展将带来某些便利，并劝他在困难面前不要想退避，要耐心地并准备长期地和对方通信，在来往的通信中得到教育和提高。他们接受我的意见，9时左右走，我送他们出大门时，遇荀济民回来。他们是那么灰溜溜地头也不回地走了！

● 12月3日　星期六

［未上班第］98〈6〉日。

右胸穿连臂仍痛，又出鼻血，到人民医院看鼻科，费大夫用铬酸治鼻出血（前几天是佟大夫治的，给的薄荷剂和麻黄剂）。又给四环素眼膏。其次，到外科唐家宝大夫续看，照相（星期一可以看出）。又到中医科经徐衡之大夫，审核昨天中医研究院段凤午大夫所开方：

党参五钱　寄生三钱　白术三钱　茯苓三钱　薏仁二两　枸杞子三钱　石斛三钱　桑蛸三钱　菟丝子五钱　当归三钱　败酱五钱　鸡血藤五钱

徐加上黄耆〈芪〉生熟各三钱（九剂）

1 详见篇后附录。

又开犀黄丸一两，每日服一钱（四十粒）。[1]

● **篇后附录：董益三同日日记**

下午3时左右，李淑贤来通知，说老宋［希濂］来电话，叫我和溥仪到［全国政协］机关去把留在办公室内的东西拿回来。溥仪没有东西，不去，我就去了……我到机关去的时候，淑贤在我家，和伯兰谈了一个多钟头才走。据伯兰说，淑贤精神很低沉，面容憔悴，所谈都是牢骚和溥仪沉重的心情。

● **12月4日　星期日**

［未上班第］99〈7〉日。[2]

● **篇后附录：董益三同日日记。**

下午3时左右，溥仪又来了。说淑贤眼肿，肾盂又有点发炎，所以没有来，他这次来，是把他复孙博盛的信稿给我看，要求我跟他改的。我看了他的复信以后，立即跟他作了文字上的修改，之后又在一处增加了他的意思。总之这次复信的突出之点，是把他的病具体地告诉了对方，使对方了解他只能在力所能及的范围之内做出的检查。5时左右他走，临走时他要求我把他的这本书细看一遍，做一次全面的检查，并说他检查不出什么来，溥杰也不能做这个工作，只好请我帮助他，我答应了他的要求。

● **12月5日　星期一**

［未上班第］100〈98〉日。[3]

肋骨仍痛。

● **篇后附录：董益三同日日记**

上午，把溥仪的书看了两节，和伯兰商定：每天抽出1.5小时的时间检查老溥的书。

12月6日　星期二

［未上班第］101〈99〉日。[4]

到人民医院鼻科，看鼻炎（出血），费大夫看。外科又照相，肋骨。

● **篇后附录：董益三同日日记**

上午，又为溥仪把他的书看了两节，看来这书是有不少问题，开头一、二、三、四节写家史，完全平叙，而不是有重点的政治性的揭露，甚至把生活小事，如载沣穿西服、“剪平头”“留分头”都详细地写出来，有点和旧式的演义、野史之类相似。

● **12月7日　星期三**

［未上班第］102〈0〉日。[5]

到红庙骨科看肋痛，阎大夫说，是右二、三里肋骨受碰或扭气，经阎大夫按摩并给药敷上。

1 董益三日记中亦有关于溥仪的记载，详见篇后附录。
2 关于董益三检查《我的前半生》一书情况，详见篇后附录。
3 董益三帮助溥仪继续检查《我的前半生》一书，详见篇后附录。
4 关于董益三帮助溥仪检查《我的前半生》一书情况，详见篇后附录。
5 董益三帮助溥仪继续检查《我的前半生》一书，详见篇后附录一。

宏（红）庙骨科：董大夫、严（阎）大夫、聂大夫（女）、韩大夫（老）、刘大夫。

给孙博盛［的］第八次信，下午交邮局发。[1]

● 篇后附录一：董益三同日日记

上午，看老溥的书两节，第一章看完，第二章开始看。

● 篇后附录二：溥仪致孙博盛（1966 年 12 月 5 日）

孙博盛同志：

接到你来信，感谢你对我的帮助和启发。说老实话，自己确是思想觉悟低，认识水平是很不够，以致许多问题看不出来。但我仍要继续看。如果能够发现有不对［的］地方，我再写信告诉你。

你说现在对这本书将作全部分析，我诚恳地盼望你要帮助我，把你分析我这本书哪些不对［的］地方告诉我，我好改正。我是把你的帮助和批判当作为一个很重要的政治学习和进一步的自我改造。

我绝不是封门，绝不是怕麻烦，首次我曾说过我有病。我确实患有重病，身体是很不好的。从前年起，即不断尿血，去年才发现我的左肾生长了癌，膀胱也生长了癌，都是恶性的癌，经过动手术，把我的左肾全部割掉，膀胱也用电烧过。出院不久，不幸的是剩下的右肾也生长了癌，但不能再割了，只能用“钴 $_{60}$”放射性的治疗，现在一直每天服中医研究院的中药，又加上患高血压病、血管硬化，又严重地贫血，这几天右胸又开始奇疼，呼吸行动都感疼痛，还没有查出什么原因来。医生嘱多休养，因此我只能在力所能及范围内，对我的书继续检查，但这需要一些时间，请你原谅。

由于你的批判和帮助，已然使我得到了下列几点认识：

（一）对于《我的前半生》书，有了比较正确认识，认识［到］书中有许多毒素，有美化旧事物、美化自己、污辱劳动人民等毒素，对于祖国第二代会产生不良影响。

（二）认识［到］自己在过去领稿费是错误的。过去自己对人民犯了不可宽恕的罪恶，虽蒙特赦，自己不应当忘记自己的罪恶。写了一点东西就要报酬，这是不应该的，何况这书还有许多毒素，这真是罪上加罪，因此把稿费退还（退还给全国政协）是绝对应该的。

（三）这样的书，我认识［到］不应当再印。所以我向群众出版社提出自己［的］意见，不要再印这书了。群众出版社同志答应把我的意见反映给领导（据我了解，第一次出版约三万部，大部分作内部参考，少数出售；第二次出版约三万部，都是供内部参考，不对外）。

以上几点，如果不是你批判和帮助，我是不可能认识自己［的］错误和采取正确措施的。在此我衷心向你再一次表示谢意，更希望你继续多加帮助和指教。

此致

敬礼！祝你健康！

爱新觉罗・溥仪

1966 年 12 月 5 日

1 此即对孙博盛 11 月 23 日来信的复信，详见篇后附录二。

● 12 月 8 日　星期四

［未上班第］103〈1〉日。

到反帝医院（旧协和医院）就鼻科王大夫看病，检查鼻易出血症，给复方麻黄剂和复方薄荷剂。又到二门诊，经内科张大夫诊，查（查血色素为 6.5）[1] 仍系贫血，给硫酸亚铁和酵母片（食硫酸铁不易消化）。

● 篇后附录：董益三日记（1966 年 12 月 8 日）

上午，老溥［仪］夫妇又来了，这次来是因为孙博盛又来信了。老溥在等我买菜回家的空隙，抄孙博盛的来信（1/12）。我看了孙的信后，感到孙对这个问题，还不是个人对谁过不去的问题，而是组织的行动，可能这是他现在的政治任务之一。他说这次来信是他正式批判的开始，批判到了九十多页，可能是检查 100 页来一次信。批判有的很对，有的不对，张冠李戴。老溥没有主张，要求我帮助，我只好承担起这个责任，把它当作我现在的一个工作，一种理论结合实际的实习。准备提出回信的意见，和他商量，由他去复。今日中午，留溥仪夫妇在我家便餐。

● 12 月 9 日　星期五

［未上班第］104〈2〉日。

孙博盛第五次来信。[2]

到董［益三］家。[3]

下午，沈德纯副主委和张刃先主任来看。交孙信与看。溥杰和［嵯峨］浩亦适至，谈一会［儿］，张、沈辞去，杰、浩等一会［儿］辞去。

二妹［韫和）来电话问好。

● 篇后附录一：董益三日记（1966 年 12 月 9 日）

今日一天为帮助老溥［仪］答复孙博盛所提出的问题，拟出了 7 条回答。

● 12 月 10 日　星期六

［未上班第］105〈3〉日。

到人民医院，黄大夫诊病，仍开葡萄糖佚〈液〉、V_C、V_{B1}、肝精片、味淡〈胃蛋〉白霉〈酶〉等。胸侧仍痛。

与老董［益三］见。[4]

● 篇后附录二：董益三日记（1966 年 12 月 10 日）

今日为老溥又拟两条答案，这两条是费考虑的，因为实际上他不能负这个责任，但在目前又不能不负这个责任，既不能推，又不能就，难就难在这里。

下午 3 点多钟，我正为老溥的复信做总结性的叙述时，他来了，谈了他考虑的几点

1 括号内文字系溥仪补写在本日日记日期上方空白处的。

2 指孙博盛 12 月 1 日来信，内容略。

3 这件事记载在 12 月 8 日的董益三日记中，从两种日记的各种迹象考察，是溥仪把日期记错了。董益三详细叙述了溥仪当天与其来往的情况。详见篇后附录。

4 关于溥仪与董益三在本日与前日交往的情况，详见篇后附录。

之后，我把我的意见初步地告诉了他。坐谈了约一小时之后走了，约明日再来谈。老溥来时告诉我，他在新街口看大字报，据说彭真、田汉、夏衍等被“活捉”了。

● 12月11日　星期日

［未上班第104日。］

和贤到红庙骨科，阎大夫为贤按［摩］，牙旁声带作响（尚未治愈），为我按［摩］右一、二肋骨，稍好，而左肋又痛。

恒枢[1]从郑州来访。

● 篇后附录一：董益三日记（1966年12月11日）

代老溥［仪］草拟的复孙博盛的信稿，请伯兰抄了一份。把老溥的书又看了一点。

● 12月12日　星期一

［未上班第］106〈5〉日。

看董［益三］。[2]

● 篇后附录二：董益三日记（1966年12月12日）

上午，老溥［仪］来了，我把预备好了复信的意见交给他看了，很满意。在一两个地方照他的意见做了一点修改，我叫他拿回去自己再斟酌，按照他自己的意思任意去删改，因为是他自己的信，由他自己负责的。别人的意见能接受的就要，不能接受的就不要，想改就改。他临走时对我说：“我好比溺在水中的人，你伸手把我拉起来了。”老溥也有他的一套，还能这样去鼓励人帮助他。其实他就不是这样表扬我，只要他真心要我帮助，我还是一样地帮助他。

● 12月13日　星期二

［未上班第］107〈6〉日。[3]

到人民医院，徐［衡之］大夫开方：

橘红丸10丸（口服二丸）咳嗽

荆芥二钱　桔梗二钱　牛蒡子二钱　甘草二钱　杏仁三钱　橘红二钱　杞果三钱　桑皮二钱　薄荷五分

又开以前补药二剂：

党参五钱　生薏仁一两　菟丝子五钱　寄生三钱　枸杞子三钱　当归三钱

白术三钱　石斛二钱　茯苓三钱　桑蛸三钱　生炙芪各三钱　败酱五钱

本月〈日〉检查：血色素6.3 g，白血球5700。

又到内科，孙大夫诊治。孙大夫说，营养跟不上，吃得不够。酵母片□□咳。多服（在自家）蛋白：牛乳、鸡、鱼。

孙大夫给药：双清克、双氢克汞塞（氯化钾），利尿，五钱丸。血压140/70。又给睾酮制品注射，［系］荷［兰］进口药，每隔一日注射一次，六针。

---

1 恒枢，溥仪的孙辈家庭成员。

2 关于溥仪与董益三在本日与前日交往的情况，详见篇后附录。

3 董益三同日日记中有如下记载：“把老溥［仪］的书看到142页。”

晚，又到人民医院鼻科（鼻时时微有血），费大夫给复方薄荷剂、复方麻黄剂、四环素眼膏。

● **12 月 14 日　星期三**

［未上班第］108〈7〉日。[1]

服徐［衡之］大夫药，又服过去蒲［辅周］老开方：

连皮茯苓三钱　法夏二钱　橘红一钱五　桑皮二钱　瓜果壳一钱五　白前一钱五　桔梗一钱五　枇杷叶三钱　杏仁打．一钱　薄荷叶五分

● **12 月 15 日　星期四**

［未上班第］109〈8〉日。

上午到人民医院，林大夫看，开甘草合剂和四环素。徐［衡之］大夫开方如下：

枇杷叶 荆芥 甘草 桑皮 橘红 杞果 薄荷 杏仁

孙博盛本日来信（第六次信）。[2]

● **12 月 16 日　星期五**

［未上班第］110〈9〉日。[3]

● **篇后附录：董益三同日日记**

上午，老溥［仪］来。从 10 时等到 11 时 20 分我才回来，这次来是因为孙博盛又来信了（12 月 10 日），是回复老溥前次（12 月 3 日）的去信。这次来信比较简单，主要是说明他的目的在于肃清这本书的影响，影响肃清了就完了，但还是追问是谁支持写这书的？老溥对这次的来信很满意，问是不是要结束了？我答复他不要这样看，“肃清影响”是可以作为一个很费时间解决的问题，这个我们可以对付，唯对于谁支持的问题必须问群众出版社，需要他们的一句话。

● **12 月 17 日　星期六**

［未上班第］111〈0〉日。

徐［衡之］大夫开方：

荆芥一钱五　桔梗一钱五　苍术五分　甘草一钱　厚朴一钱　炙紫菀二钱

莱菔子三钱　橘红一钱　（二剂）

晚，宗奔来。贤为备饭。

又，麻仁滋脾丸，每日一丸。

● **12 月 18 日　星期日**[4]

毓嵒来看。毓嵒得一子，名恒铸（东东）。

● **12 月 19 日　星期一**

［未上班第］112 日。

---

1 董益三同日日记中有如下记载：“上午，抓紧看老溥［仪］的书，看到 176 页。”

2 ×××12 月 10 日来信，这封信态度趋缓，内容略。

3 本日，溥仪曾往董益三家，详见篇后附录。

4 本日未写［未上班第］某日，或因不把星期日计算为上班日的缘故。

胸闷，鼻仍时糁〈渗〉血，气发堵，有痰，舌苦。到中医研究院，蒲辅周看病开方，陈鼎祺写方。

蒲老［诊］脉滞啬〈涩〉，清浊互混，三焦失调，上焦尤甚，宜宣清导浊，以调和三焦。

连皮茯苓三钱 杏仁打·二钱 薏仁四钱 冬瓜仁三钱 法夏二钱

橘红一钱五 脱蚕砂三钱 苏叶三钱、后兑 竹叶二钱 通草一钱

丝瓜络二钱 枇杷叶炙三钱 （五付）

蒲老（陈鼎祺［写方］）

● 12 月 20 日　星期二

［未上班第］113 日。

服蒲［辅周］老药。

到邮电局向孙博盛发［第］九次信。[1]

给群众出版社发信。给［全国］政协张［刃先］主任发信。

● 篇后附录：溥仪致孙博盛（1966 年 12 月 20 日）

孙博盛同志：

我接到你的信很高兴，只因我病还没好，迟迟答复，请原谅。我按照你的嘱咐，对你 1966 年 12 月 1 日来信所指出的答复如下：

……[2]

这本书的毒素确实是很多的，但我看一遍、看两遍，看不出来。这是什么原因？是思想认识的水平太低。更重要的还是立场没有完全转变。感谢毛主席、感谢党把我特赦出来，之后尽管我立下决心在后半生中重新做人，听毛主席的话，跟共产党走，走社会主义道路，但这并不等于立场就完全改变了，整个世界观就改变了。当时写这本书的主观愿望是想宣扬党的改造政策的伟大，但结果事与愿违，感谢你耗费很多时间来分析批判这本书，帮助我认识错误，我觉得千错万错，总的一个错是没有政治挂帅，没有高举毛泽东思想伟大红旗，没有用主席思想作武器来批判我的前半生，所以问题很多，流毒很广，而自己还发现不出来，这是由于我患病几年，对学习抓得不紧，思想觉悟落后于形势太远。我接受你的建议，在这“文化大革命”中自觉地进行自我革命，这就是说要站在革命群众一边，在群众的帮助之下，严格地对过去的我和现在的我进行批判，求得进一步改造自己。

● 12 月 21 日　星期三

［未上班第］114 日。

服蒲［辅周］老药。

● 12 月 22 日　星期四

［未上班第］115 日。[3]

1 该信是董益三帮助起草的，经溥仪修改并誊清后付邮，详见篇后附录。

2 此处删节约五千字，内容系溥仪对《我的前半生》一书前一百页的自我检查，并列九个题号。

3 董益三同日日记中有如下记载：“下午看《我的前半生》到 200 页。”

仍服蒲［辅周］药。走路仍气喘，疲倦、喜睡。

到协和医院检查尿和尿细胞。侯［金兰］护士致问候，张大夫抗而不理，向他招呼，连眼不看，只说一句“嗯”！

● 12 月 23 日　星期五

［未上班第］116〈5〉日。[1]

蒲［辅周］老病，未能去中医研究院。

早、夜仍是动作则喘，好昏睡，睡时呼吸觉睹（堵）满，腿浮肿，口苦，易渴。

早，到人民医院，徐［衡之］大夫看（淑贤晚去看，到内科孙大夫看）。

党参三钱　当归二钱　生芪炙各二钱　五味子一钱　制半夏二钱　远志一钱

炙草二钱　炒白术二钱　桂圆肉三钱

● 12 月 23 日　星期五 [2]

［未上班第］117〈5〉日。

上午，和贤到人民医院，韩大夫诊治。因试血，未取药，下午我告贤，明天再去取药。可是，贤托看骨科□□而到人民医院，与韩大夫联系。韩开“证明书”［第］93664［号］，“肾癌、尿毒症”。今日查血［色］素：5 克。

说我又尿中毒，贤急电话告［溥］杰，杰又告万［嘉熙］，杰、万后来都来。贤又与人民医院联系，开介绍信到协和［医院］。

晚七时许，我和贤以及杰、万到“协和”住院——第四次住协和医院第一天。[3]

● 12 月 24 日　星期六

四次住院第 2 日。

［未上班第］118〈7〉日。

抽血、输液、注射。

上午，万［嘉熙］来看。溥杰、三妹［韫颖］、贤均来看。

● 篇后附录：董益三日记（1966 年 12 月 24 日）

上午，伯兰刚起床不久，李淑贤来了，一进门就诉说溥仪的生活情况不正常。到人民医院去看，说是尿毒症，转到协和［医院］治疗，昨晚已经住院了。据吴［德诚］大夫说，溥仪是肾功能有问题，引起尿毒症，可能好不了。淑贤一面说、一面哭，哭她今后怎么办？哭她的命苦……过去的出生……到现在落得这样的一个结果……十分悲痛。伯兰和我尽可能对她劝解，尽可能安慰她。留她午餐她不吃，11 时才走。这对伯兰来说，也是一个不小的刺激，以后我们的谈话差不多都以这件事为中心。

● 12 月 25 日　星期日

四次住院第 3 日。

1 董益三同日日记中有如下记载：“看溥仪的《我的前半生》到 220 页。”

2 本篇日期与上篇日期重复，原文如此。经查，本篇日期准确。

3 董益三日记中有相关记载，详见篇后附录。

［未上班第］119〈8〉日。[1]

注射和输液（有葡萄糖）。

郑广元、润麒来看。

● 12月26日　星期一

第四次住院第4日。

［未上班第］120〈19〉日。[2]

注射和输液、抽血。大便不通、微发烧（37.3℃）、咳嗽、痰多胃内奇疼。

方大夫看。鼻科王大夫看，给药二种。

溥任来看。

● 12月27日　星期二

四次住院第5日。

［未上班第］121〈0〉日。

大便不通，两肋疼。

早，灌肠，仍注射和输液——葡萄糖、甘露醇、碳酸氢钠。

早，老万［嘉熙］来一会［儿］看看。下午贤来看。

下午，杜聿明、郑庭笈来看，杜带来水果。宋希濂夫妇来看。

吴［德诚］大夫来，说抽血化验，酸性中毒已见减，肾尿中毒还没有变化，和［以］前一样。发烧到37.8［度］，吴大夫说，由于肾功能不好，应避免注射霉素药品，看看明天如烧还不退，再用注射。

本日仅服杏仁茶和饼干少许，不思饭。

晚，吴大夫来给注射青霉素和链霉素。体温为37.2℃、37.8℃、37.5℃。不进食，只饮杏仁茶和一点饼干等。

● 12月28日　星期三

［四次］住院［第］5（6）日。

［未上班第］132〈21〉日。

两肋仍痛（呼吸作疼），舌干苦，体温37.4［度］。注射青霉素、链霉素、丙酸睾酮、B_{12}，服口的清（进口药）。

贤来，她说昨晚到［溥］杰家，让杰打电话给张［刃先］主任［告之］我欲找蒲［辅周］老看病。溥杰当晚即和〈给〉张主任打电话。

贤来。张主任、沈［德纯］老来看，吴德诚、张芬兰同来看，商量约蒲老来会诊的事。上午仍输液。

七叔［载涛］和三太太［王乃文］来看。

杰二弟、宗弃来看。郑庭笈夫妇来看。

---

1 董益三同日日记有如下记载：“看《我的前半生》至238页。”

2 董益三同日日记有如下记载：“看《我的前半生》至246页。”

● 12 月 29 日 星期四

［四次］住院第6〈7〉日。

［未上班第］133〈22〉日。

［全国］政协介绍蒲辅周老大夫来诊（赵公勤陪来）。蒲说："周总理很惦念，让来看看。"[1]

贤来。吴［德诚］大夫来。

输液，葡萄糖1000cc。血色素6.8。

蒲老开方（五付）。

杏仁一钱 白蔻八分 茯苓二钱 大腹皮一钱 法夏二钱 藿梗五钱 泽泻一钱 猪苓一钱 川连五分

甘草梢五钱 通草一钱 海金沙一钱 郁李仁二钱

白芥子一钱 （五付）

晚，三妹［韫颖］、二妹［韫和］来看，宗弇来看。

●篇后附录：董益三同日日记

下午4~5时，李淑贤又来坐了一会儿，据说老溥［仪］住院后，尿毒还在增长，没有降低，要求某名中医医治，不换病房。经溥杰请示［全国政协］机关，可能［有］首长的许可，两项要求都得到默许了。

● 12 月 30 日 星期五

［四次］住院［第］7〈8〉日。[2]

［未上班第］122〈3〉日。

输液1000cc，注射。

贤来看。吴［德诚］大夫看。

下午，廖耀湘、罗历戎、杜建时来看。

四妹［韫娴］来看。

不思饮食，睡半夜心跳，服蜂王精。烧退。停止打青、链霉素，早打青霉素一针。

● 12 月 31 日 星期六

［四次］住院［第］8〈9〉日。

［未上班第］123〈4〉日。

输液，注射。吴［德诚］大夫［来］。

贤来看。下午溥杰来看。

仍不思饮食，晚，觉胸打嗝，遂食豆蔻少许。

1 董益三日记中有相关记载，详见篇后附录。

2 据董益三同日日记载，李淑贤曾来董家谈及丈夫的病情，她说："老溥的病尿毒已经开始下降，病情好转。"

1967年[1]

● 1月1日　星期日

[四次住院第]9〈10〉日。

新年春禧。

见好，微散步。

早，贤来看。

输液，注射，唇上裂伤。

吴[德诚]大夫来看。

● 1月2日　星期一

[四次住院第]10〈1〉日。

更见好，散步。

仍输液，注射。

下午，周振强夫妇来看。万嘉熙、五妹[韫馨]及小虎[迪坤]新婚夫妇（新娘为益秀英，满，少数民族）来看。润麒来看。

到口腔科，大夫给药涂唇。

● 1月3日　星期二

[四次]住院[第]11〈2〉日。

输液，注射。

贤来看。吴[德诚]大夫来。李义〈以〉劻来看。

● 1月4日　星期三

[四次]住院[第]12〈3〉日。

输液，注射，抽血做试验。[2]

贤来看。吴[德诚]大夫来。万嘉熙送报来看。

下午，溥杰来送工资。宋希濂夫妇来看。

晚，宗光[3]来看。

● 1月5日　星期四

1 1967年是溥仪一生度过的61个年头里的最后一年，他以惊人的毅力把日记一直记到逝世前六天，即10月12日。虽然他在10月6日写给夫人李淑贤的几个字看上去还颇有力量，但从那往后的几篇日记，就只是“象征性”的弯弯曲曲的钢笔道了，没有几个字能被辨认出来。难得的是，溥仪最后一年的日记却完整地保存下来了：从1月1日到2月16日，记在编号第27本的后半部上；从2月17日到8月31日，记在编号第28本上；从9月1日到10月12日，记在一个二寸半长、二寸宽的薄薄的小本上，而白色硬面封皮的正中，是溥仪亲笔题写的“病中记事”几个字，下面印有正方形的“爱新觉罗”图章。溥仪这期间的日记也只能是极为简要的“病中记事”了。

2 原文加了着重符号。

3 宗光，溥仪的外甥，三妹韫颖的小儿子，当时在工厂工作。

［四次］住院［第］13〈4〉日。

贤来。雇汽车[1]同到中医研究院，蒲［辅周］老诊，开方如下（蒲老看病：液不足，舌淡，滋肾养阴）。

麦冬二钱　五味子打．一钱　白人参二钱　菟丝子三钱　肉苁蓉三钱　茯苓三钱

泽泻二钱　广皮一钱　车前子三钱　白芥子炒．一钱　白通草一钱

五付（每剂二两蜂蜜和药）

回来输液注射。

赵丽瑛上午来二次，未遇。回来接赵写的一纸才知道。

下午，输液。吴［德诚］大夫来看。

● 1月6日　星期五

［四次］住院［第］14〈5〉日。

输液。到口腔科看唇上病，敖莱发诺尔泾布注射。

下午，毓嵒来看。三妹［韫颖］来看。宗弁来看。吴［德诚］大夫来。

服中药。

● 1月7日　星期六

［四次］住院［第］15〈6〉日。

输液，注射。上唇药。

贤来看。吴［德诚］大夫来。

服中药。

● 1月8日　星期日

［四次］住院［第］16〈7〉日。

输液，注射。上唇药。服中药。

上午，溥任来看。

下午，溥俭夫妇来看。

● 1月9日　星期一

［四次］住院［第］17〈8〉日。

输液，注射，服中药。

贤来看。吴［德诚］大夫来看。

万嘉熙带被来。

● 1月10日　星期二

［四次］住院［第］17〈9〉日。

抽血检查。输液，注射。服中药。

下午，溥杰来看。吴［德诚］大夫来看。

前次（1月6日）试血色素为6.6。

1“文化大革命”期间全国政协机关已不能按规定保证溥仪用车了，他只好自雇出租车。

晚，量血压 140/70。

● 1月11日 星期三

［四次］住院［第］18〈20〉日。

输液，注射。

贤来，欲邀我到蒲［辅周］老处看看病，蒲辅周正请病假，所以到中医研究院诊治未成。

晚，贤［来］电话，四妹［韫娴］也来电话，问我好。［溥］杰几［乎］每日通电话。

吴［德诚］大夫来看。

晚饭后宗光来看。

● 1月12日 星期四

［四次住院第 21 日］[1]

输液，注射，照透视。

邵大夫说，有主动性心型双肺叶厚，右胸有胸声。主张照相。唐摄影师照相，并讲上述病［的］情况。［他说］，对于“动心型”，系老年人的心尖大，这是常事。

吴［德诚］大夫来。

本日早，姚［锦芳］护士拿来［空］瓶，让留尿做尿常规［化验］，该瓶从早一直到 8 时半后无人取。我才告与傅［福贞］护士长，她才知道留尿。等晚上侯［金兰］护士问我留尿否（说明等了半天尿也未送去）。我告吴大夫，吴谓明天再留尿吧（可是，他今天才写留查癌细胞，明天用。昨天只是试尿常规）。而吴答：未送去，明天再尿（可是这次他也没写尿常规，只写癌细胞试验）。

● 1月13日 星期五

［四次］住院［第］18〈22〉日。

留尿：1. 尿常规；2. 检查癌细胞。

贤来。打电话［给］［全国］政协张［刃先］主任，要汽车来接到中医研究院，蒲［辅周］老看。

［诊断］

舌白腻苔未退净，宜半调心肾，理脾胃。［可按］上次方加减：

白人参二钱　麦冬二钱　五味子打·一钱　菟丝子三钱　泽泻二钱　茯苓三钱

广皮一钱　车前子三钱　远志炙·一钱五　菖蒲一钱五　大枣二钱　肉苁蓉三钱

（七付）

贤看病，蒲老看：体质虚弱，宜滋阴益胃。

［处方］

玉〈郁〉金二钱　沙参二钱　茯苓二钱　五味子一钱·打　麦冬二钱　枣仁三钱

远志五钱　珍珠母五钱　肉苁蓉三钱　决明子二钱　夏枯草二钱　大枣二钱

1 本日漏记习惯性的“住院某日”，“漏记”是溥仪常常记错数字的原因之一。

（蜂蜜为引）

另服桑葚膏一汤勺。

● 1月14日　星期六

［四次］住院［第］19〈23〉日。[1]

昨晚，吴［德诚］大夫对护士写：（1）对我停［按］病重处治；（2）停记出入量。说明病逐渐轻。

输液，注射。

● 篇后附录一：董益三同日日记

李淑贤上午来，为的是孙博盛又来了信，但她不是直接拿出来，而是转弯抹角的……

我告诉她，由她先复孙，说明老溥［仪］病发，已经住院，等他好了出院后再复他。孙信可不给溥看，也将情况向领导反映。

● 篇后附录二：李淑贤致孙博盛（1967年1月14日）

您的来信已收到了。现在溥仪住院已月余，病情甚为严重，肾癌合并尿毒症。看来短期内不能出院，等将来出院病愈，叫他向你检讨答复，故向您表示歉意。

● 1月15日　星期日

［四次］住院［第］20〈4〉日。

输液，注射。

王力民、王昭来看。郑广元来看。

史护士说我喜输液，不怕痛。张秀□随吴［德诚］大夫来，说用不着输葡萄糖，买葡萄糖一包喝一喝比输液还好呢！吴大夫随声附和地说我喜吃药（看见桌上［有］维他命则说喜吃药，反为张所驳，张说它〈那〉是因为嘴唇生疮吃的——事实是吴霭然大夫开的），吴也忘记他过去说过的“非蛋白氮降到75，还是高，等再降。下时可以考虑输血了”［的话］，忘记病的严重性而事实是怕护士对他提意见：为什么你给他输液这么多天？因此吴对张说，明天即停止输液。张看我如何表示，我答听大夫话，张始放心而去。我追问吴：何日再抽血化验？（吴过去曾谈再抽血化验）吴忙于走，急急地随随便便地说：“星期二吧！”

还有补充一段：当吴初来时（1月14日），我问他们：透视和照相［对于］胸疼［是］怎么样判断的？不料吴一闻这话，一言不答急忙退出，忙问护士，追看病历，又［打］电话问照相室，也没有查出来，又慌着进来说：“我还不知道呢！照相室同志出去了。”（这是对病人的什么负责态度？）这以后，就如上述的讥笑我多吃药，说什么别人都怕打针，都得大夫劝才行，而我则是愿意注射……（难得他说得出口，忘记他自己过去对这病是如何估计和决定）。又说什么我喜吃药……（大夫竟不调查研究！我为什么吃V_C、V_B、V_2、酵母，是谁开的？是不是别的大夫开的？V药是吴的叔叔蔼然开的，

1 李淑贤收到孙博盛致溥仪的第七次信，该信用横格信纸写了8页，以强硬口气批判《我的前半生》。因溥仪病重，李淑贤未惊动他。而径往董益三家讨教，并根据董的意见，以个人名义给孙博盛复信。详见篇后附录。

他一点[儿]不知，他不开药，还不许别人开药）。吴说完停止输葡萄糖时又为自己辩护一句："葡萄糖并没有多少钱，只不过老用它也没有什么用，要是别人早就不用了。"一直[到]我追问他几时再抽血检查，他才懒洋洋地说："星期二吧！"（我要不再追问他，他准又忘了。）[1]

夜又耳鸣心跳，服蜂王精，护士给密尔疼二片。

● 1月16日 星期一

[四次]住院[第]21〈5〉日。贤来看。

本日停止输液，仍注射。鼻又微不适，出一点血。

● 1月17日 星期二

[四次]住院[第]22〈6〉日。

早，抽血试验和试常规。

到放射科，胡主任为照相（第二次照相）。胡言，靠心的胸膜有小黑点，所以要再查一查。她告诉：

12日肾红（1～4）白（2～5）

17日血色素6.6、89.6

二氧化碳[结合力]：46（上次为75）。

注射。

晚，吴[德诚]大夫来。[2]

● 1月18日 星期三

[四次]住院[第]23〈7〉日。

注射。

贤来看。郑庭笈来看。

晚，赵丽瑛来看。吴[德诚]大夫来。

● 1月19日 星期四

[四次]住院[第]24〈8〉日。注射。

下午，六妹[韫娱]让王晴雪、王响逸、王欣来看。

晚，五楼病号倪海曙[3]来，要求为〈在〉他的笔记本上题几个字，关于"文字改革"[的]我告以本来素不认识，只现在才认识，在"文化大革命"时，我想你如要求写可以通过组织。倪谓既不方便就不必了，又说他要经[全国]政协组织同[意]再和我连〈联〉系等语。

● 1月20日 星期五

[四次]住院[第]25〈9〉日。

1 溥仪曾在本日日记天头空白处补写了一句话（略）。

2 按原文在该句下还有"十楼二二三，开会""5楼1""207总机7""护士楼244"等简单记事。

3 倪海曙（1918—1988），知名文字学家，著有《中国拼音文字概论》《中国语文的新生》等。1983年6月以社会科学工作者身份出任全国政协委员。溥仪当年并不了解倪先生的学者身份，而把他看作不相识的"病号"。

注射。

上次蒲［辅周］老开的中药七［付］服竟。

● 1月21日　星期六

［四次］住院［第］26〈30〉日。

到中医研究院，同贤同往。蒲［辅周］老看病，蒲老再开方（七付）：

脉弦滑，苔白腻，舌黯，大便好转，睡中筋惕。由肾气不足，心气亢虚，宜继续调理心肾。

巴戟天三钱　枸杞子炮·三钱　白人参二钱　麦冬二钱　五味子一钱·打　菟丝子三钱　肉苁蓉三钱　茯苓三钱　泽泻二钱　广皮二钱　车前子三钱　通草一钱

（七剂）

又给贤开方：

麦冬二钱　沙参三钱　茯苓三钱　五味子打·一钱　枣仁三钱　远志一钱·炙

苁蓉三钱　珍珠母五钱　夏枯草二钱　大枣擘·三钱

● 1月22日　星期日

［四次］注射（住院）［第］27〈31〉日。[1]

服中药。注射。服中药。

早，万嘉熙送报来（又问二妹［韫和］和［郑］陨敳来过否，四次［问］，每次必问）。贤来看。［溥］杰二弟来看。

晚，二妹来，又送主席纪念章一枚。润麒来看。

● 篇后附录：董益三同日日记

上午，李淑贤来看伯兰，坐了一个多钟头才走。据说溥仪的病处于停滞状态，废〈非〉蛋白在79左右。

● 1月23日　星期一

［四次］住院［第］28〈32〉日。

［四次］住院［第］29〈32〉日[2]

注射。

● 1月24日　星期二

［四次］住院［第］30〈3〉日。

注射。沐浴。外散步。服中药。

抽血检查，非蛋白氮83.4；二氧化碳结合力：43.6。

注射。服中药。

下午，吴［德诚］大夫来一会［儿］，说下星期再抽血，说降的可能慢，可以出院。

上午，贤来看。

---

1 关于溥仪的病情，详见篇后附录。

2 本日重复记下“住院某日”，溥仪大多记错数字，此亦其原因之一。

● **1月25日 星期三**

［四次］住院［第］31〈4〉日。

贤来看。

● **1月26月星期四**

［四次］住院［第］32〈5〉日。

下午，贤来看并带来V_{B12}片，曾访倪大夫[1]，又访马峻〈竣〉和，问我如何调治疾［病］？

● **1月27日 星期五**

［四次］住院［第］33〈6〉日。

贤来看。吴［德诚］大夫来。

● **1月28日 星期六**

［四次］住院［第］34〈7〉日。[2]

贤来，同往中医研究院。

到中医研究院，蒲［辅周］老看［病］。

［开方］

巴戟天三钱 枸杞子三钱 白人参二钱 麦冬二钱 五味子一钱·打

菟丝子三钱 肉苁蓉三钱 茯苓三钱 泽泻八钱 广皮一钱 车前子三钱

通草一钱 紫蔻仁，另嚼服。

通电话闻贤言：倪大夫建议我换一个人工肾，贤自称可将她一个肾给我。我坚决反对这个建议。我服中药等治疗，虽然一肾有病，也可控制见好，怎能割剩下一肾换肾？倪大夫的这个建议真是毒辣，要害两个人，噫！但是，他是痴人说梦，根本做不到的。

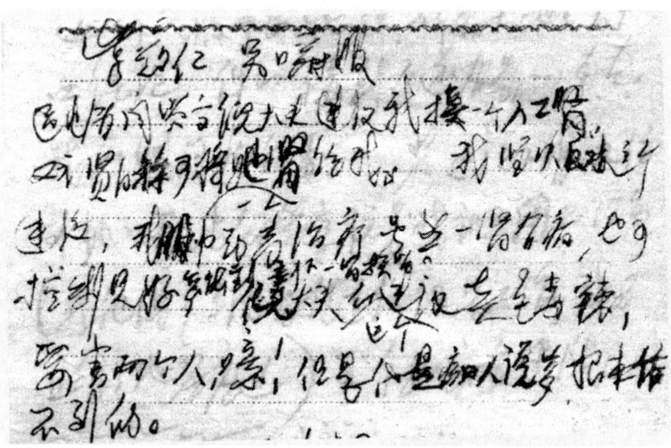

1967年1月28日，记载了溥仪不同意换肾的情况

● **篇后附录：董益三同日日记**

沈［醉］走后，李淑贤来闲谈。溥仪的废〈非〉蛋白还是85左右（健康人在40以下）。

● **1月29日 星期日**

［四次］住院［第］35〈8〉日。

注射。服中药。

万嘉熙来看。

溥杰来电话与贤，谓李玉琴到彼家；问我真［病还是］假病，谓到［全

---

1 倪大夫，中国台湾人，日本医学博士，专长小儿科，医术高明。1955年至1958年，李淑贤在他开办的朝阳区东大桥景山诊所当护士，跟他学习护理和临床医学知识。

2 关于溥仪的病情，并见篇后附录。

国］政协见赵寻[1]，说“可到医院去”。[2]

● 篇后附录：董益三同日日记

晚饭后李淑贤来。谈李玉琴又来，说要和溥仪清算“21 条”，要斗溥仪，怎办？我们替她出主意：到派出所反映情况。李即去。

● 1 月 30 日　星期一

［四次住院第 39 日］[3]

贤来。

早 9 时，李玉琴偕杜小娟（长春机械厂工人）来，谈竟日（午后 12 时到 3 时休息）。

大意为要我写一文件，为李玉琴澄清问题，说明她是过去如何被压迫、入伪宫、强迫签名［承认］“二十一条规章”［并］在佛前焚烧，又对她家规定“六条”［限制办法］，又告吉冈令其兄当警察等。说是至今李玉琴家尤受〈背〉黑包袱，什么“对劳动人民侮辱”等，李玉琴说当时又不给她钱，是“阴谋”，怕她行贿、运动等。

……

李玉琴［又说］：“……［你］是最大［的］地主头子！血统论！你的余毒到今还有影响存在。”我和贤问她“何毒”？琴也说不明［白］，又提到她的哥哥当伪警察，说是我让吉冈任命［的］（我记得是吉冈曾提过给她兄工作，我为照顾她答应过）。至今，她家受〈背〉黑锅。

又追问［《我的前半生》一书］稿费交谁？告“［全国政协］机关”。不行，还问，遂告“交张刃先”。[4]

谈很多。

杜[5]最后希望我写为玉琴辩解材料，明天来取。我和贤都说不行，身体有病，等出院再写。杜说，等了已十几日，杜说回来商量商量。

杜还说过：“有许多人控告你，（玉琴又说：“你虽改造，还有余毒。”）我们是压着怒火，和平〈风〉细雨对你，没有让多人参加。”

本日，赵丽瑛夫妇来，加入听一会［儿］。史大文来。

直到晚 6 时许大夫来催，琴、杜才走，走时对淑贤和我有笑容了。

淑贤 7 时回家，打算写信与周总理报告，约要和人商量商量。又，溥杰来电话，询问打一天电话贤未接，给政协打电话也无人接。我告其事。溥杰谓可以给她写［份证明］，让她走了就成了，最好不要和她纠缠。

……

征兆：后来杜小娟急急要［走］。来时气盛〈盛气〉凌人，走时笑容可掬，杜还谈“怎

1 赵寻，当时为全国政协机关内群众组织的负责人。

2 关于董益三给李淑贤出主意的情况，详见篇后附录。

3 本日再次漏记“住院某日”。

4 本自然段是溥仪补写在该页日记天头空白处的，现据内容插入正文。

5 杜，即杜小娟，与李玉琴同来。

么他〈她〉们二人都姓李？"气氛已大缓和了。明天让我写材料，说明她们只是这个技〈伎〉俩，满足要求就行了。因此，为了顺利解决矛盾，不应重添无味〈谓〉纠缠，可以答应给李玉琴写一材料，替她澄清一下。

如果这时就对〈给〉总理写信，未得解决，反［而］转化为尖锐矛盾，两相一辩，互相争辩，总理百忙中，我们哪能以自己能解决的事让总理操心？因此还是暂不给总理写信为宜。

附记：如果对方有意寻衅斗争或要求往他处等迁移。则必须给总理写信汇报。

我同意溥杰所说二点：

（1）我的缓、软与贤的反驳为相成相辅（既承认自己过去［的］罪恶，又揭露她，又减杀她的威风），解决了矛盾。

（2）顺利解决，写一材料，得完事，不必重添纠纷。

穷寇莫追，适可而止。不然狗急跳墙，反不好。[1]

● 篇后附录：关于"皇娘造反"的简要说明

作为伪满皇宫中的"福贵人"，李玉琴背上了"皇娘"的黑锅，在"十年动乱"中不可避免地受到冲击，她哥哥李凤也因为沾了"皇亲"而被安排为伪警长，自然更逃不过"文化革命的铁扫帚"，连1959年才嫁到李家的李玉琴的嫂子杜小娟也未能幸免于被批斗。于是，他们一起到北京来找溥仪（李凤只住几天即返长春），主要目的是想让溥仪写份书面材料，证明李玉琴在宫中身受"21条"（溥仪专门给李玉琴规定的限制她人身自由的种种约束）束缚，也是个被压迫者，同时也证明李玉琴的娘家家属在"6条"（溥仪专门给李玉琴娘家人规定的，其中包括不许对外讲"皇亲"，不许以溥仪名义求官求钱，必须坚决服从"皇帝"的旨意等内容）禁令下，完全没有得到"王亲"的待遇，以便能够平安度过风暴，在当时这是完全可以理解的。关于这段经历，李玉琴同志已经写入她的"自述"中可供参考（见李玉琴记述、王庆祥整理：《中国最后一个"皇妃"——李玉琴自述》，北方妇女儿童出版社1989年版，第437~453页）。

● 1月31日　星期二

［四次］住院［第］37〈40〉日。

贤来。[2]

下午，吴［德诚］大夫来抽血，［化验结果］为非蛋白氮86，注射，服中药。

● 篇后附录：董益三同日日记

李淑贤今日一早就来，谈李玉琴和另外一个女的到协和医院去找溥仪谈话的经过情况，我肯定了他们对付［李玉琴等］的态度（溥［仪］认罪，李［淑贤］说理），根据他们的谈话判断李等来的目的，是从溥仪这里找证明，开脱她和她的哥哥在伪满时期的罪责……嘱李［淑贤］注意。出证明必须实事求是。

1 关于李玉琴进京"造反"的背景及来龙去脉，详见篇后附录。
2 李淑贤当天曾到董益三家，谈及李玉琴到协和医院病房的情况，详见篇后附录。

● 2月1日 星期三

［四次住院第 41 日。］[1]

贤来。

吴［德诚］大夫来看。

● 2月2日 星期四

［四次］住院［第］39〈42〉日。

医院令曲介甫、王［某］、旗海田、单殿元出院（以前张灵、石□、倪海曙[2]先出院）。准备今天留苏学生九人（被苏修打伤），后又追加在伊拉克大使馆中国学生四人（被驻伊苏大使馆打伤的四人），今天下午来，住反帝医院。

● 2月3日 星期五

［四次］住院［第］39〈43〉日。

贤来接（史大文同来），出协和医院。[3]吴［德诚］大夫不肯写转院条，经贤与人民医院交涉（非有转院条不可），后和孙大夫交涉，经孙大夫诊治，留住院一号［病］室。

周大夫检查，裘大夫来详细看。检查大、小便，给罗敷〈芙〉木、双清克尿塞、硫化钾、肝维隆、红色补丸、酵母片。血压为160/80。

夜，睡不着。护士送来药，服利眠灵二［片］，又服密尔痛一个。

午后，六妹［韫娛］偕王阳来看。贤又来看。

● 2月4日 星期六

（住人民医院第二日）[4]

这才初来，人民医院大夫、护士（一病房）的态度与服务和反帝医院（五楼一）大不同。裘大夫来详细检查，试血压为130/70，因此便减去罗敷〈芙〉木，这说明人民医院大夫的负责、认真，较之反帝医院五楼一病房吴德诚大夫对人的漠不关心、护士的趾高气扬，真好像两种世界。

溥仪在生命最后的日子里在此住院，直到逝世

人民医院一病房大夫（特别是裘大夫）、护士、勤杂员，对各病号很仔细检查、和蔼服务，态度好。

1 本日又一度“漏记”“住院某日”。

2 以上提到的 9 个人都是溥仪的病友，同住协和医院住院部五楼一病房。据溥仪记载的病友名单，另外还有何某和李某两人。

3 溥仪这次出院并非由病情决定的，协和医院为给受伤的留学苏联和留学伊拉克的学生腾房，便把一部分住院老患者打发了。溥仪所居五楼一病房的病友先后都出院了，溥仪曾要求协和医院介绍转院，未果。后来自己联系，经检查病情才获准住进人民医院（全国政协机关的公费医疗单位）。

4 本日起，溥仪的习惯性记载“住院某日”，改写为“（住人民医院第二日）”，加了小括号，数字也使用汉字大写了。

反帝医院五楼一的吴德诚大夫以及五楼一大夫、护士，对所谓高干病人趾高气扬，漠不关心，官老爷、官太太、小姊（姐）架子十足。例如，前天单殿元出院前曾患重心脏病，而张护士早晨一连催三次“快走”，单颇不满，谓自己曾在“九一八”后抗日，在枪林弹雨中为革命贡献力量，今天［年］老［多］病，小护士竟这样对待，下逐客令，限时间撵，单颇气愤。

淑贤说的对（对我说）：“五楼一护士如果对你这样，那还应当。可是对老革命革命〈衍〉这样对待就不该了。”

当然，留苏受伤学生回来，腾出房子是正确的，不过是大夫、护士对病人的态度太差了。单殿元还说，他患心脏病夜间发作气觉堵闷等等，向护士要药等，而侯护士、史护士则态度不好，不仅不关心病人，反而有感到麻烦和认为“这算什么”之感。[1]

下午，贤来。[2]

有三个从辽宁长征[3]的“红卫兵”革命小将赵（十八）、赵（十九）、陶（十八）来访（约从四号室探［望］同学得知的）。

四中学生洪［某］出院。

同室的小孙同志来谈话。

● 篇后附录：董益三同日日记

李淑贤来说，李玉琴等两人那次到协和［医院］以后没有再去；但孙博盛又来恫吓，压迫老溥［仪］回他的信[4]，说他要发老溥的传单，到北京号召北京的工农兵斗老溥。这显然是李玉琴通知了孙，孙来这一着［儿］。嘱李淑贤和派出所取得联系再说。

● 2月5日　星期日

（住人民医院第三日）

上午，裘大夫检查。昨天血色素为6.3。

贤来看。

上午，四中学生孔访洪，洪已出院，孔和我谈话。

晚饭前在过道遇见昨天［那］几个长征小将，小将看我在廊前，立即跑来问候。一赵、一刘、一陶（女）、一女（？）、一刘、一男（？）来室。[5]谈到长征和我过去的参观延安、井冈山等地，谈到今天的幸福以及过去帝国主义、封建主义是人民的敌人，今天在伟大毛泽东时代人民多么幸福等，并祝他们长征胜利。到吃饭，长征小将辞去。

● 2月6日　星期一

---

1 纵观溥仪在协和医院住院期间的全部日记，可知吴德诚大夫等医护人员对溥仪是关心和负责的，溥仪写在本篇日记中的看法，反映了协和医院在“文化大革命”巅峰时期发生的不正常情形，他们的处境很困难。

2 李淑贤在本日曾往董益三家，谈及李玉琴在北京的活动和孙博盛来信等情况，详见篇后附录。

3 所谓“长征”是指大、中学生在“文化大革命”中徒步赴京或到井冈山、延安、韶山等地“串联”的活动。

4 溥仪住院期间李淑贤收到孙博盛写于1967年1月8日的信（孙博盛致溥仪的第七封信），并按董益三的意见暂不给溥仪看，而于1月14日给孙回信，说明溥仪病重住院，待出院后再复信。孙遂于1月31日写了此信（孙博盛致溥仪的第八封信）。鉴于溥仪的病情，李淑贤仍决定不把这封信带到医院给溥仪看。

5 前文两处问号为日记原有，溥仪未能记住这两人的姓，乃以问号代之。

（住［人民医］院第四日）

服中药，注射睾酮。

裘大夫来检查，问裘大夫：前天尿的［检查结果］。白血球、红血球 2~3 个。

贤来看。[1] 溥杰二弟来看。

孙、郭二人帮助换被套。裘大夫告孟大夫来看。

● 篇后附录一：董益三同日日记

早晨，李淑贤来。说找民警史家友谈话，跑了几次，谈的结果不很满意。史说，如要进一步谈可找方所长，定今日下午 1 时 30 分去。用李的名义给孙博盛的复信给我看，行，同意她寄发。

● 篇后附录二：李淑贤致孙博盛（1967 年 2 月 6 日）

……这些真实情况，如您不相信的话，可以直接向医院了解。您的来信全都保存，稍等溥仪病情有所好转，就全都交给他，叫他作彻底检查批判……

● 2 月 7 日　星期二

（住［人民医］院第五日）

裘大夫来检查，□金不换膏药。

上午，辽宁育红七中学生赵、刘和李（男）来看，让签名留念，互勉励，永远跟党和毛主席走，全心全意为人民服务……今天，我能改造成为新人，和各位［站在］一起，都是毛主席给我的。今天能和各革命小将见面、谈话，也都是党和毛主席给的。

贤来，谓沈［德纯］老叫溥杰去，谓李玉琴连日到［全国］政协，仍要求让我为她写一材料，并要五十元。沈老意可以给她写。郭寿忱〈臣〉并给贤打电话，告以给她写了，她走了，就完事了。贤拟今天到政协见沈老，述自己意见云云。

晚，溥杰来，谓李育勤（玉琴）[2] 要来见我。等一会［儿］，李和杜，又另一女、两个男子（“三司”）[3] 来，在医院一病房走廊谈话。李诉说过去受我压迫种种苦境，前廊病号麇集听。李诉说后，杜发言：“你在东北罪大恶极，人民不宽恕，今欲揪你回东北，打碎你的狗头”等语。李育勤又说，随你便，写出来（主要是李交溥杰——她要求我答复的十余条），以为她“澄清问题”。[4]

● 篇后附录：李玉琴要求溥仪答复的十四条

1. 李育勤究竟是怎么到伪宫的？以后又怎么成了“福贵人”？

2. 你给李育勤订的“21 条”是什么动机？是什么目的？具体内容是什么？

3. 你给李育勤的娘家订的“6 条”制度是什么动机？什么目的？内容是什么？

4. 你给李育勤本人什么权利？什么职务？（政治、经济、学习、生活等方面。）

1 李淑贤本日曾到董益三家，她还以自己的名义给 ××× 复信，述说丈夫病情严重，无力执笔复信，请予谅解。为了不影响溥仪的情绪，李淑贤未向丈夫提起这些事情。××× 从此亦未再来信。详见篇后附录两篇。

2 李玉琴在“文化大革命”中一度改名为李育勤，后来溥仪为李所写的证实材料，提及名字时全用“育勤”二字。其时，改名成为时尚，新名必有革命化的内容。但“李育勤”这名字只用了很短的时间，就又改回“李玉琴”这个原名了。

3 “三司”是北京市大专院校学生组织的全市性“红卫兵”组织“首都大专院校红卫兵第三司令部”的简称。

4 关于李玉琴要求溥仪答复的“14 条”，原件尚存。溥仪本拟抄在日记上，但只抄下“最高指示”就搁笔了。全文见篇后附录。

5. 李育勤在伪宫都干些什么？都见过哪些人？你们在一起生活吗？你们几天见一次面？见面都干些什么？

6. 李育勤在你眼里究竟占什么地位？你对她都进行什么样的迫害？

7. 你给李育勤的哥哥李凤（本人文化程度初小，已有八年工龄，当印刷工人，21岁）安排警长耍的什么阴谋？什么动机？什么目的？

8. 李育勤家里人去看过她没有？都是谁？

9. 你见过李育勤家的什么人？给过他们什么好处？有过什么来往？

10. 你给他们家什么权利？依靠你的名誉干过什么事？

11. 李育勤家的亲友与你有过来往吗？你见过李育勤家的亲友吗？

12. 你承没承认和李育勤家有亲属关系？

13. 什么样的人是皇亲国舅？李育勤家算不算皇亲国舅？

14. 你把李育勤的相片以及孩子相片，还有寄给你的信全部退回，今后你再敢造谣生事，决不会饶恕你。

● 2月8日 星期三

（住［人民医］院［第］六日）

白［血球）1.2，红［血球］0.1。

［溥］杰向政协沈［德纯］老汇报（电话），沈命杰助我写，完成任务。不意在廊间病号有“三司”者［姓］王[1]，昨夜听到李育勤对我的诉讼，他问我李的过去情况，并说他于昨夜曾打电话［给］“三司”（同李来的二人是“三司”的人，但不是一个校的），告他们应警惕，免破“三司”声名，因为我的事不是“文化大革命”打击对象，况且是过去的历史，打落水狗没有意义。

下午，溥杰来说，李育勤今天忽来电话，忽变和霭〈蔼〉，说什么溥仪也［有］病，希望养好，只要给她写就行，不然的话，则进行斗我。又谓杰，在春节麻烦你。

杰意，李的缓和可能是受“三司”的影响。他迟疑是否改写材料，还要问沈老，经几次电话，不通。我告杰不要犹豫，不管她和缓与否，我们仍照既定方针，为她写证明材料。

贤来，对材料一些问题，特别是关于李兄当伪警长事，坚持要实事求是写，反对歪曲和让步。

在医院的“三司”王同志和我与贤上午谈话，并要了一份李育勤要的材料一份〈衍〉[2]看看。下午，贤送给他看。

● 2月9日 星期四

（住［人民医］院［第］七日）

农历正月初一日（春节）。瑞雪丰年。

1 此人名叫王维国，当时是北京外国语学院的学生。

2 指李玉琴要求溥仪答复的“十四条”。

裘大夫检查。血压 150~80。

下午，贤来。徐前［全国］政协理发师来看（带点心来）。

［溥］杰在家为［我］写材料。

● 2 月 10 日 星期五

（住［人民医］院［第］8 日）[1]

裘大夫检查。非蛋白氮 79.8，二氧［化］碳结合力 30，血压 136/80。

李玉琴又到溥杰、［嵯峨］浩家和赵丽瑛夫妇遇，同受杰邀吃饭。

杰在家为［我］写材料。

下午，贤来。贤又访“三司”王［维国］同志。

“三司”驻妇联联络站二女同志找谈话，问关于李玉琴事：［问］李的家庭出身和其兄的出身、经历等，并要看李信件；要李所开［列］的要求文件[2]，留下；要溥杰［回］忆李玉琴谈过什么，问孙博盛对我的书的批判；问 2 月 7 日李玉琴、杜小娟后来单独和我与溥杰坐〈座〉谈什么。［关于最后的问题，我说：］一是要揪我回东北，问我对此［有］何感想；一是杜对溥杰言，溥仪虽也不老实（？），态度比较好。说贤态度不好，攻击她。［“三司”二人又］问溥杰当时说什么[3]，［并］向贤要孙之近信。

这次李［玉琴］找“三司”来，要借“三司”力量来斗我，“三司”同志警觉地察知李玉琴的内在居心和详细地调查研究，这是令我非常感动［的］。本来有“三司”出来调查干与〈预〉，这是求之不得［的］事，但自己心中仍有种种顾虑于中心〈衍〉，因为：

1. 李玉琴不是她一个人，而是有她的亲戚、朋友许多人帮助。例如这次来的杜小娟，还有一个女人，读两个青年职工对我的控告。[4] 矛盾转深，结果更促这些人联合来迫害自己。

2. 特别是李玉琴与孙博盛的互相结合，互相通气，孙攻击我的《前半生》，李也要加入。现在，关于李到京的事，［业］经“三司”帮助解决，可是这不等于解除李对我的仇恨。……我对孙已作了数月检查，自己确实发现不出问题来了（水平、能力有限），而孙仍不甘休，在我病中已写来二次信，硬说我“耍花招”，拒不检查，经贤写信答复孙，说我有病，并说她没有把信给我看。

三〈3〉. 特别［是］自己［的］历史，过去确是对人民犯了滔天罪行，蒙党和毛主席特赦，重新做人才有今天，可是历史是事实，李、杜等借东北人民名义要抓我回去，虽然是恫吓的话，但矛盾激化后，他们可以连〈联〉合许多人（不明真相［的］人），来时时地永远地向我攻击，自己实无法对待。

● 2 月 11 日 星期六

1 本日起，溥仪的习惯性记载“住院某日”，数字又改用小写的阿拉伯数字了。

2 指李玉琴要求溥仪答复的“14 条”。

3 本句着重符号为原有。

4 指以“两个青年职工”名义写的批判溥仪的讲稿。

（住［人民医］院［第］9日）

杰二弟写［完］给李育勤证明的材料。

向“三司”王［维国］同志要李［玉琴寄给我的］信件，王退还信件。[1]

中药吃完。

● **篇后附录：董益三同日日记**

李淑贤一早来，满腹牢骚地说：“三司”昨晚派两个人找溥仪谈话，了解情况，溥仪一味地表示对李玉琴是有压迫，是不好……溥杰的证明材料已写好……晚17时左右李又来，把溥杰代溥仪为李玉琴写的证明材料给我们看。

● **2月12日　星期日**

（住［人民医］院［第］10日）

贤来。溥杰写好［给李玉琴的证明材料］，贤建议删改，经三人[2]改后交杰二弟再缮写[3]。贤拿去信件[4]交人抄。

本日四妹［韫娴］、郑广元来，未遇。

晚，肇莉[5]［和］三人来。

● **篇后附录：李玉琴的回忆资料**[6]

溥仪的证实材料客观地写出了选我入宫的政治背景，我实际是溥仪抵制日本人控制的工具。谭玉龄死后，吉冈提出要给溥仪再找一个日本女性为妃，以便操纵手中的傀儡，溥仪在拖延不成的窘况下，才答应找一个年小而容易摆布的女孩，以应付吉冈。同时也有别的考虑，他有病，找个年幼无知的孩子更便于结成“神仙眷属”，于是选中了我。溥仪的证实材料说明了我是“在入宫读书的欺骗幌子下”，被“架入虎口”的。溥仪的证实材料叙述了“21条”的十分苛刻的内容，叙述了“6条”禁令的基本内容。证实材料说明了清朝时期，“贵人”“常在”和“答应”等论地位不过比宫女稍高一等，她们的娘家人根本没有“皇亲国舅”的资格。但是，这份材料中说我一举一动都受到贴身女仆的“监视密告”，说对我“没有任何夫妻感情”，甚至“用笤帚疙瘩打我”等，是明显的言过其实。又说安排大哥当伪警长是“拉他下水”，这显然也是乱上纲。

● **2月13日　星期一**

---

1 关于溥杰执笔写证明材料以及王维国看信的有关情况，详见篇后附录。

2 “三人”指溥仪、溥杰和李淑贤。

3 溥仪给李玉琴写的证明材料的改定稿已经发表，见《末代皇后和皇妃》第271页到第277页（吉林人民出版社1984年版）。这份证实材料一共讲了七个问题：（1）李玉琴入伪宫的由来经过；（2）我对李玉琴所订的“21条”和对她家属订的“6条”的目的；（3）李玉琴在伪宫的生活情况；（4）李玉琴在宫中所受的种种限制；（5）关于我给李玉琴哥哥李凤安排伪警长伪职问题；（6）我和李玉琴的家属的关系；（7）所谓“皇亲国舅”的问题。二十年后李玉琴在其“自述”中评价了这份材料，详见篇后附录。

4 指从北京外国语学院王维国手中刚取回的李玉琴从1961年至1966年间寄给溥仪的信件，当原件将要退还李玉琴之际，溥仪要留抄件。

5 溥仪的侄辈家族成员。爱新觉罗族人中也有许多人在清朝垮台后改用汉姓，其中有以“金”为姓的，那是根据“爱新”的谐音；有以“罗”为姓的，那是取“爱新觉罗”最后一字，求其简；还有以肇为姓的，那是根据“爱新觉罗”的意译。当时，肇莉在山东农村，“串联”期间曾回京探望溥仪夫妇。这次肇莉带三名同学到人民医院看望溥仪，本是上午的事，因溥仪赴中医研究院看病未遇。肇莉离京前，李淑贤送她一支钢笔，勉励她努力学习。

6 摘自李玉琴记述、王庆祥整理：《中国最后一个“皇妃”》，北方妇女儿童出版社1989年版，第452页。

（住［人民医］院［第］11 日）

贤来，回到中医研究院［经］蒲［辅周］老看病开方。健强肾气为主，照前方一样。杰二弟来，带来给李育勤［的］证明材料[1]，我签名，由杰二弟转交政协郭盛〈寿〉臣。

● 2 月 14 日　星期二

（住［人民医］院［第］12 日）

李义〈以〉勋、廖耀湘来看。

贤来。郑广元来看。贤仍坚持［说］我胆小，为李［玉琴］所恐吓，不是实事求是。郑广元鼓吹［说］："李［玉琴］住的［是］高楼大厦，穿的［是］绫罗绸缎，吃的［是］山珍海味。"（非尽然！只看表面现象，不看事物内在本质。）[2] 又说："把她揪回来，问要求写材料［的］目的，我是工人心直口快。体育学生，一个个健壮，能举起她来回！"[3] 又说："大哥心太软！"（不看事物本质，煽风点火！）二妹［韫和］到我家和贤言，并未有对李玉琴的所谓"监督"，只不过是大哥常问二妹，"李［玉琴］是否不愿意"等。因此贤更以为我和杰写的［材料］是不实事求是［的］，甚至疑及对她另有什么勾达〈搭〉难言之处。

● 2 月 15 日　星期三

（住［人民医］院［第］13 日）

溥杰交［全国］政协李玉琴的信，给郭盛〈寿〉臣□□□□井冈山兵团[4]问我认识张广西否？不认识。王维国（"三司"）说，"三司"驻妇联联络站要李玉琴的信。[5] 郑广元来看。二妹［韫和］来看。毓嵒夫妇来看。

● 篇后附录：董益三同日日记

李淑贤中午来，送了我们一份月份牌，又发了一顿牢骚，想离婚吧，未免太不像话，恢复工作吗？看来决心不大。总之，她是有牢骚，也有很大的缺点……目前脑子里正是这个矛盾斗争，还不知谁战胜谁复职、离婚都只是提提而已……我建议伯兰和她谈话，要辩证些，不要强调一面。

● 2 月 16 日　星期四

（住［人民医］院［第］14 日）

溥杰到［全国］政协取李玉琴信，回来后说〈传〉沈［德纯］老［和］郭盛〈寿〉臣说［的话］。

沈［对我讲］：对这事，你自己认自己罪恶是应当的，据说写这问题，罪恶只是沧

---

1 指"缮写"后的清定稿。

2 小括号内为溥仪批驳郑广元的话，下同。溥仪总觉得在历史上有愧对李玉琴之处，因而在给她出证明材料的问题上，不愿使用强硬态度。为此与家族人员也曾发生矛盾，但他始终坚持己见。

3 "体育学生"指郑广元的从事体育专业的孩子，如长女英才即是一位摩托车运动员。

4 某大学的学生组织。

5 在处理李玉琴的问题上。全国政协老领导对溥仪施加影响，希望和缓解决；"三司"也对溥仪施加影响，主张强硬态度。究竟听谁的？围绕这个问题，溥仪与李淑贤和家族间都曾发生矛盾。董益三记下了溥仪夫妇之间的矛盾以及这种矛盾发展的程度。详见篇后附录。

海一粟，绝不会因此加重罪恶……政协的意见是，把上次写的材料送到总理办公室，当然用不着总理批准，打电话问一问，可以的话就可以交出去。政协［的］意思是把事情不扩大，解决了，将来孙博盛问题也好办。希望你好好考虑一下，如交“三司”，将来别再找政协，因为两下一给，事［情］复杂了。

因此，我的意见是和“三司”说明苦衷，仍照前议，［把］信交政协［再转］交李（玉琴）。“三司”如调查，可直接对李［玉琴］，或与政协联系。

于是，又托溥杰把李［玉琴］信送回政协。一面和“三司”王维国说明原委。

二妹［韫和］来，犯神经，要求写字据，证明对于“监督”（李玉琴）的解释意义。

贤来。李义〈以〉勖爱人邱文升来看。

● 2月17日 星期五[1]

（住［人民医］院［第］15日）

贤来看。

● 2月18日 星期六

（住［人民医］院［第］16日）

贤来。赵华堂夫妇来看。

● 2月19日 星期日

（住［人民医］院［第］20〈17〉日）[2]

贤来看。

● 2月20日 星期一

（住［人民医］院［第］21〈18〉日）

出院（仍需休养），贤来接。

裘大夫给带的［口］服药和注射药。

● 2月21日 星期二

出院第二日。

溥杰、［嵯峨］浩来看。

● 2月22日 星期三

和［全国］政协明世凯[3]联系，欲搬到前樱子胡同新寓事，明同意（贤前曾到该处视，曾和张刃先遇［于］道［谈］此事，贤曾访明世凯，商得他的同意）。

● 2月23日 星期四[4]

● 2月24日 星期五

溥杰来电话，关于在杰家学习事。沈［醉］、董［益三］意，不便，欲缓。杰已告沈［德

1 从本日起溥仪开始使用编号为“第28本”的新日记本。就在这册开本为149毫米 ×103毫米、共80页的小本子上，溥仪记下了从本日直到1967年8月31日间的生活内容，这是他一生中最后几个月的历程了。

2 溥仪有排列顺序号的习惯，但常常马虎致错，这里显然是因为刚写完“2月19日”，就顺笔在住院天数上填个“20”。

3 明世凯，当时为全国政协机关内群众组织的负责人之一。

4 原文只存日期。

纯］老，沈谓：容和张［刃先］等商量。[1]

● **篇后附录：董益三日记（1967年2月21日）**

老沈［醉］下午3时左右来谈：关于西城区几个人的学习问题，这是二杜（杜建时）去沈德［纯］老家后提出的，杨［伯涛］等有顾虑，据称沈老只是一个意见而不是决定。我们研究的结果，以仍维持现状为好。正在这时二溥（溥杰）来了，据称是沈老的电话叫来联系的，大家一起研究后，还是以维［持］现状为好，由二溥将我们的想法告诉沈老。

● **2月25日　星期六**

杜聿明夫妇来看。

肇莉来信。

● **2月26日　星期日**[2]

● **2月27日　星期一**

同贤到中医研究院，［经］蒲［辅周］老诊疾。感冒，胸觉闷，微痛。开方如下：

调和肺胃。

苏叶二钱　香附一钱　川朴一钱　枳壳一钱　莱菔子一钱五·炒　陈皮一钱

桔梗一钱　生姜三片　焦三仙各一钱五　炙甘草五分　大腹皮二钱[3]

又到人民医院［经］孙大夫复诊：尿常规、白血球、红血球、非蛋白旦〈氮〉、二氧化碳结合力。

到一病房看前病友。

记事，复肇莉信。[4]

● **2月28日　星期二**

到人民医院复查。

● **3月1日　星期三**

因我非蛋白氮又高（99.6），二氧化碳结合力21，贤到人民医院接洽，又入院，住九病房。

王大夫来诊治，注射葡萄糖五百，又注射乳酸钙，旋又抽血，又注射葡萄糖五百瓦和一百瓦乳酸钙。服药。

溥杰、万嘉熙来看。

合适[5]，［非蛋白］旦〈氮〉不超过70，二［氧化碳结合力］45~65。

（2月27日）［非蛋白］旦〈氮〉99.6，二［氧化碳结合力］21，血色素5.7。

昨天，非旦〈蛋〉白氮117。

感冒后影响，肝肾工〈功〉能紊乱，治肝肾，益中气。

---

1 溥仪出院后听说西城区几位专员要集体学习，遂想参加。由此引来溥杰说明情况的电话。董益三也曾记载此事，详见篇后附录。

2 原文只存日期。

3 从本册日记开始，溥仪为他服用的中药药方编号，一般写在日记天头。该方被编为“（中药）㊀”。

4 原有着重符号。溥仪写在“记事”，栏内的文字是要提醒自己：应该给肇莉侄女回封信了！事实上这封信是在20多天后才写的。

5 指正常状态的非蛋白氮等量。

白人参二钱　麦冬二钱　五味子一钱·打　菟丝子三钱　肉苁蓉三钱　巴戟三钱

狗脊三钱·炮　茯苓二钱　泽泻二钱　广皮一钱　车前子三钱·包　淮牛夕〈膝〉三钱

川熟附子一钱　大枣四枚[1]

蒲［辅周］老[2]

● **篇后附录：董益三同日日记**

下午，李淑贤来谈，李玉琴还是要50元，［全国政协］机关有电话给溥杰："照办。"［贤问］是否可以不给？我们劝她还是给她［李玉琴］50元，让她走。如果不给，那就同机关的决定对抗，就不好了。李没有办法，只得同意我们的意见，回去打电话给溥杰，由他去办。

● **3月2日　星期四**

（二次住院第二日）[3]

输液，一千瓦葡萄糖液。服中药。

夜时出汗，服药微爽。

溥杰、［嵯峨］浩、三妹［韫颖］来看。

贤熬药[4]、抓药。贤主张移反帝医院，因无床位，我也不愿多麻烦，至今仍住人民医院。

注射一道〈胰岛〉素。

● **3月3日　星期五**

（住院［第］三日）

□□输液，本日除葡萄糖液外，又加碳酸氢钠一百，服中药，注射一道〈胰岛〉素（魏大夫、孙大夫）。

贤送菜来又烹药来。

三中学生武风英第二次来访（领出下围棋，我不会，告之）。

● **3月4日　星期六**

［住院第四日］

抽血，输液。

贤送药和饭。[5]

● **篇后附录：董益三同日日记**

上午，老沈［醉］送工资来，坐谈了一会儿。我谈李玉琴和老溥［仪］的纠葛，他谈，据公安部的人员说，我们在"文革"中能到今天，大体无事，是因为中央有指示，不搞

---

1 本方被溥仪编为"（中药）㊁"。

2 董益三日记中载有相关事项，详见篇后附录。

3 溥仪这次住人民医院已是第四次了：第一次在1964年11月下旬至12月上旬，第二次在1965年2月5日至3月12日，第三次在1967年2月3日至2月20日，第四次即本次，从1967年3月1日至3月14日。本篇日记所谓"二次住院"，显然是指1967年第二次住人民医院。

4 溥仪常服中药，李淑贤总是把中药带回家中亲自动手熬，尽管医院有责任替住院患者熬药，但医院熬药常常是刚开锅就倒出药汤来，李淑贤怕药力达不到，遂自己动手，精心细作。

5 董益三同日日记中记下一段重要文字，详见篇后附录。

这批人，因为这直接影响党的改造政策的宣传。这个指示对公安部、公安局，对我们［全国政协］机关都传达过。不然，谁能保这批人？公安部保不了，公安局、派出所更保不了，机关也保不了。

● 3月5日　星期日

［住院第五日］

输液。

小孙来看。俞［德浚］主任来看。

贤送药和饭。

● 3月6日　星期一

［住院第六日］

抽血。

据王大夫说，3月4日检查结果（恐错误）：非蛋白氮45.6，二氧化碳结合力33。因而，6日再检查：非蛋白旦〈氮〉3月6日（继续）[1]，二氧化碳结合力8~11，钙7.3毫克，磷5.4毫克，钾4.8，钠114。

四肢疲乏，手颤，舌无味，睡不好。[2] 钴地拉伯里（贫血）

和贤到中医研究院看病。促进肾脏非蛋白合成，蒲辅周开第二方：

白人参$_{\text{二钱}}$　五味子$_{\text{一钱·打}}$　菟丝子$_{\text{三钱}}$　巴戟$_{\text{三钱}}$　狗脊$_{\text{三钱·炮}}$　茯苓$_{\text{三钱}}$

泽泻$_{\text{二钱}}$　广皮$_{\text{一钱}}$　车前子$_{\text{三钱·包}}$　淮牛膝$_{\text{三钱}}$　砂仁$_{\text{一钱·打}}$　焦三仙$_{\text{各二钱}}$

另，西洋参$_{\text{一钱·另包}}$　每日口含一份[3]

记事：《特赦通知书》搬家[4]时应找出。

● 3月7日　星期二

（住院第六〈七〉天）

一道〈胰岛〉素注射。

给沈［德纯］老打电话，关于［全国］政协代给李玉琴五十元。[5] 我言：我和贤一再望自给，不要动公款，应由自费。但沈老却说不必了，已告溥杰了。再，关于搬家事向沈老第二次谈，我言欲找明世凯，沈谓代问。

贤来看，带药物。贤给明世凯打电话未通。

下午，杰二弟和［嵯峨］浩来看，并带来汤、土豆泥（昨天还送来三辣子、小面包块、土豆）。

赵华堂夫妇来看。万嘉熙来看。

● 3月8日　星期三

---

1 “继续”意指非蛋白氮量，3月6日与3月4日同。

2 在本句上方的日记天头处记了一个名字：刘娉仪，这个名字在本册日记尾页所载“九门诊大夫、护士”的名单上也曾出现，估计为本日给溥仪做检查和诊断的大夫。

3 本方被溥仪编为“（中药）㊂”。

4 溥仪拟迁居前樱子胡同，一度商得全国政协有关负责同志同意，后来未能实现。

5 据李玉琴自述，她离京前到全国政协机关告别。沈德纯亲自交给她100元路费，她把这笔钱转交给大嫂杜小娟了。

（住院［第］七〈八〉日）

输液。

二次又感冒。发烧，由37.2到37.7［度］。服土霉素。

贤送药和食物来。周小奇来看。

（老李出院）

服钙片。

● 3月9日　星期四

（住院［第］八〈九〉日）

输液。服土霉素。

贤来送食物。

发烧37.3［度］、37.2［度］。

早，罗历戎来看。溥杰、李义〈以〉劻来看。

● 3月10日　星期五

（住院［第］九〈十〉日）输液。服中药。

夜36.8度，白天下午又为37.2［度］。

贤送药和食物来。

输液。

贤送药、食来。王耀武、罗历戎、李义〈以〉劻三人的爱人来看。宋希濂夫妇来看。张述孔来看。

● 3月11日　星期六

（住院［第］10〈1〉日）[1]

输液。［查体温：］37度、37.2［度］、37度。

贤送药、食来。

● 3月12日　星期日

（住院［第］11〈2〉日）

● 3月13日　星期一

（住院［第］12〈3〉日）

舌淡白黄，外感已减，胃气未复，拟益气和胃。

党参三钱　白术二钱　茯苓三钱　炙甘草一钱　陈皮一钱　山药三钱　巴戟三钱　砂仁一钱·打　焦三仙各一钱　生姜三片　大枣五枚[2]

输葡萄糖每天一千瓦，外增三百［瓦］葡萄糖、一百［瓦］碳酸氢钠。

非蛋白氮110，小便“+”，疲倦。

贤送药、食来。溥杰来看，带来食物。

1本日起至3月14日，溥仪的习惯性记载“住院某日”，数字再度改用小写的阿拉伯数。

2本方被溥仪编为“(中药)㊃”。另据中医研究院广安门医院处方，知该方仍出蒲辅周老先生之手。处方上还有一句话日记未录：“另，紫蕴二钱，不打，每次含一粒。”

● 3月14日 星期二

（住院［第］13〈4〉日）

向〈给〉蒲［辅周］老打电话，陈鼎棋代接，昨天药内［加］三味药：加车前子三钱·包 泽泻二钱 红通草一钱。

贤先打电话［给全国］政协（张刃先接），告以欲让我转院，张告可直接给〈跟〉人民医院商量，不行时政协再想办法。

贤对王大夫商量，要求［让］我转移反帝医院，王大夫允开一个转院单。贤又到反帝医院和院部商［量］好，订好房间、床位。返回政协，要出赁的汽车，下午3时许，同我到反帝医院（第五次住反帝医院）。[1]

吴［德诚］大夫来看，抽血。吴大夫说："你既来了，就给你治吧！"吴大夫说："你爱吃药，吃药太多。"说了些闲话，说想想办法，即去。没采取何措施（仅注射B_{12}和睾酮，服铁剂丸）。

● 3月15日 星期三

（住反帝医院第一天）

贤来看，送中药。溥杰二弟来看，让食铁剂丸。

晚饭时吴［德诚］大夫来看。

非旦〈蛋〉白氮114，二氧化碳结合力40。

吴大夫来看，先让我吃溥杰送的面粉［食品］，说了一会［儿］吃，然后问怎么样？又告诉我非蛋白氮的数量。然后说明天再看看小便量。

晚，不适。姚护士找外科［某］大夫来诊，服二片米尔痛。

● 3月16日 星期四

（二次[2]住反帝医院第二天）

早，读毛主席语录。注射。

下午，贤送中药来。

晚饭时，吴［德诚］大夫来问怎么样，明天拟请内科大夫来看看。（昨天说今天看小便，今天又说明天请内科大夫，那么〈可是〉我入院已两天，还不能〈知〉吴大夫有何治疗具体措施！）等我问他何以迟迟，他说我去年非蛋白氮为一百五十，现在才一百十四。今年上次有酸中毒，所以当夜当〈即〉输液抢救[3]，今天仅是非蛋白氮高一些，尚无碍。明天拟请内科大夫来，一同研究一下。

● 3月17日 星期五

（［住反帝医院］第三天）

---

1 溥仪第一次住协和医院是1965年3月12日至4月5日；第二次是1965年4月25日至6月26日；第三次是1965年12月8日至1966年2月6日；第四次是1966年3月31日至4月16日；第五次是1966年12月23日至1967年2月3日；第六次是1967年3月14日至4月29日，这也是溥仪最后一次在协和医院（当时改名为"反帝医院"）住院。溥仪写"第五次住反帝医院"是笔下误。

2 这里可能是指协和医院在"文化大革命"期间改名"反帝医院"后溥仪第二次住院。

3 "今年上次"，实指1966年12月23日溥仪第五次住入协和医院，当时有尿中毒症状，入院即输液，连输20余天。

穿上棉衣。

早，在厕所大便，因窗开有凉风，急关上，但已然感觉受风，身不适。

注射。下午 37.5 度。

贤送药来。

下午 5 时矣！昨天吴［德诚］大夫所说，介绍的内科［大夫］还未来。（我想，等吃晚饭时候吴大夫可能还来，他一定要说："啊！怎么样？内科大夫还没来吗？"我问一问。"）姑先写出，看他是否如此。

向王茹英护士要生姜，老马取来，王护士切姜片，我喝姜糖水。

贤言边林芬[1]给贤来信，要到［医］院看我，询问住号。

直到晚间吴大夫仍是不来，不必说给治疗，索性连看你都不看。至于内科大夫更是连影都没有。吴大夫在一天（14 日）晚上说："你既来了，就给看看吧！"次日（15 日）晚饭时来说："检查小便量再说。"三日（16 日）说："明天请内科大夫商量商量。"四日（17 日）索性不来，内科大夫连〈更〉是连影看不见。[2]

● 3 月 18 日　星期六

（二次住反帝医院第四天）

贤同赴中医研究院，蒲［辅周］老开方，陈鼎棋录方。

理脉缓，由肾阴虚，脾阳不足，宜温肾和脾，兼理湿。

川附子一钱五　白术二钱　茯苓三钱　白人参二钱　巴戟三钱　肉苁蓉三钱

枸杞子三钱　菟丝子三钱　淮牛膝三钱　泽泻二钱　车前子三钱　焦三仙各二钱　（七付）[3]药［费］九元多，仅白人参一样就六元多。雇车用四元四毛。

吴［德诚］大夫来说，内科方［圻］大夫[4]尝来诊，又说，他将被邀到东北去出差一趟，约十天。在他离开期间，由别的大夫照顾我。我问：大夫能每天来吗？吴答："不能！因为大夫太忙。但对你，他们会有安排的。"吴又说，没有给我输葡萄糖，因为第一现在没有酸中毒现象，第二小便量不少，所以不用输液，输液的功能主要是治酸中毒和利小便，所以现在不用输液。吴又说："你在人民医院一样，你这病——'蛋白氮高'，除了养，没有急效的。"吴又说，请方大夫来，再看看。

午饭后，方大夫来了。用听声筒听了一会［儿］，问一问情况，说和吴大夫研究研究去。他也不主张输液，他说因为我尚能吃，小便也不短，故无需输液。

血色素为 6.6。

1 边林芬，溥仪住院期间结识的一位病友的女儿，当时是 20 多岁的年轻姑娘。

2 关于溥仪与他的主治医生吴德诚的关系问题应考虑到几个方面：第一，"文化大革命"期间协和医院高干病房的患者几乎都在一夜间从优位跌向劣位，医护人员对之在态度上有变化原是可以理解的，自上次住院碰上给留学苏联、留学伊拉克的学生腾床之事，吴大夫拒绝给溥仪开转院介绍信，溥仪遂对吴有意见了；第二，溥仪疑心特重，习惯于把许多小事联系起来，疑而愈坚；第三，溥仪求医心切，求生欲望强烈，从患者角度来看，这种心态不足为奇。

3 本方被溥仪编为"（中药）㊄"。与中医研究院广安门医院处方对照，略有差异。如"川附子""白本""枸杞子三钱""车前子三钱"，原方写为"川熟尉子""生白术""狗脊三钱·包""车前子三钱·包"等，原方最后说明用法："水煎服七剂，每剂煎二次，每日服二次。"

4 方圻，当时任北京协和医院内科副主任。

● **3月19日 星期日**

（住反帝［医院］第五天）

终日没有一个医生来看，在这里住好像住休养院，绝不像医院，更好像这里根本没有大夫一样。

吴［德诚］大夫在这里时，就只是来看看，说些闲话。可是现在他［又］说出差（我还问他：他走后哪个大夫给我诊治？他说“自有安排”）。事实上，根本就没有一个大夫来过问。

夜间心跳不适，找张［秀珍］护士请大夫看看，张说给大夫（夜间住院［值班的］刘［璞］大夫[1]：泌尿科）打电话，大夫让吃“米尔痛”试试看。

我后［来］告傅福贞护士长，也告诉张护士打听一下：吴大夫走后，我有病当找谁？哪个大夫治疗？傅护士、张护士答应代问。

贤送药来。溥杰、［嵯峨］浩来看。

早，如厕，因窗开室冷又受感冒，服姜汤出汗，愈。[2]

● **篇后附录：董益三同日日记**

李淑贤上午来，说溥仪又从人民医院转到协和［医院］去了，说病情有增无减。说迁居的事吹了，张刃先不同意，说等到运动后期再说。

● **3月20日 星期一**

（住［反帝医］院［第］六日）

终日无大夫来看。贤送药来。

● **3月21日 星期二**

（住［反帝医］院［第］七日）

贤送药来。

外科刘大夫来看，听诊。

● **3月22日 星期三**

（住［反帝医］院［第］八日）

下午，贤来送药。溥杰二弟来看。廖耀湘来看。

晚，泌尿科刘［璞］大夫来看。[3]

夜，张［秀珍］护士说陈履奎、黄建同两留德学生（正在养伤住院）要和我谈话，单、张、林、陈四人也加入。共七人谈话，因廊子凉，怕受感冒，坐一会［儿］我即回室。

● **3月23日 星期四**

（住［反帝医］院［第］九日）

贤来送药。刘［璞］大夫来看。

给肇莉复信。

1 刘璞，日记中时而写作“刘溥”，当时为北京协和医院泌尿科医生。

2 关于溥仪的病情等，详见篇后附录。

3 本日日记以上部分，原文有重复，此处均略去。

亲爱的侄女：

接到你信，我们都很高兴。由于你的伯父身体患病，伯母每天从家里去医院照护，也很忙。因而迟迟回信，让你等待多天，一定着急吧？真是对不起，请你多加原谅。你和同学四人到医院看我，没见着，当时我并不是出医院，而是临时到中医研究院去治疗，中午便回人民医院了。在床上看见你写的字帖，还有几个同学的名字，没有和你们见面，真感到遗憾。我后来又在人民医院住了几天，比较好些，大夫让出院回家休养。回家以后不小心又感冒风凉，重新引起旧病——尿毒症的再发。当时病又很严重，每天从静脉里输葡萄糖液，住人民医院十几天后又转住反帝医院。现在正在反帝医院医治中，身体比以前稍好一些，一定好好治疗和保养，以期早痊，望你千万放心，不要远念。同样盼望你珍重身体的健康，更加努力学习咱们伟大领袖毛［泽东］主席的著作……

我们虽然身隔数千里，我们是心连心的，我们都一样永远读毛主席的书，永远听毛主席的话，永远按照毛主席指示办事，永远当毛主席的好学生、好战士，全心全意为人民服务；我们有共同的理想，即为社会主义与共产主义事业奋斗，同时要不断展开批评与自我批评，以不断改造自己，永远前进！永远永远跟着我们心中最红最红的红太阳——伟大的导师、伟大的领袖、伟大的统帅、伟大的舵手，我们最最敬爱的毛主席走，满怀对毛主席的无限热爱、无限信仰、无限忠诚、无限崇拜，坚决跟他老人家干一辈子革命，这是你的心，也是我的心，是完全一样的。所以我们是有共同的理想、共同的语言和共同的决心，因而是心永相连的。

让我们一同坚决地永远学习毛泽东思想，永远运用毛泽东思想，永远宣传毛泽东思想，永远捍卫毛泽东思想！

衷心祝你日益健康，日益进步，不断在革命烈火中锻炼自己……

让我们相互学习、相互努力、相互批评与自我批评，以求共同进步。

你的伯父、伯母

1967 年 3 月 23 日于反帝医院[1]

● 3 月 24 日　星期五

（二次住反帝医院［第］十日）

夜，大便不消化。

早，恃〈痔〉出血。抽血做化验。

贤送药来。溥杰、［嵯峨］浩来看。刘［璞］大夫来看。

输葡萄糖液。我和内科林大夫说，他［刘璞］让输的。

● 3 月 25 日　星期六

（二次住反帝医院［第］十一日）

早，同贤到中医研究院，［请］蒲［辅周］老看病。开方如下：

1 溥仪记日记，字迹一向潦草难辨，但写在日记上的给肇莉侄女的这封信却工工整整。在日记本上起草信稿，对溥仪来说也是唯一的一次。从信的内容看，溥仪运用“文化大革命”中形成的政治套语相当熟练，说明他确曾认真看过许多材料。

肝胃不调，治宜滋肾肝兼调胃。

鸡内金二钱　川附子一钱五　生白术二钱　茯苓三钱　白人参二钱　巴戟三钱　枸杞子三钱　茵陈二钱　泽泻二钱　车前子三钱·包　炒三仙各一钱五[1]

上午，刘［璞］大夫来说，今天输液加碳酸青［氢］钠，并服碳酸青［氢］纳。又说他和刘［德辉］[2]主任商量过，明天便可不输液，只服碳酸青［氢］钠。因为扎针多了恐影响血管，［不］必要时不能扎针，所以不输液了。我要求多输，刘允明天仍输液，后天以后即不输液而专服碳酸青［氢］钠。

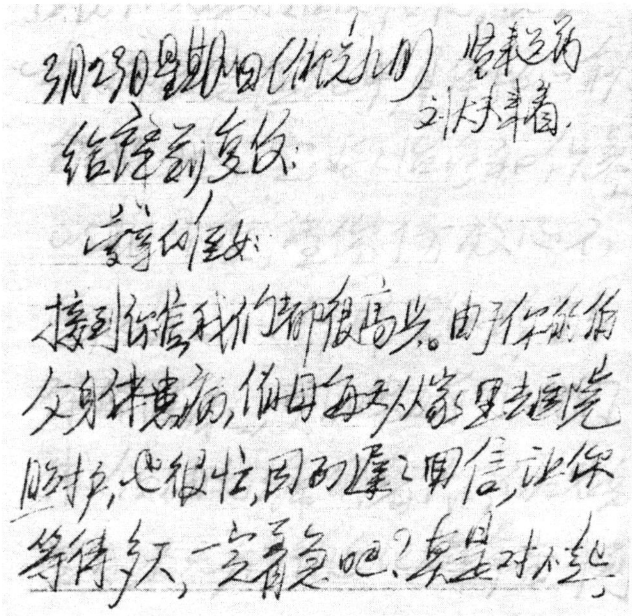
接到你信我们都很高兴。由于你的伯父身体患病，伯母每天从家里去医院照护，也很忙，因而迟迟回信，让你等待多天，一定着急吧？真是对不起，

1967 年 3 月 23 日，溥仪给侄女肇莉写的一封千言信第 1 页

刘大夫说，怕我累，主张以后不要到中医研究院，而是请蒲老来此看病。我说，蒲年老，来不了，我每次到研究院都是坐车。刘说，下次看病时再说，看身体如果好，方能外出看病。贤来送药。戴淑桂同来看。七叔（载涛）的三太太［王乃文］来看。

晚，觉头闷胀。

● 3 月 26 日　星期日

（二次住反帝医院［第］十三〈十二〉日）

泌尿科刘［璞］大夫来，说明天抽血检查。续输葡萄糖液一千cc并加少许生理食盐水，后来又输二百瓦碳酸青［氢］钠。

上午，郑广元、万嘉熙（带来文件）相继来看。

下午，贤送药、送蜂蜜来。

3 时许，卞中林（人民医院同住九号病房）来看。本日，边林芬（边文章大女儿，边文章也是在人民医院和我同住九号病房）来看贤，并带来三枚毛主席像纪念章。润麒来看。

外科刘大夫来看，说明天不输液，抽血检查后再决定治疗方法。

近 8 时，卞中林和润麒才去。

1 本方被溥仪编为“（中药）㈥”。与中医研究院广安门医院处方对照，略有差异。如“鸡内金二钱”“枸杞子三钱”“车前子三钱·包”原方为“内金二钱·炮”“狗脊三钱·炮”“车前子三钱”。原方最后还有一句话，是关于另外一味药的用法：“另，紫蔻五钱·不打，每日嚼 3 ~ 5 粒。”

2 刘德辉，当时为北京协和医院泌尿科副主任。

● 3月27日 星期一

（二次住［反帝医］院［第］十四〈十三〉日）

早，3时许醒。

首都中等学校“红卫兵”代表大会成立。[1]

下午，贤送药来，宗光送书来（宗弅借［的］书，我要看）。溥杰二弟来看。

刘璞大夫来说，我的病好转，非蛋白氮已从95降到80，二氧化碳结合力已从26.6上升为45。他说不必输液，只服碳酸青［氢］钠就可以。

（29日刘德辉大夫说，二氧化碳结合力是41。）[2]

● 3月28日 星期二

（二次住反帝医院第十五〈十四〉天）

在廊和休息室散步。窗，各处多开，室冷，又微感凉。试体温（午后）37度了。

贤送药来。

晚，［北京］国际关系学校〈院〉王善方［等］六人来访，持有介绍信，询问张景惠[3]之子张绍纪[4]的事迹，并说张［绍纪］现在是他们的系主任。我告诉了关于我知道的关于张绍纪的事情。

又留苏学生男女同学十余人来访，和国际关系学院学生也见了面，一屋子都满了人。我向留苏学生表示衷心欢迎，并慰问他们身体怎样？表示对反修战士非常钦佩，应当向你们学习。留苏学生都笑着脸，同时很谦虚地表示［了自己的心意］。我说很喜欢见他们，心中很激动，少时他们辞去。

我继续和国际关系［学院的］学生谈话，六名学生均要我签名，我写“毛主席万岁，万岁，万万岁！”下签名。我并为他们写出万嘉熙、润麒和王之佑［的］地址，以便学生访问寻知张绍纪事。学生等希望我继续写作，旋即辞去。

王护士拿姜汤水来。

● 3月29日 星期三

（住反帝医院第十六〈十五〉天）

早，仍发烧；上午37.3℃；午后，37.2℃，再37.5℃。

1 北京中学“红代会”是在1967年3月25日下午开幕的，当时的北京街头贴满了大标语和大字报，连住院的溥仪也得知了这个消息。

2 圆括号内的文字是溥仪后添的。

3 张景惠（1871—1958），字叙五。辽宁台安人，年轻时与张作霖、张作相拜为“把兄弟”。其后在张作霖麾下由团长升到“上将军”。早在1919年10月张景惠就进入紫禁城给“关门皇帝”溥仪磕过头，溥仪传旨赏其“紫禁城内骑马”的“荣誉”。“九一八事变”前，任东省特区行政公署长官兼南京国民政府军事参议院院长、东北政务委员会委员。伪满期间，先任参议府议长兼军政部总长，1935年继郑孝胥之后出任伪满国务总理大臣。抗战胜利后，被苏军俘虏囚于苏联伯力，1950年引渡回国，后病死在抚顺战犯管理所。

4 张绍纪，张景惠之子，现名张梦实，生于1920年，早年就读于日本早稻田大学和伪满的王道书院。留日期间，即参加中国青年的进步组织“读书会”。1943年，又参加中国共产党领导的“东北青年救亡会”，常在家中接待中共党员和进步青年。日本投降之际，他按照党组织指示，作为张景惠的俄文翻译（他从小在哈尔滨学过俄文，读、写、说均佳），与苏军长春城防司令部建立了联系，但不暴露身份。1945年8月末苏军逮捕张景惠等伪满大臣时，误将张绍纪一并押往苏联，其间与溥仪常在一起。1950年被引渡回国以后，张绍纪即被释放，先在抚顺战犯管理所管教科，参与管理日本战犯的工作，后来调往北京国际关系学院，任系主任。

贤送药来。三妹［韫颖］来看。

中午，告傅福贞护士长，请大夫来。傅说，过两点以后。可是直［到］傅下了班，换了护士，她也没告请大夫来。

刘德辉大夫来（约告史护士叫来的）。

9时许，服感冒丸二个。大便又有痔血，体温为37.2℃。

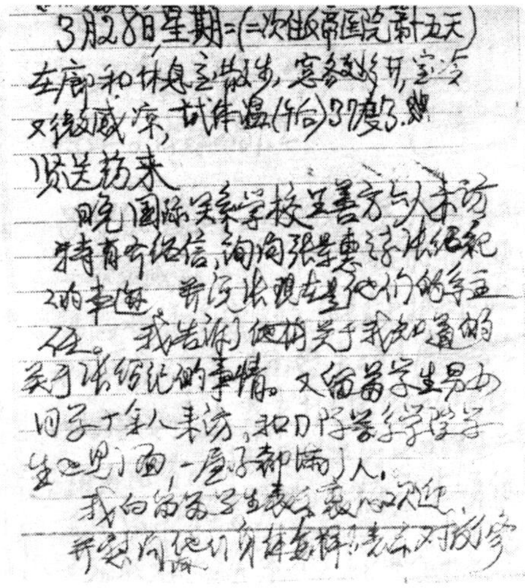
3月28日星期二（二次住反帝医院第十五天）
贤送药来

1967年3月28日溥仪日记之一

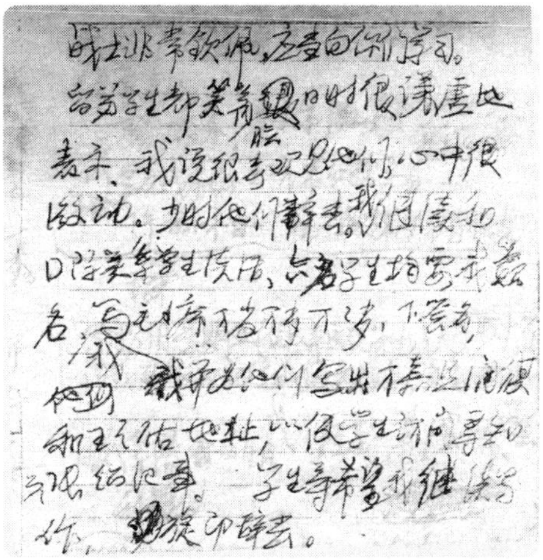

1967年3月28日溥仪日记之二

● 3月30日　星期四

（住反帝医院［第］十七〈十六〉天）

夜及早，腹泄〈泻〉二次。

告诉傅［福贞］护士长，食感冒丸后夜和早连腹泻二次，不吃感冒丸了。但是后来护士仍然把感冒丸拿来，［我］未用。

［溥］杰二弟来，带来［我］打电话要的红糖（因为给贤打电话，她外出，所以又给杰二弟打电话，让转告贤购红糖，而杰二弟便直接买红糖带来。）

给蒲［辅周］老打电话，问感冒服姜汤如何，蒲老让服红糖姜汤水。

贤送药来。

本日体温：下午37.2℃、37.3℃，最高37.4℃。

本日上午罗历戎来看，杰二弟带红糖来看，下午二妹［韫和］来看。

晚，刘德辉大夫来看，检查。

● 3月31日　星期五

（住反帝医院第十八〈十七〉天）

贤来，雇车同我到中医研究院找蒲［辅周］老看病，蒲老开方如下：

脉浮滑，舌白腻，轻感，兼湿滞。宜去风利湿：治轻感冒，去风；导滞和胃，利湿之方。

香附一钱五　苏叶一钱五　陈皮一钱　苍术一钱五　甘草五分　大肤皮（大腹皮）二钱　防风一钱　厚朴一钱五　白蔻一钱　藿香二钱　六曲二钱　生姜三片　大枣五个

三付。如服二付好，便无需服第三付。[1]

症状：病症连发低烧四天，最高三十七度五，最低三十七度二。身疲四肢无力，面仍胖〈膀〉肿，食不多，舌白腻，上腹有时不适。

1本方被溥仪编为“（中药）㊆”，跟中医研究院广安门医院原处方对照略有差异：如“甘草”“厚朴”原方为“炙甘草”“川朴”，原方还有“白蔻一钱·打”，在日记抄录方上则无。原方最后标明了用法：“水煎服三剂，每剂煎二次，每日服二次。”

回反帝医院后，在室中唱《东方红》，唱《大海航行靠舵手》，看毛［泽东］主席照相〈片〉，欢呼毛主席万岁，万岁，万万岁！读毛主席语录。

下午，溥杰来看。［全国］政协的沈德纯、张刃先来看。

晚，刘溥〈璞〉大夫来看。[1]

贤送药来。

● 4月1日　星期六

（二次住反帝医院第十九〈十八〉天）

本日，戚本禹[2]在《红旗》《人民日报》发表《爱国主义还是卖国主义》的［文章］，［系］对党内最大走资本主义［道路］当权派的批判。[3]仍发轻烧，从37.1度到37.4度。本院院部何某来看（这是第二次）。

上午，七叔载涛和三太太王乃文来看。贤送药来，同刘淑贞（在院，矿区大夫）[4]及其妹——女五中的刘媛莉（19［岁］）一起来。

夜，呼吸不适。告张［秀珍］护士找林大夫来，给利眠灵，未服。嚼西洋参二小块，做气功，即入睡。

● 4月2日　星期日

（二次住反帝医院第二十〈十九〉天）

早，36.8度。上午仍发烧，37.2度，张［秀珍］护士送土霉素来，一天四次。下午37.5度。

贤来看。上午溥任四弟来看。下午溥杰二弟和［嵯峨］浩来看。

本日，北京、上海、哈尔滨革命群众大集会、大示威……

● 4月3日　星期一

（二次住反帝医院［第］二十天）

服土霉素。看书。

早，［体温］37度。

贤来看。毓嵒夫妇和恒铸、小兰来看。

（贤谓告杰关［于］吴［德诚］事）。

告护士找大夫，吴德诚、刘德辉来看。吴问：“是否由于溥杰来电话，以致使你闹情绪？”我答，溥杰并未打什么电话，我昨天就没有到电话室。贤说溥杰昨天来了。我

1 本句着重符号为原有。

2 戚本禹，生于1931年，山东威海市人。高中毕业后在中共中央办公厅信访局工作。1963年因批判太平天国忠王李秀成而出名。“文化大革命”期间一度担任中共中央秘书局副局长、中共中央办公厅代主任，特别是一度担任毛泽东和江青的秘书，地位特殊。1967年7月因参与起草《红旗》杂志社论《揪军内一小撮》而犯下“毁我长城”等错误，以后遂从政治舞台上消失。打倒“四人帮”以后，1983年11月2日，北京市中级人民法院以反革命宣传煽动罪、诬告陷害罪和聚众“打砸抢”罪，依法判处戚本禹有期徒刑18年，剥夺政治权利4年。戚本禹的刑期，从1968年年初算起，到1986年年初正好是18年。1986年年初，戚本禹刑满释放，晚年从事明史研究。

3《爱国主义还是卖国主义？——评反动影片〈清宫秘史〉》一文陷害刘少奇“假革命、反革命”，从此掀起对国家主席的批判运动。因事涉清宫，溥仪很敏感。

4 刘淑贞，李淑贤的友人，家住北京市崇文区（永定门外）李村32号。毕业于北京中医学院，分配到安徽省矿区工作。刘媛莉，也是李淑贤的友人。

诘问吴大夫，说所谓溥杰来电话，我情绪不好，究系自何方来的话？吴也未说清。贤说我心眼小，也就未往下诘问。

● **4月4日　星期二**

（住反帝医院［第］二十一天）

早、夜头感不适，找林大夫诊，开“安乃劲〈近〉”（0.5片剂，一天三次，每次一片）。

早做尿常规、血常规、血色素，抽血做NPN和二氧化碳结合力试验。

下午，贤来看，李义〈以〉勗来看，达第札雅看病随来看。

吴［德诚］大夫来看，说屋太热，已三十多度，不相宜。吴大夫说，大致我的红血球为0.1，白血球为0.2。

本日，贤在内科检查肾腴〈盂〉痛的病。贤的白血球满视野，红血球5~10。内科大夫为贤开方：服“福兰〈呋喃〉坦丁”。

我今天检查：非蛋白氮66.6，二氧化碳结合力44.6。

夜，服米尔痛一［片］。

● **4月5日　星期三**

（二次住反帝医院［第］二十二天）

早，体温为37度。

贤来，雇车同到中医研究院，就蒲［辅周］老看病。

脉弦，缓和有力，苔白滑。感冒已解，宜健强肝肾，调和脾胃。

川熟附子一钱　生白术二钱　茯苓三钱　白人参二钱　巴戟三钱　苁蓉三钱

枸杞三钱·炮　菟丝子三钱　牛膝三钱　泽泻二钱　车前子三钱·包　炒三仙各一钱　七剂[1]

又为贤诊脉，系“脉沉滑，唇白无苔，肝肾不足，治宜滋肝肾”。开方：菊杞地黄丸。

下午，周振强夫妇来看，溥杰二弟来看，贤送药来，张述孔来看。

吴［德诚］大夫来，忽说（在门口说）：“好多啦吗？好多啦吗？”他看人多，只在门口说了几句，便灰溜溜地一拉溥杰出外谈话。后来，杰说吴大夫让告诉张刃先（他只认识张刃先！），我的病好转，又什么“不要多上中医研究院，免着凉”等老调。这就是这个大夫对病人检查、看病的具体内容。

这些日治病主要靠吃中药，并没有什么西药治疗。仅仅是每日（去人民医院就一贯注射）注射B_{12}和睾酮，另外，酵母片也是我要求吃的。至于土霉素和安乃近，都是内科林大夫开的（现已不用了），而吴、刘等泌尿科［大夫］对于我的病，几乎是采取“听其自然”。不仅不给相当治疗，反而向［全国］政协夸耀，［说］他们是如何“负责医治”。可是，事实上他不管治，还拦阻中医去治。这样的大夫只是眼睛冲上看，为自己吹捧，事实对患者是无所谓。他所想的是他个人的利益，对病人关心与否是以合乎他的利益与否为转移的。

● **4月6日　星期四**

1 本方被溥仪编为“（中药）㊇”。

（二次住反帝医院［第］二十三天）

体温37度到37.2度。

贤送药来。

晚，吴［德诚］大夫来闲谈清宫秘史事。又说，等下次非蛋白氮如还是60，则可以输血来补了。

● 4月7日　星期五

（二次住反帝医院［第］二十四天）

贤送药来。

稀泻，找林大夫来诊，开“表非明”。并用一次“本开拉明”治疗。

● 4月8日　星期六

（二次住反帝医院［第］二十四〈二十五〉天）

因腹泻找林大夫来诊。开方；服“鞣酸蛋白”（收水分治泻）、维生素B_1和复合维生素。

宋希濂来看。

贤送药来。烧退。

● 4月9日　星期日

（住［反帝医］院［第］二十五〈二十六〉天）

下午，贤送药来。烧已退。

万嘉熙来看，持报让看，并带来一枚［毛泽东］主席像金色纪念章。

周小奇来看（上午9时周曾至家，贤留午饭，1时许周方去，随即来这里）。

● 4月10日　星期一

（二次住反帝医院［第］二十六〈二十七〉天）

早，在室廊散步。

贤送药来。

● 4月11日　星期二

（二次住反帝医院［第］二十七〈二十八〉天）

下午，贤送药来。

吴［德诚］大夫来看，说明天抽血检查，非蛋白氮仍降［至］60，便可输血。

● 4月12日　星期三

（二次住反帝医院［第］二十八〈二十九〉天）

早，抽血（5cc）做非蛋白氮和二氧化碳结合力的试验，并做血形〈型〉测验，做血色素和红血球试验。留小便做检查癌细胞。

下午，贤送药来，并来找大夫诊治，说过几天再看。

下午［北京］国际关系学校〈院〉王善方和男女同学十余人（任水兰女、李梅子女，王延民女、姜继、王万真等十余人）来访（这次未有介绍信）。

问关于清宫事，有关《清宫秘史》电影中的事情，也涉及我幼时生活一些琐事。后来又要求我写“毛［泽东］主席万岁，万万岁”等，［并］签名，大约每人又要一份。他们看到电话本，并问杜聿明、沈醉、溥杰、载涛等住址，我也未细考虑，而一一告之，并答应他们要求，写出来这些人的住址。他们走后，贤批评我不应告他们别人住址，应当说通过［全国］政协组织关系［了解］。我认为是粗心大意。后，打电话［给］于沈德［纯］老，沈德［纯］老也同样告以应注意组织关系，如果有人来访问，问些别人［的］事，可以告知应通过组织关系，再提问题。不然，正在“文化大革命”时期，没有组织关系不好谈，尚希原谅。以后如有不认识的人，不持介绍信而随便访问，问些问题时，应这样答复他才好。

● 4月13日　星期四

（二次住［反帝医］院［第］二十九〈三十〉日）

下午，吴［德诚］大夫来，说非蛋白氮降到68.2，二氧化碳结合力为32.2。吴大夫说可以输血了。本日输血200cc。

贤来送药。牙痛。

● 4月14日　星期五

（二次住反帝医院第三十一天）

上午，吴［德诚］大夫来看。

下午，蔡老太太来看，贤来看。贤昨［天］牙疼肿，今早到积水潭医院医治，经注射和上药、服药，疼稍好。

夜，睡未盖处着凉，又发烧38.2℃，告史护士找值班大夫来诊。姜大夫来诊，饮红糖姜汤水，服土霉素二个，姜大夫不敢用青霉素。史护士告我，先不用青霉素，明天再说。后来，王护士说是为了让泌尿科吴大夫看，［再］决定。姜系内科大夫，不知我身体情况，所以由吴大夫决定。

● 4月15日　星期六

（二次住［反帝医］院［第］三十一〈三十二〉天）

早，体温4时18分［为］38度，6时30分为37.8［度］，7点30分［为］38.1［度］。贤来看。

［北京］国际关系学校〈院〉学生刘小云〈女〉、由铁民、李凤来、李培顺来访，问关于《清宫秘史》电影中事，并要我签名书字。

打电话找吴［德诚］大夫来，吴说就可吃土霉素。我问他：［可否］注射青霉素？吴大夫说青霉素是治生疮［的］，而不治感冒，没有用处，不能用它。他又说，应采取积极措施，时常开窗透空气。他主张现在就把窗户开一小缝通风。我说，风从小缝处［进入］更尖锐，有外感时怎能开窗？我和贤欲找蒲［辅周］老看病，吴反对。他又说“有外感不能着风”，（那么为什么主张开窗透风？）吴说还有事，忽忽〈匆匆〉而去。

后来我告姚［锦芳］护士找林大夫来，林大夫说我上次服土霉素胃口不好，有反应，因此不要用它。林大夫让用桑菊丸，并主张注射青霉素，林大夫说他告［诉］吴大夫。

计每天四次注射：早9时（今天9时未注射）、下午1时、5时、9时，注射青霉素。

● 4月16日　星期日

［住反帝医院第三十三天］

注射青霉素，烧渐退，由37.5度、37.3度到37.1度，逐渐见好。这是林大夫的医疗得法。上午，林大夫来诊。

下午，贤来看，边林芬来看，［郑］广元、二妹［韫和］来看，卞中林来看。广元送毛［泽东］主席像大纪念章一枚，并送贤毛主席像纪念章一枚。

● 4月17日　星期一

（住［反帝医］院［第］三十二〈三十四〉天）

上午［体温］37.1度，林大夫来诊。

上午，［北京］师范学院附中女学生李焰、张玲、刘青来访问关于《清宫秘史》事，也谈到我的书中去苏被捕、回国改造、特赦以及在［北京］植物园工作等一些零细事。

● 4月18日　星期二　午后小雨

（二次住反帝医院［第］三十三〈三十五〉天）

发烧［渐］好：［体温］早36.8度，午36.9度，晚37.1度。林大夫来诊，青霉素改一天二针、桑菊丸不用了。

下午，贤来送药，并到内科检查。

午饭时吴［德诚］大夫来，说烧退，可不注射了（事实是林大夫让注射的）。又说，本星期内可抽血再检查，然后可以再输血。

● 4月19日　星期三

（住［反帝医］院［第］三十四〈三十六〉天）

上午，陈履奎（留法学生，在五楼同院住病号）、张灵（五楼病号）来闲谈。五楼三的张姓病号（民航局）由护士王玉枝领来闲谈。

贤送药来。

下午，张述孔主任来看。

● 4月20日　星期四

（住［反帝医］院［第］三十五〈三十七〉天）

本日，林大夫让不必注射青霉素了。林大夫介绍皮肤科陈大夫拿治脚气药来。

上午又有［北京］国际关系学校〈院〉二人（可能是教师）李新海、陈涛来访，谈些关于清宫事，问我幼时读书情况，什么人教书，看什么历史等。李新海更称陆润庠[1]

1 陆润庠（1841—1915），字凤石，江苏元和（今吴县）人。同治年间状元，历任国子监祭酒、工部尚书、参与政务大臣、内阁大学士、弼德院院长等职。他还是一位实业家，曾在两江总督刘坤一的支持下，在苏州创建苏纶纱厂和苏经丝厂。他也是书法家，写一手“馆阁体”楷书，墨宝遍于紫禁城内。晚年又被隆裕皇太后选为“毓庆宫授读”，给溥仪当了四年汉文师傅。

善书法，又说张照[1]、张百熙[2]、郑源[3]均善书法，他转弯抹角地要我写字。他们带来白纸、墨笔和墨。我婉拒之，谓我是一公民，字没有什么特殊。如果因为过去当过皇帝，则更不是了，过去［的］封建皇帝多么丑恶肮脏！如果你们把我的字悬在屋中，让别人一看，对你们、对我都不好。你们为什么悬那样丑恶肮脏的人的字？我也不能那样招摇。我们彼此应当些〈是〉新的人与人［的］关系，我们做任何事，都要对党、对人民有利，无利的事不做。如果你们一定希望我写字，我可以用钢笔写"毛主席万岁，万岁，万万岁"，因为我们都是跟党和毛主席走，毛主席他老人家的健康是我们最大的幸福。所以我可以用钢笔写这几个字。李说没带纸，陈涛取出一张便纸，我写上："毛主席万岁，万岁，万万岁！"写上年月日和签名。适午饭已开来，李、陈二人辞去，李说，下次暇时再来访。

下午，贤送药来，溥杰来，带来花生和花椒酱。

今天，北京市革命委员会成立。

● **4月21日 星期五**

（住［反帝医］院［第］三十六〈三十八〉天）

上午，到院［内］散步。

下午，贤送药来，看内科。

北大历史系学生（北京大学"文化革命"委员会介绍）、《批翦战报》编辑谢增寿［等］五人和同来的［北］大历史系学生十余人来访，问关于《清宫秘史》诸问题。谈一个多小时，辞去。

晚，在院［内］散步。

● **4月22日 星期六**

（住［反帝医］院［第］三十七〈三十九〉天）

散步。

贤送药来。

● **4月23日 星期日**

（住［反帝医］院［第］三十八〈四十〉天）

贤送药来。

散步。

下午，郑广元来，二妹［韫和］送毛主席像纪念章一枚。

● **4月24日 星期一**

（住［反帝医］院［第］三十九〈四十一〉天）

抽血检查。[4]

1 张照（1691—1745），字得天，华亭（今上海市松江）人。1709年中进士，官至刑部尚书，抚定苗疆大臣等。是清代书法家和戏曲作家，有《劝善金科》等宫廷大戏作品存世。

2 张百熙（1847—1907），字野秋，湖南长沙人。同治年间进士。曾疏劾李鸿章妥协投降，也曾因荐举并保护康有为获罪。在晚清年代历任工部、吏部、户部、邮传部尚书，政务、学务、编纂官制大臣等职。他也是一位书法家。

3 郑源，不详。

4 据董益三同日日记载，李淑贤在董家谈起溥仪的病情，说："老溥的病有起色，如能巩固住，就可出院疗养。"

[全国]政协秘书处张延来电话，[说]《红旗》杂志记者来访。问关于“文化大革命”和刘少奇事。[1]

……

● **4月25日　星期二**

（住[反帝医]院[第]四十〈四十二〉天）

偕贤到中医研究院，蒲[辅周]老开方。

前因感冒发烧，已愈。近日消化正常，但小便少，大便稍干，间或二次。

脉弦微快，苔薄白腻，舌淡正常，继续调脾肾。

川熟附子一钱五　生白术二钱　茯苓三钱　白人参二钱　巴戟三钱　苁蓉三钱

狗脊三钱·炮　菟丝子三钱　牛膝三钱　泽泻二钱　炒三仙各一钱[2]

七付

● **4月26日　星期三**

（二次住[反帝医]院[第]四十一〈四十三〉天）

下午，输血150cc。

贤送药来。

陈履奎同留法学生鲁克全（女）、王今翔、果永毅、姚理庆、陈福生来访，谈电影《清宫秘史》和“文化大革命”观感。

● **4月27日　星期四**

（二次住[反帝医]院[第]四十二〈四十四〉天）

到皮肤科看脚气。

贤送药来。

● **4月28日　星期五**

（二次住[反帝医]院[第]四十三〈四十五〉天）

到皮肤科看脚气。

贤送药来。

打电话[将]吴[德诚]大夫约来，上午吴大夫来，答以“明天出院”。

溥杰来看。

● **4月29日　星期六**

（二次住反帝医院[第]四十四〈四十六〉天）

本日下午3时许出院。

告姚[锦芳]护士找吴[德诚]大夫来开药。

临出院前到5楼各室，见王、陈等，张灵来送，王西林推小车帮助推东西。3时许，偕贤乘车出院回家。

---

1 溥仪得到《红旗》杂志记者将来采访的消息后，认真做了准备。他从有关报刊上摘录了当时流行的观点，并抄记在日记本上，近两千字，内容略。

2 本方被溥仪编为“（中药）㊈”。在中医研究院广安门医院原处方还多一味药：“紫叩五钱·不打破，每日三次，含一粒。”

溥杰、(嵯峨)浩来看。沈德纯、明世凯、连以农来看，并谈到“文化大革命”和刘［少奇］问题，以及《清宫秘史》电影等。

● 4月30日　星期日

到南草厂〈场〉散步。微觉凉，又微感冒。

● 5月1日　星期一[1]

“五一”国际劳动节。

脚肿，下午同贤到人民医院急诊室看。饶大夫检查，给药：V_{B1}、酵母片、葡萄糖酸钙、路丁，又给 V_{B2} 注射针。

戴文山爱人给黄豆少许（马老太太说可以去脚肿），洗脚肿。

● 篇后附录：董益三同日日记

下午5时左右，我上街买烟，遇老溥［仪］夫妇乘［全国政协］机关小轿车南去，估计他们节日有活动。今年我们虽没有参加，有几个代表参加也是好事。

● 5月2日　星期二

脚肿见轻。晚，郑庭笈的二女来。

● 5月3日　星期三

脚肿更见好。

● 5月4日　星期四

在院散步。

● 5月5日[2]

● 5月8日　星期一

上午，董益三来看。[3]

● 篇后附录：董益三同日日记

上午9时左右，伯兰建议我到溥仪那里去看看他，我就去了，和他们夫妇谈了约一小时，10时许辞走。

● 5月9日　星期二

早，同贤乘车到中医研究院，找蒲辅周老大夫诊察。

脉缓和一些，舌苔减退。

黑附子一钱　砂仁五分　生白术二钱　茯苓三钱　白人参二钱　巴戟三钱　苁蓉二钱　枸杞子三钱　菟丝子三钱　淮牛膝三钱　泽泻二钱　炒三仙三钱[4]

1967年春，患肾癌的溥仪与溥杰和嵯峨浩在自家院庭

1 溥仪日记中无参加节日活动的记载，或许是董益三把溥仪夫妇赴医院误作参加节日活动了。详见篇后附录。

2 本日至7日原文只存日期。

3 关于董益三这次来，详见篇后附录。

4 本方被溥仪编为“（中药）⑩”。跟中医研究院广安门医院原处方对照，略有差异。如“黑附子”“枸杞子三钱”“炒三仙三钱”原方为“川熟附子”“狗脊三钱·炮”“炒三仙各二钱”。原方另一味药：“西洋参一钱，每次服1～2分”。原方最后还说明用法：“水煎服七剂，每剂煎两次，每日服两次。”

● **5月11日　星期四**

下午，边林芬来，贤留边同餐。

● **5月12日　星期五**

下午，边林芬偕同事郭艳龄来，贤留同吃晚饭。看照片。

● **5月14日　星期日**

上午，边文章来看，带小孩同来。

下午，不速之客杨家驹（电子管厂）二次来（上次来称为舒舍予之侄，喝醉酒来过）。杨称认识溥杰。

溥杰约到他家便餐，6时偕贤到杰家（赵炳南做菜）。

● **5月15日　星期一**

偕贤到反帝医院检查。贤感冒。

● **5月16日　星期二**

晚，卞中林来看。

贤感冒。

● **5月17日　星期三**

贤赴人民医院找徐衡之大夫诊病。

元参四钱　板蓝根三钱　黄芩二钱　马勃一钱五　柴胡二钱　桔梗二钱　连翘三钱

升麻二钱　生［甘］草二钱　姜（僵）蚕三钱　荆芥二钱　秦艽五钱

徐衡之开方（三付）

1967年春，溥仪摄于自家宅院中，这是溥仪的最后一张照片

● **5月18日　星期四**

打电话［给］七叔［载涛］，七叔［又］电话告马达杆〈轩〉来诊肋疼。

● **5月19日　星期五**

到反帝医院［经］吴［德诚］大夫检查。

● **5月20日　星期六**

边林芬、郭艳玲来访贤，留餐。

● **5月21日　星期日**

［北京］铁道学院红旗公社学生唐开彬等十余人来访，问关于在伪满是否有过“大赦”？[1]我记不清，介绍王子衡，王子衡介绍王贤讳。

1 1932年3月11日，即溥仪就任伪满执政的第三天，就公布了《大赦教书》。1934年3月1日溥仪“登基”为伪满康德皇帝，当天公布《即位诏书》的同时，又公布《恩赦诏书》，随之推出三件“敕令”：“恩赦令”“大赦令”和“减刑令”。

● 5月22日 星期一[1]

篇后附录：董益三同日日记

上午，老溥［仪］夫妇来看我们（10时~10时30分）。

● 5月23日 星期二

偕贤到人民医院看内科、眼科、喉科。

张芬兰来看贤。

下午，铁道学院朱［某］来电话说，他们查材料得知1932年在伪满洲国有大赦。[2] 我是记不清，想不起来。王子衡、王之佑也说想不起来。（我曾于前天打电话给铁道学院介绍他们可以参考伪满《政府公报》[3]《法令辑览》《满洲国年鉴》，也可看《大同报》《盛京时报》《满洲日报》和《满洲国通讯社》等等。）朱问"大赦"的公布人名单如何可得？我答不上，转［而］介绍他［人］，让问王子衡。朱说让我也细想想，我说确［实］想不起来。朱仍望细想想，我答应。

晚，铁道学院唐开彬又来电话，问关于伪满"大赦"之事，我答记不起来，唐询问冯涵清[4]在何处？我亦不知。

● 5月24日 星期三

溥杰、［嵯峨］浩约到他家午饭。下午，雨雹。三时许返家。晚，边林芬、郭艳玲来看，史大君、史大文来看。

● 5月25日 星期四

上午，北大历史系学生李良、杨开果来见，谈及我改造经过。据说［是］为调查新社会监狱而来访的。[5]

● 5月26日 星期五

上午，三妹（韫颖）来看。

晚，二妹（韫和）来看。

● 5月27日 星期六

上午，和贤外出散步。

晚，橡胶厂工人任永达[6]来访（在24日午前曾来过，托不在家）。任谓曾和溥杰、和载涛见过，说他妹妹任永兰曾在反帝医院见过我。

● 5月28日 星期日

---

1 原文只存日期。本日溥仪曾携爱人到董益三家，详见篇后附录。

2 溥仪以"执政"身份颁发的《大赦教书》见于当年报刊，文曰："古之圣人，下车泣罪，不教而诛，谁能忍之？今依政府组织法第十三条，特行大赦，与民更始，万方有罪，在予一人，此令。"

3 伪满《政府公报》等均为伪满期间刊载政府文告、法令和官吏任免等项的文件汇编类印刷品，而《大同报》等是伪满最大的几家报刊。

4 冯涵清，生于1892年，辽宁盖平（今盖州市）人。早年毕业于奉天法政学堂，曾任吉林地方法院院长，长岭县知事等职，办过"道德会"，信奉佛教，是居士林的居士。伪满年代任第一任司法部部长，后改称大臣。伪满后期又被任命为满洲重工业开发株式会社副总裁。晚年常住长春道德总会，后事不详。

5 溥仪在当天的日记页上留下了李、杨二人的联络电话："李良、杨开果：28，2471（北大总机）转511（历史系）。"

6 任永达，出身干部家庭，其妹任永兰是北京国际关系学院的学生，曾于1967年4月12日跟几位同学一起访问溥仪。

中午，郑广元来看，贤留郑午餐。

● **5月29日　星期一**

和贤到反帝医院，我在第二门诊抽血（NPN）和小便检查。

● **5月30日　星期二**

上午，永红战校（原77中）女学生四人：陈、王、陆、田，来访闲谈，［涉及影片］《清宫秘史》和一些杂谈。约一小时半辞去。

● **5月31日　星期三**

下午，血压觉略高，到福绥境公社医院就杨大夫看。量血压为150/80，血色素为5.7。学〈向〉反帝医院二门诊询上次检查情形。据王护士谈，非蛋白氮为104，二氧化碳结合力为22.3。王护士说，星期三〈四〉让吴［德诚］大夫看看，因为我明天到中医研究院找蒲［辅周］老看，故告以改星期四〈五〉到反帝医院看。

● **6月1日　星期四**

到中医研究院，蒲［辅周］老开方。

脉沉滑，舌淡，苔白腻，脾胃失调。

党参二钱　白术三钱　茯苓三钱　炙甘草一钱　陈皮一钱　砂仁一钱　木香八分

川附子五钱　薏仁四钱　泽泻五钱　焦三仙各五钱[1]

三付。

● **6月2日　星期五**[2]

● **6月3日　星期六**

溥杰二弟来，代领工资交来。[3]

● **篇后附录：董益三同日日记**

上午，老沈［醉］送工资来，他为我们到银行跑了一趟。

● **6月4日　星期日**[4]

● **6月5日　星期一**

偕贤到中医研究院就蒲［辅周］老看病。

肠胃湿滞，和胃去湿。

苍术二钱　厚朴二钱　陈皮二钱　藿香梗二钱　茵陈二钱　白蔻一钱　大腹皮二钱

泽泻一钱　扁豆皮二钱　麦芽二钱　通草一钱　莱菔子一钱五·炒[5]

● **6月6日　星期二**

1 本方被溥仪编为"（中药）⑪"。跟中医研究院广安门医院原处方对照，略有差异。如"砂仁一钱"在原方已改为"白蔻一钱"。原方还多一味："紫蔻五钱·不打破，每天自嚼三料"有用法说明："水煎服三剂，每剂煎二次，每日服一次。"

2 原文只存日期。按前约，溥仪本日赴协和医院检查。

3 全国政协的文史专员们停止上班以后，发放工资一般由较年轻的专员代领转送，溥仪的工资常由溥杰代领，而沈醉也常负此任。详见篇后附录。

4 原文只存日期。

5 本方被溥仪编为"（中药）⑫"。跟中医研究院广安门医院原处方对照，略有差异。如"厚朴二钱、白蔻一钱"原方为"川朴二钱、白蔻一钱·打"。原方多一味："另，紫蔻二钱，另包，不打。"还说明用法："共三剂，每日一剂，二次服。"

偕贤到人民医院就蒋大夫看[1]，贤就徐衡之大夫看。

［蒋大夫开药］：（1）碳酸青〈氢〉钠；（2）V_C；（3）复方维生素；（4）睾酮；（5）酵母片；（6）眼药；（7）肝精。

贤就徐衡之诊，开方如下：

苏叶三钱　苏子三钱·炙　苏梗三钱　枳壳二钱　青陈皮二钱　苍术、白术各二钱

制香附三钱　梭罗子三钱　五味子（忘开分量，我给开一钱）　神曲三钱

厚朴二钱　（此药买不到）

四付

晚，任永达又来访，闲谈。[2]

● 篇后附录：董益三同日日记

下午，李淑贤来，和伯兰谈了一会儿，谈的内容主要还是老溥［仪］的病的问题、她的护理忙的问题。

● 6月7日　星期三

偕贤到中医研究院，蒲［辅周］老开方。

胃气渐复，湿热未净，调和脾肾，健胃利湿。

党参二钱　白术二钱　茯苓皮二钱　炙甘草一钱　陈皮二钱　扁豆皮三钱

山药三钱　薏仁四钱　芡实四钱　川附子一钱　焦三仙各一钱[3]

五付（大便正常时才能服巴戟、枸杞、菟丝子等药。）

晚，［史］大文来，贤留同餐。

● 6月11日　星期日

腹仍不适（微泄〈泻〉），喉头稍发炎。

● 6月12日　星期一

偕贤到中医研究院，让蒲［辅周］老看，开方如下。

舌淡，苔腻，治宜温中健脾。

党参二钱　生白术二钱　炙甘草一钱　陈皮一钱　法夏二钱　粉葛一钱　苏叶一钱　厚朴一钱五　茯苓皮二钱　砂仁一钱·打　木香五分　干生姜三分　大枣三个[4]

三付

贤之方：

苏叶一钱五　香附一钱　陈皮一钱　甘草五分　玉金二钱　大腹皮二钱

香橼一钱五　法夏二钱　川朴一钱五　夏枯草三钱　枳实一钱·炒　竹茹一钱

1 董益三日记载有相关情况，详见篇后附录。

2 在本句之下溥仪记了一条行车路线：“往郑洞国家，车公庄（19路到车公庄）。26路公共汽车到花园村，35单元二楼三号，老虎庙下车站，楼房在旁。无轨七路——白石桥，一路、二路、三路——百万庄，再上26路汽车。”这页记事说明溥仪当时或曾接触郑洞国，或拟访之。也许是任永达在“闲谈”中提及的。

3 本方被溥仪编为“（中药）⑬”。中医研究院广安门医院原处方多一味药：“另，紫蔻五钱·不打，日2~3次，嚼一粒。”还说明用法：“水煎服五剂，每剂煎两次，每日服二次。”

4 本方被溥仪编为“（中药）⑭”。

蒲老［开方］，陈鼎祺［写方］。

从中医研究院出来，到前楼子胡同看赵华堂夫妇。赵态度冷，好像有何心事。询之亦无具体答复。

● 6月13日　星期二

偕贤到反帝医院，抽血做NPN试验、尿常规和小便检验。

● 6月14日　星期三

到反帝医院检查。

● 6月15日　星期四

调脾胃，阻阴利湿。

前方去苏叶、粉葛、甘草、姜，加川附子一钱五分、薏仁五钱，五付。

● 6月16日　星期五[1]

● 6月17日　星期六

到中医研究院［就］蒲［辅周］老看病。

党参二钱　生白术二钱　茯苓皮二钱　炙甘草一钱　陈皮一钱　法夏二钱

川朴一钱　砂仁一钱·打　木香五分　川附子一钱五分　薏仁五钱　大枣三枚[2]

五付

● 6月18日　星期日

上午，范汉杰来看。

［全国］政协张廷介绍上海新宁中学学生崔平、刘贵君来访，问关于刘琦事，58岁，1939～1943［年任］经济开发［部］次长。[3]我不知刘为何人？当即介绍王子衡、王之佑、王贤讳、阮振铎[4]的住址。

● 6月19日　星期一

二妹［韫和］来电话问好。

● 6月20日　星期二

蒲［辅周］老开方。

舌苔黄，脾肾阴不足，湿盛，温阴利水。

苍［术］、白术各一钱　茯苓三钱　泽泻一钱五　肉桂五分　白蔻一钱·打　茵陈二钱

川厚朴二钱　焦三仙各二钱　白通草一钱　鸡内金二钱·炮　藿香三钱[5]

（三付）

1 原文只存日期。
2 本方被溥仪编为“（中药）㊷”。
3 伪满管理经济事务的政府机构只设经济部和兴农部，兴农部内有开拓总局，从来没有“经济开发部”，也未查出刘琦其人。
4 阮振铎，生于1881年，辽宁铁岭人。1913年毕业于南槽医学堂，历任关东厅嘱托医、吉长铁路医院院长。在伪满年代因关东军统治部（后改特务部）要人金井章次（满铁本部卫生课长出身）介绍而受重用，先后出任伪“国都建设局”局长、“文教部”大臣、“经济部”大臣等，1945年被苏军逮捕，1950年引渡回国后，在抚顺战犯管理所关押改造。其间曾帮助溥仪撰写《我的前半生》初稿。20世纪60年代初特赦后，在吉林省卫生学校就业（也在长春市立医院图书馆工作过）。现已故。
5 本方被溥仪编为“（中药）㊸”。

又为贤感冒开方：

荆芥一钱五分　防风一钱五分　川芎一钱五分　蔓荆子二钱　羌活一钱　白芷一钱

陈皮一钱　甘草五分　苏叶一钱五分　香附一钱　苍耳子二钱

● 6 月 21 日　星期三[1]

● 6 月 22 日　星期四

下午，溥杰来看（带花生）。

晚，一个教员李体扬[2]［来］（在张芬兰家与贤识，李要介绍一个大夫，故来，云云）。李介绍一个张皓志大夫，说能治好些疑难大症等，欲为我针灸。我不欲多针灸，经李说已告张大夫于星期三晚不看病，在家等，因之贤劝允其请。遂定后天（24 日）晚 7 时半同贤到灯市口。李在车站等，接往张大夫处看看（张住其徒家）。

张洁英[3]看贤来。

● 6 月 23 日　星期五

舌苦，食无味，疲倦，耳鸣。

偕贤来到中医研究院，［请］蒲［辅周］老看病。

脉濡，舌淡，苔黄腻，小便色淡。由脾湿胃滞，治宜利湿和胃。

茯苓皮三钱　生白术二钱　泽泻二钱　藿香二钱　茵陈二钱　大腹皮二钱

薏仁五钱　白蔻一钱　川熟附子二钱　扁豆皮三钱　焦三仙各一钱[4]

四付

晚，偕贤应李体扬之约，介绍到张皓志针灸老大夫处诊治（住其徒冯燮家）。

● 6 月 24 日　星期六

雨，早，散步遇雨，到王大妈家避雨。雨中，贤持伞到南草厂〈场〉外找我。

王大妈房邻王同志爱人，看我在王大妈屋，因而急命其子追告贤，贤也到王孝〈大〉妈家。

在［先］，贤过王大妈家门口，未入，但看见王同志的爱人，询以我何往，也不知我在王大妈家，故说未见着。等她一发现我在王大妈家时，所以立刻让小孩追告于贤。

这样热心对人，是很令人感动［的］。

下午，李体扬伴张皓志大夫及其徒冯燮来，张为贤扎针（扎了一个半小时）。

● 6 月 25 日　星期日

到人民医院看内科、□科，为贤挂中医科。

一毛九［分钱］食点心（油条三［根］、烧饼一［个］、糖浆一［碗］）。

夕，郑广元来看。

● 6 月 26 日　星期一

---

1 原文只存日期。

2 李体扬，当时在北京第 22 中学任教。该人出身于旧官僚家庭，颇有才气，诗词、歌赋、京剧、昆曲样样皆能。

3 张洁英，溥仪家的邻居，常来常往，互相帮助。

4 本方被溥仪编为“（中药）㊆”。其中“白蔻一钱”，在中医研究院广安门医院原处方上写为“白蔻一钱·打”。

偕贤到中医研究院找蒲［辅周］老看病开方。

舌苔减，口有渴味。照原方。

茯苓三钱　生白术二钱　泽泻二钱　藿香二钱　茵陈二钱　大腹皮二钱　薏仁一钱五　白叩〈蔻〉一钱·打　川熟附子一钱　扁豆皮三钱　焦三仙各一钱　陈皮一钱[1]

五付

又为贤开方。

脉浮滑，舌苔薄白，属寒湿，宜解表。

香蕾一钱　鲜藿香二钱　苍术二钱　陈皮一钱五分　川厚朴二钱　大腹皮二钱

防风一钱　羌活一钱　粉葛根二钱　泽泻一钱五分　薏米五钱　白通草一钱

茯苓皮二钱

三付

● 6月27日　星期二

上午，同贤到和平里看罗［历戎］。抄方如下：

半枝莲，每日水煎服一两，兑入适量冰糖。

治癌秘方：主治各种癌症。经过服验结果，已治疗肠癌、食道癌、子宫癌等，乳癌效果较差外，其余各癌服后很好。特别是肠癌，四至五小时即起异常效果。

服法：到中药店买“半枝莲”数斤，每天一两（以十六两为标准），用水五磅。最好煎一二小时，日夜当茶用，一日最少服两次或几次，每次最多一小碗，最少两到三匙。能多吃者就多吃；不能多吃者就少吃，但次数要多。

“半枝莲”清凉无毒，解污排毒之草，饭后不吃开水。如果癌生疮，升表面，刚生，要用紫香花捣烂取渣敷患处，取汁用水烧开，连茶服用。本单［之］方不分性别、年龄，服此方不受任何限制，病愈后还需连续服用五个月，方可彻底痊愈。

服后反应：服后肠胃作响，大量排尿，并有微痛，大小便有脓血，清除后即转好，此药别病不治。

注：这药方如有效，请给天津市清河人民法院李旭平减轻罪名，因此方是该犯在执刑前两天供出，恐死后失传。到目前为止，治癌200人（卫生单位研究试用，1967·5）。

偕贤到和平里，李义〈以〉劻、廖耀湘、杜建时、范汉杰、罗历戎以及王耀武妻合伙招待吃便饭。万枚子也来见。复访问万枚子夫妇。

● 6月28日　星期三[2]

● 6月29日　星期四

偕贤到中医研究院重寻王赫焉看病。

脉弦，舌苔黄腻厚。

1 本方被溥仪编为“（中药）丈⃝”。

2 原文只存日期。

草河车五钱 薏仁一两 泽泻三钱 桑蛸三钱 茯苓皮五钱 石斛三钱

蔻仁一钱五分 竹叶三钱 甘草一钱五分 通草二钱[1]

下午，政协介绍，沈阳［交］通公司张竹堂和崔玉春来访，问关于于詹（渊涛）及其兄于乃椿（莲客）、其子于越，是否我认识？此数人我均不识，唯于莲客之名似乎在伪时报纸上看见过。张等谈，于见过溥杰，经打电话与溥杰问话，溥杰亲自来了，回复了这个问题，溥杰曾和于莲客见过三面……

晚，周振强妻来看，贤留她以及溥杰同吃饭。

● **6 月 30 日 星期五**[2]

● **篇后附录：董益三同日日记**

上午 11 时左右溥仪夫妇来，坐了一会儿。因伯兰不在家，我又忙于做饭，他们坐了十几分钟就走了。

● **7 月 1 日 星期六**

偕贤游景山公园。

张皓志大夫和冯燮同来，为贤针灸。留餐。

夕，我和贤偕张大夫、冯燮到达第札雅家看其妻病，张大夫为［其］诊治。

● **7 月 2 日 星期日**

夕，郑广元来。留餐。王力民偕王昭、王欣来看。

● **7 月 3 日 星期一**

夕，董益三夫妇来访。[3]

● **篇后附录：董益三同日日记**

晚餐后，伯兰又建议到老溥［仪］家去走走，我考虑这回不能不同意了，和她商量迟一点去，早一点回，在他们那儿停留的时间以一小时为限。她 7 时 45 分去，我约 8 时去，坐谈到 8 时 50 分回。

● **7 月 4 日 星期二**

中医研究院王赫焉开方：

草河车五钱 薏米一两 泽泻三钱 桑蛸三钱 杏仁三钱 石斛三钱 竹叶三钱

木瓜一钱五分 通草二钱 川附子一钱五分 茯苓三钱 甘草一钱五 黄柏一钱五分

六剂[4]

又到协和医院试 NPN、二氧化碳结合力、白蛋白、球蛋白和尿检查。

● **7 月 5 日 星期三**

夕，［嵯峨］浩来电话约我和贤到杰家吃饭，谓宋希濂夫妇均在焉。我偕贤到杰家

---

1 本方被溥仪编为“（王赫焉方）㊀”。

2 原文只存日期。本日，溥仪夫妇曾到董益三家，详见篇后附录。

3 董益三夫妇这次到溥仪家来的情况，详见篇后附录。

4 本方被溥仪编为“（王赫焉方）㊁”。在中医研究院广安门医院原处方上还标明了用法：“浓煎二次，共取 300 毫升，一日二次分服。”

与溥杰夫妇、宋希濂夫妇相见。沈醉偕一小学女生（11 岁）也来，同餐。9 时许才回家，遇雨。

● **7 月 6 日　星期四**

早，偕贤到人民医院就孙大夫诊治，开肝精（注射针）、碳酸青〈氢〉钠、V_C、复合维他命、眠〈密〉尔通〈痛〉、利眠灵等药。

上午，王毓超突来访，介绍他在“文化大革命”运动中的经过，并谓每月二十元工资，三口人，不敷生活，希帮助。我当告以我和贤常服药、看病，花费很大。[1] 但念同事，可济一时。我说，“六元送你，又觉太不像话。”后来，贤取来十元交与王毓超。少顷，王辞去。

晚，史大文来，同我和贤吃饭。

● **7 月 7 日　星期五**

晚，到福绥境公社医院检查尿常规。

新保姆王姓初来。

晚，四弟溥任（金友之）[2] 来，并带来院中之杏。

晚，李体扬来。

● **7 月 8 日　星期六**

上午，橡胶厂工人任永达来访（5 月 27 日曾来过）。谈及在王府井、天安门一带有大字报批判外事办公室主任廖承志主持为我（1965 年参观）所拍电影[3]，说是游山逛景，说电影（本系对外宣传片，没对内公开演者）是毒草，并历述我过去在伪满时代种种罪恶，怎能这样人还受优待，还有种种待遇，等语。并说我看电影曾大加赞赏（并没有此事）。

任［永达］拟代为录出，再来访。

当时系［全国］政协专员集体参观，是周［恩来］总理在［人民］大会堂接见时的号召、决定[4]，是统战部的筹办和政协负责干部所率领[5]，而出发参观学习的。至于照相，系中国新闻社来人照的，都系当时政府派的，我们绝无拒照之理。并且后来我看电影，也并未有何叹赞。照影片也是纪录片，并非如演员的拍照，我当时更无理由和权利来拒绝，不照这集体摄影。因此，对于照相，自己殊没有何责任。

1 当时，李淑贤处于停薪留职状态。医疗费全部自理，溥仪的药费中也有一部分（如营养类药）自费，且赴医院常常自雇出租汽车。

2 若干年来，溥任经常使用“金友之”这个名字。

3 指由中国新闻社拍摄的大型纪录片《中国末代皇帝——溥仪》。该片选用了溥仪于 1964 年春夏之间，在江南六省一市以及西北两省参观游览的许多镜头。

4 1963 年 11 月 10 日，周恩来在人民大会堂接见并宴请了前四批特赦留京人员及其眷属，他当众宣布：明年春暖花开的时候，所有在京的特赦人员可以带家属到祖国东南和西北去参观一次。他还再三叮嘱中央统战部和全国政协的领导人，要好好安排这一次参观，不要弄得太紧张、疲乏。

5 溥仪等在京特赦人员及眷属，于 1964 年 3 月 10 日至 4 月 29 日期间参观东南六省一市，参与这次参观活动筹备工作的有中央统战部徐冰部长和张执一副部长，还有全国政协申伯纯、辛志超和梅龚彬等几位副秘书长。原定梅龚彬带队，因梅老临时身体欠佳，改由全国的政协常委、民革中央常委兼宣传部部长陈此生带队。同年 8 月 5 日到 28 日，溥仪等原班人马又赴陕西、河南两省参观，带队的是全国政协文史资料研究委员会办公室主任吴群敢和另外两名政协干部。

当然，过去［的］罪恶是历史事实。特赦系根据毛主席的建议与政府的执行申〈衍〉[1]（自己改造得太不够，还要不断改造自己），尽管特赦我为公民，自己对于过去［的］罪恶是永远不能、也不应忘记的，这是自然的。

下午，李体扬偕张皓志大夫及其徒陈某（化工学院附中）来。张大夫为淑贤针灸。

夜9时许，任永达又来，带来他在前门所抄大字报，并表示愿代录一份给我。[2]

参观是总理的号召，总理在［人民大会堂接见时］直接告诉政协各专员的。

自己［的］罪恶本是滔天的，是百死不足以蔽其辜的，但是只有在毛主席和中国共产党的伟大改造［政策］下，才能变鬼为人，这是史无前例的事。根据毛主席建议，把认为改恶从善的战犯特赦，我在1959年12月4日蒙到特赦，从此开始真正［作为］人的光明前途，这一切一切都是党和毛主席给我的。

因此在各方面，自己心中总想要不辜负毛主席和党中央重生再造之德，只许好，不许坏。所以同时也就有了思想包袱，即认为自己改造不错了。这就是错误想法。

在拍参观电影的问题上，过去自己没有认识是毒草，而认为是在党和毛主席［把我］特赦后，自己成为新人，如何表现伟大［的］毛泽东思想，表现党和毛主席伟大［的］改造世界、改造人类、改造罪犯的光辉成就。拍照〈摄〉影片也是为了替党宣传政策，没有想到是毒草方面。

这次看见批判，我认为其中所说“这影片是美化自己，多照特赦以后情况，而少照或不照劳动、学习、改造的方面”（这是主持照拍人的观点方面的错误！），这个批判是正确的，我同意。

至于当时拍影片，是政府组织、对［全国］政协专员的集体摄影，我绝无理由、也不可能拒绝拍照之理〈衍〉。

经过史无前例［的］“文化大革命”，也才教育提高了自己，看见那大字报，更使自己猛醒，应随时随地永远不能忘记自己［的］罪恶，不断改造自己，永远跟着党和毛主席前进。

● 7月9日 星期日

（让王回去：又重叫杜秀珍返。）

田大嫂来，［送］贤毛［泽东］主席像纪念章。

● 7月10日 星期一

早，偕贤到中医研究院就王赫焉看病，开方如下（本方未服）：

草河车五钱 薏米一两 泽泻三钱 山药五钱 莲肉五钱 川附子一钱五分

竹叶三钱 通草二钱 菖蒲二钱 甘草一钱五分 茯苓三钱

六剂

检查血色素，降为4.2，贤主张明日再找蒲［辅周］老看。贤又给反帝医院吴德诚

1 1959年夏天，毛泽东听取关于伪满战犯改造情况的汇报后，主持召开了中央会议，并最早提出特赦溥仪等战争罪犯的动议。9月17日，中华人民共和国主席刘少奇发布《特赦令》。据此，最高人民法院于12月4日签署了给溥仪的《特赦通知书》。

2 溥仪看过代录的两千多字的大字报后，持有明确的保留意见。

大夫打电话，问对血色素降低怎么办。下午到反帝医院［就］吴大夫看病，说仍找蒲老先看病，俟蛋白氮下降才能输血，让过两星期再来就诊。

夜睡，小便后不适，服西洋参、糖，渐愈（昨夜亦然）。

● 7月11日　星期二

早，偕贤到中医研究院，让蒲［辅周］老看病。蒲老开方如下：

寸尺不足，二头弦大，宜继中气，温肾阳，强胃兼补血。

台党参三钱　白术二钱　茯苓三钱　炙甘草一钱　川附子一钱五分　巴戟天二钱　砂仁一钱　枸杞子二钱　当归二钱　核桃二个·去外壳　大枣三个[3]

七付

午，周振强的爱人来。

晚，史大文来，与贤同餐。溥杰派人送菜来。

● 7月12日　星期三

天气热。

● 7月13日　星期四

十三日《人民日报》（报摘）：

中国“红卫兵”代表团回到北京[4]

带着阿尔巴尼亚人民和青年对毛主席的无限热爱与敬仰。

（1967年7月12日电）[5]

● 7月14日　星期五[6]

● 7月19日　星期三

到中医研究院。蒲［辅周］老开方。

两寸力不足，关尺稍好；舌淡，苔白薄腻，继续温肾补中。

原方去枸杞子，加陈皮一钱。七付[7]

（沱茶）[8]

下午，毓灵筠、崔小兰、毓喦之妻来。刘淑贞和其妹刘美艳以及孙姓女（前门［附近的］孙［某］系贤的旧邻居）[9]来看贤，均留餐。

● 7月20日　星期四

晚，偕贤访董益三夫妇，闲谈[10]。

● 篇后附录：董益三日记（1967年7月19日）

---

3 本方被溥仪编为“（中药）㊆”。

4 此为标题，故排在中间。

5 溥仪在本日日记页上粘贴了几条剪报，内容为到机场迎接的人名单和当时情况。略。

6 从本日至18日，原文只存日期。

7 “原方”指7月12日蒲老的处方，此方仅按原方略有加减，故溥仪未将其列入编号。

8 可能与吃药有关，亦可能新买了这种茶叶，溥仪未作说明。

9 孙姓女，名叫孙月莲，家住前门外绒线胡同24号。

10 溥仪误记。他偕妻赴董家夜谈在7月19日，董益三对此有详细记载。详见篇后附录。

晚上8时30分我正在听广播时，老溥［仪］夫妇来了。问伯兰，不知她何处去了。去找吧，东院没有，北院也没有，到大觉胡同口工地上去看，也没有发现，只好放弃找的意图。回家来和她（李淑贤）和他（溥仪）谈。除了相互间一般的问候外，老溥提出了一笔不知来历的汇款问题；李提出了和戴家的矛盾的问题。正在谈的时候，她（宋伯兰）溜进来了，说是去看建房，在山东老乡家门前闲聊去了。之后，老溥又提出在前门发现有大字报，批评有关老溥拍摄电影问题，我认为他没有什么责任，谈到10时送他们走。

● 7月21日　星期五

偕贤到人民医院。孙大夫诊查。［给］V_C、V复合、碳酸青［氢］钠、肝精针、睾酮。

下午又到人民医院，（孙大夫）给输红血球200cc。

● 7月22日　星期六[1]

● 7月23日　星期日

刘淑贞、刘媛莉和孙胜[2]来。贤留共早、晚餐。

● 7月24日　星期一

晚，同贤到溥杰家串门。

● 7月25日　星期二

早，同贤到西单。贤让西单西长安街公社医院王仲华大夫看病（第二次）。[3]

开方如下：

石斛三钱　夜交藤三钱　滁菊花三钱　茯神二钱　白芍二钱　浮小麦二钱

柏子仁二钱　麦冬二钱　佛手花三钱　桑叶二钱　鲜佩兰二钱

三付

● 7月26日　星期三

蒲［辅周］老开方。

脉缓有力，舌淡苔薄白黄腻，继续温肾补中兼苏〈疏〉胃气。

台党参三钱　焦三仙各一钱　白术二钱　茯苓三钱　炙甘草一钱

川熟附子一钱五分　巴戟二钱　砂仁一钱·打　枸杞子一钱（没有）　当归二钱

核桃二个　大枣三个　陈皮一钱[4]

七付

● 7月27日　星期四[5]

● 7月30日　星期日

下午，二妹［韫和］来看并做菜。

---

1 原文只存日期。

2 孙胜，李淑贤的友人。

3 溥仪通信录上有王仲华大夫的名字，其下所记地址和电话为："延仁路中药店（西单乐仁堂），621067。"

4 本方被溥仪编为"（中药）㉚"。中医研究院广安门医院原处方比日记抄录方多一味药："西洋参一钱、另包。"原方还有用法说明："水煎服七剂，每剂煎二次，每日服二次。"

5 从本日至29日和31日原文只存日期。29日据董益三周日日记所记："晚上8时许的时候溥仪夫妇来，坐谈到9时45分走。"溥仪因政治负担，当时接触别人颇为谨慎，去董益三家常在夜间。

● 8月1日　星期二

上午，到福绥境公社医院量血常规、尿常规。

下午，到反帝医院，让吴［德诚］大夫看病。吴谓可不住院。

回来后一进门，看见毓灵筠和其妹（罗律之妻）以及子、女二人[1]，还有崔小兰，均在院中和戴大嫂说话。毓妹送点心，贤，留吃面，饭后辞去。

溥杰来看，未遇。

● 8月2日　星期三

到中医研究院。找蒲［辅周］老看病。

服上方，病情稳定无变化，消化力稍好。夜汗，短气舌淡腻苔稍减，继续温肾益脾。

原方去枸杞子，加山药三钱、莲子三个·去心打。[2]

下午，七叔［载涛］来电话问好。溥杰二弟又来看，并代万嘉熙转交来其家人合影，谓万为调查材料曾到杰家去，万嘱送我。平日连见都不见，这时又作假惺惺地送照相〈片〉，狡兔三窟，此之谓也——唉！[3]

● 8月3日　星期四

偕贤到人民医院［就］孙大夫看病。

下午，输红血球200［cc］。

● 8月4日　星期五[4]

● 8月8日　星期二

上午，边林芬来访。偕贤并同边到西四买物，返，午饭后，边弟找来说，她机关找她去。

● 8月9日　星期三

溥杰来电话问。

蒲［辅周］老开方。

脉略快，舌淡苔薄白，病情稳定。夜间微感气不舒，宽胸利气。

原方去枸杞子，加陈皮一钱、藿香梗二钱、薏仁米四钱，去大枣。

党参三钱　白术二钱　茯苓三钱　炙甘草一钱　川附子一钱五分　巴戟二钱

砂仁一钱·打　当归二钱　核桃二个　陈皮一钱　藿香梗二钱　薏仁米四钱

焦三仙各一钱　五服[5]

● 8月10日　星期四　雨[6]

● 8月12日　星期六

下午，［溥］杰约同贤赴其家（和吴桓兴院长见面、看病），同吴桓兴夫妇、唐生

---

1 毓灵筠之妹毓灵若，系溥修与其嫡妻费云章的小女儿，她的丈夫罗律是罗振玉的曾孙。他们有二子一女，现居大连。

2 “原方”指蒲老7月26日开的方。此方仅按原方略有加减，故溥仪未将其列入编号。

3 万嘉熙是亲属中最得溥仪信任者之一，据李淑贤讲他也是溥仪特赦后经常登门的人。因为这样，溥仪更想念他，稍久不来便要“骂”他。

4 本日，以及本月5日、6日、7日、11日、13日、14日、20日，日记原文只存日期，不再列出。

5 “原方”仍指7月26日蒲老的处方，然而，此方照原方加减的幅度较大，故溥仪还是把它列入序号，编为“（中药）㉑”。

6 本日原文只存日期和天气情况。

明夫妇共进西餐。

● 8月15日　星期二

夜，多睡，倦。

［到］反帝医院检查：非蛋白氮113，二氧化碳结合力20.1。

● 8月16日　星期三

下午，李义〈以〉勖、罗历戎来看。

● 8月17日　星期四

到中医研究院，让蒲［辅周］老看病。

溥杰二弟来电话。

舌淡白腻，由［于］节气变换，三焦、元气不足，以致神疲力倦。宜调和三焦，通肠利湿。

白人参二钱　麦冬二钱　五味子一钱·打　苍［术］、白术各一钱　川附子一钱　泽泻一钱五分　粉葛根一钱　六曲二钱　炙甘草一钱　生姜三片（用干姜代，一片）　大枣四枚[1]

（马连道仓库）[2]

到反帝医院，吴［德诚］大夫逡巡不决，又说困可以多睡（不顾酸中毒），又问需何药。贤要求我住院，吴说问一问，研究研究。又问："你们在［全国］政协还有人管吗？"贤答有张［刃先］主任。吴言："当与之联系，以后再通知你。"

偕贤又到人民医院。孙大夫很负责，为开药并注射，葡萄糖和一些碳酸青［氢］钠，预定注射三天。

溥杰早晚均来电话慰问。

● 8月18日　星期五

偕贤又到人民医院输液（葡萄糖和碳酸青〈氢〉钠）。

吴［德诚］大夫至今未答复是否住院问题。

溥杰二次来电话，七叔［载涛］一次来电话问。

● 8月19日　星期六

偕贤到人民医院，输葡萄糖和碳酸青〈氢〉钠。

● 8月21日　星期一

贤又到人民医院见〈与〉孙大夫连〈联〉系，孙大夫又开三天的输葡萄糖和碳酸青〈氢〉钠。

溥杰、［嵯峨］浩送菜来。

11时许，偕贤到人民医院输液，4时许才输好。贤极疲乏。

● 8月22日　星期二

早，偕贤到中医研究院。蒲［辅周］老开方。

---

1 本方被溥仪编为"（中药）㉑"。

2 括号内文字系溥仪8月12日至17日间所写一条记事，其意不明。由于"马连道"是清东陵附近的一个地名，或许与清东陵有关。

照前方，去粉葛，加扁豆三钱。[1]

这两天又思饮食矣，舌苔也见好，蒲老看时说：“这多灵验呀！”蒲老谈，这次脉又转好，不似前些天的脉了，这和天气变化都有关系。

在中医研究院看见杨传（商业部）和李俊龙。与董护士谈话，董谈［及］针灸科孙振寰大夫很不错。

下午未上人民医院。贤服以前蒲老方（治感冒受风方）。

杰来电话问二次。

晚，张洁英来访贤。

夜，睡中又不适，服西洋参、葡萄糖。

● 8月23日　星期三

上午11时，偕贤又到人民医院，为我输液（第五次）。[2]

● 8月24日　星期四

偕贤到人民医院，第六次输液。在这后三次输液中，孙大夫改上生理食盐水，因之又肿胀。

晚，任永达来谈。史大文偕侯爱平来看贤。

溥杰二弟来送晚饭、菜。

● 8月25日　星期五

77中学［学］生陈、王和王、赵（已工作）来访，陈还上次所借的书。

冀丕先忽又来（一年多未来了）。

晚，邻居三小儿为贤购土豆和葱，来二次。街道（一女）送来（按户送）“滴滴〈敌敌〉畏”（一小瓶）。

还是浮肿，夜眠不适。

西城区房管局郝风云见贤，介绍在延庆有一小女，问是否要。

● 8月26日　星期六

易吟先来电话问贤好，适值贤外出购物，我接电话。易介绍郑庭笈［之］弟认识的一个从四川来的治癌大夫，现在京。问我如果要看，可与郑联系等。又谓前天下午3时许，宋希濂夫妇曾访我，未遇。

溥杰二弟来电话。

夜，睡又觉气闷，有时恶心。

● 8月27日　星期日

贤偕张洁英到西单王大夫处看病（西长安街公社医院大夫王仲华）。

鲜把叶三钱　炙草五钱　酒芍二钱　涤菊花三钱　陈皮二钱　桑叶二钱

麦冬二钱　茯神二钱　瓜蒌二钱

---

1 本方系按蒲辅周8月17日所开方加减，被溥仪编为“（中药）廿”。

2 据日记统计，自8月17日以来，溥仪在人民医院经孙大夫输液葡萄糖和碳酸青〈氢〉钠）共五次。分别在17日、18日、19日、21日和本日。

三付

郑广元来。杰二弟来电话问好。郑庭笈来电话言，明日约好他们［在］附近找一治癌大夫看病（曾为郑之弟看鼻癌，服后增加饮食）。［定］下午。

● 8月28日 星期一

国际关系学院四个学生任（女）、侯、李、张（女）来访闲谈。

［溥］杰和七叔［载涛］均来电话问。

晚，史大君，史大文来。

午后，王（以前保姆）来看贤。

夜，睡不好，觉气闷，身肿。

● 8月29日 星期二

偕贤到人民医院。孙大夫重诊（未挂号），孙让输葡萄糖。

又偕贤到剧场胡同郑庭笈［之］弟所介绍的四川来的治癌大夫［所］在冶金部宿舍下看病（大夫下楼到三轮车前看病）。旋在宋希濂家吃午便饭。

● 8月30日 星期三

舌淡苔白腻，继调和脾胃，温化痰湿。

台党参二钱 白术二钱 茯苓三钱 法夏二钱 陈皮一钱 炙甘草一钱 白蔻一钱

薏仁四钱 焦三仙各一钱 大腹皮二钱 干生姜一片 大枣三个

五付[1]

● 8月31日 星期四

偕贤在人民医院就刘娉仪大夫看病，输液。［溥］杰来电话［告］：买的药（血粉）来了。

附录：

非蛋白氮量，2月27日为99.6；二氧化碳结合力：21：血色素：5.7。[2]

［非蛋白氮量］，3月1日为117。

感冒。入院，第二次入人民医院。

［非蛋白氮量］，3月4日为45.6；二氧化碳结合力：33。（人民医院化验室误验，但不承认。） 3月8日又感冒发烧。

［非蛋白氮量］，3月13日为110。

以上［系在］人民医院［检查］，以下［系在］反帝医院［检查］。

非蛋白氮，3月15日为114；二氧化碳结合力：40；［血色素］：6.6。

3月17［日］早，又在厕所感冒，18日退烧。

3月24日非蛋白氮：95；二氧化碳结合力：26.6。

3月27日非蛋白氮：80；二氧化碳结合力：45。

1 经核对中医研究院广安门医院原处方，此方系薛明寿大夫所开。

2 以下为溥仪的病情检查记录，起于1967年2月27日，迄于1967年8月31日，均系溥仪亲笔记录，有几处还附贴了原医院化验单，可以了解他的病势趋向，特照录，并按原次序附于8月31日日记后。

3月28日又感冒，直到现在已四天发烧（从3月26日起发烧约到4月3日七天多）。

4月4日

非蛋白氮：66.6；二氧化碳结合力：44.6；白血球0.3（4000）、红血球0.1（148万）。血色素未化验。

刘化验员

贤检查：白血球满视野，红血球5~10。

4月12日

非蛋白氮：68.2；二氧化碳结合力：32.2；测验癌细胞；血色素：6.2。红血球未化验。

赵化验员

贤检查：白血球4~5，红血球2~4。4月22日［在］积水潭医院。

4月25日

非蛋白氮：53.4；二氧化碳化结合力：36.4。

4月29日

血色素：6.6。

严化验员

5月15日［在］反帝医院［检查］。

非蛋白氮：78；二氧化碳结合力：35.4；血色素：5.6；尿常规：红血球10~20，白血球6~8；小便：正常。

福绥境公社医院化验单[1]

姓名：溥耀之；病历号：21719，检查物：尿；目的：常规。

1967年5月16日

颜色：浅黄、透明，蛋白，微量，白血球；2~3；赤血球：4~4；粒状圆柱：偶见。

福绥境公社医院化验单[2]

姓名：溥耀之；检查：尿常规。

5月19日

医师：张。

颜色：浅黄、透明；蛋白：微量；赤血球：偶见；上皮细胞：偶见。

5月23日［在］（人民医院检查）。

尿常规：几个上层细胞；血色素：6.7克。

5月20日［在］反帝医院［检查］（恐系化验错了）。

非蛋白氮：104；二氧化碳结合力：22.3。

5月31日（［在］福绥境公社医院［检查］）。

血压：150/80；血色素：5.7。

1 此系粘贴在日记上的原化验单，其中无记载项目不再列出。

2 此系粘贴在日记上的原化验单，其中无记载项目不再列出。

6月6日（［在］人民医院［检查］）。

尿常规：白血球2~3、红血球3~4、蛋白+；血色素：5.4。

6月6日（［在］福绥境人民公社医院［检查］）。尿常规：白血球1~2，红血球（没有）。

6月13日（［在］反帝医院［检查］）。

非蛋白氮：102；二氧化碳结合力：32.1；血色素：5.5；小便检查：红血球二万八千三百。

6月25日（［在］人民医院检查）。

红血球1~2、白血球0~1、蛋白++；血色素：5.6；白血球5300。

6月29日（［在］中医研究院广安门医院［检查］）。

尿常规：偶见红细胞；蛋白：痕迹。

7月4日（［在］反帝医院检查）。

非蛋白氮：102；二氧化碳结合力：25.7；球蛋白：1.8（正常）；白蛋白：5［（正常）］；胆固纯〈醇〉：129（正常范围）；尿常规；白［血球］3~4、红［血球］10~20；癌细胞：没有。

福绥境公社医院化验单

姓名：溥耀之；年龄：成；病历号：21719；检查物：尿；目的：常规。

1967年7月7日。

医师：杨。报告者：萧。

颜色：浅黄、透明；蛋白：极微量；白血球：偶见。

7月11日（［在］中医研究院［检查］）。

血常规：白血球3800（中性79）、红血球220万（中性？）[1]21、血色素4.2。

苏桂贤［查］

尿常规：红血球2~3、脂肪滴（+）。

韩文玲［查］

7月11日（［在］反帝医院［检查］）。

血色素：4.1；红血球：118。

7月12日（［在］福绥境公社医院［检查］）。

血色素：5.6；白血球：7600? 红血球：31800? 血压：138/76。

7月21日（［在］人民医院［检查］）。

血压：120/60；尿常规：红血球4~6、白血球2600；血常规：4.7。

7月21日（［在］福绥境公社医院［检查］）。

血常规：红血球（RBC）198万、白血球（WBC）4700；血色素：5.6g。

8月1日（［在］福绥境公社医院［检查］）。

1 问号原有，或为溥仪存疑。下同。

血常规：RBC（红血球）4300、WBC（白血球）4300；［血色素］：4.5g。

尿常规：白血球 0~1。

血压：144/80。

同日下午，［在］反帝医院［检查］。

血色素：5.1。

8月15日（［在］反帝医院［检查］）。

非蛋白氮：113；二氧化碳结合力：20.1。

8月17日（［在］人民医院［检查］）。

白血球 4900、红血球 125万；血色素：3.4g。

8月21日（［在］人民医院［检查］）。

血色素：4.3

在8月18日、8月21日、8月22日输葡萄糖和碳酸青〈氢〉钠，消肿很快。但从8月23日起，在〈到〉8月24日，［其后］又三天输葡萄糖加生理食盐水，立时面部、足部［增］加水肿。

● 9月6日 星期三 [1]

［到］福绥境人民公社医院［检查］：白血球 1~2，红血球（空），血色素 4.1，血压 140/80。

● 9月7日 星期四

［到］中医研究院。蒲［辅周］老［诊断开方］：

两寸不足，关尺弦，舌淡苔减退，继续温阴益气。

台党参三钱 川附子一钱五·炮 白术二钱 茯苓二钱 白芍二钱 龙骨三钱

龟板四钱、炙打碎 巴戟二钱 大枣四枚 小麦三钱 另外，西洋参二钱

白蔻（应当是紫蔻）二钱 [2]

七剂

● 9月10日 星期日

贤发烧 37.5℃，下午 38.5℃，4时53分为 38.6℃，7时 38.4℃，8时半 37.8℃。延安路中药店王大夫仲华诊治开方［之药］：四环素（四小时一次）、酵母（5、9）、V_C（15）。

● 9月11日 星期一

贤体温：6［时］50分37度4；9［时］34分37度5；11［时］11分37度8；11［时］33分37度4；3［时］半37度2。服中药。

11时半，福绥境人民公社医院杨大夫来诊。注射安乃定，服索密痛片，又向他要药“安

1 从本日起溥仪换用一个长二寸半、宽二寸的小本，并在白色硬纸封面上自题“病中记事”四字，盖了名章。这是他的最后一本日记，严格地说也算不上日记，却是溥仪病危期间手记的与疾病和治疗有关的事项。

2 本抄写方经与中医研究院广安门医院原处方相对照，略有出入。“小麦”“白蔻”原方为“浮小麦”，“另包白蔻（不打碎整个者）”，而“应当是紫蔻”的说明系溥仪所加。原方边沿处还有一句：“茯苓缺则改加苓皮二钱。”

乃定”。

● 9月12日 星期二

［到］反帝医院［检查］。

非蛋白氮：110。

二氧化碳结合力（CO_2结合力）：30。

静脉压：10（7为正常）。

● 9月15日 星期五

［到］中医研究院。蒲［辅周］老［诊察开方］。

脉缓有力，左寸稍弱，舌淡，苔薄白腻。近来消化力较好，小便正常。继续调和脾胃并荣心脏。

台党参三钱 川附子一钱五 白术二钱 茯苓二钱 白芍二钱 龙骨三钱 巴戟二钱

小麦三钱 远志一钱 枣仁二钱 龙眼肉二钱 大枣三枚 广陈皮一钱[1]

七付

贤的药方如下：

党参二钱 白术二钱 当归二钱 陈皮一钱 升麻五分 柴胡五分 六曲二钱·炒

炙甘草一钱 木香五钱 生姜一片 大枣三枚（如无生姜，可用干姜代替）

五付，先［用］二付

1、3、6，蒲老□治疗。

● 9月18日 星期一

［到］人民医院检查。

血色素：3.4。

白血球：4100。

● 9月20日 星期三

［到］人民医院。朱大夫看。输红血球300cc。

● 9月25日 星期一

［到］反帝医院二门诊。傅士〈永〉昭护士［检查］。

非蛋白氮：98。

二氧化碳结合力：29。

● 9月26日 星期二

［到］中医研究院。蒲［辅周］老［诊察开方］。

左脉正常，右脉沉缓，舌淡，苔白腻。由脾、肾失调，治宜调和脾胃。

党参二钱 白术二钱 茯苓皮二钱 陈皮一钱五 法夏二钱 炙甘草一钱

砂仁一钱·打 木香一钱 焦查二钱 六曲二钱 干生姜一片 大枣四枚

1 本抄写方系据中医研究院广安门医院原处方，该方由蒲老出，陈鼎祺代笔写。

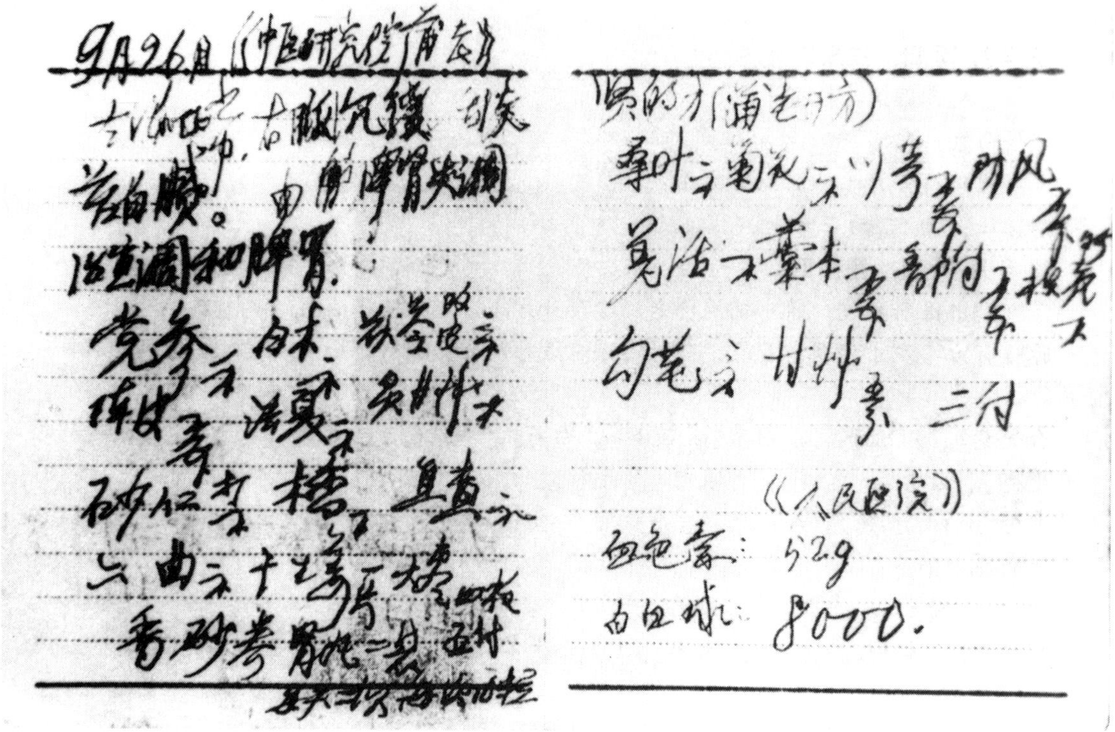

1967年9月26日，溥仪的病中日记

香砂养胃丸二袋（每天二次，每次10粒）[1]

五付

贤的方（蒲老开方）：

桑叶二钱 菊花二钱 川芎一钱五 防风一钱五 羌活一钱 藁本一钱五

香附一钱五 枳壳一钱 钩藤三钱 甘草五分

三付

10月

［到］人民医院［检查］。[2]

血色素：52g。

1 本抄写方系据中医研究院广安门医院原处方，该方由蒲老出，陈鼎祺代笔写。原方标明：“水煎服五剂，每剂煎二次，每日服二次。”另外，溥仪在抄写方“茯苓皮”一味药的右上方加了一个“改”字，或为溥仪自拟改用这味药。

2 本节原无日期，可能是10月3日事。因1日、2日是节假日。

白血球：8000。

● **10月［4日］**

蒲［辅周］老开方。[1]

舌淡，苔白腻，由心肾两弱，脾胃失调。

蒲老特开方。

又到反帝医院检［查］。

● **11〈10〉月4日**

［在］反帝医院［检查］。

NPN：110。

二氧［化碳］结合力：6.4。

● **篇后附录：中医研究院广安门医院处方（1967年10月4日）**

熟川附子二钱　台党参一两　茯苓三钱　白术二钱　白芍二钱

上安桂三分（另包台下）川栋肉一钱　木香五分　陈皮一钱　当归二钱

车前子三钱（包煎）泽泻一钱

五剂蒲［辅周］老［出方］　郑金福［写方］

● **10月5日　星期四** [2]

偕贤到人民医院检查（急诊）。[3]

下午又到反帝医院……[4]

借医药费。

［在］人民医院［检查］。

NPN：120。

二氧化碳结合力：30。

● **10月6日　星期五**

［在］人民医院［检查］：

非蛋白氮：20.9。

二氧化碳结合力：10。

● **10月7日**

［经］王护士［查］血色素（［在］反帝［医院］）：121.5。

小妹：

我感气虚。你来时，千万把“紫河车”（胎盘粉）带来，今天晚上服用。

耀之[5]

1 本节原无日期，应为1967年10月4日事。蒲老原处方未经抄录，详见篇后附录。

2 本日日记是从一片模糊中依稀分辨出来的，还有一些字无法辨认。

3 1967年10月4日夜，溥仪突然发病，至次日晨被送进北京医学院附属人民医院急诊室，当天分别在人民医院和协和医院检查。

4 以下还有10余字模糊不清。

5 这是溥仪于本日写在日记本另页上留给李淑贤的一张字条，字迹清晰。“小妹”则是他对妻子的爱称。

● **10月10日 星期二**

［在］人民医院［检查］。[1]

NPN：124。

CO_2（二氧化碳结合力）：20。

● **篇后附录：沈醉《回忆与溥仪在一起的时候》**

大约是1967年10月初，我去人民医院看他时，他虽已经由大病房搬到一间小病房，但还是普通病房，只是病人少一点。这时我已从一个老医生那里得知他患了肾癌，又加上他有冠心病、贫血，更严重的是排不出尿来，天天得用导管给他导尿，而一些护士也怕因太照顾而被扣上"同情黑五类大头子"的帽子，经常不给他导尿。

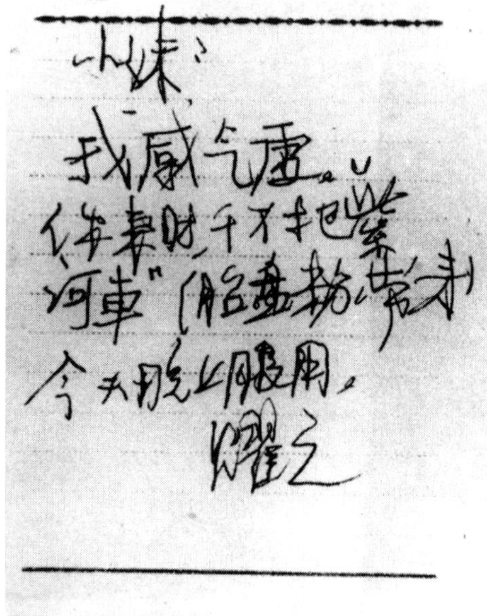

1967年10月6日，即溥仪逝世前11天，写给妻子的一张便条

他看见我去，禁不住热泪盈眶。我也非常难过，也不好多和他谈话，只要他好好养病。他即使在那种情况下，还向我表示，他相信共产党一定会给他好好医治，也相信祖国的医药能治好他。

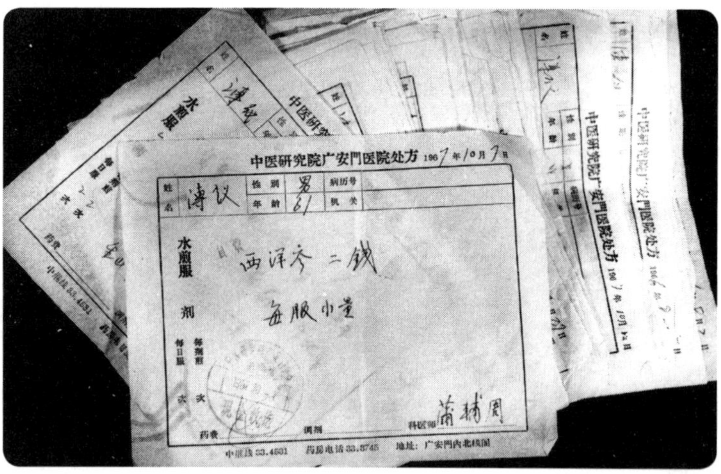

著名中医专家蒲辅周给溥仪开的处方

他当时怎么会知道是林［彪］、江［青］反革命集团在横行霸道，把党的政策早抛在一边，而一心在阴谋篡党夺权呢。去年五月间全国政协为他举行的追悼会[2]上，指出他是受林、江一伙极左路线的迫害而致死的。这是完全正确的。我便是他们迫害溥仪而使他死去的见证人！

我最后一次悄悄地看他，是离他逝世前几天。那时我们都随时有被揪斗的危险……去看看溥仪也是偷偷摸摸看一眼，讲几句话就赶快走，那次他已经不能讲话了，鼻孔里插着氧气管，眼球不停向上翻

1 关于溥仪病危期间的状况，曾前往探视的沈醉先生有忆述，详见篇后附录。

2 1980年5月29日下午3时30分，在全国政协礼堂，为溥仪、王耀武和廖耀湘三位全国政协委员举行了隆重的追悼会。邓颖超、乌兰夫等送了花圈，季方、刘澜涛等参加了追悼会。追悼会由王首道主持，刘宁一在悼词中高度评价了溥仪由皇帝向公民的转变及其光荣的后半生。

动，看情况随时有死去的可能，我禁不住热泪夺眶而出。我走出来时，遇到一个老护士，她告诉我，溥仪的致命的问题还是排不出尿来，已经造成了尿中毒。我说，为什么不经常给他导尿？她一声不吭，只把头摇摇，表现出很难过的样子，便赶快走开了。

● 10月12日　星期四[1]

蒲［辅周］老开方。

……

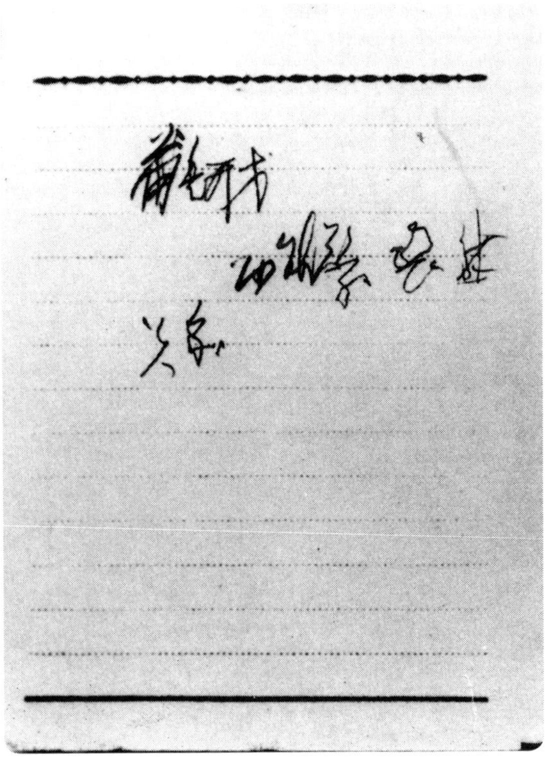

1967年10月12日溥仪临终前的绝笔

● 篇后附录一：中医研究院广安门医院处方

（1967年10月12日）[2]

姓名：溥仪

性别：男

年龄：成

台党参一两　附片二钱　茯苓三钱　白术二钱　白芍二钱　泽泻一钱　上安桂五分·后下　川楝子二钱·炮　木香五分　砂仁五分·打　陈皮一钱　车前子三钱·包煎　锦砂金二钱

水煎服五剂，每剂煎二次，每日服二次。

蒲［辅周］老［出方］，薛明寿［写方］。

● 篇后附录二：张崇信医生的回忆[3]

1967年，溥仪因肾病住进了全国文史资料研究委员会的劳保医院——北京医学院附属人民医院，刚住院时精神还好，只脸上有些浮肿。他爱活动，经常在病房里走动，还频频与同病房的唯一的另一位病人，成天坐在床上不哼不哈也不动弹的从西藏来的活佛搭话。但这位活佛在当时的政治气氛下，总是答得牛头不对马嘴。

溥仪住院期间，没有亲朋好友来探望，只有李淑贤经常来照料他。溥仪的视力很差，戴着厚镜片眼镜看东西还很吃力，经常可见李淑贤读一些可能是书信一类的东西给他听。他的记忆力更糟糕，多次发生上厕所忘了带手纸，不拿饭碗就去盛菜之类的事。

1 本篇系爱新觉罗·溥仪的绝笔日记。原无日期，经与中医研究院广安门医院原处方核对，可确知其写于1967年10月12日。自溥仪10月4日病重住院后，蒲老三次为其诊治开方：第一次在10月4日；第二次在10月7日（仅在前方上加“原方再服五剂”一句，又另开“西洋参二钱·每服小量”一味药）；第三次在10月12日又开了新方，溥仪也想把该方抄录在日记上，却只写出七八个模糊难辨的字后便无力握管了。谨以篇后附录三篇略补溥仪留下的空白。

2 此即蒲辅周给溥仪开出的最后一张药方。溥仪想抄而未能抄完，今附录于此，或可遂了他的一份心愿。此方溥仪仅服一剂就去世了。

3 当时正在北京医学院附属人民医院实习的张崇信医生撰写回忆文章，叙述了溥仪最后一次住院及去世前几天的情况。尽管一些细节与事实略有出入，但大体可信。其文原载《解放日报》1985年2月24日。

后来，溥仪的病情恶化，小便也发生困难。有一次，溥仪躺在床上痛苦地呻吟，李淑贤在一旁抽泣，活佛则照旧坐在床上无动于衷。在这种气氛中，我给溥仪导了尿。排空尿液后，溥仪轻松一些了，频频向我点头致意，李淑贤也连声道谢。我心中很不是滋味，知道溥仪在世的日子不长了，而护士出身的李淑贤也不会不清楚这一点。

过了不多日子，李淑贤慌慌张张地跑到值班室来说："他不行了！"医生们赶到他跟前，做了轮番抢救，直到无可奈何地把白单子盖在他的头上。此刻，除了李淑贤之外，没有一个亲友在他身边。第二天，1967 年 10 月 18 日，北京的报纸上登载了一段溥仪去世的消息，这段消息就是从溥仪的死亡证明上主治医师书写的原文抄录的，一字未改，记者也确实够小心的了。

● 篇后附录三：新华社电讯：溥仪逝世

（1967 年 10 月 19 日）[1]

新华社十九日讯：中国人民政治协商会议全国委员会委员爱新觉罗·溥仪先生因患肾癌、尿毒症、贫血性心脏病，经长期治疗无效，于十月十七日二时三十分逝世于北京。终年六十岁。

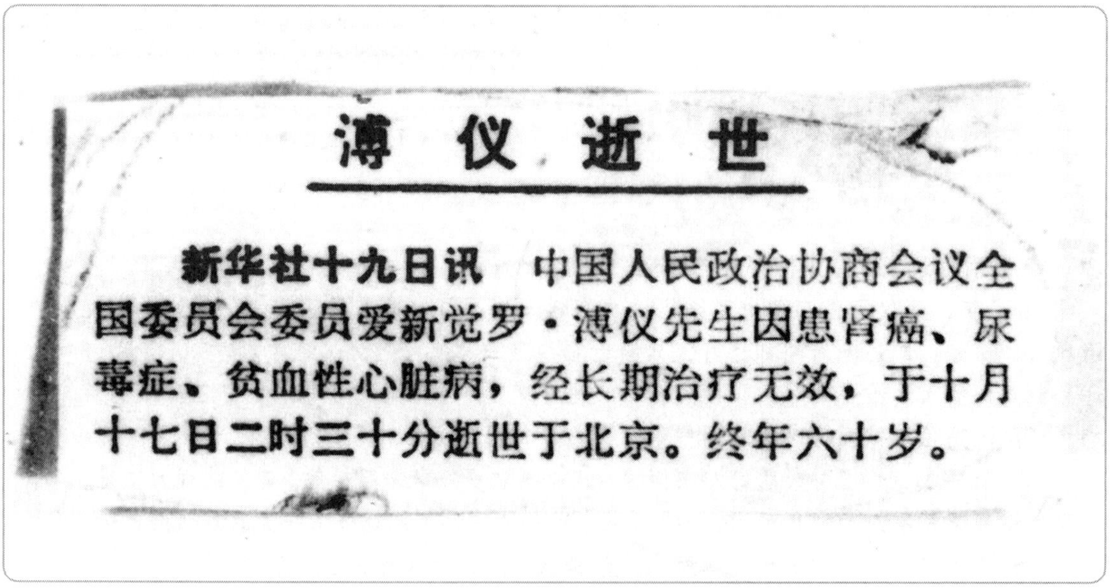

溥仪逝世

新华社十九日讯　中国人民政治协商会议全国委员会委员爱新觉罗·溥仪先生因患肾癌、尿毒症、贫血性心脏病，经长期治疗无效，于十月十七日二时三十分逝世于北京。终年六十岁。

溥仪逝世的报道

1 谨以这条电讯结束《溥仪日记》的正文。

1980 年 5 月 29 日，在全国政协礼堂党和政府为溥仪、王耀武和廖耀湘三位政协委员举行了追悼会

溥仪家属在追悼会上

后　记

从溥仪出生的1906年到李玉琴去世的2001年，差几年正好是一个100年，也就是中国的一个世纪。中国末代皇帝溥仪和他五位夫人一生的经历，恰能折射中国一个世纪的历史和发展变化，正好可以涵盖刚刚过去的20世纪的时代内涵，溥仪的存世日记也因此具有重大历史价值，而由溥仪遗孀李淑贤保存下来的溥仪特赦后所写日记，最真实、最直观地解读了溥仪的人生转变，从而成为研究溥仪不可或缺的第一手资料。

溥仪的一生，是皇帝向公民转变的一生，是卖国向爱国转变的一生，是封建主义向社会主义转变的一生。这是伟大的转变，周恩来用“世界上的奇迹”一语来评价这个转变，可以说是恰如其分。溥仪的后半生是光荣的，受到中国人民的欢迎，并已经成为全世界瞩目的特殊历史现象了。

20世纪70年代初，周恩来会见日本《朝日新闻》编辑局局长后藤基夫时说：“我们把末代皇帝改造好了，这是世界上的奇迹！”这本《溥仪日记》为周总理的论述提供了最可靠、最丰富的证据和最具体、最生动的说明。溥仪日记的整理、注释和研究，有助于读者对这本日记的理解，有助于对溥仪这位历史人物的认识。出版《溥仪日记》，就是出版这一“世界奇迹”的真实记录。

由于末代皇帝溥仪的一生充满传奇色彩，对于他，对于中国的20世纪，人们还是有诸多的猜疑和不解，有许多历史悬案，比如溥仪离津出关是主动行为，还是被劫持？是个人意志还是受到欺骗？他到底是真改造好了，还是伪装和假相？特赦后的溥仪过着怎样的生活？他怎样看待新世界、新中国、新社会？从他在特赦后受到毛泽东和周恩来的接见，以及聚餐、谈话等，他怎样看待毛泽东、周恩来等领袖人物？很多鲜为人知的事情都可以在溥仪日记中找到答案，许多长期被掩盖的历史真相也可以被揭开，这就是溥仪日记的社会和历史价值。

现在，由溥仪自己记录一生的珍贵文献——《溥仪日记》即将由出版《我的前半生》的群众出版社出版发行，新书在注释和插图方面又有幅度较大的修订和增补，很快会与海内外广大读者见面。当此之际，作为本书的整理者和注释者，我深深感到卸下了自己对历史承担的一份责任。我期待着同行和读者们的批评和指正。

王 庆 祥

2018年10月于长春